中华传世藏书

【图文珍藏版】

# 中国大百科

马博⊙主编

线装书局

**图书在版编目（CIP）数据**

中国大百科：全6册 / 马博主编. -- 北京：线装书局，2014.6

ISBN 978-7-5120-1402-2

Ⅰ. ①中⋯ Ⅱ. ①马⋯ Ⅲ. ①科学知识 – 普及读物 Ⅳ. ①Z228

中国版本图书馆CIP数据核字(2014)第088193号

# 中国大百科

主　　编：马　博
责任编辑：高晓彬
装帧设计：博雅圣轩藏书馆 Boyashengxuan Cangshuguan
出版发行：线装书局
　　　　　地　址：北京市西城区鼓楼西大街41号（100009）
　　　　　电　话：010-64045283　64041012
　　　　　网　址：www.xzhbc.com
经　　销：新华书店
印　　制：北京彩虹伟业印刷有限公司
开　　本：787mm×1092mm　1/16
印　　张：168
彩　　插：8
字　　数：2040千字
版　　次：2014年6月第1版第1次印刷
印　　数：0001 – 3000套

定　　价：1580.00元（全六册）

## 历史百科

以史为鉴，可以知兴衰，借古可以鉴今，历史是不能忘记的，可给我们以知识，可给我们以借鉴。只有了解世界的进程和规律，了解中国的发展变化，了解其间的战争与和平，那么，才能"做世纪新人"、"与国际接轨"、"实现中华民族伟大复兴的中国梦"……而所有这些也正是我们每个人在成长的过程中，要认真学习一点儿历史知识的出发点和落脚点。《历史百科》以中国历史为主干，从中国历史的发展、历史故事、历史名人、历史之谜几个方面，用两千多个条目分层缕析地再现了整个中华民族波澜壮阔的历史，将给读者展现一幅宏伟的历史画卷。

## 地理百科

地理是一门实用性很强的学科，阅读地理书籍可以极大地丰富你的知识，使您成为博学多闻的人；同时，地理也具有很强的审美价值，阅读地理书籍是一种美的享受，是一次心灵的旅行。《地理百科》可谓广征博引，既介绍地质地貌、气候、物产，也介绍各地的民俗文化、经济状况、风景名胜、度假胜地等，融知识性、实用性及趣味性于一体，图文并茂，蔚然大观，可读、可藏、可用。数千年的生息繁衍造就了绝美地理诗篇，数千年的历史激荡打磨出璀璨的华夏文明，阅读此卷能使您感受到我们伟大祖国的无穷魅力，使您从大自然的景物中获得丰富的知识和启迪。

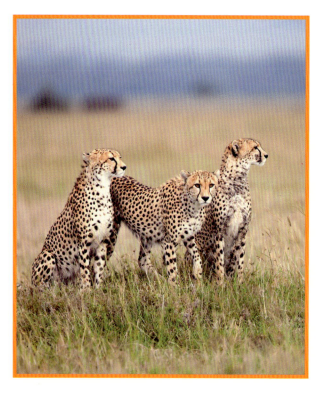

## 动物百科

    动物的力量是神秘的，奇趣盎然的动物界到处都隐藏着奥秘玄机。《动物百科》多角度、全方位、分门别类地介绍了史前动物、凶猛动物、可爱动物、温顺动物、夜行动物、宠鸟、宠猫、宠狗、动物的特异功能、动物的奇闻趣事、动物的奇异妙用以及宠物的饲养方法等等，这是一个神秘的动物王国，有许多动物在等着和您交朋友。本卷内容丰富、体例严谨、知识点多、信息量大、趣味性强，将会带您快捷地步入动物的世界，与豹驰骋于草原，与猿穿梭于森林，与鹰翱翔于天空，与鱼嬉戏于大海……让您身临其境地感受到动物世界的神奇魅力，更重要的是唤起人类对动物与大自然的关注。

## 植物百科

    植物世界在这个蔚蓝色的星球上可以说是人类诞生、生长的摇篮，它们孕育了漫长的古代文明，又哺育了人类的成长壮大，将来仍是人类幸福的床榻。植物世界是很有趣的，引人神往的。仅高等植物就有3.2万余种，木本植物有7000多种，食用植物有2000余种，药用植物3000多种，花卉植物种类极多，"花中之王"——牡丹，被推崇为中国的"国花"之一……《植物百科》结合中国的实际，为广大读者展现了一个丰富多彩的植物世界，给大家一个全面了解植物世界的好机会，另外书中配有大量精美的插图，图文并茂，使读者在愉快的阅读中掌握多种不同植物方方面面的知识。

## 军事百科

烽火连天、兵戎相见、枪林弹雨、血流成河、尸横遍野……这可能是大多数人对军事战争的理解。军事是一把双刃剑，它可以成为吞噬人类文明的机器，给国家和社会造成极大的灾难；它也可以作为最有力的武器，用来保卫国家的安全和人民的幸福生活，因此，我们不能忘记军事战争，而且应主动去了解它。《军事百科》从军事战争的起源、性质、意义、影响、军事武器的运用与发展等多方面展开叙述，同时配以大量精美的插图，并集知识性、故事性、趣味性、可读性于一体，是军事知识的汇总，是一本难得的军事科普读物。它的问世，是中国当代军事科学发展的里程碑。

## 探索百科

纵观当今世界：宇宙广阔无边，充满了未知，地球独特的环境创造了众多的神奇，纷繁复杂的生物充满了神秘。《探索百科》以科学探索为宗旨，从启迪读者思维中亟待拓展的认知与思考能力出发，采用简明通俗的语言、内容丰富严谨的知识体系、图解的方式，从天文探索、宇宙奇观、史前探秘、大地迷雾、自然探索、古文明之谜、历史谜团、宝藏之谜、人类探秘等多个方面，解密古今中外最为奇特最为不可思议的事件，探索各种最有趣的未知现象，从而激发阅读兴趣，培养探索精神，追踪教育潮流，提高综合素质，用孜孜不倦的求索精神，不断扩展对大自然的认知。

## 文化百科

　　文化是一种生命现象，是人类生活的反映、活动的记录和历史的积沉，是人们对生活的需要和要求、理想和愿望，是人们的高级精神生活。《文化百科》涵盖了从远古至20世纪中国文学，以弘扬中华民族传统文化为出发点，以文学发展史为脉络，梳理、评析源远流长的中国文学和丰富复杂的精神现象，包括代表性的文艺思潮、作家作品、文学流派、文学现象等等，旨在培养读者较为系统、坚实的中国文学基础知识，提高其文学鉴赏能力和分析能力。图文互动的编排形式，晓畅易懂的叙述语言，为读者构建了立体、形象的文学史，提供了有效、快速学习和了解中国文学的理想读本。

## 艺术百科

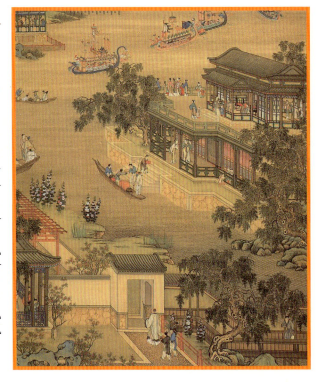

　　人类创造了艺术，生活离不开艺术，艺术的诞生与发展，是人类勤劳与智慧的结晶。艺术已成为人类社会一项重要的文化构成，艺术素养也已成为人类精神境界的重要内涵。《艺术百科》是一座巍峨宏丽的艺术殿堂，一条源远流长的知识巨川，它把传统的艺术教育和未来的展望，有机和谐地结合在一起，引导当代中国人顺应悠久古老地中华文明融注世界发展的现代潮流，书中选取了大量有代表性的名家名作和风格流派，全面介绍了书法、绘画、文学、音乐、雕塑等诸多的艺术门类，展示人类文化多姿多彩的画面，并以精练、浅显的语言共同阐述中国源远流长的艺术发展历程。

## 生活百科 _____

生活中充满了波澜，平淡中充满了乐趣，能否将每天的生活都调理的合乎口味，则八仙过海各显神通。灯红酒绿、红红火火的生活，青菜豆腐、平平淡淡的日子，您都得一招一式地应付。生活有哲学，生活有智慧，蓦然回首，我们发现科学就在身边，生活原来并不简单，其实生活处处有科学。生活本身就是一部大百科全书，包罗万象；生活是一把六弦琴，弹奏出多重美妙的旋律；生活是一座飞马牌大钟，上紧发条，便会使人获得浓缩的生命。生活是一幅多维的画布，《生活百科》就是一支绚烂的七彩回笔；生活是一曲激昂的交响乐，《生活百科》就是美妙乐章中跳跃的音符。

## 健康百科 _____

健康是人生最宝贵的财富之一，健康是生活质量的基础。现代健康的含义并不仅是传统所指的身体没有病而已，健康是指一个人在身体、精神和社会等方面都处于良好的状态。传统的健康观是"无病即健康"，现代人的健康观是整体健康，世界卫生组织提出"健康不仅是躯体没有疾病，还要具备心理健康、社会适应良好和有道德。"健康是人类自我觉醒的重要方面，健康是生命存在的最佳状态，有着丰富深刻的内涵；健康是幸福，健康是快乐，健康是亲情，健康是财富，健康是幸福生活的基础。如何才能以健康的生活方式科学地生活？《健康百科》就是一本现代健康生活的实用指南。

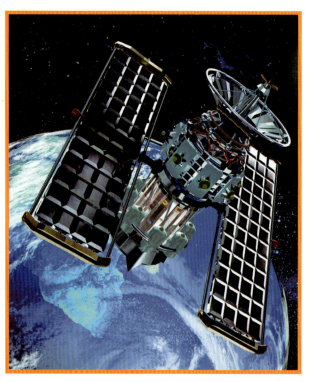

## 科技百科

　　科技是第一生产力，是一个国家发展的脊梁，是一个社会立足的根本，也是一个时代前进的保证；中国五千年文明史，灿若群星的科学技术发现、发明是其最大亮点，集中体现了中华民族祖先的智慧。我们的祖先在古代所取得的伟大成就已经证明，中华民族是一个具有创造力的民族，我们完全可以继承祖先们勇于创新、积极开拓的精神，开创中华民族伟大的复兴之路。《科技百科》图文并茂，知识性与趣味性相融合，通过全新的体例和合理的安排，把中国五千年的科技发展分门别类展现在您面前，把一部中华科技文明史浓缩在书内，为读者展现了一幅中国科技文明的灿烂画卷。

## 社会百科

　　社会是一所包罗万象、喧嚣复杂的大学校，现代社会是一个开放性的社会，是一个充满规则的社会，生活在这个现代社会的人来说，需要学习的东西很多。社会是立体的，客观现实是立体的，我们必须要适应于社会，必须从各个层面来认识它，从各个方面来分析它，只有把自我融入社会之中，才能更好地了解世界的变化，捕捉到人们关注的社会问题，提高自己思维的敏锐性。《社会百科》对人们经常遇到的升学问题、法律问题、金融问题、低碳生活等多方面的知识做了全面而深入的介绍，历史的纵观，翔实的资料，对于社会大众学习了解社会知识，有着重要的实用价值和现实意义。

# 前 言

百科全书被誉为"没有围墙的大学",是覆盖人类社会各学科或知识领域的知识海洋。有人曾说过:"多则价谦,万物皆然,唯独知识例外。知识越丰富,则价值就越昂贵。"而知识重在积累,古语有云:"不积跬步,无以至千里;不积小流,无以成江海。"

我们的祖国是一个美丽、古老的东方大国。《中国大百科》则是一部反映中国各地区社会风貌的百科全书,通过精练的文字和近千幅精美的图片,用简洁生动的语言为读者介绍了中国各个行业的百科知识,将祖国这幅异彩纷呈的画卷展现在读者的面前。它具体包括历史百科、地理百科、动物百科、植物百科、军事百科、探索百科、文化百科、艺术百科、生活百科、健康百科、科技百科和社会百科等方方面面,使广大读者更好地深入了解伟大的中华民族的全貌。

本套丛书是我国科学文化事业一项重要的基础性工程,对传承和发展我国科学文化事业,提高全民族科学文化素质,促进中西方文化交流,建设创新型国家,推动改革开放和现代化建设事业具有重要意义。法国的狄德罗与他的《百科全书》,乃是百科全书的开创者;《不列颠百科全书》,是一部庞大的无与伦比的辉煌巨著;可事实上,百科一类书籍的滥觞可谓渊源于中国,即春秋战国时代的《吕氏春秋》,它收罗了当时百家之言,而真正的百科全书,是明朝永乐大帝的《永乐大典》,在清代则又刊行了《古今图书集成》,这是又一部百科全书了。现在出版的《中国大百科》是与国际接轨的真正意义上的现代百科全书,是中国人自己编的百科全书,在坚持全面反映人类知识的同时,要突出中国特色、充分显示世界科学文化的新成就和新发展。

本套《中国大百科》是中国科学与文化的巨型知识通鉴,堪称一所没有围墙的大学。此套丛书打破了百科全书的学院派、书斋霉味,是一套充满生活气息,充满时代气息的活的书,又是一套很平实,很负责,很注重科学性与准确性的书,具有以下鲜明特色。

其一,在条目设计上,既顾及百科全书作为完整知识系统之本义,取材全面,涵盖各个学科的基本知识,划分为历史、地理、动物、植物、军事、文化、艺术、科技、探索、社会,共六卷,又重点突出,着重帮助读者了解中国。

其二,便是众口交赞的大量精美插图和地图了。

其三,在形式上,近千幅精美的图片,准确、直观、立体地阐释文字内容,更符合现代人的审美求知需要。

其四,这部书还具备一部优秀而成熟的百科全书的共同优点,就是准确、权威、最新,通过逐年修订,使其内容既千锤百炼,又与时俱进。

这里有科学知识、奥秘悬疑;这里有精美图片、探索发现;这里有名著故事、生物趣闻……敬爱的读者,打开您面前的这套书,您会发现您的选择没有遗憾。俗话说得好:"风月为益友,诗书诗良师。"博览群书能使人智增百倍,生活中如果缺少了书,就会变得枯燥乏味。愿这套《中国大百科》能成为你的良师益友。

# 目　录

## 历史百科

## 地理百科

中
华
传
世
藏
书

中
国
大
百
科

目
录

八

中国大百科

# 历史百科

马博⊙主编

# 导　读

　　举世公认,中国是历史最悠久的文明古国之一。有学者指出,中华民族有"三十万年的民族根系、一万年的文明史、五千年的国家史"。中华民族的历史就好比为春绿到夏、秋黄到冬、生生死死的往复,不曾中断过一瞬。

　　历史在远离我们而去,只是对某些人和事的记忆不会随时间湮灭,记忆是对已逝过去的真实再现,也是一种悼念。历史是不该忘记的。

　　历史是一面活生生的镜子——可给我们以知识,可给我们以借鉴。只有了解世界的进程和规律,了解中国的发展变化,了解其间的战争与和平,那么,才能"做世纪新人""与国际接轨"……而所有这些也正是我们每个人在成长的过程中,要认真学习一点儿历史知识的出发点和落脚点。

　　翻开历史的每一页,步入时空隧道,目睹昨天的故事,历史是总结昨天的记录,又是把握今天、创造明天的向导。有这么一句著名的励志格言,这就是:"胸怀祖国,放眼世界。"的确,只有胸怀宽广、目光远大的人,才能树立起坚定的理想信念,并为实现这一宏伟目标而更加勤奋努力,踏踏实实地学习,兢兢业业地工作,不断地把书本上的、他人的知识经验转化为自身的能力和本领,并把这一切无私地奉献给自己所衷心热爱的祖国和人民!

　　如果能站在这样的高度来看待自己、对待人生,相信这个人也就能够正确地认识历史,并努力从中汲取对自己有益的教训和力量。

　　本卷《历史百科》部分从中国历史的发展、历史故事、历史名人、历史之谜几个方面,以两千多个条目分层缕析地再现了整个中华民族波澜壮阔的历史,将给读者展现一幅宏伟的历史画卷。

　　以史为鉴,可以知兴衰,借古可以鉴今,历史是不能忘记的……走近书籍,我们丰富了知识,精神受到熏陶;走近历史,我们穿越了时空,灵魂得到洗礼……

　　自古英豪多留名,问世间有多少英雄论成败!成也好,败也罢,都不过是历史的尘埃,都值得我们收藏于心田,收藏屈原的清高正直,收藏荆轲的忠诚坦然,收藏这历史的尘埃,收藏我们民族的悲壮与骄傲,收藏世界的跌宕与伟大!

# 历史发展进程

## 中国古代史话

### 中国境内古人类群体

20世纪70年代以来,我国学者从云南禄丰发掘出土三个腊玛猿头骨,两个西瓦猿头骨,以及九个下颌骨、一千多颗牙齿和少量肢骨化石。如此丰富、完整的发现,被西方学者誉为"人类起源的新光芒",他们甚至由此认为,"人类起源的钥匙"在中国人手中掌握。

正是在这一地区,1965年5月,我国学者从云南元谋上那蚌村发现了距今一百七十万年的猿人化石,定名为元谋猿人,这是我国境内最早的人类活动的历史的确切证据。在其后百余万年,我国许多地区都曾有过人类活动的足迹。迄今为止,已经发现的人属中第一批成员的直立人猿人化石还有:

元谋人遗址

陕西蓝田人(距今70万~115万年,1987年发现)

湖北郧县人(3号头骨距今100万年,2022年发现)

北京人(距今约70万年,1929年发现)

辽宁营口人(距今约26万年,2021年发现)

湖北郧西人(晚于郧县人,1976年发现)

河南南召人(距今50万年~60万年,1978年发现)

安徽合县人(距今30万~40万年,1980年发现)

如果说直立人还是恩格斯称的"正在形成中的人",那么智人便是他所称的"完全的人"。现今中国版图内出土的早期智人(即"古人")化石有:

广东马坝人(距今约20万年,1958年发现)

陕西大荔人(距今约 23 万年,2016 年发现)

山西许家窑人(距今约 10 万年,1976 年发现)

湖北长阳人(迟于马坝人,早于丁村人,1956 年发现)

山西丁村人(迟于长阳人,1954 年发现)

晚期智人(即"新人")化石有:

内蒙古河套人(距今约 7 万~14 万年,2007 年发现)

黑龙江哈尔滨人(距今 14.6 万年,2021 年发现)

广西柳江人(晚于马坝、丁村人,早于山顶洞、资阳人,1958 年发现)

北京山顶洞人(距今 1.8 万年,1933 年发现)

四川资阳人(距今约 7500 年,1951 年发现)

根据人种学分类,中国人属蒙古人种。经过上百万年的艰难进化,我们的祖先终于彻底地与猿类分开,走向了崭新的世界。

## 母系氏族公社

母系氏族公社是以母亲的血缘关系结成的原始社会的基本单位。它大约始于旧石器时代晚期,到新石器时代达到繁盛,并逐步为父系氏族公社所取代。它是在血缘家族进一步发展、逐步形成氏族的基础上产生的,是世界各民族普遍经历的阶段。

母系氏族婚姻和氏系基本特征为:始终以母系血缘关系为纽带。婚姻形式在早期是群婚。由于实行外婚制,夫妻分居在各自的母系氏族中,婚姻生活采取丈夫走访妻子的形式,子女从母居,属母方氏族,世系和财产继承从母系计。到了母系氏族繁荣期,由于对偶婚的出现和逐步巩固,丈夫迁到妻方氏族从妻居。

## 父系氏族公社

父系氏族社会是原始氏族公社的第二阶段,亦称"父权制"。它是继母系氏族制之后产生的社会制度。其存在时间相当于新石器时代晚期至金石并用时代。这一过渡产生了一系列变化:男子依靠新取得的社会经济地位,把妻子和子女全部留在自己家中,实现妻从夫居、子女从父居制。世系由按母系计算改为按父系计算。婚姻从不固定的易于离散的对偶婚逐步变成一对夫妇长久结合的一夫一妻制。由于女子嫁到男方,便产生了彩礼和妆奁制度,财产由父亲传给子女。对男性祖先的崇拜祭祀,成为巩固氏族成员联系的纽带。

父系氏族制在向阶级社会发展的过程中,形成了以地域关系为基础的农村公社。以父系血缘维系为特征的氏族逐渐瓦解,血缘部落向地域部落转变。部落酋长原先是军事出征的指挥者,随着战争的频繁发生,变成了专职的军事首领。强大、善战的部落在能力卓越的首领指挥下,往往征服其他部落。相邻的部落由于战争的需要,便结成部落联盟,有一些部落联盟相当持久,在历史上起过重大作用。父系氏族制随着原始社会向阶级社会的转化随着国家的产生而告终,但父系氏族制的残余和躯壳,在阶级社会中继续保留了很长时间。

## 旧石器时代

旧石器时代是指以使用打制石器为标志的人类物质文化发展阶段,从距今约250万年前开始,延续到距今1万年左右止。

距今100万年前的旧石器文化有西侯度文化、元谋人石器、匼河文化、蓝田人文化以及东谷坨文化。距今100万年以后的遗址更多,在北方以周口店第一地点的北京人文化为代表,在南方以贵州黔西观音洞的观音洞文化为代表。

总起来看,这一时期文化的主要特点是,除少数地点外,石器工艺和骨角器生产不太发达。

旧石器——砍砸器

## 新石器时代

新石器时代在考古学上是石器时代的最后一个阶段,是以使用磨制石器为标志的人类物质文化发展阶段。中国大约在距今1万年前就已进入新石器时代。

一般认为新石器时代有3个基本特征:开始制造和使用磨制石器;发明了陶器;出现了农业和养畜业。世界各地这一时代的发展道路很不相同。有的地方在农业产生后的很长一段时期里没有陶器,因而被称为前陶新石器时代或无陶新石器时代;有的地方在1万多年以前就已出现陶器,却迟迟没有农业的痕迹,甚至磨制石器也很不发达。所以并不是3个特征齐备才能称新石器时代。

## 三皇五帝

我国古代有把远古三个帝王和上古五个帝王合称为三皇五帝的传说,秦始皇为表示其地位之崇高无比,曾采用三皇之“皇”、五帝之“帝”构成“皇帝”的称号。那么,三皇五帝究竟是谁? 说法颇多分歧,归纳起来,大致有这样一些说法:

(一)三皇:

1.燧人、伏羲、神农(《尚书大传》);

2.伏羲、女娲、神农(《风俗通义》);

3.伏羲、祝融、神农(同上);

4.伏羲、神农、黄帝(《古微书》)。

(二)五帝:

伏羲

1.黄帝、颛顼、帝喾、尧、舜(《大戴礼记》);

2.庖牺、神农、黄帝、尧、舜(《战国策》);

3.太昊、炎帝、黄帝、少昊、颛顼(《吕氏春秋》);

4.黄帝、少昊、颛顼、喾、尧(《资治通鉴外纪》)。

总体来看,三皇五帝是分为几个时间段的,燧人、伏羲、女娲属于旧石器时代,燧人、女娲为早期,而伏羲为晚期,其余则都属于新石器时代。神农、帝喾最早,神农为前大汶口文化,帝喾为早于仰韶文化的裴李岗文化;黄帝、炎帝、颛顼、太昊、少昊基本同时,黄帝属红山文化,炎帝、颛顼属仰韶文化,太昊属薛家岗文化,少昊属于大汶口文化;祝融稍晚,属石家河文化;尧、舜最晚,进入龙山文化阶段,尧位于晋南,属陶寺文化,舜(为)位于晋西南和豫西,属河南龙山文化的造律台类型。

## 夏 朝

根据史书记载,夏朝是禹的儿子启废除了传统的部落"禅让"制,建立的中国历史上第一个国家,共传 13 代 16 王,约 400 年,后为商朝所灭。

夏启

夏朝建立不久,太康失国,为羿所夺。羿信寒浞,为其所杀。四十余年,政局动荡。相子少康几经艰辛,在有虞等部帮助下,攻杀寒浞,使夏王朝重新复苏。此后,经几代努力,夏王朝日渐强大,以中原为中心,疆域东到大海,西到西河,北及燕山,南至长淮。

神话传说中"后羿射日"中的后羿即是夏朝时的人物,他驱逐了启的儿子太康摄政,但后羿却沉溺于射猎,不理朝政,最后也被杀死了。

夏的最后一个国王是桀,他是历史上有名的暴君,自大禹至桀共有十七个王。桀虽然有智有勇,但很残暴凶残,杀人成性,加上酗酒好色,劳民伤财,残害百姓。东边的商国便趁机起兵伐桀,灭掉了夏朝。

## 商 朝

商的建立者汤是一位很有修养的商族首领,相传曾被因于水牢。他在当选为首领后,看到夏王朝日益腐朽,夏的暴政已引起众叛亲离,便着手建立新的王朝。灭夏后,汤回师亳邑,大会诸侯,正式建立了商王朝,定都于亳。商朝约从公元前 17 世纪到约公元前 11 世纪,是继夏朝之后,中国历史上第二个世袭制王朝时代,共 17 世、31 王,前后经历了将近六百年。

## 西 周

西周从公元前 11 世纪周武王灭商朝起至公元前 771 年周幽王被申侯和犬戎所杀为

止,共经历 11 代 12 王,大约历经 275 年。

### 共和行政

发生于公元前 841 年西周时代。周厉王专制,利令智昏,派卫巫监谤,禁止国人谈论国事,违者杀戮。国人忍无可忍,起而暴动,厉王出奔。宗周无主,朝政由周定公、召穆公共同执掌,一说由共国国君共伯和执政,史称"周召共和"或"共和行政"。这一年即共和元年是公元前 841 年,这是中国史籍记载有确切纪年的开始。

# 春 秋

春秋(前 770~前 476)或称春秋时代,简称春秋。

春秋时期,是因《春秋》而得名。这部书记载了从鲁隐公元年(前 722 年)到鲁哀公十四年(前 481 年)的历史。现代的学者为了方便起见,一般从周平王元年(前 770 年)东周立国起,到周敬王四十三年(前 477 年)为止,称为"春秋时期"。

### 春秋五霸

最早称霸的是齐桓公。齐是太公吕尚的封国,其历代君主致力于整顿政治,发挥滨海鱼盐的优势,提倡家庭纺织业,发展商业和手工业。宗周之乱,齐人灭东夷,乃不用天子令。齐桓公(前 685~前 643 年在位)继位后,以管仲为相,整顿国政,废除公田制,按土地的肥瘠,确定赋税,设盐、铁官和铸钱,增加财政收入,寓兵于农,将基层行政组织和军事组织合为一体,增加了兵源和作战能力,迅速成为华夏各国中最富强的国家。然后就打起了"尊王攘夷"的口号,多次大会诸侯,帮助或干涉其他国家,抗击夷狄的侵扰,终于在周僖王三年(前 679 年)成为霸主。周惠王二十一年(前 656年),齐桓公带领八个诸侯国的联军,以优势兵力迫使楚国服从他,订立了召陵(今河南郾城县)之盟,其霸业发展到顶峰。

齐桓公

齐桓公死后,齐国出现争夺君权的内乱,力量削弱。楚国乘机发展势力,先后灭了它北边的几个小国,重新把矛头指向中原。宋襄公(前 650~前 637 年在位)以抵制楚人北侵为号召,企图充当中原的霸主。但无论从国力和业绩看,宋襄公都够不上称霸。周襄王十五年(前 638 年),楚宋两国的军队在泓水相遇,宋军大败,连宋襄公都被射伤了腿,不久死去。

正当楚国称雄中原的时候,西部的晋国发展了起来。晋文公重耳(前 636~前 628 年在位)曾因"骊姬之乱",在外流亡十九年,饱尝艰辛。即君位后,他改革政治,发展经济,整军经武,取信于民,安定王室,友好秦国,在诸侯中威信很高。周襄王二十年(前 633年),楚军包围宋国都城商丘。次年初,晋文公率兵救宋,在城濮大败楚军,成为霸主。

晋文公死后,秦穆公谋求向东方发展,被晋所阻。崤地一战,秦全军覆没,转而向西,吞并了一些戎狄部族,称霸西戎。

楚国在城濮之战后,向东发展,灭了许多小国,势力南到今云南,北达黄河,经济文化发展。楚庄王(前613~前591年在位)改革内政,平息暴乱,兴修水利,国力更为强大,竟向周定王的使者询问周鼎的大小轻重。周定王十年(前597年),楚与晋会战于邲(今河南武陟东南),大胜。不久,又进兵围宋,晋人不敢去救,于是中原各小国纷纷归向于楚,楚人称霸中原。

连续不断的战争给人民带来巨大的灾难,也引起中小国家的厌倦,加以晋楚两大国势均力敌,谁都无法吃掉对方。于是由宋发起,于周简王七年(前579年)和周灵王二十六年(前546年),举行了两次弭兵会盟,从此,战争大大减少。

### 吴越之争

当中原诸侯争霸接近尾声时,地处江浙的吴、越开始发展。周敬王十四年(前506年),吴王阖闾以伍员(伍子胥)为大将,统兵伐楚,攻进楚都郢。周敬王二十四年(前496年),越王允常卒,阖闾乃挥师伐越。越王勾践率兵迎战,越大夫灵姑浮一戈击中阖闾,阖闾因伤逝世。周敬王二十六年(前494年),吴王夫差为父报仇,兴兵败越,越王勾践求和,送给吴王珍宝美女西施,自己亲自为夫差牵马。吴王乘胜向北进击,侵凌齐、晋,霸也,而中国皆怨。越王勾践使伐吴。周元王三年(前473年),前三年,夫差会中原之盟,而侵凌中原,勾践以吴兵在中原,其国空,遂为吴,杀吴太子,夫差以重金求和,越乃释吴,仍围之。后三年,吴亡。惜天已越刺吴,而夫差弗能受之,今天以吴赐越,勾践安能不受天命? 勾践欲迁夫差于甬东,夫差自杀。勾践乃会盟中原,周元王命勾践作伯。

# 战 国

战国(公元前475年~前221年)。西汉末年的刘向,将有关这段历史的各种资料编成一本书,取名《战国策》,从此,人们都将这一历史阶段称为战国时期。

### 战国七雄

战国时期最有实力的是齐、楚、燕、韩、赵、魏、秦,人称"战国七雄"。

### 商鞅变法

周显王十三年(前356年)和十九年(前350年),秦孝公任用商鞅进行的变法最为彻底。商鞅变法鼓励人口增殖,重农抑商,废除世卿世禄制度,奖励军功,编制户口,实行连坐之法,使秦国成为战国中期以后最为强大的国家。虽然后来商鞅被车裂而死,新法

商鞅

却并未废止。

### 合纵连横

齐国和秦国东西对峙,展开了争取其他诸侯国、孤立对方的斗争,而韩、魏、赵、楚、燕等国,则在联秦抗齐和联齐抗秦中摇摆。这时,出现了两个著名的政治家——张仪和公孙衍,他们分别连横(分化六国)和合纵(联合抗秦),导演了一幕生动悲壮的话剧。

### 百家争鸣

百家争鸣是指春秋战国时期知识分子中不同学派的涌现及各流派争芳斗艳的局面。"百家争鸣"反映了当时社会激烈和复杂的政治斗争,主要是新兴地主阶级和没落奴隶主之间的阶级斗争。这个时期的文化思想,奠定了整个封建时代文化的基础,对中国古代文化有着非常深刻的影响。

所谓"诸子百家",主要有儒家、墨家、道家和法家,其次有阴阳家、杂家、名家、纵横家、兵家、小说家等等。后人把小说家以外的九家,又称为"九流"。俗称"十家九流"就是从这里来的。

## 秦　朝

秦朝是由战国后期一个诸侯王国发展起来的统一大国,中国封建社会的第一个统一王朝(前221~前207年)。

这个国家的疆域,东至东海,西至陇西,南至岭南,北至河套、阴山、辽东。秦王政兼采传说中三皇五帝的尊号,宣布自己为这个国家的第一个皇帝,即始皇帝,后世子孙代代相承,递称二世、三世皇帝。他认为帝王死后以其行为为谥的制度,是"子议父,臣议君",有损于帝王的尊严,所以宣布取消。他规定皇帝自称曰"朕",并制定了一套尊君抑臣的朝仪和文书制度。这些都是为了显示皇帝的无上权威,表示秦的统治将万世一系,长治久安。

秦始皇以原来秦国的制度为标准,整齐划一全国政治、经济、文化方面的一些制度,企图尽可能消除由于长期分裂割据造成的地区差异,以利统一。

战国时期,各国文字的基本结构虽然相同,但字体繁简和偏旁位置却有差异。李斯受命统一文字,他以秦国的文字为基础,参照六国文字,制定小篆,并写成范本,在全国推行。当时还流行一种书法,叫作隶书,比小篆更简便。

秦始皇废止战国时各国形制和轻重大小各不相同的货币,改以黄金为上币,以镒(二十两)为单位;以秦国旧行的圆形方孔铜钱为下币,文曰半两,重如其文。

秦始皇用商鞅时制定的度量衡标准器,来统一全国的度量衡。今见秦朝权量,都刻有始皇二十六年(前211年)颁布的统一度量衡的诏书。这种权量出土多,分布广,长城以外也有发现,可见统一度量衡是认真有效的。秦始皇还用法律规定了度量衡器误差的允许限度。他规定六尺为步,二百四十步为亩。不过二百四十步为亩的制度实际上只行于旧秦,可能还有旧赵境内,东方许多地区仍以百步为亩,直到汉武帝时期为止。

文字、货币、度量衡的统一，为经济、文化的发展提供了便利条件，促进了统一国家的发展。

### 大泽乡起义

秦二世元年（前209年）七月，一队开赴渔阳（今北京密云）的闾左戍卒九百人，遇雨停留在大泽乡（今安徽宿县境），不能如期赶到渔阳戍地。秦法"失期当斩"，戍卒们面临着死刑的威胁。于是，在陈胜、吴广的领导下，在大泽乡举起了中国历史上第一次大规模农民起义的旗帜，史称"大泽乡起义"。

大泽乡起义

附近农民斩木揭竿纷纷参加起义。起义军分兵东进，主力则向西进攻，连下今豫东、皖北的铚、酂、苦、柘、谯（分别在今安徽宿县，河南永城、鹿邑、柘城，安徽亳县境）诸县。当他们推进到陈（今河南淮阳）的时候，已是一支数万人的声势浩大的队伍了。

在起义军的影响下，许多郡县的农民杀掉守令，响应陈胜。但是旧贵族的势力很活跃，涣散了农民起义队伍。陈胜缺乏经验，决心不够，眼看着分裂局面的形成。与此同时陈胜周围也出现了不团结的现象。

秦将章邯军东逼荥阳，吴广部将田臧杀吴广，迎击章邯，一战败死。章邯进到陈，陈胜败退到下城父（今安徽涡阳东南），被叛徒庄贾杀死，陈县失守。陈胜部将吕臣率领一支"苍头军"英勇接战，收复陈县，处决了庄贾。陈胜作为反秦的先驱者，领导起义只有半年就失败了，但是反秦的浪潮却被他激起，继续不断地冲击秦的统治。

### 楚汉之战

陈胜起义后，旧楚名将项燕之子项梁和梁侄项羽在吴（今江苏苏州）杀掉秦会稽郡守，起兵响应。不久项梁率领八千子弟兵渡江北上，队伍扩大到六七万人，连战获胜。闽越贵族无诸和摇也率领族人，跟着秦番阳令吴芮反秦。原沛县亭长刘邦和一部分刑徒逃亡山泽，也袭击沛令起事，归入项梁军中。项梁立楚怀王之孙为楚王。以后，项梁在定陶败死，秦章邯军转戈北上，渡河击赵。这时，代替蒙恬戍守朔方边塞的王离，也率大军由上郡（治今陕西榆林东南）东出，包围了张耳和赵王歇驻守的巨鹿城（今河北平乡境）。楚王派宋义、项羽救赵，派刘邦西入关中。宋义北至安阳，逗留不进。项羽杀宋义，引兵渡漳河，经过激战，解巨鹿之围，被推为诸侯上将军。以后，秦将章邯率二十万人向他投降。刘邦迂回进入武关，到达咸阳附近。那时秦二世已被赵高杀死，继立的子婴贬去帝号，称秦王，在公元前207年十月向刘邦投降。刘邦废除秦的苛法，只约法三章，"杀人者死，伤人及盗抵罪"，深得秦人拥护。

刘邦入咸阳后，项羽也立即率军入关，驻鸿门，然后进入咸阳，大肆烧杀掠夺。他在诸王并立的既成局面下,自立为西楚霸王,定都彭城,并调整诸故王土地,徙置他们于其原据地的边缘,而把自己的亲信封于各国的善地为王,这样就并立着十八个王国,受制于西楚霸王。项羽的这一措施反而恶化了割据形势。不久齐国首先发难,诸侯混战再次爆发。

被项羽逼处巴蜀汉中一隅为汉王的刘邦,于汉元年(前206年)五月,乘机进入关中,败项羽所封关中三王,接着领军东出,远袭彭城,退守于荥阳、成皋之间,与项羽相持。刘邦巩固了关中后方,又联络反对项羽的力量,转败为胜。汉五年十二月,与韩信、彭越等会攻项羽。项羽兵败垓下(今安徽灵璧境),退至乌江(今安徽和县境)自刎。同年六月,刘邦即皇帝位。

楚汉之战是由秦末农民战争直接演变而来的。农民战争虽然胜利地推翻了秦朝,但曾经是农民战争领袖的刘邦和项羽,却不得不逐步转化为封建统治权的角逐者。刘邦知人善任,因势利导,终于战胜项羽,登上了西汉统一王朝的皇帝宝座。

秦末农民战争推翻了贪婪残暴的秦统治集团,使社会得以前进。这次起义,是中国古代农民第一次大规模的发动起义,对后代农民起义起着激励斗志的作用。

# 西　汉

前206年刘邦入关灭秦,称汉王。尔后在楚汉战争中打败项羽,于前202年称帝,国号汉,建都长安(今陕西西安),史称西汉。

西汉初年,汉高祖刘邦吸取秦亡的教训,实行与民休养生息的政策,注意恢复和发展生产,以医治战乱后凋敝的经济,保证政府的财政收入。经过惠帝、吕后、文景几代的治理,又由于劳动人民的辛勤劳动,社会经济很快得到了恢复和发展。到文景时期,出现了社会安定、经济繁荣富庶的崭新局面,史称"文景之治"。

刘邦

西汉时期的文化有很大发展。史学家司马迁著有我国第一部纪传体通史——《史记》。赋和散文、乐府诗是这时期的主要文学形式。此外,天文、历法、数学、地理学、医学等都有所发展,特别是造纸术的发明,是中国古代劳动人民对世界文化所做的卓越贡献之一。

西汉后期,豪强地主和官僚贵族疯狂兼并土地,阶级矛盾十分尖锐,社会危机日益加深,外戚王氏逐步控制了西汉政权。公元8年,外戚王莽代汉称帝,国号"新",西汉王朝结束。

### 文景之治

西汉文帝景帝时期出现的政治安定、社会经济得到显著发展的局面,历来被视为封建社会的"盛世",史称"文景之治"。

### 独尊儒术

汉武帝时,时代需要一整套的上层建筑,也需要有一套广泛的哲学体系。于是汉武帝便招贤良文学之士,亲自策问治理国家的纲领性的东西。

董仲舒在对策中从理论上论述了"罢黜百家,独尊儒术"。他说:"《春秋》讲大一统,这是千古以来天经地义的事。现在作老师的各执不同的学说,普通人各有各自的见解和言论。百家各有各的要旨,互相参差抵牾,因此使统治者无法完整地统一起来。而且如果老是变更法令制度,臣下民人将不知所守。因此,我认为,凡是不在礼乐射御书数之内,不属于孔子学说的言论,都杜绝其兴起的根源,不要让他们与儒家争道。这样,邪谈怪论便会灭息,然后天下便有一致的条例准则和明晰的法令,人们便知所从了。"

从此以后,在学术和仕进上,儒家被定为一尊,统治中国达两千年之久。独尊儒术在最初起到了统一思想、统一舆论、稳定国家的作用,但后来却成为封建专制的重要组成部分,禁锢了中国古代思想的发展,特别是个性思想。

### 丝织

中国是世界上最早发明养蚕和丝织的国家,曾经创造出在古代世界属于最高水平的许多丝织技术。

目前的考古发掘成果表明,我国丝织的起源不会晚于新石器时代。其中缫丝技术是我国创造性的发明:将蚕茧放在沸水中,利用水温去掉蚕丝上丝胶等杂质,松解蚕茧,从而获得长纤维的蚕丝。

在上古时代,中国是唯一掌握这种技术的国家。从丝织的历史讲,夏朝以前是我国丝绸生产的初创时期。夏到战国末期,是丝绸生产的发展时期。如商代甲骨文中已出现了桑、蚕、丝、帛等一百多个与纺织有关的字。丝织技术有了突出进步,已能用多种织纹和彩丝织成十分精美的丝织品。

秦汉到清道光年间,是丝绸生产的成熟时期。在这一时期中,汉唐的丝织成就尤为显著。1972年和1974年在湖南长沙马王堆一号、三号汉墓出土的大量丝织品,包括了目前所知汉代丝绸品种的大部分,在新疆的塔里木盆地和吐鲁番发现了许多唐代精美的丝织品,是唐代丝织发展的重要物证。

### 五铢钱

始铸于西汉武帝元狩五年(前118年),钱重五铢,上有"五铢"二篆字,故名。钱文"五铢"二字,分列方孔左右,通常是右"五"左"铢"。它的标准重量为4克,钱径2.5厘米,厚0.12厘米。它继承了秦半两钱的形制,确立了圆形方孔,内外有郭,并发展成为轻重大小适度的铜质钱币。自汉武帝元狩五年至西汉末年,币制不复改变。

### 昭君墓

又名青冢,在内蒙古呼和浩特市南。王昭君名嫱,字昭君,西汉南郡秭归(今属湖北)人。元帝时被选入宫。竟宁元年(前33),匈奴呼韩邪单于入朝请求和亲。她以入宫数岁,不得见帝,自请嫁匈奴。后立为宁胡阏氏。自昭君出塞后,匈汉两族人民更加团结友好,边塞出现了几十年的安宁局面。史书上称其为:"边城晏闭,牛马布野","三世无犬吠之警,黎庶无干戈之役"。昭君的这些功劳,深深地打动了后人。昭君墓表为夯筑的封土堆,高 33 米,被高大的绿色树木和碧翠的青草环绕,远远望去,颇有"黛色朦胧,若泼浓墨"之意。墓前有平台及阶梯相连,其形制与中原地区汉代帝王陵墓多有相似,墓前、墓顶各建有亭,以供游人憩息。附近建有陈列室,展出昭君的有关文物。墓前立有 1963 年董必武《谒昭君墓》诗碑,诗曰:"昭君自有千秋在,胡汉和亲识见高。词客各抒胸臆懑,舞文弄墨总徒劳"。

王昭君

### 丝绸之路

汉代从长安经河西走廊、天山南北通往中亚西亚各国的贸易通道,因有大量的中国丝绸经此西运,故称为丝绸之路。

### 王莽改制

西汉后期,土地兼并、奴婢和流民问题已成为当时严重的社会问题。阶级矛盾不断激化,封建统治的危机日益加深。哀帝死后,平帝即位,王莽以大司马大将军辅政,于初始元年(8)代汉称帝,改国号为新。

王莽改制的结果,不仅一般人民深受其害,贵族官僚、地主也在混乱中蒙受损失,引起社会各阶层的不满。改制进一步激化了阶级矛盾,终于爆发了全国规模的绿林赤眉大起义。

### 绿林赤眉起义

王莽改制后,法令烦苛,徭役繁重,加以天灾相因,民不得耕桑,阶级矛盾非常尖锐。天凤四年(17),荆州一带发生饥荒,饥民数百人共推新市(今湖北京山)人王匡、王凤为领袖,发动起义。不久,南阳人马武、颍川人王常、成丹等率众参加。起义军以绿林山为根据地,称"绿林军"。次年,琅邪(今山东诸城)人樊崇率领 100 多人在莒县(今山东莒县)起义,不久转入泰山。第二年,逢安、徐宣、谢禄、杨音等也聚众数万与樊崇会合。起义军用赤色染眉,以与敌军区别,因称之为"赤眉军"。

绿林赤眉大起义最后虽然失败,但这次起义推翻了王莽政权的腐朽统治,沉重打击了地主阶级,具有不可磨灭的历史功绩。

## 东 汉

西汉远支皇族刘秀夺取绿林赤眉起义胜利果实后于公元 25 年建立的豪族地主政权,建都洛阳,史称东汉。

东汉中后期,外戚宦官交相专权,造成政治极端黑暗和混乱。桓帝以后,宦官独揽大权。在他们把持下,察举制度败坏,官场黑暗,人选滥杂,贿赂公行。太学生和官僚集团联合一起,反对宦官专政。这场斗争以党人失败结束。党锢之后,东汉统治更加腐朽,阶级矛盾十分尖锐。中平元年(184),由张角组织和领导的黄巾大起义爆发。黄巾大起义沉重打击了东汉统治。后因割据势力增长,统一国家逐渐走向瓦解。延康元年(220),曹丕代汉称帝,东汉灭亡。

刘秀

### 金缕玉衣

1968 年在刘胜墓中首次出土一套完整的金缕玉衣。此后,在刘胜妻子窦绾墓中以及江苏、山东等地陆续出土了玉衣。刘胜的玉衣形体肥大,全长 1.88 米,由 2498 片玉片和 1100 克金丝组成。窦绾的玉衣全长 1.72 米,由 2160 片玉片和 700 克金丝组成。这两件玉衣的头部内都有用玉制成的眼盖、耳瑱、鼻塞和口琀。玉衣内的尸体早已朽烂。经过复原可以看到,玉衣的外貌和人的形体一样,由头部、上衣、裤筒、手套和鞋五大部分组成。头部又可分为脸盖和头罩。根据上述不同部位,玉片的大小和形状也有不少区别,绝大多数玉片是长方形和方形,少数是梯形、三角形和多边形。

曹丕即位后,斥责使用玉衣是"愚俗所为也",以玉衣为葬服的制度至此结束。

### 黄巾起义

东汉末年发生了有组织有准备的全国性农民大起义。东汉后期,宦官专权,横征暴

张角率众起义

敛,政治腐败达于极点。豪族地主兼并土地,加以天灾频仍,人民颠沛流离,到处暴动。

太平道首领张角借治病传教,秘密进行组织活动,10余年间,徒众达30多万,遍布青、徐、幽、冀、荆、扬、兖、豫八州。张角部署道徒为36方,大方万余人,小方六七千人,各立首领,统一指挥;并提出"苍天已死,黄天当立,岁在甲子,天下大吉"的政治口号。

中平元年(184)二月,张角号令七州二十八郡诸方同时举行起义,起义军以黄巾包头,因称"黄巾军"。

张角自称"天公将军",其弟张宝称"地公将军",张梁称"人公将军",建立了指挥起义的最高领导中心。黄巾军主力经9个月激烈战斗,沉重打击了东汉地主阶级及其政权。此后,分散各地的黄巾军与农民武装,继续进行艰苦卓绝的斗争达20多年。黄巾起义事先经过长期准备,组织比较严密。它公开宣布要推翻东汉王朝,建立农民自己的政权,比以前的农民起义有显著的进步。由于起义农民本身的弱点,他们先后都被残酷镇压。但是,在农民起义的打击下,腐朽的东汉王朝名存实亡。

### 董卓之乱

东汉末年地方军阀董卓奉调入朝后实行了暴政。中平六年(189)汉灵帝死,少帝刘辩继位,外戚何进辅政。何进与贵族官僚袁绍合谋诛杀宦官,不顾朝臣反对私召凉州军阀董卓入京。后因谋泄,何进被宦官张让等所杀。袁绍带兵入宫,杀尽宦官,控制朝廷。随后董卓率军进入洛阳,并领何进所属部曲,又使吕布杀执金吾丁原,并吞其众。由此势力大盛,得以据兵擅政。他废黜少帝,立陈留王刘协为献帝,并自任太尉领前将军事,更封为郿侯,进位相国。又逼走袁绍等人,独揽军政大权。

初平元年(190)袁绍联合关东各州郡兴兵声讨董卓。董卓见关东联军势盛,乃挟持献帝退往长安,临行把洛阳的金珠宝器、文物图书强行劫走,焚烧宫庙、官府和居家,并胁迫洛阳几百万居民一起西行,致使洛阳周围"二百里内无复孑遗",室屋荡尽。

次年,董卓又授意朝廷封他为太师,地位在诸侯王之上,车服仪饰拟于天子。他还拔擢亲信,广树党羽,宗族内外,并居列位,子孙年虽幼小,男皆封侯,女为邑君。又筑坞于郿(今陕西眉县东渭水北),号"万岁坞",积谷可供30年。初平三年四月,司徒王允与董卓部将吕布合谋,终于刺杀董卓。百姓歌舞于道,"市酒肉相庆"。董卓部将李傕、郭汜率兵攻入长安,赶走吕布,杀死王允,大肆报复,吏民死者万余人。随后李傕劫持献帝,郭汜扣留公卿大臣。不久,李傕为曹操所杀,郭汜也为其部将所杀。经过这场动乱,关中地区二三年"无复人迹",社会生产遭到严重摧残。

### 《周髀算经》与《九章算术》

东汉在数学方面的成就很大,写成于当时的《周髀算经》中已有了周密的分数运算和著名的勾股定理。东汉初年写成的《九章算术》对历代数学的发展影响很大。它的出现标志着我国古代以解决社会各种实际需要(计算田亩面积、税收等)为主要内容,以算筹为主要计算工具,以当时世界上最先进的10进位值制的记数系统来进行各种运算,形成了一个包括算术、代数、几何等各科数学知识的体系。

### 地动仪

汉代地理学的另一个重要成就,是关于地震的测量研究。张衡发明并创制了世界上第一架测量地震方位的仪器——地动仪。中国从永建元年(132)开始有了准确地震记录,这也是世界历史上最早的地震记录。技术也都取得显著的发展。

地动仪

## 三 国

东汉王朝灭亡后,出现的魏、蜀、吴三个政权分裂割据的时代,亦指魏、蜀、吴三国。

东汉末年的地方割据势力,经过近20年的混战兼并,在赤壁之战后,最终形成了曹操、孙权和刘备鼎足三分的局面。延康元年(220),曹操死后,子曹丕称帝,国号魏,都洛阳。次年,刘备也在蜀称帝,国号汉,史称蜀汉,都成都。八年后,孙权在江东称帝,国号吴,定都建业(今南京)。

## 两晋和五代十六国

### 西晋

曹魏咸熙二年(265),司马炎逼迫魏帝退位,自立为帝,是为晋武帝;国号晋,史称西晋,都洛阳。太康元年(280),西晋出兵灭吴,重新实现全国的统一。

太熙元年(290),武帝死后,惠帝司马衷继位。惠帝是个白痴。为争夺对这个傀儡的控制权,统治阶级内部的斗争达到白热化,终于演成"八王之乱",激化了阶级矛盾和民族矛盾。

永兴三年(306),东海王司马越成为"八王之乱"的最后胜利者,控制惠帝,掌握朝政;次年毒杀惠帝,立怀帝司马炽。永嘉二年(308),刘渊在平阳(今山西临汾)称帝,全力进攻西晋。永嘉五年(311),匈奴军攻陷洛阳,俘获怀帝。后晋残余势力又在长安拥立秦王司马邺为帝,是为晋愍帝。建兴四年(316),匈奴军夺取长安,再俘获愍帝,西晋王朝至此灭亡。

司马炎

## 东晋

西晋建兴四年(316),晋愍帝被前赵所俘。次年,琅邪王、扬州都督司马睿在建康(今南京)称晋王。又次年(318),愍帝被杀的消息传来,司马睿始正式称帝,是为晋元帝。司马睿重建的晋王朝,史称东晋,都建康。其疆域大致在江淮以南,曾攻入关中,占领长安、洛阳和黄河以南地区。

出身低级士族的刘裕,是东晋精锐之师北府兵将领,曾参与镇压孙恩起义。元兴二年(403),桓温子桓玄篡晋,建国号楚。裕联合北府中下级军官起兵,击败桓玄,迎晋安帝复位,遂掌握东晋大权。义熙五年(409),出兵北伐南燕,次年灭南燕,收复青、兖地区。镇压卢循起义后,又西灭成都割据势力谯纵,北上攻取长安,消灭后秦,终于在元熙二年(420)代晋称帝,东晋至此而亡。

## 祖逖北伐

东晋初年由祖逖领导的北伐。祖逖,字士稚,范阳遒县(今河北涞水县)人。士族出身,任西晋司州主簿。值大乱前夕,怀抱报国之志,对每况愈下的政局十分关切。半夜里听见鸡鸣,即起身至户外,拔剑起舞,留下了"闻鸡起舞"的佳话。西晋末年洛阳沦没后,祖逖率领亲族乡党数百家避乱南下,"以所乘车马载同行老疾,躬自徒步,药物衣粮与众共之,又多权略,是以少长咸宗之,推逖为行主。"时司马睿与南北门阀士族正热衷于建立东晋新朝廷,进行权力再分配,根本无意于北伐。祖逖不甘故国倾覆,恒存振复之心,主动请缨,要求领兵北伐。司马睿任命他为奋威将军、豫州刺史,但除了千人粮饷和三千匹

祖逖北伐

布外,未给一兵一卒和兵器铠甲。建兴元年(313),祖逖带领旧部数百人毅然渡江,"中流击楫而誓曰:'祖逖不能清中原而复济者,有如大江!'辞色壮烈,众皆慨叹。"渡江后,他屯于淮阴,一面铸造兵器,一面招募士兵,组建了一支二千人的武装,然后挥师北上。北伐的形势十分严峻,黄河以南盘踞着不少豪强武装,阻遏祖逖北进。逖艰苦奋战,才打败自封为豫州刺史的张平等,冲破他们的封锁,占领谯城(今安徽亳县)。而自封为陈留太守的陈川叛归石勒,祖逖攻陈川,石勒则派石虎率大军五万南下,逖设奇兵打败石虎,接着又大败虎留守蓬陂坞的桃豹,攻取雍丘(今河南杞县)。祖逖精于用兵,又善利用矛盾分化敌人,化敌为友。当时豪强武装赵固、上官巳、李矩、郭默等相互攻战,他派人说明利害,进行调解,使他们都服从自己的指挥。他"躬自俭约,劝督农桑,克己务施,不畜资产,子弟耕耘,负担樵薪"(以上均引自《晋书·祖逖传》),因此受到人民群众的爱戴。经过四年多的苦战,祖逖率领的北伐军收复了黄河以南的大片失地,使石勒不敢挥兵南向。太兴四年(321),正当祖逖抓紧积谷练兵,准备进军河北时,东晋朝廷派戴渊都督北方六

州诸军事指挥逖军,并扼制逖军后路,同时东晋统治者内部斗争非常激烈。这些情形,使满腔热忱的祖逖忧愤成疾,病死军中。祖逖北伐不计成败利钝,生死以之,以攻为守,保障了东晋偏安。他以其节烈丰富了民族精神,是东晋北伐的最高典型,与后来以北伐增益个人威望和门户权势者大相径庭。

### 十六国

西晋末年到北魏统一北方止在北方及巴蜀地区出现的割据政权的总称,亦作时代名。汉魏以后,我国西、北少数民族不断内迁,广泛分布于长城南北。他们遭受阶级和民族的双重压迫,或充当佃客,或被迫为兵,或沦为奴隶,过着悲惨的生活。西晋末年,他们与汉族人民一起奋起反抗,而少数民族的贵族乘机建立割据政权。从永安元年(304)匈奴贵族刘渊称汉王起,匈奴、羯、鲜卑、氐、羌、賨(又称巴氐)和汉人割据政权更相迭起。其概况如下:

汉 *(后改称赵,史称前赵,304～329),匈奴族刘渊立,都平阳(今山西临汾),迁长安,占据今河北、山西、河南、陕西、甘肃各一部。亡于后赵。

成汉 *(304～347),賨族李雄立,都成都,占据今四川和云南、贵州的一部分。亡于东晋。

代 *(315～376),鲜卑族拓跋猗卢立,都盛乐(今内蒙古和林格尔),占据今山西北部及内蒙古一部分。亡于前秦。

前凉 *(318～376),汉族张寔立,都姑臧(今甘肃武威),占据今甘肃西部及新疆东部。亡于前秦。

后赵 *(319～351),羯族石勒立,都襄国(今河北邢台),后迁邺(今河北临漳),占据今河北、山西、河南、陕西、辽宁,势力曾及于淮、汉。亡于冉魏。

冉魏(350～352),汉族冉闵立,都邺,占据今河北、山西一部分。亡于前燕。

前燕 *(337～370),鲜卑族慕容皝立,都龙城(今辽宁朝阳),迁蓟(今河北蓟县),再迁邺,占据今河北、山东、山西、河南和辽宁一部分。亡于前秦。

前秦 *(350～394),氐族苻健立,定都长安。占据中国北部及西南一部分。亡于后秦。

后燕 *(384～407),鲜卑族慕容垂立,定都中山(今河北定县),占据今河北、山西及山东、河南、辽宁的一部分。亡于北燕。

后秦 *(383～417),羌族姚苌立,都长安,占据今陕西、甘肃、河南。亡于东晋。

西秦 *(385～431),鲜卑族乞伏国仁立,都定苑川(今甘肃榆中),占据今甘肃西南部。亡于夏。

后凉 *(386～403),氐族吕光立,定都姑臧。所据略同前凉。亡于后秦。

西燕(384～394),鲜卑族慕容冲立,定都长子(今山西长子),占据山西一部分。亡于后燕。

翟魏 *(388～392),丁零族翟辽立,定都滑台(今河南滑县南),占据今河南一部分。亡于后燕。

南凉 *(397～414),鲜卑族秃发乌孤立,定都乐都(今青海乐都),占据今甘肃西部及青海一部。亡于西秦。

南燕＊（398～410），鲜卑族慕容德立，定都广固（今山东益都），占据今山东、河南一部分。亡于东晋。

西凉＊（400～421），汉族李暠立，定都敦煌。占据今甘肃极西部，亡于北凉。

北凉＊（401～439），匈奴族沮渠蒙逊立，都定张掖（今甘肃张掖西北），占据今甘肃西部。亡于北魏。

蜀＊（史称后蜀，405～413），汉族谯纵立，定都成都，占据今四川。亡于东晋。

夏＊（407～431），匈奴族赫连勃勃立，定都统万（今陕西横山西），占据今陕西北部及内蒙古一部分。亡于吐谷浑。

北燕＊（407～436），汉族冯跋立，定都龙城，占据今河北东北部及辽宁。亡于北魏。

此外，还有氐族杨氏割据仇池（今甘肃西和西南），自东汉末建安元年（196）至萧梁承圣元年（552）间屡亡屡立，盛时占有今四川西北、甘肃东南、陕西南部。

以上共有割据政权22个。其中加＊号的16个载入北魏史学家崔鸿《十六国春秋》，十六国之称即由此而来。在此百余年中，战乱相继，残杀酷烈，社会经济文化严重破坏，各族人民痛苦不堪。但各民族错居杂处，接触频繁，各族人民在共同斗争中增进联系与了解，促进了民族融合。

# 南北朝

## 南朝

东晋灭亡后南方相继建立的宋、齐、梁、陈四个王朝的总称，皆都建康（今南京）。自公元420年东晋王朝灭亡之后，在南方先后出现了宋、齐、梁、陈四个国家，而它们存在的时间都相对较短。其中最长的不过九十五年，最短的仅有二十三年，是我国历史上朝代更迭较快的一段时间。此时，中国正处于南北分裂的时期，在我国历史上南朝与北方的北齐、北魏、北周等国合称为"南北朝"。

## 宋（420～479）

宋朝的开国皇帝刘裕是东晋末年发展起来的新兴力量，于公元420年废掉了晋帝，自立为王，国号宋。为区别于后世赵匡胤建立的宋朝，史学家长称之为"刘宋"。由于刘裕出身贫寒，又看到了东晋因大族屡屡兴兵反抗而使其灭亡的教训，故而在他登基后，不再重用名门大族。其用人也多为贫寒出身，兵权则主要交于自己的皇子，所以没重蹈东晋发生大族割据的覆辙。然而，由于皇子相互间的争权夺利，最后以至于相互残杀，这是刘裕始料未及的。前422年，刘裕卒，宋少帝、文帝相继即位。其中，文帝刘义隆在位的三十年间，是宋朝最繁荣的一段时期，这时南方的经济、文化才真正有所发展。公元450年至公元451年，宋与北朝的魏国交战虽各有胜负，但却都损失惨重，使南北方无能力再发生大战。从此，南北方相对稳定下来。公元454年，文帝薨。文帝死后，宋孝武帝、宋明帝先后为帝，但他们俩都是有名的暴君，其不仅对诸将疑忌，而且兄弟间相互残杀，政治一度混乱。在此期间，南兖州刺史萧道成趁政治混乱之机而形成了较强的势力。479

年,萧道成灭宋,建立齐。至此,宋朝宣告灭亡。

## 齐(479~502)

齐是四个朝代中存在时间最短的,仅有二十三年。齐高帝萧道成借鉴了宋灭亡的教训,以宽厚为本,提倡节俭。他共在位四年,在他临死前,要求其子武帝继续延续其方针,并且不要手足相残。武帝遵其遗嘱,继续统治国家,使南朝又出现了一段相对稳定发展的阶段。武帝死后,齐国的皇帝又走上了宋灭亡的老路,他们纷纷杀戮自己的兄亲、叔侄,至东昏侯时,因其疑心过重,几乎将朝内大臣全部处死。这样一来,齐国的江山又被动摇了。公元 501 年,雍州刺史萧衍起兵攻入建康,结束了齐的统治。

萧道成

## 梁(502~557)

梁朝的建立者萧衍擅长文学,499 年被任命为雍州刺史,他乘齐国内乱,发兵夺取了皇位,建立了梁朝。萧衍是为梁武帝,共在位四十八年。在武帝时期,北方的魏国已经衰落,再无能力对南方形成威胁。这本应为南方发展的大好时机,但武帝却昏庸无能,纵容大臣剥削人民,却又以自己节俭为借口,对一些忠臣的建议置之不理。公元 548 年,投降梁的东魏大将侯景倒戈。他以武帝从子萧正德为内应,进攻梁国。次年,侯景攻陷台城。此时,梁武帝早已饿死于城中,其子萧纲即位,是为梁简文帝。公元 551 年,侯景杀死简文帝,因此梁已完全处于崩溃的边缘。公元 557 年,在讨伐侯景的战争中发展起来的陈霸先灭梁,建立陈。至此,梁宣告灭亡。

## 陈(557~589)

公元 557 年,陈霸先废梁敬帝,自立为帝,建立陈,是为陈武帝。此时,中国南方经过了多年的战乱,经济遭到了严重的破坏。在此基础上建立起来的国家,便注定是短命的。陈武帝与其继承者文帝、宣帝先后消灭了王僧辩、王僧智等反对势力,又在建康附近打败北齐军。在一定程度上巩固了梁的统治,但毕竟由于国力衰微,陈的统治被局限于长江以南,宜昌以东的地方。公元 583 年,陈宣帝卒。其子后主陈叔宝即位,此时北方已被隋朝统一,全国的统一也已指日可待。公元 589 年,隋文帝杨坚灭陈,结束了中国长达近三百年的分裂局面。

南朝是继东晋之后,由汉族在南方建立起来的朝廷,虽然他们的存在都不过几十年,但其作为汉族的统治,使汉文化得以保存和发展。如果没有它的存在,汉族则可能被其他的少数民族所消灭,使华夏文明就此结束。所以,南朝在中国历史上有着极其重要的地位,为华夏文明的发展做出了不可磨灭的贡献。

## 北朝（439~581）

十六国时期结束后北方存在的北魏、东魏、西魏、北齐、北周5个王朝的总称。与南朝不同的是，北朝诸国的建立者大部分是北方少数民族，而并非汉族。

自西晋灭亡后，中国北方一直处于"五胡十六国"割据的混乱局面，直至公元386年鲜卑族拓跋部在北方建立起魏国后，北方才从此脱离了东晋名义上的统治，使局势逐渐安定起来。公元471年，魏孝文帝即位，开始了北魏的第一次重大改革。孝文帝拓跋宏是我国历史上一位杰出的政治家，他五岁登基，二十四岁正式接替文明太后执掌政权。执政伊始，他便开始了"文治"政策。为了加强同汉族及其他一些少数民族的交流，公元459年孝文帝以南征为名

孝文帝

义，将都城从平城（今山西大同）迁至曹魏故都洛阳。由于洛阳远离鲜卑贵族居住的平城，保守势力相对弱小，在这种情况下，孝文帝开始了他的改革。

首先，孝文帝下令鲜卑人改穿汉人服装、禁止说鲜卑话，废除了鲜卑族的种种特权。后来又将鲜卑诸姓改为汉姓，其中拓跋改作元姓，另外还有一些鲜卑姓氏都改为长孙、穆、奚、陆、贺等汉族姓氏。孝文帝还通过婚姻方式来加强鲜卑同汉族的关系，同时在政治上大力重用汉族官员，以汉族习惯进行治理。通过孝文帝的一系列改革，使得汉族的先进文化及先进的政治制度完全融入了北魏的统治中，中国的北方已经开始进入了其民族融合的阶段。

公元449年，拓跋宏死于南征的途中，时年仅三十三岁。孝文帝死后，北魏开始逐步走向衰落。在其后的三十几年中，魏宣武帝、孝明帝、孝庄帝等人先后执政，他们逐渐废弃了以前的民族和解政策，又恢复了鲜卑族的特权，于是新的矛盾产生了。公元534年，北魏的孝武帝因不满当时实权人物高欢的胁迫，出走于长安宇文氏家族，而高欢则另立元善为帝，于是北魏分裂为东西两部分。此后，高欢之子高洋与宇文觉先后废东西魏帝建立了齐朝、周朝，史称"北齐""北周"。其中北齐存在二十七年，北周存在二十四年。

北齐建立于公元550年，它的建立者是高欢之子高洋，是为齐文帝。由于北齐是在东魏的基础上建立起来的，所以较为强大，文帝在位期间，又进行了一系列改革，故而使北齐的国力优于北周。但自文帝以后，相继即位的孝昭帝、武成帝都是暴君，他们在位期间，大肆杀戮元姓（北魏皇室）与汉族官员，使得北齐失去了鲜卑族与汉族广大人民的支持，后至公元577年，北齐被北周消灭。

与北齐同时存在的北周，是由宇文觉于公元557年在西魏的基础上建立起来的王朝。在建立之初，它的实力明显弱于北齐，但由于周武帝宇文邕（561~579年在位）的治

理,使北周逐渐超过了北齐而强盛起来。在此期间,大部分奴隶被赦免为平民,和解了统治者与人民的矛盾,而武帝自己生活朴素、勤政爱民,深受各族人民爱戴。就这样,北周开始了它的强盛时代。公元578年,周武帝卒,传帝位于宣帝,但此后北周的军政大权逐步落入了外戚杨坚的手中。后来杨坚于公元581年废周静帝,建立起隋朝,并逐步统一全国,结束了中国长期分裂的局面。

在南北朝期间,由于历代统治者都以佛教为国教,故而有许多庙宇及石窟造像流传于世,其中敦煌千佛洞、云冈石窟、龙门石窟、麦积山石窟成为我国造像艺术宝库之中的瑰宝。此外,南北朝的文学艺术更是有所发展,南朝时郦道元所著《水经注》、贾思勰所著《齐民要术》都成为流传后世的经典之作。

自东晋灭亡以来,南北朝成为我国历史上为数不多的南北分裂时期之一,虽然它的形成使经济发展有所停滞,但由于外族对中原地区的统治而形成的黄河流域民族大融合却是中国历史上史无前例的。正是在这种条件下,中国北方的诸族逐渐被汉族同化,最终成为统一民族。而正是这种作用,为将来中国成为统一国家打下了良好的基础。所以我们说南北朝的分裂,对加速民族统一起到了极其重要的作用,是中华民族发展过程中不可缺少的一个重要环节。

## 隋　朝

隋朝(581~619)是中国封建社会的一个统一王朝。

公元581年2月,北周相国杨坚接受北周静帝的"禅让"称帝,国号"隋",建元"开皇"。

隋继承了北周的强大,等内部安定后,随即在589年灭南方的陈国,结束了二百七十余年的大混战,统一了中国,有利于人民的休养生息。因为方块汉字的聚合力,使不同语言却相同文字的中国人续连在一起。从此,中国境内各民族结合成一个新的中华民族,再没有鲜卑、匈奴、羯、氐、羌之分,使新的中华民族更充满活力。

隋朝最盛时,疆域东、南皆至海,西到今新疆东部,西南至云南、广西,北到大漠,东至辽河,统户约900万户,人口近5000万,是个幅员辽阔,人口众多,国力富强的大帝国。

杨坚

隋炀帝杨广为杨坚次子,靠谋略夺取帝位。在他统治期间,中央集权得到进一步巩固,但繁重的力役、兵役连年不休,营东都、修长城、开运河、巡幸各地,每次工程动辄征发几十万到数百万丁男,甚至役及妇女。大业八年(612)、九年、十年三征高丽,人力、物力、财力耗费巨大,死亡众多,给劳动人民带来极大的灾难,尤其是山东、河北地区,作为东征基地,又逢连年水旱灾害,破坏尤为严重,隋末农民大起义也终于在这一地区拉开序幕。声势浩大的农民起义,削弱并瓦解了隋的统治,各地豪强和军府将领纷纷乘乱割据。李渊父子于太原起兵,占据关中一带。炀帝被杀后,李渊在长安称帝,建立唐朝。隋历文帝、炀帝、恭帝三世,共38年。

### 三省六部制

隋唐时期的中枢制度。三省指中书省(隋称内史省)、门下省、尚书省;六部指尚书省下属的吏部、户部、礼部、兵部、刑部、工部。三省六部制是西汉以后长期发展形成,至隋朝正式确立,唐朝进一步完善。三省为中央最高中枢政务机构,一般为中书决策,门下审核,尚书执行。三省长官:中书令(隋为内史令)、门下侍中(隋为纳言)、尚书令共行宰相之职。六部为尚书省属下的中央行政机构,分掌各方面的政务及政令的贯彻执行,并对中央担任具体事务的九寺五监及地方上的府、州、县有领导、监督之权。其后,三省长官成为荣誉之职,其决策权逐渐被剥夺,宰相一职为他官参加议政所替代。唐中叶以后,同中书门下平章事成为真宰相。其后,地位尊崇的翰林学士,因拥有起草诏敕权,被称为"内相"(《旧唐书·陆贽传》)。尚书省六部及下属各司的职权,在安史之乱后,由于使职的趋重与普遍化,逐渐被分割,故三省六部制在唐中叶以后,趋向名存实亡。

### 隋末农民起义

隋朝末年,炀帝剥削残酷,大兴土木,巡幸游乐,徭役、兵役甚为繁重,民不聊生,终于激起大规模的农民起义。全国各地义军达百余支,起义人数达数百万,并逐渐形成了河南的瓦岗军、河北的窦建德军(夏军)和江淮的杜伏威、辅公祏军(吴军)三支大的起义军。瓦岗军在李密的策划下,联合附近各支义军,力量逐渐壮大,大败隋骁将张须陀及他所率二万精兵。十三年(617)春,攻占洛阳东北的兴洛仓,开仓赈饥,队伍迅速发展到几十万人,占有河南大部分郡县,成为北方起义军的盟主。四月,瓦岗军将20万隋军围困于洛阳城,与之展开了争夺洛阳城大战。窦建德为河北高鸡泊起义军的组织者之一,大业十二年,张金称、高士达先后被隋军镇压,他收合两部余众,转战河北中部,兵力发展到十几万人,占领了河北大部分郡县。杜伏威起兵山东长白山,转战到淮南,逐渐控制了淮南各县,并对炀帝驻守的江都(今江苏扬州)成三面包围之势。在起义军的沉重打击下,隋朝统治面临土崩瓦解之势,各地官僚军将、地主豪强乘机割据一方。大业十三年,太原留守李渊从太原起兵,长驱入关中,攻克长安,闻炀帝死讯后,称帝建立唐朝。瓦岗军在与隋军的拉锯战中,消耗很大,被控制东都的王世充乘虚打败。窦建德军于唐武德四年(621)被唐军打败,余部曾在刘黑闼领导下复起,后被镇压。杜伏威于武德二年(619)降唐,五年(622)入朝长安。次年,辅公祏率部再起,被消灭。波澜壮阔的隋末农民起义,历时七年,遍及全国,摧毁了隋朝的统治。唐的统治者惩隋亡之戒,采取了一系列缓和阶级矛盾,减轻人民负担的措施,对唐朝前期社会经济的发展起了促进作用。

# 唐　朝

唐朝(618~907)是中国封建社会的一个统一王朝,是继汉代之后中国封建社会的第二个鼎盛时期。

隋末,农民起义如火如荼,豪强军阀拥兵割据,隋政权岌岌可危。太原留守李渊与次子世民等乘机反隋,挥兵南下,转而西入关中,占领长安。隋大业十四年(618)五月,李渊称帝,建唐王朝,年号武德,都城在长安。

唐朝在玄宗开元、天宝年间达到全盛,是当时世界上人口众多、幅员辽阔,最先进、最文明、最富庶、最强大的大帝国。

"安史之乱"(755~763)是唐由盛而衰的转折点。唐后期的一系列变化不少都萌肇于前期,但在后期才明朗化或制度化。开元、天宝之际土地兼并已日益加剧,均田制和租庸调制已名存实亡。德宗建中元年(780),开始实行两税法,改变以人身为本的征收赋役的原则,而以财产(主要是土地)作为征收的基本对象,完成了封建税制的一大变革,适应了土地占有状况。中央官制的三省六部地位逐渐下降,权力逐渐被分割、侵夺,新兴的使职差遣取而代之,逐渐形成新的官制体系,选举制度亦随之进行了新的调整。府兵制废弛,代之以募兵制。边地设立的节度使,逐渐集军、政、财大权于一身,再加上复杂的边疆形势、民族关系、政治矛盾,终于酿成"安史之乱"。安史之乱后,内地也遍置节度使,逐渐形成藩镇割据的局面。宦官专权、牛李党

李世民

争、南衙北司之争和藩镇割据,构成了唐后期政治的主要特色,一系列重大事件都与这几者有密切关系,或由此而引发的,表明唐中央集权日趋削弱,政局日趋混乱,统治日趋腐朽。劳动人民在土地兼并加剧、科敛加重、灾荒连年的重压下,终于奋起反抗。

僖宗乾符二年(875),爆发了震撼唐王朝统治的农民大起义。广明元年(881)起义军领袖黄巢率众攻入长安,建立大齐政权。在起义的巨潮冲击下,唐王朝内外矛盾并发,终于彻底崩溃。开平元年(907),朱温灭唐,建后梁,开始了五代十国的历史时期。唐历22帝,共290年。

## 玄武门之变

唐初高祖李渊次子李世民与长子李建成争夺皇位继承权发动的宫廷政变。李世民在唐王朝建立过程中,从首倡起义到驰骋战场,军功卓著,勋业克隆,觊觎皇位的政治野心日益增长。高祖称帝后,按照立嫡以长的原则,长子建成被立为太子。在李世民野心增长的同时,李建成的防范、妒忌之心也不断膨胀,双方各自培植势力,打击对方,终于酿成一场骨肉相残的流血事件。武德九年(626),双方的明争暗斗已成水火不容之势。

六月四日,世民在与府僚房玄龄、杜如晦、长孙无忌等密议策划之后,采取先发制人的断然措施,率长孙无忌、尉迟敬德等伏兵玄武门(即长安宫城北门,是中央禁军屯守之所,地位至为重要),世民射杀太子建成,尉迟敬德射死支持建成的齐王(世民弟)元吉,并奋力抗击和瓦解了东宫和齐王府的卫队,高祖遂被迫立世民为太子,不久又传位于世民。

玄武门之变

李世民的胜利,是对传统的嫡长制的挑战,并对唐初社会历史的发展起了积极作用。

### 科举制

隋朝建立、唐朝完善并为后代沿用的选拔官吏的制度。魏晋实行九品中正制,高门士族拥有政治特权,世垄高官显位。南北朝时士族门阀已日趋腐朽。隋朝废除了九品中正制,采取科举取士的办法,隋初规定原有的秀才、明经两科,由州县选送生徒到中央参加考试。炀帝时又置进士科,科举制逐渐形成。唐朝前期,科举制进一步得到完善和发展。

科举分为制举和常举两种,制举由皇帝特旨召试,应举科目广泛,应试者身份不限,中第者可获出身或官职。常举每年举行,科目比隋有所增加,但考生主要集中在明经、进士两科,应考者主要是各级学馆学成的生徒和不在学的士子。中第者可获得出身,通过吏部铨选,才能正式做官。明经科考试以帖经为主,进士科始以试策为主,后又加试帖经、杂文,天宝年间始试诗赋。进士科应举人多,而录取人数少,士人举子将考中进士比喻为"登龙门",一旦登第,声名大振,往往宦途便捷,飞黄腾达。由于进士科在选官中的独重地位,日益为士林举子所重视,在唐后期高官人选中所占比例明显增加。

武则天时创立武举,但地位不甚重要。唐代科举制从应举资格、考试内容、录取原则、审核手续、放榜期限、等第品定、获取出身等都有较严格的规定,形成一整套比较完备的制度。它通过考试方法体现的平等竞争精神,有利于广大普通地主步入仕途,扩大了统治基础,成为唐以及后世选官的主要导向。

### 贞观之治

唐太宗李世民在位期间,是中国封建社会历史上有名的治世,因年号为"贞观"(627~649),故有此称。唐太宗李世民即位初始,惩隋亡之鉴,顺应天下思治的民情,"抚民以静"(《资治通鉴》卷191)为施政的出发点,推行去奢省费、轻徭薄赋、选用廉吏、兴修水利、鼓励垦荒、增殖人口、广设义仓等措施,使隋末战乱一度凋敝的社会生产又呈现生机。选贤任能为贞观之治的明显特点。太宗本着舍短取长、兼明优劣的用人方针,充分发挥贤者能人的德才之长,亲贤臣、远小人,士庶并举、新故同进、汉夷并用。房玄龄、杜如晦、魏征、虞世南、马周、秦叔宝,或以善谋、或以善断、或以忠直、或以干练、或以文才、或以武勇,各尽所能,效力于太宗,以至人才济济,文武荟萃,成为贞观之治实现的重要因素。太宗极为重视吏治,慎择刺史亲民,执法务求宽简,提倡节俭,抑制旧士族势力,并大兴学校,盛开科举,笼络地主阶级知识分子,为庶民地主广开参政之门。太宗致力于巩固边防,安抚边疆各族降众,广设羁縻州府,缓和了西北、北边的边患,民族间的交往得到加强,因此。北方各族尊太宗为"天可汗",并开辟"参天可汗"道,以加强羁縻府州同中央的联系。太宗在兼容并蓄、开明开放的民族思想指导下,推行的和亲、团结、德化的民族政策,为统一的多民族国家做出了卓越贡献,文成公主入藏和亲,在汉藏友好史上意义深远。贞观年间一系列的政治、经济、军事措施,效果显著,"贞观之治"所造就的盛世升平景象,史家经常与汉代的"文景之治"相媲美。贞观后期,太宗屡兴营建,日趋骄奢淫逸,又连年用兵,亲征高丽,加重了人民的负担,在纳谏、用人、执法等方面不如前期。因此,"贞观之治"是有其历史和个人的局限性。

### 唐均田制和租庸调制

唐前期政府颁行的土地制度和赋役制度。均田制,始自北魏,历朝多有变更。唐初为恢复生产,保证税收,在隋代均田制的基础上,进一步完善。唐于武德七年(624)、开元七年(719)、开元二十五年(737)三次颁布均田令,取消了前朝奴婢、妇女及耕牛受田的规定,放宽了土地买卖的限制,主要内容:①丁男(21~60岁)和18岁以上的中男各授永业田20亩,口分田80亩,其他为户者和老、寡、病、残等,授口分田、永业田不等。②贵族和五品以上官可依品级请受5顷至100顷永业田,勋官可依勋级请受60亩至30顷勋田。③授田有宽乡、狭乡之别,迁徙、买田、授田规定不同。④永业田为世业,不再收还。⑤职官有职分田,官署有公廨田,收入充俸禄和办公费用。与均田制相适应的租庸调制,亦源于北魏的租调制。唐武德二年(619)和七年颁布新令,规定:每丁每年纳租粟2石;调随乡土所出,每年纳绢(或绫、绝)2丈,绵3两,不产丝绵之地,则纳布2丈5尺,麻3斤;每丁每年服徭役20日,不服则纳绢或布代役,每天折绢3尺或布3尺7寸5分,故称作庸。政府加役15天,免调,加役30天,租调全免,但加役每年不得超过30天。如遇灾年,依灾情轻重,适当减免租庸调。均田制和租庸调制的实施,对唐初恢复和发展农业生产,促使劳动力与土地结合,保证政府赋役来源,协调统治阶级内部矛盾,起到了积极作用。均田制实施范围和实施程度学界看法不一,但授田不足确为普遍现象。唐均田令中对口分田买卖限制的放宽,体现了土地私有制因素的增长,普遍以庸代役,则体现了国家对农民人身依附关系的松弛。唐高宗以后,土地兼并加剧,农民逐渐破产流亡,均田制逐渐遭到破坏,按人丁为征收赋役的基本对象的租庸调制,与土地占有状况已不相适应,唐朝政府开始逐渐调整征收原则和内容。德宗建中元年(780),正式实行两税法,均田制和租庸调制遂名实俱废。

### 曲辕犁

又称江东犁。在敦煌莫高窟第四百四十五窟的壁画中有曲辕犁耕作图。

曲辕犁和以前的耕犁相比,有几处重大改进。首先是将直辕、长辕改为曲辕、短辕,并在辕头安装可以自由转动的犁盘,这样不仅使犁架变小变轻,而且便于调头和转弯,操作灵活,节省人力和畜力。其次是增加了犁评和犁建,如推进犁评,可使犁箭向下,犁铧入土则深。若提起犁评,使犁箭向上,犁铧入土则浅。将曲辕犁的犁评、犁箭和犁建三者有机地结合使用,便可适应深耕或浅耕的不同要求,并能使调节耕地深浅规范化,便于精耕细作。犁壁不但可以能碎土,而且还可将翻耕的土推到一侧,减少耕犁前进的阻力。曲辕犁结构完备,轻便省力,是当时先进的耕犁。历经宋、元、明、清各代,耕犁的结构没有明显的变化。

唐三彩

### 唐三彩

唐代陶器和陶俑上的一种多色釉和具有这种釉色的陶制品,是唐代制陶工匠在汉代铅釉陶器的基础上创烧成功的新工艺。唐三彩属低温釉陶,用白色粘土作胎,釉质的主要成分是硅酸铝(包括石英、铅、金属元素),呈色剂是釉料中所含各种不同的金属氧化物。如浅黄色是铁和锑的氧化物,绿色是铜的氧化物,蓝色是铜或钴的氧化物。唐三彩除白、绿、蓝三种主要釉色外,还有褐、黑、浅黄等多种色调,斑驳灿烂,绚丽夺目。

### 牛李党争

唐朝后期朝廷大臣之间派系斗争激烈。一派以牛僧孺、李宗闵为首,一派以李德裕为首,故有"牛李党争"之称。

牛李之争以牛党获胜结束。两派之争,既有公事,也有私仇,政治主张除对待藩镇所持态度有别外,在选举制度、对待文化传统等方面亦多有分歧,牛党拥护进士科取士,相互援引,结成朋党;李党主张改革选举制度,以抑进士科所带来的浮华之风。李德裕于会昌(841~846)年间执政,在讨平泽潞叛镇、破回鹘、废佛等方面,颇有建树,为人称道。文宗曾慨叹说:"去河北贼(藩镇)非难,去此朋党实难。"(《旧唐书·李宗闵传》)表达了对两党长期争斗厌倦又无可奈何之心情。

### 赵州桥

又称安济桥。位于河北赵县南门外,横跨洨河之上。由杰出民间工匠李春设计建造。建于隋朝大业年间(605~618),是目前世界上保存下来最古老的一座单孔无墩敞肩石拱桥。

赵州石桥一千三百余年来,历经多次地震和战火的考验,雨、雪和风的侵蚀,至今保存完好。赵州大石桥在中外桥梁建筑史上,占有重要地位。欧洲罗马帝国时代虽建成比它更早的石拱桥,但未能保存至今。直到14世纪在法国的泰克河上才又建造了石拱桥,比我国的赵州桥晚七百多年。

赵州桥

### 敦煌莫高窟

亦称"千佛洞"。位于甘肃省敦煌县城东南二十五公里的鸣沙山断崖上。南北长约两公里,是我国规模最大。内容最丰富的石窟群。

莫高窟始建于前秦建元二年(366),此后历经北朝、隋、唐、宋、元各代,在近千年的时间内连续不断地在这里开窟千余。现在洞窟492个,其中尤以唐窟最多,最为精彩。最大洞窟高40米,30米见方,而小窟还不足1尺。塑像2000多身,窟中最大的佛像高33米,小的仅有几厘米,充分显示了塑像技艺的高超。莫高窟艺术以壁画为主,现存壁画4500多平方米。

敦煌莫高窟

## 五代十国

唐朝灭亡后,中国中原地区先后出现5个短暂的政权,即后梁、后唐、后晋、后汉、后周,史称"五代"。同时,南方和山西地区,先后出现10个割据政权,即吴、前蜀、后蜀、南唐、吴越、闽、楚、南汉、南平、北汉,史称"十国"。

五代十国时期,不仅是藩镇割据的继续和扩大,也是统一的宋王朝建立的前奏,是唐宋两朝继往开来的过渡时期。统一的各种因素在割据混战的局面下迅速向前发展,人民对安定局面的渴求,经济、文化的联系和发展,抵御北方兴起的契丹入侵,都促使统一因素不断增长,终于促成了统一局面的最终形成。

### 周世宗改革

周世宗柴荣(921~959)后周第二代皇帝。邢州龙冈(今河北邢台)人,后周太祖郭威的内侄和养子。后周开国皇帝太祖郭威在位期间,曾就恢复农业生产、革除累朝弊政推行了一系列有效的措施。显德元年(954),柴荣即位,广泛收罗人才,继续推行改革。政治上,澄清吏治,严明赏罚,惩治贪赃,倡导节俭,力戒奢华。经济上,鼓励逃户回乡定居,减免各种无名科敛,安抚流民,招民垦殖逃户田,编制《均田图》,派遣使者分赴各地均定田租,查实隐匿耕地,使之均摊征税,废除曲阜孔氏的免税特权,动员民众兴修水利,疏浚漕运;停废敕额(朝廷给予寺名)外的寺院3万余所,敕额外僧尼一律还为编户,禁私

周世宗

度僧尼;收购民间佛像铜器铸钱,缓解了唐末以来长期缺钱的局面。军事上,整肃军纪。周世宗还修订刑律,修订历法,考正雅乐,广搜遗书,雕印古籍。显德二年,世宗采用王朴提出的"先易后难"的战略方针,致力于统一全国的大业,先出兵后蜀,收回四州。次年伐南唐,经三年苦战,收回淮南、江北十四州六十余县。六年征辽,收回燕云十六州中的三州。五月间,乘胜进取幽州,突患重病,被迫班师,六月卒,年39岁。世宗柴荣在政治、经济和军事上的改革及成就,为北宋统一全国奠定了基础。

# 北 宋

### 陈桥兵变

陈桥兵变,这是一个典故,即赵匡胤策划的夺取后周政权的军事政变。

公元959年,后周显德六年,后周世宗柴荣病死,继位的恭帝年少只有七岁,因此当时政治不稳。公元960年,后周显德七年正月初一,忽然传来辽国联合北汉大举入侵的消息。当时主政的符太后乃一介女流,毫无主见,听说此事,茫然不知所措,最后屈尊求救于宰相范质,皇室威严荡然无存。范质暗思朝中大将唯赵匡胤才能解救危难,不料赵匡胤却推脱兵少将寡,不能出战。范质只得委赵匡胤最高军权,可以调动全国兵马。

几天后,赵匡胤统率大军出了东京城(今河南开封),行军至陈桥驿(今河南封丘东南陈桥镇)。当时,大军刚离开不久,东京城内就起了一阵谣传,说赵匡胤将做天子,这个谣言不知是何人所传,但多数人不信,朝中文武百官也略知一二,谁也不敢相信,却已慌作一团。赵匡胤此时虽不在朝中,但东京城内所发生的一切他都了如指掌,而且这也是他的杰作。周世宗在位时,他正是用此计使驸马张永德被免去了殿前都点检的职务而由他接任。赵匡胤知道皇帝的心理,就怕自己的江山被人夺走,所以他们的疑心很重。这次故伎重演,是为了造成朝廷的慌乱,并使他的军队除了绝对听命于他外别无他路。而就

**陈桥兵变壁画**

在陈桥驿这个地方,赵匡胤的弟弟赵匡义和归德军掌书记赵普授意将士把黄袍加在赵匡胤身上,拥立他为皇帝。正月初四,赵匡胤率军回师开封,逼使恭帝禅位,轻易地夺取了后周政权,改国号为"宋",建立了赵宋王朝。

### 王小波、李顺起义

北宋淳化四年至至道二年(993~996),青城(今四川灌县东南)民王小波、李顺聚众抗击官军镇压的起义。

淳化初,宋廷赋税苛刻,四川商人、官僚与官府勾结,垄断市场,贱价强购,使茶农、茶贩深受欺压。四年二月,适西川大旱,官府赋敛急迫,逼得大批农民失业,难以生存。茶贩王小波、李顺利用民怨,以均贫富为号召,聚失业茶农百余人,占据青城起义。十二月,王小波率义军出彭山北上,于江原(今四川崇庆东南江源镇)与西川宋军主力展开攻战,击杀西川都巡检使张玘,攻克江原,获西川之战大捷。王小波因额部中箭,战后身亡,其妻弟李顺继为统帅,乘胜攻克蜀、邛二州,进破永康军(今四川灌县)。

五年正月,起义军抢占新津口(今四川新津),击败宋军,直逼成都。攻成都受挫后,乃转兵破汉、彭(今四川广汉、彭州市)二州。旋趁成都知府换任,新知府郭载方至之际,突然回师急攻,破城,李顺率义军入据成都,建立了大蜀政权,称大蜀王,建元应运。后继续扩大战果,遣兵四出,攻占剑阁(今四川剑阁东北剑门关)至巫峡(今四川巫山以东)间诸州郡,义军队伍壮大至数十万,声势甚盛。宋太宗赵光义闻知义军已攻占剑南镇(治益州,今四川成都),即命宦官昭宣使、河州团练使王继恩为西川招安使,率兵入川攻讨。二月初一,又命少府少监雷有终、监察御史裴庄并为峡路随军转运使;刘锡、周渭为陕府西至西川随军转运使;马步军都军头兼蕲州刺史王杲率兵趋剑门;崇仪使尹元率兵由峡路入川,各路皆受王继恩节度,以分进合击,镇压起义军。未及宋征讨大军入川前,李顺已遣兵分路出击,令相贵率二十万众攻梓州(治郪县,今四川三台),杨广率数千人北攻剑门,以夺占要隘,阻扼官军入川。只因投入兵力过少,加之剑门关地势险要,易守难攻,数千义军遭剑门都监上官正等率军反击,几被击杀殆尽,致使北路宋军保持入蜀通道。后东路宋军亦自峡路入川。王继恩率军入剑门,长驱直下,连克研口寨(今四川剑阁北)、剑州及绵、阆、巴(今四川绵阳、阆中、巴中)等州,义军被杀甚众。相贵率大军攻梓州已80余日未克,亦被宋军击败。五月,宋军围攻成都,李顺率领十余万众奋力抗击,因不善守战,城陷,被斩杀三万余人,李顺等十余名首领亦被俘杀。成都失陷后,义军余众在张余率领下,辗转成都南部及东川,坚持斗争到至道二年,终被宋军镇压。

## 庆历新政

宋代仁宗庆历年间进行的改革。宋仁宗时,官僚队伍庞大,行政效率低,人民生活困苦,辽和西夏威胁着北方和西北边疆。庆历三年(1043),范仲淹、富弼、韩琦同时执政,欧阳修、蔡襄、王素、余靖同为谏官。宋仁宗责成他们在政治上有所更张以"兴致太平"。范仲淹与富弼提出明黜陟、抑侥幸、精贡举、择官长、均公田、厚农桑、修武备、减徭役、覃恩信、重命令等10项以整顿吏治为中心的改革主张。欧阳修等人也纷纷上疏言事。宋仁宗采纳了大部分意见,施行新政。诏中书、枢密院同选诸路转运使和提点刑狱;规定官员必须按时考核政绩,以其政绩好坏分别升降。更荫补法,规定除长子外,其余子孙须年满15岁、弟侄年满20岁才得恩荫,而恩荫出身必须经过一定的考试,才得补官。又规定地方官职田之数。四年三月,更定科举法。另外,还颁布减徭役、废并县、减役人等诏令。由于新政触犯了贵族官僚的利益,因而遭到他们的阻挠。五年初,范仲淹、韩琦、富弼、欧阳修等人相继被排斥出朝廷,各项改革也被废止。

## 王安石变法

王安石(1021年~1086年)字介甫,北宋政治家、文学家。抚州临川人(今江西抚州市),出身地主官吏家庭,早年有文学成就,曾与父亲经历许多地方。中进士后,历任幕僚、知县、通判、知州、提点刑狱等职,有政绩。有感于北宋社会矛盾的尖锐,力主改革政治,以扭转国势的衰落。宋仁宗时上《万言书》,希望改革,受到冷遇。宋神宗继位后,得到支持,开始实行改革。

熙宁二年(1069),宋神宗以王安石为参知政事,实行改革。具体措施有:①均输法。宋在荆湖南北路、江南东、西路、两浙路、淮南路设立转运使,由于官员因循旧规,运转不灵,造成"远方有倍蓰之输,中都有半价之鬻"(《宋朝诸臣奏议·109·上神宗乞罢均输》)。均输法徙贵就贱,用近易远,减少财政支出,限制商人牟利,以稳定经济秩序。②农田水利法。由政府计工料、按民户等第出资兴修水利,抑制土地兼并与水利工程垄断,劝种桑柘等经济作物。整理经济环境,以利收入。③青苗法。青黄不接时,由政府贷款给农民,半年加息二分偿还。主要目的是抑制土地兼并和高利贷,并强制上等户借贷与纳息。也属整顿经济环境的措施,

王安石

利于财政收入稳定。④方田均税法。清查垦耕田地，标明亩数、产主、田地优劣以定赋税，避免豪强隐产，使岁入有保证。⑤免役法。由政府募役，改变按户等轮流当差办法。费用由主户按等第负担，收取免役钱，由官、或形势诸户纳助役钱。目的在减轻政府支出，解放生产力，便利农耕。⑥将兵法。将黄河流域战区驻军分为几个或十几个单位，设将与副将各一人，训练军士。力图改变军士素质低下，不能作战的状况。⑦保马法。主要在京东、西，河北、东，陕西五路施行。由义勇或保甲养马一匹或二匹，以利征用，养马者受政府支持，可免折变钱等税。目的在加强军事力量，便于与敌作战。

王安石变法以"富国强兵"为目标，从新法实施，到守旧派废罢新法，前后将近 15 年时间。在此期间，每项新法在推行后，基本上收到了预期的效果，使豪强兼并和高利贷者的活动受到了一些限制，使中、上级官员、皇室减少了一些特权，乡村上户地主和下户自耕农减轻了部分差役和赋税负担，封建国家也加强了对直接生产者的统治，增加了财政收入。各项新法或多或少地触犯了中、上级官员、皇室、豪强和高利贷者的利益，最终被罢废。

### 靖康之变

宋徽宗宣和七年(1125)金兵南侵，兵锋直指宋都城，徽宗慌乱不堪，以儿子为监国，准备南逃金陵。在宗泽等大臣迫使下，传位给儿子赵桓，为钦宗，自为太上皇，改元为靖康(1126)。钦宗在抵抗金军同时，仍大肆进行投降准备，朝内战与和两派又争持不下，暂时达成和议后，两派斗争更加激烈。靖康元年(1126)金兵第二次南下，再次围攻开封，钦宗用道士郭京为将，企图以咒语破金兵于城下，结果大败。靖康二年(1127)金军攻破开封，徽、钦二帝及宗室、大臣三千余人被俘走，北宋王朝灭亡，史称靖康之变。

# 南 宋

北宋靖康二年(1127)北宋为强盛的金朝灭亡，南窜诸臣及南方宋大臣推康王赵构为帝，重建宋朝，建年号建炎，建都于临安府(今杭州)。赵构为南宋高宗，史称南宋。

蒙古汗国灭金后，积极准备灭宋，经合州保卫战、襄樊保卫战等几次战争，祥兴元年(1279)终于灭亡。南宋疆域北以秦岭、淮河为界与金对峙，南及琼州以外，东至到大海，包括几乎北宋南部原有地区，东南、西南与北宋同，共传 9 帝，152 年。

### 钟相、杨么起义

南宋初年，金朝军队不断南侵，战争使江南一些地区受到极大破坏，南宋政府又征收各种苛捐杂税，人民不堪其苦，民族矛盾与尖锐的社会矛盾交织在一起。与金兵作战失败的宋溃兵流窜各地，行同土匪，在荆湖地区尤为突出。

嗷嗷之声比比皆是，民心涣散，钟相、杨么起义即爆发在这种背景下。钟相，鼎州武陵人(今湖南常德)，自称有神灵，以行医为名长期活动，组织武装，宣传"法分贵贱、贫富，非善法也。我行法，当等贵贱，均贫富。"(《建炎以来系年要录》卷 31)。当地人纷纷入教，自动分财互助。建炎四年(1130)，金兵破潭州，劫掠后北还，宋军追击至此，公然打劫百姓,钟相遂借机举事。建大楚国,自为楚王,宣布宋朝制度为邪法,杀死儒、僧道、巫医卜祝、官吏,以武陵为基地,拥有今湖南、湖北地区七州十九县。后在作战中被混入的奸细告密,钟相及其子钟昂被俘杀,杨么遂领其军。杨么本名太,因年幼故称为么。他以洞庭湖为基地,利用湖区特点,采取陆耕水战策略,联合另外几支农民武装,屡次打败宋军。绍兴五年(1135)宋大将岳飞率岳家军镇压,采取"因敌人之将,用敌人之兵,夺其手足之助,离其腹心之援"(《建炎以来系年要录》卷86)的策略,分化瓦解农民武装,俘获杨么,平定了持续六年的起义。这次起义发展了王小波、李顺起义提出的均贫富思想。

### 纸币

我国最早的纸币是"交子"。宋初,四川的富商大贾为便于贸易,首先印行"交子"。宋仁宗天圣元年(1023)设益州"交子务",严禁私人印造,改由官府发行。面额一般为一贯、五贯和十贯等,以七百七十文为一贯。规定分界发行,三年为一界,界满以新换旧。徽宗崇宁、大观年间,政府改"交子务"为"钱引务",改"交子"为"钱引"发行。南宋改称"关子"或"会子"。金海陵王贞元二年(1154)设"交钞务",仿宋发行纸币,称"交钞",分大、小钞两种。原定七年为界,期满以新换旧。后又换发"贞祐宝券""兴定宝泉"等。金贞祐三年"壹拾贯交钞铜版"就是金代后期发行交钞用的。版头有"壹拾贯"三字,左栏外有"每纸工墨钱捌文足,纳旧换新减半"字样。中间栏框镌有面值、印刷地点、年月日及赏罚办法、流通领域等文字。上栏文中"壹拾贯八十足佰",标明此张纸币可作八百枚铜钱使用;下栏篆书注明"伪造交钞者斩""赏钱三百贯",是对伪造者和告发者的奖惩。其流通范围,基本上包括金代后期管辖的整个区域。元代禁止民间用铜钱交易。忽必烈中统元年(1260)造"中统宝钞",面额为十文、二十文、一百文、二百文、一贯、二贯等十种。至元二十四年(1287)又发行"至元宝钞",面额分为十一种。"至元宝钞"一贯当"中统宝钞"五贯,二者并行。明太祖洪武初年,设立宝钞提举司,立钞法,发行"大明通行宝钞",面额六种为一百文至五百文及一贯,每贯等于铜钱一千文。此钞发行不分界,不回笼,一直流通一百余年。清咸丰三年(1853)开始印发"大清宝钞",面额多种。最后由于恶性通货膨胀,在同治初年废止。

### 宋代瓷器

宋代制瓷手工业在唐和五代的基础上,取得了突出成就。瓷窑遍布全国各地,目前在全国十九个省一百七十多个县市发现宋代瓷窑窑址一千多处。汝、钧、官、哥、定是当时的五大名窑。此外,景德镇窑、磁州窑、耀州窑的产品也极负盛名。因为各地瓷窑烧造瓷器的工艺、釉色、造型和花纹装饰各不相同,逐渐形成了各具特色的瓷窑体系,有定窑系、磁州窑系、钧窑系、龙泉窑系和景德镇窑系等。

汝窑在河南临汝,是北宋经营的官窑,所烧瓷器的釉色青绿发蓝,器表有细碎开片。1987年在河南宝丰清凉寺发现了宋代汝窑窑址。钧窑在河南禹县八卦洞,钧窑的突出成就是制瓷工匠在釉料中掺进了铜的氧化物,用还原焰烧咸通体天青色与彩霞般的紫红色交相掩映的釉色,称窑变釉。海棠式玫瑰紫花盆釉汁肥厚润泽,色彩艳丽,是钧窑的代表作。宋代官窑是北宋朝廷在开封经办的一处青瓷窑场,窑址目前尚未发现,产品流传下来的很少。官窑青瓷色泽青白如玉,釉质肥润晶莹,器表有较大开片。哥窑制瓷工匠,利用胎和釉在焙烧过程中收缩率的差别,使瓷器釉面呈现出疏密不等,大小不匀的裂纹(即开片)。

定窑窑址在河北省曲阳县涧磁村和东西燕山村一带。曲阳宋时属定州,因而得名。定窑以烧白瓷器著称,也兼烧绿釉、褐釉、黑釉等品种。定窑白瓷胎薄质坚,釉色洁白莹润,因胎泥中含有大量氧化钛,所以定窑白瓷的釉色呈现出白中泛黄的颜色,且有泪痕。定窑白瓷造型美观,花纹装饰题材丰富,主要装饰手法有刻花、划花和印花。磁州窑是一处规模很大的民间瓷窑,主要窑址在今河北省磁县漳河两岸观台镇东艾口和冶子村附近。这里古代属磁

宋瓷

州,故而得名。其产品带有浓厚的民间色彩,特别是白地黑花瓷器,色调对比非常鲜明。器形以盘、碗、罐、瓶为主,还有瓷枕和玩具。景德镇(原名昌南镇)窑,始烧于南朝,五代时期烧制白瓷达到了较高水平。宋代所烧青白瓷(即影青瓷)的硬度、薄度和透明度都达到了现代硬瓷的各项标准。

### 印刷术的发明

印刷术是按照文字和图画的原稿,制成印刷品的技术。我国在隋唐之际发明了雕版印刷术,到宋代又发明了活字印刷术。雕版印刷术是在古代印章和拓石技术的启示下,经反复研究试验而发明的。到唐朝晚期,雕版印刷已很流行,并达到了相当成熟的阶段。1900年在甘肃省敦煌莫高窟发现了唐懿宗咸通九年(868)雕版印刷的《金刚经》,经卷长533厘米,由七个印张连接而成。卷首是释迦牟尼说法图,卷尾题记为"咸通九年四月十五日王玠为二亲敬造善施"。这是目前世界上已发现的最早的有年代可考的雕版印刷品。该经卷于1907年被英国人斯坦因盗走,现藏英国伦敦博物馆。

雕版印刷术发展到宋代,达到了鼎盛时期,但雕版印刷既费工,又不易保存。北宋庆历年间(1041~1048),平民毕昇发明了活字印刷术。用胶泥做成反体单个字模,用火烧坚,便制成了单个的泥活字,排版时,在四周带框的铁板上,铺一层松脂、蜡和纸灰,按需印刷的书稿拣字排版,

毕昇

排好后的版用火烘烤,使蜡和松脂融化,再用一铁板压平版面,待冷却后,活字固定,便可涂墨印刷了,通常以两块铁板交替使用。印刷完毕,再用火烘烤铁版,待蜡和松脂再次融化,取下活字,以备下次再用。宋代科学家沈括在所著的《梦溪笔谈》中记下了这个伟大创造。毕昇发明的泥活字印刷方法,对后世产生了深远的影响。元朝农学家王桢试制成

功了木活字印刷法,并创制了"以字就人"的转轮排字盘。

明弘治三年(1490),我国已开始用铜活字印刷书籍。明正德三年(1508),我国开始采用铅活字印刷。

### 火药的发明及应用

火药是我国古代炼丹家于公元七世纪,在炼制丹药的过程中发明的。火药发明后,首先被古代军事家所利用,制造出火药武器,用于战争。《武经总要》记有火药配方和火药武器。火药的主要成分是硝石、硫磺和木炭,这是目前世界上所知年代最早的军用火药配方。

据记载,唐昭宗天佑元年(904)郑璠攻豫章(今江西南昌)时,曾用飞火攻城,这是我国目前已知使用火药武器的最早记录。飞火是用弓发射的火箭,在箭杆上绑一火药团,点燃引线,用弓发射,以烧伤敌人。宋元时期,人们利用火药所具有的束缚力越紧爆炸力越强的特性,制成了爆炸性火器,如霹雳火球、火蒺藜、震天雷等。这类火器用生铁或陶器做外壳,内装火药,点燃后能发出极强的爆炸力。人们利用火药燃烧的性能,制成了喷射性火器,火箭称其代表。在一长的箭杆上绑一火药筒,利用点燃后所产生的热气流冲击尾部封口向后喷射的力量推动箭支前进。明朝出现了"一窝蜂"火药武器,能同时发射32支火箭,杀伤力很强。宋元时期还制成了管状火器,突火枪就是其中的一种,外壳最初用竹筒制成,内装火药和"子窠"(子弹),利用火药的爆炸力将子窠射出,射程可达一百五十步。因竹筒的抗压力有限,且易燃,后改用金属做外壳,称"火铳"。中国历史博物馆陈列有元朝至顺三年(1332)铜火铳,长35.5厘米,重6.94公斤。它的发射原理是,从点火孔装入引线,从铳口装进火药和铁弹丸,点燃引线,使火药燃烧,将弹丸发射出去。小型火铳按木柄用手拿着施放,大型火炮需安装在特制的木架上发射。火药发明后,约在公元十三世纪经阿拉伯人传入欧洲。

### 宋代的航海业与指南针

宋朝的航海业十分发达,造船技术显著提高,对外贸易更加繁盛。广州、泉州、明州(今宁波)、杭州,扬州是当时对外贸易的重要港口。泉州(当时泉州范围很大,几乎包括了福建东南部地区)被誉为世界上最大的对外贸易商港之一,经常停泊大海船百余艘,小船不计其数。

由于航海业的需要,宋代海船已广泛使用指南针辨别方向。据徐竞著《宣和奉使高丽图经》一书记载:"是夜,洋中不可住维,视星斗前进,若晦冥,则用指南浮针,以揆南北。"这是目前已知世界上关于使用指南针航海的最早记录。首先用于航海的指南针,是宋代科学家沈括在《梦溪笔谈》中记述的水浮法指南针,即用磁针横穿灯芯草,放在水碗中,借助灯芯草的浮力和水的滑动力,使磁针指示南北。这种指南针水

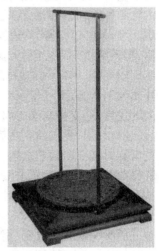

宋代指南针

面能保持磁针的平衡与稳定,又不受海船摇荡的影响。指南针的应用,不仅解决了恶劣天气时海上航向问题,也为仪器导航开辟了道路,同时充分说明早在十一、十二世纪时,

中国的航海技术居于世界领先地位。公元十三世纪指南针经阿拉伯人传入欧洲。

## 辽　朝

10世纪中叶东北地区契丹族建立的封建王朝。契丹为古代东胡一支,北魏以来活动在今辽宁西拉木伦河与老哈河一带。唐时,在与突厥族斗争中形成部落联盟,唐曾于他们活动地区设松漠都护府。唐末,契丹部落渐趋强盛,多次参与中原政治斗争,夺取土地、人口和财富。天祐四年(907)耶律阿保机当选为可汗,设立了宿卫军等,把握了稳固的权力。贞明二年(916),他设法控制各部落领袖,废除部落联盟制度,称天皇帝,建立契丹国,建年号神册,建都临潢府(今内蒙古巴林左旗)。以后国号有时称契丹,有时称辽,辽主要因辽河流域得名。

契丹国设南北面官制,所谓"以国制治契丹,以汉制待汉人。"(《辽史》卷45《百官志》)北面官主治契丹事务,其中亦有南北区别。南面官主治汉族,设三省六部,制度设置基本是损益晋唐旧制。北面官多由地位显赫的家族世选,南面官依据科考或其他途径选用汉人和契丹人参用。北南面官制设立于太宗时期,太祖耶律阿保机曾设斡鲁朵宫帐,斡鲁朵即皇帝宫帐,有直属的军队、民户和州县,皇后也可有自己的斡鲁朵。契丹兵制有禁军、部族军以及乣军等,凡是辽民15岁以上,50岁以下均选入兵籍。法律设蕃汉二律,以"凡四姓(契丹、奚、渤海、汉)相犯皆用汉法,本类自相犯者,用本国法。"(《辽史》卷61《刑法志》)为原则。

契丹国的赋役与行政措施也基本分为契丹、汉两类。地方行政区划中,有头下军州的设置,辽的亲贵、外戚、大臣及部族首领有战功之人,建州县以所分得或所俘人口聚居,有手艺的从事手工业,会农耕的居于农耕区。贵族除节度使一职以外,可自选官吏。州内除酒税以外,其他税收归头下军贵族。至10世纪末叶,头下军州已渐归辽政府直接管理。契丹建国后即向周边发展,神册元年,耶律阿保机南下夺取土地与人口。后唐建立后,契丹继续南下侵唐,天显十一年(936)太宗立石敬瑭为大晋皇帝,助其灭亡后唐。又于会同九年(946)灭亡后晋,据有燕云十六州之地。太祖天显元年(926)还灭亡渤海国,建属国东丹国,至辽穆宗应历二年(953),东丹国被废除,统一于辽的统治下。宋建立后向北发展,辽支持北汉与周、宋对抗。宋灭北汉政权,辽开始与宋对峙,经过几次大的战役,辽与北宋、夏成鼎立之势。高粱河之战是北宋与辽第一次大战,宋太宗欲借灭亡北汉的有利时机夺回幽燕之地,但在高粱河地区被辽击败。雍熙三年(986)宋再次进攻辽,史称雍熙北伐,又被辽军击溃。统和二十二年(1004),圣宗亲征北宋,至澶州城下,宋与辽构和,史称澶渊之盟。此后,两国战争渐少。契丹统治者内部斗争激烈,应历元年(951)贵族蔡割刺杀世宗,自称皇帝,引起内部斗争,史称蔡割政变。寿安王璟平定叛乱后即位。后又有钦哀后政变,重元叛乱等。辽末年贵族间的斗争,各族人民的频繁起义,都沉重地打击了辽的统治基础。辽的贵族日益腐化,军队战斗力减弱。金国建立后,辽无法镇压,先后在宁江州、出河店等战役中失败,更加无力抵抗金的进攻。

保大五年(1125)天祚帝西逃途中被金俘获,辽灭亡。契丹人最初从事渔猎畜牧业,畜牧业是契丹重要的经济部门,后太祖采纳汉人韩延徽建议,安置被俘汉族农民耕垦,夺得燕云十六州后,多次募垦耕,成为农业生产的基地。手工业中,冶铁占极重要地位,纺织业以燕云十六州和原渤海地区为基地,在唐五代基础上有所发展。制瓷业较突出,有著名的辽瓷,发展了唐五代的工艺。太祖建国后即令人造契丹文大字,后又有小字出现,但主要在文人中使用。佛教极流行,雕凿石经,校印佛藏,建筑寺院都使佛教文化深入到社会深处。儒学也有所继承发展。辽印制的书籍,在装帧、印刷、用纸等方面均超过了唐五代的水平。辽的雕塑、建筑、绘画均有特色,诗歌风格承自唐,亦有很多创作。辽的疆域在太宗时(927~947)基本奠定,南至今河北霸县、山西雁门关,东北直到黑龙江以北,西北至蒙古草原以西,西至今甘肃张掖地区。辽亡以后耶律大石西迁重建契丹国,史称西辽,后灭亡于蒙古汗国。辽传9帝,210年。辽朝是具有世界影响的王朝,对奠定中国北部、西北部广袤疆土,弘扬中国的声威,均起到了不可替代的作用。

## 西　夏

　　11世纪初党项族建立的封建王朝。党项是古代羌族一支,很早便生活在西北地区。唐代受节制,唐末叶出兵支持唐,首领拓跋思恭受赐姓李,占有银、绥、甘、夏、静、宥等五州之地。宋初,党项族在与吐蕃、回鹘的斗争中强大起来,赵宋赐党项首领姓赵。赵元昊任党项首领后,势力伸展至河西走廊一带。景祐五年(1038)建大夏,元昊称帝,建都兴庆(今宁夏回族自治区银川市)。又称上白国,北宋因其地处西部,称西夏。

　　西夏建立后,设立了自己的各项制度。官制有两套系统,一套系统为党项官制,主要负责党项及汉人以外诸族事务,有宁令、谟宁令、丁卢、丁弩、素赍、祖儒、吕则、枢铭等官职。另一套为汉官制,仿自北宋,有省与枢密院设置,又有官计司、农田司、群牧司、磨勘司、飞龙苑、文思院等机构。党项官除由贵族担任外,也自蕃学中选拔人才担任职务。汉官制中诸官则由蕃汉分别担任,汉人仍进行科考。仁宗时,汉制渐成为主要政治制度。西夏军队有擒生军、侍卫军和地方驻军。侍卫军由选拔的豪族子弟善骑射者组成,约5000人,号"御园内六班直",分番宿卫。它又是一支质子军。部落首长统率各部兵为地方军队,称"溜"。全国有左、右厢十二监军司,分别委任豪族统之,监军司仿宋制立军名,设都统军、副统军、监军使等职,均由部落中贵族担任。有事政府以银牌招部落首领听节制。党项人以账为单位抽兵,大致每二丁取正、负担各一人,组成抄。在礼仪上,西夏不再采用宋制,皇帝采择回鹘汗与吐蕃赞普服制,平民以青绿色衣区分贵贱等级。但文官基本仍用宋制。又仿宋制制朝仪、礼乐等。毅宗时,下令改用汉礼,不再使用蕃礼。西夏文字制成后,建党项学,即蕃学,选择党项与汉官僚子弟入学。夏建立初与宋、辽进行了激烈斗争,同宋的大战争有三次。夏宣布建立,宋朝野务以剿灭为事,下令削去元昊所受官爵,募人擒杀元昊,派兵将备战。初战宋将狄青败夏军,夏损失账2000余。康定元年(1040),元昊率军于三川口大败宋军。次年元昊进攻渭州,在好水川再次打败宋军。天授礼法延祚五年(1042),元昊攻镇戎军,宋将葛怀敏阵亡,宋军又败于定川寨。宋连续失败,接受元昊建国时提出条件,册元昊为国主,每年赐夏银5万两,绢13万匹,茶2万斤(后银增加2万两,绢增加2万匹,茶增加1万斤)。此后,夏宋之间交往较多,但战争亦时有发生,夏多次主动进攻,以夺取土地、人口。

夏建元之初与辽亦有战争。夏辽以大河相隔,原处于辽统治下的党项族,在夏建国初多叛辽附夏。天授礼法延祚七年(1044),辽兴宗率骑兵10万攻夏。夏军退拒贺兰山,谢罪,辽将不允,元昊率军突围反攻,辽军大败,辽与夏和议。西夏经与宋辽的战争,确立了地位,形成与北宋、辽鼎立的局面,但多依辽抗宋。后又与金订约,乘金攻宋的时机,夺占宋地,与南宋、金成鼎立之势。

西夏也与吐蕃国相邻,毅宗曾多次出兵攻入吐蕃边地,拓展土地。蕃部在哆讹等领导下,曾于大庆四年(1143)举行起义,较大的部队约万人,较小者也有五六千人,夏仁宗残酷地镇压了这次起义。乾祐元年(1170),权臣任得敬迫仁宗分夏之半为他建立楚国,并请金给予封号。金朝未允,在金支持下仁宗以计杀任得敬,宋联合任得敬夹击金的阴谋也破产,史称任得敬分国。

夏自建立起,皇族与后族的斗争就较明显,成为左右夏政治的重要内容。蒙古兴起后始侵入夏,夏初联金以抗蒙。应天四年(1209)蒙军围攻夏都中兴府(今宁夏银川),金拒不支援,夏改变策略,附蒙攻金,配合蒙古大军作战。又与宋联合。但由于蒙古的压榨,夏国上下难以忍受,又因蒙古汗国决意灭夏,夏又改变策略联金抗蒙。乾定四年(1226)成吉思汗亲征夏,夏军连败,次年夏献宗投降,西夏灭亡。共传10帝,190年。

## 金

12世纪初女真人建立的封建王朝。女真人很早就生活在东北地区,历史悠久。天庆五年(1115)正式建国,国号金,年号收国。建都于今黑龙江阿城南,称会宁府。

金灭辽后,积极南下侵入宋。先后两次入侵,第一次在天会七年(1125),在北宋军民共同抗击下,掠取财物北还。靖康元年(1126)宋背约,金再次入侵,包围开封,次年立楚,俘北宋徽宗、钦宗及百官、宗室3000人北还,史称靖康之变,北宋灭亡。

赵构重建宋朝后,金军追至杭州,在镇江及黄天荡被宋将韩世忠困住,史称黄天荡之战。

金代武士

金又立齐政权统治中原和陕西,作为属国,不久废除。天眷三年(1140)金再次侵入南宋,宋军取得顺昌、郾城大捷,几乎失去对中原的控制。后因宋内部矛盾反败为胜,开始与宋对峙,订立绍兴和议。

皇统九年(1149)完颜亮夺得皇位,迁都至燕京,完成了金走向中央集权的进程。贞元三十一年(1161)他率军南下,准备灭南宋,但在采石之战被击败,他也被刺杀。宋隆兴二年(1164)与宋订隆兴和议。宋嘉定元年(1208)又与宋订嘉定和议。至此金与南宋的战事告一阶段。

金建立初年设勃极烈制度,金太宗时又设立汉官制,至金熙宗时废除勃极烈制,采用汉制。天眷元年(1138)推行新官制,史称天眷新制。

正隆元年(1156)海陵王完颜亮再次改制,史称正隆官制。金朝制度经此次改后,基本确立。金兵制初建猛安谋克兵,金太宗时模仿辽宋制度进行改革,设元帅府。海陵王废元帅府,仿汉制设枢密院。金建立后内部有较激烈斗争。海陵王曾于皇统元年(1149)发动宫廷政变,刺杀金熙宗。正隆六年(1161)他也被刺杀,金世宗在此前已发动政变即位,史称东京政变。

正大六年(1229)蒙古大举攻金,金在庆阳、卫州等地与蒙军激战,正大九年发生三峰山之战,金军全部溃败,主要将领大部战殁。同年蒙军围攻汴京,天兴元年(1232)金哀宗退出汴京,至归德时,蒲察官奴杀政敌,史称归德变乱。哀宗退往蔡州。哀宗连续逃跑主要原因在内部抗蒙策略不明确,使金失去抵抗信心,天兴二年蒙军围困蔡州城。次年,哀宗传位给元帅承麟,蒙军破城,哀宗自杀,承麟被乱兵杀死,金亡。共传 10 帝,120 年。

# 元　朝

古代蒙古族乞颜部孛儿只斤氏贵族所建立,一般泛称忽必烈建国号至元顺帝灭亡为元朝。蒙古族祖先为古代东胡室韦的一支,早就活动在亚洲北部地区,蒙古部兴起于鄂嫩河与克鲁伦河流域。

12 世纪末~13 世纪初,蒙古乞颜部贵族铁木真完成蒙古高原的统一,建立蒙古汗国。新中国成立后,成吉思汗及其继承者连续向邻境发动进攻,先后灭掉夏、金等国家。中统元年(1260)忽必烈即大汗位,先后平定阿里不哥、李璮的叛乱,与蒙古诸王间的战争也不断发生。至元八年(1271)取《易经》"大哉乾元"之义,正式建国号为大元,次年迁都于大都(今北京)。至元十六年(1279)灭亡南宋,统一中国。此后,元曾两次入侵日本,均失败。又渡海攻占城、爪哇,进攻安南、缅国等国家。忽必烈死后,元朝内部争夺皇位的斗争不断,曾先后发生南坡之变和两都之战。元朝制度多沿用金朝,也保留了一些蒙古旧制,忽必烈在中统、至元年间的创设,奠定了有元一代制度。

忽必烈

皇朝官制由中书省、枢密院和御史台组成,中书省相当金代尚书省,统六部,掌全国政务,枢密院掌兵,御史台掌监察。宣政院为管领全国释教及吐蕃地区军民政务的特殊机构。忽必烈即位初,设十路宣抚司为派往地方的最高行政机构,又以都省官员"行某处省事"系衔,到地方行使中书省职权,至元后期,行省渐成为常设性地方最高行政机构。

御史台也派有行御史台到地方,有时枢密院也派有行枢密院机构。行省以下设路、府、州、县等行政机构。行省以下行政机构一般派蒙古人或色目人担任达鲁花赤一职,在管军机构也有设立。又以色目人为同知,汉为总管、知府(尹)、知州(尹),以相互制约。

元朝兵制为两大系统，即宿卫军和镇戍军两种。宿卫军由怯薛军和侍卫亲军组成，怯薛军常在万人以上，宿卫禁庭并任事役，侍卫军环节京畿，约30余卫，隶属枢密院，一部分色目人也被编入侍卫亲军。镇戍军，隶属行省者，有警时由行枢密院统领，平时归属行省，调遣更防仍守枢院节制。华北、四川、陕西等地蒙古军、探马赤军隶属枢密院。腹里地区主要由蒙古军与探马赤军防守，南方以蒙古军、汉军、新附军相参驻守，主要防卫临江沿淮地区。还有畲军、高丽军、寸白军、乣军等设置。草原上的蒙古人战时出军，平时牧养，在中原与江南则从军户中签发，蒙古、探马赤军和汉军户均由奥鲁管理，新附军户不设奥鲁。元朝居民基本依民族与被征服先后划分为蒙古人、色目人、汉人、南人四级，又有按职业划分的诸色户，如匠户、医户、儒户、僧户等。

元初忽必烈采取了一系列发展农业生产的措施，如建立劝农司以管理农业，编辑《农桑辑要》以推广先进生产技术，限制掠卖奴，禁止占地畜牧，又招集逃亡，鼓励垦耕以保护劳动力和耕地，又实行屯田、减轻减免租税、兴修水利。这些为初期经济的发展创造了条件。关中、江淮、山东农业生产恢复发展最显著，棉花等作物种植也在以后取得普及。成宗以后，农业遭到破坏，生产呈现停滞。手工业在毡织造、丝织业、麻织业、棉织业、制盐业、制瓷业中均较前代有所发展，其中棉织业为新兴手工业，成绩突出。商业上已在全国范围内使用了纸币——钞，自皇朝至地方均设有印制、发行、管理的交钞提举司，远至畏兀儿等边远地区也设有这种机构，新兴工商业城市兴起。海外贸易超过前代，元政府在广州、泉州等地设立过市舶司，并有市舶则法。

东南亚、南亚、西亚，以至东非各沿海国家或地区均与元有贸易关系，与高丽、日本等国的贸易规模也相当大。贸易以中国输出生丝、花绢、棉布、瓷制品、药品等为主，从亚非输入的商品主要是珍宝、檀香、木材、漆器等物品。

元代文化艺术以元曲为代表，有关汉卿、王实甫、白朴、马致远等著名杂剧作家出现，他们写作了《窦娥冤》《拜月亭》《西厢记》等许多著名作品。女真人李直夫、回回人萨都剌、丁野夫等也是著名散曲作家。施耐庵、罗贯中于元末明初创作的《水浒传》《三国演义》标志中国古典小说发展已成熟。

科学技术方面，有郭守敬等天文学家，王祯等农学家；他们的成绩在科技史上较突出。

对外关系发展至极盛，陆路与海路交通均比前代扩大，来往也极频繁。与西北藩国，东亚高丽、日本，东南亚安南、暹罗、爪哇，真腊，阿拉伯半岛，非洲层拔罗（今坦桑尼亚、桑给巴尔）等国家均有频繁的经济文化交往，其中安南人带回的佛经、儒学经籍、诗文著述等对安南文化教育的发展影响极大。

元朝末年，吏治腐败，财政混乱，军备废弛，苛捐杂税增多，徭役繁杂，"为郡者于民间徭役不尽校田方亩以为则，吏得并缘高下其手，富民或优有余力，而贫弱不能胜者，多至破产失业"（《元史》卷192《白景亮传》）。内部斗争亦趋激烈，民族压迫的政策的强化，进一步激起了民族矛盾的尖锐，脱脱任中书右丞时变更钞法，整治河患未能缓和日益突出的社会矛盾与民族矛盾，催发了元末农民起义。到正11年（1351）刘福通等在颍州起兵，徐寿辉于蕲州起兵，起义爆发。至元13年淮东张士诚起兵，至元17年刘福通派人分三路北伐，次年北伐军毛贵部逼近大都，不久败退。至元19年北伐失败。到至元28年

（1368）朱元璋称帝，建明朝。此年，明军攻入大都，元顺帝北逃，元朝灭亡。元强盛时版图北至西伯利亚以北，南暨南海，西北至今中亚地区，东北则达鄂霍茨克海地区。元顺帝退出中原后，其继承者据漠北，仍用元国号，史称北元。元世祖建号以来共传 10 帝，98年。元朝为中国历史上最强大的王朝，对奠定今天的中国版图、提高中国在世界历史上的地位，起到了巨大的作用。

### 马可·波罗和他的《马可·波罗游记》

马可·波罗（1254 年～1324 年）是威尼斯意大利商人的后代，他的父亲尼古拉和叔叔玛窦都曾到过蒙古汗国，并谒见过忽必烈。他们回去后，带去了古代中原的神秘故事。南宋咸淳七年（1271）兄弟二人带马可·波罗再来东方，三年后，即至元 12 年（1275）到达元上都（今多伦多西北），见到了忽必烈，不久在元大都任职，学习东方习俗，及蒙汉语言。他的稳重赢得了元世祖赏识，受任巡视各地和出使南洋。他曾巡视的地方有山西、河北、关中、四川、建昌、云南等地，淮安、宝应、高邮、泰州、扬州、南京、镇江、苏州、杭州、福州、泉州等地也曾由他巡视过。出使的南洋国家有爪哇、苏门答腊、缅、安南等国。除巡视地方外，还在扬州担任过三年职务。十七年后，元阔阔公主远嫁波斯阿鲁浑汗，马可·波罗与他父亲等人自荐为向导，由海路至波斯，然后回到威尼斯，带回了大量珍宝。三年后威尼斯城与热

马可·波罗

那亚城发生战争，马可·波罗任舰长，战败被俘。在热那亚监狱中，讲述了许多东方见闻，比萨城文学家鲁思梯切诺遂以中古法意混合语法文记述了马可·波罗的口述，形成了《马可·波罗游记》。全书为四部分，第一部分记述马可·波罗一行至大都途中见闻；第二部分述及蒙古大汗忽必烈，以及宫殿、都城、政事及马可·波罗出使云南、缅甸情况，对杭、福、泉诸城情况也有述及；第三部分讲述日本、安南、印度、印度洋沿岸城市及诸岛情况；第四部分记载成吉思汗后代间的战争及北亚情况，详细于城市、气候、物产、习俗、贸易及宗教信仰。第二部分谈及中国，共 82 章，为全书较多部分。它栩栩如生地描写了元大都——汗八里的辉煌景象，也记述了杭州"行在所供之快乐，世界诸城无有及之者。人处其中，自信为置于天堂"繁荣的状况（《马可·波罗游记》）。书中还有关于中国使用煤、纸钞的情况。

# 明　朝

明太祖朱元璋创建。元朝末年，红巾军并起，朱元璋继郭子兴之后，做了濠州起义军的领袖。至正十六年（1356）攻下集庆（今南京），继之消灭陈友谅、张士诚，派兵北上伐元。1368 年在应天称帝，国号大明，建元洪武。不久，改应天为南京。当年攻下大都（今

北京),元朝灭亡。明代前期从开国至土木之败,计81年,有洪武、建文、永乐、洪熙、宣德、正统六朝袭替。崇祯十七年(1644)三月,李自成农民军攻下北京,思宗自缢而死,明亡。明历时276年,传袭12代,共16帝。

## 靖难之役与建文帝出亡

靖难之役为明代建文年间,燕王朱棣发动的夺取皇位的战争。明太祖朱元璋为保障朱家天下的长治久安及抵御元朝残余势力,在加强中央集权政治的同时,实行分封制,将他的24个儿子和1个孙子分封到全国各地;以一部分藩王驻守北方,抵御蒙古,如燕王、晋王、宁王等,其他则驻于内地各省,监督地方官吏。洪武三十一年(1398)明太祖死,长孙朱允炆即位,年号建文。朱允炆及大臣齐泰、黄子澄等人鉴于北方诸王势

朱元璋

力太大,决定实行削藩。在不到一年的时间里,先后废去周、齐、湘、代、岷五王,同时部署兵力,准备袭燕。燕王朱棣智勇兼备,曾节制沿边兵马,多次战败蒙古,屡建奇功。建文元年(1399)七月,燕王先发制人,起兵反抗朝廷。他援引《祖训》,树起清君侧,诛奸臣的旗号,自称此举为"靖难",即消除祸难之意。朱棣迅速夺取河北大部,合并了宁王及朵颜三卫的军队,全力对付讨伐之师。建文帝先后派老将耿炳文、膏粱子弟李景隆督师北伐,数十万大军均被击败。赖盛庸与铁铉力战,双方相持于河北、山东战场。建文三年,燕王大举南下,灵璧之战后,士气更盛,于建文四年六月三日进抵南京金川门,守卫开门迎降。经过了4年战争,朱棣夺得了皇位,是为明成祖。建文帝为朱标次子,朱元璋孙,在位4年(1399～1402)。在位期间重农桑、兴学校、整顿吏治,采用削藩政策,巩固中央集权。但所重用的齐泰、黄子澄、方孝孺等,均是文弱书生,不懂军事。燕兵进京后,建文帝去向不明,一说:建文帝自焚宫中"燕王遣中使出帝后尸于火中,越八日壬申葬之"(《明史》卷4《恭闵帝》);一说:"帝由地道出亡",落发为僧,云游于滇、黔、巴、蜀之间。正统年间曾还居宫中,寿年而终。真实下落难确考,为明史一大疑案。

## 郑和下西洋

郑和,本姓马,回族,云南昆阳(今云南晋宁)人,世界著名的航海家。世称"三保太监",又称"三宝太监"。

明成祖朱棣即位后,"疑惠帝(朱允炆)亡海外,欲踪迹之,且欲耀兵异域,示中国富强。"(《明史》卷304《郑和传》)特派郑和出使西洋。郑和第一次远航是永乐三年(1405)六月开始,于永乐五年九月返回南京,前后历时两年三个月。这一次航行,船只共有63艘,人员27000多名,最大的船长44丈,宽18丈,可容千余人,是当时海上最大的船只。船上有航海图、罗盘针,具有最先进的航海设备。

从永乐六年到宣德八年(1433),郑和又六次率领舰队远航。前后历时20余年,共经历亚非30多个国家和地区,最远到达非洲东海岸。比西方哥伦布、达伽马等的航行早将

近一个世纪，舰队规模和船只之大更是远远超过了他们，是世界航海史上的盛举。

郑和

郑和远航的船队，满载瓷器、丝绸、锦绮、铁器等，一方面代表明朝皇帝向各国赠送礼品，邀约他们派使臣到中国访问；同时也和他们进行贸易，交换象牙、宝石、珍珠、香料等物。

郑和的远航，促进了中国人民同亚非各国的经济文化交流，增强了与各国人民的友谊。很多国家在郑和的远航船队访问后派使臣来中国建立邦交和进行贸易。后郑和的随员马欢著《瀛涯胜览》、费信著《星槎胜览》、巩珍著《西洋番国志》，记载了所至各国的情况，丰富了中国人民的世界知识。

### 永乐大典

明成祖气魄宏伟，从他派遣郑和出洋一事，就可以充分表现出大手笔，明成祖同样也注意文治，发扬人文精神。

永乐元年，明成祖即位之初即下了道命令，命解缙把天下书合编为一书。

解缙接了这个任务，马上着手进行。根据原来藏在南京文渊阁之中，五代十国宋辽金元及明初，一共500多年来累积的"中秘藏书"，依据经、史、子、集、百家、天文、地理、阴阳、医卜、僧道、技艺，合为一书，在永乐二年十一月呈献给明成祖。

明成祖看了，点头称好，赐名为"文献大成"。可是，成祖并不完全满意，想把天下失散的书全给找齐全，于是又加派姚广孝与解缙同为监修，又命王景、湖俨等人为总裁；把全国最有学问的人都找来加入编辑群，再调国子监及外郡学生员担任缮写工作，总共2000人。

解缙率领如此庞大的编辑群，不眠不休赶了三年，到永乐五年，终于大功告成，全书共有22937卷，共装成11095大册，命名为"永乐大典"。

永乐大典编成后，即珍藏在南京的文渊阁。永乐迁都后，又移至北京，深藏在故宫内的文楼（即文昭阁）里。嘉靖四十一年（1562年）8月，誊写副本一部，从此《永乐大典》才具有正副两部，分别珍藏在文渊阁和皇史宬两处。全书举凡天文、地理、人伦、国统、道德、政治制度、名物、奇闻异见以及日、月、星、雨、风、云、霜、露和山海、江河等均随字收载。全书分门别类，辑录上自先秦、下迄明初的八千余种古书资料，大凡经史子集与道释、医卜杂家之书均予收辑，并加以汇聚群分，甚为详备。它保存了明代以前大量的哲学、历史、地理、语言、文学、艺术、宗教、科学技术等方面丰富而可贵的资料。

清朝乾隆年间修四库全书时，永乐大典还有残余的几千册。经过清咸丰十年（1860年）英法联军和光绪二十六年（1900年）八国联军入侵北京，《永乐大典》遭浩劫，部分被烧毁，部分被抢走，余者寥寥无几。共计795卷。

### 北京保卫战

明代北京军队抗击瓦剌军进攻的战役。土木之败，使明王朝遇到严重的危机。于谦挺身而出，艰苦经营，刷新内政，加强战备。正统十四年（1449）8月16日，消息传到京城，皇宫上下惊慌一片。18日，皇太后命郕王朱祁钰监国京城大官富户纷纷南逃，有的大臣也主张南迁。于谦、陈循、王直坚决反对，主张保卫京师为天下根本。于谦临危受命，任兵部尚书。朱祁钰9月6日即皇帝位，是为景帝，遥尊英宗为太上皇，以明年为景泰元年。也先挟英宗要挟明廷之计不逞，遂于十月率大军进犯北京。10月11日瓦剌军抵北京城下，列阵西直门外，把英宗放置在德胜门外空房内。13日，于谦、石亨率军与瓦剌军战于德胜门外，瓦剌军大败。随后又转战至西直门进攻明军，也被明军击退。瓦剌军不甘失败，又在彰义门组织进攻，明军失利，瓦剌军追到土城，遇居民阻遏，不得推进。加上天寒地冻，京师外围守军的奋力抵抗，到11月8日，瓦剌军退出

于谦

塞外，京师解严。于谦和主战派官员领导和组织的京师保卫战，终于取得了胜利，粉碎了瓦剌军想夺取北京的野心，明王朝转危为安。

## 张居正改革

张居正(1525年~1582年)，字叔大，号太岳，湖广江陵(今湖北沙市郊区)人，明嘉靖中叶进士。隆庆元年(156)入阁，万历元年(1537)神宗即位，为内阁首辅，实行了一系列改革措施，是中国封建社会末期最负盛名的改革家。

政治上，以"尊主权，课吏职，信赏罚，一号令为主"。中心是解决官僚争权夺势、玩忽职守的腐败之风。他认为当时朝野泄沓成风，政以贿成，民不聊生，主要原因是"吏治不清"。他以"课吏职"即加强官吏考核为手段，"斥诸不职"，"省冗官"，淘汰并惩治了一批官员。在执行上，他"信赏罚"，"持法严"，使赏罚有准，不姑息。在他执政期间，"百官惕息"，"一切不敢饰非"，朝廷号令，"虽万里外，朝下而夕奉行"，行政效力大大提高。再如，张居正因御史在外常常欺凌巡抚，决定压一压他们的气焰。只有他们有一件事稍不妥，马上加以责骂，又饬令他们的上司加以考查。又如，当时天下太平已经很久了，盗贼群起，甚至抢劫官府库房，地方政府常常隐瞒这类事情不上报，张居正下令如有隐匿不报者，即使循良的官吏也必撤职，地方官再不敢掩饰真情，抓到强盗，当即斩首处决，并追捕他们的家属，盗贼因此衰败。

军事上，用戚继光镇蓟门(今河北迁西县西北)，李成梁镇辽东(今辽宁辽阳)，又在东起山海关，西至居庸关的长城上加修"敌台"3000多座，加强北方的防备。并在边疆实行互市政策，互市使马匹大增，减少了太仆寺需的种马，就叫老百姓折价交银，使太仆寺积蓄金四百余万。互市又使边疆在政治经济上保持稳定、正常，如封俺答(北方蒙古首领)为顺义王，在大同、宣府、甘肃等地立茶马互市，保持贸易往来，俺答长久没有来犯边关。

经济上采取的主要措施有：

（一）清查土地。1578 年（万历 6 年），下令在全国进行土地的重新丈量，清查漏税的田产，到 1580 年（万历 8 年），统计全国查实征粮土地达 7013976 顷，比弘治时期增加了近 300 万顷。朝廷的赋税大大增加。

（二）改革赋税，实行"一条鞭法"。这一改革措施赋役折银征收，既是商品货币经济发展的结果，又必然促进商品经济的繁荣。

（三）任用著名水利学家潘季驯修治黄、淮，使黄、淮分流，减少水灾。又改革漕运制度。这个办法推行久了，中央仓库里的粮食装得满满的，足够十年用了。

张居正的变革的目的是为了维护大明王朝的统治，但这一系列改革措施都符合当时的社会实际，促进了经济发展，他不愧为中国封建社会杰出的政治改革家。但他作为一个政治家，却缺少豁达的风度，他的改革又触动了一些官僚集团的利益，自己又不甚检点，给反对派留下了许多口实，在 1582 年（万历 10 年）他病逝以后，新法全部被推翻，自己也身败名裂。

张居正一生功过兼有之，但作为一个封建士大夫，能任劳任怨地工作，敢于整顿松弛的政治秩序，能使国富民丰、边疆安全，也称得上是一个正直的好官。

### 明代宦官之祸

明初鉴于前代宦官之祸，制铁牌置于宫门，规定"内臣不得干预政事，预者斩"（《明史》卷 304《宦官传·序》）。防范严密，宦官无机可乘。朱棣起兵"靖难"，刺探宫中事，多以建文帝左右为耳目，许多宦官立过战功。如狗儿、李兴、郑和、马靖等，开始受到重用。虽然宦官参与了不少政治活动，但还没有达到专权的程度。明英宗时，开始形成宦官专权的局面。明代宦官之祸迭起，可以划分为四个时期：即成化以前的王振专权；成化年间的汪直专权；武宗时期的刘瑾专权；熹宗时期的魏忠贤专权。

正统年间，王振在朝中擅权，屡次对麓川用兵，劳师糜饷；挟英宗亲征瓦剌，致遭土木之败。成化年间，由于明宪宗耽于逸乐，不问政事，遂使宦官得势。有名的宦官有汪直、尚铭、梁芳、钱能、韦兴、陈喜、王敬等人。其中以汪直最为有名。汪直在皇帝授意下，建立西厂，所领缇骑倍东厂，势力大大超过东厂和锦衣卫。逮捕朝臣，有时先下狱而后奏闻，有时旋执旋释，竟不奏闻。屡兴大狱，激化了朝臣与宦官的矛盾。宦官依仗权势胡作非为，人们"只知有太监，不知有天子"（《明史纪事本末》卷 37）。武宗时，宦官刘瑾、马永成、谷大用、魏彬、张永、邱聚、高凤、罗祥等，称为"八党"，也称为"八虎"。刘瑾最为专横跋扈，大臣的奏章要写两份，必须先送刘瑾，然后才送通政司转给皇帝。内阁大学士焦芳、曹元都是刘瑾的党羽，焦芳甚至跑到刘瑾家中去办事。北京城内外都说有两个皇帝，"朱皇帝""刘皇帝"，或者叫"坐皇帝"（武宗）、"立皇帝"（刘瑾）。

明末皇帝不亲理朝政，大权由贪婪的宦官集权把持。熹宗时宦官魏忠贤炙手可热，权倾朝野，"自内阁六部，四方总督巡抚，遍置死党"（《明史》卷 364《魏忠贤传》），许多官僚认他为义父干爷。他凭借厂卫广布侦卒，陷害百姓，并勾结熹宗乳母客氏，专断国政，兴大狱，杀东林党人。自称九千岁，下有 5 虎、5 彪、10 狗等徒子徒孙，阉党遍布全国，权势达到了顶峰。宦官不仅在政治上弄权，而且在经济上贪污受贿，巧取豪夺，勒索大量财富。王振家藏金银 60 余库，刘瑾家有黄金 24 万锭又 57800 两。宦官专权，加剧了明朝政治上的腐败,加重了人民的苦难和社会不安。

**明末党争**

明万历时起,朝政日趋腐败,党派林立,党争迭起。万历33年(1605),被明朝政府革职的吏部郎中顾宪成,与同好高攀龙、钱一本、薛敷教、史孟麟等人,在他的故乡无锡东门外东林书院讲学。讽议朝政,品评人物,抨击当权派。一时"士大夫抱道忤时者,率退处林野,闻风响附"。一部分在职官吏如赵南星等也遥相应合。东林党以此得名。

与东林党同时,另一批官吏士绅又组成浙、齐、楚、宣、昆各党派。这些党派相互之间也有矛盾,但他们都与大地主集团相互勾结,"务以攻东林排异己为事"。宣党首领汤宾尹是宣城人,昆党首领顾天峻是昆山人,其他各党皆以乡里命名。在这些党派中,以浙党势力较大,浙党首领沈一贯、方从哲都先后出任内阁首辅,在朝当政。

明末党争从万历22年"京察"(考核官吏)开始,一直到弘光元年(1645),始终没有停止过。无论是在政治问题上,还是在军事问题上,都争论不休。

明神宗皇后无子,王恭妃生子常洛(即光宗),郑贵妃生子常洵(即福王),常洛为长。但神宗宠爱郑妃,欲立常洵,乃迁延不立太子。内阁大学士王锡爵、沈一贯、方从哲等先后依违其间。东林党人上书反对,各党派又群起反对东林。于是有"国本"之争、三王并封之争、福王就国之争、"三案"之争、"李三才入阁"之争,东林党与它的反对派在立太子问题上展开了长达20余年的争论。最后,神宗终于立常洛为太子,勋戚郑氏的权势受到一定的压抑,但东林党推李三才为相的愿望也没能实现。

熹宗天启时,统治阶级内部的党争愈演愈烈。最初,东林党人叶向高、邹元标、杨涟、赵南星等人得到执政的机会,浙、昆、宣各党派一度受到排斥。为时不久,以魏忠贤为首的阉宦与浙、齐、楚、宣、昆各党中的一部分人结成联盟,被东林党称为"阉党",异军突起,魏忠贤是司礼秉笔太监,又提督东厂,爪牙有五彪、十狗、十孩儿、四十孙等名目,朝廷内外,"遍置死党",从而把持朝纲,为所欲为。东林党人激烈反对"阉党"掌权。杨涟上疏劾魏忠贤二十四大奸恶,被锦衣缇骑逮捕。左光斗、魏大中、周顺昌、黄尊素等人也被捕处死。东林党受挫。崇祯帝继位,捕杀阉党。南明福王政权下,东林党人与阉孽的斗争仍在继续,如"复社"与马士英、阮大铖的斗争。

在党争的过程中,东林党人反对以皇帝为首的当权派的胡作非为,反对王公、勋戚对土地的掠夺,反对矿监、税使的横征暴敛,代表了人民的愿望,得到了市民的支持拥护。但明末激烈的党争大大削弱了明朝的力量。

**资本主义萌芽的出现**

所谓资本主义萌芽,就是资本主义生产关系已开始出现,但尚未在全部生产关系中占据主导地位。明代中后期,即嘉靖、万历年间,中国封建社会内部开始萌生了资本主义生产关系。当时商品生产不断扩大,各地商业往来日趋频繁,工商业繁盛的城市和市镇大量涌现,国内商业中心区之间的联系愈益紧密,海外市场也有所开拓,市场上流通的货币以白银为主,东、西洋的白银源源流入中国。资本主义萌芽主要产生于江南及东南沿海地区的丝织业、棉布业、榨油业、矿冶业等部门,在农业中也有表现。包买商和手工工场也主要出现在这些部门之中。丝织业以苏州最发达，史载苏州"生齿最繁，恒产绝少，家杼轴而户纂组，机户出资，机工出力，相依为命久矣。"这就是说，存在着"机户"雇佣"机工"从事丝织生产的情形。时人蒋以化也说："我吴市民罔籍田业，大户张机为生，小户趁织为活，两者相资为生久矣。"文中所说的"大户"和"小户"的关系，就是一种雇佣关系。对出卖劳动力的机工的身份也有记载，它说：这些人是"浮食寄民，朝不谋夕，得业则生，失业则死"，"皆自食其力之良民"。所谓"朝不谋夕，得业则生，失业则死"，就是说，他们丧失了一切生产资料，完全靠出卖劳动力为生；所谓"浮食寄民"，是指随处流动为生，不系户籍的人，他们在一定程度上摆脱了封建政府的控制，是可以出卖劳动力的"自由人"。松江的棉布袜制造业，据《古今图书集成》卷696《松江府部》记载："郊西尤墩布，轻细洁白，市肆取以造袜，诸商收鬻，称于四方，号尤墩暑袜。妇女不能织者，多受市值，为之缝纫焉。"可见松江暑袜店的店主就是由商业资本转变为工业资本的包买主，而为店主缝纫的当地人就是在自己家中为资本家工作的雇佣工人，已属资本主义经营性质。万历年间，浙江崇德县石门镇的榨油业中，已采用资本主义的经营方式。榨油工人皆招募而来；"一夕作，佣直二铢而赢，"说明他们是出卖劳动力的人。铁冶业中，广东韶关、惠州等地，"每山起炉，少则五六座，多则一二十座。每炉聚集二三百人，在山掘矿，煽铁取利。山主矿主利其租税，土脚小民利其雇募。"太湖地区的农村，当时普遍出现农业雇佣劳动。有"长年""忙月人工""月工""短工""工人"等多种雇佣劳动名称。

明代中后期虽然产生了资本主义萌芽，但具有很大的局限性：①其产生的重要前提即商品经济虽与以前相比堪称发达，但当时自给自足的自然经济仍占主导地位，各地商业的发展很不平衡。②封建的生产关系仍是占主要地位的生产方式。③在进行资本主义经营的生产单位里，封建残余大量存在。尽管如此，刚刚出现的不完善、极微弱的资本主义萌芽，毕竟代表了新社会的曙光，从此古老的中国封建社会开始逐步走上缓慢解体的道路。

## 清朝（鸦片战争前）

中国封建社会最后一个皇朝。明万历四十四年（1616），建州部女真首领爱新觉罗·努尔哈赤在赫图阿拉（今辽宁新宾）称汗，国号大金，史称后金。皇太极继立之后，于崇祯九年（1636）改国号为清，改族号为满洲，始称皇帝。在入关前的29年中，满洲从奴隶制过渡到封建制，创立了政治、军事、经济合一的八旗制度，攻取辽沈为根据地，击败蒙古察哈尔林丹汗，据有了长城线以北的广大地区。顺治元年（1644）在吴三桂的辅佐下入关，开始了满汉地主阶级联合政权对中国的统治。从顺治元年至道光二十年，计197年。清代前期从清兵入关到摊丁入地即雍正元年（1723），计79年，传袭了顺治、康熙两朝。顺治初年，世祖冲幼，由皇叔父多尔衮摄政，实行剃发易服、圈地、逃人法等高压政策，民族矛盾上升，出现扬州十日、嘉定三屠等残酷屠杀事件。大顺军、大西军余部与南明政权联合抗清，坚持了近40年的斗争。康熙亲政以后，除掉鳌拜，平定三藩之乱，统一台湾，三次出兵亲征噶尔丹，抚绥了内外蒙古诸部。

清初仿明制设立政府机构和建立各项制度，以内阁为中枢首脑机构，政府官员满、汉兼用,为保障满洲贵族的利益,特设满官缺,不准其他民族染指。独具特色的机构有管理皇家事务的内务府,专管少数民族事务的理藩院,参与密勿的南书房。建立军事制度,除八旗兵外,还建立了绿旗兵,又称绿营兵,多时可达66万人。为了加强君权,世祖福临"自将"正黄、镶黄、正白三旗,成为上三旗,其余为下五旗,各旗旗主的势力削弱。圣祖玄烨裁抑议政王大臣会议。世宗胤禛设立军机处,并直接掌握这个处理军国大政的常设办事机构。高宗弘历大权独揽,取消了议政王大臣会议。为了医治几十年的战乱疮痍,把故明藩王的弃地以"更名田"的名义分给农民,奖励开荒,治理黄河、运河、永定河,修筑浙江海塘及渠堰堤坝等水利工程,体恤民生,轻徭薄赋,并且多次蠲免赋税,到康熙六十一年(1722)时,全国垦田达八亿五千万亩,使农业生产得到恢复。康熙五十一年宣布"盛世滋丁,永不加赋",以康熙五十年的户口丁数为准,将丁税固定下来,免去加征之弊。雍正元年又实行"摊丁入亩",进行了赋役制度的改革,这一改革在一定程度上减轻了贫苦百姓的负担,也废止了人丁税。

努尔哈赤

　　清代中期从摊丁入地到第一次鸦片战争,即道光二十年(1840),计118年,传袭了雍正、乾隆、嘉庆、道光四朝。由于康熙、雍正、乾隆三个专心治国孜孜求治,调整了生产关系,准许处于农奴地位的旗地上的壮丁"出旗为民",开豁属于贱民身份的世仆伴当、乐户、惰民、丐户为良,废除匠籍,使农业、手工业、商业经济继续向前发展,出现了"康乾盛世",也使明清之际中断了的资本主义生产关系的萌芽得以恢复,并且在一段时期内得到缓慢的发展。清廷始终重视少数民族和边疆事务,康熙三十年多伦会盟,以喀尔喀蒙古三部设立三十七旗,奠立了北部疆土。雍正中在"苗疆"(贵州),云南之东川、乌蒙、镇雄三土司等地实行改土归流;在西藏派遣驻藏大臣。乾隆中两次平定了大小金川土司的叛乱,乾隆二十四年(1759)平息天山南北大、小和卓木的叛乱,奠立了祖国西北疆土。是时,统一的多民族国家达于极盛,国内辖地,除顺天府和盛京外,还包括称为本部的18省和称为藩部的内蒙古、青海蒙古、喀尔喀蒙古、西藏、新疆等地,其疆域北至蒙古高原以北,南到南沙群岛,东至外兴安岭、库页岛,西到葱岭。乾隆末年,土地集中现象十分严重,统治阶级奢侈腐化,大小官吏贪污成风,军队士无斗志,各地人民不断起来反抗,著名的有湖南、贵州石柳邓等人领导的苗民起义,川楚白莲教起义,北方的天理教起义。

　　满洲贵族为了巩固统治,提倡尊孔读经,兴学校,开特科,笼络汉族知识分子,同时又大兴文字狱,加强思想控制。清初的三大思想家主张经世致用,也敢于冲破传统的束缚,受他们影响的学者常能突破前人的窠臼,在各领域中做出成就。在考据学上,有段玉裁的《说文解字注》等名篇。一大批考据学者,形成所谓的乾嘉学派。史学上有官修《明史》、章学诚的《文史通义》等著述,在对旧史的补遗和方志撰述上取得的成就尤为突出。文学上出现了曹雪芹、蒲松龄等文学巨匠,编纂了类书《古今图书集成》和古代最大的一部丛书《四库全书》。绘画上,明遗民僧石涛、石溪、八大山人和扬州画家突破了正统,具有创新精神。科技方面,有擅长天文历算的科学家。

在建筑上有圆明园、雍和宫、承德外八庙、拉萨的布达拉宫等建筑。有清一代是西方殖民者东来的时期,在陆路上与俄国相接壤,康熙中两国在雅克萨发生战争,双方订立了尼布楚条约,确定了中俄东段边界。雍正中又订立了布连斯奇条约和恰克图条约,从而确定了中俄中段和西段边界。此后双方处于和平状态。在海路上与葡萄牙、西班牙、英、法等国发生贸易往来,清朝政府对其存在着畏戒心理,只与他们进行有限的贸易。中期以后,限制基督教的传教活动和商人的贸易活动,走向闭关自守,最后被英法的炮舰轰开了大门。道光二十年(1840)以后为清后期,中国历史进入近代时期。清代历295年,传袭11代12帝。

### 清初各种抗清势力

清兵入关以后,中原地区先后存在过四种主要反清势力。一为李自成、张献忠的农民军主力,二为李、张农民军余部,三为明朝贵族所建各南明小朝廷,四为郑成功部。

### 李自成、张献忠之败

李自成自北京回到西安,清兵由英王阿济格及豫王多铎分别统领,向李自成大举进攻。李自成由蓝田出武关,入襄阳(今湖北襄阳市),至武昌,阿济格及吴三桂在后紧追。这年夏天,李自成死于湖北通山县九宫山,年仅三十九岁。余部由郝摇旗、刘体纯、高一功、李过等率领南下。

张献忠在四川两年多,四川地区的豪绅地主普遍组织武装与他对抗。张献忠放弃成都,进入川北西充山中。顺治三年正月,清廷命豪格与吴三桂统兵入川,进攻张献忠部。十一月,清兵至西充之凤凰山,张献忠在战斗中中箭身亡,余部由孙可望、李定国等率领南走云贵。

李自成

### 南明福王、鲁王、唐王政权

顺治元年五月,南明福王朱由崧称帝于南京。这个政权腐败不堪,内部矛盾重重。马士英、阮大铖擅权中央,政以贿成,官以钱得。马士英为操纵政权计,排斥史可法,使他督师江北。驻武昌军阀左良玉又与马士英有隙,举兵讨马士英,向南京进攻。不久,清廷命多铎移师南下。顺治二年四月,扬州城破,史可法被执,不屈而死。五月,福王被俘,多铎入南京,福王政权灭亡。

福王政权灭亡后,鲁王朱以海监国于浙江绍兴。唐王朱聿键称帝于福州,建元隆武。这两个政权不但没有联合抗清,反而互相摩擦,形成水火不容之势。顺治三年六月,清兵渡钱塘江,鲁王兵败,逃至海上;八月,唐王被执而死,两政权都灭亡。

农民军余部与南明桂王政权的联合抗清,抗清的主力有三支,一为李自成余部,二为张献忠余部,三为稍后的夔东十三家。

李自成死后,其余部尚不下四、五十万人,分为两支进入湖南:一支由郝摇旗、刘体纯等率领抵达湘阴,共十余万人,与明将何腾蛟联合抗清;一支由高夫人(李自成妻)、高一功、李过等率领抵达常德,约三十万人,与明将堵胤锡联合抗清。农民军与南明军队联合后,曾一度几乎全部收复湖南之地,屡次把桂王政权从危难中拯救出来。但是至顺治六年(1649年),清廷调集大军进占湖南,何腾蛟于湘潭被俘杀死。次年,清兵攻克广州,又入桂林。在清兵压迫之下,桂王政府退居广西南宁。

张献忠的余部孙可望于顺治八年(1651年)迎挂王至贵州之安隆所,改名安龙府。次年,孙可望等发动了大规模的东征北伐。刘文秀、白文选进攻四川,大败吴三桂军,收复了四川大部分地区。李定国、冯双礼进攻广西,又接连收复湖南、广东等省。在这次征伐战斗中,农民军先后收复了西南数省。但是孙可望嫉妒李定国之军功,阴谋削他的兵权,以致挑起内战,最后失败,投降了清朝。顺治十六年(1659年),清兵三路入滇,李定国作战失败,桂王逃入缅甸。顺治十八年,吴三桂兵临缅甸,收执桂王。康熙元年(1662年),吴三桂绞杀桂王于昆明,李定国病死于猛腊。

李自成余部在湖南抗清失败后,先后转移到川、鄂地区,即夔州府(今四川奉节)以东地区,由农民领袖刘体纯、李来亨等与明将王光兴等联合抗清,称为夔东十三家军。康熙元年,清兵大举进攻十三家军。康熙三年(1664年),十三家军抗清失败。至此,明末农民战争结束。

### 郑成功抗清及收复台湾

郑成功,福建泉州南安人,父芝龙,母日本女翁氏,出生于日本,七岁返国读书,十五岁为南安县学生员。原名森,字大木,唐王甚器重,赐国姓(朱姓),改名成功,自是人称"国姓爷"。郑成功不肯随父降清,在郑芝龙降清北去后,他入海抗清,以金门、厦门为海上抗清基地。郑成功善于治军,精练士卒,军纪严明,势力日益强大。经常派军出没于浙江、福建、广东沿海一带,攻城略地,屡败清军。其中规模最大的一次,是顺治十六年(1659年)夏秋的北伐。当时,郑成功率大兵十七万,分为八十三营,扬帆北上,直抵南京城下,收复南京附近及安徽部分地区。但郑成功犯了胜利轻敌的错误,对南京围而不攻,以待其降,并开宴纵酒,放松警惕,致遭清之骑兵突袭,郑军大乱而退,伤亡惨重,退回厦门。

郑成功为谋取抗清复明的根据地,决计进兵台湾。顺治十八年(1661年)3月23日,郑成功率军二万五千人,由金门科罗湾出发,24日抵达澎湖。在澎湖阻风乏粮数日,又冒风雨开船行进。4月1日,大队船只齐进台湾鹿耳门,顺利登岸扎营。郑军迅即攻克赤嵌城(今台南),荷兰侵略者退守台湾城(今安平)。4月26日,郑成功致书荷兰总督揆一招降;"台湾者,中国之土地也,久为贵国所居,今余既来索,则地当归我,珍瑶不急之物,悉听而归。"揆一不降,郑军急攻不下,乃筑长围以困之。郑军又在海上屡败荷兰由巴达维亚派来的援军。又得知台湾城内无井,欲塞城外水源。揆一穷蹙无计,于12月3日出降。从此郑成功驱逐了荷兰殖民者,为祖国收复了台湾,在台湾督兵大兴屯田,招集福建、广东人民前来开荒,设官府,兴学校,进一步开发了台湾。康熙元年(1662年)五月,郑成功

郑成功收复台湾

病死于台湾,年三十九岁。

### 清初剃发令

清初发布的强迫汉人依从满族习俗剃发的命令。满洲习俗,男子均将顶发四周边缘剃去寸余,中间保留长发,分成三绺编成长辫一条垂于脑后,名为辫子,或称发辫。四周剃去的头发,除为父母守丧或国丧外,不准养长,应及时剃除,名为剃发,或谓剃头。

清入关前即令降清汉人及其他各族人民剃发,以示归顺。顺治元年(1644)清兵入关后,山海关城内军民皆剃发归降。清兵进入北京后,颁令剃发。因入关未久,根基尚未稳固,剃发令执行并不严格,往往听任降者自便。千百年来,内地汉人都留头发,无剃发习惯,强迫剃发是让他们遵从满洲习俗,被认为是一种民族压迫、民族侮辱,遭到激烈反抗。顺治二年元月,大顺军受挫,清军攻下南京、苏杭后,清廷认为大局已定,便重申剃发令,全国各地,限定 10 日之内,尽行剃发蓄辫。凡是不剃的、迟疑的、上表章请求保存明朝制度的,一律"杀无赦"(《清世祖实录》卷 71),实行"留头不留发,留发不留头"(韩菼《江阴城守纪》上)。这加剧了民族矛盾,激起了内地汉人激烈的反剃发斗争。江阴人民发誓"头可断,发决不可剃",在 24 万清军攻击下,苦战 81 天;嘉定人民也组织乡兵,据城不降,最后遭到残酷屠杀。各地人民的反剃发斗争,成为当时抗清斗争的重要组成部分。

### 三藩之乱

三藩之乱是清朝康熙年间平西、靖南、平南三藩王发动的叛乱。

清朝初年,由于清朝统治者力量尚不足以直接控制南方各省,因此将汉人降将有功者分封管理在一些南方。

吴三桂封平西王,镇守云南,兼辖贵州。

尚可喜封平南王,镇守广东。

耿仲明封靖南王，死后，其子耿继茂袭封，镇守福建。

康熙十二年（1673年）下令将三藩俱撤回山海关外。

吴三桂率先举兵叛乱，以反清复明为号召，自称"总统天下水陆大元帅、兴明讨虏大将军"，分兵陷湖南、四川。耿精忠（耿继茂之子）、平南王尚可喜之子尚之信先后响应于福建和广东，广西、陕西等地也先后发生叛乱。十二月，陕西提督王辅臣亦反，吴三桂急派其得力大将左都督王屏藩出汉中支援，西战场形势趋于严峻。

吴三桂

康熙帝集中主力南征吴三桂，同时停撤平南、靖南二藩。自康熙十五年（1676年）起，战场形势开始有利于清军，陕西的王辅臣与满清朝廷对峙三年之后，终于接受康熙的招抚，耿精忠势穷乞降，尚之信也继而降清。吴三桂在占领湖南后，未趁辅臣之叛，溯江北上，坐失战机，而清军则贯注全力，收复湖南大片土地。康熙十七年，吴三桂在衡州（今湖南衡阳）称帝，国号"大周"，改元"昭武"，大封百官诸将。当年秋，吴三桂病死，其孙吴世璠继承帝位。清军乘机分路并进，湖南、贵州、广西、四川等沦陷各省次第光复。二十年清军会攻云南省城昆明，吴世璠绝望自杀。

至此，这场历时八年，蔓延十省的三藩之乱才平定下来。三藩之乱的平定，有利于国家的统一，边疆的开发。"康乾盛世"也由此开端。

### 雅克萨战役

雅克萨战役是中俄之间的一场战争。在清朝初年，俄罗斯人向西伯利亚扩张，并进军黑龙江流域，几次被清军击败，但由于东北人烟稀少，一旦清军回撤，俄人又卷土重来，在黑龙江流域建造尼布楚城（现俄罗斯涅尔琴斯克）和雅克萨城（现俄罗斯斯科沃罗丁诺）。

康熙时俄罗斯人还在不断侵扰黑龙江流域，并煽动当地酋长索伦叛附，康熙震怒。几次交涉未果，于1685年派遣黑龙江将军萨布素率领15000士兵围攻雅克萨，焚毁木城，俄军40多人投降，不愿回国，被编为康熙俄裔近卫军。

清军回防后，俄军重回，又重建土城。1686年夏，萨布素率领清军重新攻打雅克萨，久围不下。时彼得大帝派特使在尼布楚和中国议和，清军增兵20000。俄罗斯当时正和瑞典争夺芬兰，无暇东顾。最后达成和议，签订中俄尼布楚条约。

条约规定：外兴安岭以南、格尔必齐河和额尔古纳河以东至海的整个黑龙江流域，乌苏里江流域的土地，全部属于中国；外兴安岭与乌第河之间的地区，暂行存放，留待以后再议；凡一、二人越界捕猎或盗窃，立即械系，送回本国处罚，凡数十人结伙，持械越界、杀人掠夺者，捕拿送回本国，处以死刑；两国人民持有护照者，可以过界往来互市；订约以前的逃人不必遣返，订约以后，两国不收逃犯。俄国人在雅克萨所建城障，应立即拆除，在此居住的俄国人，应全部迁回本土。《尼布楚条约》的内容，曾用满文、汉文、蒙文、俄文和拉丁文五种文字刻成了界碑。

雅克萨战役

这个条约明确划分了中俄两国的东西边界,从法律上肯定了黑龙江和乌苏里江流域包括库页岛在内的广大地区都是中国的领土。沙俄同意把入侵雅克萨的军队撤回,清朝同意把贝加尔湖以东原属中国的尼布楚土地让给俄国。尼布楚条约是中俄双方在平等基础上签订的一个平等条约。

### 康熙平定噶尔丹纪功碑

位于呼和浩特市旧城席力图召和小召(崇福寺)内。清康熙皇帝平定厄鲁特蒙古准噶尔部噶尔丹叛乱后,于康熙四十二年(1703 年)御制刻碑,用以纪念平叛的胜利,表彰两寺喇嘛助战功绩。石碑两通均用满、蒙古、藏、汉四种文字铭刻,各书两石,每面分刻一种文字,每石各建有一座八角攒尖顶式碑亭。碑文叙述平叛经过及意义的文字相同,但分别表彰两寺喇嘛功绩的文字稍异。席力图召的石碑尚存原地;小召的石碑已移存内蒙古博物馆内。碑文记载赐予小召的甲胄、宝刀,过去每年春节公开展览,名为晾甲,届时倾城出动前往观赏,今亦由内蒙古博物馆收藏。

### 土尔扈特归来

指土尔扈特部落重新回归祖国。明朝崇祯年间,蒙古族土尔扈特部首领和鄂尔勒克,因与准噶尔部首领巴图尔珲台吉(噶尔丹之父)相处不和,带领部落离开了原来的牧地塔尔巴哈台,西迁伏尔加河下游地区,北与沙皇俄国为邻。沙俄最初跟它进行互市,出兵打仗也求他帮助;后来土尔扈特势力渐渐衰落,沙俄则把它役为属部。由于在风俗习惯、宗教信仰等方面与沙俄不同,且"受其役属","心不甘欲",因"归向中国"。自从顺治年间起,不断派人到中国"奉表入贡"。康熙年间,清朝政府也曾派图理琛等人看望这些远在西方的同胞。当时土尔扈特的首领阿玉奇曾对图理琛等人倾诉了他们对祖国的深切怀念。乾隆年间,沙俄对土尔扈特的压榨更加厉害起来,"屡征土尔扈特兵与邻国战",败绩,土尔扈特部众死者七八万人。"沙皇"思雪其耻,复征兵于土尔扈特,土尔扈特诸部人人忧惧。在这种情况下,土尔扈特部众在首领乌巴锡的带领下,毅然决定返回祖国,摆脱沙皇俄国的奴役。他们自乾隆三十五年(1770)十月出发,沿途战胜了沙俄军队的追袭阻拦,于第二年六月胜利抵达祖国的土地。清朝政府热情欢迎土尔扈特部重返祖国。部众被安置在伊犁地区驻牧,并送来衣物、食物,使之"所至如归"。清高宗弘历还特地派人把土尔扈特首领 13 人接到热河,诏见慰问。土尔扈特的归附,使漠西厄鲁特蒙古全部统一在清朝中央政府的管辖之下。

土尔扈特归来

### 达赖与班禅

中国西藏佛教格鲁派(黄教)中,有并列的两大宗教领袖,他们是达赖和班禅。

明朝时,西藏宗教首领索南嘉措应蒙古俺答汗邀请到青海传教,俺答汗本人和蒙古人民都改信了西藏格鲁派佛教,并给索南嘉措赠送"圣识一切瓦齐尔达喇达赖喇嘛"的尊号,从此就有了"达赖(蒙古语'大海')喇嘛(藏语'上人')"这一称号。索南嘉措是达赖三世。达赖一世和二世是追认的。1653 年清朝顺治皇帝正式册封达赖五世阿旺罗桑嘉措为"达赖喇嘛",承认达赖在西藏的政治和宗教地位。后世达赖均与清朝和睦相处。达赖十三世上登嘉措时期,西藏受到英国侵略,他抵抗战败后避难外蒙古。返回西藏后因与驻藏大臣发生矛盾而于 1910 年出走印度。辛亥革命后返回西藏,重掌地方政权。达赖十四世丹增嘉措于中华人民共和国成立后派代表团赴北京,与中央人民政府谈判,使西藏和平解放,重回祖国大家庭。1959 年,西藏部分农奴主发动武装叛乱,达赖十四世出走印度。

17 世纪初,日喀则著名黄教寺院扎什伦布寺寺主罗桑确吉坚赞是当时黄教首领,因精通佛学被尊为班禅("班"是梵语班智达的略称,意为博学之士;"禅"藏语意为大,班禅即大学者之意)。1662 年罗桑确吉坚赞圆寂后,其弟子达赖五世为他寻找转世"灵童",建立了班禅活佛系统。1713 年,康熙皇帝又册封班禅五世罗桑意希为"额尔德尼"(满语"珍宝"),承认他的宗教和行政权力。从此,历代的达赖和班禅都由中央册封。

乾隆皇帝为加强中央对西藏的控制,在 1792 年确立了一种确定达赖班禅继承人的制度——"金瓶掣签"制度。即在拉萨大昭寺和北京雍和宫各放一金瓶,每逢达赖班禅去世,就把 4 个选好的灵童的名字和出生年月,用满、汉、藏 3 种文字写在象牙签上,连同一个空白签投入大昭寺的金瓶内。喇嘛诵经 7 天后,由清政府驻藏大臣当众抽签,抽中的灵童就是新达赖或班禅。青海、蒙古等地的活佛转世,则用雍和宫里的金瓶抽签,以防止大贵族势力从中操纵。这种制度一直沿用至今。

1989 年,班禅十世在日喀则圆寂,他的转世灵童也是用这种办法选拔出来的。第十一世班禅额尔德尼确吉杰布经金瓶掣签认定,并经中央政府批准,于 1995 年 12 月 8 日在日喀则扎什伦布寺举行坐床典礼。

### 八旗制度

中国清代满族的社会组织形式。满族的先世女真人以射猎为业,每年到采捕季节,以氏族或村寨为单位,由有名望的人当首领,这种以血缘和地缘为单位进行集体狩猎的组织形式,称为牛录制。总领称为牛录额真(牛录意为大箭;额真,又称厄真,意为主)。

**满洲八旗阅兵**

八旗的建立:努尔哈赤在统一女真各部的战争中,取得节节胜利。随着势力扩大,人口增多,他于明万历二十九年(1601)建立黄、白、红、蓝四旗,称为正黄、正白、正红、正蓝,旗皆纯色。四十三年,努尔哈赤为适应满族社会发展的需要,在原有牛录制的基础上,创建了八旗制度,即在原有的四旗之外,增编镶黄、镶白、镶红、镶蓝四旗(镶,俗写亦作厢)。旗帜除四正色旗外,黄、白、蓝均镶以红,红镶以白,把后金管辖下的所有人都编在旗内。其制规定:每300人为1牛录,设牛录额真1人;5牛录为1甲喇,设甲喇额真1人;5甲喇为1固山,设固山额真1人。据史籍记载,当时编有满洲牛录,308个,蒙古牛录76个,汉军牛录16个,共400个。此时所编设的八旗,即后来的满洲八旗。清太宗时,又建立蒙古八旗和汉军八旗,旗制与满洲八旗同。八旗由皇帝、诸王、贝勒控制,旗制终清未改。

八旗制度的特点:八旗初建时兵民合一,全民皆兵,凡满洲成员皆隶于满洲八旗之下。旗的组织具有军事、行政和生产等多方面职能。入关前,八旗兵丁平时从事生产劳动,战时荷戈从征,军械粮草自备。入关以后,建立了八旗常备兵制和兵饷制度,八旗兵从而成了职业兵。清定都北京以后,绝大部分八旗兵丁屯驻在北京附近,成卫京师的八旗则按其方位驻守,称驻京八旗,俗称京旗,实即禁军。另抽出一部分旗兵派驻全国各重要城市和军事要地,称驻防八旗。八旗有一套完整的制度。如封爵,崇德元年(1636)始定亲王、郡王、贝勒、贝子、镇国公、辅国公、镇国将军、辅国将军、奉国将军九等。八旗按引军旗色定户籍。八旗兴办宗室觉罗学、官学等,课其子弟。八旗宗室王公及官兵的婚丧等均有规定。

八旗的兴衰:清军入关,满族人口大量涌入北京及其附近地区。为了安置八旗官兵和闲散人口,清政府进行大规模的圈地运动,八旗官兵因此获得一部分旗地。兵丁份地大多数靠本人带同家属从事耕种,后多迫于生计被典押出去。清统治全国以后,八旗兵丁生计日渐拮据。清王朝虽采取了种种措施,但直至清末,八旗生计问题非但没有解决,反而陷于贫困的境地。

八旗制度从正式建立到1911年辛亥革命后清王朝覆灭,共存在296年。它是清王朝统治全国的重要军事支柱,曾为发展和巩固中国多民族统一的国家、为保卫边疆防止外来侵略等都做出了重要贡献,对满族社会的发展,更起到不可磨灭的作用。随着历史的嬗变,八旗制度中落后的一面也日益明显,严重地束缚了满族人民的发展,在征战中的作用也愈来愈小。八旗制度与清王朝的命运紧密地联系在一起,经历了由盛而衰,由衰而亡的整个历史过程。

### 军机处与军机大臣

军机处是清代辅佐皇帝的最高政务机构。初设于雍正七年(1729),当时正值清廷用兵西北,军务紧急,因内阁在太和门外,官员混杂,易于泄露军机。为此,清世宗在靠近内廷的隆宗门内特设军机房。作为临时性的军事指挥机构。由于这一机构有利于君主独裁,战事结束后,于雍正十年正式改称军机处,成为处理全国军政大事的常设机构。直到清末(1911)"责任内阁"出现时才被撤销,前后存在约190年。

军机处设军机大臣,一般是三四人至五六人,最多时达六七人,通称大军机。由皇帝在满汉大学士,尚书、侍郎,京堂中选任,没有定员。其中一人为首席军机大臣,或称"揆席"。首席军机大臣每日入值,随时准备皇帝召见,即使皇帝外出巡幸也不例外。军机大臣

军机处旧址

的职务是秉承皇帝的旨意办理军政事务,实际上是为皇帝做侍从秘书工作。下设军机章京,从内阁和六部中抽调中书,即中等官充任,协助军机大臣处理文书,对一般奏章票签处理意见,根据皇帝的意图起草谕旨以及"记载档案"等。官品不高,但接近机密,俗称"小军机"。分满、汉两班,各以一人为领班,一人为帮领班。处下还有两个机构:负责修纂的"方略馆"和掌翻译的"内繙书房"。

军机处的设立是清代统治者在中央行政制度方面的重大变革。皇帝通过军机处,完全控制了全国的军政大权,实现了"乾纲独揽"的绝对君权。

### 摊丁入亩

清政府将历代相沿的丁银并入田赋征收的一种赋税制度,是中国封建社会后期赋役

制度的一次重要改革。源于康熙,乾隆年间普遍实行。其主要内容为废除人头税,此后中国人口迅速增长,客观上是对最底层农民人身控制的放松。

摊丁入亩的做法:

将丁银摊入田赋征收,废除了以前的"人头税",所以无地的农民和其他劳动者摆脱了千百年来的丁役负担;地主的赋税负担加重,也在一定程度上限制或缓和了土地兼并;而少地农民的负担则相对减轻。

同时,政府也放松了对户籍的控制,农民和手工业者从而可以自由迁徙,出卖劳动力。

摊丁入亩的实行,有利于调动广大农民和其他劳动者的生产积极性,促进社会生产的进步。

### 清代资本主义萌芽的发展

即清代康雍乾时期资本主义生产关系的重复出现及扩展。中国资本主义萌芽最初发生在明代中后期,明清之际战乱频仍,发展中断。

康熙、雍正、乾隆时期社会相对稳定,生产得到了恢复和发展,农民的人身依附关系松弛,生产水平不断提高,并向商品生产转化;手工业匠籍制度废除,私营手工业兴起,打破了官手工业的垄断,商品生产的比重加大;商品交流日益扩大,银钱业繁兴,商业中心增多,全国统一大市场形成,资本主义生产关系又在原来的基础上得到发展,主要表现在手工工场的扩展、包买主的活跃和经营地主的出现等方面。手工工场和使用雇工进行生产的作坊比明代更为发展。

资本主义萌芽虽然在一定程度上和一定范围内得到发展,但是由于官府抑商政策的压迫、农业和家庭手工业的顽固结合、商业资本转投土地和高利贷、行会和行帮组织的束缚,它的发展是艰难、曲折和极其缓慢的。

### 四库全书

清代官修的一部大型丛书。清高宗弘历为了宣扬文治的盛世,笼络汉族地主知识分子,于乾隆三十八年(1773)开设《四库全书》馆,任命亲郡王、大学士6人为总裁,六部尚书及侍郎10人为副总裁,组织了360人的庞大机构纂修《四库全书》,直到乾隆四十七年全书告成。

全书总计收书3457种,79070卷,装成36000余册;存目6766部,93556卷。书成后,首缮四部,存放在北京大学内的文渊阁,圆明园的文渊阁,奉天的文溯阁,热河行宫避暑山庄的文津阁。接着又缮录3部,分放在扬州大观堂的文汇阁,镇江金山寺的文宗阁,杭州圣母寺的文澜阁。自四库开馆至七阁书完成,前后历时17年。

全书规模宏阔,卷帙浩繁,是中国古代文化史上的壮举。它集古代典籍之大成,把晋武帝时荀勖创始的古籍四部分类法发展完备。书分经、史、子、集四部,部下分类,类下又分子目,便于检索。

全书修成对保护古代典籍是一大功劳,但是在修书过程中寓禁于征,对于书中词义有抵触清廷者,皆禁毁之。列入禁毁书目的,约有2400多种。在修书的十年中又兴文字狱 40 余起。

# 中国近代史话

## 第一次鸦片战争

1840~1842 年英国对中国发动的一次侵略战争。

19 世纪初叶,英、法、美等国已经完成或正在完成产业革命,资本主义经济迅速发展,

第一次鸦片战争

资产阶级迫切需要建立海外殖民地作为商品市场和原料供应地。地大物博、人口众多的中国是它们向东方侵略的重要目标。

其时,中国是清王朝统治下的封建国家,小农业和家庭手工业相结合的自给自足的自然经济在社会经济中占主要地位,这种经济形态顽强地抵抗着西方国家的商品输入。

为了改变对华贸易的不利状况,英国殖民主义者一方面扩大对华鸦片走私,以攫取暴利,一方面准备武装侵略,以打破清政府的闭关政策。

鸦片的大量输入,严重毒害了中国人民,造成中国白银大量外流,加重了人民的负担,加深了清朝封建统治危机。1838 年 6 月,鸿胪寺卿黄爵滋上《严塞漏卮以培国本疏》,请严禁鸦片,重治吸食者。9 月,湖广总督林则徐上奏极言鸦片之危害,指出"若犹泄泄视之,是使数十年后,中原几无可以御敌之兵,且无可以充饷之银"(《林则徐集·奏稿》中册,第 601 页),主张严加查禁。道光皇帝采纳禁烟派的主张,命林则徐为钦差大臣,加兵部尚书衔,前往广东主持禁烟。

1839 年 3 月林则徐到达广州,会同两广总督邓廷桢、水师提督关天培,与英、美鸦片贩子坚决斗争,迫使英国驻华商务监督义律及外国烟贩缴出鸦片 237 万多斤。从 6 月 3 日至 25 日,在虎门海滩当众销毁。同时,林则徐等大力整顿海防,组织团练水勇,加强战守,先后击退英国侵略者从海上和陆上的武装挑衅。

中国禁烟的消息传到英国后,英国资产阶级决定以此为借口发动侵华战争。1840年2月,英政府任命乔治·懿律为英国东方远征军总司令和谈判全权代表,查理·义律为副代表。4月10日,英国议会正式通过对华战争的决议案。6月,英舰船48艘,士兵4000余人,陆续开抵广东海面,封锁珠江口,鸦片战争正式爆发。

7月2日英舰抵厦门投文,并作武装挑衅,被击退,旋北上。5日攻占定海。8月,抵达天津白河口,递交英国外交大臣巴麦尊给清政府的照会,提出赔款、割地、鸦片贸易合法化等一系列侵略性要求。道光皇帝屈服于英军的武力恫吓,派直隶(今河北)总督琦善前往天津与英军谈判。琦善向英方表示一定重治林则徐,"秉公"查办鸦片问题,英军遂于9月中旬陆续南撤。

道光皇帝任命琦善为钦差大臣到广州继续与英国侵略者谈判,并将林则徐、邓廷桢革职。11月底琦善到达广州,反对林则徐所为,自动撤除珠江口附近防务,裁减水师,遣散水勇乡勇,并镇压抗英民众。1841年1月7日,英军突然袭击,攻陷大角、沙角炮台,琦善派鲍鹏到穿鼻洋向义律(这时懿律已生病回国)求和。义律提出《穿鼻草约》,并于20日单方面公布,同时派兵强占香港。

琦善的卖国行为,引起了广州人民的强烈反对。清政府也感到赔款、割地有伤"天朝尊严",下令将琦善锁拿进京治罪,派御前大臣、皇侄奕山为靖逆将军,率军1.7万人赴广东同英军作战。义律获知消息后,于2月进攻虎门炮台,守将关天培率军死战,壮烈殉国。4月奕山到广州。5月21日派兵夜袭,次日英军进攻,占据城外四方炮台,猛轰广州城,奕山龟缩城内乞和。27日签订《广州和约》,向英军缴纳赎城费600万元,赔偿英国商馆损失30万元,清军退驻广州城外60英里,英军退出虎门。道光皇帝不得已批准了《广州和约》。

此后清朝统治者以为战事就此结束,开始裁减军队。但是,英国政府却嫌义律发布的《穿鼻草约》所得侵略权益太少,决定改派璞鼎查为全权代表,扩大侵华战争。璞鼎查率舰队于8月26日攻陷厦门,10月1日再陷定海,10日陷镇海,13日占宁波。道光皇帝被迫于10月18日任命协办大学士、皇侄奕经为扬威将军,率军赴浙江办理军务。1842年3月奕经集兵万余,从绍兴分兵三路进军,企图同时收复宁波、镇海、定海,结果一败涂地,从此不敢言战。

道光皇帝急求妥协,又派耆英、伊里布赶赴浙江议和,遭拒绝。为胁迫清政府接受其全部侵略要求,英军决定入侵长江,切断运河,直扑南京。5月18日,攻陷江防重镇乍浦。6月中旬,攻陷吴淞口炮台,占领宝山、上海。7月攻陷镇江。8月英军舰船侵入南京江面。8月29日,耆英与璞鼎查在英舰皋华丽号上,按照英国侵略者提出的全部条件签订了丧权辱国的《南京条约》。鸦片战争至此结束。

从此,中国由一个封建社会逐步沦为半殖民地半封建社会。因此,鸦片战争是中国近代史的开端。

**虎门销烟**

为了不让鸦片毒害人民,林则徐决定将收缴的鸦片全部销毁。1839年6月3日,天空晴朗,万里无云,广阔的虎门海滩上,人山人海。下午两点钟,连续几声炮响,林则徐宣布销烟开始。士兵们向挖好的池子里放满海水,投进鸦片,再撒上石灰。霎时间,池水翻滚,烟雾冲天,万众欢腾。满池鸦片很快化为渣沫。这时正是退潮的时候,林则徐命令打开闸门,满池废渣随滚滚潮水卷入大海。就这样,从1839年6月3日起,花了二十三天时间,终于把两万多箱鸦片全部销毁。

**虎门销烟**

虎门销烟,表现了中国人民维护民族尊严、反抗外国侵略的爱国精神和英雄气概。在中国人民革命胜利后,虎门销烟的壮观场面铭刻在北京天安门广场的人民英雄纪念碑上。

### 南京条约

《南京条约》(即《江宁条约》)是中国近代史上外国侵略者强迫清政府签订的第一个不平等条约。1842年(道光二十二年)8月29日,由清政府钦差大臣耆英、伊里布与英国全权代表璞鼎查在南京签订,是关于结束鸦片战争的条约。条约共分十三款,其主要内容包括:(1)中国向英国赔款2100万银圆。(2)割让香港岛给英国。(3)开放广州、福州、厦门、宁波、上海等五处为通商口岸。(4)中国抽收进出口货的税率由中英共同议定,不得随意变更。从此,西方资本主义侵略者打开了中国的门户。1843年英国政府又强迫清政府订立了《五口通商章程》和《五口通商附粘善后条款》(《虎门条约》)作为《南京条约》的附约,增加了领事裁判权、片面最惠国待遇等条款。1844年7月、10月,美国和法国趁火打劫,效仿英国,先后威逼清政府签订了中美《望厦条约》和中法《黄埔条约》,获得除割地、赔款之外,与英国同样的特权。从1845年起,比利时、瑞典等国家也都胁迫清政府签订了类似条约,中国的主权遭到进一步破坏。

鸦片战争的失败和《南京条约》等一系列不平等条约的签订,使中国社会发生了根本性的变化。政治上独立自主的中国,战后由于领土主权遭到破坏,自给自足的自然经济解体,逐渐成为世界资本主义的商品市场和原料供给地,从封建社会逐步沦为半殖民地半封建社会。

## 太平天国起义

鸦片战争以后,中国逐步沦为半殖民地半封建社会。清朝统治者对人民的压迫剥削更加残酷,从而进一步加深了阶级矛盾和社会危机。外国侵略者的疯狂掠夺,使得本来就已经相当尖锐的阶级矛盾和社会危机进一步激化。农民生活极端痛苦,被迫走上反抗的道路。

从 1847～1849 年(道光二十七至二十九年),规模较大的农民起义就有 100 多次。当时捻党、白莲教、天地会也积极活动,进行反清斗争。在全国各族人民反清浪潮不断高涨形势的推动下,洪秀全等发动和领导了太平天国农民起义。

出生在广东花县的洪秀全是一个屡试不第的农村知识分子,对于清朝科场黑暗和政治腐败极为不满。1843年,他读到一本宣传基督教的小册子《劝世良言》,受到启发,在家乡创立拜上帝教。后与冯云山去广西传教。约在 1846 年后,冯云山在紫荆山区建立了拜上帝会,积极发展会众。同时,洪秀全写出了《百正歌》《原道救世歌》《原道醒世训》《原道觉世训》等诗文,为太平天国农民起义奠定了理论基础。

1850 年,洪秀全根据"天兄"萧朝贵的"传言",发布团营令(起义总动员)。1851 年 1 月 11 日,在广西桂平

洪秀全塑像

金田村正式举义,建号"太平天国"。1851 年(咸丰元年)9 月,太平军在浔州山区迂回作战八九个月之后,攻克永安(今蒙山县)。在这里封王建制,整顿军旅,颁刻《天条书》《太平军目》《太平礼制》等书,重申圣库制度,制定天历,初步建立起太平天国农民政权。1852 年 4 月,太平军自永安突围,欲攻桂林不下,北上全州出湖南。南王冯云山 6 月牺牲在全州蓑衣渡。太平军在道州进行三个月休整,解决了战士中普遍存在的"怀土重迁"思想,随后发布《奉天讨胡檄布四方谕》等,揭露清朝的黑暗统治,阐明起义的宗旨。9 月围长沙,西王萧朝贵战死。后取益阳,渡洞庭,克岳州,向湖北挺进,1853 年 1 月攻占长江中游重镇武昌。复沿江东下,水陆并进,势如破竹,克九江,夺安庆,取芜湖,于 1853 年 3 月19 日一举攻占金陵,遂奠都,改称天京。此后,进一步制定官制、朝仪、刑法、礼制等,以期使农民政权臻于完善。

1853 年冬,洪秀全颁布《天朝田亩制度》,设计出一个"处处平均,人人饱暖"和"通天下皆一式"的社会方案,试图建立地上理想"天国"。《天朝田亩制度》反映了农民要求摆脱剥削和贫困,要求平等和温饱的愿望,具有反封建的革命意义。但这是个绝对平均主义的方案,违反了社会发展规律,是行不通的。结果,在社会实践中,太平天国不得不实

行"照旧交粮纳税"的政策。

在军事上,太平军于1853年5月同时举行北伐和西征。结果,由于偏师北伐,北伐军和北伐援军相继覆没。虽然西征军取得很大胜利,开辟了湖北、江西、安徽大片土地,但付出相当大的代价,特别是水师丧失殆尽。

由于太平天国分兵北伐和西征,使天京的形势变得被动。为扭转天京外围的不利战局,天京当局于1856年初,从西征战场抽调部队回援天京,集中兵力对天京外围的清军发起进攻,一举粉碎了清军的江北和江南大营,使太平天国在军事上达到了鼎盛时期。

但是,太平天国军事上的胜利不仅没有给其领导集团增加凝聚力,相反倒加速了它的分裂。东王杨秀清在胜利面前,居功自傲,飞扬跋扈,1856年7月,逼洪秀全封他"万岁",从而激化了早已存在着的洪、杨矛盾。洪秀全调北王韦昌辉率3000精兵,包围东王府,杀死杨秀清及其家属、部属几千人。随后,洪秀全又处决了韦昌辉以及参与肇事的秦日纲等200余人,演出了中国农民战争史上空前未有的大悲剧。继之,翼王石达开不堪洪秀全的"疑忌",负气于1857年5月率十数万太平军精锐部队出离天京。"天京事变"使太平天国的形势变得十分险恶。

洪秀全大胆提拔青年将领陈玉成、李秀成等主持军事,接连取得再破江北大营、三河之战的辉煌胜利,初步稳定了天京上游的战局,保证了天京的粮源。1859年拜上帝教创始人之一,洪秀全族弟洪仁玕,从香港辗转来到天京,被封为干王,以军师衔总理朝政,旋提出施政纲领《资政新篇》,主张改革风俗,厉行法制,学习西方新技术,保护私人工商业等,经洪秀全旨准颁布。

同年陈玉成、李秀成等也相继被封为工爵,皆振奋一心,共议军政大事。以"围魏救赵"的策略方针,一举二破江南大营,从而扭转了太平天国的危局。洪秀全又批准洪仁玕制定的"进取良策":先攻苏、杭、上海,购置火轮船,掌握长江制水权,然后回师西征湖北,以解安庆之围。结果太平军连克苏州、松江,兵锋抵上海。月余间尽占苏南财富之区,在此建立苏福省。1862年(同治元年),李秀成、李世贤再克杭州、宁波、金华、绍兴各府县,建立浙江省。江、浙地区的开辟,对太平天国后期政治、经济的稳定起了积极作用。但是,由于洪秀全、洪仁玕等忽略了巩固安徽根据地的重要意义,湘军寻机进入了安徽,并完成包围安庆的计划。1861年春洪仁玕制定了会剿武汉以救安庆的军事计划,即所谓第二次西征,但陈玉成所率北路大军至湖北黄州(今黄冈)为英国驻武汉领事所骗,未敢攻打武汉,而迅速回救安庆;李秀成误期两月才到武汉,贻误戎机,又见安庆危机而不救,居然挥师南下浙江。1861年9月,安庆失陷,天京屏障尽失,曾国藩率湘军顺流东下,直逼天京。

第二次鸦片战争结束后,中外反动派公开勾结,联合镇压太平天国。1861年11月,清政府任命曾国藩为两江总督,并节制江南军务。曾国藩坐镇安庆指挥,派曾国荃率湘军主力沿江而下,进攻天京;派左宗棠率另一支湘军,由江西进犯浙江,以图杭州;又保荐李鸿章招募淮军6000人,从水路运往上海,与外国侵略者组成的洋枪队勾结,联合向苏福省发动进攻,目标是夺取苏州,取远势从东面包围天京。中外反动派对太平军三面进攻,其兵力大大超过太平军。当时,太平天国内部矛盾重重,洪秀全仍终日深居宫中,思想封建化,又沉迷宗教之中,信天不信人,失去了正确处理军政大计的能力;但是广大太平军将士,毫不畏怯,英勇抵抗,给中外反动势力以沉重打击。1862年秋,李秀成调集各路大军20余万,与湘军大战于天京城郊,未能获胜,解围天京无望。此后形势更加恶化。1863年12月苏州陷落,长江中下游已无险可守。1864年春,杭州陷落。6月1日,洪秀全病逝。7月19日,天京终于陷落,标志着历经14年的太平天国起义失败。

太平天国起义历14年,太平军驰骋18省,沉重地打击了清王朝的反动统治和外国侵略势力,把中国旧式农民战争推到了顶峰。

### 华尔(1831年~1862年)

镇压太平军的"洋枪队"头子。美国人,受过基础军事训练,长期在海上及中美洲从事冒险活动。1859年(咸丰九年)来上海,开始在清军水师炮船"孔夫子"号当大副,后受清苏松太道吴煦委派,招募外国人组成洋枪队,任队长,帮助中外反动派镇压太平军。1862年(同治元年)又将洋枪队扩编为"常胜军",任副将,在上海、宁波配合英、法侵略军作战,残酷屠杀中国人民。9月21日,同英军进犯慈溪(今浙江慈城),被太平军击成重伤,次日,在宁波毙命。

华尔率领的洋枪队

### 捻军

太平天国农民战争时期北方的农民起义军。原称捻子或捻党,起源于清朝初年,是长期活动在安徽、河南、山东西部和江苏北部一带的民间秘密组织。主要成员是农民和其他劳苦群众,往往以数十人或数百人为一捻(皖北方言称一部、一股、一支为"一捻"),"自号为捻,不相统一",进行抗粮、抗差、打富济贫等反对封建剥削和压迫的活动。

捻军作为太平军在长江北岸的有力同盟军。坚持斗争18年,驰骋于江淮之间与大河上下,促成了西北回民起义的爆发,有力地配合太平天国和北方各地的人民起义,沉重地打击了清朝封建势力。

## 第二次鸦片战争

1856年,正当太平军同清军激烈争斗时,英国和法国在美、俄的支持下,对中国又发动了一次"海盗式"的侵略战争。这次战争实质上是第一次鸦片战争的继续和扩大,所以历史上称作第二次鸦片战争。

第二次鸦片战争先后持续了近四年时间,经历了两个阶段。

第一阶段:从1856年10月战争爆发,到1858年6月《天津条约》签订,前后近两年时间。英国侵略者在1856年入侵广州被击退后,于第二年底,英、法两国又纠集了五、六千人,再次进犯广州。两广总督叶名琛,昏聩自矜,玩忽轻敌,既不做应敌的准备,也不准广州军民抵抗,并自欺欺人的断言"必无事,日暮自必走",结果广州被占。侵略军入城后,烧杀抢掠,仅从布政使衙门抢走白银一项,就达二十二万七千两。叶名琛也成了俘虏,群众讥讽他"不战,不和,不守,不死,不降,不走"。

英、法侵略军攻占广州后,小部分留守,大部分乘军舰北犯。1858年4月,到达大沽口外。5月20日,侵略军突然闯进大沽口,炮轰大沽炮台。驻守炮台的官兵奋起抵抗,与侵略军炮战两小时,由于直隶总督谭廷襄等文武官员带头逃跑,使得大沽炮台很快失陷。侵略军占据大沽炮台后,直犯天津,并扬言要进攻北京。清政府急忙派遣全权大臣桂良和花沙纳,赶往天津向侵略者求和。六月,清政府被迫与英、法、俄、美四国签订了《天津条约》。第一阶段的战争至此结束。

《天津条约》的主要内容是:各国公使常驻北京,增开牛庄(后改营口)、登州(后改烟台)、台湾(台南)、淡水、潮州(后改汕头)、琼州、汉口、九江、南京、镇江十处为通商口岸;外国人可入中国内地游历、通商、传教;外国商船可在长江自由航行;鸦片贸易合法化;外货入内地只准征收2.5%的子口税;分别向英、法赔款白银四百万两、二百万两。

第二阶段:从1859年6月侵略战争再起,到1860年10月《北京条约》签订,共一年零四个月的时间。《天津条约》签订后,马克思就断言:"从政治观点看来,这个条约不仅不能巩固和平,反而使战争必然重起。"事实正是如此。英、法侵略者远不满足于已经攫取的权益,说什么"条约中有关商务条款不能令人满意"。为向中国勒索更多的特权,他们又在寻找借口,准备重新发动战争。

1859年6月,英法公使借换约之机,率领一支舰队气势汹汹地来到大沽口外。他们蓄意挑衅,拒绝走清政府指定的由北塘登陆进京的路线,硬要把军舰沿白河开到天津,武装护送公使进京。24日,他们炸断了白河上两根拦河大铁链,拔毁了河上的铁戗。25日,突然炮轰大沽炮台。守卫炮台的爱国将士忍无可忍,奋起自卫还击,击伤击沉敌舰十余艘,打死打伤侵略军近五百人,英国海军司令受重伤,副司令伤重而死,其余侥幸活下来的都夹着尾巴逃出了大沽口。

当时伦敦、巴黎报纸叫嚣要"大规模报复",而清政府却无心抵抗,幻想求和。1860年春,英、法两国调集了两万多兵力,二百多艘舰船,杀向中国。4月占领舟山。5、6月进犯烟台和大连。7月底闯到大沽口外。8月攻占天津。各地人民和爱国官兵自动奋起抵抗。但腐败无能的清军,却望风而逃,一触即溃。当侵略军逼近北京时,咸丰皇帝带着后妃,仓皇逃往热河,留下其弟恭亲王奕䜣向敌人投降求和。

英、法侵略军从北塘登陆后,烧杀淫掠,无所不为。位于北京西郊的圆明园,是清朝统治者靠榨取人民的血汗,经过150多年扩建经营而建成的壮丽宫苑。它综合了中外建筑之精华,藏有各种无价珍宝、稀世典籍和珍贵的历史文物。这个宏伟瑰丽的大园林和珍藏宝库竟被英、法强盗洗劫一空之后,化为焦土。连当时在场的英国强盗戈登,也不得不供认:"我们就是这样以最野蛮的方式,摧毁了世界上最宝贵的财富"。同时他们还扬言要捣毁清皇宫。在侵略者武力逼迫下,清政府屈服了,同英、法分别签订了屈辱的《北京条约》,美国也根据"一体均沾"的条款分享各项特权。

《北京条约》除承认《天津条约》有效外,英、法还获得了如下重大特权:开天津为商埠;准许拐卖华工出国做苦力;割让九龙司归于英属香港界内;退还以前没收的天主教堂和教产;赔偿英、法军费各增至八百万两。

《北京条约》和《天津条约》的签订,使得中国更深地堕入半殖民地的深渊。

### 亚罗号事件

围绕中国商船亚罗号进行的中英交涉,系第二次鸦片战争的导火索。亚罗号商船属华人苏亚成所有,船上水手均系中国人,曾于1855年9月在香港英国当局登记,有效期一年,雇英国人当船长。1856年10月8日(咸丰六年九月十日),广州水师拘捕了该船的12名水手,其中两名是海盗,10名有海盗嫌疑。英国驻广州领事馆代理领事巴夏礼接到该船所雇英籍船长的报告,赶赴现场,捏称亚罗号为英国船,欲截留被扣人员,未逞。又照会两广总督

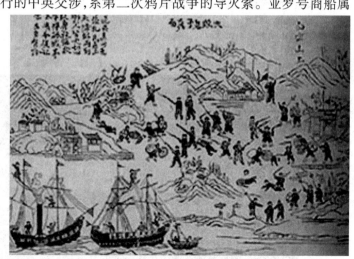
亚罗号事件

叶名琛,称船上悬挂的英国国旗被中国兵勇侮辱,要求立即释放人犯,公开向英国道歉。叶名琛复函反驳,说明亚罗号系中国船,并无悬挂英国国旗,被扣人员中确有海盗,但仍同意放人。驻华公使包令伙同巴夏礼按英国政府"决不放过一件小事"的指令蓄意扩大事态。21日巴夏礼发出最后通牒,坚持所提无理要求,限叶名琛在24小时内答复。叶恐事态扩大,忙于22日将被捕人犯送至英领事馆。巴夏礼拒绝接受。23日英国兵舰攻打广州炮台,挑起了第二次鸦片战争。后英国政府以亚罗号事件为借口向远东增派兵力,发动侵华战争。

### 马神甫事件

法国为发动第二次鸦片战争而制造的借口,又称"西林教案"。

清咸丰三年(1853)法国天主教神甫马赖(1814年~1856年)非法潜入我国广西西林县,披着宗教外衣,进行侵略活动。他吸收地痞流氓入教,勾结当地官府和土豪,欺压人民,强奸妇女,无恶不作。并纵容包庇教徒马子农、林八等无故在乡间起衅,进行抢掳奸淫,肇事多起。他们作恶多端,而又逍遥法外长达3年之久,激起当地人民极大愤慨,上控省大吏。六年1月24日(2月29日),新任西林知县张鸣凤根据村民控呈,调查据实后,将马赖及不法教徒共26人逮捕归案,依法判处马赖及不法教徒2人死刑,其余分别论罪处罚。法国皇帝拿破仑三世(即路易·波拿巴)及其政府,为了进一步取得天主教的支持,巩固军事独裁及扩大资产阶级的海外权益,遂抓住这个事件,借口挑起侵华战争。8月29日,法国通知英国政府,准备派一支法国远征军到中国。次年,联合英国出兵侵华。

### 火烧圆明园

第二次鸦片战争期间英法联军在北京所犯的暴行。圆明园位于北京西北,由圆明园、万春园、长春园组成,荟萃中外美景奇观,收藏无数奇珍异宝,是中国最大的皇家园林。它的修建历康熙、雍正、乾隆三朝150余年,耗费亿万资财和大量人力。1860年10月初(咸丰十年八月)英法联军逼近北京。6日联军循城追击清军至圆明园。法国将军

圆明园遗址

孟托邦率部率先闯入。次日英国侵华军全权专使额尔金等进占。侵略者肆无忌惮地抢劫园中金银珠宝,秘籍古玩。联军官兵几乎每人都掠到数以万计、十万计,乃至百万计的财富。13日留守北京城的清朝大臣交出安定门,英法联军控制了北京。奕䜣代表清政府与英法议和。为压迫清政府做出更多的让步,掩盖焚掠圆明园的罪行,英法联军以报复清军虐杀俘虏为名,在18日、19日出动数千军队,有计划地焚烧圆明园。园内殿宇楼阁陷入火海之中,大火连烧三天,烟云蔽日,笼罩北京。经此浩劫,这座闻名于世的皇家园

林只剩下一片残瓦颓垣。

### 辛酉政变

辛酉政变又称"北京政变",是发生在1861年的一起重大政治事件。

1860年9月英法联军逼近北京,京城震动。咸丰皇帝急忙带着他的宠妃那拉氏(就是后来的慈禧太后)和一班亲信,逃亡到热河去,由恭亲王奕䜣(咸丰的弟弟)留下来向侵略者求和。奕䜣对侵略者有求必应,最后签订了屈辱的《北京条约》,因此得到侵略者的欢心。

1861年8月咸丰在热河病死,由他6岁的儿子载淳即位。遗命端华、载垣、肃顺等8人为"赞襄政务王大臣",辅佐年幼的皇太子载淳。载淳的母亲那拉氏,这时才26岁,被尊为慈禧太后。慈禧是个阴险、贪权的女人。她很快就和留在北京的奕䜣勾结起来,并得到了外国侵略者的支持,企图趁儿子年幼,篡夺最高统治权。

慈禧先让人建议,由她"垂帘听政",实际上是由她掌握实权。但是载垣等一班老臣,以"本朝未有皇太后垂帘"的理由加以反对,使她的阴谋未能得逞。10月,奕䜣和英国侵略者密谋后,借"奔丧"的名义赶到热河,和慈禧商议回北京去发动政变。奕䜣回到北京后,笼络驻

慈禧

扎在京、津一带掌握兵权的兵部侍郎胜保,做好了政变的准备。

在从承德回北京时,慈禧让肃顺护送咸丰的梓宫走大路;她和载垣、端华由小路提前4天到北京。11月1日刚到北京,第二天一早就发动了政变,宣布解除了肃顺等人的职务,当场逮捕了载垣、端华;并派人去路上逮捕肃顺。不久(8日),慈禧发布上谕,否认咸丰遗诏,下令将肃顺斩首;让载垣、端华自尽;另外五大臣则被革职或充军。八大臣的第一个重要罪状就是"不能尽心和议……以致失信于各国",也等于向侵略者表示,她是"尽心和议"的卖国贼。接着(11日)宣布废除八大臣原拟的祺祥年号,改明年(1862年)为"同治"元年,表示东、西二太后共同治理朝政。慈禧之号也是从这时开始使用的。这一年正好是辛酉年,故又称"辛酉政变"。而发生此事的地点又在北京,故又称"北京政变"。

从此,慈禧作为中外反动势力勾结的产物和他们的代表,在半殖民地的中国进行了47年的罪恶统治。她上台的第一桩罪行,就是"借师助剿",和外国侵略者共同血腥镇压了著名的太平天国革命。中国历史上许多不平等条约如中英《烟台条约》《中法新约》中日《马关条约》《中俄密约》《辛丑条约》等都是在她统治时期与外国签订的。她的篡政和统治,使近代中国蒙受了无穷无尽的屈辱。

### 中俄瑷珲条约

第二次鸦片战争期间沙俄强迫清政府订立的不平等条约。1858年（咸丰八年）初，沙俄趁英法联军北犯天津之际，在中国东北边境陆续集结大量军队。5月22日俄国东西伯利亚总督穆拉维约夫率军舰直抵瑷珲，约黑龙江将军奕山谈判界务。谈判中穆提出扩张领土要求，遭奕山拒绝。俄舰开枪放炮，以武力威胁。28日在俄方胁迫下，奕山被迫签约。内容共3条：①黑龙江以北、外兴安岭以南60多万平方公里的中国领土割给俄国，仅江东精奇里江以南至豁尔莫勒津屯的小片地区（后称江东六十四屯）仍准原居之中国人居住，归中国政府管理；②乌苏里江以东，包括吉林省全部海岸线及海参崴划为中俄"共管"；③黑龙江、乌苏里江只准中俄两国船舶航行，两国人可在这两条江及松花江一带贸易。清政府没有批准《瑷珲条约》，当即处分了奕山，直到1860年订立中俄《北京条约》时方承认。该约严重地损害了中国的领土完整和主权，为沙俄向太平洋扩张、进一步侵略中国创造了有利条件。

### 中英天津条约

第二次鸦片战争期间英国强迫清政府签订的不平等条约。英法联军攻陷广州后，北上抵大沽口，纠合俄、美公使照会清政府谈判，并于1858年5月20日（咸丰八年四月八日）攻陷大沽炮台，逼天津，扬言攻打北京。清政府派出代表赴津议和，遂与英、法、俄、美分别签约。6月26日清朝钦差大臣、大学士桂良和吏部尚书花沙纳与英国全权代表额尔金在天津海光寺签订该约。共56款，另附《专条》。内容为：①英国公使驻北京；②增开牛庄、登州、台南、潮州、琼州、汉口、九江、镇江、南京为通商口岸（后来开埠时，牛庄口岸设在营口，登州口岸设在烟台，潮州口岸设在汕头），并在各口岸设领事馆；③允许基督教、天主教教士自由传教；④英国人可往内地游历、通商，可在各通商口岸租地盖房，设立教堂、医院、仓库等设施；⑤英国商船可在长江一带通商各口往来；⑥修改关税税则；⑦中国赔款白银400万两；⑧详密规定领事裁判权。11月8日桂良、花沙纳与额尔金在上海签订了《中英通商章程》，作为《天津条约》的补充条款。主要规定：海关聘用英国人办理税务，进出口货一律按时价值百抽五征税；洋货运输内地或英商从内地购土货出口，只纳子口税百分之二点五，不再纳厘金；准许鸦片进口贸易。次年换约，因发生大沽口战斗未成。

到1860年10月订立中英《北京条约》时这些条款得到确认。

### 中英北京条约

第二次鸦片战争期间英国强迫清政府签订的不平等条约。1860年9月（咸丰十年八月）英法联军逼近北京，咸丰帝逃奔热河，留下其弟恭亲王奕䜣接洽议和事宜。10月英法联军入北京，大肆焚掠，恫吓清廷，强迫清政府分别与英法签约。10月24日清钦差大臣奕䜣与英国全权代表额尔金在北京正阳门内礼部签订此约。共计9款，主要内容：①确定《天津条约》仍属有效；②赔款银增至800万两；③开天津为商埠，居住天津的英国人享受其他开放口岸同等待遇；④英国割占广东九龙司地方一区，并归英属香港界内；⑤英国可以招募华工出国。11月初,奕䜣与英、法公使先后换约。

以中英《北京条约》为代表的在第二次鸦片战争中签订的一系列不平等条约,进一步扩大了西方列强在第一次鸦片战争中获得的侵略利益,加剧了中国半殖民地化的进程。

## 举办洋务

洋务运动旧称"同光新政"。1860年后,在中外反动派联合镇压太平天国革命的过程中,清朝封建集团中逐渐形成了一批具有买办性的官僚军阀。他们在与外国资本主义打交道的过程中,不但认为清政府与外国侵略者的矛盾可以调解和妥协,"借洋助剿",镇压国内人民的反抗,而且还可以采用一些资本主义生产技术,以达到维护摇摇欲坠的封建统治的目的。这部分人就是当时清政府内当权的洋务派,史称洋务运动。

所谓"洋务",是指诸如外事交涉、订条约、派遣留学生、购买洋枪洋炮以及有按照"洋法"操练军队、学习外洋科学、使用机器、开矿办厂等对外关系与外洋往来的事物有关的一切事情。

主持和提倡办洋务的洋务派,是在镇压太平天国革命的过程中,在外国侵略者扶植下发展起来的清朝统治集团中的一个派别。起初人数不多,但他们的势力与日俱增。在朝廷里是总理各国事务衙门的大臣奕䜣和文祥等人,在地方上是握有实权的大官僚曾国藩、李鸿章、左宗棠、张之洞等人。其中以曾国藩为首的湘系集团和以李鸿章为首的淮系集团,以及后起的张之洞集团影响较大。

洋务运动的内容很庞杂,涉及军事、政治、经济、外交等,而以"自强"为名,兴办军事工业并围绕军事工业开办其他企业,建立新式武器装备的陆海军,是其主要内容。

江南制造局火炮车间

从60年代开始开办江南制造局、福州船政局、安庆军械所等近代军事工业。其中,江南制造局是中国第一个较大的官办军事工厂,1865年由李鸿章在上海创办,全厂约2000余人,主要制造枪炮、弹药、水雷等军用品,同时还制造轮船,1867年后开始制造船舰。福州船政局是清政府创办的规模最大的船舶修造厂,1866 年由左宗棠在福州创办,全厂约 1700 余人,以制造大小战舰为主。安庆军械所是清政府最早开办的近代兵工厂,1861 年 12 月由曾国藩在安庆创建,厂子规模不大,主要制造子弹、火药、炮弹等武器。

除创办上述一类工厂外,还派遣留学生学习技术。但是,洋务派兴办军事工业的过程中,遇到了难以解决的问题,最主要的就是资金、原料、燃料和交通运输等方面的困难。于是,洋务派在"富国"的口号下,从 70 年代起采取官办、官督商办和官商合办等方式,开办轮船招商局、开平矿务局、天津电报局、唐山胥各庄铁路、上海机器织布局、兰州织呢局等民用企业。与此同时,洋务派还开始筹划海防,在 1884 年初步建立起南洋、北洋和福建海军。在洋务派控制了海军衙门以后,又进一步扩建北洋舰队,修建旅顺船坞和威海卫军港。

洋务派经营的近代工业企业,具有很强的对外依赖性、封建性和一定程度的垄断性。因此,洋务派要在中国兴办近代工业企业和筹办海防,都不得不在工业技术、资本乃至管理上受帝国主义的左右和牵制。因而也就加深了帝国主义对中国政治、军事和经济的控制,洋务派也就加速了自身的买办化。这样的企业不仅无法避免自身遭到破产的命运,而且严重地阻碍和压制了中国近代民族工业的发展。办"洋务"30 年间,进口货物中,80年代前鸦片占首位,80 年代后棉织品跃居第一,鸦片退居第二,但绝对数仍一直上升。出口的货物,80 年代前主要是茶和丝,80 年代后棉花和大豆逐步增长。中国被迫加速卷入世界资本主义的漩涡,成为它们的商品销售市场和廉价原料产地。因此,洋务运动的过程,就是中外反动派进一步结合,中国半殖民地化逐步加深的过程,也是地主阶级的自救运动。随着近代工业的兴建,引进了资本主义国家的一些近代生产技术,一批近代产业工人在中国社会出现了,在洋务派创办的新式学堂里,也造就了一批掌握自然科学的知识分子和工程技术人员。同时,企业的利润,还吸引了一些官僚、地主、商人投资于近代工业,客观上对中国资本主义发展起了刺激作用。

### 总理各国事务衙门

中国晚清主管外交事务、派出驻外国使节,并兼管通商、海防、关税、路矿、邮电、军工、同文馆、派遣留学生等事务的中央机构。初称总理各国通商事务衙门,简称总理衙门、总署或译署。

咸丰十年(1860)清政府与英、法等国签订《北京条约》后,对外交涉事务增多。次年1 月,恭亲王奕䜣、大学士桂良、户部左侍郎文祥奏请在京师设立总理各国事务衙门,接管以往礼部和理藩院所执掌的对外事务。经咸丰帝批准,于同治元年二月(1862 年 3 月)成立。总理衙门由王大臣或军机大臣兼领,并仿军机处体例,设大臣、章京两级职官。有总理大臣、总理大臣上行走、总理大臣上学习行走、办事大臣。初设时,奕䜣、桂良、文祥 3人为大臣,此后人数略有增加,从七八人至十多人不等,其中奕䜣任职时间长达 28 年之久。大臣下设总办章京(满汉各两人)、帮办章京(满汉各一人)、章京(满汉各 10 人)、额外章京(满汉各 8 人)。

### 同文馆

中国近代最早的新式学堂。清政府于 1862 年（同治元年）首先在北京创办，目的是培养办洋务的人才。最初分设英、法、俄、德四馆，只设外语课，后增开天文、算学、化学、格致、医学各馆。1896 年（光绪二十二年）又增开东文（日文）馆。各馆学制初定 3 年，后改为 8 年、5 年两种。学生来源开始只收 14 岁以下的八旗子弟，后扩大范围，允许 15 岁上下的闲散人员及各衙门保送的官员、有功名的未仕人员报考。该馆隶属于总理衙门，管理大臣从总理衙门大臣中特简，下设提调、帮提调若干人作为主管人员。教学工作由总教习、教习负责。除汉文外，其他课程的教习多数是外国人。自 1869 年起美国传教士丁韪良担任总教习，掌管教务近 30 年。附设机构有印书处、实验室、博物馆和天文台。1902 年并入京师大学堂。

同文馆旧址

### 北洋舰队

1874 年（同治十三年）清政府筹议海防，总理衙门奏请设北洋水师。前江苏巡抚丁日昌上折，建议设北洋、东洋、南洋三支海军，被采纳。遂命李鸿章督办北洋海防事，并从关税、厘金项下每年拨款 400 万两作为经费。从 1875 年（光绪元年）起，清政府从英、德等国购进各式军舰多艘。1876 年起陆续派遣学生赴英、法各国学习海军。1879 年李鸿章于天津设水师营务处，办理日常事务。1880 年设天津水师学堂，不久先后在旅顺口、大连湾、威海卫等地修筑炮台，建设军港。1881 年奏请任命淮系将领丁汝昌统领北洋海军。中法战争期间北洋海军未参战。战后海军衙门成立，李鸿章以会办掌实权，提出整饬海军，增购外国舰船。两三年中，"定远""镇远""致远""靖远""济远"等舰陆续编入舰队，实力大增。1888 年北洋舰队正式建成，共有军舰 25 艘，内含 2 艘铁甲舰，7 艘巡洋舰。除

北洋舰队——致远号

5 艘小舰系福州船政局制造外，其余均购自英、德诸国。官兵 4000 余人，丁汝昌被命名为

提督,聘英国、德国人指导军事训练。颁发《北洋海军章程》,确定船舰等级、人员编制、俸饷杂支及员弁升擢等制度,并规定 3 年举行一次会操。舰队成立后,海军经费被慈禧太后挪用修筑颐和园。除从福州船政局调来"平远"兵轮外,再未添任何舰只,舰队建设处于停滞状态。中日甲午战争爆发,北洋海军参加对日作战,但由于清政府腐败无能而遭全军覆灭。战后清政府从南洋水师、福建水师调来部分舰只驻防北洋,又设北洋统领及帮统官,管理海军事宜,仍难复旧规。1905 年以萨镇冰总理南北洋海军。1909 年以贝勒载洵、提督萨镇冰为筹办海军事务大臣,设立海军事务处,把南、北洋各舰统一编为巡洋舰队和长江舰队,取消了南、北洋舰队的名义。

### 中俄伊犁条约

中俄伊犁条约即《中俄改订条约》。1881 年(光绪七年)2 月 24 日沙俄强迫清政府签订的不平等条约。1871 年(同治十年)沙俄趁浩罕头目阿古柏侵占天山南路的机会,出兵强占中国伊犁。清政府多次交涉,沙俄拒不撤兵。1877 年清政府平定新疆。次年派崇厚赴俄,谈判收回伊犁问题。1879 年 10 月 2 日崇厚在沙俄胁迫下擅自签订了《里瓦几亚条约》。按约中国仅收回伊犁河上游谷地,划失伊犁西部、南部及南疆、北疆边境土地甚多,此外还有偿付"兵费"五百万卢布等条款。朝野纷纷反对,清廷未予批准。1880 年改派曾纪泽赴俄修订崇约。次年 2 月 24 日在圣彼得堡签订《中俄改定条约》,争回了崇约划失的伊犁南境特克斯河流域,但仍划失了霍尔果斯河以西地区和北疆的斋桑卓尔以东地区,"兵费"增为九百万卢布。沙俄通过此约和以后的几个勘界议定书,又侵占了七万多平方公里中国领土。其他条款依崇约,稍有修改。

### 马嘉里事件

为了修筑一条由缅甸仰光到云南思茅的铁路,同治十三年(1874),英国上校军官柏郎率领武装探路队近 200 人,从缅甸出发,探测到我国云南的路线;英国驻华使馆的职员马嘉里,也奉公使威妥玛之命,从北京经云南到缅甸接应,准备年底与柏郎在八莫会合。光绪元年正月(1875),马嘉里和柏郎率领武装探路队不事先通知地方官,就擅自闯入云南,并扬言要进攻腾越城(今腾冲),曼允山寨的景颇族人民力阻英国侵略者通过。正月16 日,马嘉里向当地群众开枪逞凶,群众义愤填膺,将马嘉里及几名随行的中国人打死,并把探路队赶回缅甸,这就是"马嘉里事件",又称"云南事件"或"滇案"。当时,威妥玛就马嘉里事件向清政府施加外交压力,声言将派兵入滇。其时,新疆正值多事之秋,清廷已命令左宗棠西征以收复新疆。由于担心英国会与俄国联合起来阴谋占据新疆,就命令李鸿章、丁日昌一同妥善办理此事。次年七月,李鸿章与威妥玛在山东烟台签订中英《烟台条约》。中国将所谓"凶犯"正法,向英国赔款、道歉;允许英国人开辟印藏交通;开放宜昌、芜湖、温州、北海为通商口岸。

## 中法战争

中法战争,又称清法战争,是发生于 1884 年至 1885 年间清朝中国与法国之间的战争。

19世纪70年代，已经占据越南南部的法国开始向越南北部扩张，并觊觎中国西南边疆。1873年（同治十二年），法军进犯河内，应越南政府邀请，驻扎在中越边境的黑旗军在刘永福的统率下援越抗法，在河内城外大败法军，击毙敌军头目安邺，收复河内。1882年（光绪八年），奉行殖民扩张的法国茹费理内阁增兵越南，再犯河内。黑旗军与越南军民联合拒敌。次年5月在河内城西纸桥双方展开激战，法军战败，其统兵官李维业被击毙。8月，法海军中将孤拔率舰队攻陷都城顺化，强迫越南签订《顺化条约》，取得对越南的"保护权"。

清政府在法国侵越问题上意见不一。李鸿章主张妥协退让，以保和局；左宗棠、张之洞、曾纪泽等坚决主战。慈禧逡巡二者之间，但主要倾向于妥协。在主战派影响下，清政府加强两广驻军的力量，并颁谕奖励刘永福。12月孤拔指挥6000法军进攻山西中国军队阵地，挑起了中法战争。云南巡抚唐炯率领滇军未战先逃，黑旗军血战5日，势单难支撤退，山西失陷。至次年4月，法军连占北宁、太原、兴化等地，控制了红河三角洲地区。为了推卸战败责任，慈禧罢退以恭亲王奕䜣为首的全部军机大臣，组成以礼亲王世铎为领班大臣的军机处新班子。法国利用军事胜利对清政府议和。

1884年5月清政府派李鸿章与法国代表福禄诺在天津谈判，签订了中法《简明条约》，内容包括：中国承认法国对越南的占领，并从越南北圻撤兵；法国可经越南至中国贸易等。6月，法军以接收清军阵地为名，挑起北黎冲突，被中国守军击退。法国以此为借口，扩充远东舰队，准备战争，并要中国立即从北越撤军，向法国赔款。7月孤拔率法国舰队开进闽江口，要求在马尾港停泊。船政大臣何如璋、会办海疆大臣张佩纶恐拒绝生衅，予以接受，使法舰入港，将福建水师置于危险境地。8月5日，法海军少将利士比率舰队攻击基隆炮台，并强行登陆，遭守军回击，未逞。16日，法议会增拨军费，决定扩大侵华战争。19日，法驻北京公使向清政府发出最后通牒，并在清政府答复前下旗离开北京，以示决裂。23日孤拔向何如璋、张佩纶发出战书，攻击未做迎战准备的福建水师。中国水师官兵在极不利的情况下奋起还击。经过一个多小时激战，福建水师11艘兵舰全被击毁击沉，官兵伤亡700余人。26日清政府发布对法宣战令，命滇桂清军整戍进兵，沿海加紧备战。9月孤拔率舰队主力再犯台湾，强占基隆。督办台湾事务大臣刘铭传退守淡水，多次击溃来犯之敌。10月23日孤拔宣布对台湾实行封锁，并怂恿日本出兵侵华。1885年初法海军窜犯浙江。浙江提督欧阳利见、宁绍道台薛福成添筑炮台，敷设水雷，严密布防。3月法舰两次进攻招宝山，双方展开激烈炮战。孤拔负伤，被迫率舰队退据澎湖，6月伤重而死。

在陆路战场，清军最初处于不利境地。1885年2月法军在主帅尼格里指挥下向守卫在谅山的潘鼎新部大举进攻。清军战败，谅山失守。法军尾追北犯，一度攻占镇南关（今友谊关），战局告急。清政府起用老将冯子材为前敌主帅。他整顿溃军，激励将士，率军扼守镇南关外的关前隘，并在隘前筑起一道约3里长的长墙，在东西岭修炮台，派兵坚守。3月23日法军分三路来犯，以主力攻东岭炮台。冯指挥部下在长墙拒敌，派兵增援东岭，命王孝祺部抄袭敌人后路。24日法军攻势愈猛，从被毁处爬上长墙。冯子材手执长矛，率二子相华、相荣杀入敌阵。全军士气大振，奋勇争先，拼死搏杀，挫败法军进攻势头,将敌压下长墙。王孝祺、王德榜军经过激烈战斗,夺回东岭失守炮台。当地中国各族民众及 1000 多名越南义军前来助战,对法军形成包围之势。25 日冯子材下令总攻,各路一齐出击,奋勇杀敌。法军全线溃退,主帅尼格里负重伤。清军一直追击 10 余里,歼敌 1000 余人,取得镇南关大捷。冯子材军乘胜进军,攻克文渊、谅山、谷松、威坡等地,并出击郎甲、北宁,重创敌军。同时,黑旗军、滇军在临洮击败法军,连克数十州县。法军败局已定。

镇南关战役

镇南关战役在法国引起震动,30 日巴黎人民上街游行示威,茹费理内阁当天倒台。然而清政府却在英、美、俄等国的"调停"下与法国谋求和谈。经海关总税务司赫德的联络,清政府在 1885 年 2 月授权英人金登干代表中国在伦敦与法国议和。4 月 4 日授权金登干与法国签订《巴黎停战协定》,规定两国停战,《简明条约》有效,中国从越南撤军,法国解除对台湾封锁。4 月 7 日清政府下停战令,命前线军队于 15 日停火,25 日撤回。前线军民闻讯无不义愤填膺,痛哭太息。冯子材致电两广总督张之洞"请上折诛议和之人"。清政府不顾舆论反对,派李鸿章同法国代表巴德诺在天津举行谈判,并于 6 月 9 日签订了中法《会订越南条约》。法国通过此约迫使清政府承认其对越南的侵占,取得在中国广西、云南通商、修铁路的权利,实现了打开中国西南大门的侵略目标。

**中法新约**

中国和法国签订的结束中法战争的条约。1885 年 5 月 13 日,清政府任命李鸿章为谈判代表,与法国政府代表、驻华公使丁·巴德诺在天津开始谈判中法正式条约。6 月 9 日,在天津签订《中法会订越南条约》,即《越南条款》或《中法新约》,又称《李巴条约》,共 10 款。

主要内容是:①清政府承认法国对越南的保护权,承认法国与越南订立的条约。②中越陆路交界开放贸易,中国边界内开辟两个通商口岸,"所运货物,进出云南、广西边界应纳各税,照现在通商税则较减"。③日后中国修筑铁路,"应向法国业者之人商办"。④此约签字后 6 个月内,中法两国派员到中越边界"会同勘定界限"。⑤法军退出台湾、澎湖。

11 月 28 日,此条约在北京交换批准。1886~1888 年,清政府又被迫与法国签订了《中法越南边界通商章程》《中法界务条约》《中法续议商务专约》等一系列不平等条约,使法国又得到很多权益。中国西南门户打开,法国侵略势力以印度支那为基地,长驱直入云南、广西和广州湾,并使之一度变成法国的势力范围。

# 中日战争

1894～1895年日本政府发动的对朝鲜和中国的侵略战争。因爆发战争的1894年（光绪二十年）是农历甲午年，史称"甲午战争"。

甲午中日战争爆发的原因：1894年，朝鲜东学党起义，朝鲜政府无力镇压，请求清政府出兵援助。日本也乘机派兵到朝鲜，准备挑起中日战争。1894年，日军舰在朝鲜牙山口外丰岛袭击清军运兵船，清政府被迫对日宣战。

战争中的几次重大战役：①平壤战役——回族将领左宝贵英勇牺牲，清军统帅叶志超弃城逃跑，平壤陷落。②黄海海战——北洋舰队将士英勇杀敌，邓世昌等英勇牺牲。北洋舰队受到损失，后躲进威海卫军港，不许巡海迎敌。③辽东战役——旅顺、大连等地失陷，日军在旅顺野蛮屠杀居民。④威海卫战役——1895年初，北洋舰队腹背受敌，全军覆没。水师提督丁汝昌宁死不降，自杀殉国。

甲午中日战争，中国以败告终，被迫同日本签订了屈辱的《马关条约》，从此中国社会的半殖民地化程度大大加深。

## 黄海海战

中日甲午战争中发生在中国黄海的一场海战。1894年（光绪二十年）9月16日北洋舰队提督丁汝昌率舰队由大连护送增援朝鲜平壤的运兵船，至鸭绿江口大东沟。17日上午10时30分，北洋舰队正拟返航，突遭日本海军中将伊东祐亨率领的联合舰队的攻击。丁汝昌即令舰队起锚，以镇远、定远两铁甲舰居中，作"犄角雁行阵"迎敌。12时50分，双方舰队接近，定远舰首先开炮，双方展开炮战。日舰以快速的优势，避开"镇远""定远"火力，绕攻北洋侧翼小舰，击沉"超勇"，击伤"扬威"，并把"致远""经远""济远"三舰隔出圈外。北洋旗舰"定远"号桅楼被击毁，信旗无法发出，丁汝昌受伤，使北洋舰队一时指挥失灵，处于劣势。但广大将士同仇敌忾，英勇作战。"致远"舰官兵在管带邓世昌指挥下奋勇杀敌，毫不退缩。后弹药将尽，恰遇敌舰"吉野"横行，邓世昌下令快速冲撞，拟与"吉野"同归于尽，不幸中敌鱼雷沉没，全舰官兵大部分壮烈牺牲。"经远"舰在管带林永升指挥下，力敌四舰，多次中弹起火，仍沉着应战，最后被击沉。全舰官兵200余人，除16人被救外，其余壮烈殉国。"定远""镇远"两舰在左右翼总兵林泰曾、刘步蟾指挥下，保持依恃阵形，与敌拼杀。下午3时半，"定远"舰发炮击中敌旗舰"松岛"号，引起该舰弹药爆炸，敌官兵死伤达113人。5时许，"靖远"舰代"定远"舰升旗集队，各舰纷纷向"靖远"舰靠拢，准备继续血战，迫使日舰首先退出黄海。北洋舰队亦返旅顺港。此役中国有10艘军舰参战，舰龄老化，装备陈旧，速度、火力均逊于日本。日本方面有12艘军舰参战，在炮火、吨位、兵员、速度等方面都占优势。结果中国损失了"致远""经远""超勇""扬威""广甲"等5舰。日本的"吉野"，"赤城""比睿""西京丸"和旗舰"松岛"均受重创，"赤城"舰长坂元八郎太被击毙。相比之下，中国方面损失较大。

### 威海卫战役

中日甲午战争中发生在中国威海的一次战役。威海卫（今威海市，位于山东半岛东端，扼渤海门户，与隔海相望的旅顺同是北洋海军的基地。卫东为海港，横亘港前的刘公岛设北洋水师提督署及水师学堂、制造局、水雷局等军事设施。清军在山东半岛北线驻 45 营，2 万多人。1894 年（光绪二十年）底日本组成以大山岩为首的"山东作战军"，次年 1 月拉开战幕。日军先扰登州，制造假象，挑起事端。20 日以 25 艘舰船护送 2 万士兵攻威海卫东的荣成，攻陷后分南北两路进犯威海卫，并用日船从正面封锁威港。清海军提督丁汝昌受李鸿章避战保舰命令的牵制，按兵不动。清军营官孙万林率部在桥头阻击日军，寡不敌众而败。30 日日军会攻南岸炮台。2 月 1 日炮

丁汝昌

台失陷，次日北岸炮台亦失。北洋舰队被四面合围于刘公岛。自 3 日起双方展开激战，日舰沉 2 艘，"松岛""浪速"等舰负伤。北洋舰队的"定远""来远""靖远"诸舰相继沉没，突围的 12 艘鱼雷艇被掳。10 日北洋舰队部分将领伙同洋员迫丁汝昌投降。丁不从，并下令沉舰和以铁甲舰猛撞敌舰突围，部属拒不从命。11 日夜，丁汝昌及北洋护军统领张文宣、镇远舰管带杨用霖等人自杀殉国。营务道员牛昶炳及美国顾问浩威等托名丁汝昌致书向敌投降。16 日牛昶炳代表清军在投降条约上签字，缴出北洋舰队残余的 11 艘军舰及刘公岛、日岛所有的军械弹药。北洋舰队全军覆没。

### 马关条约

马关条约原名《马关新约》，日本强迫清政府订立的关于结束甲午战争的不平等条约。1895 年（光绪二十一年）4 月 17 日清政府议和全权大臣李鸿章与日本首相伊藤博文在日本马关签订。共十一款，附有《另约》《议定专条》各三款。主要内容为：（1）中国承认朝鲜完全"自主"；（2）中国割让台湾全岛及其所有附属各岛屿、澎湖列岛和辽东半岛给日本；（3）赔偿日本军费二万万两；（4）开放沙市、重庆、苏州、杭州为商埠；（5）允许日人在中国通商口岸任便设立领事馆和工厂及输入各种机器；（6）片面最惠国待遇；（7）中国不得逮捕为日本军队服务的汉奸分子。这个条约表明外国资本主义对中国的侵略已开始进入帝国主义阶段，大大加深了中国的半殖民地化和民族危机。

### 三国干涉还辽

19 世纪末，俄、德、法三国为了各自的侵略利益，联合干涉日本，要求将辽东半岛归还中国的事件。19 世纪末，沙俄为争霸远东，开始修筑西伯利亚大铁路，中国东北地区成为沙俄重要的侵略目标。日本在中日甲午战争中侵占了中国辽东半岛，并在随后签订的

《马关条约》中规定中国割让辽东半岛给日本。沙俄得知后，立即联合德、法两国对日本施加压力。1895 年 4 月 23 日（光绪二十一年 3 月 29 日），俄、德、法三国驻日公使分别向日本政府递交了内容相同的声明，"劝告"日本放弃对辽东半岛的占领。在三国的联合压力下，日本政府不得不同意"放弃对辽东半岛之永久占领"，条件是向中国增索赔款 3000 万两。日本还辽后三国以干涉还辽"有功"，向中国索取种种权益。沙俄诱逼清政府签订《中俄密约》，逐步使中国东北地区成为沙俄的势力范围。

### 中俄密约

中日甲午战争后沙俄与清政府秘密签订的同盟条约，亦称《御敌互相援助条约》。

1896 年 6 月 3 日（光绪二十二年 4 月 22 日），沙俄利用中国在中日甲午战争中战败的困境，借口"共同防御"日本，诱迫清政府派遣特使李鸿章与俄国外交大臣罗拔诺夫、财政大臣维特在莫斯科签订《御敌互相援助条约》，又称《防御同盟条约》，一般称为《中俄密约》。全约共六条，内容是：日本如侵占俄国远东或中国以及朝鲜土地，中俄两国应以全部海、陆军互相援助；非两国共商，缔约国一方不得单独与敌方议和；开战时，中国所有口岸均准俄国兵船驶入；为使俄国便于运输部队，中国允许黑龙江、吉林地方接造铁路，以达海参崴，该事交由华俄道胜银行承办经理；无论战时或平时，俄国都可通过该路运送军队军需品；此约自铁路合同批准日起，有效期十五年。根据《密约》第四条，同年 9 月 8 日由中国驻德、俄公使许景澄与华俄道胜银行代表在柏林签订了《中俄合办东省铁路公司合同章程》。合同规定成立中国东省铁路公司，其章程照俄国铁路公司成规办理。至此，俄国获得了使西伯利亚大铁路穿过中国领土直达海参崴的特权。《密约》的签订和筑路权的攫取，为沙俄侵略势力进一步深入和控制中国东北三省提供了各种方便，大大加强了沙俄在远东争夺霸权的地位。

### 帝国主义在华势力范围

19 世纪末西方列强在中国领土内各自划定一些享有优先权或独占权的区域。甲午中日战后各帝国主义国家通过夺取矿权与铁路修筑权、强占港湾和租借地，在中国划分势力范围，掀起瓜分中国的狂潮。俄国伙同法、德干涉还辽，把日本挤出辽东半岛，通过《中俄密约》夺取中东铁路修筑权。1898 年 3 月（光绪二十四年三月）同清政府订立《旅大租地条约》，占据旅顺、大连，取得修筑连接中东铁路和旅顺、大连铁路的权利。中国东北全境、长城以北及西北地区成为俄国的势力范围。英国在 1898 年 2 月迫使清政府承认长江流域为其势力范围，并在 6、7 月间先后同清政府订立《展拓香港界址专条》和《订租威海卫专条》，巩固了它在华南的势力。德国久已垂涎胶州湾，1897 年借口山东曹州教案，出兵强占胶州湾，迫使清政府订立《胶澳租界条约》，不仅长期租占胶州湾，而且取得在山东境内修铁路、开矿山等特权，把山东变成它的势力范围。法国在 1895 年以前就取得在广东、广西、云南开矿的优先权，1898 年迫使清政府答应租让广州湾，并于次年 11 月和清政府签订《广州湾租界条约》，强租广州湾 99 年，取得修铁路、办中国邮政等特权，迫使清政府答应不把云南、两广割让给它国，把这些地区划成它的势力范围。日本不满足于从中日战争中取得的利益，于 1898 年 4 月 22 日通过驻华公使矢野向清政府照会，要求清政府声明不将福建省让与别国。清政府即表同意,福建成为日本的势力范围。意大利也于 1899 年 3 月提出租借浙江沿海的三门湾,因列强间的矛盾和清政府的拒绝未逞。美国因忙于同西班牙的殖民战争,无力插手中国,但通过"门户开放"政策,取得了与各国同样的利益。帝国主义在华势力范围割裂了中国统一的江山,肆无忌惮地践踏了中华民族的主权,大大加深了中国的半殖民地化和民族危机。

### 门户开放政策

1898 年,美国正在进行与西班牙争夺菲律宾的战争,未能参与对中国海湾港口和"势力范围"的争夺。1899 年 9 月和 11 月,美国政府先向英、德、俄三国,接着又向法、日、意各国提出所谓在华"门户开放"、贸易机会均等的照会。美国承认各国在华"势力范围"和它们已经得到的路矿等特权,同时要求列强在租借地和"势力范围"内,对任何条约口岸或任何既得利益不加干涉;对各国货物,一律由中国政府按照现行税率征收关税;在征收港口税、铁路运费方面,对别国船只、货物不实行差别待遇。当时,美国的工业正在迅猛发展,工业总产值以及钢铁、电力等许多主要方面的生产已经超过英、德、法各国而居世界首位。"门户开放"政策,是要列强开放在华租借地和"势力范围",使美国享有均等的贸易机会,以免因"排他性待遇"而遭到损害。英国对美国的倡议表示有条件地赞同,俄国的答复故意含糊其词,但不公然反对,其他国家则根据各自的情况做了相应的表示。美国利用其中的外交辞令,于 1900 年 3 月宣布它所提出的主张已为各国所接受。这样,帝国主义列强在中国经过几年空前尖锐复杂的大争夺之后,终于在美国"门户开放"政策的基础上暂时取得表面上的一致,在一定程度上建立起侵华的联合阵线。

## 戊戌变法

戊戌变法又称戊戌维新,是发生在 1898 年(农历戊戌年)的资产阶级改良主义政治运动。

中日甲午战争后,民族危机空前严重,以康有为、梁启超、谭嗣同、严复为首的维新派,代表着民族资产阶级上层和开明绅士的政治要求走上历史舞台,主张在不动摇封建阶级统治的前提下,实行君主立宪制,发展资本主义,以挽救民族危机,使国家臻于富强。

1895 年 4 月,清政府在甲午战争中失败,被迫与日本签订丧权辱国的《马关条约》,消息传到北京,群情激奋,正在参加会试的康有为和他的学生梁启超联合全国 18 省在京举人,聚集达智桥松筠庵,讨论上书请愿。会后由康有为起草万言书,提出拒绝《马关条约》、迁都抗战、变法图强三项建议,联络 1300 多举人签名,呈递都察院,都察院拒绝代呈。

这就是著名的"公车上书",它是维新变法运动的起点。

从 1895 年夏到 1898 年春,维新派积极组织学会、创办报纸、开办学堂,为维新运动制造舆论、培养人才。1895 年 8 月,在康有为、梁启超奔走推动下,由翰林院侍读学士文廷式出面组织了强学会,这是维新派创立的第一个政治团体,该学会每 10 天集会一次,每次都有人演讲"中国自强之学"。11 月,上海成立强学分会,但强学会遭到封建顽固派的攻击、诽谤,不久被查封。1896年8月,黄遵宪、汪康年在上海创办《时务报》,邀请梁启超担任主笔。1897年10月,严复在天津创办《国闻报》。两报热情宣传西方资产阶级社会政治学说,抨击封建专制统治,提倡民权,主张实行君主立宪,有力地推动了维新运动的发展。1897年至1898年,谭嗣同、黄遵宪、唐才常、梁启超等汇集湖南,在湖南巡抚陈宝箴的支持下,出版《湘学报》(初名《湘学新报》)、《湘报》,创办时务学堂,组织南学会,使湖南维新运动得到了蓬勃发展。据不完全统计,1895年至1897年全国共有学会、学堂、报馆等共300余个,出版30多种报刊,表明维新运动具有一定的群众性。

梁启超

1897年冬,德国强占胶州湾,民族危机空前严重,变法声浪日高。康有为迅速从广东赶到北京上书,提出速行变法的具体建议。1898年1月,康有为应诏上《统筹全局折》,建议仿效日本,全面变法。4月,康有为、梁启超等在京创立以“保国保种保教”为宗旨的保国会。同时,保滇会、保川会、保浙会等也先后成立。士大夫经常集会,讨论时政,变法空气日浓。康有为乘时鼓动帝党官员上书,敦促变法。6月11日,光绪帝接受变法建议,发布《明定国是诏》,正式开始变法。在此后到慈禧太后于9月21日发动政变的103天中,光绪帝发布了一系列除旧布新变法诏令,罢黜一批顽固大臣,擢拔了一批维新分子,一时“欢声雷动”,维新运动达到高潮,史称“百日维新”。

变法运动一开始就遭到封建顽固派的抵制和反对,随着运动的开展,维新派与顽固派的矛盾和斗争迅速加剧。1898年9月21日,以慈禧太后为首的封建派发动政变,慈禧重新“训政”,光绪帝被幽禁,谭嗣同等6位维新志士惨遭杀害(这6位志士为谭嗣同、康广仁、林旭、杨深秀、杨锐、刘光第,史称“戊戌六君子”)。康有为、梁启超逃亡日本,新政全部被推翻,变法运动彻底失败。

戊戌变法是一次进步意义的救亡运动,也是一次具有深远影响的思想解放运动。它的失败证明,在半殖民地半封建的中国,资产阶级改良的道路是根本走不通的。

**戊戌六君子**

戊戌政变时,以慈禧太后为首的封建顽固派大肆捕杀维新党人,维新志士谭嗣同、康广仁、林旭、杨深秀、杨锐、刘光第6人于1898年9月28日在北京惨遭杀害,史称“戊戌六君子”。

## 义和团运动

1900年(光绪二十六年)发生在中国北方以农民为主体的中国人民自发的反帝爱国运动。中日甲午战争后,帝国主义在向中国大量输入资本的同时,强占“租借地”和划分“势力范围”,掀起了瓜分中国的狂潮。截至19世纪末,来到中国的传教士达3300多人,发展教民 80 余万,帝国主义通过教会深入中国城市和乡村进行侵略活动。中国民族危机空前严重,终于爆发了义和团反帝爱国运动。

义和团原名义和拳,由义和拳八卦教、梅花拳、大刀会等不同源流的秘密结社,经过长期相互渗透和结合而成。参加者主要是农民、手工业者和其他劳动群众、无业游民。义和团基层组织是坛,又称坛口、坛厂或拳厂。

义和团的著名领袖人物有山东的朱红灯、心诚和尚,北京的李来中,天津的张德成、曹福田、黄莲圣母(林黑儿)等。练习拳棒,念咒降神,是义和团组织群众的主要方式。义和团组织十分分散,没有统一集中的领导。坛自成独立系统,负责所在地区的政治、经济、军事和宗教方面的事务。坛与坛之间,彼此平等,互不统属,各自决断。但也有一定联系,平时互相结拜,战时联合行动,"写帖约集起事",共同战斗。参加义和团的青少年女子组成红灯照,大者十七八,小者十岁左右。成年妇女组成蓝灯照,老年妇女组成黑灯照,寡妇组成青灯照,都为数不多。红灯照是义和团妇女组织的总称。

义和团运动

"义和团,起山东,不到三月遍地红。"义和团在山东首先兴起,不是偶然的。甲午战争期间,山东人民备受日本侵略者的蹂躏,战后在帝国主义瓜分中国的狂潮中,山东又首当其冲。1897 年底,德国出兵山东胶州湾。次年,把山东划为它的势力范围。同年英国强租威海卫,推行残酷的殖民统治,其时外国教会势力,也无孔不入地深入山东各地。据统计,山东境内教堂达 1100 多处,传教士和教徒 8 万人,不少传教士窃取情报,霸占田产,包揽词讼,行凶杀人,并纵容教徒在乡里胡作非为。清政府的一些官吏站在帝国主义势力一边,"护教抑民",以致"民冤不伸"。因此"反洋教"斗争就成为近代中国人民反帝爱国斗争的重要组成部分。

19 世纪末,山东"反洋教"斗争达到高潮。其口号是"扶清灭洋",这一口号具有爱国反帝性质,同时也表现出落后的封建意识和笼统的排外情绪。1899 年,朱红灯率领义和拳在山东西部和西北部的茌平、高唐、平原等地进行反洋教斗争,附近各县以及南部沂州等地纷起响应。起初,清政府下令把义和团镇压下去,但毫无结果。1899 年 3 月,毓贤在镇压义和团的军事行动遭到失败后,建议清廷招抚义和团。清廷采纳了他的意见。这在客观上促进了义和团运动的发展。

义和团运动在山东的蓬勃发展,使帝国主义各国极度不安。它们要求清政府严禁义和团的活动,撤换毓贤,改派袁世凯作山东巡抚。1899 年 12 月,袁世凯带领他的"新建陆军"7000 人到济南,疯狂地屠杀义和团和老百姓。义和团受到袁世凯的压迫,离开山东北走。1900 年初,其主力渐渐集中到直隶(今河北省)的天津、保定、通州一带,另一部分到了山西和东北。5、6 月间,义和团已对天津、北京形成包围之势,从北京到天津、保定的铁路被拆断,帝国主义和清政府惊恐万状。北京各国公使要求清政府立即禁止义和团活动,但清政府已无力镇压义和团,只能采取欺骗和利用的手段。于是派大臣和义和团接洽,虚伪地宣布义和团是"义民",使其合法化,同时默许义和团进入北京。义和团进入北京和天津后,老百姓和清军许多士兵纷纷参加。北京城里设坛 800 多个,参加义和团的群众不下 10 万人,满街都是反帝的揭帖、"灭洋"的旗帜,"拳民"到处焚烧教堂,破坏铁路和电线,把反洋教斗争推向全国。

帝国主义对于中国人民反帝斗争十分仇视和惧怕。各国驻华公使纷纷向本国政府告急,要求直接出兵镇压义和团。于是,英、美、俄、法、德、日、意、奥八国组成联军,乘机扩大对中国的侵略。帝国主义的侵略罪行,激起了中国人民的极大愤慨。6 月 15 日义和团开始攻打西什库教堂,20 日开始攻打东交民巷使馆区。21 日清廷发布宣战上谕,声称要与列强"一决雌雄"。但只隔 4 天,慈禧太后又偷偷地给出使各国大臣发电报,指使他们立即向各国政府做解释:她本想对"乱民"加以"剿灭",只是怕操之过急,闯出大祸;并表白说她即使糊涂到极点,也没有胆量向各国宣战。她实际上是想向帝国主义求和,并借其力量消灭义和团。

反帝爱国的义和团运动,虽然在国内外敌人的夹击下失败了,但是,它显示了中国人民无比巨大的革命力量,粉碎了帝国主义瓜分中国的阴谋。连瓦德西也承认:"无论欧美日本各国,皆无此脑力与兵力可以统治天下生灵四分之一"的国家,"故瓜分一事,实为下策。"义和团运动也沉重打击了清朝统治者,进一步暴露它投降卖国、镇压人民的反动本质,促进了人民的觉醒,加速了腐朽的清王朝的崩溃。

## 八国联军侵华战争

1900 年(清光绪二十六年),中国军民抗击英、法、德、俄、美、日、意、奥等国侵略军联合入侵的战争。

八国联军侵华战争

19 世纪末,帝国主义列强不仅在政治、经济、文化上加紧侵华,而且不断策划瓜分中国。在民族危机日益加深的情况下,中国北方兴起了义和团反帝爱国运动。1900 年夏,京、津地区义和团的声势尤为浩大，引起列强恐惧。4月6日，英、法、德、美等国公使联合照会清政府，限令于短期内将义和团"剿除净灭"。5月底6月初，英、法、德、俄、美、日、意、奥八国又借口保护使馆和租界，陆续派军队进入北京、天津，各国军舰则集结于大沽口外，伺机进犯。帝国主义的侵略行径，使得以慈禧太后为首的后党集团对义和团的态度发生转变，企图"用拳灭洋"，以维护其统治地位。慈禧任命支持义和团的端王载漪总理各国事务衙门，并调董福祥部武卫后军入京，配合义和团行动。6月10日，驻天津租界的八国联军2000余人在英国海军中将西摩率领下，分批乘火车向北京进犯，揭开了八国联军侵华战争的序幕。侵略军在廊坊(参见廊坊之战)、落垡、杨村等地遭到义和团与清军的阻击围攻，死伤惨重，被迫败回天津。正当西摩联军受阻于廊坊地区时，17日，联军以水陆夹攻战术突袭天津大沽炮台。天津镇总兵罗荣光率部顽强抵御，因兵力薄弱，腹背受敌，炮台相继失守。21日，清政府正式向列强宣战。清军在直隶(约今河北)、京津地区共有兵力11.3万人。联军攻占大沽前，在天津租界有军队3000余人，在北京使馆区有军队和由教士、教民组成的义勇队600余人。攻占大沽后，联军不断增兵，最多时兵力达12.8万余人。列强为集中兵力对付北方的义和团和清军，并维护其在南方各省的利益，拉拢东南各省督抚实行所谓"互保"，从而使清政府的宣战谕旨在南方数省不能贯彻实施，分散了抗击侵略军的力量。在联军攻占大沽炮台的当日，天津军民开始向盘踞在紫竹林租界和老龙头车站的联军发起进攻。清军与义和团在兵力上占绝对优势，但缺乏统一的作战计划，进攻多限于炮击和袭扰，以致失去有利战机。联军由于兵力有限，只得分区防守，以图自保。6月底7月初，双方都增兵天津，联军增至近万人，清军增至2.4万人，另有义和团数万人。7月5日，直隶总督裕禄决定对租界联军实施三面进攻，以浙江提督马玉昆部武卫左军和曹福田部义和团由北面进攻老龙头车站和租界；罗荣光部淮军、总兵何永盛部练军及张德成部义和团从西面进攻租界；直隶提督聂士成部武卫前军从南面进攻租界。经数日激战，清军、义和团虽取得一定战果，但均未攻占预定目标。9日，联军向租界西南发起反击，聂士成在八里台督战阵亡。联军乘势攻占南机器局，后又退回租界。12日，联军在大批援军抵达后由防御转入进攻。13日，一部攻至天津东北城下。14日，另一部由南门攻入城中，天津陷落。

天津失陷后，清政府一面令从天津撤离的部队在北仓、杨村等地设防，一面调派其他部队增强北京及附近地区的防御。京津间清军兵力不下10万人。联军占天津后，决定集中兵力先攻占北运河两岸各战略要点，最后夺取北京。8月4日，1.8万联军沿北运河两岸北犯。5日至12日，连占北仓、杨村、河西务、通州等地。13日由通州出发，分路进攻北京。时守城清军有六七万人，但没有统一部署和指挥，外不设兵阻击，内不构筑工事，以致广渠门、东便门、东直门、安定门、朝阳门于14日相继失守，联军攻入城内。15日至16日，城内清军大部溃散，仅部分爱国官兵和义和团坚持作战。15日晨，慈禧携光绪帝出西华门、德胜门，逃往山西。17日，联军占领北京全城，杀烧抢掠，无所不为。在天津军民与联军激战时，清政府即开始谋求与列强议和。8月7日，以新任直隶总督、北洋大臣李鸿章为全权大臣，负责和议事宜。北京失陷后，27日又令庆亲王奕劻立即回京，与李鸿章会同办理和局。联军侵占北京后，为胁迫清政府无条件满足其侵略要求，又以北京、天津为中心，四面出击，至1901年3月，先后侵占了南至正定，北至张家口，东至山海关，西至娘子关的大片中国领土。9 月 7 日,清政府被迫同英、法、德、俄、美、日、意、奥及荷、比、西等 11 国在北京签订了丧权辱国的《辛丑条约》。从此,中国半殖民地化程度进一步加深,民族危机更加严重。

### 辛丑条约

辛丑条约即《辛丑议定书》,或《辛丑各国和约》,八国联军攻占北京后强迫清政府订立的丧权辱国条约。1901 年(光绪二十七年,辛丑年)9 月 7 日由清政府全权代表奕劻、李鸿章与英、美、俄、德、日、奥、法、意、西、荷、比十一个国家的代表在北京签订。共十二款,附件十九件。主要内容:(1)中国赔款白银四亿五千万两,分三十九年还清,年息四厘,本息折合九亿八千多万两,以海关税、常关税和盐税作抵押。(2)将东交民巷划为使馆界,界内由各国驻兵管理,中国人概不准居住。(3)拆毁大沽炮台及京师至海通道之各炮台,外国军队驻扎在北京和从北京至山海关沿线的十二个重要地区。(4)永远禁止中国人民成立或参加"与诸国仇敌"的各种组织,违者处死;各省官员对所属境内发生的"伤害诸国人民"事件,必须立刻镇压,否则立即革职,永不叙用。(5)外国认为各个通商章程中应修之处或其他应办的通商事项,清政府概允商议,并改善北河及黄浦两水道。(6)清政府承认"纵信"义和团的错误,向帝国主义各国"道歉",惩罚擅敢得罪外国的官员,提升为帝国主义效劳的官员。(7)改总理各国事物衙门为外务部,班列六部之上。这个条约从政治、经济、军事各方面都扩大和加深了帝国主义对中国的统治,并表明清政府完全成为帝国主义的走狗和工具,变成了"洋人的朝廷"。

# 辛亥革命

1911 年(宣统三年,农历辛亥年)爆发的中国资产阶级民主主义革命。1894 年(光绪二十年)清政府在中日甲午战争中遭到惨败。同年秋,孙中山怀着推翻清朝统治、建立资产阶级共和国的远大抱负,到檀香山华侨中宣传革命,创建革命小团体兴中会。这是中国资产阶级第一个革命团体,它提出了"驱除鞑虏,恢复中华,创立合众政府"的口号,选择了武装推翻清朝统治的正确道路。次年,在香港成立兴中会。它先后筹划和发动了1895 年 10 月广州起义和 1899 年 10 月广东惠州(今惠阳)三洲田起义,推动了资产阶级革命运动的发展。

随着民族危机的日益加深,特别是发生 1900 年八国联军侵华和 1903 年反对沙俄侵占我国东北的"拒俄运动"以后,清政府充当帝国主义驯顺工具的面貌暴露无遗,许多人丢掉了对它的幻想;转向革命。这一时期出现了许多革命团体,其中最重要的是 1904 年黄兴、陈天华、宋教仁等在长沙成立的华兴会和蔡元培、陶成章、章太炎等在上海成立的光复会。为了适应革命形势发展的需要,1905 年 7 月 30 日兴中会、华兴会、光复会等几个革命团体的代表在日本东京召开第一次联合会议。会议由孙中山主持,讨论决定成立统一的革命组织中国同盟会,并提出"驱除鞑虏,恢复中华,建立民国,平均地权"的革命纲领。后来孙中山进一步把它阐发为民族主义、民权主义和民生主义,通常称为"三民主义"。从此,中国有了一个全国性的资产阶级革命政党,在它的领导下,资产阶级民主革命出现了崭新的面貌。

从 1905 年以后，革命党人纷纷归国，联络会党，运动新军，组织各种革命力量，领导了萍浏醴起义（1906 年 12 月）、潮州黄冈起义（1907 年 5 月）、惠州七女湖起义（1907 年 6 月）、钦廉防城起义（1907 年 9 月）、镇南关（今友谊关）起义（1907 年 12 月）、钦廉上思起义（1908 年 3 月）、云南河口起义（1908 年 4 月）、广州新军起义（1910 年 2 月）和黄花岗之役（1911 年 4 月）。这些起义虽然都失败了，却扩大了资产阶级民主革命运动的影响。

辛亥革命领导人孙中山

1911 年（宣统三年）5 月，清政府把已经由民办的川汉、粤汉铁路"收归国有"，并以铁路修筑权为抵押，向英美德法四国银行团借款，这激起了川鄂湘粤人民的反对。四川有数十万人参加保路同志会，举行大规模请愿，遭到血腥镇压。同盟会员乘机将保路运动引向武装起义。

为了镇压四川保路运动，清政府派川汉铁路大臣端方从湖北率新军入川。文学社和共进会湖北分会及时决定在武昌起义。文学社是湖北革命党人的革命团体，共进会是同盟会的外围组织。10 月 10 日晚 7 时，共进会会员、工程营士兵熊秉坤率队起义，首先占领楚望台军械库夺取弹药，接着汇集闻风举义的各营队和军校学生，往攻总督衙门。11 日天明，起义官兵占领武昌，建立湖北军政府。武昌起义胜利后，全国各省闻风响应，不到两个月，就有 14 个省先后宣布独立。12 月 25 日孙中山从国外回国。29 日已经独立的 17 省代表在南京选举孙中山为临时大总统。1912 年 1 月 1 日中华民国临时政府在南京宣告成立，孙中山宣誓就职。2 月 12 日清帝溥仪宣布退位，结束了清王朝的统治。南京临时政府在存在的 3 个月中，颁布了一系列有利于资产阶级政治和经济发展的法令和一部具有资产阶级共和国宪法性质的《中华民国临时约法》，表明以孙中山为首的资产阶级革命派创立的中华民国是一个资产阶级共和国。

### 革命军

邹容著。1903 年 5 月（光绪二十九年四月）上海大同书局刊行。作者以浅近通俗的语言，揭露和抨击清王朝封建专制统治的腐朽和黑暗，论证在中国进行资产阶级革命的必要性和必然性，提出明确而系统的建立资产阶级共和国的方案。全书以"中华共和国万岁！""中华共和国四万万同胞的自由万岁！"的口号结尾。刊行后，受到热烈欢迎，风行海内外，销量达 110 万册。鲁迅先生评价它说："倘说影响，则别的千言万语，大概都抵不过浅近直截的革命军马前卒邹容所做的《革命军》，"（《鲁迅全集》第 1 卷，第 31 页）对于中国资产阶级民主主义革命运动起了促进作用。

### 三民主义

孙中山提出的资产阶级民主革命纲领。它分为旧三民主义和新三民主义。旧三民主义是中国同盟会的纲领，孙中山在《民报》发刊词中，将同盟会的"驱除鞑虏，恢复中华，创立民国，平均地权"十六字誓词，概括为民族、民权、民生三大主义。

民族主义提出较早，宣传得最广泛。1895 年（光绪二十一年）2 月，孙中山第一次明确地提出了"驱除鞑虏，恢复中华，创立合众政府"的兴中会入会誓词。1903 年以后，他再次提出了"驱除鞑虏，恢复中华"这个民族主义纲领。其基本思想是要以革命手段，推翻帝国主义走狗清朝满洲贵族的反动统治，解除民族压迫，变半殖民地半封建的中国为民族独立的中国。民权主义是同盟会政治纲领的核心。从兴中会提出的"创立合众政府"，到同盟会明确提出的"创立民国"，都属于民权主义范畴。民权主义的内容，在《军政府宣言》中说："今者由平民革命以建国民政府，凡为国民皆平等以有参政权。大总统由国民公举。议会以国民公举之议员构成之。制定中华民国宪法，人人共守。敢有帝制自为者，天下共击之！"1906 年 12 月，孙中山对民权主义做进一步解释说："中国数千年来都是君主专制政体，这种政体，不是平等自由的国民所堪受的。要去这政体，不是专靠民族革命可以成功。""至于着手的时候，却是同民族革命并行。我们推翻满洲政府，从驱除满人那一面说是民族革命，从颠覆君主政体那一面说是政治革命，并不是把来分作两次去做。讲到那政治革命的结果，是建立民主立宪政体。照现在这样的政治论起来，就算汉人为君主，也不能不革命。"

孙中山提出的三民主义，是一个比较完整的资产阶级民主主义的革命纲领。三民主义的严重缺点在于：它没有明确提出反对帝国主义和封建主义的口号，甚至对帝国主义和汉族封建势力心存幻想。所以，它是个不彻底的民主主义革命纲领。

## 民报

同盟会的机关报。1905 年（光绪三十一年）11 月 26 日在日本东京创刊。其前身是《二十世纪之支那》。原定月刊，因经常脱期，遂改为不定期出版，先后共出版 26 期。分论说、时评、译丛、纪事、撰录等栏目。多数稿件由本社成员撰写或编译。《民报》的实际主编是章太炎，汪精卫、胡汉民、汪东、刘师培也曾代编过几期。除主编外，经常为《民报》撰稿的有朱执信、廖仲恺、陈天华、宋教仁、黄侃等。《民报》以宣传同盟会纲领为宗旨，孙中山写的《发刊词》中，第一次提出了他的民族主义、民权主义、民生主义，简称三民主义的政治纲领。同时，《民报》作为资产阶级革命派的理论阵地，还与改良派刊物《新民丛报》等进行论战。它的出版，对扩大同盟会的政治影响，宣传民主革命的思想，促使资产阶级共和国的诞生做出了很大贡献。1908 年 10 月出至 24 期时，被日本政府查封。1910年初，在日本秘密印刷两期后即停刊。

## 预备立宪

清政府在 20 世纪初年为抵制资产阶级革命而搞的欺骗性的立宪活动。1906 年 9 月1 日，清朝发布了"仿行立宪上谕"，宣布预备立宪。

"上谕"，是清末预备立宪的"总纲"。首先，预备立宪的原则是"大权统于朝廷，庶政公诸舆论"，根据清朝统治者的意志和"需要"来进行的。其次，预备立宪的目的是"以立国家万年有道之基"，也就是为了继续满清的专制统治。再次，预备立宪的步骤是先从官制改革入手,广兴教育入手,等取得成效之后,再行宪政。

清政府宣布预备立宪后,海内外立宪派纷纷组织政党性质的团体,准备投入到宪政运动中去。清政府成立咨议局、资政院和推行地方自治,极大地激发了整个知识阶层的参政热忱,他们纷纷投入到议员的选举中,把其作为参政的阶梯。从某种意义上说,清末预备立宪为我国宪政运动的发展奠定了群众基础。

清政府"预备立宪"的最主要实质的改革是颁布了中国第一部宪法。1908 年 8 月 27 日,《宪法大纲》正式颁布,但宪政之路依然未能维持满清王朝的统治,随着辛亥革命的爆发,中国终于驶入另一个历史车道。清末的"预备立宪"是中国历史第一次政治近代化性质的改革和民主制度的建立。虽然最终没有成功,但是它的意义仍然重大,它是中国二千年封建与专制制度的第一次向"宪制"的过渡,是中国封建与专制社会的第一次"政治改革",也是中国封建与专制向"宪制"的第一次"和平过渡",也是西方"宪制制度"在中国的最初试验。

## 袁世凯的反动统治

### 二次革命

1912 年,袁世凯窃取临时政府总统职位后,即在民主共和国的招牌下,逐步建立其反动的独裁统治。他紧抓军权,强调军权统一,极力保存并进一步扩充其北洋军,从而遣散了南方十几万革命军队。他想法破坏责任内阁制,极力控制内阁。从 1912 年 3 月至 9 月,先后三次更换内阁,直到由其亲信赵秉钧代理国务总理,使内阁完全变成他自己手中的工具。然而,袁世凯破坏责任内阁制的活动,并未引起同盟会的警惕。相反,同盟会领袖之一的宋教仁等认为,要真正实行责任内阁制,就要组成一个在议会中占绝对多数议席的政党,由多数党去组织责任内阁。

1912 年 8 月,宋教仁等同盟会同几个小党派合并组成国民党,从而使国民党成为当时国内最大的政党。

1912 年底,国民党在国会选举中取得了压倒优势。宋教仁便认为,由国民党组成责任内阁,大局已定,即从湖南转道上海,准备返回北京实现他当内阁总理的美梦。这时国民党和宋教仁成为袁世凯建立独裁统治的眼中钉,于是,袁世凯便于 1913 年 3 月 20 日,派人将宋教仁刺杀在上海车站。这是袁世凯镇压国民党的开始。

宋教仁案被揭露后,袁世凯决心先发制人,进一步对国民党实行武力镇压。4 月,他取得帝国主义的支持,同俄、英、日、德、法五国银行团签订《善后借款合同》,以盐税收入为抵押,借款 2500 万英镑,作为对内镇压用的军费,随即下令,用武力扑灭革命势力。

革命形势急剧高涨,大大增强了孙中山等人的革命信

袁世凯

心,于是毅然重新举起民主革命旗帜,发动武力讨袁。袁世凯不甘心退出历史舞台,加紧反革命部署,积极准备内战。于 4 月 7 日,电令山东的北洋军紧急动员,开始对南方用兵。5 月 6 日,袁世凯召开秘密的军事会议,制定出对湘、赣、皖、苏四省用兵的军事部署:一路主攻江西;一路主攻南京、上海;一路控制湖南;一路为预备队,决心发动全面内战。接着对国民党人发出最后通牒,声称:"现在看透孙、黄,除捣乱外无本领。……彼等若敢另组政府,我即敢举兵征伐之。"6 月,袁借口国民党籍的江西都督李烈钧、广东都督胡汉民、安徽都督柏文蔚不服从中央,下令撤免职务。国民党在强兵压境的情况下,只好起而仓促应战。7 月 12 日,李烈钧接受孙中山的指令,从上海回到江西湖口,召集旧部,成立讨袁军总司令部,正式宣布江西独立,发表讨袁檄文。7 月 15 日,黄兴在南京组织江苏讨袁军,宣布江苏独立,并表示"不除袁贼,誓不生还"。接着,安徽、广东、福建、湖南、四川等省也先后宣布独立。这就是继辛亥革命之后的"二次革命"。

但袁世凯已经较为牢固地控制了全国军政大权,革命派发动讨袁为时已晚。袁世凯指挥北洋军大举进攻江西和南京。7 月底,李烈钧从湖口败退,黄兴从南京出走。原宣布独立的各省因孤军难支,相继取消独立。9 月,南京被北洋军攻占,至此。持续两月左右的"二次革命"宣告失败。孙中山、黄兴、李烈钧相率逃亡日本,革命武装全部被解散,袁世凯通过残酷的暴力镇压,终于完成反革命的武力"统一"。"二次革命"是民国成立后中国人民反对袁世凯反动统治的第一次重大斗争,是此后一系列反袁斗争的开端,有积极的历史意义。

### 二十一条

1914 年第一次世界大战爆发后,日本帝国主义趁欧洲国家忙于战争,加紧对中国的侵略。9 月,日本借口对德宣战,出兵中国山东,强占胶济铁路和青岛,取代了德国在山东的侵略地位。当时,袁世凯正在筹谋复辟帝制,急需得到日本帝国主义的支持。

日本帝国主义即利用袁世凯这种政治需要,于 1915 年 1 月向袁世凯提出"二十一条"要求,作为支持袁世凯做皇帝的交换条件。"二十一条"分 5 号 21 条,其主要内容是:日本继承德国在山东的一切权利,增加筑路通商的新权利;日本享有南满、东蒙一带工商、土地、路矿、顾问、借款的特权;延长日本租借旅顺、大连两港和南满、安奉两路的期限为 99 年,中国沿海岛屿和港湾不得租借和割让他国;中国政府应聘用日本人为政治、财政、军事顾问;中国警政和兵工厂由中日合办。这些条件意味着要变中国为它独占的殖民地。

袁世凯为了做皇帝,在 5 月 9 日接受了"二十一条"前四部分的全部要求,只把第五部分若干条改为日后另行协商。由于中国人民坚决斗争,"二十一条"才未能付诸实行。

### 洪宪帝制

袁世凯在镇压了国民党人发动的"二次革命"后便加紧复辟帝制。

首先,他胁迫国会议员选举自己为正式总统。随即向国会和《中华民国临时约法》开刀,并下令解散国民党。1914 年 1 月,解散国会,成立"约法会议"(或称"政治会议"),制定"新约法"。5 月,废除《中华民国临时约法》,公布所谓《中华民国约法》。这个"新约法"改责任内阁制为总统制;取消国务院,设政事堂于总统府,把大总统的权力,扩大到几乎和皇帝的权力一样。根据他炮制的《修正大总统选举法》规定,总统任期10年,连任无限制,下一任总统由现任总统提名。这样,袁世凯不但可以终身连任总统,其子孙也可以世袭总统职位。至此,袁世凯帝制自为的野心暴露无遗。接着,袁世凯为了正式当皇帝,不惜以出卖国家主权取得日本的支持,几乎全部接受日本灭亡中国的《二十一条》。同时,指使爪牙大造复辟帝制的舆论。他的宪法顾问、美国人古德诺在北京发表题为《共和与君主论》,鼓吹中国"以君主制行之为易",共和制不适合中国国情的谬论。同月,他的复辟帝制的御用团体"筹安会"在北京成立,公然宣称:"全体一致主张君主立宪"。最后,袁世凯便从组织上着手恢复帝制。1915年10月,他授意拟出《国民代表大会组织法》,规定由"国民代表大会"决定国体。在他的亲信爪牙一手操纵下,十几天里,各省代表全部选出,并分别举行所谓国体投票,结果全部赞成实行君主立宪制,全部同意推戴袁世凯为"中华帝国皇帝",各省还向袁世凯递上划一的"推戴书"。12月11日,袁世凯的参政院以所谓"国民代表大会"总代表的名义,向袁世凯上了"总统推戴书"。袁在12月12日宣告接受帝位。次日,在北京居仁堂接受百官朝贺,宣布1916年为"洪宪"元年,史称"洪宪帝制"。

袁世凯这一倒行逆施遭到全国人民的反对,蔡锷在云南发动讨袁护国战争,各地纷起响应。袁世凯被迫于1916年3月22日宣布取消帝制,并于6月6日忧惧而死。

### 护国运动

辛亥革命后全国人民反对袁世凯复辟帝制的一次民主运动。1915年12月,袁世凯正式宣布恢复帝制,在北京中南海接受百官朝贺,定于1916年为洪宪元年,并准备元旦登基,引起全国各界人士的强烈反对。孙中山在"二次革命"失败后,在日本组织中华革命党,坚持反袁斗争。1915年,他发表《讨袁檄文》。梁启超所领导的进步党本是拥袁的,在国会解散以前,帮着袁世凯排挤国民党。但当袁世凯被拥上正式大总统的宝座之后,反被袁视为赘瘤,一脚踢开,一度陷入非常难堪的境地。所以袁世凯帝制自为公开后,进步党抢先揭出"护国"旗号,公开反袁。1915年8月20日,梁启超发表《异哉所谓国体问题者》长文,反对袁世凯称帝。

梁启超的学生蔡锷,是个具有民主思想的爱国将领,由于他在军界很有声望,被袁世凯授予各种荣誉职位,羁留北京。蔡锷不满袁世凯的倒行逆施,经与梁启超密议举兵讨袁。蔡锷以赴日就医为由,躲过袁世凯的监视,从北京辗转绕道日本、台湾、香港、越南,历时一个月,于12月19日抵达昆明,联合云南的反袁力量,兴师讨袁。1915年12月25日,蔡锷、唐继尧、何可澄、戴戡和受孙中山委托来云南准备反袁的李烈钧等,联合宣布云南独立,发布讨袁檄文,组织护国军政府,以唐继尧为都督,随即组织讨袁护国军。

1916年1至3月间,护国军在四川、贵州、广西、广东、湖南五省的广大战场上,与袁世凯的反动军队互相激战,连连取胜。贵州和广西相继响应,宣布独立。未独立的东三省、山东、湖南等省,也纷纷组织护国军,讨伐袁世凯。中华革命党、国民党在各省策动起义,全国各地人民自发的反帝制斗争如火如荼。袁世凯四面楚歌,犹如坐在火山口上,惶惶不可终日。1916年3月22日,袁世凯被迫宣布取消帝制,但仍想保持大总统的职位。

全国各界识破了袁世凯的诡计，决心把他赶下台。4、5月间，反袁斗争继续发展，盘踞在广东、浙江、福建、陕西、四川、湖南等省的袁世凯的心腹爪牙，也相继独立。5月9日，孙中山发表《第二次讨袁宣言》，号召"除恶务尽"，"决不使谋危民国者复生于国内"。全国各地纷纷通函通电，揭露袁世凯的罪行和阴谋，指出袁逆不死，大祸不止，要求全国人民再接再厉，捕杀袁世凯，以绝乱种。袁世凯众叛亲离，内外交困，忧疾交加，在全国人民的唾骂声中于6月6日死去。6月7日，黎元洪依法就任正式大总统。29日，宣布遵守《临时约法》，继续召集国会，恢复国务院，特任段祺瑞为国务总理。10月底，冯国璋被补选为副总统，但仍坐镇南京。参加讨袁战争的各派政治势力，以为民国恢复，大功告成，宣布停止一切军事行动，护国运动结束。

护国运动推翻了袁世凯的反动统治，结束了洪宪帝制，是有其历史功绩的。但是，护国运动虽然恢复了"民国"，而大小军阀却随之而起，又窃取了全国人民反袁斗争的胜利果实，中国人民仍然处于封建军阀的反动统治之下。

## 北洋军阀

### 直系军阀

袁世凯死后，北洋军阀分裂。北洋军中以直隶（今河北）河间人冯国璋为首领的一派，被称为直系军阀。直系军阀所控制的主要地区，是富庶的长江流域，即湖北、江西、江苏等省。它得到英、美帝国主义的支持，其势力仅次于皖系军阀。其主要头目开始为当时的"长江三督"李纯、王占元、萧耀南及曹锟等。1919年冯国璋死后，曹锟、吴佩孚、孙传芳、齐燮元等继起为主要首领。

### 皖系军阀

以安徽合肥人段祺瑞为首的一派，被称为皖系军阀。系北洋军阀的主力，以日本帝国主义为后台，其势力最大。因此，首先攫取北京中央政府。控制的主要地区是安徽、山东、浙江、福建、陕西等省。主要头目有徐树铮、卢永祥、靳云鹏、倪嗣冲、陈树藩、段芝贵等。段祺瑞掌权，大肆出卖国家利权，借巨额外债，加紧扩充武装，企图以武力统一中国，建立独裁统治。

### 奉系军阀

以奉天（今辽宁）人张作霖为首领。原来东北地区有新军和旧军两部分武装：新军系由曾任东三省总督徐世昌调去的一部分北洋军，逐渐扩建成二镇和二混成协；旧军有步兵八路计四十营，由张作霖、冯德麟、吴俊升、马龙潭等分任统领。辛亥革命后，张作霖等旧军改成新军编制，张锡銮、段芝贵又曾相继督奉，由此说明，东北军队与北洋军阀有其渊源关系。奉系军阀在日本帝国主义支持下，于袁世凯死后乘机扩充兵力，占领东北。其主要头目还有张作相、杨宇霆、张宗昌、姜登选等人。

### 护法运动

1917 年,张勋复辟失败后,冯国璋继任代理总统,段祺瑞以"再造民国"的功臣自居,再次担任国务总理,独揽了北京政府的实权。段祺瑞认为,1912 年颁布的《中华民国临时约法》是他实行独裁统治的障碍,拒绝恢复《临时约法》和原来的国会。他勾结研究系首领梁启超,准备另行召集由各省军阀指派的代表组成"临时参议院",重定国会的组织法和选举法,再来召集新国会,以废除《临时约法》和旧国会。

护法运动

《临时约法》和国会是民国的象征,孙中山认为段祺瑞废除《临时约法》和旧国会是对民国的背叛,故而举起"护法"的旗帜。1917 年 8 月 25 日,孙中山召集原国会部分议员在广州开会,提出"护法",即维护中华民国临时约法。因到会人数不足,故称"非常国会"。会议决定在广州成立军政府,以孙中山为军政府大元帅,唐继尧、陆荣廷为元帅。孙以大元帅名义通电否认以冯国璋为总统、段祺瑞为国务总理的北京政府,号召北伐。北京政府因此下令通缉孙中山等人。1918 年 5 月,非常国会通过《修正军政府组织法》,准备取消大元帅首领制,剥夺孙的职权。孙愤然辞去大元帅职回上海。孙辞职后,广东护法军政府改行七总裁合议制,由非常国会推举岑春煊、孙中山、唐继尧、陆荣廷、伍廷芳、唐绍仪、林葆怿 7 人为总裁,以岑春煊为主席总裁。孙没有就职。1920 年,陈炯明部把桂军驱出广东,孙中山回广州,在护法旗帜下成立"非常政府",任"非常大总统"。不久陈炯明勾结北洋军阀和帝国主义发动政变,使孙再次无法在广州立足,护法运动遭到彻底失败。

## 新文化运动

"五四"前后新文化运动的统称。包括"五四"前的启蒙运动和"五四"后的马克思主义的思想解放运动。时间从 1915 年《新青年》创刊到 1921 年 7 月中国共产党成立。

1915年9月陈独秀创办《青年》杂志(自2卷1号改名为《新青年》),标志着新文化运动的兴起,主要倡导者有陈独秀、李大钊、胡适、钱玄同、刘半农、鲁迅等人,提出的口号是"民主"和"科学"。民主,指的是资产阶级民主政治;科学,指的是自然科学、社会科学和科学态度与方法。新文化运动的倡导者们认为,民主和科学是推动中国社会前进的两个车轮。在民主和科学两面旗帜下,以反对封建专制,提倡民主政治;反对旧道德,提倡新道德;反对迷信,提倡科学;反对旧文学,提倡新文学为主要内容的新文化运动,打破了二千多年来以孔子学说为代表的封建教条对人们的束缚,极大地解放了人们的思想,在思想界特别是青年知识分子中,掀起了寻求真理、追求解放的浪潮,为中国接受十月革命影响和马克思主义在中国的传播,为五四爱国运动的爆发,准备了思想条件。

### 五四运动

1918年11月,第一次世界大战结束。翌年1月,27个战胜国在巴黎召开"和平会议",拟定对战败国的和约,实际上是一个由美、英、法三国操纵的帝国主义分赃会议。中国作为战胜国之一派代表出席了会议,向和会提出了取消帝国主义在华特权的七项希望条件和废除"二十一条"、归还大战期间被日本夺去的德国在山东侵占的各项权利等要求,遭到与会帝国主义国家的拒绝。

五四运动

5月1、2日,中国在巴黎和会上外交失败的消息传出后,一场反帝爱国运动便在北京爆发了。5月4日下午,北京大学、北京高师等13所学校的3000多学生,冲破教育部代表和军警官吏的阻挠,到天安门前集会。他们手执小旗,高呼口号,发表宣言,要求"外争国权,内惩国贼","取消二十一条","拒绝和约签字",惩办亲日卖国官员交通总长曹汝霖、驻日公使章宗祥、币制局总裁陆宗舆。集会讲演后,举行游行示威,火烧了赵家楼胡同曹汝霖住宅,痛打了正在曹宅的章宗祥。军阀政府派军警镇压,捕去32人。5日,北京专科以上学校实行总罢课。6日,成立了北京中等以上学校学生联合会。学生们结成"救国十人团",开展讲演、抵制日货活动,并组织护鲁义勇队,进行军事训练。军阀政府一面为曹汝霖等开脱罪责,一面诬蔑学生爱国行动是"纵火伤人","举动越轨",声言要对学生进行制裁。6月3、4两日,反动政府对上街讲演的学生实行大逮捕,捕去学生近千人,从北京开始的爱国运动,迅速席卷全国,天津、济南、太原、上海、武汉、长沙、广州、南京等地的学生,纷纷举行罢课、集会、示威游行,开展讲演、抵制日货等活动。许多城市召开了各界人士参加的国民大会,声援学生爱国行动。军阀政府对北京学生的大逮捕,进一步激怒了全国人民。

6月5日以后,运动进入新的阶段,由开始时主要是知识分子的运动,发展成为以工人阶级为主力,包括城市小资产阶级、民族资产阶级在内的广泛的群众爱国运动。运动的中心也由北京移到上海。6月5日,上海工人阶级为营救被捕学生,"格政府之心,救灭亡之祸",开始罢工。商人也在"罢市救国"的口号下,开始罢市。在此以前,2万多中等以上学校学生已经罢课。这样,就在中国工业中心上海实现了"三罢"。从上海开始的"三罢"斗争很快扩展到全国22个省的150多个城市,给帝国主义和封建军阀统治造成了巨大威胁。北京军阀政府被迫于6月10日免去曹、章、陆三人的职务。6月28日和约签字之日,中国代表没有出席会议和在和约上签字。至此,五四运动实现了惩办卖国贼和拒签和约两个直接斗争目标而告一段落。

五四运动表现了彻底的不妥协的反对帝国主义和封建主义的精神;运动中,工人阶级作为独立的政治力量登上了政治舞台,十月革命后中国出现的共产主义知识分子起了骨干作用。运动促进了马克思列宁主义与中国工人运动相结合,为中国共产党的成立做了思想上干部上的准备。五四运动既是一个爱国政治运动,又是一次文化运动,一次空前的思想解放运动。

## 共产党成立

### 新民学会

1918年4月17日,毛泽东、蔡和森、何叔衡等于湖南长沙建立。开始以"革新学术,砥砺品行,改良人心风俗"为宗旨。1918年夏开始组织部分会员赴法勤工俭学,学会活动分为两支,一支在国内,主要是湖南;一支在国外,主要是法国。到1920年底,会员由最初的14人发展到70余人。中国共产党成立前,该会是湖南反帝反封建革命运动的核心组织。在1919年的五四运动、1919年11月至1920年6月的驱逐军阀张敬尧运动、1920年9月至12月的湖南自治运动,以及早期的马克思主义传播中,都起了重要作用。1920年夏以后,在毛泽东、蔡和森的影响和带动下,大多数会员接受了马克思主义,学会的宗旨修改为"改造中国与世界",并对建党建团问题进行了讨论。许多会员加入了社会主义青年团和共产主义小组。1921年中国共产党成立后,学会实际上就停止了活动。

### 共产主义小组

中国共产党的早期组织。1920年8月至1921年3月,先后成立了上海、北京、武汉、长沙、济南、广州、巴黎、东京八个党的早期组织。当时上海初建的党组织叫"共产党";武汉、广州初建的党组织叫"共产党支部";北京、济南初建的党组织叫"共产党小组",1920年11月北京小组命名为中国共产党北京支部。

### 中国共产党第一次全国代表大会

1921年7月23日在上海举行,参加大会的代表有李达、李汉俊、张国焘、刘仁静、毛

中国共产党第一次全国人民代表大会会址

泽东、何叔衡、董必武、陈潭秋、王尽美、邓恩铭、陈公博、包惠僧、周佛海等13人,代表全国党员53人。共产国际代表马林·尼柯尔斯基也出席了会议。30日晚受到租界巡捕搜查后,大会转移到浙江嘉兴南湖的一只游船上继续举行。大会听取了各地共产主义小组活动情况的报告,起草、讨论和通过了党的纲领和关于当前实际工作的决议。纲领规定,党的名称为"中国共产党"。党的奋斗目标是以无产阶级的革命军队推翻资产阶级,建立无产阶级专政,废除私有制,直至消灭阶级差别。大会选举陈独秀、张国焘、李达组成中央局,陈独秀任中央局书记,从而正式宣告了中国共产党的诞生。从此,中国出现了完全新式的、以共产主义为目的、以马克思主义为行动指南的、统一的工人阶级政党。自从有了中国共产党,中国革命的面目就焕然一新了。

## 国民革命

### 中国共产党第二次全国代表大会

1922年7月16日至23日在上海举行。出席大会的代表有陈独秀、李达、张国焘、邓中夏、蔡和森、向警予、高君宇、张太雷等12人,代表全国党员195人。大会通过了《世界大势与中国共产党》《民主的联合战线》《中国共产党加入第三国际》《中国共产党章程》等决议案,发表了《中国共产党第二次全国代表大会宣言》。《宣言》分析了国际形势和国内经济政治状况,阐明了中国的社会性质、革命性质和革命对象、动力,提出了党的最

高纲领和最低纲领。指出:"中国共产党是中国无产阶级政党。它的目的是要组织无产阶级,用阶级斗争的手段,建立劳农专政的政治,铲除私有财产制度,渐次达到一个共产主义的社会。"这是党的最高纲领,也就是党的最终奋斗目标。宣言还指出,在当前的历史条件下,党的奋斗目标是:"消除内乱,打倒军阀,建设国内和平";"推翻国际帝国主义的压迫,达到中华民族完全独立";统一中国为"真正民主共和国"。这是党的最低纲领,也就是党在民主革命阶段的纲领。大会决定出版党的中央机关刊物《向导》周报。会议选举了中央执行委员会,陈独秀被推选为委员长。这次大会初步解决了中国革命必须分两步走的问题,特别是反帝反封建民主革命纲领的制定,为革命斗争指明了正确的方向。大会的不足之处是没有明确指出无产阶级在民主革命中的领导地位,没有提出武装夺取政权和彻底的土地革命纲领。

### 香港海员大罢工

1922 年 1 月 12 日,香港海员由于英国资本家拒绝工人增加工资等要求,在中华海员工业联合总会苏兆征、林伟民等领导下举行大罢工。至 1 月底,参加罢工的海员和运输工人增至 3 万多人。3 月初,海员罢工发展成为有 10 多万人参加的总同盟罢工。罢工工人纷纷离港回广州。3 月 4 日,步行回省的工人队伍行至九龙附近的沙田时,英国军警向工人开枪射击,造成死 6 人、伤数百人的"沙田惨案"。此后,罢工继续扩大,使香港成为"死港"。在中国劳动组合书记部、广东政府和全国工人支援下,香港海员罢工斗争坚持 56 天。3 月 8 日,罢工谈判协约签字,港英当局接受海员所提条件,罢工取得胜利。这次罢工斗争成为第一次全国工人运动高潮的起点。

### 安源路矿工人大罢工

1922 年 5 月 1 日,在中共湘区委员会和中国劳动组合书记部长沙分部领导下,江西安源煤矿工人和株萍铁路工人成立了安源路矿工人俱乐部。李立三为主任,朱少连为副主任。同年秋,路矿当局拒发积欠工资,并企图解散俱乐部,引起工人强烈不满。9 月初,毛泽东来到安源,认为罢工时机已经成熟。为加强对罢工斗争的领导,派刘少奇到安源工作。9 月 14 日,1 万多工人举行大罢工,并成立罢工总指挥部,李立三任总指挥,刘少奇为工人总代表。罢工工人发表罢工宣言,提出保障工人权利,改善工人待遇的 17 条要求。路矿当局勾结军阀派兵企图镇压,由于工人英勇斗争,组织严密,只好退步接受谈判。18 日,签订了承认俱乐部有代表工人之权、增加工人工资、改善工人福利的条约,罢工取得胜利。同年冬,俱乐部成员从开始时的 300 多人发展到 13000 多人。

### 京汉铁路工人大罢工

1923 年 2 月 1 日,京汉铁路工人代表在郑州举行京汉铁路总工会成立大会,遭到直系军阀吴佩孚的阻挠。总工会由郑州移至汉口江岸办公。为了抗议军阀的暴行,2 月 4 日,在总工会统一领导下,京汉铁路全线 3 万多工人举行总同盟罢工。总工会发表罢工宣言,号召工人们为反抗万恶的军阀,争回人权及为自由而战。2 月 7 日,吴佩孚在帝国主义支持下,在汉口、郑州、长辛店等地对罢工工人进行血腥阵压,有 52 人惨死,300 多人

京汉铁路总工会成立大会

受伤,40多人被捕,千余人被开除,造成"二七"惨案。京汉铁路总工会江岸分会委员长、共产党员林祥谦和武汉工团联合会法律顾问、共产党员施洋被捕后宁死不屈,英勇就义。"二七"惨案发生后,全国各地工人和各阶层人民、海外侨胞、国际无产阶级和世界革命人民纷纷声讨军阀,援助罢工工人。为保存有生力量,罢工于2月9日结束。此后全国工人运动暂时转入低潮。

### 中国共产党第三次全国代表大会

1923年6月在广州举行。到会代表有陈独秀、李大钊、毛泽东、蔡和森、张国焘、瞿秋白、张太雷、邓中夏、向警予等30余人,代表党员420人。共产国际代表马林参加了大会。大会中心议题是讨论国共合作问题。

大会接受了共产国际关于国共合作的决议,决定在保持中国共产党政治上、组织上独立性的前提下,全体党员以个人身份加入国民党。这次大会正确地制定了革命统一战线的方针政策,促进了国共合作的迅速形成,推动了中国革命的发展。但对于无产阶级领导权、农民土地问题以及革命军队问题,没有提出或没有做出明确决定。

### 中国国民党第一次全国代表大会

1924年1月在广州举行。参加大会的代表165人,共产党员约占14%。孙中山以总理身份担任大会主席,并指定胡汉民、汪精卫、李大钊、林森、谢持五人组成主席团,值日主持会议。大会讨论通过了《中国国民党第一次全国代表大会宣言》《中国国民党章程》等决议案。大会宣言分析了中国的现状,重新解释了孙中山的三民主义,规定了国民党的对内对外政策。重新解释的三民主义,其政治原则与共产党在民主革命时期的纲领基本相同,成为国共合作的政治基础和革命统一战线的共同纲领。大会讨论国民党章程时,否决了国民党员不得跨党的提案,确认共产党员可以个人资格加入国民党。

这次大会对三民主义的重新解释,使国民党有了明确的反帝反军阀的政治方向。大会确立了联俄、联共、扶助农工三大政策,确认共产党员以个人资格加入国民党,标志着国民党的正式改组和国共合作的正式建立。改组后的国民党,由一个单纯资产阶级性质的政党,成为工人、农民、小资产阶级和民族资产阶级反帝反封建的政治联盟。大会推动了中国革命的发展,成为新的革命高涨的起点。

### 黄埔军校

孙中山在苏联和中国共产党帮助下在广州黄埔创办的中国国民党陆军军官学校,简称黄埔军校。1923 年 10 月,国民党中央决定建立陆军军官学校。1924 年 1 月 24 日,孙中山下令成立陆军军官学校筹备委员会,委任蒋介石为筹备委员会委员长,指定以黄埔原水师学堂和陆军小学旧址为校址。5 月 5 日第一期学生开始入学,6 月 16 日正式开学。蒋介石任校长,廖仲恺任党代表。中国共产党派周恩来担任政治部主任,叶剑英担任教授部副主任,恽代英、萧楚女、聂荣臻等为教官,并建立了中共黄埔特别支部。

黄埔军校

从 1924 年 5 月至 1926 年北伐战争前,军校招收学生 5 期,共约 7400 人,成为统一广东革命根据地和进行北伐战争的重要力量,为革命的发展做出了重大贡献。但军校许多实权掌握在蒋介石手中,他利用职权极力培植个人势力。"四一二"反革命政变后,蒋介石在军校实行清党。此后,黄埔军校成了蒋介石培养反共反人民骨干的学校。蒋介石用其在军校培养的亲信骨干控制军队,形成了所谓黄埔系。

### 广州农民运动讲习所

第一次国内革命战争时期由中国国民党农民部主办的培养农民运动干部的学校,全称为中国国民党农民运动讲习所。它是国共合作的产物,实际上由中国共产党领导。1924 年 6 月 30 日国民党中央执行委员会召开第三十九次会议,决定建立农民运动讲习所,同时委派彭湃创办广州农民运动讲习所并任主任。

农讲所学员都是工农运动的积极分子或有志于农民运动的进步青年学生,他们除了学习政治理论外,还进行军事训练,做社会调查和参加实际斗争。周恩来、萧楚女、瞿秋白、陈延年、林伯渠、吴玉章等都曾为学员讲授主要课程或做报告。农讲所培养了 772 名毕业生和 25 名旁听生。学员毕业后分赴各地从事农民运动,其中许多人成为农民运动和大革命中的领导骨干,对中国革命的发展做出了重大贡献。

### 第一次东征

1925 年 2 月至 3 月广东革命政府讨伐盘踞在广东东江一带的军阀陈炯明的战役。

1924 年冬孙中山北上后,陈炯明以为有机可乘,于 1925 年 1 月 7 日自封为"救粤军总司令",分三路进攻广州。中国共产党号召广东工农群众支持革命政府,保卫广州,打倒陈炯明。1 月 15 日广州留守政府决定讨伐陈炯明。2 月 1 日发布总动员令,以滇军杨希闵部、桂军刘震寰部为左路和中路,以黄埔学生军和粤军许崇智部为右路,开始第一次东征。右路军是这次东征的主力,由黄埔军校校长、粤军参谋长蒋介石统领,军校政治部主任周恩来负责战时政治工作,苏联军事顾问加伦将军帮助制定了东征计划并参加了东征。2 月 4 日右路军占领东莞、石龙。11 日占领宝安。15 日攻克淡水。27 日在彭湃领导的海丰农民配合下占领了陈炯明的家乡海丰城。3 月 7 日克复潮州、汕头。陈炯明逃往香港。3 月底陈部主力溃败,残敌退往闽、赣边境。第一次东征胜利结束。

### 广州国民政府

广东革命政府原为孙中山于 1923 年回广州后建立的大元帅府,孙中山任大元帅。1925 年 6 月 15 日,国民党中央政治委员会召开会议,根据国民革命运动发展的需要,决定改组大元帅府为国民政府。7 月 1 日,中华民国国民政府在广州正式成立,它采用委员制取代大元帅府的一长制,汪精卫、胡汉民、廖仲恺、张静江等 16 人为委员,汪精卫、胡汉民、谭延闿、许崇智、林森为常务委员,汪精卫任主席。下设财政、军事、外交等部。聘鲍罗廷为高等顾问。国民政府宣布它的职责是履行孙中山遗嘱,对外废除不平等条约,消灭帝国主义势力;对内开展国民革命运动,消灭军阀势力。为此,积极整顿内部,实现了军政、民政和财政的统一。广州国民政府的成立,促进了广东革命根据地的巩固,为北伐战争创造了条件。1926 年底国民政府迁都武汉。

### 国民革命军

1926 年 7 月 1 日国民政府成立后,为实现军政统一,于 7 月 6 日成立了军事委员会,受中国国民党的指导与监督,管理统率国民政府所辖境内的军队和一切军事机关。8 月 26 日,军事委员会决议将所辖军队统一改编为国民革命军。黄埔军校新练的军队和一部分粤军为第一军,蒋介石任军长;谭延闿所部湘军为第二军;朱培德所部滇军为第三军;在江西的粤军为第四军,李济深任军长;李福林所部福军为第五军;后来,程潜所部湘军为第六军;广西桂系李宗仁所部为第七军。由于共产党员和共产主义青年团员在军队中的骨干作用和先锋作用,国民革命军取得了东征和北伐战争的胜利。1927 年蒋介石、汪精卫叛变革命后,国民党政府军队仍用这一名称。

### 第二次东征

1925 年 9 月,被击溃的陈炯明部在英帝国主义和段祺瑞政府支持下,乘革命军回师平叛之际,重新占领了潮州、汕头等东江一带,并在惠州集结重兵,企图和粤南的军阀邓本殷合力夹击广州。为彻底消灭陈炯明部统一广东,国民政府于 9 月 28 日决定进行第二次东征,任命黄埔军校校长、国民革命军第一军军长蒋介石为东征军总指挥,第一军政治部主任周恩来为东征军总政治部主任。全军编为三个纵队,共 3 万余人。10 月 1 日,东征军开始出师。省港罢工工人组织了运输队、宣传队、卫生队随军出发,东江农民为革命军当向导、运粮食。海陆丰农民在革命军到达前,就占领了县城选举了县长。10 月 14 日,东征军攻占了号称"南中国第一险"的惠州,歼灭了敌军主力。11 月初占领梅县、汕头,再度收复东江,陈炯明部被全部歼灭。

### 北伐战争

1926 年至 1927 年间,中国人民在中国共产党和国民党的共同组织领导下进行了反对帝国主义和北洋军阀的革命战争。为了彻底推翻北洋军阀的反动统治,1926 年 7 月,国民革命军约 10 万人从广东分三路正式出师北伐,蒋介石任总司令。以共产党员和共青团员为骨干的第四军叶挺独立团,担任北伐先遣队,他们英勇善战,获得了"铁军"的光荣称号。在两党的领导下,广大工农群众对北伐战争给予了强有力的支援,使国民革命军迅速地向前推进。西路军解放了湖南,攻克了湖北武汉;中路军解放了江西;东路军解放了福建。1927 年初,北伐军先后击溃北洋军阀吴佩孚、孙传芳等军队的主力,占领了半个中国,取得了伟大的胜利。但是,正当北伐军向前发展的紧要关头,蒋介石、汪精卫等国民党右派势力在帝国主义支持下先后在上海和武汉发动"四·一二"和"七·一五"反革命政变。同时,由于陈独秀右倾投降主义错误的影响,党没有能够采取应付突发事变正确的措施。结果,蒋介石反动集团窃取了革命果实,建立了新的军阀统治,轰轰烈烈的北伐战争以失败告终。

### 叶挺独立团

北伐战争时期由中国共产党直接领导的、以叶挺为团长的国民革命军第四军独立团。1925 年 11 月根据中共中央的决定,在中共两广区委军事部长周恩来领导下,于广东肇庆组建。其前身是中共两广区委领导的成立于 1924 年的建国陆海军大元帅府铁甲车队。此外,独立团还从黄埔军校抽调一部分人员做骨干,战士多为招募的新兵。全团共2000 余人,连以上干部绝大多数是共产党员。干部的任免、调动由共产党决定。团设党支部,直接由中共两广区委军事部领导。1926 年 5 月作为北伐先遣队开赴两湖前线。6 月 5 日攻占攸县,打破了吴佩孚的战略企图,稳定了湖南战局,为北伐军主力进入湖南创造了有利条件。8 月 27 日、30 日攻占汀泗桥、贺胜桥两战役和 8 月 31 日至 10 月 10 日围攻武昌的战斗中,英勇善战,屡建奇功,为第四军赢得了"铁军"的光荣称号。北伐军占领武昌后,该团扩编为国民革命军第二十四师,后参加了南昌起义。

### 上海工人三次武装起义

上海工人在中国共产党领导下,为配合北伐战争,推翻北洋军阀统治而举行的三次起义。第一次为 1926 年 10 月 23 日至 24 日。10 月 16 日,浙江省长夏超宣布脱离孙传芳独立,并向上海进攻。国民党上海政治分会主席钮永键结合一部分资产阶级、小资产阶级和一部分流氓,准备暴动,响应夏超。中国共产党决定与钮永键合作,发动起义。由罗亦农、赵世炎担任总指挥。23 日,上海总工会下令工人举行起义。由于夏超为孙传芳所败,工人战斗力量较弱小,仅有 130 名武装工人和 2000 名没有武装的战斗队伍,准备不充分,起义遭到失败。24 日晨,中共上海领导机关下令停止起义。第二次为 1927 年 2 月 22

日。2月18日,北伐军进占嘉兴,孙传芳准备从上海退却,由张宗昌的直鲁联军前来接防,上海政局不稳。中共江浙区委决定举行第二次武装起义。18日晚,上海总工会发出总同盟罢工令,并发表罢工宣言,提出政治经济要求17条。19日大罢工开始,参加罢工人数达到36万。21日晚,工人开始夺取军警武装,同敌展开局部战斗。22日,总同盟罢工转为武装起义。但由于敌我力量悬殊,蒋介石又下令北伐军停止进攻上海,起义处于孤立无援境地,再次失败。第三次发动于1927年3月21日。第二次起义失败后,周恩来来到上海,以中共军委书记兼江浙区委军委书记身份领导和组织了第三次武装起义。他和江浙区委负责人罗亦农、赵世炎及上海总工会委员长汪寿华等一起,总结了前两次起义的经验教训,做了充分准备。组织了5千名工人武装纠察队,在城市贫民和小资产阶级群众中进行广泛的政治工作,对敌人军事部署进行详细侦察,制定了统一指挥,分区作战的起义计划。起义前10天,发动铁路工人举行大罢工,破坏张宗昌运兵上海的计划,切断敌人对上海的援助。3月21日,北伐军抵达上海郊区龙华镇,张宗昌直鲁联军接替孙传芳驻防上海,立足未稳。中共浙江区委和上海总工会决定立即举行第三次武装起义。21日中午,上海80万工人举行总罢工,接着转为武装起义,向直鲁联军发起全面进攻。上海工人经一天一夜激战,于22日下午占领上海,取得了起义的胜利,并建立了上海特别市临时政府,其中共产党员在政府委员中占过半。

上海工人第三次武装起义的胜利,充分显示了工人阶级的伟大力量,是中国革命史上光辉的一页。

### "四·一二"反革命政变

1927年4月12日,蒋介石在上海发动的反革命政变。1927年4月12日清晨,蒋介石终于露出其本来面目,从背后杀向革命人民。在他的指挥下,上海一伙"青红帮"流氓冒充工人,袭击了闸北的上海总工会会所,正当工人纠察队进行英勇反击时,蒋介石指挥的反动军队来到现场,他们颠倒黑白,说是"工人内讧",以维持治安为名,缴了工人纠察队的枪械,上海工人阶级通过多次浴血奋战建立的一支武装力量,一下子被解散了。当天上午,受蒋介石指挥的流氓组

四一二反革命政变

织"上海工界联合会",又占领了上海总工会会所。蒋介石的反革命行为,激怒了上海人民。12日下午,闸北工人从反动派手里夺回了总工会会所,并宣布全市举行总罢工。第二天,工人们高呼着"打倒新军阀"等口号,冒雨游行,途中遭到早已埋伏好的反动军队的

袭击,上百名工人和市民倒在血泊中。蒋介石在上海实行白色恐怖,下令封闭了上海总工会等革命组织,并疯狂地捕杀共产党员和革命群众,仅 4 月 12 日至 15 日,就有 300 多人被杀,500 多人被捕,5000 多人失踪。继上海大屠杀之后,广州、北京等地的反动派,也向人民举起了屠刀。李大钊、萧楚女等一大批优秀的共产主义战士壮烈牺牲,无数革命群众惨遭杀害。由于以陈独秀为代表的一些领导人推行的右倾机会主义路线在共产党内占统治地位,使党对蒋介石的叛变活动,缺乏应有的准备,给革命事业带来了严重的恶果。

### “七·一五”反革命政变

1927 年 7 月 15 日,汪精卫在武汉发动的反革命政变。1927 年 7 月 15 日,汪精卫公开叛变革命,提出了“宁可枉杀千人,不可使一人漏网”的反动口号,屠杀共产党人和革命群众。轰轰烈烈的大革命,就这样被一伙隐藏在革命队伍内的刽子手葬送了。但是中国人民并没有屈服,他们在中国共产党领导下,联合国民党左派,强烈声讨蒋介石的滔天罪行,与反革命派进行了英勇顽强的斗争。

### 南京国民政府的成立

南京国民政府是蒋介石在“四·一二”反革命政变后,成立于南京的大地主大资产阶级专政的政权。1927 年 4 月 15 日,叛变革命的蒋介石在南京召开会议,决定定都南京,否认武汉国民政府,并通过恢复国民革命军总司令职权案。4 月 17 日,蒋介石在南京召开国民党中央政治会议,决议国民政府于 18 日在南京开始办公。4 月 18 日,南京国民政府在南京丁家桥原江苏省议会举行成立典礼。

蒋介石在南京成立的这个政府,一开始就是一个抛弃孙中山三大政策,代表帝国主义和地主买办阶级利益的反革命政权。

南京政府成立后,统治中国达二十二年,其间虽屡屡改组,组织方式也由会议制改为主席制,后又改为总统制,但最终仍未逃脱覆灭的下场,1949 年被中国人民所推翻。

### 宁汉合流

1927 年“七·一五”反革命政变后,武汉国民党政府迁往南京,与南京国民党政府合在一起,史称“宁汉合流”。但是由于国民党内部各派势力利害冲突,不可能达到真正统一,形式上的“统一”也很快为新的分裂所代替。

### 二次北伐

1928 年蒋介石、冯玉祥、阎锡山、李宗仁四派联合北伐奉系军阀张作霖的战争,因国民党自称这次战争是 1926 年北伐的继续,故有“二次北伐”之称。

国民党军的北伐,受到日本帝国主义的干涉。4 月 17 日,日本政府决定出兵山东。5 月 3 日,公然武装进攻济南,对济南居民和进驻济南的北伐军进行大肆屠杀,制造了骇人听闻的“济南惨案”。面对日本的武装干涉,蒋介石妥协退让,命令部队撤离济南,绕道北进。

北伐军很快占领绥远和大同、张家口、保定、沧州等地。张作霖见大势已去,于6月3日退出北京。6月4日,张作霖在退往沈阳途中,经皇姑屯车站时被日本帝国主义炸死。6月8日,阎锡山部进入北京。12日接收天津。6月15日,南京政府宣布"统一告成",蒋、冯、阎、桂联合的"二次北伐",也随之宣告完成。

### 东北易帜

张作霖被日军炸死以后,其子张学良被推为东三省保安总司令。张学良鉴于皇姑屯事件的教训和东北政局的严重,于7月1日通电全国,表示愿与南京政府妥协。其时,国民党南京政府鉴于济南惨案的"教训",也决定和平解决东北问题。随后,张学良、蒋介石之间互派代表,多次磋商,张学良的举动曾遭到一直企图独霸我国东北的日本帝国主义的反对。但日本帝国主义的威胁利诱终未能阻止张学良易帜的决心。经过五个月的交涉和斗争,1928年12月29日,张学良率东北各军政要员通电全国,宣布"遵守三民主义,服从国民政府,改易旗帜",将北洋政府的五色旗换上国民党的青天白日旗。12月30日,国民党南京政府任命张学良为东北边防军司令长官。至此,北洋军阀的最后一支力量——奉军,纳入南京政府的军队体系,国民党南京政府在形式上统一了全国。

### 南昌起义

南昌起义(也称八一南昌起义)是中国共产党于1927年8月1日在江西省南昌发动的反抗中国国民党的武装起义,由周恩来、贺龙、叶挺、朱德、刘伯承等领导。

1927年8月1日凌晨2时,周恩来等指挥的起义军向驻守南昌的国民党军队发动进攻,经过四个多小时的激战,占领了全城。起义胜利后,公布了《八一起义宣言》《八一起义宣传大纲》。国民党方面则马上调集军队包围了南昌。8月5日,起义军撤出南昌,南下广东。

南昌起义是中国共产党首次独立地领导革命战争和创立革命军队,是反对中国国民党政权的开始,并开始了武装斗争。8月1日后来被定为中国人民解放军的建

南昌起义

军节。1977年为纪念起义五十周年而建八一南昌起义纪念塔,坐落在南昌市区中心的人民广场南端。

### 八七会议

1927年8月7日,中共中央在汉口召开的紧急会议。出席会议的有中央委员10人,

候补中央委员 3 人，中央监委、中央军委、共青团中央、湖南、湖北的代表 8 人，共产国际代表和中央秘书处负责人也参加了会议。会议由瞿秋白主持。

这次会议通过了《中国共产党中央委员会告全党党员书》《最近农民运动的决议案》《最近职工运动的决议案》及《党的组织决议案》。会议在中国革命的危急关头，总结了大革命失败的经验教训，就国共两党关系、土地革命、武装斗争等问题进行了讨论。

会议坚决纠正了以陈独秀为代表的右倾投降主义错误，确立了实行土地革命和武装反抗国民党反动派的总方针，并把发动农民举行秋收起义作为当前党的主要任务。会上，毛泽东明确提出了"须知政权是由枪杆子中取得的"的著名论断。

会议选举了新的中央临时政治局，苏兆征、向忠发、瞿秋白、罗亦农、顾顺章、王荷波、李维汉、彭湃、任弼时为政治局委员，周恩来、邓中夏、毛泽东、彭公达、李立三、张太雷、张国焘为政治局候补委员。

八七会议是中国革命遭受第一次严重挫折后，中共中央召开的具有重大历史意义的会议，它总结了大革命失败的经验教训，反对了政治上的右倾投降主义，开始了党在农村领导武装暴动、开展土地革命的新的斗争。

### 湘赣边界秋收起义

1927 年 9 月，毛泽东作为中共中央特派员被派到湖南，和湖南省委一起领导湘赣边界秋收起义。参加起义的部队有原国民革命军第二方面军警卫团，湖南平江、浏阳的农军，鄂南崇阳、通城的部分农民武装和安源的工人纠察队等。起义部队合编为工农革命军第一师，共 5000 余人。毛泽东任中共前敌委员会书记，卢德铭任起义军总指挥。9 月 9 日，参加起义的部分工农群众开始破坏粤汉铁路线上的岳阳至黄沙街、长沙至株洲的铁路。11 日，湘赣边界地区开始举行武装起义。起义部队分别从江西省的修水、安源、铜鼓等地出发，会同湖南省平江、浏阳地区的农军，准备会攻长沙。起义军先后取得了老关、醴陵、浏阳、白沙东门市等战斗的胜利，占领了醴陵、浏阳县城和一些集镇。但由于强敌反扑，起义军在战斗中相继失利。毛泽东迅速命令起义部队第一、三团与第二团余部，到浏阳的文家市集中。前委在文家市召开会议，决定放弃攻打长沙的计划，并于 20 日带领部队撤离湘东地区，沿罗霄山脉向南转移。9 月 29 日，起义部队共 1000 人左右到达江西省永新县的三湾村进行改编。经过改编，起义军从一个师缩编为一个团；党在部队中建立了各级组织，特别是把支部建在连上，加强了党对军队的领导。10 月，起义军到达井冈山，开始了创建井冈山革命根据地的斗争。

### 广州起义

1927 年底，中共广东省委根据中共中央的指示，抓住粤桂战争爆发、广州城内兵力薄弱的有利时机，决定发动广州起义，并成立了以张太雷为委员长的革命军事委员会，作为起义的最高领导机关；同时成立了起义军总指挥部和参谋部，由叶挺、叶剑英分任总指挥和副总指挥，徐光英任参谋长。12 月 11 日凌晨 3 时，在张太雷、叶挺、叶剑英、周文雍、聂荣臻、杨殷等领导下，广州起义爆发。参加起义的武装力量主要是叶剑英率领的第四军教导团和周文雍率领的广州工人赤卫队，大约六千余人。经过两个多小时的激战，起义军占领了广州城区。当天上午,广州苏维埃政府——广州公社宣告成立,苏兆征任主席(因病未到任,由张太雷代理)。

广州起义震惊了中外反动派,他们立即联合起来向广州反扑。在英、美、日等帝国主义的军舰和陆战队的支援下,国民党军阀集中了五万兵力进攻广州。起义军经过三天三夜的英勇奋战,终因敌我力量过于悬殊而失败。起义的主要领导人张太雷在战斗中牺牲,革命群众惨遭杀害。13日,起义军被迫撤出广州市区。一部分在花县改编为红四师,开赴东江同海陆丰农民起义军汇合;另一部分沿西江到达广西左右江,后来参加了百色起义;还有一部分则北上韶关,加入朱德、陈毅率领的部队,后来上了井冈山。

广州起义是继南昌起义、秋收起义之后,中国人民向反革命势力进行的又一次英勇的反击,也是中国共产党领导工农武装夺取政权的一次重要尝试。起义虽然失败了,但在中国革命史上,留下了光辉的一页。

### 井冈山革命根据地

1927年10月,毛泽东率领秋收起义的部队到达江西罗霄山脉中段的井冈山,发展武装力量,开展游击战争,领导农民打土豪分田地,建立红色政权,实行工农武装割据,创立了党领导下的第一个农村革命根据地。

1928年4月底,朱德、陈毅率领南昌起义保存下来的部队和湘南农军到达井冈山,和毛泽东领导的工农革命军会师。会师后,成立了中国工农红军第四军,毛泽东任党代表,朱德任军长。12月,彭德怀、滕代远率领红五军主力来到井冈山,与红四军会师。此后,红军粉碎了敌人的多次"进剿",根据地不断扩大。全盛时期,包括宁冈、永新、莲花三个县,吉安、安福两县一部分,遂川县北部等地。井冈山革命根据地的建立,为中国革命的中心工作完成从城市到农村的伟大战略转移,走上农村包围城市,最后夺取城市的了新的道路。

井冈山革命根据地

### 中央革命根据地

中央革命根据地,亦称中央苏区,位于江西南部、福建西部,是土地革命战争时期全国最大的革命根据地,是全国苏维埃运动的中心区域,是中华苏维埃共和国党、政、军首脑机关所在地。

中央革命根据地是以赣南、闽西两块根据地为基础创建的。

1927 年 11 月至 1928 年 3 月，在中共赣西、赣南特委的领导下，赖经邦、李文林、古柏等领导赣西南地区武装起义，开创了东固、桥头等革命根据地。1928 年 3 月和 6 月，郭滴人、邓子恢、朱积垒、张鼎丞等领导闽西地区武装起义，创建了永定溪南革命根据地和地方工农武装。赣南、闽西的这些小块红色割据区域，奠定了中央苏区的基础。

1929 年 1 月，毛泽东、朱德率领中国工农红军第四军主力离开井冈山革命根据地后，转战赣南、闽西地区，在上述根据地和地方工农武装的配合下，先后开辟了赣南、闽西革命根据地。

1930 年 3 月，赣西南苏维埃政府成立，曾山任主席，闽西苏维埃政府成立，邓子恢任主席。4 月，闽西地区红军五个独立团合编为红军第十二军。6 月，活动在赣西南、闽西地区的红军第四、第六(不久改称第三军)和第十二军合编为红军第一军团。8 月，毛泽东和朱德领导的红一军团与彭德怀率领的红三军团在浏阳永和会师，组成中国工农红军第一方面军，朱德任总司令，毛泽东任总政治委员。10 月，毛泽东领导红一方面军挥师江西，攻克吉安重镇，建立了以曾山为主席的江西省苏维埃政府。

1931 年 1 月，根据中共中央决定，中共苏区中央局成立，周恩来任书记。在周恩来未到任前，由项英、毛泽东先后代理书记。9 月，中央苏区军民粉碎了国民党军第三次"围剿"后，使赣南、闽西两部分连成一片，根据地扩展到 30 多个县境，在 24 个县建立了县苏维埃政府。11 月，中华苏维埃第一次全国代表大会在江西瑞金召开，成立了中华苏维埃共和国临时中央政府，毛泽东任主席，项英，张国焘任副主席；此时，组成中华苏维埃共和国中央革命军事委员会，朱德任主席，王稼祥、彭德怀任副主席，中华苏维埃共和国临时中央政府设在瑞金。至此，中央革命根据地正式形成，并统辖和领导全国苏维埃区域的斗争。

1931 年 12 月 14 日，国民党军第二十六路军在赵博生、董振堂率领下，于江西宁都起义，加入中国工农红军，编为红一方面军第五军团。随后，红一方面军发展到拥有一、三、五、七、八、九军团，共十多万人。

1933 年 1 月，以博古为首的中共临时中央政治局由上海迁入中央革命根据地。同年 2、3 月间，中央革命根据地取得第四次反"围剿"的胜利，不仅巩固了中央革命根据地，而且打通了中央苏区与闽浙赣苏区的联系。1933 年秋，中央苏区辖有江西、福建、闽赣、粤赣四个省级苏维埃政权，拥有 60 个行政县，红军和根据地发展到了鼎盛时期。中央苏区由此成为全国最大的革命根据地。

### 土地革命

中国共产党在革命根据地开展打土豪、分田地、废除封建剥削和债务的土地革命，满足了农民的土地要求。1931 年春，毛泽东总结土地革命的经验，制定出一条完整的土地革命路线。那就是：依靠贫农、雇农，联合中农，限制富农，保护中小工商业者，消灭地主阶级，变封建半封建的土地所有制为农民的土地所有制。这条路线，调动了一切反封建的因素，保证了土地革命的胜利。

土地革命使广大贫雇农政治上翻了身，经济上分到土地，生活上得到保证。为了保卫胜利果实，他们积极参军参战，努力发展生产。湘鄂赣革命根据地，仅半年之内，参加红军的翻身农民达 3 万多人。鄂豫皖革命根据地的黄安七里坪的一个招兵站,一天就招收 800 名农民入伍。

### 第一次反"围剿"

1930 年 10 月,蒋介石调集约 10 万人的兵力,以国民党江西省主席兼第九路军鲁涤平为"围剿"军总司令,师长张辉瓒为前线总指挥,采取"分进合击、长驱直入"的作战方针,向赣南、闽西革命根据地(即后来的中央革命根据地)进行第一次"围剿"。

当时,驻守革命根据地的红一方面军约有四万人。在毛泽东诱敌深入、歼灭敌人于根据地内的战略方针指导下,以少数兵力配合地方武装迟滞、迷惑敌人外,主力则于 11 月 26 日全部退到东固、南垄、龙冈地区。12 月 29 日,敌方张辉瓒部主力向龙冈推进。红军主力埋伏于龙冈附近山中,30 日拂晓,红军以优势兵力向进入伏击圈的敌人发动猛烈进攻,经过半天激战,全歼张辉瓒师 9000 余人,张辉瓒也被俘。接着,红军向东韶急进,又歼敌谭道源师一半。余敌纷纷撤退。

这次战役,红军共歼国民党军一个半师,缴枪 1.3 万余支,取得了第一次"反围剿"的胜利。

### 第二次反"围剿"

蒋介石在第一次"围剿"失败后,调集 20 万兵力,以何应钦为总司令,采取"稳扎稳打,步步为营"的作战方针,从福建建宁到江西吉安,构成八百里长的弧形阵线,于 1931 年 4 月 1 日,兵分四路向赣南、闽西革命根据地(即后来的中央革命根据地)进行第二次"围剿"。

红一方面军三万余人在毛泽东、朱德的指挥下,采取"集中优势兵力,先打弱敌,并在运动中各个歼灭敌人"的方针。5 月 15 日,国民党军王金钰、公秉藩两师由富田进入东固山区。16 日,红军乘其不备,发起猛攻,经一昼夜激战,歼公秉藩师和王金钰师大部,取得反攻首战胜利。随后,又迅速由西向东横扫。19 日,在白沙歼敌第四十三师大部和四十七师一个旅的残部。22 日,在中村歼敌第二十七师近一个旅。27 日,攻占广昌城,歼守敌第五师一部。30 日,直捣建宁城,歼守敌第五十六师三个多团。

这次战役,从 5 月 16 日起至 30 日,15 天中,红军横扫 700 里,五战五捷,共歼敌三万余人,缴枪两万余支,取得了第二次反"围剿"的胜利。

### 第三次反"围剿"

蒋介石在第二次"围剿"失败后,仅隔一个月,又调集 30 万兵力,自任总司令,并聘请德、日、英军事顾问,采取"长驱直入","分进合击"的战术,兵分三路,于 1931 年 7 月 1 日开始对赣南、闽西革命根据地(即后来的中央革命根据地)进行第三次大规模"围剿"。

面对优势的敌军,红一方面军总前委采取了毛泽东提出的"避敌主力,打其虚弱,乘胜追歼"的作战方针,以一部兵力结合地方武装,迟滞敌军前进,红军主力则由闽西绕道千里,在 7 月下旬集中于赣南的兴国,诱敌深入。随后,又以红三十五军和红十二军第三十五师,佯装主力,将敌主力七个师引向兴国以西和西北地区。红军主力则在 8 月 4 日乘夜从兴国插进敌后,6 日在莲塘歼敌第四十七师一部;7 日在良村歼敌第五十四师大部;11 日在宁都县北的黄陂歼敌第八师四个团。六日,红军三战三捷,缴枪逾万。这时,国民党军主力急忙转旗扑向黄陂,欲寻红军主力作战。8 月 16 日夜,红军声东击西,以一部红军将敌引向东北,主力则由东向西,从敌军的间隙中,再次返回兴国休整。待敌发觉后再向西进时,红军主力已休整半月,而敌被拖得饥疲沮丧,无力作战,只得退却。红军乘敌退却之机乘胜追击,于 9 月 7 日在老营盘歼敌第九师一个旅;同月 15 日,在方石岭歼敌第五十二师。至此,国民党军被迫全线撤退。

这次战役,红军共歼敌三万余人,缴枪两万余支,胜利粉碎了国民党军的第三次"围剿"。通过这次反"围剿"的胜利,赣南、闽西两块革命根据地连成一片,成为拥有二十余县的大块革命根据地。1931 年 11 月,在江西瑞金成立了中华苏维埃共和国临时中央政府。此后,赣南闽西革命根据地正式成为以瑞金为中心的中央革命根据地。

### 九·一八事变

日本侵华,蓄谋已久。19 世纪末日本侵占中国台湾,20 世纪初又在东北南满地区夺取了各种特权。1927 年,日本政府制定了先征服"满蒙"再征服中国,最后称霸全世界的侵略计划。随后,日本帝国主义驻中国的关东军在东北制造了一系列挑衅事件,加紧了进行武装侵略中国东北的准备。1931 年 9 月 18 日晚 10 时 20 分,日本炸毁沈阳北郊柳条湖村附近一段南满铁路路轨,并诬称是中国军队所为,随即炮击中国东北军驻地北大营;同时,南满铁路沿线日军向沈阳城发起攻击,制造了震惊中外的"九一八事变"。紧接着日军分兵进攻吉林和黑龙江。一星期之内,辽宁、吉林二省基本丢失。事变发生后,蒋介石实行不

"九·一八"事变纪念馆

抵抗政策,许多国土很快沦丧。1932 年 2 月 5 日,日军占领哈尔滨。至此,东北三省全部沦陷。

九一八事变震动了全中国和全世界。它使中国政治形势发生了重大变化。在中国共产党的号召和领导下,东北人民开展了抗日武装斗争,全国人民也开始投入到抗日救亡的斗争中去。

### 伪满洲国

日本帝国主义在中国东北制造的傀儡政权,成立于 1932 年 3 月 1 日。定都长春(后改称"新京"),中国末代皇帝溥仪任执政,年号大同。1934 年 3 月 1 日改称"满洲帝国",

溥仪由"执政"改称"皇帝",改年号为康德。国务总理改由汉奸张景惠担任。溥仪名为皇帝,实如囚徒,言行均受日本人监管,由日本人任厅长的总务厅,总揽了伪政府的一切大权,并通过日本人在各级伪政权机关中任次长的制度,日本控制了伪满洲国整个政权系统。伪满洲国统治中国东北十三年,是日本帝国主义对中国东北人民实行残酷殖民统治的工具,1945 年 8 月随抗日战争胜利而被摧毁。

### "一·二八"事变

1932 年"九·一八"事变后,日本帝国主义得寸进尺,企图侵占上海,作为继续侵略中国的基地。1932 年 1 月 28 日夜间,日本侵略军由租界向闸北一带进攻。驻守上海的十九路军,在全国人民抗日高潮的推动下,由蔡廷锴、蒋光鼐率领,开始了淞沪抗战。敌军司令盐泽狂妄叫嚣:"一旦发生战斗,4 小时即可了事。"然而战事第一周,敌人向闸北防地的数次进攻都被击退,还被截获铁甲车 3 辆,进攻江湾的敌军一个联队(团)也被包围歼灭。盐泽做了败军之将,被免了职。

在激烈的战斗日日夜夜,上海人民纷纷组织义勇军、情报队、救护队、担架队、通讯队、运输队等,配合前线作战。宋庆龄、何香凝等各界名人士,代表上海人民到前线慰问;在他们的支持和组织下,还筹设了几十所伤兵医院。人民赶制了全新棉衣棉裤 3 万多套,送往前线,给全军将士御寒。人民的热情支援,使十九路军全体将士受到巨大的鼓舞。

然而,国民党政府却乞求由帝国主义操纵的"国际联盟"进行"调停",并于 5 月 5 日同日本签订了屈辱的《淞沪停战协定》。抗战的人民和十九路军被出卖了。

### 东北抗日义勇军

"九·一八"事变后,东北人民和部分爱国军队组织的抗日武装。1931 年"九·一八"事变后,东三省人民和部分爱国军队,自发组织了抗日武装,进行抗日游击战争。到 1932 年底,东北抗日义勇军曾发展到 30 多万人,他们战斗在黑水白山之间,曾给予日本侵略军以沉重的打击。

## 红军长征

### 第四次反"围剿"

蒋介石第三次"围剿"失败后,经过长时间准备,于 1933 年 2 月,纠集 50 万兵力,分左、中、右三路对中央革命根据地进行第四次"围剿"。而中路军十二个师,由陈诚率领,采取"分进合击"的作战方针,分三个纵队,由乐安、南城、金溪等地向广昌进攻。红一方面军在朱德、周恩来的指挥下,采用大兵团伏击战法,用一部分兵力将敌第二、第三两个纵队引向黎川方向,主力则转至敌之右翼,集中于广昌以西的东韶、洛口、吴村等地隐蔽待机。同月 26 日,敌第一纵队的三个师分由乐安、宜黄向广昌逼近。红军先以地方武装不断袭扰和迷惑敌军,当敌第五十二、第五十九两个师进至黄陂、大龙坪地区时,红军于

27 日拂晓突发猛攻，经两天激战，将敌全部歼灭。国民党军遭此打击，改取"中间突破"方针，于 3 月 15 日以六个师分成两个梯队由宜黄地区出发，经东陂、甘竹直扑广昌，寻求红军主力作战。红军放过敌军先头四个师，于 21 日晨向进至草龙岗、东陂地区的敌军殿后的两个师发起攻击。激战一日，歼敌第十一师大部和第九师一部，余敌仓皇撤退。在陈诚的中路军向根据地中心区域进攻期间，敌左、右两路军仅在各驻区进行了所谓的"清剿"就草草收场。至 1933 年 3 月底，红军基本上粉碎了国民党军的第四次"围剿"。这次反"围剿"，红军歼敌 2 万余人，缴枪 1 万 5 千余支。

### 第五次反"围剿"

1933 年 9 月，蒋介石调集 100 万兵力，200 架飞机，自任总司令，对中央革命根据地利邻近的湘赣、闽浙赣等根据地，发动了第五次"围剿"。其中以 50 万兵力，重点进攻中央革命根据地。蒋介石吸取以往"围剿"失败的教训，采取了碉堡推进，步步为营的"堡垒政策"，企图把红军严密地封锁包围起来，从四面向根据地压缩，最后寻求红军主力决战，消灭红军。

当时王明"左"倾冒险主义已在党和红军中取得了完全的统治，党和红军的实际领导人博古和李德全面否定了毛泽东制定的战略方针和作战原则，错误地用阵地战代替游击战，用所谓"正规"战争代替人民战争。反"围剿"一开始，红军在博古、李德的错误指挥下，就采取了冒险主义的进攻战略。

到 11 月中旬，红军连续作战近两个月，不仅没有能在敌占区或敌我交界区打败敌军，反而使自己陷于被动地位。1934 年初，红军与国民党军在建宁、泰宁等地相持数月，终未能胜。3 月，敌主力向广昌推进，红军虽在高虎脑、万年亭杀伤敌军三四千人，但最终未能阻挡住敌军的进攻。4 月，广昌失守。7 月，国民党军分兵向中央根据地中心突进。在优势敌人面前，"左"倾冒险主义者又转为保守主义，博古、李德命令红军"兵分六路"，"全线防御"。结果使红军处处设防，节节防御，完全陷于被动局面。在反"围剿"中，毛泽东曾多次提出以红军主力突进到以浙江为中心的苏浙皖赣地区或湖南中部以打破敌人"围剿"的正确建议，但"左"倾错误领导人拒不接受。由于"左"倾冒险主义者的错误领导，红军虽苦战一年，终未能打破敌人的"围剿"。1934 年 10 月初，国民党军已推进到中央根据地的腹地，兴国、宁都、石城相继失守。从 10 日晚开始，中共中央机关和中央红军主力共八万余人，被迫撤离中央革命根据地，第五次反"围剿"终告失败。

### 红军长征

由于王明"左"倾机会主义的错误领导，中央红军（即红一方面军）未能粉碎国民党军的第五次"围剿"，被迫退出中央根据地，突围长征。从 1934 年 10 月中旬开始，中共中央机关和中央红军主力八万余人，分别由福建的长汀、宁化和江西的瑞金、雩都等地出发，开始长征。长征最初的计划是从南线突破国民党军的封锁，到达湘西会合红二、红六军团。长征初期，由于中共中央领导在军事上犯了逃跑主义的错误，红军虽浴血苦战，连续突破敌人四道封锁线，但渡过湘江时，人员即已由出发时八万余人减至三万余人。12月，蒋介石又调集 40 万军队，准备围歼向湘西转移的红军。在这紧急关头，中共中央接受了毛泽东的正确主张,放弃向湘西前进的原定计划,改向敌人力量最薄弱的贵州前进。1935年1月占领贵州重镇遵义。1月中旬,中共中央在遵义召开了政治局扩大会议。

遵义会议后,红军在正确的指挥领导下,采取了灵活机动的战略战术,四渡赤水河,巧渡金沙江,摆脱了数十万敌军的围追堵截。接着又顺利通过凉山地区,强渡大渡河,飞夺泸定桥,翻过夹金山,于1935年6月中旬到达了川西懋功。

红军长征纪念碑

继中央红军之后,红四方面军也于1935年3月撤离川陕根据地,开始长征,并于6月8日先于中央红军到达懋功。两个方面军懋功会师后,中共中央根据当时的形势,确定了北上建立川陕甘根据地的战略方针。8月下旬两军跨过草地后,中共中央挫败了红四方面军主要领导人张国焘要挟中央南下和企图危害中央的活动,率领中央红军主力继续北上。随后突破腊子口,翻越六盘山,于10月19日胜利抵达陕北吴起镇。张国焘带着被他欺骗的红四方面军南下后屡遭挫折,部队减员一半,被迫于1936年2月向西康东北部转移。

由湘赣西征到湘西的红六军团和原在湘黔边的红二军团,在贺龙、任弼时率领下也于1935年11月开始,从湘鄂川黔根据地出发长征,并于1936年6月在西康甘孜与红四方面军会师。两军会师后,红二、红六军团改编为红二方面军。在朱德、贺龙、任弼时等的斗争和红四方面军指战员的要求下,张国焘被迫同意北上。1936年10月,红二、红四方面军与红一方面军在甘肃会宁胜利会师。至此,中国工农红军长征结束。

红军的这次长征,克服了罕见的艰难险阻,前后历时两年,途经11省,徒步行军二万五千里,创造了人类历史上的奇迹。长征的胜利是中国革命新局面的开始。

## 南方八省三年游击战争

1934年10月中央红军主力开始撤离中央苏区进行长征,中共中央随即在中央苏区成立了以项英为书记的中共中央分局和以陈毅、梁柏台为正、副主任的中华苏维埃共和国中央办事处,继续领导留在南方各革命根据地的红军和游击队坚持斗争。

国民党为了企图彻底消灭南方各革命根据地及根据地内的人民武装,国民党政府在中央红军主力长征后,继续纠集优势兵力,采取三分军事、七分政治的政策,对南方各革命根据地实行碉堡围困、经济封锁、移民并村、保甲连坐、大肆烧杀等残酷毒辣手段,进行了长期的反复的"清剿"。南方八省的红军游击队虽然和中共中央长期失掉联系,但他们在项英、陈毅、贺昌、邓子恢、张鼎丞、谭震林等组成的中共中央分局的领导下,紧密地依靠群众,采取了公开与隐蔽、合法与非法相结合的斗争策略,运用游击战术,在被敌军长期分割包围的形势下,进行了艰苦卓绝的斗争,并不断地取得了反"清剿"斗争的胜利。

## 华北事变

华北事变是在 1935 年日本帝国主义企图把华北从中国分离出去而制造的一系列侵略事件,其内容应包括"河北事件"及《何梅协定》;"张北事件"及《秦土协定》;"华北五省自治运动"及"冀察政务委员会"。这些事件基本上都发生在华北地区,故称华北事变。

### 何梅协定

1935 年,日本侵略者为进一步控制华北,借口天津两家汉奸报社社长被暗杀系中国人所为,同时借口中国当局援助东北义勇军孙永勤部进入滦东"非武装区",破坏了《塘沽协定》,因而由日本天津驻屯军参谋长酒井于 5 月 29 日向国民党抗议,并从东北调遣日军入关,进行武力威胁。6 月 9 日,日本华北驻屯军司令官梅津美治郎向国民党政府北平军分会代理委员长何应钦提出"觉书",限三日内答复。经何与日方秘密会谈后,于 7 月 6 日复函梅津,全部承诺了日方的无理要求,时称《何梅协定》。其主要内容是:取消河北省内及平津两市的国民党党部;撤退驻河北的国民党中央军和东北军;解散国民党北平军分会政训处并禁止一切反日团体及活动;撤免河北省主席于学忠及平津两市市长等。何梅协定,使中国丧失了河北省的大部分主权,扩大了日军在华北的势力。

### 八一宣言

即《为抗日救国告全体同胞书》,中共中央为建立抗日民族统一战线而发表的宣言。1935 年夏,中共驻共产国际代表团根据共产国际第七次代表大会确立的建立反法西斯统一战线的政策,起草了此宣言,并于 8 月 1 日,以中共中央和中华苏维埃共和国中央政府名义发表,通称《八一宣言》。宣言指出,在日本帝国主义侵略中国的情况下,中国共产党再次向全国同胞呼吁:无论各党派间过去和现在有任何政见和利害的不同,无论各界同胞间有任何意见或利害的差异,无论各军队间过去和现在有任何敌对行动,都应本着"兄弟阅于墙外御其侮"的精神,团结起来,停止内战,一致抗日。宣言倡议组织全国统一的国防政府,作为救亡图存的临时领导机关;一切愿意抗日的军队共同组成统一的抗日联军;实行抗日救国十大纲领。宣言号召全体同胞总动员,集中人力、物力、财力、武力,为抗日救国的神圣事业而奋斗。

## "一二·九"运动

1935 年 12 月 9 日,在中共北平临时工作委员会的领导下,北平爱国学生 6000 余人,高呼"停止内战,一致对外""打倒日本帝国主义"等口号,举行了声势浩大的抗日救国示威游行,史称"一二·九"运动。国民党政府出动大批军警镇压,30 多人被捕,数百人受伤。10 日,北平各校学生宣布总罢课。在"冀察政务委员会"计划成立的 12 月 16 日,北平学生和各界群众一万余人又举行示威游行,迫使冀察政务委员会延期成立。此后,天津学生又组成南下扩大宣传团,深入人民中间宣传抗日救国。杭州、广州、武汉、天津、南京、上海等地相继举行游行示威。北平学生的爱国行动,得到了全国学生的响应和全国人民的支持,形成了全国人民抗日民主运动的新高潮,推动了抗日民族统一战线的建立。

　　"一二·九"运动公开揭露了日本帝国主义侵略中国,并吞华北的阴谋,打击了国民党政府的妥协投降政策,大大地促进了中国人民的觉醒。它配合了红军北上抗日,促进了国内和平和对日抗战。它标志着中国人民抗日民主运动新高潮的到来。正如毛泽东所指出的,"一二·九"运动"是抗战动员的运动,是准备思想和干部的运动,是动员全民族的运动","有着重大的历史意义"。

## 瓦窑堡会议

　　瓦窑堡会议,是在中日民族矛盾日益加深,大规模的抗日民主运动重新高涨的形势下,为制定正确的政治路线和革命策略而召开的。

油画——走向胜利

　　1935 年 12 月 17 日,中共中央在陕北子长县瓦窑堡召开政治局扩大会议。出席会议的有毛泽东、张闻天、周恩来、刘少奇、秦邦宪、邓发、何克全、李维汉、张浩(林育英)、杨尚昆、王稼祥、彭德怀、郭洪涛等十余人。

　　会议在毛泽东的主持下,分析了华北事变后国内阶级关系的新变化,讨论了抗日民族统一战线、国防政府和抗日联军等问题,批判了党内长期存在着的"左"倾关门主义,制定了抗日民族统一战线的策略方针,就在于发动、团结和组织全中国和全民族一切革命力量去反对当前的主要敌人——日本帝国主义与蒋介石。党内那种认为民族资产阶级不可能与工农联合抗日的观点是错误的,党内主要危险是"左"倾关门主义。《决议》还提出将"工农共和国"的口号改为"人民共和国",并相应地改变了党的若干政策。这次会议,是遵义会议后中共中央召开的一次重要会议。它科学地总结了两次国内革命战争的基本经验,解决了遵义会议没有来得及解决的政治策略问题,确定了建立抗日民族统一战线的政策,为党领导全国人民迎接伟大的抗日战争奠定了政治基础。

## 西安事变

1936 年 12 月 12 日,张学良、杨虎城在西安发动兵谏,逼迫蒋介石抗日的事件,又称双十二事变。

"九·一八"事变后,以张学良为首的东北军广大官兵因东北沦陷亲身感受到国破家亡的痛苦,怀有抗日的要求;以杨虎城为首的西北军(第十七路军)系陕西地方势力,一向与蓄意消灭异己的蒋介石有深刻的矛盾。1935 年秋,两军奉命在陕甘进攻红军,屡遭失败,伤亡很大,而蒋介石却不予补充。两军上下对蒋借内战消灭异己的做法十分不满,感到和红军作战没有前途,要求抗日的情绪日渐高涨。

杨虎城

与此同时,中国共产党对张学良、杨虎城及其部队采取争取其抗日的政策,并取得显著效果。1936 年上半年,红军与东北军、第十七路军之间实际上完全停止了敌对状态,在此基础上实现了抗日。

但是,蒋介石一意孤行,坚持"剿共"政策。1936 年 10 月蒋飞至西安,压迫张、杨继续"剿共"。同时加紧部署"剿共"行动,调集重兵,准备向陕甘进发。12 月 4 日,蒋再度到西安督战,逼迫张、杨服从"剿共"命令,进攻红军,否则要将东北军和第十七路军分别调至福建和安徽,再借机搞掉。12 月 7 日,张学良哭谏蒋介石,要蒋停止内战,但遭蒋严词拒绝。随后,蒋介石又加紧镇压西安学生的抗日救国运动。张、杨出于爱国热情和对蒋介石倒行逆施的激愤,决定实行"兵谏",迫蒋抗日。

1936 年 12 月 12 日清晨,张、杨下令在蒋的行辕临潼华清池扣留了蒋介石,同时在西安城内逮捕了蒋的军政要员陈诚等十余人。随即通电全国,提出改组南京政府,停止一切内战等八项抗日救国主张,爆发了震惊中外的西安事变。

事变发生后,在国内外引起强烈反响。在国民党统治集团内部,亲日派竭力策动"讨伐",轰炸西安,企图取蒋而代之;亲英美派则主张用和平方式营救蒋介石,反对马上"讨伐"。国民党内部的分歧,实际上反映了日本帝国主义和英美帝国主义之间的矛盾。中共中央分析了国内复杂的政治形势,确定了和平解决西安事变的方针,并应张、杨之邀,派周恩来、秦邦宪、叶剑英等组成中共和红军代表团到西安参加谈判。代表团在西安做了大量卓有成效的工作。12 月 24 日,蒋介石被迫接受停止内战、联共抗日等条件。25日,张学良送蒋返南京,西安事变和平解决。

西安事变的和平解决对国共两党的再次合作,团结抗日起了重大的推动作用,为抗日民族统一战线的建立准备了必要的前提,成为由国内战争走向抗日民族战争的转折点,成为时局转换的枢纽。

# 抗日战争

## 卢沟桥事变

也称"七七事变",日本帝国主义为了独占中国,发动了蓄谋已久的全面侵华战争。1937年7月7日夜,日军借口一个兵士失踪,要进入北平西南的宛平县城搜查,中国守军拒绝了这一无理的要求,日军开枪开炮猛轰卢沟桥,向城内的中国守军进攻。中国守军第29军吉星文团奋起还击,掀起了全民族抗日序幕。

## 淞沪会战

1937年8月13日,日本帝国主义在上海发动了军事进攻,中国军队和日本侵略军展开了三个月之久的大会战,

卢沟桥事变

史称"八·一三上海抗战"或"八·一三事变"。因战争是在上海及其周围地区进行的,所以又称"淞沪会战"。

淞沪会战中,中国军队奋勇苦战了三个月,歼敌6万余人,给敌人以重大打击,粉碎了日军"速战速决"的梦想,中国军队也受到重大损失。上海的失陷对整个战局产生了不利的影响。

## 洛川会议

抗日战争全面开始后,为了贯彻全面抗战路线,制定战胜日寇的纲领、方针和具体政策,1937年8月22日至25日,中共中央政治局在陕北洛川举行扩大会议。会议通过了《关于目前形势与党的任务的决定》和《抗日救国十大纲领》。

洛川会议在历史转变关头,指出必须坚持抗日民族统一战线中无产阶级的领导权,规定了共产党的战略任务和基本政策,对争取抗战的胜利和建设一个新中国,具有重大的意义。

## 八路军

国民革命军陆军第八路军的简称,中国共产党领导的抗日武装部队,其前身是抗日战争爆发时在陕甘宁的主力红军。1937年8月22日,国民党当局根据国共两党谈判达成的协议,正式宣布红军主力部队改编为国民革命军第八路军,并同意设总指挥部,下辖三个师,每师两旅制,每旅两团制,每个师定员1万5千人。8月25日,中共中央军委发布改编令,任命朱德为总指挥,彭德怀为副总指挥,叶剑英为参谋长,左权为副参谋长,任弼时为政治部主任,邓小平为政治部副主任,下辖第一一五师、第一二〇师、第一二九师。

八路军照片

9月11日,按国民革命军战斗序列,八路军改称第十八集团军,朱德的总指挥职务改称总司令,彭德怀的副总指挥职务改称副总司令。

### 新四军

国民革命军陆军新编第四军的简称,其前身是主力红军长征后留在南方闽、粤、浙、赣、湘、鄂、豫、皖八省十三个地区坚持三年游击战争的红军游击队。

抗日战争爆发后,中共中央向国民党提出统一整编南方各地区红军游击队,开赴华中敌后抗战的建议。经过两党谈判,很快达成了协议。1937年10月2日,国民党政府正式颁布改编南方八省红军游击队为国民革命军陆军新编第四军的命令。1938年1月,新四军军部在南昌成立,军长叶挺,副军长项英,参谋长张云逸,副参谋长周子昆,政治部主任袁国平,政治部副主任邓子恢。全军共10300人,6200余支枪,编为四个支队,九个团。

### 平型关大捷

1937年8月,日军分兵两路南下,一路占领大同后直逼雁门关,一路由蔚县、广灵等地向前推进,企图夺取平型关,以进攻忻口。9月下旬,八路军一一五师东渡黄河到达平型关附近。一一五师在侦察到敌人的战略意图和行军路线后,决定利用平型关的险要地形,出敌不意,打一场漂亮的伏击围歼战。日军进攻平型关的是其精锐部队板垣第五师团第二十一旅团一部,约一千多人,前面是100多辆汽车,中间是200余辆大车,后边是少数骑兵。9月25日晨当敌人进入伏击圈后,先于24日夜冒雨埋伏在这里的一一五师向敌人发起了总攻。经过一天激战,歼灭日军一千多人,击毁汽车100余辆,大车200余辆,缴获九二式步兵炮一门,机枪20余挺,步枪千余支以及战马和大量军用物资。单是军用大衣,就足够一一五师每人一件。

平型关大捷是中国全面抗战以来第一次大胜利,粉碎了"皇军不可战胜"的神话,打击了日军的侵略气焰,打乱了敌人的作战部署,鼓舞了全国军民的抗日斗志,扩大了中国抗战的国际影响,也提高了八路军的威望。

### 论持久战

论持久战是毛泽东论述有关中国抗日战争基本问题的著作。抗日战争爆发后,国民党军队节节败退,大片国土沦陷,使一部分群众产生了对抗战的悲观情绪。国民党政府中以汪精卫为代表的投降派宣扬"再战必亡"论。以蒋介石为首的亲英美派则希望依赖外

平型关大捷

力的援助或日本国内的变化,迅速结束战争。速胜论也使一些共产党人产生轻敌思想。肩负着领导抗战责任的共产党必须给全国人民指明胜利的前途,必须彻底批判亡国论和速胜论。因而,1938年5月,毛泽东在延安抗日战争研究会上发表了《论持久战》的讲演。

毛泽东指出:抗日战争是半殖民地半封建的中国和帝国主义的日本之间在20世纪30年代进行的一场决死的战争。战争双方存在着互相矛盾着的基本特点,即敌强我弱,敌小我大,敌退步我进步,敌失道寡助我得道多助。这些特点规定了和规定着双方一切政治上的政策和军事上的战略战术,规定了和规定着战争的持久性和最后胜利属于中国而不属于日本,亡国论和速胜论都是没有根据的,是战争中的唯心论和机械论。

《论持久战》的发表有力地批驳了亡国论和速胜论,给全国人民指出了抗战胜利的前途,鼓舞了全国人民争取抗战胜利的信心,成为中国人民打败日本侵略者的强大思想武器。它是运用辩证唯物主义和历史唯物主义解决抗日战争问题的光辉典范,丰富和发展了马克思主义的军事科学,也是重要的哲学著作。

### 太原会战

中国军队在华北为保卫太原抗击日本侵略军的一次大规模的战役。1937年9月13日,日军占领大同后,即向太原进攻。9月25日,八路军一一五师在平型关给进犯的日军以沉重的打击,取得平型关战斗的胜利。10月初,日军攻陷崞县、原平后,集中五六万兵力,大批飞机、坦克和大炮,在13日向忻口发动进攻。第二战区副司令长官卫立煌指挥六个集团军,共约28万人,分为左中右三个兵团,在忻口以北顽强抗击进攻的敌军,激战达半月之久,歼敌约2万人。我军伤亡也在10万以上,第九军军长郝梦龄、第五十四师师长刘家骐等壮烈殉国。正当忻口会战处于相持状态时,为策应晋北日军夺取太原,河北日军的三个师团于10月下旬攻陷娘子关,接着沿正太线西进,先后占领了阳泉、寿阳、榆次等地,直逼太原。11月1日,防守忻口的中国军队全线撤退。原拟退至太原以北阵地,继续保卫太原,但在日军追击下,未进入阵地即渡汾河西撤。第七集团军总司令傅作义

率第三十五军在太原与敌苦战五天后突围。8日,太原失陷。这次会战虽然中国方面失利,但是中国守军英勇抵抗,付出了重大牺牲,消灭敌军2万余人,争取了时间。但同时也破坏了日军的河北平原会战,使平汉线中国军队得以南撤。太原失守以后,在华北战场的正规战争基本结束。

**南京大屠杀**

南京大屠杀指1937至1945年中国抗日战争期间,中华民国在南京保卫战中失利、首都南京于1937年12月13日陷落后,日军于南京及附近地区进行长达数月的大规模屠杀。其中日军战争罪行包括抢掠、强奸、对大量平民及战俘进行屠杀等。屠杀的规模、死伤人数等没有世界共同认可的数字,但一般认为死亡人数超过30万。

南京大屠杀纪念馆之万人坑

**徐州会战**

1937年12月至1938年5月,中国军队同日本侵略军在以徐州为中心的津浦路南北的广阔地域上展开的一场会战。

日军占领南京后,为打通津浦路,连结南北战场,并进而切断陇海路,威胁平汉路,进窥武汉,决定进行以夺取徐州为主要目标的作战。中国军事当局采用利用优势兵力进行运动战,各个击破分进运动之敌的作战方针,由第五战区司令长官李宗仁驻徐州指挥。

1938年3月12日敌军一部进犯临沂,协助津浦路北段正面进攻的日军夺取徐州。14日至18日,临沂我军与敌激战,歼敌一部,残敌退却。津浦路日军于14日向滕县进攻,守军与敌激战,伤亡惨重,第一二二师师长王铭章等牺牲。18日滕县失守,日军直逼台儿庄。4月6日,中国方面调集大量兵力,实行全线反攻。当受包围的日军撤退时,我军又乘胜追击。此役共歼敌万余人,取得重大胜利。之后,日军决定继续集中兵力进行徐州方面的作战。日军调华北方面军的四个师团攻击徐州附近的中国军队,调华中派遣军的两个师团策应华北方面军作战。5月中旬,日军从南北两方形成了对徐州的包围。由于双方装备对比悬殊及作战条件的不利,为保存实力,蒋介石下令作战部队突围撤退。19日徐州失陷。徐州会战,是抗战以来历时最长的一次会战,历时五个多月。中国军队浴血奋战，付出了重大代价，为部署下一阶段的武汉会战赢得了充足的时间。

中国军队在台儿庄战斗中，击败了日军两个精锐师团，震惊中外，这对于全国人民的抗战是个极大的鼓舞。

## 武汉会战

中国军队在华中保卫武汉抗击日军的一次战役。当时国民政府迁到重庆，军事委员会迁至武汉。武汉实际上成了中国的军事、政治与经济之中心，是中国政府继续抗战的核心基地。在徐州会战时，日军即决定以"速战速决"的方针攻占武汉，击破中国军队在华中的主力，逼迫中国政府屈服。中国方面也制定了保卫武汉的作战方针。1938 年 6 月中旬，日军开始进攻武汉的准备作战，先后攻占安庆、潜山和马当要塞。7 月，又攻陷湖口、九江，取得了从江南进攻武汉的据点。此后，即开始进行攻占武汉的外围战。在江南战场，敌占九江后，即分兵向南浔铁路和瑞武公路进攻。中国军队奋起抗击，自 8 月至 10 月下旬，先后在庐山两侧及南浔路、瑞昌、德安等处与敌激战。10 月 28 日德安失陷。进攻南浔路之敌受挫

武汉会战

后，于 9 月增调两个师团，在海、空军配合下沿长江西犯。我军在瑞昌至阳新一线与敌军展开激烈战斗。敌军先后攻占阳新、大冶、黄石、鄂城等地，进逼武昌。在江北战场，7 月下旬，日军相继攻陷黄梅、宿松和田家镇，并继续西犯，进抵黄陂，威胁武汉侧背。江北的另一路日军于 9 月攻占了固始、商城、罗山等地。10 月再陷信阳、麻城。这时武汉已陷于日军三面包围之中。25 日至 27 日，汉口、武昌、汉阳相继失陷。

武汉会战历时四个多月，战场在武汉外围沿长江南北两岸展开，遍及安徽、河南、江西、湖北四省广大地区，是抗战以来战线最长的一次会战。会战最后以中国军队失利而结束，但它消耗了日军巨大的有生力量，赢得了四个多月的时间。日军虽占领了武汉，但速战速决，迫使中国屈服的目的并未达到。日军的战略进攻至此已达顶点。武汉失守，中国军民抗战进入更艰苦的战略相持阶段。

## 日本侵华新方针

开战一年来，中国人民英勇抗战，共产党领导的八路军、新四军深入敌后开展游击战争，建立了广大的抗日根据地。国民党政府仍保有西南、西北广大地区，拥有很大兵力与日军对抗。随着战区的扩大、战线的延长，日军兵力分散，兵源不足，庞大的军费开支难以承受，国内人民的厌战情绪不断增长。在这种形势下，1938 年 10 月 25 日军占领武汉、广州后，被迫停止战略进攻，使战争进入敌我双方战略相持阶段。1938 年 11 月 3 日，日本政府发表《第二次近卫声明》，表示"如果国民政府抛弃以前的一贯政策，更换人事组

织，取得新生的成果，参加新秩序的建设，我方并不予以拒绝"。明确修改了《第一次近卫声明》中提出的"不以国民政府为对手"的立场，暗示只要它降日反共，就可根据一定条件进行谈判。12月22日，日本政府发表《第三次近卫声明》，具体提出了对国民党政府的招降条件。上述两个声明，日本仍要求国民党政府"更换人事组织"，坚持把蒋介石下野作为"议和"先决条件。1939年2月，华北日军特务机关长喜多诚一所拟的"和平计划"中，改变了这个政策，公开声言"尊崇蒋介石上将的地位而给予崇高位置"。3月，日本新任首相平沼在国会演说中，正式提出"蒋介石将军与其领导之政府，假使能重新考虑其反日态度，与日本共同合作，谋东亚新秩序之建立，则日本准备与之作中止敌对行为之谈判"。这样日本在占领武汉后，就从否认国民党政府改为承认国民党政府，从反蒋变为拉蒋。由此可见，抗日战争进入相持阶段后，日本帝国主义采取了新的侵华方针，把以前对国民党政府实行的以军事进攻为主、政治诱降为辅的方针，改为以政治诱降为主、军事进攻为辅的方针，加紧分化抗日民族统一战线，引诱国民党政府投降，集中兵力进攻共产党领导的抗日根据地。

### 皖南事变

第一次反共高潮被打退以后，国民党顽固派并未放弃其反共政策。1940年7月，国民党向共产党提出一个"中央提示案"，中心内容是削减八路军、新四军的力量，限制作战地点。共产党拒绝了这一无理要求。10月19日，蒋介石指使国民党正、副参谋长何应

皖南事变中被围攻的新四军

钦、白崇禧向朱德、彭德怀、叶挺、项英发出"皓电"，强令在大江南北抗战的八路军、新四军开赴黄河以北。11月9日，朱彭叶项发出致何白的"佳电"，驳斥"皓电"，拒绝华中部队北移的要求，但为顾全大局，有利抗战，同意江南部队可以北移。12月7日，蒋介石将《黄河以南剿灭共军作战计划》下达执行。1941年1月4日，新四军皖南部队九千余人奉命北移，由安徽泾县云岭出发，6日抵达茂林地区时遭到国民党军队阻击。军长叶挺前去谈判被扣。全军苦战七昼夜，除约两千人突围外，大部分以身殉国。1月17日，蒋介石通

令宣布新四军为"叛军",取消新四军番号。这就是"皖南事变"。

### 百团大战

抗日战争时期八路军在华北地区向日本侵略军发动的大规模进攻战役。1940年8月,为了粉碎日军对华北抗日根据地的进攻,打破其"囚笼政策",并影响全国战局,克服投降危险,争取全国抗战形势好转,八路军总部决定向华北日军占领的交通线和据点发动大规模的破袭战。参战兵力105个团,约40万人,由八路军副总司令彭德怀直接指挥。

战役分为三个阶段。战役第一阶段(1940年8月20日至9月10日),是交通破击战,重点摧毁正太铁路。各部对路轨、车站、桥梁、隧道、通信设施实施全面破击,使日军在华北的主要交通线陷入瘫痪。

战役第二阶段(9月20日至10月5日),是扩大第一阶段战果,重点攻占交通线两侧和深入根据地内的日军据点。

战役第三阶段(10月6日至翌年1月下旬),中心任务是反击日军大规模报复"扫荡"。

历时4个多月的百团大战,八路军在地方武装和广大人民群众的紧密配合下,共作战1824次,毙伤日军2万余人、伪军5000余人,俘日军280余人、伪军1.8万余人,拔除据点2900多个,破坏铁路470余公里、公路1500余公里,缴获各种炮50余门、各种枪5800余支(挺)。八路军也付出了伤亡1.7万余人的代价。日军在遭受打击后惊呼"对华北应有再认识",并从华中正面战场抽调2个师团加强华北方面军,对华北各抗日根据地进行更大规模的报复作战。

百团大战,是抗日战争中八路军在华北地区发动的一次规模最大、持续时间最长的带战略性的进攻战役。在这次战役中,中国共产党领导的华北敌后抗日军民,齐心协力,前仆后继,同日本侵略者浴血奋战,充分表现了中华民族不屈不挠的战斗精神。

### 中国远征军

抗日战争时期,中国派往缅甸支援英军打击日本侵略者的作战部队。太平洋战争爆发后,英国要求中国派兵入缅作战。为协助盟国作战并保卫中国接受美援的唯一通道滇缅公路,中国军队于1942年2月以第五军、第六军、暂编第六十六军编组成远征军,先后入缅作战。同年3月,第五军在同古与日军激战十多天,给敌人以重大杀伤,因联络和给养被切断,于月底向北撤退。4月,暂编六十六军克复仁安羌,解救被困英军七千余人。同月,第六军先后在棠吉、腊戍等地与日军激战,由于英军不予配合,远征军作战失利。5月中旬,远征军陆续退出缅甸,大部撤回滇西,另一部撤往印度。退往印度的远征军,加上后来从国内运去的部队,编为中国驻印军。退回滇西的远征军及新增加的部队,于1943年4月重建中国远征军司令长官部,陈诚为司令长官,黄琪翔为副司令长官,下辖宋希濂的第十一集团军和霍揆彰的第二十集团军共七个军的兵力。1943年冬,陈诚生病,以卫立煌继任司令长官。滇西远征军为策应驻印军在缅北作战,于1944年5月西渡怒江向日军反攻。1945年1月27日,远征军和驻印军在芒友会师,打通了中印公路。不久,中国驻印军被调回国。

### 三三制

抗日战争时期,中国共产党在抗日根据地政权建设上所实行的政策。1940 年 3 月,中共中央发出了关于《抗日根据地的政权问题》的指示,规定了抗日民主政权中人员分配的原则,即在参议会和政府里,代表工人和贫农的共产党员,代表小资产阶级的进步分子,代表民族资产阶级和开明绅士的中间分子,各占三分之一的名额。人们将此原则习称为"三三制"。

"三三制"的实行,进一步巩固和发展了抗日民族统一战线,对克服困难坚持抗战起了重要作用。

### 豫湘桂战役

1944 年日本发动的打通中国大陆交通线的战役。

从 1943 年开始,日本在太平洋和缅甸战场接连失败。在中国战场,各抗日根据地从 1944 年春起开始局部反攻,日军的占领区逐渐缩小。这就使侵华日军在内外两方面都出现严重危机。为挽救危局,援救南洋孤立的日军,摧毁美国在华空军基础,1944 年 4 月至 12 月,日军发动了旨在打通平汉、粤汉铁路的豫湘桂战役。

在整个豫湘桂战役中,国民党军损失兵力五六十万,丢失了包括 146 个城市在内的 20 万平方公里国土,丧失了衡阳、零陵、宝庆、佳林、柳州、丹竹、南宁等 7 个空军基地和 36 个飞机场,使 6000 万同胞沦于日帝铁蹄之下。此战役充分暴露了国民党统治的日益腐朽,引起了人民的强烈不满。

### 中国共产党第七次全国代表大会

民主革命时期中国共产党召开的规模最大的一次全国代表大会。1945 年 4 月 23 日至 6 月 11 日在延安举行。出席会议的正式代表 547 人,候补代表 208 人,代表全国 121 万党员。

大会的中心任务是动员和领导全国人民,彻底打败日本侵略者,建设独立、自由、民主、统一、富强的新中国。大会的主要议程有:毛泽东作《论联合政府》的政治报告,朱德作《论解放区战场》的军事报告,刘少奇作《关于修改党章的报告》,以及选举第七届中央委员会。周恩来在会上做了《论统一战线》的重要发言。

在军事方面,大会要求八路军和新四军逐步实现从抗日游击战争到正规战争的战略转变,以迎接抗日反攻阶段的到来,争取抗日战争的最后胜利。

中共"七大"是一次团结的大会,胜利的大会,它为中国共产党夺取抗日战争的最后胜利和后来人民民主革命在全国的彻底胜利奠定了基础。

### 日本宣布无条件投降

1945 年 7 月 26 日,中、英、美三国发表波茨坦公告,促使日本立即无条件投降。8 月 6 日,美国在日本广岛投掷第一枚原子弹,并声明,使用原子弹是为了迫使日本无条件投降,迅速结束第二次世界大战。8 月 8 日,苏联对日宣战,并宣布参加《波茨坦公告》。翌

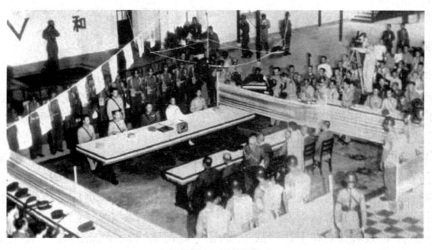

日本向中国投降签字仪式

日,毛泽东发表《对日寇的最后一战》,并率领中国共产党领导的八路军、新四军及其他人民武装向日本侵略军发动全面大反攻。与此同时,苏联红军进入中国东北,对日军发动猛攻;美国则在日本长崎投下第二枚原子弹;朝鲜人民解放军和越南解放军也转入了总反攻。在这种形势下,8 月 10 日,日本御前会议决定接受《波茨坦公告》。同日,日本政府通过瑞士和瑞典两个中立国向中美英苏四国发出"乞降照会"。8 月 14 日,日本天皇决定接受《波茨坦公告》,无条件投降。次日,裕仁以广播《停战诏书》形式正式宣布无条件投降。

9 月 9 日,国民党政府在南京举行了受降仪式。10 月 25 日,在台北举行对台湾日军受降仪式,台湾重归祖国。至此,中国抗日战争胜利结束,反法西斯的第二次世界大战也同时宣告结束。

## 解放战争

### 双十协定

即《政府与中共代表会谈纪要》。1945 年 8 月 29 日至 10 月 10 日,以毛泽东为首的中国共产党代表团与国民党政府代表在重庆举行谈判,经过 43 天的谈判,于 10 月 10 日签署《政府与中共代表会谈纪要》,即《双十协定》。该会谈纪要列入关于和平建国的基

重庆谈判时毛泽东与蒋介石合影

本方针、政治民主化、国民大会、人民自由等 12 个问题。这 12 个问题中仅少数几条达成协议,在军队、解放区政权两个根本问题上没有达成协议。《双十协定》公布不久,又被蒋介石公开撕毁。尽管如此,但《双十协定》的签订是有其意义的,教育了广大人民,特别是中间势力,使中国共产党的主张得到了国内外舆论的广泛同情和支持,使国民党当局陷

入被动。

### 停战协定

1945 年《双十协定》签订后,在国内外要求停止内战的呼吁下,1946 年初,国民党政府表示同意中共代表团 1945 年 12 月 27 日关于无条件停止内战的提议,派出代表张群、邵力子、王世杰与中共代表周恩来、董必武、王若飞、叶剑英在重庆进行商谈。1 月 5 日,双方达成《关于停止国内军事冲突的协议》。1 月 10 日,由张群、周恩来签署了《关于停止国内冲突的命令和声明》。宣布:一切战斗行动立刻停止;所有中国境内军事调动一律停止,所有阻碍该项交通线之障碍物,应即拆除;为实行停战协定,应即在北平设一军事调处执行部,该执行部由国民党、共产党、美国政府三方面代表组成。与此同时,由蒋介石、毛泽东分别向所属部队颁发了定于 1 月 13 日午夜 12 时起生效的停战令。中共履行了这一协定,但是蒋介石在下达停战令前,密令其部队"抢占战略要点"。随后又不断进犯解放区,并于 1946 年 6 月 26 日发动了全面内战,完全撕毁了《停战协定》。

### 练兵、减租和生产运动

中共中央指示各解放区 1946 年工作的重要内容。1945 年 11 月 7 日,毛泽东为中共中央起草了对党内的指示《减租和生产是保卫解放区的两件大事》,指出"国民党在美国援助下,动员一切力量进攻我解放区。全国规模的内战已经存在。我党当前任务,是动员一切力量,站在自卫立场上,粉碎国民党的进攻,保卫解放区,争取和平局面的出现。""只有减租和生产两件大事办好了,才能克服困难,援助战争,取得胜利。"12 月 15 日,毛泽东在《一九四六年解放区工作的方针》中提出"练兵""减租""生产"是 1946 年解放区 10 项工作中的三项重要工作。练兵的项目,以提高射击、刺杀投弹等项技术程度为主,提高战术程度为辅,特别着重于练习夜战。练兵的方法,是开展官教兵、兵教官、兵教兵的群众练兵运动。减租,即要求在所有新解放区,发动大规模的、群众性的、有领导的减租减息运动,以提高广大农民的觉悟,并组织起来,成为解放区的主人翁。在老解放区,则要求复查减租减息的工作,进一步巩固者解放区。生产,即要求各地抓紧时机,使 1946 年全解放区的公私生产超过以前任何一年的规模和成绩。指示要求认真抓好练兵、减租和生产运动,以巩固解放区,提高部队的战斗力。

### 中原突围

1946 年 6 月,国民党反动派撕毁《停战协定》和政协决议,调集 10 个师约 30 万人部队,由郑州绥靖公署主任刘峙统一指挥,于 6 月 26 日,以大举围攻中原解放区为起点,发动对解放区的全面进攻,全面内战由此爆发。

人民解放军中原军区部队遵照中共中央"中原突围,愈快愈好""生存第一,胜利第一"的指示,为保存力量,争取主动,除由皮定均率领一部向东突围、由张才千率领一部坚持原地游击战争外,主力部队于 26 日黄昏,越过平汉路向西突围。向西突围的部队分两路:右路李先念、郑位三、王震率领,7 月下旬,突进到豫西、陕南、鄂西北地区,创建了鄂豫陕边游击根据地,其中的第 359 旅稍事休整后,由王震率领于 8 月底进入陕甘宁边区;左路由王树声率领，8月，进入武当山，创建了鄂西游击根据地。向东突围的部队，由皮定均率领，于7月下旬到达苏皖解放区。这次战役，歼敌5千余人，胜利地完成了战略转移，牵制了国民党军30多个师（旅）的兵力，从战略上配合了其他解放区的行动，为部署战略全局争取了时间，起了扭转局面的重要作用，保存了精锐主力和大批优秀干部。

王震

### 反饥饿、反内战、反迫害运动

1947年随着人民解放战争的胜利进展，国统区人民反对美蒋反动派的斗争日益高涨。在中国共产党的领导下，1947年5月初，上海学生举行示威游行，提出了"要饭吃，要和平，要自由；反饥饿，反内战，反迫害"的口号。运动迅速扩大到全国各地。5月15日，全国学联在上海成立，各地也组织了区域性的学联，统一领导学生运动。5月18日，国民党为了对付学生的爱国运动，颁布了《维持社会秩序临时办法》，严禁10人以上请愿、罢工、罢课、游行示威，并授权各地政府对民主运动采取镇压措施。5月20日上午，南京、上海、杭州等地16所专科以上学校学生6千多人，在南京举行"挽救教育危机联合大游行"，提出增加伙食费和全国教育经费等5项要求，当游行队伍行到珠江路口时，遭到国民党宪警特务的殴打，遭毒打者500余人，重伤10多人，被捕20余人。这就是国民党政府一手制造的发生在南京的"五·二〇"惨案。同日，北平、天津游行示威的学生也遭到国民党特务的殴打和逮捕。"五·二〇"惨案发生后，学生运动迅速波及全国，除上述城市外，昆明、广州、重庆、成都、桂林、福州、沈阳、西安等60多个大、中城市的学生纷纷罢课游行，坚持将近一个月的斗争，形成了反对国民党统治的第二条战线，有力地配合了第一条战线人民解放军的作战。

### 进军大别山

1947年6月30日，刘伯承、邓小平率晋冀鲁豫野战军主力4个纵队13万人，在鲁西南地区强渡黄河，揭开了人民解放军战略进攻的序幕。接着，胜利地进行了鲁西南战役，歼敌9个半旅共6万余人，打开了人民解放军战略进攻的南大门，为千里跃进大别山创造了前进基地。8月7日，部队分为西、中、东三路南进。在20多天中，连续突破敌人防线，越过陇海路，涉过黄泛区，渡过沙河、涡河、颍河、洪河、汝河、淮河。8月底，进抵大别山地区，迅速实施战略展开。又经一个多月的作战，歼灭国民党军6千余人，解放县城23座，建立17个县级民主政权。10月27日，主力一部又在湖北广济以西地区，歼灭国民党军1.2万人。

至此，在大别山区完成了战略展开，并初步站住了脚，开辟了大别山根据地。与此同时，陈赓、谢富治率部挺进豫西、陕南；陈毅、粟裕率部进至豫皖苏地区。三支大军依托三山（大别山、泰山、伏牛山）四水（长江、淮河、黄河、汉水），在中原地区布成品字阵势，直接威胁到国民党统治的中心地区,迫使国民党军转入战略防御。

### 辽沈战役

1948 年 9 月 12 日~11 月 2 日进行的。解放战争进入第三年后,战略决战的条件已经成熟。中共中央政治局 9 月会议决定:"人民解放军第三年仍然全部在长江以北和华北、东北作战"。这时国民党在东北全区的总兵力为 4 个兵团、44 个师,加上地方保安团队共约 55 万人;东北人民解放军有 12 个纵队,53 个师,加上二线兵团和地方武装共约 100 万人。东北国民党军部署在长春、沈阳、锦州等几个城市,孤立分散。作战指导上,处于犹豫动摇,或撤或守,举棋不定。1948 年秋,东北野战军遵照中共中央军委和毛泽东的指示,采取封闭国民党军在东北加以各个歼灭的方针,以主力南下北宁线,首先攻克锦州,争取将卫立煌集团就地歼灭。

辽沈战役

辽沈战役分三个阶段进行。

第一阶段:攻克锦州,解放长春(9 月 12 日~10 月 19 日)。

第二阶段:会战辽西,围歼廖耀湘兵团(10 月 20 日~28 日)。

第三阶段:攻占沈阳,解放东北全境(10 月 29 日~11 月 2 日)。廖耀湘兵团被歼后,卫立煌见大势已去,将沈阳国民党军交由第八兵团司令周福成指挥,自己坐飞机南逃。东北人民解放军迅速攻占新民、辽阳、鞍山、海城等地。11 月 1 日,向沈阳守敌发起总攻,周福成投降。2 日,沈阳解放,全歼守军 13 万余人。同日,解放营口。辽沈战役结束。

整个战役历时 52 天,歼敌 47 万余人,东北人民解放军伤亡 6.9 万人,解放了东北全境。这一胜利,使人民解放军获得了巩固的战略后方,从根本上改变了国共双方总兵力的对比,并为解放平津和华北准备了条件。

### 淮海战役

淮海战役是以徐州为中心,在东起海州,西至商丘,北起临城(薛城),南达淮河广大区域内进行的。国民党军由徐州"剿共"总司令刘峙、副总司令杜聿明指挥,共有4个兵团3个绥靖区部队,连同后来由华中增援淮海战场的黄维兵团等部共为80万人。解放军方面,华东野战军16个纵队,中原野战军7个纵队,加上地方武装共约60万人。11月16日,中央军委决定:由刘伯承、邓小平、陈毅、粟裕、谭震林组成总前委,以刘、邓、陈为常委,邓为书记,统筹淮海前线的一切事宜。

淮海战役

淮海战役分三个阶段进行。

第一阶段:中间突破,歼灭黄百韬兵团,切断徐蚌线(1948年11月6日~11月22日)。11月6日,战役发起。

第二阶段:歼灭黄维兵团,合围杜聿明集团(11月23日~12月15日)。

第三阶段:进行战场休整,全歼杜聿明集团(1948年12月16日~1949年1月10日)。此时平津战役已发起半个月,中共中央军委指示淮海战役总前委,对杜聿明集团暂不攻击,两周内不做最后歼灭部署,部队进行战场休整。发出《敦促杜聿明等投降书》,对敌军展开政治攻势。在20天休整中,被围的国民党军向解放军投诚者达1.4万余人。1949年1月6日,华野发起总攻,经5天激战,将敌全歼。击毙邱清泉,活捉杜聿明,李弥只身逃走。此役,历时65天,歼敌55.5万人,人民解放军伤亡13.3万人。这是人民解放战争中规模最大、时间最长、歼敌最多的一个战役。

淮海战役的胜利,使国民党在华东、中原战场上的主力丧失殆尽,其统治中心南京、上海地区,直接暴露在人民解放军的攻击矛头之下,为以后渡江作战创造了极为有利的条件。

### 平津战役

1948年11月29日~1949年1月31日进行的。

国民党方面:由华北"剿总"总司令傅作义指挥的4个兵团、12个军,共50多万人,部署在以平、津为中心的东起唐山、西至张家口的千里铁路线上。

解放军方面:由东北野战军和华北野战军两大野战部队协同作战,加上地方武装共100万人。

中共中央决定由林彪、罗荣桓、聂荣臻组成总前委,林彪为书记,统一领导平津地区一切事宜。人民解放军在战略上处于主动地位,兵力对比上居于优势。

平津战役全过程分三个阶段进行。

第一阶段:分割包围,断敌逃路(1948年11月29日~12月21日)。

第二阶段:打掉两头,孤立中间(1948年12月22日~1949年1月15日)。

第三阶段:傅部接受改编,北平和平解放(1949年1月16日~1月31日)。中共中央为保护古都北平,力争通过谈判实现和平接管。同时,又要求部队不放松强攻的准备。傅作义从1948年12月下旬开始与解放军正式谈判。经过双方多次谈判,以及中共北平地下党组织和爱国民主人士的配合工作,于 1 月 20 日达成了和平解放北平的协议。傅作义率部接受和平改编,并将所辖 8 个军 25 个师全部开出城外,听候改编。1 月 31 日,人民解放军入城,北平宣告和平解放。

平津战役中人民解放军伤亡 3.9 万人,取得了歼灭和改编国民党军 52 万人的伟大胜利,实现了就地解决傅作义集团的目标,基本上解放了华北全境,为其后人民解放军向全国进军创造了极有利的条件。

### 中共中央七届二中全会

1949 年 3 月 5 日~13 日在河北省平山县西柏坡村举行。毛泽东主持了会议并做了报告。报告着重阐述了关于彻底消灭国民党反动军队的方式,夺取民主革命在全国的胜利问题;说明了在全国胜利的局面下,党的工作重心必须由乡村转移到城市,并由城市领导乡村的问题;指出了革命在全国胜利和解决土地问题之后,中国还存在着国内与帝国主义国家的矛盾,国内工人阶级和资产阶级的矛盾两种基本矛盾,着重规定了中国由农业国转变为工业国、由新民主主义社会转变为社会主义社会的总任务和主要途径;阐明了民主革命在全国胜利以后阶级关系的变化和阶级斗争的特点问题,告诫全党同志,资产阶级的"糖衣炮弹"将成为无产阶级的主要危险。号召全党必须警惕党内的骄傲自满情绪,必须警惕资产阶级"糖衣炮弹"的攻击,要继续保持谦虚、谨慎、不骄、不躁的作风,继续保持艰苦奋斗的作风。

中共七届二中全会为夺取全国胜利和建设新中国作了政治上、思想上的准备,解决了新民主主义革命转变到社会主义革命的重大理论和政策问题。

### 渡江战役

大战役后,国民党政府为了阻止人民解放军渡江,决定把长江防线分为两大战区:从湖北宜昌至江西湖口由白崇禧指挥,其兵力有 40 个师 25 万人;湖口以东至上海由汤恩伯指挥,其兵力有 75 个师 45 万人,并配有 170 艘舰艇和 230 余架飞机,协助防守长江下游。人民解放军按照中共中央、中央军委的统一部署,在中国共产党代表团与南京国民党政府代表团进行和平谈判的同时,也做好了渡江准备。由刘伯承、邓小平、陈毅、粟裕、谭震林组成的总前委,根据中央指示的精神,针对国

解放南京

民党军的江防情况,于 3 月 31 日制定了《京沪杭战役实施纲要》。

整个渡江战役分三个阶段进行。

第一阶段:4 月 20 日~23 日,突破江防,解放南京。

第二阶段:4 月 24 日~5 月 13 日,追歼逃敌,前出浙赣线。

第三阶段:5 月 14 日~6 月 1 日,解放武汉,占领上海。5 月 14 日,四野第 12 兵团 2 个军从汉口以东之黄冈、蕲春地段发起强渡,于 16 日、17 日先后解放武昌、汉口、汉阳,守军弃城南逃。5 月 12 日,三野发起上海战役,激战至 27 日,解放全国最大的城市上海,歼敌 15 万余人。在此期间,解放军还解放了南昌、温州、宁波等地。6 月 1 日,解放了崇明岛。

至此,渡江战役胜利结束。此役,历时 42 天,共歼灭国民党军 46 个师计 43 万余人,解放了国民党的统治中心南京、上海、武汉、南昌、杭州等大城市,以及苏南、皖南、浙江全省、闽北、赣东北、鄂东南等广大地区,为尔后解放华南,进军西南地区创造了有利条件。

# 中华人民共和国成立

### 中国人民政治协商会议

1948 年 4 月 30 日,中国共产党在发布的《纪念五一劳动节口号》中,正式向全国人民提议召开新的政治协商会议,讨论成立民主联合政府。这一号召,得到了各民主党派、各人民团体、各社会贤达的积极响应,也获得了中间阶层的热烈拥护。5 月 5 日,各民主党派领导人和著名民主人士沈钧儒、李济深、马叙伦等人,响应中共关于召开新政协的号召,通电国内外,号召国人共策进行。8 月起,各民主党派和无党派民主人士陆续进入解放区,同中共一起进行新政协的筹备工作。1949 年 6 月 15 日至 19 日,在北平中南海勤政殿由毛泽东主持召开了新政协筹备会第一次全体会议。之所以称作"新政协",是要区别于 1946 年 1 月在重庆召开的政协会议。会议通过了《新政治协商会议筹备会组织条例》《关于参加新政治协商会议的单位及其代表名额的规定》,选出毛泽东、周恩来、李济深等 21 人组成筹备会常委会,负责办理经常工作。常委会推定毛泽东为主任,周恩来、李济深、沈钧儒、郭沫若、陈叔通为副主任,李维汉为秘书长。经过 3 个月的筹备,筹备会于 1949 年 9 月 17 日召开了第二次全体会议。

### 中国人民政治协商会议共同纲领

1949 年 9 月 29 日在中国人民政治协商会议第一届全体会议上通过。纲领是中国人民政治协商会议筹备会决定由中国共产党负责起草的,是在中共领导下,各民主党派、各人民团体和各族各界人民代表共同制定的建国纲领,是全国人民在一定时期内共同的奋斗目标和统一行动的政治基础。《共同纲领》是一个极其重要的历史文献,在 1954 年 9 月《中华人民共和国宪法》颁布前起了临时宪法的作用。

### 中华人民共和国成立

1949 年 9 月 21 日,中国人民政治协商会议在北平开幕,毛泽东致开幕词。30 日闭幕。会议通过了《中国人民政治协商会议组织法》《中国人民政治协商会议共同纲领》，选出了以毛泽东为主席的、由180人组成的第一届中国人民政治协商会议全国委员会，选举了由63人组成的中央人民政府委员会，毛泽东为中央人民政府主席，朱德、刘少奇、宋庆龄、李济深、张澜、高岗为副主席。周恩来、陈毅、董必武、贺龙、林伯渠等为中央人民政府

开国大典

委员会委员。代表们一致通过了宣言、向人民解放军致敬电和树立人民英雄纪念碑办法及碑文。会议决定：中华人民共和国的国都定于北平，并改名为北京；采用公元纪年；以《义勇军进行曲》为国歌；国旗为五星红旗。

10月1日下午2时，中华人民共和国中央人民政府委员会第一次会议在北京举行，毛泽东主席，朱德、刘少奇、宋庆龄、李济深、张澜、高岗副主席及委员们宣布就职。委员会推选林伯渠为中央人民政府秘书长，接受《中国人民政治协商会议共同纲领》为中央人民政府的施政方针。任命周恩来为中央人民政府政务院总理兼外交部长，毛泽东为中央人民政府革命军事委员会主席，朱德为中国人民解放军总司令，沈钧儒为最高人民法院院长，罗荣桓为最高人民检察署检察长。会议向各国政府宣布：中华人民共和国中央人民政府为代表全中国人民的唯一合法政府，并愿意与遵守平等互利及互相尊重领土主权等五项原则的任何外国政府建立外交关系。下午3时，首都30万人齐集天安门广场，庆祝中华人民共和国中央人民政府成立典礼。毛泽东主席亲自升起第一面五星红旗，庄严宣告："中华人民共和国中央人民政府已经于本日成立了，"并随即宣读了《中华人民共和国中央人民政府公告》，举行了盛大的阅兵式和群众游行。

# 历史故事

## 中国古代历史故事

### 黄帝战蚩尤

大约在四千多年以前,我国黄河、长江流域一带住着许多氏族和部落。黄帝是传说中最有名的一个部落首领。

以黄帝为首领的部落,最早住在我国西北方的姬水附近,后来搬到涿鹿(今河北省涿鹿、怀来一带),开始发展畜牧业和农业,定居下来。

跟黄帝同时的另一个部落首领叫作炎帝,最早住在我国西北方姜水附近。据说跟黄帝族是近亲。炎帝族渐渐衰落,而黄帝族正在兴盛起来。

这时候,有一个九黎族的首领名叫蚩尤,十分强悍。传说蚩尤有八十一个兄弟,他们全是猛兽的身体,铜头铁额,吃的是沙石,凶猛无比。他们还制造刀戟弓弩各种各样的兵器,常常带领自己的部落,侵略别的部落。

**黄帝战蚩尤**

有一次,蚩尤侵占了炎帝的地方,炎帝起兵抵抗,但他不是蚩尤的对手,被蚩尤杀得一败涂地。炎帝没法子,逃到涿鹿请求黄帝帮助。黄帝早就想除去这个部落的祸害,就联合各部落,准备人马,在涿鹿的田野上和蚩尤展开一场大决战。

关于这次大战,有许多神话式的传说。据说黄帝平时驯养了熊、罴、貔、貅、貙、虎六种野兽,在打仗的时候,就把这些猛兽放出来助战(有人认为,传说中的六种野兽实际上是以野兽命名的六个氏族)。蚩尤的兵士虽然凶猛,但是遇到黄帝的军队,加上这一群猛虎凶兽,也抵挡不住,纷纷败逃。

黄帝带领兵士乘胜追杀,忽然天昏地黑,浓雾迷漫,狂风大作,雷电交加,使黄帝的兵士无法追赶。原来蚩尤请来了"风伯雨师"助战。黄帝也不甘示弱,请天女帮助,驱散了风雨。一刹那之间,风止雨停,晴空万里,终于把蚩尤打败了。也有一种传说,说是蚩尤用妖术制造了一场大雾,使黄帝的兵士迷失了方向。黄帝用"指南车"来指引,带领兵士,依着蚩尤逃跑的方向追击,结果把蚩尤捉住杀了。这些神话反映这场战争是非常激烈的。

各部落看到黄帝打败了蚩尤,黄帝受到了许多部落的拥护。但是,炎帝族和黄帝族也发生了冲突,双方在阪泉(今河北涿鹿县东南)地方打了一仗,炎帝失败。从此,黄帝成了中原地区的部落联盟首领。

传说中的黄帝时代,有许多发明创造,像造宫室、造车、造船、制作五色衣裳等等,这些当然不会是一个人发明的,但是后来的人都把它们记在黄帝账上了。

传说黄帝有个妻子名叫嫘祖,亲自参加劳动。本来,蚕只有野生的,人们还不知道蚕的用处,嫘祖教妇女养蚕、缫丝、织帛。打那时候起,就有了丝和帛。

黄帝还有一个史官仓颉,创制过古代文字。我们没有见到过那个时期的文字,也没法查考了。

中国古代的传说都十分推崇黄帝,后代的人都认为黄帝是华夏族的始祖,自己是黄帝的子孙。因为炎帝族和黄帝族原来是近亲,后来又融合在一起,所以我们也常常把自己称为炎黄子孙。为了纪念这位传说中的共同祖先,后代的人还在现在陕西黄陵县北面的桥山上造了一座"黄帝陵"。

## 大禹治水

尧在位的时候,黄河流域发生了很大的水灾,庄稼被淹了,房子被毁了,老百姓只好往高处搬。不少地方还有毒蛇猛兽,伤害人和牲口,叫人们过不了日子。

尧召开部落联盟会议,商量治水的问题。他征求四方部落首领的意见:派谁去治理洪水呢?首领们都推荐鲧。

鲧花了九年时间治水,没有把洪水制服。因为他只懂得水来土掩,造堤筑坝,结果洪水冲塌了堤坝,水灾反而闹得更凶了。

舜接替尧当部落联盟首领以后,亲自到治水的地方去考察。他发现鲧办事不力,就把鲧杀了,又让鲧的儿子禹去治水。

禹改变了他父亲的做法,用开渠排水、疏通河道的办法,把洪水引到大海中去。他和老百姓一起劳动,戴着箬帽,拿着锹子,带头挖土、挑土,累得磨光了小腿上的毛。

大禹治水

经过十三年的努力,终于把洪水引到大海里去,地面上又可以供人种庄稼了。

禹新婚不久,为了治水,到处奔波,多次经过自己的家门,都没有进去。有一次,他妻子涂山氏生下了儿子启,婴儿正在哇哇地哭,禹在门外经过,听见哭声,也狠下心没进去探望。

当时,黄河中游有一座大山,叫龙门山(在今山西河津市西北)。它堵塞了河水的去路,把河水挤得十分狭窄。奔腾东下的河水常常溢出河道,闹起水灾来。禹到了那里,观察好地形,带领人们开凿龙门,把这座大山凿开了一个大口子。这样,河水就畅通无阻了。

后代的人都称颂禹治水的功绩,尊称他是大禹。

## 盘庚迁都

商朝第十九个王阳甲死后,他弟弟盘庚继位。盘庚为了摆脱这种混乱局面,巩固奴隶制国家的政权,决定把国都迁到殷(今河南安阳)去。这个决定遭到了一部分大奴隶主贵族的强烈反对。因为他们拥有大量的农业奴隶、大面积土地、很多房屋,迁都必然受到巨大的损失。盘庚冲破了大奴隶主贵族的种种阻拦,最后终于迁都成功。这就是历史上常说的"盘庚迁殷"。从这以后到商朝灭亡的二百七十多年,商朝的都城一直设在殷。

## 姜太公钓鱼

太公姓姜名尚,又名吕尚,是辅佐周文王、周武王灭商的功臣。他在没有得到文王重用的时候,隐居在陕西渭水边一个地方。那里是周族领袖姬昌(即周文王)统治的地区,他希望能引起姬昌对自己的注意,建立功业。

姜太公钓鱼

太公常在番的溪旁垂钓。一般人钓鱼,都是用弯钩,上面接着有香味的饵食,然后把它沉在水里,诱骗鱼儿上钩。但太公的钓钩是直的,上面不挂鱼饵,也不沉到水里,并且离水面三尺高。他一边高高举起钓竿,一边自言自语道:"不想活的鱼儿呀,你们愿意的话,就自己上钩吧!"

一天，有个打柴的来到溪边，见太公用不放鱼饵的直钩在水面上钓鱼，便对他说："老先生，像你这样钓鱼，100年也钓不到一条鱼的！"

太公举了举钓竿，说："对你说实话吧！我不是为了钓到鱼，而是为了钓到王与侯！"

太公奇特的钓鱼方法，终于传到了姬昌那里。姬昌知道后，派一名士兵去叫他来。但太公并不理睬这个士兵，只顾自己钓鱼，并自言自语道："钓啊，钓啊，鱼儿不上钩，虾儿来胡闹！"

姬昌听了士兵的禀报后，改派一名官员去请太公来。可是太公依然不搭理，边钓边说："钓啊，钓啊，大鱼不上钩，小鱼别胡闹！"

姬昌这才意识到，这个钓者必是位贤才，要亲自去请他才对。于是他吃了三天素，洗了澡换了衣服，带着厚礼，前往番溪去聘请太公。太公见他诚心诚意来聘请自己，便答应为他效力。

后来，姜尚辅佐文王，兴邦立国，还帮助文王的儿子武王姬发，灭掉了商朝，被武王封于齐地，实现了自己建功立业的愿望。

## 烽火戏诸侯

公元前781年周宣王去世，他儿子即位，就是周幽王。周幽王昏庸无道，到处寻找美女。大夫越叔带劝他多理朝政。周幽王恼羞成怒，革去了越叔带的官职，把他撵出去了。褒珦来劝周幽王，但被周幽王一怒之下关进监狱。褒珦在监狱里被关了三年。其子将美女褒姒献给周幽王，周幽王才释放褒珦。周幽王一见褒姒，喜欢得不得了。褒姒却老皱着眉头，连笑都没有笑过一回。周幽王想尽法子引她发笑，她却怎么也笑不出来。礁石父对周幽王说："从前为了防备西戎侵犯我们的京城，在翻山一带建造了二十多座烽火台。万一敌人打进来，就一连串地放起烽火来，让邻近的诸侯瞧见，好出兵来救。这时候天下太平，烽火台早没用了。不如把烽火点着，叫诸侯们上个大当。娘娘见了这些兵马一会儿跑过来，一会儿跑过去，就会笑的。您说我这个办法好不好？"

**烽火戏诸侯**

周幽王眯着眼睛，拍手称好。烽火一点起来，半夜里满天全是火光。邻近的诸侯看见了烽火，赶紧带着兵马跑到京城。听说大王在细山，又急忙赶到细山。没想到一个敌人也没看见，只听见奏乐和唱歌的声音。大家我看你，你看我，都不知道是怎么回事。周幽王叫人去对他们说："辛苦了，各位，没有敌人，你们回去吧！"诸侯们这才知道上了大王的当，十分愤怒，各自带兵回去了。褒姒瞧见这么多兵马忙来忙去，于是笑了。周幽王很高兴，赏赐了礁石父。隔了没多久，西戎真的打到京城来了。周幽王赶紧把烽火点了起来。这些诸侯上回上了当，这回又当是在开玩笑，全都不理他。烽火点着，却没有一个救兵来，京城里的兵马本来就不多，只有一个郑伯友出去抵挡了一阵。可是他的人马太少，最后给敌人围住，被乱箭射死了。周幽王和礁石父都被西戎杀了，褒姒被掳走。

## 晋文公退避三舍

晋文公即位以后，整顿内政，发展生产，把晋国治理得渐渐强盛起来。他也想能像齐桓公那样，做个中原的霸主。

**晋文公退避三舍**

这时候，正好周朝的天子周襄王派人来讨救兵。周襄王有个异母兄弟叫太叔带，联合了一些大臣，向狄国借兵，夺了王位。周襄王带着几十个随从逃到郑国。他发出命令，要求各国诸侯护送他回洛邑去。列国诸侯有派人去慰问天子的，也有送食物去的，可就是没有人愿意发兵打狄人。

有人对周襄王说："现在诸侯当中，只有秦、晋两国有力量打退狄人，别人恐怕不中用。"襄王才打发使者去请晋文公护送他回朝。

晋文公马上发兵往东打过去，把狄人打败，又杀了太叔带和他那一帮人，护送天子回到京城。

过了两年，又有宋襄公的儿子宋成公来讨救兵，说楚国派大将成得臣率领楚、陈、蔡、郑、许五国兵马攻打宋国。大臣们都说："楚国老是欺负中原诸侯，主公要扶助有困难的国家，建立霸业，这可是时候啦。"

公元前632年，晋军打下了归附楚国的两个小国——曹国和卫国，把两国国君都俘虏了。

楚成王本来并不想同晋文公交战，听到晋国出兵，立刻派人下命令叫成得臣退兵。可是成得臣以为宋国迟早可以拿下来，不肯半途而废。他派部将去对楚成王说："我虽然不敢说一定打胜仗，也要拼一个死活。"

成得臣先派人通知晋军，要他们释放卫、曹两国国君。晋文公却暗地通知这两国国君,答应恢复他们的君位,但是要他们先跟楚国断交。曹、卫两国真的按晋文公的意思办了。

成得臣本想救这两个国家,不料他们倒先来跟楚国绝交。这一来,真气得他双脚直跳。他嚷着说:"这分明是重耳这个老贼逼他们做的。"他立即下令,催动全军赶到晋军驻扎的地方去。

楚军一进军,晋文公立刻命令往后撤。晋军中有些将士想不开,说:"我们的统帅是国君,对方带兵的是臣子,哪有国君让臣子的理儿?"

狐偃解释说:"打仗先要凭个理,理直气就壮。当初楚王曾经帮助过主公,主公在楚王面前答应过:要是两国交战,晋国情愿退避三舍。今天后撤,就是为了实现这个诺言啊。要是我们对楚国失了信,那么我们就理亏了。我们退了兵,如果他们还不罢休,步步进逼,那就是他们输了理,我们再跟他们交手还不迟。"

晋军一口气后撤了九十里,到了城濮(今山东鄄城西南)才停下来,布置好了阵势。

楚国有些将军见晋军后撤,想停止进攻。可是成得臣却不答应,一步跟一步地追到城濮,跟晋军遥遥相对。

成得臣还派人向晋文公下战书,措辞十分傲慢。晋文公也派人回答说:"贵国的恩惠,我们从来都不敢忘记,所以退让到这儿。现在既然你们不肯谅解,那么只好在战场上比个高低啦。"

大战展开了。才一交手,晋国的将军用两面大旗,指挥军队向后败退。他们还在战车后面拖着伐下的树枝,战车后退时,地下扬起一阵阵的尘土,显出十分慌乱的模样。

成得臣一向骄傲自大,不把晋人放在眼里。他不顾前后地直追上去,正中了晋军的埋伏。晋军的中军精锐,猛冲过来,把成得臣的军队拦腰切断。原来假装败退的晋军又回过头来,前后夹击,把楚军杀得七零八落。

晋文公连忙下令,吩咐将士们只要把楚军赶跑就是了,不再追杀。成得臣带了败兵残将回到半路上,自己觉得没法向楚成王交代,就自杀了。

晋军占领了楚国营地,把楚军遗弃下来的粮食吃了三天,才凯旋回国。

晋国打败楚国的消息传到周都洛邑,周襄王和大臣都认为晋文公立了大功。周襄王还亲自到践土(今河南原阳西南)慰劳晋军。晋文公趁此机会,在践土给天子造了一座新宫,还约了各国诸侯开个大会,订立盟约。这样,晋文公就当上了中原的霸主。

## 墨子破云梯

在战国初年的时候,楚国的国君楚惠王想重新恢复楚国的霸权。他扩大军队,要去攻打宋国。

楚惠王重用了一个当时最有本领的工匠。他是鲁国人,名叫公输般,也就是后来人们称为鲁班的。公输般使用斧子不用说是最灵巧的了,谁要想跟他比一比使用斧子的本领,那就是不自量力。所以后来有个成语,叫作"班门弄斧"。

公输般被楚惠王请了去,当了楚国的大夫。他替楚王设计了一种攻城的工具,比楼车还要高,看起来简直是高得可以碰到云端似的,所以叫作云梯。

楚惠王一面叫公输般赶紧制造云梯,一面准备向宋国进攻。楚国制造云梯的消息一传扬出去,列国诸侯都有点担心。

楚国想进攻宋国的事,也引起了一些人的反对。反对得最厉害的是墨子。

墨子,名翟,是墨家学派的创始人,他反对铺张浪费,主张节约;他要他的门徒穿短衣草鞋,参加劳动,以吃苦为高尚的事。

墨子还反对那种为了争城夺地而使百姓遭到灾难的混战。这回他听到楚国要利用云梯去侵略宋国,就急急忙忙地亲自跑到楚国去,跑得脚底起了泡,出了血,他就把自己的衣服撕下一块裹着脚走。

这样奔走了十天十夜,到了楚国的都城郢都。他先去见公输般,劝他不要帮助楚惠王攻打宋国。

公输般说:"不行呀,我已经答应楚王了。"

墨子就要求公输般带他去见楚惠王,公输般答应了。在楚惠王面前,墨子很诚恳地说:"楚国土地很大,方圆五千里,地大物博;宋国土地不过五百里,土地并不好,物产也不丰富。大王为什么有了华贵的车马,还要去偷人家的破车呢?为什么要扔了自己绣花绸袍,去偷人家一件旧短褂子呢?"

楚惠王虽然觉得墨子说得有道理,但是不肯放弃攻宋国的打算。公输般也认为用云梯攻城很有把握。

墨子直截了当地说:"你能攻,我能守,你也占不了便宜。"

他解下了身上系着的皮带,在地下围着当作城墙,再拿几块小木板当作攻城的工具,叫公输般来演习一下,比一比本领。

公输般采用一种方法攻城,墨子就用一种方法守城。一个用云梯攻城,一个就用火箭烧云梯;一个用撞车撞城门,一个就用滚木擂石砸撞车;一个用地道,一个用烟熏。

公输般用了九套攻法,把攻城的方法都使完了,可是墨子还有好些守城的高招没有使出来。

公输般呆住了,但是心里还不服,说:"我想出了办法来对付你,不过现在不说。"

墨子微微一笑说:"我知道你想怎样来对付我,不过我也不说。"

楚惠王听两人说话像打哑谜一样,弄得莫名其妙,问墨子说:"你们究竟在说什么?"

墨子说:"公输般的意思很清楚,不过是想把我杀掉,以为杀了我,宋国就没有人帮助他们守城了。其实他打错了主意。我来到楚国之前,早已派了禽滑釐等三百个徒弟守住宋城,他们每一个人都学会了我的守城办法。即使把我杀了,楚国也是占不到便宜的。"

楚惠王听了墨子一番话,又亲自看到墨子守城的本领,知道要打胜宋国没有希望,只好说:"先生的话说得对,我决定不进攻宋国了。"

这样,一场战争就被墨子阻止了。

## 毛遂自荐

秦国大军攻打赵都邯郸,赵国虽然竭力抵抗,但因为在长平遭到惨败后,力量不足。赵孝成王要平原君赵胜想办法向楚国求救。平原君是赵国的相国,又是赵王的叔叔。他决心亲自上楚国去跟楚王谈判联合抗秦的事。

平原君打算带二十名文武全才的人跟他一起去楚国。他手下有三千个门客，可是真要找文武双全的人才，却并不容易。挑来挑去，只挑中十九个人，其余都看不中了。

毛遂自荐

他正在着急的时候，有个坐在末位的门客站了起来，自我推荐说："我能不能来凑个数呢？"

平原君有点惊异，说："您叫什么名字？到我门下来有多少日子了？"

那个门客说："我叫毛遂，到这儿已经三年了。"

平原君摇摇头，说："有才能的人活在世上，就像一把锥子放在口袋里，它的尖儿很快就冒出来了。可是您来到这儿三年，我没有听说您有什么才能啊。"

毛遂说："这是因为我到今天才叫您看到这把锥子。要是您早点把它放在袋里，它早就戳出来了，难道光露出个尖儿就算了吗？"

旁边十九个门客认为毛遂在说大话，都带着轻蔑的眼光笑他。可平原君倒赏识毛遂的胆量和口才，就决定让毛遂凑上二十人的数，当天辞别赵王，上楚国去了。

平原君跟楚考烈王在朝堂上谈判合纵抗秦的事。毛遂和其他十九个门客都在台阶下等着。从早晨谈起，一直谈到中午，平原君为了说服楚王，把嘴唇皮都说干了，可是楚王说什么也不同意出兵抗秦。

台阶下的门客等得实在不耐烦，可是谁也不知道该怎么办。有人想起毛遂在赵国说的一番豪言壮语，就悄悄地对他说："毛先生，看你的啦！"

毛遂不慌不忙，拿着宝剑，上了台阶，高声嚷着说："合纵不合纵，三言两语就可以解决了。怎么从早晨说到现在，还没说停当呢？"

楚王很不高兴，问平原君："这是什么人？"

平原君说："是我的门客毛遂。"

楚王一听是个门客，更加生气，骂毛遂说："我跟你主人商量国家大事，轮到你来多嘴，还不赶快下去！"

毛遂按着宝剑跨前一步，说："你用不到仗势欺人，我主人在这里，你破口骂人算什么？"

楚王看他身边带着剑，又听他说话那股狠劲儿，就换了和气的脸色对他说："那您有什么高见，请说吧。"

毛遂说："楚国有五千多里土地，一百万兵士，原来是个称霸的大国。没有想到秦国一兴起，楚国连连打败仗，甚至堂堂的国君也当了秦国的俘虏，死在秦国。这是楚国最大的耻辱。秦国的白起，不过是个没有什么了不起的小子，带了几万人，一战就把楚国的国都——郢都夺了去，逼得大王只好迁都。这种耻辱，就连我们赵国人也替你们害羞。想不到大王倒不想雪耻呢。老实说，今天我们主人跟大王来商量合纵抗秦，主要是为了楚国，也不是单为我们赵国啊。"

毛遂这一番话，真像一把锥子一样，一句句戳痛楚王的心。他不由得脸红了，接连说："说的是，说的是。"

毛遂紧紧跟了一句："那么合纵的事就定了吗？"

楚王说："决定了。"

毛遂回过头，叫楚王的侍从马上拿鸡、狗、马的血来。他捧着铜盘子，跪在楚王的跟前说："大王是合纵的纵约长，请您先歃血（歃血就是把牲畜的血涂在嘴上，表示诚意，是古代订立盟约的时候的一种仪式）。"

楚、赵结盟以后，楚考烈王就派春申君黄歇为大将，率领八万大军，奔赴赵国。

## 荆轲刺秦王

秦王政重用尉缭，一心想统一中原，不断向各国进攻。他拆散了燕国和赵国的联盟，使燕国丢了好几座城。

燕国的太子丹原来留在秦国当人质，他见秦王政决心兼并列国，又夺去了燕国的土地，就偷偷地逃回燕国。他恨透了秦国，一心要替燕国报仇。但他既不操练兵马，也不打算联络诸侯共同抗秦，却把燕国的命运寄托在刺客身上。他把家产全拿出来，找寻能刺杀秦王政的人。

后来，太子丹物色到了一个很有本领的勇士，名叫荆轲。他把荆轲收在门下当上宾，把自己的车马给荆轲坐，自己的饭食、衣服让荆轲一起享用。

公元前230年，秦国灭了韩国；过了两年，秦国大将王翦占领了赵国都城邯郸，一直向北进军，逼近了燕国。

荆轲刺秦王

燕太子丹十分焦急，就去找荆轲。太子丹说："拿兵力去对付秦国，简直像拿鸡蛋去砸石头；要联合各国合纵抗秦，看来也办不到了。我想，派一位勇士，打扮成使者去见秦王，挨近秦王身边，逼他退还诸侯的土地。秦王要是答应了最好，要是不答应，就把他刺死。您看行不行？"

荆轲说："行是行，但要挨近秦王身边，必定得先叫他相信我们是向他求和去的。听说秦王早想得到燕国最肥沃的土地督亢（在河北涿州市一带）。还有秦国将军樊於期，现在流亡在燕国，秦王正在悬赏通缉他。我要是能拿着樊将军的头和督亢的地图去献给秦王，他一定会接见我。"

太子丹感到为难，说："督亢的地图好办；樊将军受秦国迫害来投奔我，我怎么忍心伤害他呢？"

荆轲知道太子丹心里不忍，就私下去找樊於期，跟樊於期说："我有一个主意，能帮助燕国解除祸患，还能替将军报仇，可就是说不出口。"

樊於期连忙说："什么主意，你快说啊！"

荆轲说："我决定去行刺，怕的就是见不到秦王的面。现在秦王正在悬赏通缉你，如果我能够带着你的头颅去献给他，他准能接见我。"

樊於期说："好，你就拿去吧！"说着，就拔出宝剑，抹脖子自杀了。

太子丹事前准备了一把锋利的匕首，叫工匠用毒药煮炼过。谁只要被这把匕首刺出一滴血，就会立刻气绝身死。他把这把匕首送给荆轲，作为行刺的武器，又派了个年才十三岁的勇士秦舞阳，做荆轲的副手。

公元前 227 年，荆轲从燕国出发到咸阳去。太子丹和少数宾客穿上白衣白帽，到易水（在今河北易县）边送别。临行的时候，荆轲给大家唱了一首歌：

"风萧萧兮易水寒，壮士一去兮不复还。"

大家听了他悲壮的歌声，都伤心得流下眼泪。荆轲拉着秦舞阳跳上车，头也不回地走了。荆轲到了咸阳，秦王政一听燕国派使者把樊於期的头颅和督亢的地图都送来了，十分高兴，就命令在咸阳宫接见荆轲。

朝见的仪式开始了。荆轲捧着装了樊於期头颅的盒子，秦舞阳捧着督亢的地图，一步步走上秦国朝堂的台阶。

秦舞阳一见秦国朝堂那副威严样子，不由得害怕得发起抖来。

秦王政左右的侍卫一见，吆喝了一声，说："使者干吗变了脸色？"

荆轲回头一瞧，果然见秦舞阳的脸又青又白，就赔笑对秦王说："粗野的人，从来没见过大王的威严，免不了有点害怕，请大王原谅。"

秦王政毕竟有点怀疑，对荆轲说："叫秦舞阳把地图给你，你一个人上来吧。"

荆轲从秦舞阳手里接过地图，捧着木匣上去，献给秦王政。秦王政打开木匣，果然是樊於期的头颅。秦王政又叫荆轲拿地图来。荆轲把一卷地图慢慢打开，到地图全都打开时，荆轲预先卷在地图里的一把匕首就露出来了。

秦王政一见，惊得跳了起来。

荆轲连忙抓起匕首，左手拉住秦王政的袖子，右手把匕首向秦王政胸口直扎过去。

秦王政使劲地向后一转身，把那只袖子挣断了。他跳过旁边的屏风，刚要往外跑。荆轲拿着匕首追了上来，秦王政一见跑不了，就绕着朝堂上的大铜柱子跑。荆轲紧紧地逼着。

旁边虽然有许多官员，但是都手无寸铁；台阶下的武士，按秦国的规矩，没有秦王命令是不准上殿的，大家都急得六神无主，也没有人召台下的武士。

官员中有个伺候秦王政的医生，急中生智，拿起手里的药袋对准荆轲扔了过去。荆轲用手一扬，那只药袋就飞到一边去了。

就在这一眨眼的工夫，秦王政往前一步，拔出宝剑，砍断了荆轲的左腿。

荆轲站立不住，倒在地上。他拿匕首直向秦王政扔过去。秦王政往右边只一闪，那把匕首就从他耳边飞过去，打在铜柱子上，"嘣"的一声，直迸火星儿。

这时候，侍从的武士已经一起赶上殿来，结果了荆轲的性命。台阶下的那个秦舞阳，也早就给武士们杀了。

## 鸿门宴

项羽接受了章邯投降之后,想趁着秦国混乱,赶快打到咸阳去。

大军到了新安(今河南新安)投降的秦兵纷纷议论说:"咱们的家都在关中,现在打进关去,受灾难的还是我们自己。要是打不进去,楚军把我们带到东边去,我们的一家老小也会被秦朝杀光。怎么办?"

部将听到这些议论,去报告项羽。项羽怕管不住秦国的降兵,就起了杀心,除了章邯和两个降将之外,一夜之间,竟把二十多万秦兵全部活活地埋在大坑里。打那以后,项羽的残暴可就出了名。

刘邦手下有个将官曹无伤,想投靠项羽,偷偷地派人到项羽那儿

鸿门宴

去密告,说:"这次沛公进入咸阳,是想在关中做王。"

项羽听了,气得瞪着眼直骂刘邦不讲理。

项羽的谋士范增对项羽说:"刘邦这次进咸阳,不贪图财货和美女,他的野心可不小哩。现在不消灭他,将来后患无穷。"

项羽下决心要把刘邦的兵力消灭。那时候,项羽的兵马四十万,驻扎在鸿门;刘邦的兵马只有十万,驻扎在灞上。双方相隔只有四十里地,兵力悬殊,刘邦的处境十分危险。

项羽的叔父项伯是张良的老朋友,张良曾经救过他的命。项伯怕仗一打起来,张良会陪着刘邦遭难,就连夜骑着快马到灞上去找张良,劝张良逃走。

张良不愿离开刘邦,却把项伯带来的消息告诉了刘邦。刘邦请张良陪同,会见项伯,再三辩白自己没有反对项羽的意思,请项伯帮忙在项羽面前说句好话。

项伯答应了,并且叮嘱刘邦亲自到项羽那边去赔礼。

第二天一清早,刘邦带着张良、樊哙和一百多个随从,到了鸿门拜见项羽。刘邦说:"我跟将军同心协力攻打秦国,将军在河北,我在河南。我自己也没有想到能够先进了关。今天在这儿和将军相见,真是件令人高兴的事。哪儿知道有人在您面前挑拨,叫您生了气,这实在太不幸了。"

项羽见刘邦低声下气向他说话,满肚子气都消了。他老老实实地说:"这都是你的部下曹无伤来说的。要不然,我也不会这样。"

当天,项羽就留刘邦在军营喝酒,还请范增、项伯、张良作陪。

酒席上,范增一再向项羽使眼色,并且举起他身上佩带的玉玦(古代一种佩带用的玉器),要项羽下决心,趁机把刘邦杀掉。可是项羽只当没看见。

范增看项羽不忍心下手,就借个因由走出营门,找到项羽的堂兄弟项庄说:"咱们大王(指项羽)心肠太软,你进去给他们敬酒,瞧个方便,把刘邦杀了算了。"

项庄进去敬了酒,说:"军营里没有什么娱乐,请让我舞剑助助兴吧。"说着,就拔出剑舞起来,舞着舞着,慢慢舞到刘邦面前来了。

项伯看出项庄舞剑的用意是想杀刘邦,说:"咱们两人来对舞吧。"说着,也拔剑起舞。他一面舞剑,一面老把身子护住刘邦,使项庄刺不到刘邦。

张良一看形势十分紧张,也向项羽告个便儿,离开酒席,走到营门外找樊哙。樊哙连忙上前问:"怎么样了?"

张良说:"情况十分危急,现在项庄正在舞剑,看来他们要对沛公下手了。"

樊哙跳了起来说:"要死死在一起。"他右手提着剑,左手抱着盾牌,直往军门冲去。卫士们想拦住他。樊哙拿盾牌一顶,就把卫士撞倒在地上。他拉开帐幕,闯了进去,气呼呼地望着项羽,头发像要往上直竖起来,眼睛瞪得大大的,连眼角都要裂开了。

项羽十分吃惊,按着剑问:"这是什么人,到这儿干吗?"

张良已经跟了进来,替他回答说:"这是替沛公驾车的樊哙。"

项羽说:"好一个壮士!"接着,就吩咐侍从的兵士赏他一杯酒,一只猪腿。

樊哙一边喝酒,一边气愤地说:"当初,怀王跟将士们约定,谁先进关,谁就封王。现在沛公进了关,可并没有做王。他封了库房,关了宫室,把军队驻在灞上,天天等将军来。像这样劳苦功高,没受到什么赏赐,将军反倒想杀害他。这是在走秦王的老路呀,我倒替将军担心哩。"

过了一会,刘邦起来上厕所,张良和樊哙也跟了出来。刘邦留下一些礼物,交给张良,要张良向项羽告别,自己带着樊哙从小道跑回灞上去了。

刘邦走了好一会,张良才进去向项羽说:"沛公酒量小,刚才喝醉了酒先回去了。叫我奉上白璧一双,献给将军;玉斗一对,送给亚父('亚父'原是项羽对范增的尊称)。"

项羽接过白璧,放在座席上。范增却非常生气,把玉斗摔在地上,拔出剑来,砸得粉碎,说:"唉!真是没用的小子,没法替他出主意。将来夺取天下的,一定是刘邦,我们等着做俘虏就是了。"

一场剑拔弩张的宴会,总算暂时缓和了下来。

## 霸王乌江自刎

公元前 202 年,韩信布置十面埋伏,把项羽围困在垓下(今安徽灵璧县东南)。项羽的人马少,粮食也快完了。他想带领一支人马冲杀出去,但是汉军和诸侯的人马把楚军包围得重重叠叠。

项羽没法突围,只好仍回到垓下大营,吩咐将士小心防守,准备瞅个机会再出战。

这天夜里,项羽进了营帐,愁眉不展。他身边有个宠爱的美人名叫虞姬,看见他闷闷不乐,陪伴他喝酒解闷。

到了定更的时候,只听得一阵阵西风吹得呼呼直响,风声里还夹着唱歌的声音。项羽仔细一听,歌声是由汉营里传出来的,唱的净是楚人的歌子,唱的人还真不少。

项羽听到四面到处是楚歌声,不觉愣住了。他失神似地说:"完了!难道刘邦已经打下西楚了吗?怎么汉营里有这么多的楚人呢?"

项羽再也忍不住了,随口唱起一曲悲凉的歌来:

力拔山兮气盖世,

时不利兮骓不逝。

骓不逝兮可奈何,

虞兮虞兮奈若何?

(这首歌的意思是:"力气拔得一座出,气魄能压倒天下好汉,时运不利,乌骓马不肯跑。马儿不肯跑有什么办法?虞姬呀虞姬,我拿你怎么办?")

项羽一连唱了几遍,虞姬也跟着唱起来。霸王唱着唱着,禁不住流下了眼泪。旁边的侍从也都伤心得抬不起头。

霸王乌江自刎

当夜,项羽跨上乌骓马,带了八百个子弟兵冲过汉营,马不停蹄地往前跑去。到了天蒙蒙亮,汉军才发现项羽已经突围,连忙派了五千骑兵紧紧追赶。项羽一路奔跑,赶到他渡过淮河,跟着他的只剩下一百多人了。又跑了一程,迷了道儿。

项羽来到一个三岔路口,瞧见一个庄稼人,就问他哪条道儿可以到彭城。那个庄稼人知道他是霸王,不愿给他指路,哄骗他说:"往左边走。"

项羽和一百多个人往左跑下去,越跑越不对头,跑到后来,只见前面是一片沼泽地带,连道儿都没有了。项羽这才知道是受了骗,赶快拉转马头,再绕出这个沼泽地,汉兵已经追上了。

项羽料想没法脱身,但是他仍旧不肯服输,对跟随他的兵士们说:"我起兵到现在已经八年,经历过七十多次战斗,从来没打过一次败仗,才当上了天下霸王。今天在这里被围,这是天叫我灭亡,并不是我打不过他们啊!"

他把仅有的二十八人分为四队,对他们说:"看我先斩他们一员大将,你们可以分四路跑开去,大家在东山下集合。"

说着,他猛喝一声,向汉军冲过去。汉兵抵挡不住,纷纷散开,当场被项羽杀死了一名汉将。

项羽到了东山下,那四队人马也到齐了。项羽又把他们分成三队,分三处把守。汉军也分兵三路,把楚军围住。项羽来往冲杀,又杀了汉军一名都尉和几百名兵士。最后,他又把三处人马会合在一起,点了一下人数,二十八名骑兵只损失了两名。

项羽杀出汉兵的包围,带着二十六个人一直往南跑去,到了乌江(在今安徽和县东北)。恰巧乌江的亭长有一条小船停在岸边。

亭长劝项羽马上渡江,说:"江东虽然小,可还有一千多里土地,几十万人口。大王过了江,还可以在那边称王。"

项羽苦笑了一下说:"我在会稽郡起兵后,带了八千子弟渡江。到今天他们没有一个能回去,只有我一个人回到江东。即使江东父老同情我,立我为王,我还有什么脸再见他们呢?"

他把乌骓马送给了亭长,也叫兵士们都跳下马。他和二十六个兵士都拿着短刀,跟追上来的汉兵肉搏起来。他们杀了几百名汉兵,楚兵也一个个倒下。项羽受了十几处创伤,最后在乌江边拔剑自杀。

## 三顾茅庐

三顾茅庐

汉末,黄巾事起,天下大乱,曹操坐据朝廷,孙权拥兵东吴。汉宗室豫州牧刘备听徐庶和司马徽说诸葛亮很有学识,又有才能,就和关羽、张飞带着礼物到隆中(现今湖北襄阳市,一说为今河南南阳城西)卧龙岗去请诸葛亮出来帮助他,替国家做事。恰巧诸葛亮这天出去了,刘备只得失望地转回去。不久,刘备又和关羽、张飞冒着大风雪第二次去请。不料诸葛亮又出外闲游去了。张飞本不愿意再来,见诸葛亮不在家,就催着要回去。刘备只得留下一封信,表达自己对诸葛亮的敬佩和请他出来帮助自己挽救国家危险局面的意思。过了一些时候,刘备吃了三天素,准备再去请诸葛亮。关羽说诸葛亮也许是徒有一个虚名,未必有真才实学,不用去了。张飞却主张由他一个人去叫,如他不来,就用绳子把他捆来。刘备把张飞责备了一顿,又和他俩第三次访诸葛亮。到时,诸葛亮正在睡觉。刘备不敢惊动他,一直站到诸葛亮自己醒来,才彼此坐下谈话。

诸葛亮见到刘备有志替国家做事,而且诚恳地请他帮助,就出来全力帮助刘备建立蜀汉皇朝。

《三国演义》把刘备三次亲自请诸葛亮的这件事情,叫作"三顾茅庐"。诸葛亮在著名的"出师表"中,也有"先帝不以臣卑鄙,猥自枉屈,三顾臣于草庐之中"之句。于是后世人见有人为请他所敬仰的人出来帮助自己做事,而一连几次亲自到那人的家里去的时候,就引用这句话来形容请人的渴望和诚恳的心情。

## 关羽水淹七军

刘备占领了益州以后,东吴孙权派人向他讨还荆州,刘备不同意。双方为了荆州几乎闹翻。后来听说曹操要进攻汉中,益州也受到威胁。刘备和孙权双方都感到曹操是他们强大的敌手,就讲和了。把荆州分为两部分,以湘水为界,湘水以西归刘备,湘水以东归东吴。

刘备安下了荆州那一头,就专心对付曹操,请诸葛亮坐镇成都,亲自率领大军向汉中进兵,叫法正当随军谋士。

曹操听到刘备出兵,马上组织兵力,和刘备对抗。曹操也亲自到长安去指挥汉中战事。双方相持了一年。到了第二年,在阳平关一次战役中,蜀军大胜,魏军的主将夏侯渊被杀。曹操不得不退出汉中,把魏军撤退到长安。

按照诸葛亮早已设计的战略,是打算从两路进攻曹操的。这一次西面的汉中打了胜仗,就得乘这个势头,再从东面的荆州直接攻打中原。

这一次,刘备命令关羽进攻,关羽派两个部将留守江陵和公安,自己亲自率领大军进攻樊城。

樊城的魏军守将曹仁赶快向曹操求救。曹操派了于禁、庞德两员大将率领七支人马前去增援。曹仁让他们屯兵在樊城北面平地上,和城中互相呼应,使关羽没法攻城。

水淹七军

正在双方相持不下的时候,樊城一带下了一场大雨。汉水猛涨,平地的水高出地面有一丈多。于禁的军营扎在平地上,四面八方大水冲来,把七军的军营全淹没了。于禁和他的将士不得不泅水找个高地避水。

关羽早就抓住于禁在平地上扎营这个弱点。他趁着大水,安排好一批大小船只,率领水军向曹军进攻。他们先把主将于禁围住,叫他放下武器投降。于禁被围在一个汉水中的小土堆上,逼得无路可退,就垂头丧气地投降了。

庞德带了另一批兵士避水到一个河堤上。关羽的水军向他们围攻,船上的弓箭手一起向堤上射箭。

庞德手下有个部将害怕了,对庞德说:"我们还是投降了吧!"

庞德骂那部将没志气,拔剑把他砍死在堤上。兵士们看到庞德这样坚决,也都跟着他抵抗。庞德不慌不忙拿起弓箭回射,他的箭法很好,蜀军被射死不少。双方从早打到中午,从中午打到午后。庞德的箭使完了,就叫兵士们一起拔出短刀来搏斗。他跟身边的将士说:"我听说良将不会为了怕死而逃命,烈士不会为了活命而失节。今天就是我死的日子了。"

这时候,大水越涨越高,堤上露出的地面越来越小。关羽水军的大船进攻更加猛烈,曹军的兵士纷纷投降。庞德趁着这乱哄哄的时候,带了三个将士,从蜀军兵士中抢了一只小船,想逃到樊城去。不料一个浪头袭来,把小船掀翻了。庞德掉在水里,关羽水军赶上去,把他活捉了。

关羽好言好语劝他投降。庞德骂着说:"魏王手里有人马一百万,威震天下;你们的主人刘备,不过是个庸碌的人,怎能和魏王相敌。我宁可做国家的鬼,也不愿做你们的将军!"

关羽大怒,命令武士把庞德杀了。

关羽消灭了于禁、庞德的七军,乘胜进攻樊城。樊城里里外外都是水,城墙也被洪水冲坏了好几处。曹仁手下的将士都害怕了。

曹仁也觉得守下去没希望,就跟一起守城的满宠商量。满宠说:"山洪暴发,不会很久,过几天水就会退下去。听说关羽已经派人在另一条道上向北进攻。他自己没有敢进兵,是因为怕咱们截他的后路。要是我们一逃,那么黄河以南,恐怕就不是我们的了。请将军再坚持一下吧。"

曹仁觉得满宠说得有理,就鼓励将士坚守下去。这时候,陆浑(今河南嵩县东北)百姓孙狼发动起义,杀了县里的官员,响应关羽。许都以南,其他响应的人也不少。关羽的威名震动了整个中原。

魏王曹操到了洛阳,得到各方面的警报,有点着慌。他跟百官商议,准备暂时放弃许都,避避关羽的势头。

谋士司马懿说:"大王不必担心。我看刘备和孙权两家,表面很亲热,实际上互相猜忌得厉害。这次关羽得意了,孙权一定不乐意。我们何不派人去游说孙权,答应把江东封给他,约他夹攻关羽,这样,樊城之围自然会解除了。"

曹操听了司马懿的意见,真的打发使者到孙权那里去。

## 澶渊之盟

宋景德元年(1004)闰九月,辽帝耶律隆绪及其母萧太后亲统辽军,以收复瓦桥关(位今雄县旧南关)南十县为名,大举南下,采取避实就虚战术,绕开有宋军重兵把守的城池,一路挺进,迅速围攻定州(今属河北)。辽军的迅猛进攻,使宋军措手不及,北方州县纷纷告急,公文一夕数次频传开封(今属河南),宋廷上下为之大震。此时在位的宋帝赵恒(宋真宗)虽曾表示要亲自统兵抵御辽军入侵,但事到临头,又心虚胆怯,犹豫不决。臣僚意见纷纷,参知政事王钦若劝说赵恒迁都升州(治今江苏南京)以避战乱,签书枢密院事陈尧叟则主张迁都益州(治今四川成都),唯有宰相寇准力排众议,主张赵恒亲征北上。经过朝廷中主战派的力争,将王钦若调离,出镇天雄军府兼都部署,赵恒被迫同意北上。

澶渊之盟

临亲征北上前,宋廷又做了周密的部署,除倚重抗辽前线屡立战功,"勇于战斗,以名称相上下"的杨延朗(杨业子,后更名延昭)、杨嗣外,又以天雄军都部署周莹为驾前贝冀路都部署。又令兵部尚书张齐贤兼青、淄、潍安抚使,权三司使丁渭兼郓、齐、濮安抚使。诏令定州路驻泊行营都部署王超等将领率兵赴宋帝临时驻扎之地,大将魏能、张凝、田敏统兵屯驻定州。还以山南东道节度、同平章事李继隆为驾前东面排阵使,武宁军节度、同平章事石保吉为驾前西面排阵使。为了防止党项拓跋部趁势侵扰宋疆,宋廷又委任西凉府六谷吐蕃部落首领厮铎督为朔方军节度、灵州西面巡检、西凉府六谷大首领,以牵扯党项。在完成了一系列的部署和安排后,赵恒才终于踏上北巡的征程。

南侵辽军号称 20 万,在耶律隆绪和萧太后的统领下,继续南下,但辽军此番南侵,目的在于掠夺物质财富,并向宋廷炫耀武力,施加压力,因而在用兵进攻的同时,又不断向宋廷表示和谈的意图,以为试探。辽帝通过降将,原宋定州副都部署王继忠向宋莫州(治今河北任丘)守将石普送去一封书信,表示须由宋廷首先提出议和。此信转到赵恒手中,赵恒亲笔手书,答应王继忠所提条件,并派人前往辽军给予明确答复。

辽军兵临重镇澶州城下,对宋都开封构成极大的威胁。宋军守城官兵坚守城池,以阻止辽军的继续南下。澶州前军西线宋军设伏弩射杀辽兵,辽南京统军使萧挞览(一作挞凛)率游骑攻城,中伏弩身亡,辽军士气受挫。宋帝赵恒自开封北上,一路顾望不前,进军迟缓,在寇准的一再催促下,才于十一月到达澶州南城。时澶州城跨黄河而建,故分为南、北二城,河上用船并联架设成一座浮桥,成为联系二城的通道。赵恒抵达南城后,即表示不愿过河,寇准又与禁军将领高琼再三劝说,高琼甚至用鞭子抽赶为宋帝抬轿的兵士,方才将赵恒请到北城,当赵恒登上北城城楼,召见抚慰诸将领时,宋军一片欢腾,"声闻数十里,气势百倍",士气为之大振。与此同时,宋军已有数十万人马集结于澶州一带,与辽军形成两军对峙的局面。辽军深感孤军深入,难以相持长久,急于和谈。而赵恒北上的真实目的并非武力驱逐辽军,而是指望通过和谈,不惜用金帛换取辽军的北撤,稍后到达澶州的宰相毕士安也力赞赵恒以重金厚赂辽军,以求双方议和。

曹利用受命出使,临行前向赵恒询问议和所许银绢之数,赵恒告诉他,如实在不得已,只要能议和,以百万银绢作为交换的条件也是可以的。寇准闻讯则叮嘱曹利用说:"虽有敕旨,汝往,所许毋得过三十万,过则勿见准,准将斩汝。"曹利用到辽军果真以 30 万银绢达成和议,待他返回澶州行宫入见宋帝时,赵恒正在进食。得知曹利用自辽军归来,赵恒迫不及待地想知道具体情况,便先让内侍询问应允辽帝多少银绢?曹利用推辞道:"此机事,当面奏。"后见推辞不成,他以"三指加颊"为示。内侍人内禀告:"三指加颊,岂非三百万乎?"赵恒听罢,失声说道:"太多。"既而又道:"姑了事,亦可耳。"曹利用正站于门外,先闻宋帝抱怨太多,顿时惊慌失措。之后再听宋帝之语,他又转忧为喜。待他入见赵恒,又故作姿态,再三称罪,直到最后才说明与辽议和是以 30 万银绢成交。赵恒听罢,竟喜出望外,给予曹利用极丰厚的赏赐。

十二月,宋辽经过几次交涉,商定和议,交换"誓书",终于订立盟约。双方约定:宋辽维持原定疆界,两国约为兄弟之国,辽帝称宋帝为兄,宋帝称辽帝为弟,且称萧太后为叔母;宋朝每年给辽朝银 10 万两,绢 20 万匹,称为"岁币";双方沿边州军各守疆界,两地入户不得交侵,双方相互遣送对方的逃亡入境者,沿边城市只能依旧修葺城池,不得新增修筑城堡、开挖或改移河道;辽军北撤时,宋军不得在沿途缴击。澶州又称澶渊,故此盟约又称为"澶渊之盟"。

## 土木之变

明英宗朱祁镇即位初年,蒙古瓦剌部逐渐强大。

正统十三年，瓦剌遣使两千人贡马，而号称三千。王震怒其诈，令礼部核实，没有如数给赏。也先对此大为不满，以明廷"赏不如例"，没有满足他们的要求，伺机大举进犯。

正统十四年（1449）七月十一日，也先率部进犯大同。明军右参将吴浩在猫儿庄迎战，兵败身亡。明英宗命重兵把守阳和口。是时，形势危急，边报每日数十至。王振遂上疏御驾亲征。兵部侍郎于谦等上疏力劝，明英宗不听。七月十五日，下诏亲征，命皇弟朱祁钰居守北京。十六日，明英宗统帅官军五十万，自京出发。英国公张辅等文武大臣从行。张辅衰老，"不使预军政"，"默默不敢言"。大军出发之后，前方频频传来败报，"伏尸蔽野，众心为寒"，加之风雨交加，军纪大坏。群臣再三劝明英宗停止前行，而王振一心诱上冒进，八月一日至大同。十四日，明英宗至

**明英宗**

土木，距怀来城二十里，遭到瓦剌也先的四面伏击，明军五十万人，居然不堪敌骑一击，全军覆没。明英宗被围不得出，下马据地而坐，遂被俘。史称"土木之变"（又称"土木之战"）。

是役，明军精锐死伤数十万，文武大臣死者张辅等五十余人。战乱中，王振被护卫将军樊忠以棰捶死，曰："吾为天下诛此贼！"大明皇帝，竟成了瓦剌的俘虏，无疑是一个极大的耻辱。明英宗终于自己吞下了宠信王振所结出的苦果。因为明英宗是皇帝，当然要避讳，不能说他是为瓦剌所俘，在漠北过着俘虏生活，于是就找到一个托词，说他是到漠北狩猎，而美其名曰"北狩"。

明朝经此巨变，将士无敢再战，社会风气日坏，国力大降。一般认为土木之败，是明朝由强变弱的分界线。

## 夺门之变

景帝自己虽已从亲王的地位登上了皇帝的宝座，但其接班人并不是自己的儿子，而是英宗的儿子、他的侄儿朱见深。这是在他当皇帝之前就已经立的太子。为了把帝位传给自己的儿子，景帝在景泰三年（1452）废太子朱见深为沂王，立自己的儿子朱见济为太子。一年多后，朱见济夭折。景帝只有这么一个儿子，再也没人可以继立为太子了。本来，在废朱见深时，有些官员出于维护封建的统治，对这件事就不予赞成。现在朱见济一死，他们又纷纷请求恢复朱见深的太子地位。至于究竟要传位给谁，他一直不露声色。或许，他认为自己才二十几岁，年纪尚轻，等又有了儿子后才立为太子。

不料，就在景泰八年（1457）正月，景帝病倒了。朝中以石亨、徐有贞为首的一些不得志的军人、政客，还有王振的余党宦官曹吉祥等，企图利用景帝和英宗兄弟间的矛盾，发动宫廷政变。他们一起密谋策划，要趁景帝正在病中，迎英宗朱祁镇复辟，事成之后，论起迎复之功，自然人人都可加冠晋禄。计议已定，他们就在正月十六日半夜之后，以边官报警，应加强警备，以防万一为名，带兵千人进入皇宫，直奔软禁英宗的南宫，撞门毁墙，

接出英宗，拥至奉天殿升座。当时文武百官正在朝堂等候景帝视朝，徐有贞对众人大呼："上皇复辟了"，胁迫众官员进殿贺喜。事出仓促，众官员一时摸不着头脑，十分惶恐，又见大殿上坐的果真是太上皇，只得列班朝贺。这一场宫廷政变就这样成功了。历史上称它为"南宫复辟"，又叫"夺门之变"。

英宗复辟后，废景帝，并把这一年改为天顺元年。病中的景帝被迁到西宫，没过几天就死了，有说是被害死的。景帝究竟是怎样死的，成了明史上的一个"烛影斧声"的疑案。景帝死后，被以亲王的礼仪葬于西山，其妃嫔也被赐死殉葬。

## 戚继光抗倭

在福建、浙江沿海地区，有一种圆形中间穿孔的饼，叫作红车饼，也叫光饼。为什么把这种饼叫作光饼呢？这里有一个传说的故事。

明世宗的时候，有一批日本的海盗经常在我国东南沿海一带骚扰。他们和中国的土豪、奸商勾结，到处抢掠财物，杀害百姓，闹得沿海不得安宁。历史上把这种海盗叫作"倭寇"。

倭寇侵略越来越严重，使躲在深宫里的明世宗也不得不发愁了，叫严嵩想法子对付。严嵩的同党赵文华想出一个主意，说要解决倭寇侵犯，只有向东海祷告，求海神爷保佑。明世宗居然相信赵文华的鬼话，叫他到浙江去祷告海神。后来，朝廷派了个熟悉沿海防务的老将俞大猷去抵抗。俞大猷一到浙江，就打了几个胜仗。但是不久，浙江总督张经被赵文华陷害，俞大猷也被牵连坐了牢。沿海的防务没人指挥，倭寇的活动又猖獗起来。朝廷把山东的将领戚继光调到浙江，才扭转了这个局面。

戚继光抗倭

戚继光是我国历史上著名的民族英雄，山东蓬莱人。他到了浙江，先检阅那儿的军队，发现那些军队纪律松散，根本不能够打仗，就决心另外招募新军。

戚继光是个精通兵法的将领，他懂得兵士不经过严格训练是不能上阵的。他根据南方沼泽地区的特点，研究了阵法，亲自教兵士使用各种长短武器。经过他严格训练，这支新军的战斗力特别强。"戚家军"的名气就在远近传开了。

过了几年，倭寇又袭击台州（今浙江临海）一带，戚继光率领新军赶到台州。倭寇在哪里骚扰，他们就打到哪里。那些乱七八糟的海盗队伍，哪儿是戚家军的对手，交锋了九次，戚家军一次次都取得胜利。最后，倭寇在陆地上呆不住，被迫逃到海船上，戚继光又用大炮轰击。倭寇的船起了火，大批倭兵被烧死或掉到海里淹死，留在岸上的也只得乖乖投降。

倭寇见到浙江防守严密，不敢再侵犯。第二年，他们又到福建沿海骚扰。一路倭寇从温州往南，占据了宁德；另一路倭寇从广东往北，盘踞在牛田。两路敌人互相声援，声势很大。福州的守将抵挡不了，向朝廷告急。朝廷又派戚继光援救。戚继光带了新军赶到宁德，打听到敌人的巢穴在宁德城十里外的横屿岛。那儿四面是水，地形险要。倭寇在那儿扎了大营盘踞，当地明军也不敢去攻打他们。

戚继光亲自调查了横屿岛的地形，知道那条水道既不宽，又不深。当天晚上潮落的时候，戚继光命令兵士每人随身带一捆干草，到了横屿对岸，把干草扔在水里。几千捆干草扔在一起，居然铺出了一条路来。戚家军兵士踏着干草铺成的路，神不知鬼不觉地插进倭寇大营。经过一场激烈战斗，盘踞在岛上的两千多个倭寇全部被歼灭。

戚家军攻下横屿，立刻又进兵牛田。到了牛田附近，戚继光传出命令，说："远路进军，人马疲劳，先就地休整再说。"

这些话很快传到敌人那里。牛田的倭寇真的相信戚家军暂时停止进攻，防备也就松懈下来。就在当天晚上，戚继光下令向牛田发起总攻击。倭兵毫无准备，仓促应战，禁不住戚家军猛攻猛冲，纷纷败退。倭寇头目率领残兵逃到兴化，戚家军又连夜跟踪追击，一连攻下了敌人六十多个营寨，消灭了溃逃的敌人。到天色发白的时候，戚家军开进兴化城。城里的百姓才知道附近的倭寇已被戚家军消灭。大家兴高采烈，纷纷杀牛带酒，到军营来慰劳。

第二年，倭寇又侵犯福建，攻下兴化。这时候，俞大猷已经复职。朝廷派俞大猷为福建总兵，戚继光为副总兵。两个抗倭名将一起，大败倭寇，收复兴化。公元1565年，俞、戚两军再次配合，大败倭寇。到这时候，横行几十年的倭寇被基本肃清了。

据当地老年人讲，在明朝的嘉靖年间（1522～1566），戚继光荡平浙江的倭寇以后，转战福建。盘踞兴化（今福建莆田、仙游）的倭寇头目胆战心惊，急忙派了几个人前去探听情况。这几个探子回来报告说，戚家军摇摇晃晃的，一天只走二三十里路，到兴化还得有七八天时间。倭寇头目一听非常高兴，就说："人们都说戚家军厉害，其实是徒有虚名，今天我们先喝个痛快，然后再慢慢准备防御还来得及。"当晚，倭寇兴高采烈地大摆筵席，个个喝得酩酊大醉，七歪八倒地躺下了。哪料到，就在当天夜里，戚家军已经悄悄地赶到兴化，乘着倭寇酒后熟睡的时机，发动了突然袭击，把他们全部歼灭了。原来，戚继光为了麻痹倭寇，在进军福建的途中，故意叫每个士兵腿上都绑个沙袋，放慢行军的速度，一天只走二三十里路，就停下来休息。倭寇的探子前来刺探军情，他们知道了，也不去抓，等到探子回去报告消息，戚继光就下令烙制大量带孔的饼子，让每个士兵都带足够两天吃的数量，用绳子穿起来，背在身上，然后解下腿上的沙袋，疾速向兴化挺进。他们一路马不停蹄，饿了就拿饼子吃，也不停下来歇息。这样，只用一天一夜的时间，赶完了七八天的路程。就在倭寇醉醺醺躺倒睡熟的时候，戚家军出其不意地把他们消灭了。天明，外出避难的老百姓听到消息，纷纷回到自己的家园。戚继光见老百姓几年来横遭倭寇的蹂躏，饥寒交迫，就命令士兵把剩下的饼子分给他们吃。老百姓就把这种饼叫作光饼。后来，家家烙制这种饼子，送给戚家军，支援他们的抗倭战争。这个民间故事，当然有些虚构的成分，但它生动地表现了戚继光抗倭的丰功伟绩，深刻地反映了人民对他的爱戴和怀念。

为了纪念戚继光的丰功伟绩，福建人民后来就在于山的平远台建起了一座戚公祠，在祠堂的大厅中塑造了一尊戚继光的雕像。1936 年，著名文学家郁达夫游览于山，缅怀这位民族英雄的光辉业绩，写了一首《满江红》的词，词中写道："拔剑光寒倭寇胆，拨云手指天心月。至于今，遗饼纪征东，民怀切。"这首词，现在就镌刻在戚公祠的旁边，供游人吟诵。

## 和珅跌倒，嘉庆吃饱

乾隆帝做了六十年皇帝，在文治武功方面，取得了胜利。他志满意得，骄傲起来，把自己称作"十全老人"。他越来越喜欢听颂扬的话，于是，就有人用讨好奉承的手段取得他的宠信，掌握了大权。

有一次，乾隆帝准备出外巡视，叫侍从官员准备仪仗。官员一下子找不到仪仗用的黄盖，急得不知怎么办才好。乾隆帝十分恼火，问："这是谁干的好事？"

官员们听到皇帝责问，吓得张口结舌。有一个青年校尉在旁从容不迫地说："管事的人不能推卸责任。"

乾隆帝侧过脸一看，那个校尉眉目清秀，态度镇静，乾隆帝心里高兴，把追问黄盖的事也忘了，问他叫什么名字。那青年校尉回答，名叫和珅。乾隆帝又问他的家庭情况，读过哪些书，和珅也无不对答如流。

**乾隆帝**

乾隆帝十分赞赏和珅，马上宣布他总管仪仗，以后又派他当御前侍卫。和珅是个非常伶俐的人，乾隆帝要什么，他件件都办得十分称心；日子一久，乾隆帝把和珅当作亲信，和珅也步步高升。不出十年，从一个侍卫提升到了大学士。后来，乾隆帝还把他女儿和孝公主嫁给和珅的儿子。和珅跟皇帝攀上了亲家，那权势更别提有多大了。再加上乾隆帝年老力衰，朝政大事，就自然落在和珅手里。

和珅掌了大权，别的大事他没心思管，却一味搜刮财富。他不但接受贿赂，而且公开勒索；不但暗中贪污，而且明里掠夺。地方官员献给皇帝的贡品，都要经过和珅的手。和珅先挑最精致稀罕的留给自己，挑剩下来再送到宫里去。好在乾隆帝不查问，别人也不敢告发，他的贪心就越来越大了。

有一回，有个大臣叫孙士毅，从南方回到北京，准备朝见乾隆帝，正巧在宫门口遇到了和珅。和珅一见孙士毅手里拿着一只盒子，就问："你手里是什么东西？"

孙士毅说："没什么，是一只鼻烟壶。"

和珅走上前去，不客气地把盒子抓在手里。打开一看，那只鼻烟壶竟是用一颗大珠子雕刻出来的。和珅拿在手里，看了又看，嘴里连声啧啧称赞，涎皮赖脸地说："好宝贝！就送给我，怎么样？"

孙士毅慌忙说："哎，不行了。这件宝贝是准备献给皇上的，昨天已经奏明皇上了。"

和珅脸色一沉，把珠壶往孙士毅手里一塞，冷笑着说："我不过跟你开个玩笑，何必那样寒酸相！"

孙士毅把那只珠壶献给了乾隆帝。过了几天，他又跟和珅碰在一起，只见和珅得意扬扬地说："我昨天也弄到一件宝贝，您看看，能不能跟您上次进贡的那只比？"

孙士毅走过去一看，原来就是他献给乾隆帝的那只珠壶。孙士毅嘴里随口应付了几句，心里想，这件宝贝怎么会落到和珅手里，一定是乾隆帝赏给他了。后来，他偷偷打听，才知道和珅是买通太监从宫里偷出来的。

乾隆帝在做满六十年皇帝后，传位给了太子颙琰，颙琰即位，就是清仁宗，又叫嘉庆帝。

嘉庆帝早知道和珅贪赃枉法的情况。过了三年，乾隆帝一死，嘉庆帝马上把和珅逮捕起来，叫他自杀；并且派官员查抄和珅的家产。

嘉庆帝塑像

和珅的豪富，本来是出了名的，但是抄家的结果，还是让大家大吃一惊。长长的一张抄家清单里，记载着金银财宝，绫罗绸缎，稀奇古董，多得数都数不清，粗粗估算一下，大约值白银八亿两之多，抵得上朝廷十年的收入。后来听说，那查抄出来的大批财宝，都让嘉庆帝派人运到宫里去了。于是，民间就有人编了两句顺口溜讽刺说："和珅跌倒，嘉庆吃饱。"

# 中国近现代历史故事

## 保卫大沽口

1859 年 6 月，英、法、美三国结成一伙，出动二十多艘战舰，两千多名士兵，窜到天津大沽口，声称要和中国官员说话。直隶总督恒福（直隶是当时一个行政区域的名字，它的范围主要在今天的河北省）问他们要干什么，英军头目蛮横地说：

"我们要进大沽口，到北京找你们皇帝谈判。"恒福说：

"去年不是探讨了吗？"

"还没谈完呢！"侵略军头目说。

"你们还有什么要求？"恒福又问。

三国军官以为恒福害怕，就你一言我一语，提出许多无理的要求。有的要求公开贩卖鸦片，有的要求进驻北京城。恒福对他们说：

"你们要到朝廷去谈判，可以。不过只许各位使节去，不许带士兵，不许带武器。"

"还有什么不许呀？"法军头目挑衅地问。

"你们只能走北塘，不许进大沽口。"

"为什么？"

"因为大沽口水下，筑有防御工事。"

"我们要你马上拆除！"

"办不到！"恒福坚决地说。

英军司令贺布恶狠狠地说：

"我们偏要走大沽口，你不同意，就打仗。"果然，侵略军的舰队向大沽口发起了进攻。贺布的一个副将当场被打死，贺布也慌忙地趴到甲板上。我军炮手越打越猛，大家水顾不上喝，饭顾不上吃，一直坚守战斗岗位。眼见英法联军的一艘艘军舰被击沉击伤，一群群士兵被打死，美军司令达特纳急忙把停在远海的美国兵舰调来，掩护英法侵略军逃跑了。

战斗进行了一天一夜。我军击沉敌舰四艘，击伤六艘，捕获三艘，打死敌人四百六十四人，取得了保卫大沽口的胜利。

## 八里桥大战

1860年9月，英法侵略军从天津出发，沿白河向西北进犯，来到通州西面的八里桥。八里桥是通向北京的要道。英法侵略军要进入北京，就向八里桥守军发动了猛烈的进攻。

八里桥大战

守卫八里桥的爱国士兵面对着凶狠的敌人齐声高呼："誓死杀贼，决不后退！"然后他们呐喊着勇敢地杀向敌群，像山崩地裂一样，把侵略军吓得晕头转向。双方激战了一个多小时，英法侵略军已经支持不住了，向后节节败退。我军士兵虽然也伤亡很多，但士气一直很高昂。正在这关键时刻，突然有一部分队伍撤出了阵地。

"这是怎么回事？"守卫在阵地上的士兵们诧异地问。

有人愤恨地说："怎么回事？当官的为了活命呗。趁我们向洋鬼子进攻的时候，带领他的亲信人马逃跑了！"

这时候，侵略军也发觉我军兵力突然减少，胆子又壮了起来，重新来进攻了。留在阵地上的骑兵和步兵恼恨交加，又一次和敌人展开拼搏，有许多人牺牲在阵地上。

八里桥被英法侵略军占领了。但是由于爱国士兵的英勇抵抗，敌人也损失惨重。他们不得不原地休整了二十多天,等待增援,从而延缓了进攻北京的时间。

## 智败曾国藩

1854年4月到1855年1月这段时间,太平天国的西征军在跟曾国藩带领的地主武装作战中,连连受挫,一直退到江西的九江。曾国藩又分水陆两路,一直追到九江。就在这关键的时刻,太平天国的翼王石达开,亲自率领援军,日夜兼程,赶到九江援救。他决定和敌人斗智,就派林启容守住九江,派罗大纲守住湖口西岸,自己领兵把守湖口县城,高挂免战牌,坚壁高垒,不和敌人决战。这一来,急得曾国藩抓耳挠腮。

石达开见敌舰虽然有西洋的铁炮,但是船体笨重,移动困难,必须靠轻捷的战船舢板的保护才能发挥作用。于是,他命令太平军每天夜里沿长江两岸敲锣打鼓,齐声呼喊,又发射火球火箭,使敌人彻夜难眠。这样相持了一个多月,弄得敌人疲惫不堪,都想打一仗出出气。石达开趁这时候故意撤走湖口的守兵,把敌军一百多艘舢板诱进鄱阳湖,然后立即卡住湖口。敌人的大船进不了鄱阳湖,舢板又退不出来,曾国藩无可奈何,只好退出九江。

一天夜里,天黑得伸手不见五指,江风正紧,石达开派出三四十只小划子,钻进曾国藩的水师老营。小划子身轻灵活,在敌人大船中间自由来往。突然火箭喷筒齐发,敌舰顿时火光冲天,照得满江通红,"哔哔啵啵"地响个不停。没多久,十几条大船化为灰烬。小划子又集中力量向曾国藩坐的指挥船发起进攻。顷刻间,这条船也变成了一条火龙。曾国藩急忙跳上一只舢板逃跑了。他多年经营的王牌军——湘军水师,就这样被二十四岁的石达开打败了。

## "小捻童"立大功

雉河集会盟以后,捻军不断发展壮大。清政府又派了僧格林沁前来镇压。前面有两节,我们讲到过僧格林沁围剿、屠杀太平军北伐军的事。可是这一回,他领兵来镇压捻军,竟被一个小孩儿给杀死了。

这个小孩儿,名叫张皮绠,是雉河集张大庄人。他父母都是被清军杀害的。为了替爹娘和乡亲们报仇,他参加了捻军,当了一名小战士。

1856年5月里,太平军余部和捻军联合在一起,在太平天国的遵王赖文光率领下,采用游击战术,跟追赶他们的僧格林沁兜圈子。僧格林沁以为捻军怕他,紧追不放,马不停蹄、人不下鞍地追了十多天,累得他手都握不住缰绳,只好用布带把缰绳绑在手腕子上。结果,他的步兵跟不上,掉队了,他饭不吃、觉不睡,有时候实在太累了,就下马喝上两大碗酒,又上马追赶,渐渐地,马队也有跟不上他的了。他就这样追呀,追呀,这天,追到山东曹州(今天的菏泽市)西北的高楼寨,总算把捻军追上了,哪晓得这一下正中了捻军的计。原来,遵王把捻军分成几股,轮流引清军追赶。一会儿东边出现了捻军,一会儿西边又出现了捻军,弄得敌人晕头转向,摸不着头脑。就这样,清军被拖得人困马乏,兵力分散。等到累得实在不行了,捻军的包围圈也布置好了。所以僧格林沁一追上捻军,就陷入了重重包围之中。

这天夜里,僧格林沁在高楼寨安营,骑兵们一下马鞍就和衣酣睡,他也一头倒下,和衣睡着了。三更时分,只听营外喊声连天,僧格林沁知道不妙,趁着混乱,逃出营门,躲进了庄稼地里。天蒙蒙亮的时候,张皮绠到庄稼地里小便,发现一个身穿滚绣金龙黄马褂、脖子上挂着一串朝珠、头戴金顶花翎顶戴,身挎腰刀的人。张皮绠想起大人们讲的清朝官员的模样,便从身上解下大刀,悄悄地走到那人的身后,使出全身力气,朝那家伙的头上砍去。张皮绠在往回走的路上,碰上了捻军首领,就把他领到那具尸体跟前一看,原来这个人正是僧格林沁。

## 巧计火烧何如璋

马尾海战那天,正赶上下大雨。清朝会办福建海防大臣张佩伦和督办福建船政大臣何如璋,一听到炮声,吓得屁滚尿流。别看这两个家伙平日里一贯养尊处优,这时候,也顾不得风吹雨打,道路泞滑,竟顶着瓢泼大雨,慌慌张张地逃出了家门。

张佩伦跑到几十里外的一座庙宇里,一躲就是好几天。这么一来,战事没人指挥不说,连公文也没人批阅了。他手下的人没办法,只好公开悬赏一千文寻找张佩伦的下落,真叫人笑掉牙齿呢!再说那个船政大臣何如璋,那天冒着大雨跑出了福州城,一路上也没顾上喘口气,一个劲儿跑呀,跑呀,跑得上气不接下气,终于跑到一个村子里。他用手一抹脸上的雨水,朦胧中发现跟前不远有一座祠堂。于是他像临死得救似的,跌跌撞撞地向祠堂奔去。

村子里的老乡,见有个人鬼鬼祟祟地往祠堂里去了,就偷偷地跟了过去。其中有个老乡,一眼就认出了这个人不是别个,正是福建水师的长官何如璋。他想:哦!你这个家伙,平日称王称霸,欺压百姓;如今打仗了,你又贪生怕死,丢下军队不管了。今儿我非得教训教训你不可。

何如璋缩着身子坐在祠堂里,正想着下一步该怎么办。忽然,一阵"哔哔啵啵"的响声,把他从沉思中惊醒。啊呀!不好,祠堂起火了。他慌忙起身往外跑。一拉门,糟了,门被反扣上了。这一下,何如璋就像一条被关进铁丝笼子里的老鼠,从这边窜到那边,又从那边窜到这边,找不到一条出路。被烧着的房梁木块,带着火星,不住地落在他的头上、脖子里和身上,痛得他哇哇直叫。不管何如璋怎样大声呼救,外面始终没有一点动静。过了好一阵,屋外才传来人的吆喝声,这时候,何如璋已经被烧得奄奄一息了。

## 劫军火

说的是镇南关战斗正在激烈进行的时候,法军的弹药越打越少,眼看就要打光了。可是,运送弹药的后援部队还没见影儿。这是为什么呢?原来,法军运送的弹药,在半路上被冯子材派去的张春发给劫走了。镇南关战斗一打响,冯子材就派将领张春发率领一支三百来人的队伍,在半路上巡哨,等候阻击敌人的后援部队。

这天,张春发带着队伍,在一片大森林巡逻,忽然远处传来阵阵马嘶声。他侧耳细听，呃，还有人的吆喝声呢！他马上意识到，这一定是敌人的援兵来了。于是他立即命令部队就地隐蔽。张春发睁圆两眼，透过树木的缝隙，紧盯着大道上，连眼皮也不眨一下。不一会儿，敌人的两千名援军，赶着驮着子弹、面饼、洋钱的马群，正朝着森林这边走来。

冯子材

张春发见敌人来了这么多人，硬打是打不赢的。可是他想，敌人对这里的情况不熟悉，对我军的虚实也摸不清楚，就凭我们三百人也能取胜。想到这儿，他挥舞着大刀，带领队伍冲出了森林。法军一路上战战兢兢，生怕中了埋伏，如今，果然从这密密层层的森林里杀出一支队伍来，一时都懵了，也不知道里面还有多少人马呢！敌人的援军遭到这么一冲，惊惶失措，马群也惊叫起来，四下里乱闯、乱跑，把敌人的队伍全给冲散了。张春发他们挥起大刀追杀，杀得敌人死伤过半，其余的敌人也都纷纷逃跑。那些弹药、干粮，也都成了张春发他们的战利品。

## 血战牡丹台

日本侵略军在向中国海军发动进攻的同时，又派了一支四千多人的侵略军，向驻在朝鲜牙山地方的清军进攻。接着，又向朝鲜的平壤进攻。清军是应朝鲜政府的请求，进驻牙山和平壤的。驻守在平壤的清军将士，对于日本侵略者的进攻，进行了英勇的反击。有一个总兵名叫左宝贵，是回族人。他率领部队，守卫在平壤城北面的玄武门上。

这座城门，和一座山连着。这座山叫"牡丹台"，形势非常险要。

左宝贵

9月14日那天清晨，天色阴沉，黑云密布。突然，玄武门外响起了隆隆炮声，日军来进攻了。他们在猛烈的炮火掩护下，很快就占领了城北面的几座山头。接着又用排炮轰击玄武门。一群群侵略军，借着他们炮火的掩护，向牡丹台扑来。

左宝贵见敌人向自己的阵地上冲来了，毫不惊慌。他头戴红缨大帽、红顶花翎，身穿黄色马褂，从容、镇定地站在城楼上，指挥部队反击。一个士兵见左宝贵这个打扮，觉着目标太大，就劝他说："总兵，您这红顶花翎，容易被敌人发现。您最好不要站在这里，要不，暂时摘下花翎，免得出危险。"

左宝贵笑了笑，回答说："我这样穿戴，是为了表达我誓死杀敌的决心。我连死都不怕，还怕敌人注意吗？"说着，又全神贯注地指挥起战斗来。

"轰隆"一声，敌人的一发炮弹打了过来。啊哟！不好，清军的一个炮手被打倒了。敌人趁清兵的大炮成了"哑巴"，一窝蜂似的发起了冲锋。在这危急时刻，左宝贵三脚两步地迈到那门大炮跟前,亲自点燃火炮,向敌人发射,一群群敌人被打倒了,左宝贵也在激战中身受几处重伤。最后,由于寡不敌众,左宝贵只好带领少数兵士,退到牡丹台山顶的炮垒里。他对大家说:"诸位弟兄,这是我们的最后阵地了,我们必须用生命来保卫它。我们的弹药已经没有了,可是这里有的是石头。我们就用石头当子弹,来打击敌人吧!"

就这样,左宝贵和坚守在牡丹台上的士兵一起,硬是用石头打退了敌人的冲锋。

敌人冲锋不成,又用炮轰。他们把炮火集中指向牡丹台。在一阵山崩地裂的炮声中,清军建在牡丹台上的最后一座炮垒被轰倒了。左宝贵知道大势已去,就从容地整理了一下头上的红缨大帽,抖了一下黄马褂上的尘土。他深情地看了看身边的十几个兵士,激动地说:"弟兄们,我们都是有骨气的中国人,我们宁肯战死,也不能投降! 不能当俘虏!"

左宝贵的话音未落,一颗炮弹向他飞来,不幸中弹牺牲了。

左宝贵誓守牡丹台的故事,很快就在中朝人民当中传开了,人们都赞颂他那宁死不屈的爱国精神。

## "神童"拜师

康有为有一个学生叫梁启超,他在戊戌变法的运动当中,起了重要的作用。梁启超也是广东人,从小就很聪明、勤奋。八岁的时候,就能写诗作文;十二岁的时候,考上了秀才(到府、县学堂读书的人);十七岁的时候,又考中了举人。人们都夸梁启超是"神童"。他自己呢,也沾沾自喜,以为自己很有学问。

1890年,十八岁的梁启超,很敬佩有名气的康有为,就专门到广州去拜访。这天,康有为会见了他。梁启超心想,凭着自己的聪明才智,康有为准得夸奖自己。没想到,康有为见了他,一句夸奖的话也没说,倒是先问他:"你这些年都读了哪些书?"

梁启超很得意地回答:"我从小熟读四书五经,这几年正在钻研训诂辞章的学问。"("训诂"就是用当时的话解释古书的意义;辞章就是诗词文章。)

康有为听了,摇了摇头说:"这些东西,不切实际,又很繁琐,全是一些陈腐无用的旧学问! 你们青年人不必学它。"

康有为

康有为接着说:"现在的读书人,为了成名、做官,专门去学这些东西,真是一点志气也没有,一点知识也没有!"然后,他把话题一转,讲了俄国的彼得大帝、日本的明治天皇是怎样实行变法的,他们的国家又是怎样很快强盛起来的。最后他还说,中国现在很弱,也要变法才行。

梁启超听了这番话,觉得非常新鲜。他打心里佩服康有为博学多才。当天晚上,他一夜没睡着,老琢磨康有为的话,越琢磨越觉得自己过去学的那一套没有什么用处。

第二天,梁启超又拜访康有为,诚恳地对康有为说:"请您收下我当您的学生吧!我要重新学起。"康有为答应了。从这以后,梁启超跟康有为学了三年,成为一个维新派的重要人物。

## 孙中山伦敦蒙难

孙中山领导的广州起义失败以后,清朝政府下令捉拿孙中山。他被迫流亡国外,在海外华侨中宣传革命。

1896 年 9 月,孙中山到达英国的首都伦敦。10 月的一天上午,他走出住所,想去看望他的英国老师康德黎。走到半路,突然有三个中国人把他拉住,说:"您是孙逸仙(孙中山的另一个名字)先生吧,我们也是广东老乡,请到家中饮茶。"

孙中山看了看他们,不认识,就拒绝说:"你们是谁?我不认识。我还有急事,不能奉陪了。"说完,挣脱着要走开。

那三个人其实是清朝政府派出的密探。他们费了好大劲才碰到了孙中山,怎么会让他轻易走脱呢?于是他们就死皮赖脸地纠缠起来。他们连推带拉地逼着孙中山往前走,走到一幢房屋的门前,门突然打开了,一个绿眼黄毛的人挤眉弄眼地朝三个密探打了个招呼。三个密探立刻把孙中山往门里推,咔嚓一声,门上了锁。就这样,孙中山被关进了清朝驻英国公使馆的一间密室里。这间密室,门窗外面都装了铁栅栏,门口有人监视。

孙中山完全与世隔绝了。

清朝政府驻英公使急于邀功请赏,他让人做了一只大木箱,又花了许多钱租了一只英国轮船,准备把孙中山装在木箱里,悄悄运回中国。

孙中山被关在囚室里,他想,难道就这样被敌人秘密杀害吗?不,不能,一定得想办法出去,并揭露清朝政府绑架革命者的卑劣行径!然而,他所能接触到的人,只有一个给他送饭的英国女工贺维,还有一个清洁工柯尔。能不能请他们帮忙呢?孙中山偷偷地写了两封给康德黎老师的信,请这两位工人转交给他,他们还真答应了。

康德黎得知孙中山被绑架的消息以后,又着急,又生气,立即找到孙中山的另一个英国老师孟生,一同来到清朝政府驻英公使馆,质问公使为什么绑架孙中山。按照法律,驻外使馆是不能在别的国家里随便抓人的,所以公使狡猾地说:"什么孙中山?我不知道哇!"

孙中山的两位英国老师又去报社,要求报道孙中山被诱捕的消息。有一家《地球报》接受了他们的请求,用《革命家在伦敦被诱捕》的题目发表了这个消息。其他各报也接着刊登了这个消息。这条新闻,很快就轰动了整个英国。英国公众拥到公使馆门前,高呼"释放孙逸仙"的口号,并且声言要捣毁公使馆。

10 月 23 日,孙中山终于被释放了。当孙中山走出公使馆的时候,广场上的人们欢呼跳跃,不停地高呼"孙逸仙!""孙逸仙!"从此,孙中山的名字传遍世界,各国都知道中国出了个伟大的革命家孙中山。

## 黄兴脱险

在反清的革命组织中,还有一个叫华兴会。它和兴中会、光复会是当时最重要的三个组织。华兴会的首领是黄兴和刘揆一等人,他们也发动了很多次武装起义。1903年,黄兴卖掉了自己的田产,买了枪支弹药,准备起义。

黄兴

起义的日期快到了,不料有人出卖了起义计划,清朝政府下令通缉黄兴等人。有一天,黄兴正要坐轿出门,突然有几个清兵冲到他家门口,恶狠狠地问:"你是黄兴吗?"

黄兴看他们不认识自己,就镇定地说:"不是,我也是来找黄兴的。他这会儿不在家,说是去明德学堂了。"

当时黄兴在明德学堂教书。清兵一听,信以为真,便说:"那我们一道去!"清兵紧紧跟在黄兴坐的轿后面,直奔明德学堂。到了门口,黄兴对清兵说:"各位兄弟在这儿等等,我去把黄兴叫出来。"说罢,他大摇大摆地走进院里去了。

几个清兵在门口守候着,左等右等没人出来。他们急了,怒气冲冲地闯进学堂去查问:"黄兴在哪里?"

有个人笑着回答说:"刚才和你们一起来的不就是黄先生吗?他已经走了。""啊?从哪里走的?"清兵急了。

"从后门出去了。"那个人回答说。

几个清兵这才知道上了当,急忙冲出后门去追赶。可是黄兴早已经走得无影无踪了。

## 第二次护法运动

孙中山于1920年再次发起的以恢复《临时约法》和国会为号召的资产阶级民主运动。

1920年10月,孙中山扶植的粤军陈炯明部打败桂系占领广东。11月,孙中山由上海回广州重组军政府,宣言护法。1921年4月,国会非常会议选举孙中山为中华民国非常大总统。

5月,孙中山宣誓就职。为贯彻护法主张,孙中山于11月至桂林设立大本营,准备假道湖南北伐占据中央政权的直系军阀。孙中山的北伐主张遭到陈炯明的反对。陈炯明身兼陆军部长、粤军总司令、广东省长等要职,握有广东实权。他以"保境息民"为借口阻挠孙中山北伐,并与吴佩孚勾结,图谋夹击北伐军。1922年5月,孙中山发布北伐令,在韶关设大本营改道从江西北伐。6月14日,陈炯明乘北伐军平定江西之机,在广州发动武装叛乱,包围总统府,炮击孙中山住所粤秀楼,孙中山脱险后登上永丰舰。8月,被迫离粤赴沪,第二次护法运动失败。

## 五卅运动

1925年5月30日从上海爆发的全国反帝爱国运动。1925年1月中国共产党第四次全国代表大会后,革命群众运动,特别是工人阶级反帝斗争迅猛发展。2月至5月,上海、青岛日资纱厂工人连续举行罢工,遭到日本帝国主义和北洋军阀的镇压。5月15日,上海内外棉纱厂日本资本家枪杀工人顾正红,打伤工人10余名。接着租界当局又逮捕开展募捐援助工人斗争的学生,并提出损害中国工商业者利益的四提案,进行威胁,更加激起上海人民的义愤。5月30日,上海工人、学生2千多人在公共租界各马路散发反帝传单,进行演讲,抗议枪杀顾正红,反对"四提案",又遭逮捕。英国巡捕向群众开枪射击,当场打死4人,伤后不久死亡者9人,重伤数10人,逮捕40余人,造成震惊中外的五卅惨案。当晚,中共中央召开紧急会议,决定把斗争扩

五卅运动

大到各阶层人民,建立反帝统一战线,开展罢工、罢课、罢市的三罢斗争。31日,上海总工会成立,李立三、刘华任正副委员长,刘少奇任总务科主任,宣布总同盟罢工。自6月1日起,上海有20万工人罢工,5万学生罢课,绝大部分商人罢市。6月7日,各界组成上海工商学联合委员会,作为公开领导反帝斗争的机关,提出撤退驻华之英日军队,取消领事裁判权、惩凶、赔偿等17项交涉条件。五卅反帝爱国运动迅速波及全国。北京、南京、武汉、天津、长沙、广州、济南、重庆等近500个城镇的人民纷纷举行集会、游行示威、罢工、罢课、罢市,反对帝国主义暴行,一些地方的农民也加入斗争。全国投入反帝斗争的群众约1200万人,形成全国规模的反帝斗争高潮。

帝国主义对上海人民的斗争继续采取镇压政策,同时采取分化反帝统一战线的策略,对资产阶级进行威胁利诱。上海总商会于6月19日宣布停止罢市,学生因暑期到来纷纷离校,工人阶级为避免孤军作战,决定改变斗争策略,由总罢工改为经济斗争和局部解决,在日英资本家先后答应"承认中国政府颁布工会条例"所组织之工会、对罢工工人在生活上"予以相当之帮助""酌加工资"、不得无故开除工人等条件后,罢工工人于8、9月间复工。这次运动,沉重打击了帝国主义,提高了中国人民的觉悟,显示了工人阶级的

领导力量和革命统一战线的作用,揭开了大革命高潮的序幕。

## 中山舰事件

第一次国内革命战争时期蒋介石为打击共产党,进一步篡夺军权而制造的阴谋事件,亦称"三二〇事件"。1926年3月18日,黄埔军校驻省办事处向海军局传达蒋介石命令,要海军局迅速派兵舰到黄埔候用。但19日中山舰开抵黄埔后,蒋介石却声称并无调遣该舰之命令。

经请示蒋介石,中山舰又开回广州。蒋介石借中山舰的往返开动,诬陷共产党阴谋暴动,要将他绑架到苏联,推翻国民政府,改建工农政府。20日,擅自宣布广州戒严,调动军队断绝内外交通,逮捕海军局代理局长兼中山舰舰长李之龙(当时是共产党员),占领中山舰和海军局,包围苏联顾问团住宅和省港罢工委员会,扣留黄埔军校和国民革命军第一军中做党代表与政治工作的共产党员。接着又强迫第一军中以周恩来为首的50多名共产党员退出该军。蒋介石还利用这一事件排斥了汪精卫,逼汪离粤出国。由于中共陈独秀等对蒋介石采取妥协退让的方针,使其阴谋得以实现。

中山舰事件

## 皇姑屯事件

日本帝国主义者在沈阳近郊皇姑屯火车站制造的炸死张作霖的事件。张作霖是日本帝国主义一手扶植起来的奉系军阀首领。但是随着奉系军阀集团势力的不断扩大和日本索取东北"权益"胃口的加大,加之英美势力的渗透,奉日间的矛盾日益激化。特别是1927年张作霖不但未能满足日本要求修建铁路和自由租借东北土地等要求,反而引进英美资本,修建大通(大虎山到通辽)、沈海(沈阳到海龙)等铁路和葫芦岛港,从而引起了日本帝国主义的极大不满。1928年5月中旬,南京政府的"北伐军"直逼京津,张作霖政权岌岌可危。日本关东军司令官村冈和高级参谋河本决定乘机谋杀张作霖,企图制造东北政局混乱,然后借口"维护治安",出兵占领东北。为此,河本制定了杀害张作霖的详细计划,准备在张回沈阳途中炸车。

1928年6月4日清晨,当张作霖的专车行驶至沈阳西北郊皇姑屯车站南满铁路和京奉铁路交叉处时,日本关东军预先埋在南满铁路吊桥的炸药爆炸。黑龙江督军吴俊升和张作霖的一个姨太太当即炸死,张身受重伤,被急救回沈阳"帅府",于上午九时三十分毙命。这就是皇姑屯炸车事件。张作霖被炸死后,由于奉系当局秘不发丧,使日军未敢轻举妄动。当天,奉军第三方面军军团长、张作霖长子张学良连夜离京"奔丧"。回沈阳后张学良承袭父职,稳定局势,至21日才正式公布张作霖死讯,致使日本侵略者的阴谋未能得逞。

皇姑屯事件

## 七君子事件

国民党政府打击和迫害抗日民主人士的事件。1936年5月31日,由沈钧儒、邹韬奋等发起在上海成立了全国各界救国联合会,要求国民党停止内战,释放政治犯,并与中共谈判,建立统一的抗日政权。7月15日,救国会领导人沈钧儒、章乃器、陶行知、邹韬奋等联名发表《团结御侮的几个基本条件与最低要求》的宣言性文章,要求蒋介石停止内战,联合红军,共同抗日。对此,国民党政府竟以"危害民国"的罪名,于11月23日凌晨,在上海非法逮捕了救国会领导人沈钧儒、章乃器、邹韬奋、李公朴、王造时、沙千里、史良七人,制造了震动全国的"七君子事件"。

事件发生后,全国各界立即举行各种形式的援救运动。1937年春,国民党政府竟不顾民情,要对"七君子"起诉公审。为此,中共中央于4月12日公开发表了"对沈章诸氏被起诉宣言",要求国民党彻底放弃错误政策,释放一切政治犯。

北平、西安等地都举行了援助救国会领袖的示威运动。同年6月,宋庆龄、何香凝等17人发起了救国入狱运动,抗议国民党的暴行,并得到了全国各地的响应。在全国人民的压力下,1937年7月31日,沈钧儒等七人被释放出狱。

## 重庆谈判

以毛泽东为首的中国共产党代表团与国民党政府代表于1945年8月29日至10月10日在重庆举行。国民党政府代表为张群、王世杰、邵力子、张治中;中共代表为毛泽东、周恩来、王若飞。抗日战争胜利后,全国人民强烈要求和平,蒋介石慑于国际、国内和平民主力量和舆论的压力,加之内战部署尚未做好准备,便以谈判为掩饰,企图既可欺骗国内广大人民对和平民主的要求,又可应付来自国际的种种压力。蒋介石一面加紧部署军队,抢夺抗战胜利果实,一面于 8 月 14 日、20 日、23 日,三次电邀毛泽东赴重庆谈判,共商国是。中共中央根据国际国内形势,做出了与国民党进行谈判的决定,并确定了争取通过和平方式实现社会政治改革的方针。

8 月 25 日,中共中央发表《对目前时局的宣言》,提出了和平、民主、团结三大口号。

8 月 26 日发出《中共中央关于同国民党进行和平谈判的通知》,告诉全党毛泽东将赴重庆谈判,说明党中央关于谈判的方针,并提醒全党不要因为谈判而放松对于蒋介石的警惕和斗争。

8 月 27 日,国民党政府派专机由美国驻华大使赫尔利和国民政府代表张治中飞赴延安迎接。28 日,毛泽东、周恩来、王若飞在赫尔利、张治中陪同下飞抵重庆。29 日,开始谈判。双方谈判的主要内容有:关于和平建国的基本方针;关于政治民主化问题;关于国民大会问题;关于人民自由问题;关于党派合法问题;关于特务机关问题;关于释放政治犯问题;关于地方自治问题;关于军队国家化问题;关于解放区地方政权问题;关于奸伪问题;关于受降问题等 12 个方面的问题。在历时 43 天的谈判中,毛泽东与蒋介石接触共达 9 次。

经过谈判,双方于 10 月 10 日签署了《政府与中共代表会谈纪要》(即《双十协定》)。

10 月 11 日,毛泽东在张治中的陪同下飞返延安。通过重庆谈判,中国共产党用事实向全国人民表明了自己的和平诚意,它击破了国民党说共产党不要和平、不要团结的谣言,揭穿了国民党的内战阴谋,赢得了国内外广大中间群众的同情与支持;通过谈判,迫使国民党承认了和平团结的方针,承认以和平统一为基础,避免内战,这对国民党发动内战也是一个约束;通过谈判,达成召开政治协商会议决议,用协商方法解决问题;通过谈判,国民党不得不承认中国共产党及各党派的平等合法地位的原则,从而为中共在国民党统治区恢复和开展活动提供了有利条件。

# 历史谜踪

## "尧舜禅让"是礼让还是篡位

尧是远古时期有名的贤德的君主,他是三皇五帝中的第四个帝。他不"唯亲是举",大力举荐有才干的舜为自己的继任者,这就是历史传说中有名的"尧舜禅让"。但是现在却有人开始怀疑这种说法的准确性,毕竟这仅仅是远古流传下来的一个传说,到了春秋时期,才有人把它诉诸文字。所以,关于尧舜之间权力交接的真相,就成了一个千古疑案,后世的人们众说纷纭,莫衷一是,但争论的同时,这个千古未解之谜也为我们留下了很多美丽的传说。

帝尧

大部分人还是比较认可"举贤"说的,因为这反映了我们中华民族的大公无私、唯才是举的传统美德。传说中,舜姓姚,他的父亲是个瞎子,他的母亲很早就去世了。后来,他的瞎父亲又娶了一个妻子,舜的后母心胸狭窄,而且心地狠毒。后来,后母生了个儿子,取名叫象。象好吃懒做而且飞扬跋扈,在父母面前,他经常说哥哥舜的坏话。舜的父亲也被他们拉拢到一起,站在他们的战线上。所以,夫妻俩和象常在一块儿商量,如何找机会害死舜,这样,象就可以继承父母的全部财产。但舜心地善良,并不介意他们的故意刁难。他还是一如既往地孝顺自己的瞎父亲,对后母和弟弟也很好。

当时,尧已经八十六岁了。他觉得自己年老力衰,于是叫大家推举贤能的"接班人",大家一致推举很有威望的舜。尧听了人们的推举后,决定先考验考验舜。于是,尧把自己的两个女儿娥皇和女英都嫁给了舜,并且派舜到各地去同人们一起干活。他先派舜来到历山脚下去种地。在舜来之前,那里的农民经常为了争夺土地不时地发生一些冲突。等到舜到了那儿后,农民们在舜的教化和领导下就变得互相谦让,经常你帮我,我帮你,把生产搞得很好。舜又到河滨去烧制陶器。原来那儿的陶工干活粗制滥造,陶器质地粗劣,等到舜一去,陶工们在舜的组织下,认真工作,制作出来的陶器十分精美。总之,舜每到一个地方,人们都愿意跟随着他。那时候,父权制已经确立,人人可以拥有财产。由于舜的才能,舜拥有了许多私有财产。

舜的瞎父亲和弟弟象听说舜有很多财富,又起了坏心。有一次,父亲叫他修补粮仓的屋顶。当舜沿梯子爬上屋顶的时候,他们就在下面放起火来,想借机把舜烧死。舜在屋顶看见起火了,想找梯子时,梯子已经被狠心的父亲和弟弟藏了起来。幸好当时,舜随身带着两顶遮太阳用的笠帽。他灵机一动,双手平举笠帽,像鸟张开翅膀一样跳下来。舜轻轻地落在地上,一点也没受伤。舜并没有怪罪他们,还是像以前一样尊老爱幼。一计不成,他们又设计了一个陷阱。一天,他们叫舜去掏井。当看到舜跳下井后,象和他的瞎眼父亲就在地面上把一块块石头丢下井去,把井填没了。他们企图把舜活活埋在里面。后来聪明的舜在井边掘了一个孔道,钻了出来。尽管父母兄弟对待自己不好,但舜还是像过去一样和和气气地对待他的父母和弟弟。于是,一家人就开始和和睦睦地在一起生活。

尧听说舜这样宽宏大量后感到很放心。于是在一个风和日丽的黄道吉日,尧在京城南郊举行了重大的禅让仪式。当尧庄严地把代表权力的权杖交给舜,舜恭敬地接过权杖的一瞬间,响起了雷鸣般的欢呼声。这就是一般历史书所说的"尧舜禅让"。因为它以群众推举或领袖授权为基础,所以人们称这种说法为"举贤说"。

还有一种说法是"拥戴说"。据说尧年老的时候,并没有想把帝位交给舜,而且当时尧的儿子丹朱也非常想继承父亲的大权,但碍于当时舜的声望迟迟没有下手。所以在尧死后,为了避免冲突发生,舜就避开丹朱到了南河之南。但那时天下的诸侯不到丹朱那里去朝见,反而跑来朝见舜。如果想打官司,他们不到丹朱那里去,都跑来找舜。于是,人们编出的歌谣不歌颂丹朱,却歌颂舜。所以,经过诸侯和民众的拥戴,舜便接受了大家的好意,接替尧登上了帝位。关于这个典故,荀子和孟子是比较赞同的。荀子认为,舜之所以能登上帝位,那是靠了他自身的道德;孟子也说过,舜登上帝位是靠了上天的赐予和民众的拥护。

关于"尧舜禅让",有人甚至从根本上进行了否定,他们认为禅让只不过是被儒家神圣和美化了的精神价值取向罢了,实际上舜是篡夺了尧的大权。这就是比较流行的"篡夺"说。史学专家是根据《史记》的记载:舜取得了行政管理大权后,曾经进行了一系列的人事改组。例如,舜启用了被尧长期排除在权力中心之外的"八恺""八元",历史上称之为"举十六相",这表明了舜在扶植亲信。而对尧信用的混沌、穷奇等,舜把他们排出了权力中心,这在历史上被称之为"去四凶",这显然是排除异己。历经这次人事改组之后,尧的大势已经去了,他的悲惨命运也就开始了。《括地书》引用《竹书纪年》说:"昔尧德衰,为舜所囚也。"又说:"舜囚尧,……使不与父相见。"意思大约是,舜先把尧软禁起来,后来也不准他同儿子、亲友见面,以此来逼迫他让位。就连尧的儿子丹朱也被放逐到了丹水。

关于尧舜之间的权力交接,是和平交接,还是被迫让位,从古至今就存在着很多猜测。由于当时没有确切的历史记载,这也成为一个千古未解之谜。

## 越王勾践到底有没有卧薪尝胆

越王勾践卧薪尝胆的历史故事,已经是尽人皆知了。这个历史故事说的是:传说在春秋时期的一场战争中,吴国打败了越国,吴军把越王勾践包围在会稽山上,致使越王在走投无路的情况下忍辱求和。从那以后，越国成为吴国的臣国，并受控于吴国。越王勾践像奴隶一般在吴国宫中服役 3 年，后来吴王免去了勾践的罪，让他回国去了。为了不忘亡国之痛、报仇雪恨，勾践在屋顶上面吊了一个苦胆，无论是出是进、是坐是站，就连吃饭睡觉，也要尝一尝苦胆之味，用来激励自己的斗志；他还既不用床，也不用被褥，累了，便睡在硬柴堆砌的"床"上，以此锻炼自己的筋骨。越国最终灭了吴国，就是因为勾践这十多年的磨炼并实行了各种得力措施。

卧薪尝胆

但历史上的越王勾践是不是真的用卧薪和尝胆两种手段来激发勉励自己的呢？首先从历史典籍来看，《左传》和《国语》成书年代较早，并且其中记载的史实也较为可信，因而较具有参考的价值。但两本史籍中无论哪一本，在讲述勾践的生平事迹时，都根本没有记载越王勾践卧薪尝胆的行为。另外，在《史记》中的《越王勾践世家》中，司马迁说："吴既敌越，越王勾践反国，乃苦身焦思，置胆于坐，坐卧即仰胆，饮食亦尝胆也。"其中，没有写到越王勾践卧薪之事。东汉时期，袁康、吴平作《越绝书》，赵晔作《吴越春秋》，这两本书虽然是专门记录关于春秋时期吴越两国的历史，但它们却只是以先秦历史为基础，又加上了小说家们的荒诞想象。《越绝书》中卧薪、尝胆都未提及；《吴越春秋》中的《勾践归国外传》，也仅说越王勾践"悬胆在户外，出入品尝，不绝于口"，而根本没有卧薪之事。由此看来，在西汉的《史记》中最早出现了越王尝胆一事；而在东汉时期的史料中还没有出现卧薪之事。

有人考证，在北宋苏轼所写的《拟孙权答曹操书》中"卧薪尝胆"首次被作为一个成语来使用。但苏轼起草这封信时带有很强的游戏性，信中的内容与勾践无关，而是设想孙权在三国平分天下时曾"卧薪尝胆"。南宋时期，吕祖谦在《左氏传说》中曾经谈到"卧薪尝胆"的事情，但说的却是吴王。明朝张溥在《春秋列国论》中也说"吴王即位，卧薪尝胆"。以后，《左传事纬》和《绎史》两书中，都说是吴王夫差卧薪尝胆。但与此同时，南宋的真德秀在《戊辰四月上殿奏札》黄震在《古今纪要》和《黄氏日抄》两书中，又说是越王勾践曾卧薪尝胆。然而，到北宋的苏轼提出了"卧薪尝胆"一词后，这事究竟是夫差还是勾践所做，从南宋直到明朝都没有结论。明朝末年，在传奇剧本《浣纱记》中，梁辰鱼对越王勾践卧薪、尝胆二事大加渲染。清初的吴乘权在《纲鉴易知录》中写道："勾践叛国，乃劳其凝思，卧薪尝胆。"后来，明末作家冯梦龙在其刊刻的历史小说《东周列国志》中也多次提到过勾践卧薪尝胆的故事，直到现在越王勾践卧薪尝胆的故事才广为流传。但其真实性却需要考证。

另有一些学者认为，早在东汉时代成书的《吴越春秋》中的《勾践归国外传》中就有越王勾践"卧薪"之事的记载。该文说越王勾践当时"苦身焦思，夜以继日，用蓼攻之以目卧"。蓼，清朝马瑞辰解释说是苦菜。蓼薪，意思就是说蓼这种苦菜聚集得非常多。勾践准备了许多蓼菜一定是用来磨炼意志，"攻之以蓼"也可以说是"攻之以蓼薪"。这样，上述《吴越春秋》中的话的语意就十分明显：那时勾践日夜操劳，眼睛十分疲倦，就想睡觉，即"目卧"，但他用"蓼薪"来刺激自己，以便能够忍耐克服，避免睡觉。卧薪、尝胆分别是让视觉和味觉感到苦。后人把"卧薪"说成是在硬柴上睡觉，是曲解了《吴越春秋》的意思，因为"卧薪"是眼睛遭受折磨而不是身体遭受折磨。这种说法的结论是：勾践确实有过卧薪尝胆的行为，尽管后人误解了这个词语的意思。

若说卧薪尝胆这个故事是真的，为什么历史上这么晚才有记载？若说是假的，它却在民间广为流传，而且这两种说法都有根据。因此，它成为中国历史上的又一个未解之谜。

## 秦始皇"焚书坑儒"之谜

提起秦始皇，人们就会想起"焚书坑儒"这一典故，但是秦始皇到底有没有"坑儒"呢？

秦始皇统一六国以后，采取了一系列的措施，以便加强中央集权。在完成政治上的诸多加强控制的举措之后，秦始皇便开始了精神上的控制。公元前213年，秦始皇在咸阳宫为群臣及众多的儒生大排酒宴。在宴会上，围绕着是否实行分封制，众多儒生之间发生了激烈的争论。丞相王绾、博士生淳于越等人主张实行分封，而丞相李斯等则赞同郡县制，并指责淳于越等"不师今而学古"，"道古以害今"。最后秦始皇支持李斯的观点，并采用、实施李斯的"焚

焚书坑儒

书"建议，下令：除了秦纪(秦国史书)、医药、卜筮、农书以及国家博士所藏《诗》《书》和百家语以外，凡列国史籍、私人所藏的儒家作品、诸子百家著作和其他典籍，统统按时交官焚毁。同时，禁止谈及《诗》《书》和"以古非今"，违者定当严惩乃至判其死罪。百姓如想学一些法令，可拜官吏为师。从这一点来看，焚书的举动秦始皇肯定做过。

秦始皇称帝以后，力求长生不老，迷恋仙道，不惜动用重金，先后派徐福、韩众、侯生、卢生等人寻求仙药。侯生与卢生当初是秦始皇身边的方士，由于长期为秦始皇求仙人和仙药，却始终没有找到，心急如焚，忐忑不安。依照秦国的法律，求不到仙药就会被处死。因此他们深发感慨：像这样靠凶狠残暴而建立威势并且贪婪权势的人，不值得给他求仙药。于是，侯生、卢生悄悄地远走他乡。

这件事使秦始皇十分恼怒,于是他下令,对所有在咸阳的方士进行审查讯问,欲查出造谣惑众的侯生、卢生两人。方士们为保全自己的性命,只得相互告发,秦始皇最后把圈定的460余人,都在咸阳挖坑活埋。

秦始皇的"坑儒"是"焚书"的继续。至于坑杀的人究竟是方士还是儒生,学术界各持己见。从分析"坑儒"事件的起因看,秦始皇所坑杀的人应该是方士;但从长子扶苏的进谏"众儒生都学习孔子的学说"来看,秦始皇所坑杀的又好像是儒生。

而且东汉卫宏在《诏定古文官书序》中记载,秦始皇在骊山温谷挖坑用以种瓜,以冬季瓜熟的奇异现象为由,诱惑博士诸生集于骊山观看。当众儒生争论不休、各抒己见时,秦始皇趁机下令秘杀填土而埋之,700多名儒生全部被活埋在山谷里。于是有人便根据这一点而偏向于传统的说法,认为秦始皇确实有过"坑儒"的行为。

但有人研究诸史籍,认为"焚书"有之,"坑儒"则无,实是"坑方士"之讹。"坑方士"事见始皇三十五年,因为侯、卢二人求仙药不成,他们惧"秦法不得兼方,不验辄死",骂了秦始皇一番后逃走。既然事端由方士引起,那么就只能是"坑方士",当然不能说被杀的460余人中没有儒生,而全是方士,但是由其代表人物可推知,被杀的主体应该是方士,而被杀的原因更与儒家的政治主张和学派观点无关。所以即使被杀者有儒生,也并非因其为儒生而得罪,总是与方士们有某种牵连之故。因此绝无理由说秦始皇"坑儒"。尽管秦始皇早因"坑儒"之举背上千古骂名,然而,直到今天,秦始皇究竟有没有"坑儒"这一谜团还是没有解开。

## 荆轲刺秦王为何没有成功

荆轲,战国时代卫国人。他的祖先是齐国人,后来迁移到卫国,卫国人称呼他为庆卿。到燕国后,燕国人称呼他荆卿。"荆轲刺秦"的故事流传至今。

"荆轲刺秦"是一则广为流传的故事。壮士荆轲报燕太子丹知遇之恩,不惜以命作赌,前往秦国刺杀秦王。但令人扼腕的是,本来有把握的事却没能成功,荆轲成了"一去不复返"的失败的英雄。

为什么荆轲刺秦的行动没有成功呢?分析历史事实,不难发现,该行动中有着不应有的错误行为:一是用人失误,助手秦武阳虽为勇士,但关键时刻却又容易胆怯;二是荆轲本人对时机不能把握好,不能当机立断,结果误了大事。

荆轲是由田光推荐给燕太子丹的。田光是个很有眼光的人,他在向燕太子丹推荐荆轲时说:"我暗地观察了太子手下的食客,都派不上用场。夏扶、宋意、秦武阳虽是勇士,但发起怒来,脸色便有变化。我知道有一个叫荆轲的人,神勇非常,发怒时,面不改色。此人博闻强识,身体强壮,性情刚烈,不拘小节。他志向高远,想成就大的功名,经常住在卫国。太子要成大事,非荆轲不可。"于是太子丹亲自送田光前往卫国迎接荆轲。"士为知己者死",荆轲觉得自己应当有所回报。

荆轲说:"现在有两样东西是秦王最想要的,一是樊於期的头,二是督亢的地图,而这两样东西我们都能提供,这样我们就胜算在握了。"

荆轲暗中求见樊於期,告诉他自己的打算,并对他晓以利害,结果樊於期为了报仇自刎而死,头坠到背后,死时没有合眼。

太子丹听说后,十分悲痛,但为了长久之计,只好把樊於期的脑袋装在盒子里封好,和燕国的督亢地图放在一起,作为献给秦国的礼物。太子丹派秦武阳陪同荆轲一起入秦,他们随便挑了个日子就出发了。

荆轲、秦武阳二人向西行进入秦国境内,到了咸阳。秦国掌管王族版籍的官员蒙白对秦王说:"燕国太子丹惧怕大王的威名,现在献出樊於期的脑袋和督亢地图,表达想做北部藩国臣民的一片诚心。"秦王果然很高兴,在百官和执戟卫士的护驾下召见燕国的使节,荆轲捧着樊於期的脑袋,秦武阳捧着地图。钟鼓齐鸣,群臣高呼万岁。见此情形,秦武阳非常恐慌,站在那里不能移动,面如死灰,秦王有了些疑心,荆轲回头看秦武阳,上前谢罪说:"他在北方荒僻之地长大,没有见识,希望大王能原谅他,让他能够在您面前完成使命。"秦王这才相信,说:"你过来,把督亢地图送上来。"秦王把地图展开,露出来一把短剑。荆轲眼疾手快,左手抓住秦王的衣袖,右手握剑直刺秦王的胸膛,又命令秦王说:"现在,燕王的母亲病了,给我的时间紧迫,你想活的话,就按我的计划做!"秦王说:"我同意按你的计划去办!我请求死前听听琴声。"他叫来美人弹琴,并唱歌道:"罗绫做的单衣,可以扯开扯裂;八尺高的屏风,可以跳起跨越;辘轳宝剑,可以背后拔出来。"荆轲没有领会其中的意思,秦王依琴声做,拔出背在身后的剑,割断衣袖,越过屏风就跑。荆轲拔出短剑掷向秦王,可惜只刺穿了秦王的耳朵,短剑刺入铜柱,迸出火花。秦王趁机转身扑向荆轲,砍断了他的双手,荆轲背靠铜柱大笑,两腿张开,坐在地上,大声痛骂:"大事之所以没能成功,是因为我想活捉你,迫使你订立归还诸侯们土地的契约来回报太子。"这时侍卫们冲上前来杀死了荆轲。至此荆轲刺秦以失败告终。

但荆轲刺秦王究竟为什么失败,还有待于谜题的进一步揭开。

## 孟姜女哭长城是否真有其事

"孟姜女哭长城"是我国流传千古的古代民间传说,可谓妇孺皆知。为了纪念那位万里寻夫的孟姜女,山海关被后人认为是孟姜女哭长城之地,并在那里盖了姜女庙,登临庙宇的游人,无不动容。但有人认为,孟姜女哭长城的故事,纯属虚构。因为被指定为"孟姜女哭长城"之地的山海关所有的长城是秦朝以后才筑起的,而秦始皇所筑长城距山海关北去数百里。历史上有过哭倒城墙的记载,但故事发生的时间比秦统一六国要早得多,因此和秦始皇根本没有关系。

唐末有一首《杞梁妻》,诗中说杞梁妻为秦国人,她去长城哭吊筑长城而死的丈夫,"一号城崩塞色苦,再号杞梁骨出土"。到了宋代广为流传的杞梁开始有了姓,但有各种各样的说法,有说姓范,有说姓万,还有叫杞郎或喜良的。南宋郑樵曰:"杞梁之妻,于经传所言者,数十言耳,彼则演成万千言……"看来孟姜女哭长城是由杞梁妻的故事演变而来的,而故事最后大致形成于北宋年间。

故事、传说毕竟代替不了历史事实,实际上并没有孟姜女哭长城这件事。但是因为这个故事的生动性与悲剧色彩,成了各朝各代人们借题发挥的素材。有种观点就认为,根据历代时势和风俗的不断变化,孟姜女哭长城也在不断变更。战国时齐都中哭吊盛行,杞梁战死而妻哭吊便是悲剧的材料。西汉时,天人感应之说盛行,杞妻的哭夫便成了崩城和坏山的感应。到了六朝、隋唐间,乐府中出现送衣之曲,于是送寒衣的内容增加了。可见孟姜女哭长城的故事是顺应了文化演变的潮流,随各时各地的时势和风俗而改变,并在民众的情感和想象基础上而发展起来的。

但也有人根本否定孟姜女即《左传》中的"杞梁之妻",认为在封建社会,民不聊生,哭夫的题材并不少见,《左传》中也有记载,因此单凭哭夫就做出了论断,不能令人信服。还有的说,好端端的长城,竟然城墙被一位妇女哭塌了,过于荒诞。再说,齐国的孟姜女被捏造成秦国的孟姜女,攻打莒城被改为修筑长城,这是故意往秦始皇身上栽赃。

孟姜女哭长城

2000多年来,孟姜女哭长城的传说以故事、歌谣、戏曲等多种形式流传于我国广大地区。其故事的真实程度早已被撇到一边,人们欣赏的是孟姜女身上那种坚贞不渝的爱情和对统治者的坚定的反抗精神,真是"秦皇安在哉,万里长城筑怨;姜女未亡也,千秋片石铭贞"(宋文天祥书孟姜女庙楹联)。

## "三顾茅庐"是真是假

"三顾茅庐"这个成语典故的出处妇孺皆知。我国古代四大名著之一的《三国演义》写刘备"三顾茅庐"请诸葛亮出山辅助他成就帝业的故事,将刘备的礼贤下士的态度写得栩栩如生,把刘备对诸葛亮的敬仰之情,关羽、张飞的居功自傲描绘得惟妙惟肖,入木三分。这段"三顾茅庐"的故事,是罗贯中根据陈寿《三国志·诸葛亮传》中的记载,加以艺术构思而创作的。但刘备为请诸葛亮出山究竟是不是"三顾茅庐"?学术界各有说法。

《三国演义》中关于这第一次见面的记载是:刘备带领军队驻扎新野时,徐庶对刘备说:"诸葛孔明者,卧龙也,将军愿见他吗?"刘备说:"你带他一起来吧。"徐庶说:"可以主动登门去见此人,但不能让他来拜见您。"可见,刘备亲自到诸葛亮那里去请求拜见、赐教。共三次前往,才得以相见。但没有写关公、张飞同往,也没有说明是在茅庐中相见。

诸葛亮自己写的《出师表》中也说:"先帝不以臣卑鄙,猥自枉屈,三顾臣于草庐之中……"这几句话,证据确凿。陈寿在《三国志》中写到了《隆中对》,对刘备三次往访以及诸葛亮论天下形势的内容记载得更为详细。刘备"三顾茅庐"一直被当作礼贤下士、重视人才的典范。刘备当时困难重重,急需人才,从情理上看,"三顾茅庐"是极有可能的,所以历代没有人对此事的真实性有过怀疑。但现在有人提出另一种说法,认为"三顾茅庐"的记载难以令人相信。诸葛亮是位胸有宏图之士,刘备请他出山,当然正合其意,他岂能大摆架子,而不抓住这个可能失去的机会?当时的诸葛亮只有27岁,刘备则是个有声望的政治家,对诸葛亮怎能那样低声下气地苦求?虽然前一种说法中以《隆中对》作为证据,但当时,曹操几十万南征大军正威胁着刘备,《隆中对》不提这个紧迫的现实问题,是不合乎情理的。同时,刘备第一次见诸葛亮,不会安排现场记录。所谓《隆中对》,很有可能是后人附会《出师表》而杜撰的。据此,"三顾茅庐"之说就不可信了。

诸葛亮

三国人鱼豢写的《魏略》中,也提到了刘、诸葛二人第一次相见的情景。《魏略》中说刘备屯兵于樊城时,曹操方已统一黄河以北,诸葛亮预见曹操马上就要对荆州发动进攻。荆州刘表性情懦弱,不晓军事,难以抵抗。诸葛亮于是北行见刘备。刘备因为诸葛亮年纪小,根本不重视他。诸葛亮通过谈论对当今政局的对策,才使刘备逐渐信任他。最后,刘备才"以上客礼之"。西晋司马彪《九州春秋》的记载也大同小异。

从诸葛亮本身的积极进取的态度来看,《魏略》《九州春秋》的记载也有一定的可信度。

有人则调和了这两种说法之间的冲突,认为"三顾茅庐"与诸葛亮的樊城自请相见都是真实可信的。清代学者洪颐煊在《诸史考异》中说诸葛亮初见刘备于樊城,刘备虽以上客待之,但没有特别器重他。等到徐庶举荐时,刘备再次相见,才逐渐有了很深的感情。并指出:在建安十二年初见,再次相见是在建安十三年。诸葛亮后来非常感激,因而记入了《出师表》中。

诸葛亮与刘备究竟是"一见",是"再见",还是"三见",这只有当事人知道了。然而,"三顾茅庐"的故事却流传了下来,吸引了无数人。

## 首次去西天取经的是玄奘吗

在中国,《西游记》的故事可谓家喻户晓、妇孺皆知,它以唐僧、孙悟空等师徒去西天取经的过程为线索,讲述了他们在西行途中与各方妖魔鬼怪比智斗法的传奇故事。小说里武艺高强、疾恶如仇的孙悟空大战白骨精、智取牛魔王,为取得真经立下了汗马功劳。相比之下,作为师傅的唐僧却显得那么优柔寡断、懦弱无能。但事实上,唐僧的原形——唐代的玄奘大师却是中国乃至世界佛教史上一大功臣,也是我国古代西行求法高僧中成就最高、影响最大的一位。但中国历史上西行取经的第一人是否就是他呢? 后世有很多不同的看法。

一些书籍中是这么认为的。根据史书记载,玄奘当年是冒着偷渡的危险去西行取经的,并且在同行的胡僧中途退出之后,他孑然一身,仍然坚持独行于沙漠。唐太宗贞观三年(629),他从长安西行,经姑臧(今甘肃武威),出敦煌,经今新疆及中亚等地,历尽艰险,辗转达到中印度。他在中印度巡游了各方佛教圣地学府并学习讲研了大量佛教著作,于贞观十九年(645)回到长安。孤征17年,亲行5万里,历经100多个国家("所闻所履,百有三十八国"),玄奘大师西行求法后带回了大量梵文经典,并且把他在印度中亚的所见所闻写成了《大唐西域记》,详细介绍了印度各地的风土人情和宗教盛衰。此书不仅是历史研究的宝贵资料,也为今天考古工作提供了重要依据。可以说,玄奘是我国佛教传播史上一位重要人物。

但更多的人否认这种说法。众所周知,佛教是源于印度的。在中文的佛教教义里,西天往往是真理存在终极世界的代名词。因为佛教是从古中国的西域传入的。公元前6、前5世纪,佛教在印度恒河流域创立以后,不久就向周边国家传播。汉代张骞出西域标志着丝绸之路的开通,促进了佛教的东传。佛教由印度西北部,东逾葱岭,沿着丝绸之路传入中国内地。但最初来中国的传教者,基本上都是笃信佛教的中亚各国的西域僧侣,而不是印度僧。据北大学者季羡林先生考证,汉地最早的佛经并不是直接从梵文翻译过来的,而是经中亚古代语言转译的。同时,由于所翻译的经典,大都是口译,而且是按照西域的思想习惯,中国人不易接受。结果,初期佛经的原本在经过西域各地的间接输入后,不是经本不全就是传译失真,在流传过程中常常产生自相矛盾的现象。佛教盛行后,一些佛教徒想要改变这一状况,于是决意西出阳关,发起西行求法运动,由此揭开了中外佛教文化新的一页。在佛教盛行的两晋和唐代,西行求法的人陆续不绝,人数还是相当多的。据义净《大唐西域求法高僧传》所列就有近60人。但在古代生产力水平低下、交通极不方便的情况下,从我国内地到印度无论是走陆路还是海路,都需要经年累月,吃尽千辛万苦,甚至付出生命的代价。据佛教史传的记载,在成百上千的求法高僧中,真正能够幸存下来、学成而归的,只是少数人而已。这样看来,玄奘大师应该是这幸运的少数人中最成功的一位了,而不一定是第一人。

那么,如果玄奘不是,谁又是西天取经的第一人呢?根据现存的史料来看,一般认为三国时代的朱士行应当是我国最早西行求法的人。他是三国时魏国的僧人,原籍颍川(治所在今河南禹县)。朱士行少年时出家,嘉平(249~253)年间,开始依羯磨法受戒成为比丘。他在出家后就埋首研读经典。在洛阳讲《道行般若经》的时候,他常常感觉到口译的经文文句艰涩不说,有很多又被删略,很难理解,因此就希望去西域寻找原本。魏甘露五年(260),朱士行从长安出发,历尽艰险,终于到达当时大乘经典集中的地方于阗(今新疆和田一带),经过20多年,才找到了原本梵文的《放光般若经》40章,大概60多万字。原本希望能立刻将写好的经文送回国,但由于当地学徒的阻挠,直到西晋太康三年(282)才由他的弟子弗如檀(汉语译作法饶)等10人送回洛阳。元康元年(291)由无罗叉和竺叔兰等译出,计20卷。而大师朱士行却终身未能回汉地,80岁病死于阗。虽然他所求得的经典只有《放光般若经》一种,译文也不算太完整,但在当时还是产生了很大的影响。有很多的学者如帛法祚、支孝龙、竺法蕴、康僧渊、竺法汰、于法开等,都通过《放光般若经》来弘扬般若学,更有后人假托其名作《朱士行汉录》,可惜连假托之作在隋初也已经散佚。但自朱士行后,西行求法的僧侣一时涌起,从三国到唐代,络绎不绝。只是成功者实在是微乎其微,史册上也无多记载。

"路漫漫其修远兮,吾将上下而求索"。也许正是这种为了寻求真理而不顾一切地坚强信念才给了前人那么大的动力,让他们心甘情愿前仆后继,为了取得真经而踏上充满荆棘的西行路。也许正是这样一种为了真理而不顾一切的执着精神才造就了这个民族雄汉盛唐的伟大文明吧!

## "杯酒释兵权"之谜

"陈桥兵变"后,宋太祖赵匡胤登上皇帝宝座,为了巩固自己九五之尊的地位,将权力集中于自己一人之手,在赵普的劝说下,以"杯酒释兵权"夺去诸位功臣手中的兵权,从而将兵权牢牢控制在自己一人手中。这便是历史上有名的"杯酒释兵权"事件。长期以来,人们对此事件的真实性一直未加怀疑,但到20世纪40年代,某些学者考虑"杯酒"一事是否真有其事。这些年来,又有好些学者用不同的方式对"杯酒"一事提出质疑,认为此事"漏洞多多,难以置信"。其实,"杯酒"一事虽然在某些细节的记载上夸大其词,但后人也无法胡编乱造。作为一桩历史事件来说,确有其事。这些大事的进程,必定要有许多严谨、正规、周密的操作程序,不会是喝完一杯酒就发生的事情。但毫无疑问的是,它们又的确是通过杯酒一席间,创造出一种平和、智慧、诚挚的政治氛围的。所谓"杯酒释兵权"就是在如此的氛围中发生的一幕历史剧。

玄奘

关于"杯酒释兵权"的史书记载,内容基本相同,下边摘录的是袁了凡、王凤洲合著的《纲鉴合编》中的一段:

一日因晚朝,与石守信等饮酒酣,屏左右,谓曰:"朕非卿等不及此(石守信、高怀德、王审琦等是陈桥兵变的主要参与者)。然天子亦太艰难,殊不若为节度使之乐,朕终夕未尝安枕也,居此位者,谁不欲为之。"守信等顿首曰:"卿等固然,其麾下欲富贵何? 一旦有以黄袍加汝身,虽欲不为,其可得乎。"守信等泣谢曰:"臣等愚不及此,陛下哀矜,指示可生之途。"帝曰:"人生如白驹过隙。所以好富贵者,不过欲多积金钱,厚自娱乐,使子孙无贫乏耳,卿等何不释去兵权,出守大藩,择便好田宅市之,为子孙立永远不可动之业,多买歌儿舞女,旦夕饮酒相欢,以终其天年。朕且与卿等约为婚姻,君臣之间两无猜疑,上下相安,不亦善乎。"守信等皆谢曰:"陛下念臣等至此,所谓生死人而肉白骨也。"明日,皆称疾乞罢典兵,赐赉甚厚。如此安排,不但使石守信等高级将帅在一失(失去兵权)一得(与皇室联姻)中不会产生某种失落,更重要的是,使他们消除了一种将要被杀掉的猜疑,进而以另一种要进时就进、要退时就退的心态,在新的时代环境中适应各种阶级地位。值得一提的是,这批将帅虽然在"杯酒释兵权"中被解除了军权,调往各地为节度使,但统一战争一发生,他们当中又有不少人根据战情所需调回军队。

"杯酒释兵权"这种缓和的方式,既比较理性地缓解了皇帝与开国功臣之间的冲突,

陈桥兵变遗址

又使君臣之间保持了一种亲戚关系,使他们的关系更为亲密。"杯酒释兵权"就其直接意义而言,一是预防了禁军将帅内部钩心斗角,用兵权发动政变,重演"陈桥兵变"的史实;二是解决了开国将帅居功自傲、滥用职权的问题。因此,"杯酒释兵权"的成功,奠定了宋初政局的稳定基础,使北宋避免了重蹈五代短命王朝的覆辙。值得注意的是,"杯酒释兵权"意味着武人干政的终止,开启了偃武兴文之机。从政治的意义上看,"杯酒释兵权"所解决的,是中国封建王朝统治中的一个最难解决的问题——如何解决皇帝与开国功臣之间的矛盾。自建隆二年七月后,绝大部分身为开国功臣的禁军将帅,既被降了官职,又保持了同皇帝的亲密关系。这表明,宋太祖与功臣宿将的矛盾已经融合在一种较为宽缓、平和的氛围之中了。

## "金匮之盟"之谜

宋太祖赵匡胤驾崩后,皇位由其弟赵光义继承,正史认为光义乃合法继位,是奉太后"金匮遗诏"之命行事。但后来有人对"金匮之盟"一事提出质疑,使得这一事件变得扑朔迷离。

《宋史》有好几处提到"金匮之盟"事。《杜太后传》里面记叙:"建隆二年(961),太后病,太祖始终在旁服侍不离左右。太后自知命已不长,召宰相赵普入宫。太后问太祖:'你知道怎样得天下的吗?'太祖曰:'我所以得天下者,皆祖先及太后之积庆也。'太后曰:'不然,正由周世宗使幼儿统治天下耳。假如周氏有长君,天下岂为汝所拥有乎?汝死后当传位于汝弟。四海至广,能立长君,国家之福也。'太祖顿首泣道:'敢不如教诲!'太后转过身对赵普说:'尔同记吾言,不可违背也。'赵普于床前写成誓书,普于纸尾写'臣普书'。藏在金匮(同柜),命谨慎小心的宫人掌之。"

在司马光《涑水纪闻》、李焘《续资治通鉴长编》等史著中也有大致相同的记载。历史上人们虽然相信有所谓的"会匮之盟",但却找不到盟约的原文。

一千多年来,没有人怀疑"金匮之盟"的真实性,这一盟约就成了宋太祖坦荡无私的例证。直到清代,古文学家恽敬对盟约内容提出疑问。

21世纪40年代初张荫麟曾作《宋太宗继统考实》,后收入《张荫麟先生文集》,认为"金匮之盟"是赵普伪造的,全盘否定此事。除此之外,邓广铭、吴天墀、李裕民、顾吉辰、王瑞来等学者也持同种观点,怀疑它的真实性或断定"金匮之盟"的伪造性。其理由大致如张荫麟所言,建隆二年(961)杜太后病重时,宋太祖只有34岁,正值年轻力壮之时,赵光义才23岁,而太祖长子德昭也已经14岁。当时太祖身体健康,没有短寿夭折之象,即使太祖只能再活20年,那时,长子德昭已30多岁,怎么会有幼主之说?杜太后凭什么猜测太祖早死、幼子继位,而宋朝重蹈五代的覆辙呢?实在没有道理!如果确如太后所预料宋太祖中年夭折,人们还可以推测,也许杜太后凭经验或灵感有超前的洞察力,尚可勉强解释。但是,太祖活了50来岁,并没有早逝而面临幼子主政。如果真有遗诏,太祖临终前应该命人打开金匮,就算是突然死亡,皇后也应该知道此事,掌管金匮的宫人同样也知道此事,为什么要等到太祖死后6年才由赵普揭露出来呢?即使公布遗诏,赵光义应该把全文都公布出来,因为这是他继位合法的有力证据,而留下来的却仅是一个大概的内容,而且内容还不完全一致。更何况,太祖并未遵守遗诏办事,传位给他的弟弟,而是传位给他自己的儿子。

但对"金匮之盟"持肯定观点的学者们提出了相反的证据。关于立此盟约的条件,持肯定论者认为它符合常理。杜太后亲身经历过五代,这是一个王朝更替频繁的特殊时期,五代君主13人,在位超过10年绝无仅有,有7人死于非命,杜太后凭什么否认宋太祖可以摆脱"宿命",而不像周世宗英年早逝、最终幼主执政失国而终呢?杜太后在赵匡胤刚当上皇帝说出了"吾闻'为君难',天子置身兆庶之上,若治得其道,则此位可尊,苟或失驭,求为匹夫不可得,是吾所以忧也"这一段话。杜太后认为刚刚建国,根基未稳,随时有可能成为短命的"第六代"。尽管当时太祖正值壮年,但政治变化无常,哪里知道宋太祖不会暴死?哪里知道宋太祖不会被人杀掉?假如真的发生了,10多岁的德昭显然是不足以应付。而拥有丰富政治经验的赵光义,应是理想的继承人。

"金匮之盟"疑案属于皇家禁宫疑案,否定也好,肯定也好,都是根据当时历史事实、政治背景所做出的判断。比较双方的观点,其资料和解释、推断均偏向于对己方所持观点有利的一边,因此越争论疑点越多。

## 狸猫换太子真相如何

包拯于北宋仁宗皇帝时期在朝为官,因其公正无私被世人誉为"包青天"。广大老百姓有什么冤案、屈案都希望能由包青天来审理,"包青天"美名千古流传,他也的确是审理了一些重要的案件。传说中"狸猫换太子案"便是由包拯审理的。

据传,有一天包拯经过一地,有一位瞎老太太告状。包公见此婆口呼包卿,自称哀家,平民如何有这样口气?只见老太太眼中流泪,便将以往之事,滔滔不绝述说一番。原来,这位瞎眼的老太太是当今万岁的亲娘,当初他生下仁宗时,被嫉恨她的刘妃陷害。刘妃抱走仁宗,让自己手下太监郭槐去找了一只剥了皮的狸猫,对着皇帝说是李妃产下的怪胎。盛怒的皇上将李妃赶出后宫,李妃因而流落到此。后来,李妃同众人一起返京。因为"狸猫换太子案"事涉宫廷,所以审理起来必须要十分周密。包拯考虑了一番,决定分两步来审理此案。

狸猫换太子

先是让仁宗生母李后去见以前自己的好姐妹狄后,让狄后向仁宗提起此事,使仁宗深信不疑;接着就是最关键的第二步,使郭槐招供。郭槐是当初"狸猫换太子"一案的主谋,他是受了刘后的指使,但因为对刘后十分忠诚,死不招供。于是,足智多谋的包拯与公孙策就想出了一个办法,用鬼魂吓唬郭槐。所谓的鬼魂,是公孙策派人到勾栏院找来的妓女。寇承御是当初在"狸猫换太子"案中被害的一名奴婢,包拯让找来的妓女假扮她。同时,营造出一种阴间的凄凄惨惨的气氛。郭槐吓得魂不守舍,就将当初犯下的罪行招供了。就这样,案件顺利审理了。

《宋史》则另有一说。说李宸妃本是刘德妃的侍女,她怀孕时,刘妃已被立为皇后。刘妃请皇帝把李宸妃产下的儿子立为己子。为了弄假成真,将孩子从李妃怀里夺走,割断母子联系。后来,李妃儿子赵祯继位。天圣九年,李妃得重病,次年去世,刘妃暗中吩咐以一品礼安葬李妃,以免以后赵祯知真相后怪罪自己。当时的宰相吕夷简又暗中吩咐内侍押班罗崇勋,给李妃穿皇后装入殓,并用水银宝棺。1033年,刘妃也去世,赵祯才知真相,准备杀戮刘府家人,但被宰相吕夷简劝阻。

综上所述,包拯和李妃之事无关,李妃也没有流落人间。至于刘妃到底用什么方法把赵祯收为己子也不得而知。

但令人费解的是,赵祯登基之后九年间,李宸妃为什么会缄口不言,一直到死? 这给世人留下一个谜。

## 明"红丸案"幕后主使是谁

明代末年,宫廷接连发生离奇的三大案与神宗、光宗、熹宗祖孙三人密切相关,也和朝廷派系斗争紧紧纠缠在一起。三案成为明末政坛关键,各种势力纷纷介入,案件无法正常审理,因此变得扑朔迷离。著名的"红丸案"便是其中之一。

泰昌元年(1620)八月二十九日,在乾清宫,明光宗召见辅臣方从哲等13员文武大臣。诸臣向皇帝请安过后,皇帝开始询问册立皇太子之事。方从哲说:"应当提前册立皇太子的日期,完成贺礼,皇上也就心安了。"光宗又让皇长子出来见大家,看着他对大家说:"你们日后辅佐他,务必使他成为历史上尧舜那样的圣帝贤君,朕也就心安了。"方从哲等人还想说什么,光宗却开始问道:"寿宫(神祠墓地)修没修好?"辅臣回答说:"先帝陵寝已经修好,请皇帝放心吧!"光宗指着自己说:"那就是朕的寿宫吗?"方从哲等人齐声回答:"祝皇帝万寿无疆。"皇上仍然叮咛不止,反反复复,语无伦次,最后上气不接下气地哭泣着说:"朕已经自知病重,难以康复,或者不久于人世。"说到这里,已是气息奄奄,用颤抖的手勉强挥一下,让众臣退朝,方从哲留下。

皇上问方从哲道:"有鸿胪寺官(掌礼仪之官)要进药吗?人在哪儿呀?"方从哲回答说:"鸿胪寺丞李可灼,说有仙丹妙药,臣下不敢轻信。"皇上听后,命宫中侍人立即传唤李可灼到御前,给皇帝看病诊脉,等他谈到发病的原因以及医治的方法时,皇帝非常高兴,命令进药,让诸臣出去,并令李可灼和御医们研究如何用药,一直定不下来,辅臣刘一燝说:"我有两乡人同用此丸,一个失效,一个有效,此药并非十全十美。"礼部官员孙如游说:"这药有用与否,关系极大,不可以轻举妄动。"没过多久,又有一位老奶妈来到御前,向皇帝问安。皇上催促众人配药,诸臣又回到御前,李可灼将药物调好,进到皇上面前,皇上从前喝汤都喘,现在服了李可灼的药,就不再气喘了。皇上反复地称道李可灼忠心可鉴。诸臣在宫门外等候。约一个时辰过后,有宫中内

明光宗

侍急报说:"圣上服药后,四肢温暖,想进饮食。"诸臣欢呼雀跃,退出宫外。李可灼和御医们留在宫内。

到了傍晚,方从哲放心不下,又到宫门候安,正遇见李可灼出来,急忙打听消息。李可灼回答说:"服了红丸药,皇上感觉舒畅,又怕药力过劲,想要再给服一丸,如果效果好的话,圣体就能康复了。"诸医官认为不宜吃得太急。但皇上催促进药非常急迫,众人难违圣命。众臣即问服药后的效果如何。李可灼说:"圣躬服后,和前一粒感觉一样安稳舒适。"方从哲等人才放心离开。

谁曾想次日早晨,宫中紧急传出圣旨,召集群臣速进宫。一时间,各位大臣慌忙起床,顾不上洗脸漱口,匆匆地穿上衣服,急奔宫内。但是当群臣将要跑入宫中时,就听传来一片悲哀哭号之声,明光宗于早晨归天了。这是大明泰昌元年(1620)九月初一日。

对于这突如其来的变故,满朝舆论哗然。在感到惊愕的同时,人们联想到新皇帝登基一个月来的遭遇,不约而同地都把疑点转到了郑贵妃身上。郑贵妃给太子献美女,指使崔文升进药,大家有目共睹,但李可灼是否受她指使,却没有实据。本来,光宗当时已病入膏肓,难以治愈,但因为吃了江湖怪药,事情就变得不简单了。最后,此案不但追查到郑贵妃,而且方从哲也被迫辞职,李可灼被充军,崔文升被贬放南京。但究竟幕后有主使吗?到底是谁?现在也不得而知。

## 齐桓公死因之谜

齐桓公是姜姓、吕氏,名小白,公元前 686 年战胜了公子纠,夺得了君位,做了齐国国君。齐桓公即位后,管仲在齐国实行全面改革,国力迅速强盛;在外交上,"尊王攘夷"的旗号是齐桓公最先打出来的,他想借此得到中原各诸侯的信赖。他曾召集了 9 次诸侯会盟,充任了 40 年的盟主,是春秋时期第一个实力最强的盟主。

公元前 645 年,管仲病逝,临终前对齐桓公提出警告,要他疏远易牙、竖刁等小人。但齐桓公没有听从他的告诫,仍然重用这些人。公元前 643 年,易牙、竖刁等趁齐桓公患重病的机会,假借其命令,堵塞齐宫大门,并在大门前竖起一道高墙,任何人都不准进入宫内。因此,没有一个人过问病在床上的齐桓公,几天之后,齐桓公便神秘地死去。齐桓公的 5 个儿子谁也不管父亲的死活,只知道争夺权位,互相残杀。结果,齐桓公的尸体在寿宫中整整搁置了 67 天,都生了蛆,可仍然没人为他收葬。在《史记·齐太公世家》中有这样的记载:"桓公病,五公子各树党争立。及桓公卒,遂相攻,以故宫中空,莫敢棺。桓公尸在床上六十七日,尸虫出于户。十二月乙亥,无诡立,乃棺赴。辛巳夜,敛殡。"

齐桓公究竟是怎样死的呢?他在宫中的最后几天究竟是怎样度过的呢?有人说他是被易牙、竖刁等小人关在宫中活活饿死的。但一代霸主在临死之前怎么会没有人照顾,活活饿死更是让人觉得荒谬之极,因此这种说法的可信度不是很高。

有人认为,齐桓公是被易牙、竖刁等人害死的。为了夺权,二人在宫中命人在食物中下毒,害死了齐桓公。但桓公死后,5 个儿子互相争权,而二人的原有计划也落空了。

更有人认为,正是桓公的 5 个儿子为了争夺权位,齐桓公在宫中迟迟未死,所以 5 个儿子命人害死了桓公。

不管怎样,一代霸主落得如此下场,让人不由得慨叹"是非成败转头空"。

## 奇货可居——秦始皇身世之谜

秦始皇赢政是中国数千年专制时代的第一位君临天下、叱咤风云的皇帝。六国养尊处优的君主嫔妃、王孙公主、皇亲国戚无一不胆战心惊地揖首跪地、俯首称臣。然而,傲视天下的秦始皇内心却是异常脆弱,因为他对身世一直讳莫如深。

秦始皇是继秦庄襄王(子楚)之位,以太子身份登上王位的。秦始皇之母赵姬,据说曾为吕不韦的爱姬,后献予子楚,被封为王后。那么,秦始皇到底是子楚的儿子,还是吕不韦的儿子,后人争议不休。

《史记》中记载秦国丞相吕不韦本为河南濮阳的巨富,是远近闻名的大商人。但他不满足这种拥有万贯家私的地位和生活,野心勃勃,对王权垂涎三尺。

于是,吕不韦打点行装,到了赵国的国都邯郸,精心策划一个大阴谋,将正在赵国当人质的秦王的孙子异人,想法过继给正受宠幸的华阳夫人,转瞬之间,异人被立为嫡嗣,更名为子楚。

不久，国事生变。秦昭王、孝文王相继去世，子楚堂而皇之地登上王位，吕不韦被封为丞相。之后，吕不韦将自己的爱姬赵姬献给子楚，生下嬴政，被封为皇后。不料子楚仅在位3年就死掉了，于是他的儿子嬴政就顺理成章地继承了王位，这就是后来的秦始皇。

吕不韦认为嬴政是自己的亲生儿子，让嬴政喊自己为"仲父"，自己则掌管全国政事，成为一人之下、万人之上、权倾朝野、一手遮天的大人物，吕不韦在邯郸的密计实现了。

吕不韦

认定吕不韦和秦始皇有父子关系的说法，其原因是：

其一，这样可以说明秦始皇不是秦王室的嫡传，反对秦始皇的人就找到了很好的造反理由。

其二，是吕不韦采取的一种战胜长信侯嫪毐的政治斗争的策略，企图以父子亲情，取得秦始皇的支持，增强自己的斗争力量。

其三，解秦灭六国之恨。"六国"之人吕不韦不动一兵一卒，运用计谋，将自己的儿子推上秦国的王位，夺其江山，因此，灭国之愤就可消除了。

其四，汉代以后的资料多认为嬴政是吕不韦之子，这为汉取代秦寻求历史依据。他们的逻辑是，秦王内宫如此污秽，如何治理好一个国家，因此秦亡甚速是很自然的。

后世人也有认为上述传说并不能成立的。

其一，从子楚方面看，即使有吕不韦的阴谋，但其实现的可能性也很渺茫。因为秦昭王在位时，未必一定将王位传于子楚，更不能设想到子楚未来的儿子身上。

其二，从秦始皇的出生日期考虑，假若赵姬在进宫前已经怀孕，秦始皇一定会不及期而生，子楚对此不会不知道。可见，秦始皇的生父应该是子楚，而非吕不韦。

其三，从赵姬的出身看，也大有文章。《史记·秦始皇本纪》记载，秦灭赵之后，秦王亲临邯郸，把同秦王母家有仇怨的，尽行坑杀。既然赵姬出身豪门，她怎么能先做吕不韦之姬妾，再被献做异人之妻呢？这样，就不会存在赵姬肚子里怀上吕不韦的孩子再嫁到异人那里的故事了。

身世之谜也只有留于后人去推测了，而"奇货可居"这个成语却由此流传于世。

## 晋武帝传位傻太子之谜

司马炎，字安世，西晋开国皇帝，谥号武皇帝，史称晋武帝。晋武帝司马炎纵横沙场，果敢英武，为晋王朝耗尽了自己的半生心血。但是，他却将辛苦打下的江山交给一个傻儿子继承，致使宫廷内外血雨腥风，西晋王朝昏暗动荡，成了一个短命王朝。英明的晋武帝为何做出如此糊涂的事情呢？

从史料看，司马炎虽称得上英武果敢，但在感情上却柔若女子，有妇人之仁。他一生共有 26 个儿子。不幸的是,26 个儿子当中虽不乏聪慧之辈,但长子司马轨却不幸夭折,因此次子司马衷成了事实上的长子。按中国的继承人法则,司马衷要被立为太子,而司马衷却是个白痴,不谙世事。司马衷的痴愚朝野皆知。

太子司马衷在吃饭时对粮食很不爱惜,师傅李憙看不过去,就婉转地对司马衷说:"殿下,碗中的米饭,一粒粒都是农民辛勤耕作得来的,殿下可知道稼穑艰难? 如今旱荒严重,老百姓都没有粮食吃,都在忍饥挨饿。"司马衷听了这话,觉得十分奇怪,脱口说道:"没有饭吃,干吗不吃肉粥?"师傅李憙哭笑不得。

太子司马衷的低能,武帝是十分清楚的,他知道这个儿子难以担负国家重任。但是杨皇后反对更易太子。杨皇后名艳,字琼芝,是陕西华阳人,父亲杨骏是魏国贵族,以功封蓨亭侯。杨皇后十分美

司马炎

丽,出自豪门大族,替武帝生下了三男三女,长子早逝,次子便是这司马衷。武帝数次担心地说太子不长进,天性愚钝,难以胜任大事。杨皇后每次都和颜反驳,儿子虽不聪明,但却忠厚纯良,好生教导,会有长进的。武帝试探地说,现在更易太子,还来得及。杨皇后摇头,说:"太子的名分已定了,决不能轻易改动,无论立嫡立长,都应是太子,破坏了这项法制,日后岂不乱了套? 我坚决反对。"

优柔寡断的武帝就将希望寄托在两个派去考察太子的大臣和峤和荀勖的身上。

果敢刚毅的武帝司马炎在美人面前优柔寡断,下不了决心。武帝信任荀勖,尤其佩服荀勖的高深学问和不世之才。后来荀勖进奏,说太子有了进步,于是武帝相信了荀勖,放下心来,不再考虑更易太子。

天熙元年(290)四月,晋武帝司马炎病死,其子司马衷即位,是为晋惠帝。不过一年,皇后贾南风发动政变,杀死总揽朝政的大臣杨骏;接着又发生了"八王之乱"。建兴四年(316),刘渊的侄子刘曜攻破长安,俘获末代皇帝司马邺,西晋亡国。时距司马炎之死只有 25 年。

## 唐太宗为何发动"玄武门兵变"

唐太宗李世民是唐王朝的第二个君主,唐王朝的巩固和发展以至于出现为后世所称道的"贞观之治"就是他统治的时期的事情。唐太宗李世民是通过"玄武门兵变"杀兄逼父登上皇位的。

### 昭陵六骏

唐太宗李世民为了纪念他当年驰骋沙场所立下的赫赫战功,贞观十年(636)命令:

"朕所乘戎马,济朕于难者,刊名镌为真形,置为左右。"于是贞观十一年(657)即将曾与他一同征战的6匹战马,由唐代著名画家阎立本亲自绘稿,选派当时的优秀雕刻家精心雕刻成6块浮雕,置于昭陵北司马门内东西两廊,是为"昭陵六骏"。

对于"玄武门兵变"一事,史学家们历来有不同的看法,有人认为唐太宗李世民发动"玄武门兵变"是迫不得已才作的决定。那么,具体情况又是如何? 还是让下面的历史事实来说话吧。

《旧唐书》说:"九年(626),皇太子建成、齐王元吉谋害太宗。六月四日,太宗率长孙无忌、尉迟敬德、房玄龄、杜如晦、宇文化及、高士廉、侯君集、程知节、秦叔宝、段志玄、屈突通、张士贵等在玄武门杀了建成、元吉。六月八日,太宗被立为皇太子,各种政务概由太宗决断。"这就是有名的"玄武门兵变"。

《新编中国历朝纪事本末·隋唐卷》(上)是这么记载的:李渊建唐时,按嫡长子继承皇位的传统立建成为太子,封世民为秦王、元吉为齐王。在后来的全国统一大战中,李建成是储君,需要协助李渊处理政务,所以统一战争中的关键性大战,都是李世民浴血奋战,从而立下赫赫战功。李世民战功显赫,一方面使他逐渐产生了觊觎皇位的政治野心;另一方面也必然引起李建成的疑忌;而建成的疑忌,又增强世民"功高不赏,兔死狗烹"的恐惧,也越发要夺取最高权力。一场争夺皇位继承权的血腥宫廷斗争成为不可避免的了。于是,唐太宗李世民便策划了历史上有名的"玄武门兵变"。公元626年6月3日(己未),世民向高祖密奏建成、元吉淫乱后宫之事,并说:"他二人一心想要杀我。也许从今以后,我就永远也不能够看到父王您了,而我也不想在地府里见到他们。"高祖对他的上奏十分惊讶:"明天我定要审问他们,你早就应该告诉我才是。"

第二天,在玄武门,世民带领长孙无忌等人埋下了伏兵,等待着元吉、建成他们一起到来。在这之前,张婕妤知道世民的意图,急忙飞报建成,建成叫来元吉商量对策,元吉说:"我们最好是耐心观察形势变化,首先按兵不动,也不上朝。"建成说:"我们防备严密,应当一块进朝参见,亲自探听消息去。"于是二人都入朝去了。二人来到临湖殿,察觉形势已变,想马上退回去,但是已经迟了。世民追上来,用箭把建成杀死,而元吉则被尉迟敬德射杀。东宫齐王府的将帅薛万成等人率领众人赶来,攻打玄武门。敬德将建成、元吉二人的头颅出示给他们,薛万成等人随即撤去。而这时高祖正在太极宫中的海池里和嫔妃们游戏划船呢!

世民让敬德进入侍候。身披铠甲、手持长矛、威风凛凛的敬德来到高祖身边,向高祖报到:"太子和齐王叛乱,秦王的士兵已把他们杀了,恐怕惊动皇上,派我来保卫。"高祖对裴寂等人说:"真是想不到,我今天会碰到这种事情,那么应该怎么处理呢?"萧瑀、陈叔达说:"建成、元吉,本来打算造反,对天下又没有功劳,嫉恨秦王功高望重,二人合伙狼狈为奸。现在秦王已经把他们给诛杀了,皇上如果想平安无事,只有把秦王立为太子,将国家大政交付于他,就安然无事了。"高祖说:"这是我一向的心愿啊!"当时,秦府的兵将与建成、元吉两府的部下,还没有结束战斗。敬德向皇上建议,让皇上下达旨意,要宫廷内外一切朝臣武官都听从秦王管理,这样众人才安定了下来。高祖又召见世民安抚他,世民跪在地上吮吸皇上脚趾头,恸哭许久。建成、元吉的子女等都被株连处死,于是立世民为皇太子,高祖退位,做太上皇。

## 唐玄宗为何被奉为"梨园领袖"

人们习惯上称呼戏班、剧团为"梨园",戏曲演员为"梨园弟子"。"梨园"是怎么和戏曲艺术联系在一起的呢？"梨园"在什么地方？其性质如何？这些都是值得研究的。

唐玄宗前期，全国统一，经济繁荣，文化昌盛，许多亚非国家的使臣、学者、商人纷纷齐集长安。在中外文化交流的影响下，唐朝的音乐得到空前发展。唐玄宗本人素喜音乐，在公元741年将原来隶属太平寺的倡优杂技人才划出来，设立左右教坊；又挑选好乐工数百人，在蔡苑的梨园进行专门训练。

唐玄宗

有关这个艺术组织——"梨园"的建立，《旧唐书·玄宗本纪》载道："玄宗于听政之暇，教太常乐工子弟三百人，为丝竹之戏，号为皇帝弟子，又云梨园弟子。以置院近于禁苑之梨园。"《新唐书·礼乐志》则说："玄宗既知音律，又酷爱法曲。选坐部伎子弟三百，教于梨园。声有误者，帝必觉而正之，号'皇帝梨园弟子'。宫女数百，也为梨园弟子，居宜春北院。梨园法部，更置小部音声三十余人。"从此，"梨园"成了唐代一个重要的艺术活动中心。它究竟在什么地方呢？清人汪汲《事物原会》卷三十七"教坊梨园"条说："今西安府临潼县骊山绣岭下，即梨园地也。"关于梨园的出处，一般都认为它原是唐代长安的一个地名，但在具体地点上发生了分歧。有人指出在西安市长安区西南香积寺附近今黄良乡立园村，此村最早叫梨园村或栗园村。还有人认为是在今西安城东南隅曲江池附近汉武帝所造宜苑旧址旁的春临村一带。第三种说法认为梨园在今西安城东北唐大明宫东侧附近三华里的午门村。第四种说法指出它在今西安临潼区骊山绣岭下。

另外还有人认为唐代长安有两个"梨园"。陈寅恪在《元白诗笺证稿》中说一个在光华门北面，一个在蓬莱宫的旁边。《辞海》也持有"梨园"说，指出唐代长安"梨园"有"禁苑梨园"，在长安城北芳林门外东北的禁园中，"乃唐代真正梨园所在"。"宫内梨园"，分男女二部，皆称"皇帝梨园弟子"。

对于梨园的性质的研究，《辞海》曰："唐玄宗时教练宫廷歌舞艺人的地方。"《中国大百科全书·戏曲曲艺》谓为"唐玄宗时，宫廷内专门训练乐工的机构"，"主要职责是训练器乐演奏人员"。李尤白提出："梨园"是既训练演员，又肩负演出的"皇家音乐、舞蹈、戏剧学院"，为我国第一所综合性艺术学院，李隆基则是其院长（崔公），在他之下有编辑和乐营将两套人马。前者的职责，类似现在的创作人员，后者相当于现在的导演和教师。

在"梨园"研究方面，算得上权威的是李尤白写的《梨园考论》，此书全面考证了与"梨园"有关的问题，而且还提出在西安建立"中国唐代梨园纪念馆"的建议。

## 成吉思汗为何万里召见丘处机

在金庸的《射雕英雄传》小说中,最先出现的便是全真七子之一的丘处机。很多人认为丘处机只是一个虚构的人物。实际上,丘处机在历史上实有其人,而且还被成吉思汗召见过。成吉思汗封他为"神仙"、道教领袖,几次召对之后,放归。自此之后,全真教命运出现了转折,成为当时最具影响力的宗教之一。丘处机本人地位也被进一步提高。

成吉思汗

但是,成吉思汗为何要千里召见丘处机呢?有人经过分析,认为成吉思汗召见丘处机的原因是:第一,就是常见的说法,成吉思汗要向丘处机讨长生不老之药;第二,就是通过对全真道教的掌控来扩大其影响力。

丘处机初次觐见成吉思汗时,受到了他的礼遇。见到丘处机后,成吉思汗十分高兴,赐座宴饮。席间,他立即就问到了实质性问题:"真人远来,有何长生之药以资朕乎?"

丘处机对这个问题肯定有所准备。但是他既不是江湖术士,更不是个骗子,他只能老老实实地回答:"山人有长生之道,而无长生之药。"

道教的终极目标就是长生之道,但这种长生并非只是肉体的长生,主要应该是真性的修炼。但在一般人眼里,道教就是炼丹炼药,以求长生不老。所以成吉思汗有此一问。

成吉思汗千里召见丘处机的另一个原因是,为了通过丘处机及其领导的全真教,为他有朝一日讨伐中原做伏笔。而且,中原文化具有一种辐射力,"召上的大汗"也是心慕汉文化,而在某种程度上,中华文化的根基就在道教。因而他把丘处机奉为上宾。

成吉思汗召见丘处机也是出于一种统治上的需要。要征服人,征服思想是非常重要的。蒙古铁骑所向披靡,但可在马上得天下,却不能在马上治天下,成吉思汗因而想要全真教助他一臂之力。当时以全真教在全国影响很大,成吉思汗想要利用其吸引力。因而到了后来,成吉思汗积极协助全真教,也是为了自己。

由此看来,不论怎样,成吉思汗召见丘处机都是别有用心的。

## 朱棣生母之谜

明成祖朱棣是朱元璋的第四个儿子,洪武三年被封为燕王,拥有重兵,镇守北平。建文元年,朱棣以"清君侧"为名举兵,这就是历史上有名的"靖难之役"。经过3年多的兵戎相争,建文四年,朱棣终于攻占了南京,即皇帝位,改元为永乐。他又于永乐十九年迁都北京,以南京为留都。朱棣统治期间继续执行明太祖的削藩政策,巩固中央集权,为以

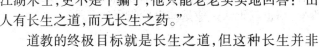

后的"仁宣之治"奠定了基础。可以说,朱棣是历史上一位较有作为的皇帝,但是由于他是夺权上台,所以被正统思想家们斥为"燕贼篡位"。有关他的各种传说不胫而走,甚至连他的生母是谁,也成为争议的内容。其说不一,难以断定。

有说法认为朱棣的生母为马皇后。

旧钞本的《燕王令旨》中记载说:"顾予匪才,乃父皇太祖高皇帝亲子,后孝慈高皇后亲生,皇太子亲弟,忝居众王之长。"《明太祖实录》说:"高皇后生长子,长懿文皇后标,次秦愍王,次晋王,次周定王。"《明史·成祖本纪》也说:"文皇帝讳棣,太祖第四子也,母孝慈高皇后。"与前说如出一辙。从这些官方材料看,可以肯定朱棣是朱元璋的第四个儿子,为马皇后所生。但是后世学者认为这其中有窜改之词,不能信以为真,一生致力于明史研究的学者吴晗就这样认为。

朱棣

另外有一些史籍说马皇后并非生了5个儿子,只承认四子朱棣与五子周王为马皇后所生,而懿文、秦王、晋王则为妃子所生。《鲁府王牒》也说:"今鲁府所刻玉牒,又以高后止生成祖与周王。"《皇朝世亲》《鲁府王牒》皆已早佚,这个说法难辨真伪。但是这些材料虽然说皇太子等人不是马皇后所生,却也都承认朱棣是马皇后亲生的儿子。

也有人说朱棣的生母是达妃。

明代黄佐的《革除遗事》中说,懿文、秦、晋、周王都是高皇后所生,而太祖朱棣为达妃所生。王世贞《二史考》也曾引用这一说法。但是后人分析,黄佐把明成祖说成是达妃所生是别有用心的,不足为信。例如清代史学家朱彝尊在著作中指出,"黄佐《革除遗事》与当时记建文事诸书,皆不免惑于从亡致身二录。盖于虚传妄语,就未能尽加芟削"。也就是说,黄佐的书对建文帝下台表示深深的同情,而对明成祖夺权大加贬斥,明显有个人感情色彩,所以记载的事情难免"虚传妄语",故不可信。

三是生母为碩妃。

明朝末年何乔远的《闽书》、谈迁的《国榷》、李清的《三垣笔记》等人根据《南京太常寺志》认为明成祖的生母是碩妃。这种说法也得到了近人傅斯年、朱希祖、吴晗等人的赞同。此志以明孝陵奉先殿的陈设为旁证,奉先殿中间南向列太祖、马后两神座,东边排列的是诸妃神座,而两边则独列碩妃神座。为什么碩妃会得到如此尊重?无疑因为碩妃是明成祖的母亲。清初的学者潘柽章、朱彝尊等也肯定这个说法。朱彝尊还考证了碩妃是高丽人。然而碩妃的来历历史上并没有任何记载,要知道这种说法是否可靠,就要考察《南京太常寺志》的可靠性。此记述是否来自第一手资料?是否真实?实在是难以说清楚。根据考证,《南京太常寺志》被收入《四库全书总目》,是明代人汪宗元所撰写。汪宗元是明嘉靖己丑进士,曾经任总理河道右副都御史,此书是他任南京太常寺卿时所撰,与明成祖生年元至正二十年(1360)相距了170多年。这样看来,他在记述朱棣生母时很可能是道听途说,而不是第一手资料。尤其可疑的是,《南京太常寺志》的说法在其他的史籍都没有记载,因此其真实可靠尚难以说清。

还有一种说法认为朱棣的生母是元妃。

王世懋《窥天外乘》记载:"成祖皇帝为高皇后第四子甚明。而《野史》尚谓是元主妃所生。"王世懋所指的"野史",是指《蒙古源流》。《蒙古源流》说,明成祖是元顺帝之妃瓮氏所生,是元顺帝的遗腹子。"先是蒙古托衮特穆尔乌哈噶图汗(元顺帝)岁次戊申,汉人朱葛诺延年二十五岁,袭取大都城,即汗位,称为大明朱洪武汗。其乌哈噶呼图汗第三福晋系瓮吉喇特托克托之女,名格呼勒德哈屯,怀孕七月,洪武汗纳之,越三月,是岁戊申生一男……"刘献廷在《广阳杂记》中则说:"明成祖非马后子也。其母瓮氏,蒙古人,以其为元顺帝之妃,故隐其事,宫中别有庙,藏神主,世世祀之,不关宗伯。有司礼太监为彭恭庵言之,余少每闻燕主故老为此说,今始信焉。"近人傅斯年所见的明人笔记则以为明成祖是元顺帝高丽妃所遗之子(《明成祖生母记疑》)。

皇帝密旨印

这些野史、杂记都说得煞有其事,但是它们毕竟只是野史、杂记,说得再神乎其神也难以令人相信。近年更有人说,明成祖朱棣生母确实是马皇后。"硕"是瓮吉喇氏略语的不同译音,硕妃或瓮吉喇氏生明成祖的传闻,实属于无稽之谈。这其实是一则蒙古人编造出来的离奇的事,为的是以此证明元代国运不衰,后继有人。

说来说去,明成祖朱棣的生母之谜,到今天仍然没有确切的说法。

## 崇祯帝究竟如何死去

天启七年(1627)八月,熹宗病危,召信王入宫受遗命。不久熹宗撒手归天,年仅17岁的信王朱由检即位,大赦天下,次年改为崇祯元年(1628)。年轻气盛的崇祯皇帝面临的是一种风雨飘摇的局面。这位明朝最后的一位皇帝很想凭借自己的一腔热血力挽狂澜,重建太平天下。他即位后铲除阉党魏忠贤、一心想要中兴,但是最终李自成的农民起义军冲破了京城,明朝覆灭了,他自己也落了个自缢的下场。崇祯帝朱由检生性懦弱、无主见,而且他继位时的明朝已是政治腐败。崇祯皇帝也回天乏术,大臣们个个明哲保身,少有为社稷着想者。而且崇祯为人极易猜疑,大臣们更是小心翼翼、很少发言。就是到了起义军进京城的时候,也没有主动站出来为崇祯分忧的大臣。

当李自成的起义军猛烈进逼,崇祯帝惊慌得完全失了主见,处处寄希望于大臣们,希望他们能提供妙计良策,甚至替他决断,但是危急之中,大臣们又能有什么办法呢?

崇祯十七年(1644)三月,每天崇祯帝都要召见大臣,有时候竟达到一日三次。起初大家都认认真真地替崇祯帝谋划,提出"南迁""撤关"等,可崇祯帝总是拿不定主意,大臣们也渐渐没招了。召见中，大臣总是惶恐地说："为臣有罪！为臣有罪！"然后就不再说话，实在被问急了，只是用些"练兵""加饷"等话来应付崇祯帝。每次召见，崇祯帝都非常不满，常常是中途拂袖离去，回宫后痛哭并且大骂："朝中无人！朝中无人！"

大明灭亡的前三天上午，崇祯帝来到东左掖门，召见了新考选官32人，问他们以急策。崇祯帝本想能从新臣中寻找到良策，可一见答卷，也全是些套话。召见未及一半，忽然有一太监送进一个密封，崇祯帝拆视后脸色突然大变，原来这是昌平（今北京市昌平区）失守的总报。李自成军已经攻到昌平，但是惊慌的崇祯帝仍无法从众大臣那里得到一计良策。

崇祯帝

次日早晨，崇祯帝再次召见文武诸臣，半晌大家都沉默不语。崇祯帝流着泪恳请大臣们想办法，大臣们也是泪流满面地回应。忽然有位大臣大梦初醒一般，凑向前欲奏对，崇祯帝一见，马上将泪水收住，准备细听，只听这位大臣说："当务之急为考选科道。"原以为是什么良策，不想又是老套话。可这位大臣一开头，许多大臣也跟着说这人当起，那人该用。崇祯帝早就不耐烦了，俯首在御案上写了七个大字："文武官个个可杀。"起身示意退朝。

关于崇祯的死，历来众说纷纭，计六奇《明孝北略》卷二十记载道："丁未五鼓，上御前殿，与二人手自鸣钟集百官，无一至者。遂散遣内员，手携王承恩，入内苑，人皆莫知，上登万岁山之寿皇亭，即煤山之红阁也。亭新成，先帝为阅内操特建者……遂自尽于亭下海棠树下，太监王承恩对面缢死。"又有《明史》卷三百零九《流贼传》说："十九日丁未，天未明，皇城不守，鸣钟集百官，无至者。乃复登煤山，书衣襟为遗诏，以帛自缢于山亭，帝遂崩。"而《明之述略》中却说："丁未，内城陷，帝崩于西山。"可见，对崇祯究竟怎么死，死于何地至今还是个谜。一个力图中兴的君主竟落得如此凄凉的下场，令人深思。最后一次上朝时，大臣们还是一副唯唯诺诺、支支吾吾的样子，出的计策无非是什么巡街闭门、不许出入等。这时候守城者来报，守城军队不敌。见城陷就在眼前的崇祯帝，不禁大哭，边哭边道："诸臣误朕至此！"自己拿不定主意，却要埋怨大臣。大臣们见形势"不可为"，便俯首同崇祯帝一起恸哭，哭声响彻大殿，甚为悲惨。到了

景山周赏亭——明崇祯帝自缢处

中午,崇祯又召见大臣,此时大臣们已彻底看透了这位年轻且毫无主见的皇帝,干脆以沉默来回答崇祯帝,崇祯帝不禁大吼道:"既然这样! 不如大家一起在奉先殿统统自尽吧!"此话倒是说中了,19 日晨,崇祯帝在走投无路中自尽身亡。

## 顺治帝出家之谜

在清朝第二位皇帝顺治短短的一生中,他一共娶了 19 个妻妾,差不多是每年一个,但是最讨他欢心的,只有董鄂妃一人。

顺治帝

在顺治眼里,董鄂妃就是他的心。虽然两人不曾有过任何誓言,但是,那种难舍难分的感情的确能感天地、泣鬼神。顺治十七年八月十七日,皇贵妃董鄂氏因病去世,顺治痛不欲生。为哀悼董鄂妃,他 5 天不理朝政。没过多久,他又亲自给礼部下了一道圣旨,特意采用追封的方法,给董鄂妃加封谥号:孝献庄和至德宣仁温惠端敬皇后。至于追加皇后应举行怎样的大礼,他命礼部要认真、详细、迅速商讨并递交他审议。

董鄂妃死后,顺治的心也随之而去,正如元稹所写的那样:"维将竟夜长开眼,报答平生未展眉。"他不仅辍朝 5 日,而且将她晋封为皇后。在蔡东藩的《清史演义》里写道:"顺治帝经此惨事,亦看破世情,遂于次年正月,脱离尘世,只留重诏一张,传出宫中。"此外,还有《清稗类钞》《清代野史大观》等书中均有关于顺治帝因董鄂妃去世而削发出家的故事。

顺治帝的离家出走,令清宫上下惊慌失措。他们为了不引起世人的非议,只得向外宣布:顺治皇帝驾崩。但是,这种谎言也瞒不了多久。很快,堂堂的大清皇帝为了一个女人而削发为僧的事就在民间广为流传了。

顺治一向好佛,宫中奉有木降忞、玉琳琇二禅师,印章有"尘隐道人""痴道人"等称号。他对木降忞曾说:"愿老和尚勿以天子视朕,当如门弟子旋庵相待。"他早有削发为僧的念头。临宣布他去世前几天,他还叫最宠信的内监吴良辅去悯忠寺削发为僧,因此一些人认为顺治出家之因是与孝惠皇后不合,所以宠爱的董鄂妃一死,他就以此为借口皈依了净土。据说清圣祖康熙亲政后,曾经以进香为借口,多次到五台山看望顺治,希望顺治能回到宫中,但是顺治不为所动。康熙帝有诗哀悼:"又到清凉境,巉岩卷复垂。芳心愧自省,瘦骨久鸣悲。膏语随芳节,寒霜惜大时。文殊色相在,唯愿鬼神知。"语气十分悲怆。又传说在康熙年间,两宫西狩,经过晋北,地方上无法准备供御器具,却在五台山上找到了内廷器物,这似乎又是一个顺治出家的证据。但民国时,明清史专家孟森的《世祖出家事考实》举出《东华录》等史书的记载,认为清世祖死于痘疹,没有出家;又认为吴梅村诗中"房"为天驷,"房里竟未动"是指顺治将幸五台山而忽然去世,后几句诗孟森认为是自责之词。所以顺治出家与否,仍然是一个谜。

### 秘密立储始于康熙吗

康熙是清代有名的圣君,有子35人,女20人,嫡出最长者为胤礽,康熙十四年曾被立为皇太子。后康熙在康熙五十一年(1712)十月,第二次废黜胤礽。第二年二月左都御史赵申乔上奏请求再次册立皇太子,这是二次废太子后,朝臣第一次为此事上奏请求。康熙看罢奏疏后,特别召集群臣说明此事。他说:"立储大事,朕岂忘怀,但关系甚重,有未可轻立者……今欲立皇太子,必然以朕心为心者,方可立之,岂宜轻举。"谕旨表明,接受了两次废立太子的沉痛教训,又面临着错综复杂的储位之争的局面,康熙正在深入思考皇储关系、储君标准、建储方式等重大问题,力图寻找一个较好的办法,避免以往的失误;在没有找到可行方法之前,决不草率册立。他向群臣公开陈述他的观点,表明他在晚年已开始拟订新的建储计划了。

康熙在经过4年多的总结、思考以及对储君的精心选择后,开始实施他的建储计划了。

第一次建储之议出现于康熙五十二年(1713)。据《清世宗实录》载:"康熙五十六年冬,圣祖仁皇帝召诸王子,面询建储之事。"朝鲜使臣于康熙五十七年(1718)四月从中国返回朝鲜后,禀告朝鲜国王:"臣来时问太后葬后,当有建储之议。"建储之事虽然到处流传,反响很大,但人们对其具体内容却毫不知晓。这表明玄烨只是就建储一事征询皇子与重臣的意见,他本人并未表露态度,更未做出任何决定。可见他对储君人选、册立日期等重大问题,已开始有意识地采取保密措施了。

"长篇谕旨"出现于康熙五十六年(1717)十一月二十一日。康熙在皇太后病危,自己也重病缠身的情形下,召集全体朝臣,商讨建储的有关问题。"长篇谕旨"的说法便由此而来。

康熙五十二年二月及五十六年十一月两个谕旨构成了新的建储计划。与嫡长子皇位继承制度相比较,它的具体的方略,如皇帝全权决定储君人选,"有德者即登大位""择贤而立"的择储标准,对储君人选以及建储的有关问题的保密原则等等,都比较新颖,而且秘密色彩浓厚,因而可称之为秘密建储计划。如果这个计划能贯彻执行,并且形成制度,将会减少传统建储制度的某些弊端,进一步加强中央集权。康熙对实施两千多年的建储制度进行了改革,尽管他本人并未认识到这样做的意义。

这一秘密建储计划的核心是皇帝全权决定储君人选,完全排除统治阶层中任何集团或个人对建储的干扰。从一定意义上讲,也是其他三部分得以实施的先决条件。这一点得不到保证,其他三部分也无法实施。

虽然康熙通过"择贤而立"的方式选择储君,但其主观上并无废除嫡长子继承制的意图。康熙的宗法观念浓厚,认为诸子之中,"允(胤)礽居贵"。在胤礽被废后,他已无嫡子,皇长子胤禔也获罪幽禁,所以只能把目光投向其他庶子。

再者,对储君暗中进行培养、考察,储君如果表现不佳予以撤换时,由于没有让其知道这件事,不会引起任何不良后果,这样皇帝在对储君的选择上,就完全抓住了主动权。

秘密建储在康熙朝晚期出现,是形势的需要,也有其历史的必然性。为了解决复杂、尖锐的储位之争，康熙只能总结经验，吸取教训，博采众长，另辟蹊径。不过对于他来说，这种做法只是一种权宜之计，他并未意识到自己正在开拓一条新的建储道路，更无将此立为定制、世代遵行之意。新制度的建立是一个不断摸索、逐步改进并完善的过程，秘密建储制度也不例外。虽然康熙是秘密建储的开创者，但直到雍正、乾隆二帝才把它的不足加以改进，把它的疏漏加以补足，并作为一种制度最终确立下来。

## 雍正帝暴死之谜

一代枭雄雍正帝，于雍正十三年（1735）八月二十三日清晨突然暴死在圆明园离宫中。官方记载说他是忽然发病身亡。作为第一手资料的《起居注册》中是这样记载的："八月二十一日，上不豫，仍办事如常。二十二日，上不豫。子宝亲王、和亲王终日守在身旁。戌时（午后七时至九时）皇上病情加重，急忙在寝宫发布遗诏给诸王、内大臣及大学士。龙驭上宾于二十三日子时（夜十一时至翌日一时）。由大学士宣读朱笔谕旨，着宝亲王继传。"

然而民间却流传着雍正遇刺身亡的故事。例如《满清外史》《清宫遗闻》《清宫十三朝》等等记载说吕留良的孙女吕四娘刺杀了皇帝。吕留良文字狱于雍正六年发生。十年十二月，留良、葆中父子被处死。其亲人也被严加处置，另一子毅中斩决，孙辈发配极边为奴。传说四娘以宫女身份混入皇宫侍奉皇上，伺机行刺。还有传说四娘在吕案发生后逃亡外地，练就一身功夫潜入宫内，以飞剑砍去清帝脑袋。还有人传说除四娘外还有一位名为鱼娘的女子做帮手。即使下笔谨严的学者，在提到雍正帝死时，也会提及这些传闻。但有人认为这种行刺之说纯属谣言。首先，吕案发生后，其家人皆受罚，无漏网之鱼。

其次，四娘根本不可能混进宫。虽然曾经也有过罪犯眷属特别是15岁以下女子，没收入宫为奴，像株连在吕案中的严鸿逵、黄补荨，其妻妾子妇即服侍于功臣家，然而吕氏的孙辈在宁古塔成为奴隶，犯大罪的人犯多是这样下场。所以四娘不可能混入宫内。

还有，皇帝实际上一年之中的2/3都驻跸在圆明园这个离宫。紫禁城内明令整肃，与有"亭台园林之胜"称号的圆明园根本不可比较。因此，他"自新正郊礼毕移居园宫，冬至大祀前始还大内"，"盖视大内为举行典礼之所，事毕即行，无所留恋也"。园内内阁及各部院等机构之规模宏大与大内不相上下。雍正二年起，便设护军营，一个女子根本不能飞檐走壁，穿过昼夜的巡逻和森严的戒备，轻易地就进入寝宫，刺杀皇帝。因而，雍正遇刺身亡的说法便受到了一定的质疑。

又有人认为雍正既不是遇刺身亡，也不是寿终正寝，他可能是服丹药中毒而亡。这是从宫中档案等资料中推出的结论。雍正生前，在宫中曾蓄养了一些僧道异能之士，他死后第三天，也就是八月二十五日，嗣主乾隆忽下了驱逐炼丹道士出宫的谕旨。

新君刚登基，尚有众多事务待理，而紧急驱逐数名道士，这种做法确有奇怪之处。乾隆说其父视僧道如俳优，未听一言，未服一药，这显然在为父亲辩解，否则又怎会突下逐客令？他又说这几个道士早就该受驱逐，但为何世宗容忍他们在宫中？乾隆如果为的是崇正道、黜异端，就应该加以排斥，然而他却沾沾自喜地称："朕崇敬佛法……仰蒙皇考嘉奖，许以当金法会中契超无上者，朕为第一。"而且，还善待超盛、元日两僧，让他们来京瞻仰梓宫。

驱逐道士的同日，乾隆另降一道谕旨谕令内监、宫女，告诫他们不许妄行传说国事，"恐皇太后闻之心烦"，"凡外间闲话，无故向内廷传说者，即为背法之人"，"定行正法"。此事也值得注意，"中毒身亡"论者认为此事必与雍正横死有关，否则为何皇太后所见外间闲话会心烦。

雍正帝的死因被这种种说法蒙上了层层的神秘面纱，变得更加扑朔迷离，让人难以看清其中的真相。

## 乾隆帝的父母是汉人吗

看过金庸小说《书剑恩仇录》的人对书中的一个说法一定很好奇，因为书中说乾隆是陈家洛之兄。其实，小说中的说法并非空穴来风，是有一定来历的。

清末，上自官僚缙绅，下迄妇孺百姓，几乎人人皆知这么一个传说，清初的某个皇帝是浙江海宁陈家的儿子。这个皇帝是谁呢？有人便说是乾隆皇帝弘历。这一传说也见于一些私家所写的稗官野史之中。《清朝野史大观》卷一《高宗之与海宁陈氏》一文有这样的记叙：雍正帝胤禛当皇子时，与海宁陈氏很好，两家来往频繁。这一年恰巧两家在同月同日同时辰生子，只是胤禛家为女孩，陈家为男孩。胤禛命人抱来看看，但却偷偷把孩子换了。陈家发现孩子被换，大惊失色。但迫于对方权势，不敢追究，也不敢声张。不久康熙去世，传皇位于胤禛。胤禛即位后，陈氏一门数人也都官至显要。以后乾隆帝即位，对陈氏更是礼遇有加。乾隆六次南巡江浙，其中四次都到过海宁陈家，最后一次临走时步至中门，对陈氏说："以后若非皇帝亲临，这门不要轻易打开。"从此这座门就再也没被打开过了。

持上述观点之人还提出另外一些证据，海宁陈氏的宅堂中有两方皇帝亲笔书写的匾额，一方题为"爱日堂"，一方题为"春晖堂"。"爱日"一词，是从汉辞赋家杨雄《孝至》一文"孝子爱日"中来的，后世把儿子侍奉父母之日叫爱日。"春晖"一词是从唐代孟郊《游子吟》"谁言寸草心，报得三春晖"的诗句中来的。后人常以春晖来比喻母爱。这两方匾额的题词内容都有儿子尊敬和孝顺父母的意思。后来，与海宁陈氏的儿子相交换的那个女孩便在海宁陈家成长，到了婚嫁年龄便嫁与江苏常熟蒋氏，蒋氏专门为她筑了一座小楼，后世称之为"公主楼"。这些史料更让人坚信乾隆是汉人之子。

然而，也有人提出了反对的意见。

雍正帝有皇子10个，公主6个。乾隆帝是其第四子，推及情理根本没有把别姓的孩子换来当自己孩子来继承皇位的必要性。这是最有说服力的论证。

其次，从清代皇帝与海宁陈氏的关系来看，纯是君臣友谊。陈氏是清初的名门望族，在康熙、雍正、乾隆三朝，陈家历代都仕途通达，官居高职，煊赫一时。雍正初年，为了满足钱塘江下游经济发展和人民生活的需要，大举修建浙江海塘。但雍正帝忙于政务，而且海潮冲刷堤岸的危害还未到十分严重的程度，因此未能亲自前往。乾隆即位后，对这项工程非常重视，数次南巡，有4次来到海宁勘察，那么既到海宁，总得有个合适的住所，而陈氏是康、雍、乾三朝宰辅，其家园是海宁名胜，亭台楼榭，花木扶疏，自然就成为接驾驻跸之处。这个园子本叫"隅园",乾隆帝把它改名为"安澜园"。"安澜"即水波不兴之意,由此也可以看出,乾隆帝临视海宁,是为了巡视海塘工程,而不是为了探视父母。

至于那两块匾额,据史学家孟森考证,清国史馆编纂的《陈元龙传》中说:康熙三十九年(1700)四月,康熙在便殿召见群臣,说:"你们家中各有堂名,不妨当场写给我。我写出来赐给你们。"陈元龙奏称,父亲年逾八十,故拟"爱日堂"三字。《海宁州志》还提到,康熙五十四年(1715)六月,因陈元龙胞弟陈维坤的妻子黄氏寡四十一年,便御书"节孝"两字赐之,又赐以"春晖堂"匾额。这就是说,两方匾额的题词是康熙帝根据臣下的请示书写的,与孝敬父母的意思根本没有任何联系。因而,说乾隆是汉人之子只是无稽之谈。

《清宫词》中有一首词说:"冕旒汉制终难复,曾向安澜驻翠辇。"词中暗指乾隆与海宁陈氏关系。然而,这其中关系究竟怎样,乾隆身世究竟如何只能成为未解之谜了。

## 光绪帝之死探秘

和同治帝一样,光绪帝正当盛年时却突然死去,成为慈禧垂帘听政之下的第二个牺牲品,而且他的死与慈禧的死仅相差一天。因而,关于他的死因也就引起了世人的种种猜测。

第一种观点认为光绪是患重病而死。在废立风波中,光绪依旧做他的皇帝,但他的实权却丢了,精神也备受打击。光绪帝重重的顾虑极大地影响了他的健康。另外光绪帝自幼孱弱,脾胃素来虚弱。光绪虽贵为天子,却连一个孤儿也不如。据宫中太监寇连材日记说,当时宫中人受各种限制,不能亲近光绪。唯有西太后可以亲近他,而她当时骄奢淫逸,对光绪的生活根本不管。小皇帝每天有数十种菜,但菜皆不能入口。光绪要加菜,御膳房必先告知太后,慈禧必然责备他铺张浪费,不懂节俭,光绪只好从小挨饿。

光绪在这种情况下,很容易患上重病。《清德宗实录》《清史稿》《光绪朝乐华录》等都说光绪久病体虚,至光绪三十四年病入膏肓,最后驾崩,但这些均为官方文件,可信度不一定高。

第二种说法最为流行,说是慈禧谋害了光绪帝。持这种观点者认为光绪虽然长期被囚,保皇党却极依靠他。慈禧自己身体健康,能执政时,百般折磨光绪。晚年,她力不从心了,便想害死他。当时因担任起居注官而能接近光绪的恽毓鼎,写了一部《崇陵存信录》(又名《光绪外传》),记录了光绪临死前的状况:光绪三十四年(1908)秋忽然传出病重消息,召京外名医入宫诊视。诊脉时,光绪静静地把双手置案上,自己写出病情。入诊者都说光绪身体尚健。十月初十,逢慈禧万寿节(生日),光绪出瀛台,替太后祝寿,有人看见他为准备跪拜而活动筋骨。十九日,宫廷大乱,增加侍卫,稽查出入,传言光绪驾崩。次日,宫中恢复了宁静,午后,传载津监国、溥仪入宫教养之命。二十一日,皇后入瀛台探视,光绪早已气绝身亡。太后闻此,仅叹息几声。

在这则记录里,恽毓鼎实际上暗示慈禧害死了光绪。而且,慈禧宣布光绪病重,和百日维新后废立风波之做法一样。恽氏长期任起居注官,他的话具有一定的可信度。

而曾在宫中担任女官的德龄女士,则在《清宫二年记》等书中,明确地指明正是李莲英下毒害死了光绪。

以上三种说法都是言之凿凿,但是清宫太监回忆录《清宫琐谈》则说光绪实则死于饥饿。据载,光绪本无大病,诸医开方皆以平和之剂为药,然而,太监们在光绪死前已得到光绪驾崩的消息。当时,在瀛台侍疾者共六名,其中二人饿死,剩下几人食不果腹,"因饿失血者又凡三人"。光绪死前,在床上召唤医生周某,他两眼瞪大,四次用手指口,周某知帝饿急,但实在是没有吃的,就连他本人也三天未进食了。后来,光绪便渐无声息了。不久,醇亲王入见,周报告说皇上已去世,醇亲王用镜子试皇上气息,确信其已死亡,于是匆匆而去。一会儿,皇后赶来探视,随后便把皇上驾崩的消息公之于世。

经现代医学技术对光绪帝遗存头发等检测后证明,光绪帝为中毒身亡,他头发中含有浓度极高的砒霜。但光绪帝如何服进砒霜的,目前还是一个谜。

光绪帝

## 袁世凯猝死之谜

1916 年(民国五年)6 月 6 日,窃国大盗袁世凯在亿万民众的声讨中魂归西天。

在互相庆贺的同时,人们也不免产生疑问,是什么原因造成了这个窃国大盗的猝死呢?有人认为他是病死的,有的认为他是被气死的,而在这两种说法中又衍生出多种猜测。

一种说法称袁世凯患尿毒症,前列腺肿胀。在医疗方案上,袁世凯的两个儿子意见分歧,大儿子袁克定相信西医,主张动手术;二儿子袁克文则竭力反对,相持不下,贻误时机,终致不治。

与此相近之说,则有袁世凯患病后不肯服药而死之说。当年袁世凯在彰德修养时,有术士给他算命,称"袁不得过五十八岁"。袁问"有何禳解否?"曰:"此事甚难,非得龙袍加身不可"。袁世凯听后没说什么,赐酒给术士,术士出门后就死了,大家都猜测是袁世凯害死了术士灭口。从此后,袁世凯便有了称帝之心。1915 年称帝后却事事不顺,众叛亲离。袁世凯于是积忧成疾,昏迷之中,总看见术士来索命。有人服侍他吃药,他总是不吃,因为药汤很像当年他给术士喝的毒药。他周围亲近的人都知道原因,但都不敢和大家说,最后改用针灸治疗,但也没能保住他的性命。

"气死说"论者则认为袁世凯是因帝制失败,众叛亲离而气愤而死的。有人说:"袁世凯以称帝不成,中外环迫,羞愧、愤怒、怨恨、忧虑之心理循生迭起,不能自持。""盗国殃民,丧权乱法,在中国为第一元凶,在人类为特别祸首,其致死固宜,益以年老神昏、兵亡将变、人心怨怒、体面无存,袁氏心非木石,顾后思前,能不自疚,此即袁氏死之真相因也。"

对袁世凯本人来说,始终没有向后人交代他为何人所气而难以治愈。这个窃国大盗在咽气前，只是有气无力地说："是他害了我！"但这句话所指的是谁，仍不清楚，其用意和含义更是令人费解，也给后世留下了千古之谜。

## 汉武帝后宫巫蛊之乱新探

在中国古代史上，秦皇汉武被相提并论。汉武帝一生大有作为，但在他在位时又上演了一幕幕巫蛊闹剧，致使皇后、太子、丞相和无数大臣都成为巫蛊的牺牲品，史称"巫蛊之乱"，成为汉武帝一生洗不清的污点。

公孙贺是当时汉朝丞相，为了替儿子赎罪，他答应为汉武帝捉拿阳陵大盗朱安世。朱安世被捉后，为了报复，向汉武帝写了一封揭发公孙贺的信。朱安世在信中写出了公孙贺的种种罪行，甚至说公孙贺密谋要取代皇上，在皇上经常出入的甘泉宫路下埋下木偶，巫蛊皇上。很快，这封信便转到武帝刘彻手中。

本性猜忌多疑的武帝看了这封信，雷霆震怒之下下令火速查究，查究的大事由江充负责。江充派手下罗织罪名，趁机把公孙贺的人马一网打尽。公孙贺与儿子公孙敬声一同被捕入狱，严刑拷打，蔓引牵连，使得很多人无端获罪。最终，公孙贺父子惨死狱中。江充还不过瘾，还要灭公孙贺全家，甚至皇后的姐姐卫君儒也未能幸免。

这一巫蛊案使武帝更加疑神疑鬼，总怀疑有人用巫蛊术来暗害他。因此，这种迷信猜忌之心又被江充利用了。江充除去了公孙贺后，把矛头指向别的手握重权的皇亲国戚。诸邑公主、阳石公主、卫青的儿子长平侯卫伉也都受到牵连，并全部被杀。江充非常得意，又把仇恨的利剑指向曾得罪过自己的太子刘据。

一天，武帝神思恍惚，隐隐约约看到几千个木人，手拿着兵器，凶神恶煞般向他袭来。他惊醒后，便觉得浑身酸软，毫无力气，锐气精力荡然无存。此后的武帝，精气散佚，身体一天不及一天。武帝认为此乃巫蛊所致，命江充从速查实。

江充和心腹按道侯韩说、御史章赣率领大量爪牙进入后宫，对每一个宫都掘地三尺，搜查木偶，甚至武帝御座下的地面也被挖掘了。太子东宫和皇后中宫，也要挖地三尺。

太子刘据和皇后卫子夫恼怒万分，但有圣旨在，太子、皇后也只能听之任之。江充分部挖完之后，奏报武帝，声称在东宫和中宫挖出的木偶为数最多，并且每个木偶身上都写了许多咒语，诅咒武帝，言辞不堪入目。武帝龙颜大怒，可仔细想想又不至于此，便召太子入宫，想要问个究竟。

太子得知自己被江充诬告，非常恐惧。太子清楚武帝偏信江充，打算出城面见父皇，解释清楚。他又有些畏惧，唯恐武帝不问是非曲直，就置自己于死地。

太子真的无计可施，在万般无奈的情况下采用了少傅石德的计策，派人佯称天子使者，收捕江充，一举把江充及其死党杀死。

江充被杀死后的当天夜里，太子派心腹假称天子使者，进入皇后居住的未央宫，告知皇后大祸临头，情况危急万分。太子调用皇后御厩车马、射士，私自派人打开长乐宫中储备武器的仓库，紧急调用长乐宫卫士，大肆搜捕江充党羽。京师长安乌烟瘴气，宫中血雨腥风，一时天下大乱。

太子刘据最终战败，带着残兵败将逃出京城长安。丞相刘屈耗率军占领京师后，把这次叛乱的主谋全部缉拿，太子宾客和太子少傅石德以及太子家小全部被杀。皇后卫子夫感到脱不了干系，也自杀身亡。

不久太子的行踪被发现，太子被迫自缢而死。

太子刘据全家死亡殆尽，但武帝想不通，依然派人调查此事。一年后，此事才真相大白。太子真的是无辜，皇后也是冤死，这纯粹是由佞臣江充策划的一场宫廷巫蛊冤案。史书记载，汉武帝时期的这些巫蛊案使两位太后被杀，两位丞相被腰斩，太子刘据和两位公主、皇孙罹难，加牵连的人前后超过10万人。晚年时汉武帝已感到巫蛊术的危害，了解到太子被巫蛊所害，遂诛灭江充家族，继而筑"思子台"，并在太子蒙难处筑"归来望思台"。武帝在思子台上老泪纵横，品尝自己一手酿成的苦果。

## 武则天后宫面首知多少

武则天（624年~705年），自取名曌，并州文水（今山西文水）人，身世并不显耀。公元689年（唐永昌元年十一月），武则天下诏改用周历，改诏为制。公元690年（武周天授元年九月九日），武则天登基，改国号为周，改年号为天授，自称圣神皇帝。武则天是中国历史上第一个也是唯一的一个女皇帝。人们说到皇帝，常常会首先想到"三宫六院""佳丽三千"。那么作为女皇帝是否也需要"三宫六院""俊男三千"呢？据资料记载，武则天称皇帝后，后宫养了很多面首，面首就是供武则天享乐用的漂亮男人。其中武则天较为宠幸的有张易之、张昌宗兄弟以及沈南谬、薛怀义等。但风流的武则天一旦有了性自由以后，她是不可能只拥有几位面首就满足的。她开始大胆放纵自己，嗜欲无度，通过各种渠道为自己搜罗面首，那么武则天究竟有多少面首呢？

史书称武则天有面首三千，可与男性皇帝匹敌。但这种说法的传说成分较多，不可轻信。不过，我们可以从武则天通过种种手段来搜罗面首的有关记载中来推断武则天究竟拥有多少面首。

武则天面首的来源有很多渠道，其中最重要的就是太平公主所献。常言道："饱暖思淫欲。"平民百姓尚且如此，何况有帝王之尊且永不服输的武则天呢？她认为历代皇帝可以有三宫六院七十二妃嫔，难道女人就应该从一而终吗？长长黑夜，孤寂一人，这哪里像个女皇呢？于是她为自己平反，广选"妃嫔"，当然这些"妃嫔"都是一些高大英俊的男人。武氏大权在握，至高无上，文武百官无一敢抗命。一些朝廷大臣为讨好女皇，自荐为武氏广择"美男"，如挑选美女一样，挑选貌美体健的男子，结果被选入宫中的，个个貌比潘安。然而选嫔妃有姿色就够了，但作为面首，光有英俊的外表是不够的。武后虽年过花甲，但养生有道，再加脂粉钗环，真是姿色不减当

武则天

年,但人的生理变化是不能够改变的。绣帏之间,武后不能够随心所欲,动不动就大发雷霆,可怜那班徒有其表的俊男儿,进宫不出三五天就被侍卫捆了手脚,扔在御苑中的万生池中,喂了蛇蝎。作为武后的女儿,太平公主独具慧眼,一眼看穿母后的苦楚,于是亲自出马,以身试验,终于物色到难得的"宝物",送于母后,真是雪中送炭,大解武后之饥渴,可谓知母莫若女。张易之、张昌宗、沈南谬、僧惠范这些以"阳道壮伟"而受武则天宠爱的人物,基本上都是经过太平公主亲自体验、细心挑选的。唐朝享乐事件中,母女共用一男,大家共享,也成为时尚。

还有就是那些自我感觉很好的男子向女皇"毛遂自荐"。据《旧唐书》载,柳良宾是由自己的父亲推荐的,同时被荐的有侯祥云,"柳良宾洁白美须;左监门卫长吏侯祥云阳道壮伟,过于薛怀义,专欲自进奉宸内供奉"。除了自己的女儿推荐、官僚推荐、男宠自荐,武则天还经常密派宫廷内的官员到民间秘密搜罗。据说当时宫中女才人上官婉儿就曾接受过这样的任务。上官婉儿出发前,武则天还就如何挑选男子向她面授机宜:男子鼻子大、隆直,必阳道壮伟。经过这众多途径,武则天的后宫自然"面首三千"了。

为了对这些面首加以管理,公元698年,则天女皇成立了控鹤监。控鹤监是则天朝所独设的一种机构,它的设立,大概是与则天女皇的崇道思想有关。公元699年初月,则天女皇又设控鹤监丞、主禂祭官。到了公元700年初,则天女皇又将控鹤监改为奉震府,由张易之、昌宗二兄弟管理,俨然与过去"三宫六院"无异,张氏兄弟就像是东西宫的"皇后""贵妃"。

由上可见,说武则天"面首三千"虽无实据,但她的面首肯定很多是不会错的。

## 太平公主在寺庙淫乱之谜

唐朝太平公主是唐高宗李治与武则天的女儿,深受高宗及武皇的宠幸。与其母武则天一样,太平公主也是风流成性,对于男女之情贪图不足。但是,武则天可以设置一个用来供养情人的"控鹤监",太平公主就不能像她母后那样设置这么一个面首机构。不过,她可以畅通无阻地出入。所以从母后那里"讨些佳肴"也是家常便饭。在这方面,武后母女从不因为同吃一饭而争风吃醋。武后最钟爱的薛怀义、张易之、张昌宗等面首,在不辞辛苦地为武后提供性服务的闲暇之余,对太平公主的"服侍"也是无微不至。

太平公主对此并不满足,在她的"驸马府"中,也别有一番天地。此外,她还借佛场道院播云兴雨。这要从她对惠范和尚的钟情开始。

在太平公主众多面首中,最让公主满意和最讨公主欢心的,要数浮屠惠范。这惠范和尚自称朝拜过天下的所有寺院,并且亲自拜访过得道成仙的活佛,所以修炼了一身极高的佛法,如今已200多岁,可是看上去容貌、体态如20多岁的少年郎君。这和尚修炼于本愿寺中,顿时引起京城妇女的一阵骚动。一开始前往朝拜的是几个黎民百姓,后来竟然引得那些高官家眷轰动,纷纷筹备香烛厚礼,前去瞻拜活佛。有的女子拜惠范做了师傅,有的拜惠范做了干爹。这些女子都施展自己的手艺为和尚刺绣袈裟和帐幔,并心甘情愿地照顾和尚的起居,把个和尚的卧房打扮得好似富贵小姐的绣房一般花花绿绿。

惠范和尚也是个好色之徒,每有女人来朝拜,便要她跪在面前,用手摸摸脸蛋或揉揉发髻,说是赐福。这些被摸过的女人便以此为荣,到处宣扬自己被活佛赐福了。

太平公主是何等聪明之人,闻听此事,心里暗想天下还有这样的活佛,肯定是骗取钱财的好色之徒;但又想既然有那么多女人都竞相朝拜,可见这流氓骗子一定长得讨女人喜欢。于是,太平公主一定要亲自去看看这活佛究竟是何等人物,有这等魔力?如只是个相貌平平的人,便给他立个罪名,结果算了,免得女人想入非非。如果真的是得道高僧"佛法无边",那太平公主不免要以身敬"佛",也不枉走这一遭。

得知太平公主驾临,顿时,那些想要和尚"赐福"的女人们都躲避得无影无踪。本愿寺周围布满了士兵,任何人都不能入寺,寺内戒备森严。太平公主只带了贴身侍女去会惠范。想不到公主竟然"朝拜"了整整一天。这是何等的"赐福",真让那些女人们好生羡慕。

太平公主并没有放手,第二天索性派人延请惠范和尚到她的驸马府中"讲经布道",学起了她的母后。惠范和尚长得极为高大魁梧,且力大无比,真是男人中的佼佼者,看了就让人心动。更加上他伺候女人有自己的一套本领,床笫本领可堪称一绝,要远远超出他的"佛学"根基。惠范本是胡人,其性器亦足可观,而唐代一些僧人对夫妻房事及壮阳药物都很精通,所以太平公主得此"宝物",极为满意,怎肯轻易放他出去。但让他久住在驸马府是不行的,于是太平公主在隔壁建造一个壮观的寺院,叫圣善寺;任惠范为住持。为了出入方便,寺后修一条暗道,通向驸马府的后园,太平公主随意进出,有时竟留宿在寺中,把那本应念佛吃斋的佛教圣地变成了男欢女爱的淫荡场所。

## 韦后谋杀亲夫之谜

韦后是京北万年(今陕西西安)人,唐中宗做太子时,纳她为妃。嗣圣元年(684),武则天立中宗为帝,封韦氏为后。景龙四年六月初二日,唐中宗被毒死于神龙殿。唐中宗被韦后等人毒死一事在史学界已无争议。但是,对于韦后毒死唐中宗的原因,史学界众说纷纭。主要有两种说法,现摘录如下:

一是韦后私通武三思淫乱后宫谋害亲夫,故而毒死唐中宗。武则天晚年,渐感体力不支,朝中正直的大臣们,都纷纷劝谏武后退居后宫,让中宗登基。武三思得知此事,就主动要求去迎李显返宫,从而为日后立功得宠打下根基。

武三思和中宗可以说是积怨很深,当初,为了太子之位,两人你争我抢,相互谋算对方。武三思此次奉旨来房州,中宗误以为是为取他性命而来,心中恐慌,拉住韦后抱头痛哭,韦后当时也没了主意。正在这时,武三思已走进中宗、韦后居住的阴暗狭小的房中,此时,韦氏什么都不顾,急抢上前去,拉住武三思的手,请他不要宣读圣旨。武三思本来就是好色之徒,如今感到韦氏的手臂温香滑腻,顿时触动心弦。低头看时,只见她一张粉脸,白嫩无比,一双泪眼含悲含戚,武三思不觉心头一颤。当下忍不住抓着韦氏的双臂,扶她慢慢起来,口中道:"恭喜王爷王妃,经过我不停地在万岁面前劝谏,好不容易万岁才回心转意,如今圣旨已下来,召王爷王妃回京,王爷将要重登帝位呢。"中宗、韦后像在梦中一般,直到宣读了圣旨,才敢相信,才破涕为笑,即刻盛情款待武三思。第二天,整理好衣物等物品,启程回宫。中宗果然重新做了皇帝,回忆在房州期间的艰苦生活,不免对武三思万分感激,便以高官厚禄来报答他的恩情。

此时的武三思淫心已动,心中对韦后一直念念不忘。但是武三思与韦后能够勾搭成奸,少不了中间一个牵线搭桥的人,这人就是与武三思有私情的上官婉儿。

韦后自从在房州与武三思见面之后,对他一直是念念不忘,想和他有更深一步的交往。婉儿通过观察,得知韦后竟对自己的情郎情有独钟,倒也不在意,反而很大度地为韦后和武三思牵线搭桥。从此以后,武三思与韦后和婉儿同时通奸,武三思一箭双雕,只有中宗一人全然不知。

韦后渐渐胆子越来越大,处处不把中宗放在眼里,恣意行事,如中宗稍有责备,便以搬出房州的誓言来回驳。中宗本身就懦弱无能,只得任她胡作非为。武三思在后宫出出进进,竟然畅通无阻。一日武三思进宫,与韦后玩双陆游戏,污言秽语,如同烟花柳巷。中宗不但不加以制止,反而贬低身价,在一旁为武三思出谋划策,就是平民百姓,对这种做法也感到羞耻。韦后的为所欲为,多半是中宗放任的。

韦后与婉儿常常在中宗面前,称赞武三思才华出众。中宗任命武三思为司空,同中书门下三品。后来韦后嫌弃唐中宗年老体弱,另找年轻体壮的英俊小生来代替年迈的中宗。中宗在韦后眼里已是废人,故下毒将中宗毒死,才能方便韦后随心所欲,为所欲为。

另一种说法是韦后想篡夺皇位,中宗有所警觉,于是韦后便把唐中宗毒死。

中宗复位不久,武三思就与韦后、安乐公主、上官婉儿等人勾结在一起,狼狈为奸,形成韦武集团,危及中宗皇位。据《新编中国历朝纪事本末》载:韦后阴谋篡位已昭然若揭。景龙三年四月,定州人郎岌上言:"韦后、宗楚客将为逆乱。"韦后下令将其杖杀。五月,许州司兵参军燕钦融又上言:"皇后淫乱,干预国政;安乐公主、武延秀、宗楚客谋危社稷。"中宗召他当面诘问,燕钦融神色不变,慷慨陈词,使中宗心有所悟。宗楚客却矫旨让飞骑士兵将燕钦融摔死在殿庭石上,并大呼称快。中宗见宗楚客如此目无君主,心中很是不悦,加之中宗对韦后及安乐公主迫害自己胞弟相王李旦不满,这引起了韦后及其党羽的不安。景龙四年六月初二日,韦后、安乐公主与经常出入宫掖的散骑常侍马秦客、光禄少卿杨均密谋,在御膳中下了剧毒,中宗中毒死于神龙殿。

## 杨贵妃未被立为皇后之谜

杨贵妃,名玉环,号太真,弘农华阳(今陕西华阳东)人。杨玉环出于世代官宦之家,从小没有衣食柴米之虞,可以无忧无虑地抚琴吟唱,尽情歌舞,自幼就受到了良好的艺术熏陶。杨玉环天生丽质,被誉为我国古代四大美人之一,深得唐玄宗李隆基的宠爱。为博得她的欢心,唐玄宗对其要求千方百计地加以满足,不仅让她享尽荣华,连她的家人也都地位显赫,真可谓"一人得道,仙及鸡犬"。

但是为什么如此宠爱她的唐玄宗,只封她为贵妃,而不册封她为皇后呢? 这一点比较奇怪,而且皇后的位子已虚悬多年了。而杨贵妃又为什么不恃宠向唐玄宗提出册立皇后的要求呢?

对此,有的学者认为,这是因为唐玄宗看中的是自己儿子寿王瑁的妃子,唐玄宗为得到她,先让她做了一段时间的女道士,但毕竟是公公娶媳妇。在重视礼制的封建社会,这种败坏伦常的妇女哪有资格做"母仪天下"的皇后呢？唐玄宗不能封，杨也不好提。因而直到死，杨贵妃也未被立为皇后。

但也有学者持异议，认为这是宋朝以后的看法，思想较开放的唐朝并没有这种伦常观念，它的婚姻关系也比较自由随便。唐高宗李治便以唐太宗李世民的妃子武则天为皇后，他这是"儿子娶后娘"。儿子能娶后娘，公公当然也可以娶儿媳妇了。所以以上说法是不成立的。

还有一种说法认为，唐玄宗之所以不封杨贵妃为皇后，是从寿王身上考虑的。杨贵妃被夺走，给寿王留下了感情上的创伤，同时也埋下了一颗不定时的炸弹。再加上杨贵妃长期没有生子，皇后的位子很长时间没有人选，一旦发生重大变动，很可能引发宫廷政变。因而，考虑到多种因素，唐玄宗在过完61岁大寿的时候，就将册立杨玉环的诏书公布天下，立其为妃，而不是册立其为皇后。

尽管杨贵妃未被立为皇后，但宫中称她为"娘子"，礼仪与皇后相同。以其当时的地位来看，实际就是六宫之主，对于"集三千宠爱于一身"的杨贵妃来说，恐怕立不立皇后都是一样的。

杨贵妃

## 萧皇后命丧《十香词》之谜

辽道宗耶律洪基是大辽第八代皇帝。道宗的皇后是萧氏。史书记载，道宗萧皇后命丧于《十香词》。

萧氏字观音，是兴宗的亲生母亲钦哀皇后弟枢密使萧惠的女儿。萧观音16岁便进入燕赵王王宫，美貌、才艺、家世无人能比，因而很快被封为王妃。入王宫的第二年，兴宗去世，耶律洪基继承了王位，为辽道宗。大丧过后，道宗便立丰姿绰约的萧氏为皇后。

3年后，萧皇后生下一子，道宗赐名为耶律濬。本来，道宗、萧后恩爱有加，但是道宗晚年，由于小人作梗，制造了一场淫词冤案，萧后因此丧命。这便是历史上有名的"《十香词》案"。

道宗时期，近侍耶律乙辛权倾朝野。萧皇后很是忧虑，便婉转劝说道宗，希望道宗不要沉溺游猎，荒废国事，更不要把政事全部委托乙辛，以免让重元之乱重演。

萧后的进言引起了道宗的重视。道宗下旨封太子为燕赵国王，取代乙辛，参与朝政，各部奏折先送太子过目。太子仁爱，刚正不阿。太子了解乙辛的所作所为，自然不愿跟其同流合污，因而对乙辛多加防备。太子参政，便开始对乙辛处处节制。乙辛知道太子即位，他便必死无疑，于是设下毒计陷害萧后和太子。

萧皇后中年时，道宗宠爱他人，皇后深宫寂寞，便写了一首情意绵绵的《回心院》词让诸伶弹唱。当时，诸伶中只有伶官赵唯一能把这首词谱成乐曲，并熟练地演奏弹唱。因此，赵惟一便常常进宫，面见萧皇后。不想，这却成了祸端。

乙辛先是在萧后身边布下眼线，随时监视萧后的行动。他收买了歌女单登及其夫朱顶鹤,将单登安置在皇后身边。单登深受萧后的信任,时常将萧后的一切密告给乙辛。

乙辛得知萧后做了一首《回心院》。萧后孤独时,常常写写诗词,或抄写佛经,于是计上心来。乙辛与张孝杰、萧十三商讨多时。最后,张孝杰按照乙辛的嘱咐写了一首淫词《十香词》。写完之后,第二天就交给了单登。

单登将《十香词》拿给萧后看,因为萧后很久没有被皇帝宠幸,所以读得特别有滋味,心境开阔起来。单登于是借此机会笑着请求说:这首诗奴才想要一份,希望皇后能亲自为奴才抄写一份,那可就太好了。萧后一笑,拿起笔抄了起来,抄得心旷神怡,极其舒畅。抄完以后,又即兴写了一首诗:

宫中只数赵家妆,败雨残云误汉王。

唯有知情一片月,曾窥飞鸟入昭阳。

太康元年十月,道宗从外游猎回来。乙辛让单登、朱顶鹤向皇帝告发萧后所作和伶官赵惟一之间有奸情,物证是《十香词》和萧后的诗。

道宗基本上认定了奸情属实,将萧后囚禁以后,便命乙辛审理。乙辛派心腹张孝杰主审此案。张孝杰对赵惟一用刑之毒,使赵惟一无法忍受,屈打成招。乙辛又据此上奏。此事震惊朝野,但也有一些大臣怀疑此案的真实,尤其是枢密使萧维信。萧氏和几位大臣共同面见乙辛,慷慨说道:"皇后向来贤德,已生太子,母仪天下,且已添了孙子,您怎能听信奴婢之言,使皇后蒙冤?您身为辅政大臣,不努力化解此事,反而推波助澜,天下如何信服!"大臣们哪里知道,这一大冤案正是乙辛一手策划的。

乙辛、张孝杰承上赵惟一的供词。道宗看着皇后在淫词后附的《怀古诗》有些怀疑。道宗说,这首《怀古诗》是骂汉皇后赵飞燕的,皇后为什么这么写呢?张孝杰早已研究透了皇后的这首《怀古诗》。这时,张氏便从容地说道,这是皇后因思念赵惟一而作的。道宗再次大惊,问有何凭证?张氏说,诗中第一句和第三句中包含赵惟一三字。道宗再也坐不住了,立即下旨,族诛赵惟一,赐皇后自尽。

处决的命令下达以后,太子马上到道宗跟前求情,道宗置之不理。于是,宫人捧一匹白绫,来到萧后跟前。萧后泪如雨下,临终前怒气难消,便写了一首《绝命词》,然后关上门自杀身亡,时年36岁。

## 清孝贤皇后去世之谜

清乾隆皇帝写过一篇《述悲赋》,这篇赋是为追悼其孝贤皇后而写的,写得感人肺腑,然而以后谁又能知道孝贤皇后的去世与乾隆之间的关系呢?

在一个偶然的机会,乾隆看见了美貌非凡的皇后的嫂嫂傅夫人,然而,却无法见面。有一次,乾隆以皇后生日为名,要见傅夫人。到了中秋节这天,坤宁宫内外非常热闹。宴饮开始后,大家热热闹闹行起酒令来,你一句,我一言,你一盏,我一杯,闹成一片。这位傅夫人向来不胜酒力,连饮了几杯之后,脸颊微微泛红,连坐都坐不稳了。乾隆见她已经醉了,把侍宴的宫娥叫了过来,叮嘱几句,叫她们把她扶进宫中休息。

大家休息了一小会儿,重新入席喝酒。只是忽然不见了皇帝,皇后命宫人去找,未找到,但也没有时间管那么多了,只好继续招呼客人。等到酒尽人散,仍不见皇帝的踪影。

皇后心下奇怪，又命宫人去看看傅夫人怎样了。过了好长时间，才见这名宫人回报说："傅夫人所住房门关得紧紧的，不方便打扰。"皇后联想前情，心中明白了几分。

第二天早上，乾隆帝仍照常坐朝，傅夫人起来后去坤宁宫向皇后辞谢。皇后意味深长地看了她一眼，微笑着说了一句："恭喜嫂嫂！"傅夫人一下子面红耳赤，急急忙忙告辞离开了。

乾隆帝宫中行乐图

自从那天之后，皇后对待皇帝也有了一些转变，不像以前那样温情脉脉了，有时竟向皇帝投来一种幽怨的目光，使皇帝心中很难受。因为羞愧，他不像以前那样时常去坤宁宫了，皇后也就更加怀疑皇帝对她冷淡了。皇后本来有个儿子永琏，已由皇帝按家法秘立为太子，但不幸生病死了，乾隆帝千方百计地安慰她，并劝她再生嫡子，并一定将之立为皇储，并追封永琏为端慧皇太子。几年过去了，皇后又生下一子名永琮。刚好皇后的情绪处于低潮之际，永琮又因得天花死了。皇后受不了一次又一次的打击，哭得死去活来。

于是，乾隆帝为了安慰皇后才以东巡为名，带了皇后出京游玩，谁能料到就这样与皇后永别了。

乾隆带着皇后灵柩马不停蹄地赶回京师，在长寿宫设立灵堂，丧礼特别隆重。乾隆除为皇后服缟素12天外，还亲自撰写了祭文《述悲赋》，抒发了自己对皇后的思念之情。乾隆把自己的才华充分发挥出来，写得十分哀婉，读了之后令人肝肠寸断。然而有谁能知道帝后之间的这段纠葛呢？

皇后生前曾为自己向乾隆讨过谥号，那是皇贵妃高佳氏死时，乾隆以谥号"慧贤"追谥，皇后便说："我死后，以'孝贤'二字为谥号，可以吗？"因此，乾隆帝便按照她的遗愿，追谥为"孝贤纯皇后"。乾隆十七年将她葬于孝陵（清世祖顺治帝陵寝）西侧胜水峪后面。随后乾隆在此处为自己建造陵寝裕陵。另外，还格外加恩于皇后母家，封皇后的大哥富文为公爵，傅恒为保和殿大学士兼户部尚书，可谓"全家恩泽古无伦"，达到了顶峰。然而，却无人知晓乾隆、傅夫人、孝贤皇后三者之间的三角关系了。

## 慈禧是如何除去顾命大臣的

慈禧太后是家喻户晓的名字。关于她的事，史书、影视等反映较多，几乎泛滥成灾。

慈禧太后叫那拉氏,因祖居叶赫,通称叶赫那拉氏。那拉氏是满洲镶蓝旗人。父亲惠征,曾任安徽徽宁池广太道道员。咸丰元年,那拉氏17岁,选入后宫,封懿贵人。4年后晋封懿嫔。再过两年,生皇长子载淳,进封懿妃,次年晋封懿贵妃。这时,那拉氏在宫中位居第二,地位仅次于皇后钮祜禄氏。

由于那拉氏受过一定文化教育,通汉文,浏览过史书,因此经常出入办理政务的殿阁,帮助身体虚弱的咸丰理政,参与政事。3年以后的咸丰十年,那拉氏随咸丰帝逃往热河。她以果断的判断力和惊人的记忆力渐渐崭露头角,表现出了在政治上的野心。咸丰帝惊讶、钦佩之外,日益对那拉氏的参政感到恼火。逃奔热河以后,辅弼大臣肃顺乘机进奏,力劝咸丰像汉武帝那样立太子而杀太子的生母钩弋夫人,除掉那拉氏以绝后患。咸丰懦弱不忍,对此犹豫不决。但这件事却使那拉氏心惊胆战,惶惶不可终日,唯恐哪一日有不测之祸降临。

咸丰十一年七月,咸丰帝病逝,太子载淳即位,为清穆宗,年号同治。

咸丰临死时命令怡亲王载垣、郑亲王端华、协办大学士户部尚书肃顺、御前大臣景寿及军机大臣穆荫、匡源、杜翰、焦佑瀛八人为赞襄政务王大臣总摄朝政,奉6岁的皇太子载淳即位。慈禧对肃顺等人掌权后使她"声威大减,诸所钻求,不敢轻诺"(见于《热河密札》)的局面极为反感,必欲去之而后快。实际上,肃顺等人也与那拉氏一直针锋相对,如同世仇。

慈禧太后首先策动东太后钮祜禄氏站在自己一边,同八大辅臣对抗。接着,秘密联络留守北京办理洋务的咸丰帝六弟恭亲王奕訢。奕訢一直受到肃顺等人的排挤,也十分不安。几天以后,奕訢在各国大使的默许下,以奔丧为名,赶到热河和西太后那拉氏密谋。据薛福成的《庸庵笔记》记载,叔嫂见面后,"两宫皆涕泣而道三奸之侵侮,因密商诛三奸之策",并决定回京发动一场政变,"今各兵九月十二日到此"(见于《热河密札》)。为保证回京途中的安全,派胜保带兵在北京至承德间沿途布防,以免肃顺等人先行下手,遭其暗算。而奕訢这时也争取到外国列强的支持,向慈禧保证"外国无异议,如有难,唯奴才是问"(见于王闿运的《祺祥故事》)。双方进行了两个小时的秘密协商,谈话的主要内容大约有两个方面,一是推翻赞襄制度,由他们掌握国家大权;一是准备发动政变。奕訢回京后与亲信僧格林沁胜保掌握了清廷的嫡系武装,与慈禧站在了一边。御史董元醇进奏谄媚,奏请两宫皇太后办理朝政。两太后召见载垣等辅臣入议,载垣等以本朝未有皇太后垂帘听政为由,拟旨驳回。西太后那拉氏不发折旨,引起了一场激烈的争论。

咸丰十一年九月二十八日,两宫太后和小皇帝一行抵京郊,奕訢出城迎接,双方在当天开始密商政变后的政治权力的划分问题。次日,西太后那拉氏命肃顺等大臣护送咸丰帝灵柩回京,自己则偕幼子载淳和载垣、端华等走小道先行回京入宫。这天,先由两太后在宫中召见奕訢、文祥、桂良、贾桢、周祖培等人,在经过一番哭诉、试探,确信留京大臣对诛除肃顺等人毫无异议之后,随之抛出九月十八日奕谭在热河行宫草拟的"上谕"。内称:"载垣、端华、肃顺朋比为奸,总以外国情形反复,力排众议……特面谕载垣等,着照所请传旨。该王大臣奏对时,晓晓置辩,已无人臣之礼。拟旨时又阳奉阴违,擅自改写,作为朕旨颁行,是诚何心?且载垣等每以不敢专擅为词,此非专擅之实迹乎?此皆伊等辜负皇考深恩,朕若再事姑容,何从仰对在天之灵?又何以服天下公论?载垣、端华、肃顺

慈禧垂帘听政处

着即解任……"（见于《清代档案史料丛编》）

这时，载垣、端华尚不知发生了何事，当两太后召见奕䜣等人时，竟在宫门外大喊大叫进行阻止。紧接着又迅速发下一道"谕旨"，将载垣、端华、肃顺革去爵职拿问，交宗人府会同大学士及六部、九卿等官共议其罪。这时，肃顺则刚走到京郊密云，睿亲王仁寿、醇郡王奕𫍽连夜赶去，在卧室中将其拿获。最后处死肃顺，令端华、载垣自尽，将景寿等革职充军。

十月初一日开始对参加政变的王大臣论功行赏，任命恭亲王奕䜣为议政王。

十一月十一日，举行登基大典，次日，慈禧便开始了长达半个世纪的垂帘听政。

## 珍妃坠井之谜

"金井一叶堕，凄凉瑶殿旁；残枝未零落，映日有辉光；沟水空流恨，霓堂与断肠；何如泽畔草，犹得宿鸳鸯。"这首著名的《落叶词》就是清人恽薇孙描写清朝光绪帝妃子珍妃之死的。关于珍妃坠井而死的传说，自民国初年至今，一个世纪以来，不断有野史、小说、诗词及口头资料流传于世。例如《清季野史》《西太后演义》《清史演义》《清宫秘史》等均有记载。珍妃，姓他拉氏，满州镶红旗人，才色并茂，颇通文史，光绪十四年（1888）进宫，后晋封为珍妃。光绪帝与珍妃感情甚好，但慈禧与珍妃一直有嫌隙，后因珍妃支持光绪戊戌变法，因此受到慈禧太后怨恨，最后在光绪二十六年（1900）七月八国联军进攻北京、慈禧仓皇出逃前夕，将珍妃溺死于宁寿宫外的玻璃井中，但珍妃是否坠井而死，一直众说纷纭。据《清朝野史大观》记载："庚子七月二十日，英军陷京师，翌日联军继之，两宫黎明仓皇乘民车出德胜门，甫出门，白旗遍城上矣。太后御夏衣，挽便髻，上御青绸衫，皇后、大阿哥随行，妃嫔罕从者。濒行，太后命崔阉自三所出珍妃（三所在景运门外），推坠井中。"《景善日记》光绪二十六年七月二十一日记载说："晨，老佛爷……匆匆装饰，穿一蓝布衣服,如乡间农妇……妃嫔等于三点半钟齐集,太后先下一谕,此刻一人不令随行。珍妃向予太后反对者,此时亦随众来集,胆敢进言于太后,谓皇帝应该留京。太后不发一言,立即大声谓太监曰:'把她扔到井里去!'皇帝哀痛已极,跪下恳求。太后怒曰:'起来,这不是讲情的时候,让她就死吧,好惩戒那些不孝的孩子们,并叫那些鸥鸦,看看他到羽毛丰满的时候,就啄他母亲的眼睛。'李莲英等遂将珍妃推于宁寿宫外之大井口。皇帝怨愤已极,至于战栗。"

《清稗类钞》曾载西太后"召帝与妃嫔齐集,将行,珍妃昂然进曰:'皇帝一国之主,宜以社稷为重,太后可避难,皇帝不可不留京。'太后怒甚,视之以目,忽后声顾命内监曰:'可沉彼于井中。'内监即取毡裹妃,欲持去,皇帝哀痛已极,长跪恳求,谓彼年幼无知,幸太后恕其生命。此时太后怒不可遏,曰:'速起勿言,此时尚暇讲情理乎?彼必求死,不死反负彼。天下不孝之人当知所戒,不见鸥鸦乎?养得羽毛丰满即啄其母之眼,不杀何待?'盖此语明斥光绪帝戊戌之事也"。黄濬在《花随人圣盦摭忆》中也说:"珍妃之死,全在'帝当留京'一言,此语含义至多,故后必死之也。"黄还不无惋惜地说:"妃之死,自在发言不择时。"但又说:"然而时戎马崩腾,间不容发,妃若不言,又安可得也。"

两种说法都认为珍妃的死是由于她干预朝政,支持变法,惹怒了慈禧,才使慈禧在八国联军进京前西逃西安时,将其除掉。

但是也有人说珍妃并未讲过"皇上留京"一语,珍妃坠井是西太后用封建的贞节观诱逼所致。《控鹤珍闻》说:"太后又曰:'预示不欲挈之行,途中见之生恨,若留此,则拳众如蚁,彼年尚韶稚,倘遭污,莫如死之为愈'……内监知太后意已决,遂持毡推之宁寿宫外大井中。"

近年又有太监小德张过继孙张仲忱在《我的祖父小德张》一文中记述了珍妃死时的情形:当年八国联军攻到京郊廊坊时,宫内一片混乱,大太监命众太监全换上便装,老祖宗(慈禧)也来到御花园房,在养性斋前换上了青衣小帽。这时老祖宗把珍妃叫来,让她换好衣服一齐走。不大一会,珍妃说:"皇阿玛,奴才面出天花,身染重病,两腿酸软,实在走不了,让我出宫回娘家避难去吧!"老祖宗仍叫她走,珍妃跪在地上还是不走。老祖宗回过身来大喊一声,叫崔玉贵把她扔在井里,崔玉贵立即把珍妃挟起来,不几步就是那井口,头朝下就扔了下去,随即便把井口堵上了。

综上所述,种种说法各持一端,至今也是个谜。但珍妃死后,引起了人们对她的无限同情,一批正直的士大夫知识分子纷纷托词为悼,例如开篇的那首《落叶词》,这些词章即是对西太后暴逆无道的抗议,也算是对珍妃芳魂的一片慰藉吧。

## 伏羲、女娲兄妹通婚之谜

中国古代"三皇五帝"的传说,一直流传至今。伏羲和女娲都位居"三皇"之列,他们是传说中人类的始祖。

伏羲、女娲兄妹通婚的故事,在中国古代传说中也流传得较广。据传,伏羲和女娲是一对兄妹。天降洪水,他们在一个大葫芦里躲过了劫难,然后兄妹结婚,人类便是他们的后代。这个故事是真是假,没有太多的历史记载。唐末李元的《独异志》中有这样详细的记载："昔混沌初开之时，有娲兄妹二人于昆仑山咒曰：'天若遣我兄妹二人为夫妻，而烟悉合。若不，使烟散。'于是烟即合，其妹即来就兄。"

河南唐河曾出土了一幅《伏羲女娲图》，其前均有两朵烟，这是夫妻可以结合的象征。

还有的汉墓画像石上有着交尾状的伏羲、女娲像。伏羲被画成鳞身，女娲被画成蛇躯。他们被比喻成人格化的蛇神和女神。有的汉墓画石上有分别手捧着太阳和月亮的伏羲和女娲。这就是说伏羲是太阳神，是阳精；女娲是月亮神，是阴精。取阳光雨露滋育着万物生长之义。

如今，在陕西省临潼骊山有一座人祖庙，庙里面仍供奉着女娲。这里每年要举行两次祭礼，一次在农历三月三日，一次在农历六月十五日。当地的人们又把这两次庙会称为"单子会"。很多不育的妇女往往趁庙会之时，夹着床单，怀里藏着布娃娃，先到骊山的人祖庙给女娲烧香许愿，然后再偷偷地夜宿附近的树林中。附近各村的青壮年男子在晚饭后也多上山，遇到这些不育的妇女，便可就地同居。次日清晨，这些妇女回村时，只能低头走路，不可回顾，否则会"冲喜"。

这种奇异的"野合"风俗，恐怕也是从远古伏羲、女娲兄妹通婚的传说中遗传下来的。

中国远古时，兄妹为什么可以通婚呢？人类最原始的婚姻状态可以对此做出一定的解释。婚姻和家庭观念最初并不存在于人类的头脑之中。当时人类之间是一种杂乱的两性关系。采集、狩猎经济发展起来后，古人们在劳动中开始按照男女、年龄进行分工。随着人类思维的进步使父母开始不愿与自己的子女发生两性关系。最后杂乱的两性关系终于被人类摒弃了。比较固定的血缘群团，又称"血缘家庭"或"血缘公社"发展了起来。作为一个生产、生活单位，它同时又是一个内部通婚的集团。在这里面，祖辈与少辈之间、双亲与子女之间发生两性关系是不允许的，而兄妹之间互相通婚并没有被禁止。这种血缘群婚在人类发展史上经历了以百万年计的漫长岁月。据人类学家考证，在我国发现的云南元谋人、陕西蓝田人均属于分类学上的直立人阶段，大致都处于血缘公社时期。

在我国的少数民族中，如纳西族、傣族、苗族、侗族、壮族、黎族和高山族等，现在还都流传着兄妹通婚的神话。此外，在一些少数民族地区，现在还或多或少地保留着血缘婚的残余。

现代的历史学家至今还不能断定出伏羲和女娲的年代距今有多长时间。但是，他们一定是生活在原始社会的血缘公社时期，这一点是可以肯定的。而这一时期距今有百万年之久，伏羲和女娲究竟是否兄妹通婚，现有的史料还无法充分证明。

马克思曾说："在原始时代，姊妹曾经是妻子，而这是合乎道德的。"这样看来，伏羲和女娲兄妹通婚似乎更有存在的可能。

## 孔子是私生子吗

孔子是我国历史上伟大的思想家、政治家、教育家，儒家创始人，孔子本人也被称为"圣人"，是历代统治者所尊崇的对象。他的卓越思想，是我国乃至世界思想界宝贵的财富，让人们推崇备至。然而由于史籍记载的模糊和理解史籍的不同，致使孔子的出身问题，千百年来纠缠不清，以至于后世有这样一个看法，就是认为孔子是"私生子"，这是以史书中对孔子"野合而生"的记载为依据的。

大史学家司马迁在《史记·孔子世家》里记载：孔丘生而其父叔梁纥死，葬于防山。防山在鲁东。孔子问他父亲的坟墓在什么地方，但是母亲颜征在不愿告诉他。为什么颜征在不愿告诉孔子？这是因为"叔梁纥与颜征在野合而生孔子"。换句话说，孔子是"私生子"。汉朝时候的郑玄为《礼记·檀弓》作注时也认为，孔丘的父亲和颜氏野合而生下孔子，颜氏感到可耻而没有告诉孔子，孔子后来也对自己的出生情况讳莫如深。"孔丘疑其父墓处，母讳之也。"

圣人孔子竟然是"野合"而生？这不是有些不可思议吗？有人持反对的态度。他们认为，产生这个看法的原因即是读这句"不知其父墓殡于五父之衢"的时候在"墓"字的后面断句了。古文断句是不打标点的，那么同样一段文字就会产生不同的看法。清朝雍正年间的一个举人在《檀弓》中，把"不知其父墓殡于五父之衢"连起来念，"墓"字后面不断句，这样就产生了第二种看法，即孔丘在三岁的时候父亲就死掉了，后来孔母也去世了。孔子想将父母合葬，但是不清楚埋在鲁城外东南部的父亲墓是"丘"葬，还是安葬深埋的。所谓"丘"葬就是浅埋的，它是一种过渡性的坟墓，可以改葬，而深埋的坟墓则是正规的坟墓，不能改葬了。对于这样一个大事，孔子自然十分慎重。他为此特地拜访了一位老人，打听到父亲的坟墓是"浅埋的"，孔子这才把父亲的骨殖迁过来，和自己的母亲合葬在防地。因此，在整个事件中，根本就不存在"母讳之"的问题。孔子是正式婚姻的结晶，不是私生子。这个举人认为，自从司马迁以来，读者都把"不知其父墓"断为一句，因此才造成了后世这样大的疑案。

也有说法认为，孔子父母正式结过婚，但是年龄差距太大了，所以被时人称为野合。《孔子世家》记述，叔梁纥原来的妻子是鲁国的施氏，生的9个孩子都是女孩，所以他又娶妻，生下男孩孟皮。但是孟皮的脚有毛病，于是他就求婚于颜氏。颜氏在姊妹中最小，她遵从父亲的命令，与叔梁纥完婚。既然颜氏与叔梁纥成婚是明媒正娶，为什么还会有野合的现象呢？唐朝司马贞写的《史记索隐》说："今此云'野合'者，盖谓叔梁纥老而征在（颜氏）少，非当壮初笄之礼，故云野合，谓不合礼仪。"也就是说，当时男人30岁称"壮"，女子15岁及笄，头发上首次戴簪，才准许结婚。叔梁纥老了，颜征在还年少，并不是壮年初笄，所以叫"野合"。

有人认为，古代婚嫁时的礼品很多，一样礼也没有，就被别人说成是私奔野合。梁玉绳在《史记志疑》一书中则认为这种说法是有破绽的。《孔子世家》已经说得很明白，颜征在是听从父亲意见后而出嫁的，既然是从父命的正式婚姻，怎

夫子洞

么会产生六礼不备的情况呢？（当然，孔子父亲当时是否因为经济原因而缺礼，世俗是否因为其礼未备遂起流言，"孔丘是野合而生"，我们无从得知。）梁玉绳进一步认为，所谓野

合是因为这对夫妇曾经"祷于尼丘而得孔子",因而被演绎成"野合"。

颜征在向尼山祷告,祈求神灵降福给她儿子,当时叫"野合",这种现象在后代也有,例如安禄山的母亲向轧荦山祷告生安禄山。"春秋公羊学家,所谓圣人皆感天而生,此即野合而生也。"根据现在存在的尼山以及孔子"生而首上圩顶"、如尼山之形的说法,乃至庙内至今还供奉着的叔梁纥、颜征在、孔子、孔子之子孔鲤、孔子之孙孔伋的牌位。崔适在《史记探源》中写道:此文疑作"纥与颜氏女祷于尼丘,野合而生孔子"。也就是说颜征在在尼丘山扫地为祭天之坛而祷之,遂感而生孔子,因此被称为野合。

关于"野合",现代学者从婚姻制度方面进行考察得出下面的看法。他们认为,孔子所处的时代虽然早已经是男权的社会,但是原始社会所遗留下的偶婚制对当时社会还有一定的影响。野合之风不仅在春秋时代没有消失,实际上在战国时代也时有发生。这反映了时代的婚姻痕迹。或许,孔子对这种野合风俗很不提倡,感觉这是很不文明的,所以他才千方百计地将自己死去的父亲母亲合葬在一起,作为一夫一妻的标志。这种行为与孔子提倡"礼教"以及其他的倡导文明的思想是相一致的。

性学家们则从另一个角度来看待"野合"的现象。他们认为,原始的性风俗是允许"野合"的,它本来就是远古人类的一种婚配形式。远古的人类(甚至包括现代社会的一些地区的人们)认为,野合实际上更合乎天道,是吉祥、美好的象征,并不是淫秽的、丑陋的。所以,孔子的父母"野合而生孔子",有什么值得奇怪的呢?

孔子的身世到底怎样?大多数人都将孔子乃"野合而生"看作是可信的,但是更具体的,迄今仍众说纷纭,还有待于史学家的进一步研究。

## 纵横家鬼谷子有无其人

据传,我国战国时代纵横家的鼻祖鬼谷子为楚国人,姓名传说不一,曾经在鬼谷隐居,因以鬼谷子自号,人们也这样称呼他。

第一种说法否认鬼谷子其人的存在。乐一在注《史记·苏秦列传》时说:"苏秦欲神秘其道,故假名鬼谷子。"他认为鬼谷子就是苏秦。清朝人翁元圻在注《国学纪闻》时说法更为明确:"秦仪,即鬼谷子。"有人认为鬼谷子是对隐士的泛称,唐朝人李善注《文选》说:"鬼谷之名,隐者也,通号也。"既然认为鬼谷子只是泛称隐者,实际上也就是否认鬼谷实有其人。现在学术界也有人认为鬼谷子非历史人物。1984年,湖北人民出版社出版的《湖北历史人物辞典》道了很有名的慎子、鹖冠子,但未列鬼谷子。《古今伪书考补证》讲到鬼谷子时说:"史记所记,得之传闻,本不足据。"又说:"其人无考,况其书乎?"《宗教辞典》也称其是"中国古代传说人物"。

第二种说法认为鬼谷子是神。据《仙传拾遗》记载,鬼谷子"疑神守一,朴而不露,在人间数百岁,后不知所之"。杜光庭《录异记》也认为:"鬼谷先生者,古之真仙也……自轩辕之代,历于商周,随老君西化流沙周末复还中国。"

第三种说法对鬼谷子的有无半信半疑。清朝人秦恩复以为"或云周时豪士,隐于鬼谷者,近是"(四部备要本《鬼谷子》)。所谓"近是"即接近正确,并没有完全肯定。现在也有学者认为"欲证鬼谷子真有其人,终不可得其确",同时认为"鬼谷其人,又不全虚"

（《古籍整理论文集·鬼谷子研究》）。新版《辞海》《辞源》在介绍鬼谷子时，前面都冠以"相传"二字以示不做确切肯定。

第四种说法认为鬼谷子是战国时楚国人。现在介绍鬼谷子的文字不系统，不完整，也不可靠，但根据大量见于古籍中的资料，历史上确有鬼谷子其人。

《史记》最早记载鬼谷子，司马迁与鬼谷子生活的年代相隔较近，根据苏秦、张仪谢世的年纪推测，最多也就一两百年，因此司马迁所记应当是比较可靠的。《史记》虽无鬼谷子传记，但是在《苏秦列传》中太史公记曰："苏秦者，东周雒阳人也，东事师于齐，而习之于鬼谷先生。"在《张仪列传》中也说张仪是鬼谷子的学生。另外，司马迁在《史记·太史公自序》中有一段引文："故曰，圣人不朽，时变是，虚者道之常也，因者君之纲也。"司马迁未注明出处，但是唐朝人司马贞在《索引》中指出："此出《鬼谷子》，迁引之以成其章，故称'故曰'也。"可见司马迁与司马贞都曾见到过鬼谷子的著作。

许多鬼谷先生遗迹尚在湖北当阳鬼谷洞附近。据《舆地纪胜》记载，此洞"即鬼谷子隐处"。今鬼谷洞外石壁上嵌有3块石碑，均系清光绪五年重修大仙洞的石碑记，其中有一段曰："清溪寺山后五里许，有大仙洞，系战国时鬼谷大仙披门仙师修真之所……残碑隐隐有字迹，（鬼谷庙）大约始于晋。"在鬼谷洞东南2千米处有棋盘山，亦名云梦山，据《当阳县志》称"传鬼谷子对弈处"。

综上所述，历史上究竟有无鬼谷其人尚无定论，要揭开谜底，还需要充足的证据和深入的研究。

## 韩非死亡之谜

中国历史上最早从理论上提倡"权术"论的人物恐怕就是韩非了。韩非是战国时期韩国人，著名的思想家。他曾经拜荀卿为老师，继承和发扬荀卿的法学思想，同时又吸取法学前辈李悝、吴起等人的学说，最终成为法家的集大成者。韩非的"法治"思想，以及提出的"法""术""势"等主张，对后世产生了极大的影响。因为当时正是群雄争霸之时，韩非的这种封建君主专制理论，是很适用于当时情势的。据说秦王嬴政看到他的文章后，非常急于得到韩非。但是韩非来到秦国后不但没被重用，反而很快被投入秦国监狱，走上了不归之路，这是因为什么？

有人认为韩非是死于李斯的嫉妒陷害，这种说法自从王充《论衡》中阐述"韩非之死，乃李斯忌才所致"后，已经成为史学界普遍的看法。司马迁《史记》中也有这样的记载。《老庄申韩列传》中记载到，韩非出身于韩国的贵族世家，师从荀子，与后任秦国宰相的李斯为同窗学友。适值韩国日渐衰落，韩非屡次上谏韩王变法图强，却不被韩王所用。于是韩非发愤著书十余万字，来阐发自己的法治主张。这些作品后来传到秦国被秦王嬴政看到。嬴政读后大为叹服，激动地说如果自己能够得到韩非这个人，则"死不恨矣"。当得知韩非是李斯同学时，便下令攻打韩国，索要韩非。韩王本就不想用韩非的主张，现在自己处在秦国的攻打下，毫不吝惜地将韩非献出，美名曰将韩非"派遣到秦国"。

韩非到了秦国后马上被秦王接见。据说韩非本人有点口吃，但是他深刻的思想令秦王折服。秦王非常赏识韩非，大有相见恨晚之意。李斯看到这个情形，深知自己不如韩非,感觉自己的地位受到了严重的威胁。于是李斯对秦王说:"韩非是韩国公子,他能真心为大王您吗? 现在大王想吞并诸侯,他终究会为韩国而不能为秦国,这是人之常情。不能为秦国效力,大王您现在又留着他甚至送他回国,这是祸患的开始。不如找个过错用法律把他诛杀吧。"李斯这段话说得非常有技巧,句句充满对秦王和秦国的忠诚。一向对李斯很信任的秦王觉得李斯言之有理,便下令查办韩非,将韩非囚入监狱。李斯的目的初步达到,当然不能允许自己的计划落空。为了尽快铲除了韩非这个威胁,避免因秦王后悔而生出他事,他派人送去了毒药。韩非很想到秦王面前申诉,狱卒和李斯却不给他这个机会。可怜的韩非,昨日还是秦王座上客,今日就成了阶下囚,含冤而死。待到秦王后悔让人赦免韩非时,发现韩非已经死了。而李斯则说韩非是畏罪自杀,秦王半信半疑,但人已死了,也只有作罢。

也有人为李斯申冤,说李斯不可能杀韩非,原因有很多。若李斯是嫉贤妒能之人,他又何必把韩非的作品介绍给秦王? 并且当时秦王不过是对韩非很赏识而已,还没有对韩非加以重用,作为当时绝对有权的李斯来说,韩非还不足以构成对自己的威胁吧。在这种情况下,李斯为什么要加害韩非呢?

与李斯"奸嫉贤良"版本相反的是,《战国策》中所记载的韩非之死则是说韩非自取灭亡。当时,楚国、吴国、燕国和代国四个国家打算联合起来抵抗秦国,秦国派姚贾出使四国。姚贾用重金贿赂四国,瓦解破坏了四国计划。姚贾回国后受到秦王重赏。韩非就攻击姚贾拿国家的钱自己去交朋友,还指出姚贾出身的低贱。姚贾在秦王面前反驳说,以财宝来贿赂四国,出发点是为了秦国谋利,而不是为了自己的利益。如果是为了自己交朋友,何必又返回秦国呢? 虽然自己的出身低贱,名声不好,但是有一颗效忠君主的心,哪里像有些人,只是在那里说却不做任何实际的事情,专门挑别人的毛病。秦王认为姚贾的话非常有道理,更加信任姚贾,而对"挑拨是非"的韩非则冷落起来,最后杀掉了韩非。这样看来,韩非遭到杀害,是因为他自己嫉妒别人,是搬起石头砸了自己的脚。

韩非

后世人还认为,杀害韩非是秦王的主意,李斯就算是再受到秦王的宠幸,他也不敢自作主张杀死韩非。为什么说是秦王自己的主意呢? 秦王嬴政是一个寡恩多忌的人,尽管他爱惜贤才,欣赏韩非的理论,但是韩非出身于韩国贵族这一事实终究不能消除秦王对韩非的戒心,始终害怕韩非会暗中为韩国出力。并且,韩非来到秦国后,只是谈自己的君主集权主张,不谈统一天下(作为韩国公子的韩非也不可能谈),因此,秦王并不重用他。但是,放回韩非,必定又要给韩国增添了一个抵抗秦国的好帮手。秦王怎么可能放他回去? 相反,若是杀了韩非,不但他的学说可以为自己所用,而且也为秦国铲除了威胁,不是一箭双雕吗? 这样分析,秦王杀死韩非是必然的了。这还可以从《史记》中看出来,书中说秦王对韩非的死感到后悔,但是他可曾去追究李斯的擅自谋杀罪？可曾为死去的韩非正名？不过是简单的"后悔"而已。

还有人认为，是李斯等大臣杀死了韩非，但是这并不能说明韩非死亡的实质，韩非实际是死于秦国和韩国之间的政治斗争。战国时期，各个诸侯国都极力保全自己，尤其是竭力对抗秦国这个一心消灭他国统一天下的大敌。韩国派韩非出使秦国，实际上就是为了保全韩国。李斯和韩非两个人，一个忠心于秦国，一个热爱韩国，两个人之间的矛盾是不可避免的。韩非必然要破坏李斯攻打韩国的计划，而李斯站在秦国要兼并六国的立场上，必然也要揭穿韩非出访秦国的目的。韩非与李斯、姚贾的矛盾冲突并不是如《战国策》中所说的是韩非个人的嫉贤妒能，也不是李斯本人与韩非有什么个人恩怨，而是秦国与韩国政治斗争的反映。所以说，韩非的死是当时秦与韩尖锐的矛盾斗争的反映。

关于韩非的死因究竟如何，韩非究竟是死于谁手，至今也没有更确凿的证据证明。一代大思想家死因未明是个历史的遗憾，但是想到韩非的理论终为后世所用且影响至今，韩非本人也算是重于泰山了。

## 诸葛亮娶丑女为妻探秘

诸葛亮的名字家喻户晓，成为智慧忠贤的化身，他辅佐刘备共图大业，最终使蜀汉政权成了三国鼎立的一极。他的一生，奇闻逸事很多，"孔明择妇"便是其中之一。

诸葛亮不仅有才，而且相貌俊伟，据《三国志·诸葛亮传》记载，诸葛亮"身高八尺，犹如松柏"。但他却选了一位"瘦黑矮小，一头黄发"的丑女阿丑为妻，诸葛亮为何要娶丑女呢？传统观点认为，诸葛亮重才不重貌，是注重人的内在美。阿丑自幼才识过人，颇有心计，诸葛亮早在成婚前就有所耳闻。这不无道理，但并非全部。其实，诸葛亮娶阿丑，是出于一种政治上的考虑。《三国志·诸葛亮传》裴松之注所引《襄阳记》记载："黄承彦者，高爽开列，为沔南名士。谓孔明曰：'闻君择妇，身有丑女，黄头黑色，而才堪匹配。'孔明许，即载送之。时人以为笑乐，乡里为之谚曰：'莫作孔明择妇，正得阿承丑女。'"

另一种说法是诸葛亮家境贫寒，出身卑微，自幼丧父，少年时代便过着流离转徙的生活，吃尽军阀混战的苦头，深受强宗豪族的压迫。后来跟着在南昌做豫章太守的叔父诸葛玄生活。14岁时，叔父因官被削而投靠了刘表；17岁那年，叔父死了，他从此没了依靠，就在襄阳城西20里的隆中定居。他虽然住在乡下，但他不想无声无息地隐居一辈子，他时刻关心着国家的盛衰，有着为国家尽忠的抱负，怀着如此壮志雄心，他立志要登上政治舞台而建功立业。

这种政治上的考虑无疑会影响到诸葛亮的婚姻大事，甚至还牵涉到了家人的婚事。这也是为在地主集团的上层站稳脚跟，以便今后一展宏图。为此，他在家庭婚姻方面，做了三件事：第一，他把姐姐嫁给了荆州地主集团中在襄阳地区颇有名望的首领人物庞德公的儿子，庞德公对其赏识备至，称他为"卧龙"，从此，他就在荆州站稳了脚跟。第二，诸葛亮为弟弟娶了荆州地主集团中在南阳地区数得着的人物林氏之女为妻。第三，也是最重要的，他自己择妇结亲，当然要服从既留荆州又能结交望族这一政治目的，这也就是诸葛亮在荆州而不到其他地方去的原因。所以，诸葛亮娶了那个丑女黄氏。

诸葛亮为何不怕众人耻笑，而娶丑女黄氏呢？换作别人也许他会犹豫，但是黄氏之女他就娶定了,一是因为黄承彦在当地有相当声望;二是因为黄妻蔡氏和刘表的后妻是姐妹关系,做了黄家的女婿,就攀上了刘表这门皇亲。

据《诸葛亮新传》记载:当黄承彦当面问及诸葛亮时,他当即"拜谢泰山",一锤定音,把从未见过面的阿丑要了过来,从而为诸葛亮进入地主集团开了"绿灯",他是无论如何也不会放弃这个"进身之阶"的。

从封建历史文化来说,贤妻、美妻、正妻要相夫教子,帮助丈夫治理家业,诸葛亮深受传统文化的熏陶,在自己的婚姻上,自然遵循"贤妻美妻"的风俗。而据《三国志》记载,诸葛亮其后确实又娶过一妾。但诸葛亮娶丑妇的动机仍有争论,待后人再研究探寻吧。

## 李师师是否流亡到江南

李师师是北宋末年冠盖满京华的名妓。据说她不仅色艺双绝,而且柔肠侠骨,慷慨仗义。

与李师师有密切关系的当然是大宋皇帝宋徽宗。宋徽宗虽然治国无方,却是个工于琴棋书画、喜欢寻花问柳的风流天子。他久闻李师师芳名,就打扮成常人模样混出宫外,去一睹李师师这位旷世佳人的风采,从此一发不可收拾,成了李师师那里的常客,弄得汴京城内满城风雨,路人皆知这位风流天子的丑事。据说后来徽宗不满足于与李师师偷偷摸摸的情人关系,干脆公然接李师师入宫,"名正言顺"地册封为李明妃和瀛国夫人。李师师的"幸福生活"直至徽宗后来禅位给钦宗,她被逐出宫,废为庶人为止。

徽宗宣和七年即 1125 年冬天,金兵分东西两路南下,东路军直驱汴京,惊破了皇帝的美梦。软弱的宋徽宗连忙下诏书禅位给儿子钦宗,自己则顾不上他的李师师,躲进太乙宫,号为"道君教主",过休闲生活了。第二年正月,金兵包围汴京,据说李师师献出了自己的家资给朝廷,以助饷抗击金兵。但钦宗继位后,为满足金人索取巨额赔款的要求,派人到处搜寻市民的钱财。靖康之年,尚书省奉圣旨曰:"赵元奴、李师师,曾经抵应倡优之家,逐入籍没,如违并行军法。"就这样,李师师等京城名妓家产被"籍没",李师师从此一贫如洗。这些在《三朝北盟汇编》上有明确记载。此后,金兵第二次围攻汴京,将徽宗、钦宗二帝及其后宫嫔妃俘虏北去,北宋于是终告灭亡。宋亡后,对于李师师的下落,各家的记载就大相径庭了。

一是殉节说。有一本佚名的《李师师外传》是对此叙述最为详尽的一篇。在这篇传中,说金人攻破汴京后,主帅扬言曰:"金主知其名,必欲生得之。"后来,大汉奸张邦昌费了好大的周折,终于帮助金兵找到她,献给金营。宴席之上,李师师慷慨陈词,自称"告以贱妾,蒙皇帝眷,宁一死无他志"。又痛骂张邦昌等汉奸:"你们这些人享受着高官厚禄,朝廷有哪些地方亏待了你们,反而做每件事都是为了斩灭社稷!"说完,用金簪刺喉自杀,没有死,又将金簪折断吞而死之。对于这一记载,清代曾有人表示相信,并且称赞李师师"慷慨捐生一节,饶有丈夫概",清人黄廷鉴也称誉道:"师师不第色艺冠当时,观其后慷慨捐生一节,饶有烈丈夫概,亦不幸陷身倡贱,不得与坠涯断臂之俦,争辉彤史也。"但是,大多数学者对这个说法不以为然或表示怀疑,认为不过是后人写的一个传奇故事。鲁迅也将这篇《李师师外传》编于"唐宋传奇"之列,且认为是南宋人所作。

二是出嫁说。有的书中说，李师师在汴京失陷后落入金兵手中并被俘虏北上，被迫嫁给一个年老军士为妻，耻辱地度过了一生。但是有的人认为，此说也不可靠，因为李师师在宋徽宗禅让后就被驱逐出宫。金兵攻破汴京掳走二帝和后宫的时候她已经当了道士，并不在金人求索的范围之内。

南宋时候，关于李师师下落何处，有另外一种说法，并且此说流传甚广，诸书所载也比较相近，这就是"南渡说"。《青泥莲花记》记载说，靖康之难后，师师辗转南渡，有人在"湖、湘间"见到过，已是"衰老憔悴，无复向时风态"；《墨庄漫录》则说，李师师是流落到浙江一带，"士大夫犹邀其听歌"，同样是"憔悴无复向来之态"。后来流落到湖、湘间，为商人所得。此说已经为学术界许多人接受。

然而，李师师其人到底如何结局呢？红颜自古多薄命，李师师到底只是一个贫贱的女子，她留给后世的，除了那些风流韵事，还有一个凄楚未解的归宿之谜。

## 民族英雄岳飞死因探秘

岳飞（1103 年~1142 年），字鹏举，相州汤阴人，出身贫苦农民之家。联金灭辽时应募从军，曾在张所部任统制，并与王彦一起抗金。后随宗泽守东京，任都统。宗泽死后，他投身张浚部，并逐渐成为南宋重要的抗金将领，立下赫赫战功。建炎四年，收复建康（今江苏南京）。绍兴四年，大败刘豫齐军，收复襄阳等六郡，封清远军节度使，后封为武昌开国侯，联络两河义军，部署北伐。绍兴八年底，他反对高宗与秦桧的议和，并上表提出"金人不可信，和好不可恃"。绍兴十年，郾城一战，大败兀术统率的金兵主力，收复颍昌、郑州、洛阳等重镇。在抗击金兵的战斗中，岳飞率领的"岳家军"常常以一当十，勇往直前，声威大震，甚至金军中都流传着"撼山易，撼岳家军难"的悲叹。可是，就在收复中原即将实现的大好形势下，宋高宗赵构却连发十二道金牌，下令收兵。岳飞挥泪含恨退兵，不久以"莫须有"的罪名和他的儿子岳云及部将张宪被毒死于"风波亭"。

直到孝宗即位，冤案平反，岳飞墓才迁至景色秀丽的栖霞岭下。岳飞墓前铸有四个跪着的铁人，其中就有当时南宋的宰相秦桧夫妇。几百年来，到此悼念岳飞的人们都要唾骂奸臣秦桧。岳飞为秦桧所害，这似乎已成为不容置疑的铁案。

但是，事实上杀害岳飞的元凶并不是秦桧，秦桧只不过是这个元凶手下的一个鹰犬！

第一，秦桧没有杀岳飞的权力。有人指出，当时秦桧虽然很受高宗的信任，但还没到摆布高宗地步，因此也不能为所欲为地恣意铲除异己。绍兴九年，秦桧正积极对金议和，枢密院编修官胡铨上书反对，并请求皇帝"斩秦桧之头挂诸街衢"。秦桧对此人恨之入骨，但也不敢任意杀害他。由此可知，对战功赫赫的岳飞，他更不可能擅自处置了。

第二年，金兵违背和议，一举攻占了河南地区，秦桧惶惶不可终日，生怕高宗因此迁怒于自己的议和政策，他此时惶恐不安，正是自保不足的时候，因此，他没胆量背着高宗杀害岳飞。需要说明的是，岳飞的狱案又称作"诏狱"，程序严密，外人无法插手。这样，即便秦桧权力再大，公开"矫诏"杀人也是不合情理的。

第二，秦桧及刑部主审岳飞一案，曾上书定岳飞、张宪死罪，但并没有定岳云死罪。可上书高宗后，岳云也没能幸免于难。由此可见生杀大权还是在高宗之手。

第三，秦桧死后，高宗为秦桧制造的许多冤假错案平了反，但唯独对岳飞一案不肯昭雪，而且对许多大臣申请为岳飞平反的奏折不予理睬。

这一切都足以证明，高宗才是杀害岳飞的元凶。

高宗出于什么原因要害死自己倚为军事支柱的岳飞呢？而且宋太祖赵匡胤曾传下秘密誓约，规定后世子孙"不得杀士大夫及上书言事人"，"子孙有逾此誓者，天必殛之"。在北宋历朝，这条誓约执行得非常严格，高宗为何敢违约破例？这在认为高宗是杀害岳飞元凶的学者中存在着争议。

有的学者认为"帝之忌兄，而不欲其归"。高宗眼见岳飞一心要"迎二圣"，而徽、钦两帝一旦回来，自己的皇位就不保了。他害怕中原光复，因而杀了岳飞。

另一部分学者则认为并不是"迎二圣"。高宗杀岳飞，主要原因是怕他在外久握重兵，跋扈难制，危及自己的统治，对武将的猜忌和防范，是赵宋王朝恪守不渝的家规。只要武将

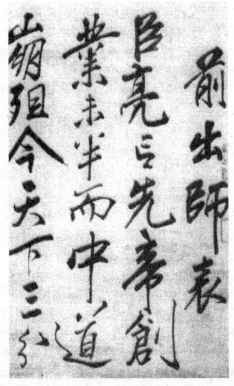

前出师表　岳飞书

功大，官高而权重，就意味着对皇权构成威胁。岳飞个性刚强，"忠愤激烈，议论不挫于人"，不容易与人合作，绍兴七年（1137），他上书奏请高宗立储："乞皇子出阁，以定臣心。"同年，他又因守母表，未经高宗批准便自行解职，把兵权交给张宪。这两件事犯了高宗的大忌。再加上高宗曾在金营做人质，又有从扬州南渡等惊险经历，对金兵始终心存恐惧。对战争前景，他既怕全胜，又怕大败。胜则怕武将兵多，功高而权重，败则怕欲为临安布衣而不能。他想当个安安稳稳的太平皇帝，因此一心求和。所以，秦桧利用岳飞部下的告密来证明岳飞的跋扈，正好迎合了高宗害怕岳飞立盖世之功、挟震主之威的心理，加上岳飞又是反对和议最强烈的主战派，故而下令杀了岳飞。

## 郑和为何下西洋

郑和，我国乃至世界航海史上最出色的航海家之一。明朝永乐三年（1405）至宣德八年（1433）的29年间，他奉明成祖朱棣之命，7次下西洋，先后到达非洲、亚洲两大洲的30多个国家和地区，最远到达非洲的东海岸，创造了远程航海史的壮举。可惜当年郑和航海的全部档案都被当时的兵部侍郎刘大夏付之一炬，后人难以对郑和航海的史料加以详细考证，于是就有了关于郑和航海的诸多谜案，其中一直让后世学者疑惑不解的是郑和下西洋的动机。人们的问题是：郑和为何下西洋？朱棣称帝后为何忽然将目光转向了茫

茫大海？

关于郑和下西洋的第一种说法是认为郑和远航乃是奉明成祖朱棣之命，寻找建文帝。

众所周知，明成祖朱棣是通过谋反登上皇位的。当初建文帝朱允炆为了巩固皇权，相继废削了握有军政大权的周王、齐王、代王、岷王等藩王的职权。燕王朱棣唯恐自己被废，并且他对皇位觊觎已久，早就不甘心让自己的侄子为帝，所以就借口"朝无正臣，内有奸恶"，起兵谋反，号称为"靖难"。战争持续了4年之久，朱棣取得了最终胜利，登上了皇位，随即将都城迁至北京，称明成祖，改年号为永乐。就在朱棣大军攻破南京城时，建文帝朱允炆在一场大火中下落不明。虽然朝廷宣称建文帝已经在大火中丧命，但是朱棣心里明白这只是为了安定民心的做法，建文帝实在是"不知所终"，甚至他一直怀疑建文帝已经出逃。这种推测自然让有"篡位"之名的朱棣不得心安，为了彻底除去建文帝卷土重来的可能性，他多次派人四处秘访建文帝的下落。郑和就是朱棣派出寻找建文帝下落的一支。近年来，有学者考证说，为了寻找建文帝，郑和不但下西洋，而且3次东渡扶桑，到日本去过。

第二种说法说寻访建文帝最多不过是郑和远航的一个附带任务，说他是"专程"寻找建文帝踪迹则不合情理。他们认为郑和的远航有军事目的。如《明史·郑和传》说郑和远航"欲耀兵异域，示中国富强"；近代学者梁启超说，郑和下西洋是"雄主之野心，欲博怀柔远人，万国同来等虚誉"；尚钺在《中国历史纲要》中也指出，郑和下西洋"大概是想联络印度等国抄袭帖木儿帝国的后方，牵制它的东侵"，从而保证明朝的安全。而以郑和航海时的巨大规模，势必也能够实现这个目的，因为在郑和远航的15世纪，世界范围内还少有如郑和船队那样大的规模和气势，船队所展示出的强大的军事实力足以震慑异域。

第三种说法认为郑和航海以经济目的为主。明成祖为了增加财源，弥补财政亏损，派郑和出海远航。史实表明，郑和的船队与其所到之处的居民开展了很多的经济贸易，不仅满足了明朝官方对外贸易上扩大市场的需求，而且沟通了西洋大国对明朝的"朝贡贸易"，收效甚好。并且有史料表明，明代的中国已经被纳入世界贸易体系，与亚洲、非洲的几十个国家都有贸易往来，不但明朝官府、周边国家，甚至连沿海官绅、百姓都从中获得了巨大的经济利益。鉴于这样总体的经济环境，说郑和远航是出自经济目的是有一定根据的。

第四种说法认为郑和航海以政治目的为主。朱棣知道自己有篡位的坏名声，所以在他登基后积极采取各种措施来塑造一个好君主的形象。郑和下西洋的巨大规模向外界展示了自己所统治的国家的恢弘气势，这正是朱棣造成万国来朝的盛世局面以稳固政权的方式，并且也借此瓦解政敌势力。学者根据史料分析，郑和前三次航海，与东南亚、南亚沿海诸国建立了友好关系；后四次则向东亚以西的未知世界探访，开辟了新航路，使海外远国都"宾服中国"。也就是说，郑和远航已经达到了朱棣的既定目标。此外也有人说，郑和下西洋是政治和经济的双重目的，是"一箭双雕"的行为。

第五种说法则认为上述的诸种说法都有失偏颇，他们认为郑和下西洋是有阶段性的目的的。前三次的目的大致有三：一是追寻传说中逃往海外的建文帝的下落；二是镇抚海外的臣民，同时也是为了炫耀国威；三则是为了扩大海外贸易，沟通与南洋诸国的联系，保持南部海疆的和平。之后的四次下西洋，更多的则带有探险和猎奇的性质。朱棣是一个雄心勃勃的人，对南亚以西的未知世界很感兴趣，同时也想让他们对自己所统治的明王朝有更多的认识，因此派郑和开辟新航路，让海外诸国"宾服中国"。

尽管有这么多关于郑和远航原因动机的推测，但是至今并没有真正的结果。一个大陆国家为何要进行如此大规模的远程航海，也就在刘大夏对史料的"付之一炬"中成了千古难解之谜。

## 于谦被杀之谜

于谦，字廷益，号节庵，少时即"慨然有天下为己任之志"，永乐十九年（1421）中进士，走上仕途。他为官廉正，极有才干，又因在宣德元年（1426）镇压汉王朱高煦叛乱中的出众表现而受到宣宗赞赏。宣德五年（1430），于谦任兵部右侍郎，多次上书，兴利除弊，但引起权贵不满，遭谗被贬，后因边防吃紧，入京任兵部左侍郎。土木堡之变后，瓦剌大举南犯，于谦运筹帷幄，捍卫了明朝，立下了盖世功勋。而后于谦大力改革军制，受到景帝重用。但同时也引起了更多人的嫉妒，最后被诬陷入狱，于景泰八年（1457）被处死。一代名臣于谦突遭横祸，成为千古奇案。

此事还得从明英宗时说起。史载，英宗正统十四年，年仅23岁的英宗不听劝阻，受自己佞臣王振的唆使，下令自己御弟郕王朱祁钰驻扎京师，自己亲自点精兵50万挥师北上，迎战蒙古瓦剌部，结果在土木堡兵败被擒。

古语说得好：天下不可一日无主。可是此时此刻，英宗已成异邦阶下囚，皇太子尚年幼无知，也先部落随时都可能兵临北京城，这怎能让大臣们不忧心如焚呢？

当年九月，在大臣们的拥戴下，郕王登基，是为景泰帝。可虽然这样，依然无法平定民心，英宗带领的50万精兵已全军覆没，京城仅余不足10万的兵力，且都是羸弱之卒。一些贪图享受、贪生怕死的大臣这时候煽动王公贵族向南逃，侍讲徐珵甚至公开地散布谣言，声称天降灾祸，唯有南逃才可以消灾免祸。

大臣们不停争吵，景泰帝无所适从。就在这时候，新任兵部尚书于谦再次站出来，厉声喝道："凡倡议南迁者，立斩不饶！"

翌年，也先惨败，向明朝请和。因此，在瓦剌过了一年游牧生活的英宗被迎回北京，被迫接受"太上皇"的尊号，住到了南宫。

景泰八年一月，皇帝突然身染重病，卧床不起，这便为新年的宫廷罩上了一层阴云。景泰帝废了英宗皇储，立自己儿子为太子，不料未满一年，他唯一的儿子却死了。从这时起，皇储之位始终未定，这理所当然地成为宫廷阴谋活动的极好温床。

就在正月十六夜里，武清侯石亨、太监曹吉祥、都御史徐有贞等趁皇帝卧病休养、朝廷内外人心浮动之机，把做梦都想复辟的"太上皇"朱祁镇迎回了金銮大殿，而朱祁钰在其兄复位的欢庆声中撒手人寰。

英宗复位后，徐有贞、石亨等少不了加官晋爵。他们大权在握，就着手下一步的行动：陷害忠良，排除异己，首当其冲的就是于谦和王文。石亨始终嫉恨景泰帝让于谦做兵部尚书，再加上北京保卫战中于谦明智地否决了自己拥城固守的方案，石亨对此耿耿于怀。而那徐有贞正是那时候散布谣言、鼓吹南逃的徐珵。

石亨、徐有贞等捏造王文、于谦"逢迎景泰篡位",并且声称于、王二人看到景泰帝一病不起,就阴谋迎立襄王。英宗对那两个奸臣毫不怀疑,所以命石亨和他的党羽都御史萧维桢主持会审。

萧维桢、石亨对王文、于谦进行严刑拷问,逼迫其承认一切罪行。王文对其无耻行径非常气愤,厉声质问道:"召迎亲王必须有金牌,派人也要有马牌才行,现在这两样东西在哪里?"问得那两个奸臣无言以对。于谦冷笑着对王文说道:"你无须费口舌了,这是他们的诡计,目的就是置你我于死地,辩解也是徒劳。"

一连审了几天,于、王二人依然不招供。石亨等人又缺乏证据,只好以于谦和王文阴谋迎立外藩为名,请求凌迟处死这二人。明英宗念及于谦的功劳,不太情愿地签发了处死王文、于谦的旨令,但是,他把凌迟改为斩首。

几天后,王文、于谦慷慨就义。

## 严嵩为何能权倾天下

严嵩仪表堂堂,且颇有文采,曾举弘治十八年进士,后攀附权贵夏言,很快就任礼部尚书兼翰林院学士。

至此,他利用职务之便,使出浑身解数向世宗邀宠,渐得皇上好感。

明世宗刚愎自用,喜怒无常。严嵩多方揣摩,投其所好。所以明世宗对其十分宽容,甚至连其证据确凿的贪污行为也不加过问,这使严嵩真正明白皇上对官员们是否清正廉洁并不关心,他所关注的乃是官员们是否忠实和顺从于自己。经过这番理解,严嵩的为官之道又向前进了明显的一步。

严嵩

嘉靖十八年(1539)二月,出现了所谓的祥瑞"景云"。夏言、顾鼎臣奏告世宗,严嵩于是根据世宗好祥瑞的特点,投其所好,请明世宗临朝受群臣庆贺,世宗非常高兴地接受了这一奏请。严嵩意犹未尽,又作《庆云赋》及《大礼告成颂》上之。严嵩的文章本来就颇有文采,对于这两篇文赋,更是绞尽脑汁,作品极尽其歌功颂德之能事。世宗见到他的文章更是高兴,不由得啧啧赞赏,最后将其文诏付史馆。从此,严嵩更加受到世宗的宠信。

明代冠制,皇帝与皇太子冠式是唐朝所称的翼善冠。但是,世宗崇信道教,不戴翼善冠,独戴香叶冠,并命令制作沉水香冠五顶,分别赐给夏言、严嵩等。夏言说这个冠不是大臣们所应戴着的,还给世宗,世宗大怒。可是严嵩遵旨戴着,并且用轻纱笼住,以示郑重,世宗大悦。

后来,世宗因故将夏言去职,所有武英殿大学士遗缺,由严嵩补授,从此严嵩开始出阁入相。

## 戚继光斩子了吗

"封侯非我愿,但愿海波平",这是明朝著名的军事将领戚继光的诗。人们永远都不会忘记这位将领在反抗倭寇的历史中的光辉业绩。

戚继光出身将门,世袭登州卫指挥佥事,长期在山东、浙江一代担负抵御倭寇的重任。从小就目睹倭寇对沿海人民残酷蹂躏的他,对倭寇充满刻骨仇恨。他立志要荡平倭寇,拯救黎民于水火之中。那句"封侯非我愿,但愿海波平"正是他非凡抱负和坦荡胸襟的真实写照。

明朝历史上的倭寇,不同于一般的海盗,他们往往都是有着严格纪律的军事组织。要战胜这些倭寇,只有更加严格的纪律才行。戚继光就是一个以严于治军而闻名的军事将领。他经常以岳家军为榜样,对士兵进行教育,并且坚持与部下同甘共苦。历史记载,戚继光的军队号令严,赏罚信,因此所向披靡,威震四方。"戚家军"对于倭寇来说,无异于让他们丧魂落魄的"丧钟",却是国家和百姓的救星。

这样的一支钢铁军队哪里是一朝一夕就能铸造成的?戚继光必然要为此付出沉重的代价。最为典型的,就是浙江、福建一带盛传的戚继光斩子的种种传说。

关于戚继光斩子的说法史籍多有记载。如福建《仙游县志》记载:"戚公至莆田,将出师,烟雾四塞,其子印为先锋,勒马回,且求驻师,公怒其犯令,杀之。"年代比戚继光稍晚的沈德潜也曾说过:"戚继光斩子……此军法所不贷,不得已也。"清代《四库全书总目提要·子部·兵家类存目》中还收录了戚继光自己所写的《纪效新书》,其提要曰:"第四篇中一条云,若犯军令,便是我的亲子侄,也要依法施行,厥后竟以临阵回顾,斩杀长子,可谓不愧所言矣,宜其所向有功也。"

看来戚继光斩杀自己的儿子是因为此子在战场上临阵回头,违反了戚继光制定的军纪,所以戚继光怒而杀之。连自己的儿子违纪也毫不例外地受到严惩,如此严明的纪律,也无怪乎戚家军屡战屡胜了。

深究其细节,史籍记载说戚印"临阵回顾",对戚印如此做法的原因,除《仙游县志》中所说的"烟雾四塞,其子印为先锋,勒马回,且求驻师"外,后人还有多种其他看法。有人说,戚印原本奉命诈败,以诱敌深入,但在战场上看到形势大好,杀敌心切的他便不肯诈败,与敌人进一步交锋。虽然最后大胜,但是他的自作主张还是违反了戚继光的命令,因此被戚继光斩杀。有人说戚印奉命出征,途中得知敌军数倍于己,恐怕寡不敌众,决定暂时回军,此举为戚继光所不能容许,因而被斩。还有人说,戚继光有军令,不许在战斗中回顾或退回,但此次战斗中戚继光因为战马中流矢而落马,戚印担忧父亲的安危,回马探视,结果乱了行列,差一点使战斗失利,因此戚继光回到军营后依法斩子。

戚继光斩子之说在民间有很大的影响,浙江临海县至今还有纪念戚印的"太尉庙",福建福清市也有"思儿亭""相思岭"等古迹。

但是,有人认为戚印是否真存在还是一个问题,认为所谓戚继光斩子很有可能是被后人杜撰出来的,是为了赞扬戚继光严明的军纪。郭沫若就持这种看法。

首先,查证正史,至今没有发现戚继光斩子的记录。所有对戚继光的事迹有明确记载的正史如《明史》、尹璜《罪惟录》、董承诏的《戚大将军孟诸公小传》、汪道昆的《孟诸戚公墓志铭》等书都没有提及过此事。《明史·戚继光传》说"继光为将号令严,赏罚信,士无敢不用命",但此书虽然认为戚继光与同为当时名将的俞大猷相比"操行不如,而果毅过之",但是也同样找不到戚继光斩子的痕迹。而戚继光斩子是严明军纪的表现,绝非是见不得人的,所以这些典籍不予收录的原因当不是为了隐讳什么,而是根本就不存在这个故事。

戚继光

其次,此事与戚继光的《年谱》有颇多不合之处。天启壬戌年(1622),戚继光的几个儿子编订了年谱。这本年谱对戚继光的事几乎是有闻必录,但是却没有有关斩子的蛛丝马迹。从《年谱》中还可以了解到非常重要的一点:戚继光于嘉靖二十四年(1545)与王氏结婚,即使婚后立即得子,到他于嘉靖三十四年(1555)赴浙江抗击倭寇时其子也不会超过16岁,16岁或许可能随父从军,但是怎么可能充当先锋? 史载,戚继光在他死前半年之时,还曾经建立孝思祠祭祀其历代祖妣,在他自己撰写的《祝文》中,有"今有五子一侄奉承蒸尝"的话。这"五子"是指祚国、安国、昌国、报国、兴国,此五子中长子祚国也是在1567年出生的,当时戚继光在闽、浙的抗倭已经结束有一年左右的时间,即戚继光在南方抗倭的过程中是没有儿子的。还有史料记载,戚继光在福建抗击倭寇时,曾在1563年到兴化九鲤湖祈祷九鲤仙,祈祷的内容之一就是"续嗣之忧"。如果当时他已经有可当先锋的长子戚印,又怎会有此祈祷? 这一条史料也可以证明当时确实戚继光确实没有儿子。

从以上的分析无疑可以得出结论,即戚继光并没有戚印这个儿子。从"戚印"这个名字与戚继光诸子的显在区别也可以看出,戚印最多也不过是戚继光的一个义子。

戚继光斩子一事真耶? 假耶? 此谜还需更多的史料来求证。但毫无疑问地,无论真假,人们对戚继光将军的怀念是真的,人们对这位被"父"斩杀的"戚印"所寄托的也并不是谴责,而是对其的同情,所以后世才有"思儿亭""相思岭"等古迹的产生。

## 袁崇焕被杀之谜

袁崇焕是明朝末年主持抗击后金的著名将领。明朝末年,后金军队进攻明朝,袁崇焕率领部队东征西战,曾一度收复辽东失地,沉重打击了后金军队,为保护明朝立下了汗马功劳。然而就是这样一位杰出的军事将领,却在崇祯二年即1629年的十二月被崇祯皇帝逮捕下狱,第二年的八月被杀害。袁崇焕为什么会被崇祯帝杀死? 他究竟犯了什么罪使得崇祯帝如此发怒? 这一直是历史上被人关注的问题。

一般的看法都认为,有功之臣袁崇焕之所以被崇祯帝所杀,是因为崇祯帝听信了阉党余孽的诬告,中了皇太极的反间计。也就是说,袁崇焕是被崇祯帝误杀的。明朝与后金军队开始作战的时候,后金军队在关外两次被袁崇焕军击败。后金军队领教了袁崇焕的厉害后,于崇祯二年避开了辽东防线,转而绕道进攻北京,这就是历史上的"己巳之变"。袁崇焕闻讯快速回京师援助,在北京城下再一次痛击后金军队。后金军再次吃了袁崇焕的苦头后,皇太极深知,如果不除掉袁崇焕,进取中原是不可能实现的,于是他心中顿生一计。这就是"反间计"。

早在后金军进攻北京的时候,朝中就有人散布流言诬陷袁崇焕,说袁崇焕是有意引金兵深入,目的是为了结城下之盟。这些流言使崇祯帝疑心大起。关于皇太极施行的反间计,蒋良骐《东华录》有详细的记载,文中说,开始的时候后金军队抓获到明朝的两个太监,命人严密看守。这时候副将高鸿中和参将鲍承先遵照皇太极的计谋,故意坐在离两太监不远的地方,假装做耳语状说:"今天我们撤兵,不过是个计谋……袁巡抚有密约,事情马上就能大功告成了。"当时姓杨的太监在那里仔细地窃听两人的谈话。时辰到庚戌时,后金军将两个太监放了回去。杨太监回到皇帝身边后急忙将袁崇焕与后金有密约的事告诉了崇祯帝,至此崇祯帝对袁崇焕背叛自己的事情深信不疑,"遂执袁崇焕入城,砻之"。袁崇焕的兄弟和妻子也受到株连,被流放到几千里外的边远省份。据说,后金军队的这个反间计得益于皇太极对《三国演义》的喜欢。皇太极平素经常读《三国演义》,对其中的奥秘非常清楚。这个计划就是他巧妙用《三国演义》中的"蒋干中计"策,借崇祯帝之手剪除劲敌袁崇焕。崇祯帝不幸中了敌计,将忠臣误杀。这种自毁长城的举动使东北防备受到了极大的影响,从而直接导致了明朝的迅速灭亡。

但是有人对这个说法提出了疑问:皇太极固然熟知兵法计谋,难道崇祯帝就是个无知的庸才吗? 历史记载证明显然并非如此。一些研究者认为,崇祯帝杀袁崇焕根本是蓄意杀戮,而不是清朝后来津津乐道的因中"反间计"而误杀。袁崇焕被杀的真实原因,是崇祯帝担心袁崇焕及其东林党人妨碍他的专制皇权,袁崇焕是皇权与大臣之权冲突的牺牲品。

明朝年间太监专权是很常见的现象。崇祯帝即位后,为了除掉阉党对自己的威胁,起用东林党人,有效地削弱了阉党对皇权的威胁。但是当阉党对皇权的威胁

袁崇焕

减弱时,崇祯帝又开始削弱大臣的势力,即从依靠东林党转而回归到依用阉党群小。袁崇焕正是在这个环境下崛起的,自然成了阉党余孽倾陷的对象。袁崇焕耿直、豪放,敢说敢为,这正是阉党余孽所畏惧的,也是所有的皇帝所不喜欢的。同时袁崇焕又主持整个对后金的战局,有很大权势。自古以来臣子权势稍重必然容易遭到皇帝的猜忌,偏偏崇祯帝的猜忌心又是极强的,他之所以开始起用东林党人又继而起用阉党就是为了实现自己旺盛的专权欲望。这个时候的袁崇焕无疑是走在钢丝上,稍有不慎就会惹上杀身之祸。然而也很不幸的,袁崇焕是一个好的军事将领,却不能洞察君主的心思,他先斩后奏

杀了明辽东悍将毛文龙就是一大不慎，崇祯帝"骤闻，意殊骇"。尽管事后袁崇焕亦悔悟道："毛文龙是大帅，不是像我这样的臣子所该擅自诛杀的。"但是这件事让崇祯帝心中杀袁崇焕的想法已经坚定。明末史学家谈迁就说，袁崇焕擅自杀死毛文龙，"适所以自杀也"。

崇祯帝开始时之所以不杀袁崇焕，一方面是缺少足够的借口，更主要的原因是那时崇祯帝对袁崇焕"五年复辽"充满了期待，因此暂时容忍了袁崇焕目中无君的举动，只是在暗中采取了很多监视和牵制的措施。"己巳之变"之后，后金兵大举入犯，继而围攻北京城，这时的崇祯帝对袁崇焕复辽已经不抱希望，至此君臣之间脆弱的依存关系不再存在，杀袁崇焕就是必然的了。而正在这个时候，皇太极施行了反间计，内廷阉党也捏造了袁崇焕引敌协和、擅主和议、专戮大帅三大罪状，崇祯帝立刻借此机会将袁崇焕投入监狱。

说崇祯帝是中了皇太极的反间计，这是不能服人的。因为人们可以根据史料得知，从袁崇焕的入狱到被杀戮，前后共有八九个月，这么久的时间里，崇祯帝是有足够的时间来辨明是非的。同时还有史实表明，反间计、诬告并不能瞒过崇祯帝，也就不足以置袁崇焕于死地。崇祯帝决定杀袁崇焕，是从巩固皇权、防止大臣结党、彻底摧毁东林党势力这些目标出发的，反间计只是为促成崇祯帝逮捕袁崇焕下狱制造了一个合适的借口而已。

自古"信而见疑，忠而被谤"，忠臣们的下场果真都是这样的吗？袁崇焕究竟是为何被杀？是君主昏庸不能识别敌人的诡计，还是君主猜忌不能留下权臣？谜的破解还需要后世的进一步考究。

## 李自成真的当了和尚吗

李自成，明末农民起义军的著名领袖，号称"李闯王"，他所领导的农民起义直接推翻了明王朝的统治。就在他已经率领军队进入北京城，准备登基称帝的时候，由于明将吴三桂迎清兵入关进攻起义军，李自成迎战失利，被迫退出北京向西撤退。此后，这位领袖的结局——死于何时何地，因何而死，直到今天仍然是众说纷纭、莫衷一是。

目前，流传较广的说法有两种：一是削发为僧，圆寂而终；一是兵败后被杀。

关于李自成出家为僧的说法，最早见于乾隆年间澧州知州何璘《澧州志林·书李自成传后》。他认为，李自成兵败后，"独窜于石门夹山为僧"，法名"奉天玉和尚"。所谓夹山，即夹山寺，该寺内遗有与此说相关的一些碑记塔铭、诗文残板，以及奉天玉和尚的骨片和包括宫廷玉器在内的许多遗物，寺西南15千米有遗冢岗，岗上有传为闯王疑冢的墓40余座。何璘说自己到夹山进行考察时曾见到一位口音似陕西人且服侍过奉天玉和尚的老僧，此僧对何璘出示了奉天玉和尚的画像，特别像史书所记李自成的模样。又，李自成曾自称为"奉天倡义大元帅"，"奉天玉"即"奉天王"多一点，恰好用以隐喻奉天王。此外，1681年所做的《梅花百韵》木刻版中，有"金鞍玉镫马如龙"和"徐听三公话政猷"等诗句，说话口吻和气势显然与一般的和尚迥然。其弟子野拂所撰碑文及有关文物，又都可与何璘的文章互相引证，显示出奉天玉和尚应该就是李自成。

至于李自成出家为僧的动机，人们分析说这是形势所逼。当时农民起义军的敌人是清军,抗清已经成为当务之急,因此,必须联合国内的其他武装力量来对抗清军。根据当时的形势,李自成可以联合的力量,只有湖南何腾蛟拥立的唐王朱聿键部。这就面临着一个问题:联合何腾蛟,部队就必须交何腾蛟指挥,但是何是唐王的,李自成已经是皇帝,皇帝怎能听从宰臣?这在情理上是难以接受的。并且,李自成逼死崇祯皇帝,深恐唐王不能谅解他。所以,李自成就采取了假死、隐居等做法避开矛盾,让他的妻子高氏和李过出面与何腾蛟联合,从而实现自己抗清的夙愿。

李自成

有人否定李自成出家为僧的看法,他们认为何璘的记述并不可靠。如奉天玉和尚的画像与史书记载李自成"状况狰狞"的面目有出入;根据《梅花百韵》中诗歌的口气就下结论过于武断,如此等等。

那么,李自成的结局是什么? 他们认为,通山县九宫山才是李自成的最后归宿。

《清世祖实录》记载说:"被俘贼兵俱言,自成窜走时,携随身步卒二十人,为村民所困,不能脱,遂自缢死。因遣素识自成者,往认其尸,尸朽莫辨。"另一种记载说,清顺治二年五月初二,李自成东征途中转战江南,为清军所挫,折向湖北,兵败单骑脱逃至九宫山,曾于黄土洞中躲藏,后来误入圈套,被程九伯手下的寨勇包围而战死。

假使李自成真的被杀死在九宫山,那么就有了一个新的问题,即他是死在湖北的九宫山还是湖南通城的九宫山。三百多年来,在史学界占主导地位的说法是后者。

今天通城九宫山附近居住的续、廖、杨、姚等百姓中间,还流传着一种说法,这在同治《通城县志兵事》有所载,说李自成被害后,他的侄子李过夺回李自成的尸体,以衮冕葬在罗公山下(通城九宫山的又一名),并灭了一个村子而后离去。这也可以证明李自成是死在湖南通城的九宫山。

关于李自成的归宿,依旧是一个难解之谜。

## 和珅受宠之谜

清以来,明君屈指可数,乾隆帝是其中较为突出的一个。但令人奇怪的是,在这样的一个贤君身边,竟时刻跟随着一个奸臣,这个奸臣就是和珅,民间有"和珅扳倒,嘉庆吃饱"一说。然而为什么这样的奸臣会受到乾隆的无比宠幸呢?

有人认为,是因为和珅善于揣摩乾隆的心思。有名的"乾隆下江南"就是和珅鼓动而成的。一次,主仆二人说起江南秀丽风光,繁华都市,乾隆帝道:"朕也想重游江南,但顾虑南北迢遥,劳民伤财,朕所以未决。"和珅道:"圣祖皇帝六次南巡,非但未招致民怨,反而被颂为圣君。古来圣君,莫如尧舜,《尚书·舜典上》也说'五载一巡狩',可见自古巡览就是胜典。但凡圣君,道本相似,何况国库殷实,金银充足,区区巡游不会耗费多少库银。"和珅这一席话,正好逢迎了皇上仿效先祖、学尧舜的喜好,乾隆遂降旨预备南巡。和坤亲自为皇上监督龙舟等南巡的设施,华丽奢侈之极,库银由和珅流水般地挥霍掉了。和珅也因此更加得到皇上的宠信,被升为侍郎。

这种观点认为,和珅论文论武,都没有什么才能,但因为他善玩心理战术,逢迎皇上,才受皇上的恩宠。乾隆五十五年(1790),有个叫尹壮图的官员向皇上呈奏,各省库金银亏空。和珅对其怀恨在心,上奏请皇上命尹壮图再去查实,暗中派了自己的亲信前往。结果尹壮图被降职,原因是所奏不实,和珅更得宠信。官库虽然空虚,但和珅却以各种名目进行搜刮,所以皇帝不愁没银子花,而和珅也更加受宠。

然而,关于和珅受宠的原因,还有另外一种说法。据记载,在乾隆帝还是宝亲王的时候,曾钟情于马佳氏,而这马佳氏正是雍正皇帝宠爱的妃子。宝亲王时年17岁,情窦已开,常在没人的时候和马佳氏调笑。一天,不知为何,马佳氏误撞到宝亲王的眉际,被皇后钮祜禄氏看见,以马佳氏调戏皇子为名,下令将马佳氏拉到月华门勒死。宝亲王听后,流着泪到月华门前,此时的马佳氏已奄奄一息,宝亲王便放声哭道:"我害了你。"便咬破自己的指头,滴一点血在妃子的颈上,说:"我今生无力救你,来生以红痣相认。"话至此,马佳氏淌了两行眼泪便魂归西天。宝亲王又仔细端详了马佳氏的脸面,吩咐用上好的棺木盛殓,并买通宫女把马佳氏贴身的衬衣脱下来,日日同眠。他登基后,这件事渐渐淡忘了。而和珅酷似马佳氏,那颈上也有一颗鲜红的血痣。因此,和珅被乾隆认为是马佳氏在世,开始受到万千宠爱。御书房是他和皇上同榻而眠的场所。和珅做出百般娇媚的样子,使皇帝更加相信他就是第二个马佳氏。

而且,据考证,和珅所居住的恭王府中有一条地道可直接通往皇宫。据说和珅每次就是通过这条地道,直接到达宫中与皇帝幽会的。

事实的真相究竟如何?和珅到底由于何种原因受到宠信?这些君臣之间的故事只能留给后人评说了。

## 林则徐死亡之谜

林则徐,提到他,人们就会很自然地想到"虎门销烟"这个让中华民族扬眉吐气的一幕。这位清朝末年著名的政治家、伟大的爱国者,他领导了禁烟运动,第一个奋起组织抵抗外国侵略,并放眼世界,探求新知,主张学习外国先进技术,被称为"放眼看世界"的第一人。1850年,清朝道光三十年,在广西道上,被任命为钦差大臣的林则徐驰赴广西赴任,日夜兼程百余里,到广东普宁市洪阳镇后于11月22日猝然去世,终年66岁。

这样一位朝廷官员在赴任途中忽然死亡,不能不让人们产生种种怀疑。历史上关于林则徐的死因说法各异,疑云重重。

一种说法认为林则徐是在赴任的途中病死的。在《清史稿》中就有着这样的记载,文中说林则徐"行此潮州,病卒"。施鸿保的《闽杂记》中,对于林则徐死亡前夕的情况还有比较详细的记载:"公患痔漏久,体已羸,至是力疾起行,十一日抵潮州,复患痢,潮守刘晋请暂留养疾,不可。次日遂薨于普宁行馆。"

另有一些学者认为,林则徐积劳成疾而死,到了普宁时病情恶化乃是其直接的原因。林则徐一生为官40年,足迹遍及全国各地,曾经自称为"身行万里半天下"。这种长期走南闯北的动荡生活,给他的健康造成了极大损害。而在禁烟运动中,他禁烟有功却反遭贬斥,被发往伊犁。在伊犁戍边期间,他又患了鼻衄、脾泄、疝气等病症,一直到后来也没有痊愈。道光三十年的时候,清廷因为广西的拜上帝教起义,屡次召林则徐回京就职,林则徐都因为自己的病体而未能奉召;最后清廷任命他为钦差大臣,林则徐以国家利益为重,只得抱病驰赴广西督理军务。到达广东普宁市洪阳镇时,他的病情恶化,最后因医治无效而死。

林则徐

林则徐在洪阳镇时,因为病重曾经在当地的"黄都书院"疗养。黄介生医生介绍当年曾祖医治林则徐病的经过时说:"林则徐十六日到揭阳后,县令怕承担责任,借口揭邑名医黄华珍已往普邑执业,请大人速往就诊。"当到达普宁洪阳时,"林则徐又吐又泻,经黄医生切脉后断定由于长期患病,身体虚弱,加上旅途奔波,外感风寒,以致又吐又泻。病已危笃,仅能设法急救。当即立下脉论、症论、方论及附上药物。因为侍从医官系北方人,认为用药剂量太轻,没有给服。越日,黄医生复诊,断言'昨天未服所付药物,现已病入膏肓,无救活。虽再服药,惜已失去治疗时机。'"林则徐病逝后,黄华珍医生将诊病资料上报朝廷审核,御医确认用药正确,还亲赐"杏林春满"匾给黄医生。

还有的说法是根据林则徐的《讣闻》和林则徐的儿子林汝舟的《致陈子茂书》等材料得出的结论,认为林则徐腹泻是因为没有服药且日夜赶路,所以病情日益严重;之后虽然服药后略有好转,但是由于仍旧在日夜赶路,所以导致"胸次结胀",引发了心肺旧疾,以致"两脉俱空,上喘下坠"。如此元气大亏、脾胃虚寒的情况下,医生又错投了"参桂重剂",结果又使咳喘加剧。林则徐已是66岁高龄的老人,哪里能经得起这样的折腾?终于因无法救治而死去。

与林则徐病死这种说法相对的是认为林则徐乃为洋商暗害而死。张幼珊的《果庵随笔》中记载说:"禁烟事起,广州十三行食夷利者,恨林公则徐刺骨……后公再起都师粤西,彼辈惧其重来,将大不利,则又预以重金贿其厨人谋,谋施毒。公次潮州(应为普宁),厨人进糜,而又以巴豆汤投之,巴豆能泄泻,因病泄不已,委顿而卒。或劝其公子穷究其事,清例,凡毒死者,须开棺验视,家人忍而不请。其是疆吏虽微有所闻名,亦不欲多事。"广东《东莞县志·逸事余录》中所记载的内容与上述的记载大体相同,并且还直接指出了谋害林则徐的是广东十三洋行总商伍氏(伍绍荣)。因为伍氏曾被林则徐在查禁鸦片时缉拿,因此对林则徐记恨在心,这次听说林则徐起任广西巡抚,伍氏担心林再次复职督抚广东,所以就特地派亲信对林则徐施行谋害活动。

引起人们怀疑并坚定人们这种"林则徐被毒死"说法的主要原因是林则徐弥留之际

所大呼的"星斗南"。"星斗南"是什么意思？有人考证，林则徐是福建人，福建话"星斗南"的发音与"新豆栏"相同。而"新豆栏"是广州十三行附近一条街名，当地聚居洋商。林则徐之所以大呼"新豆栏"，说明他在已经意识到是十三行洋商谋害自己，他的呼喊是提醒人们记住洋人和汉奸的罪行。

后来有学者指出，厨子投毒之事纯属乌有。林则徐是钦差大臣，随从必定是很多的，他的次子也伴随在身边。如此森严的戒备，一个来路不明的厨子想要下毒谋害，岂是随便就能做到的？还有一点，按照清朝的规定，像林则徐这样奉旨赴任的官员的食宿，应该由州县当局或驿站供应，不必自带厨子，那个厨子又怎么能得逞呢？从十三行谋害的动机上说也是不足信的，因为林则徐此次赴广西，与广东十三行并没有直接利害冲突，十三行洋商何必要冒如此大的风险谋害林则徐呢？

然而各种推论都还没有足够充分的证据加以证明，因此这位民族英雄的死因还有待于进一步的考证。

## 李莲英死亡之谜

清朝末年，在人们心中留有深刻印象的除了"老佛爷"慈禧外，恐怕就是大太监李莲英了。这位幼年家境贫寒的小太监，因为善梳新髻，加上在慈禧与八大臣夺权时立下了大功，从此一跃而成为慈禧太后最宠信的太监以及同治、光绪两朝的太监大总管。

慈禧死后，李莲英再没了靠山，于是托词年老体衰而出宫。1911年3月4日死去，年64岁。这位昔日红极一时的李莲英，在他得势的年月里，不知道有多少冤魂丧命在他的手上。他自己的下场如何？是寿终正寝，还是死于非命？

历史上对李莲英的死亡情况有较明确记载的是《清稗类钞·阉寺类》一书。该书记载说，李莲英在"孝钦后（即慈禧太后）殂死后，不意又为隆裕后所庇……迨其病卒，隆裕后特赏银2000两"，也就是说，慈禧太后死后，李莲英又受宠于隆裕太后。后来在李莲英病死之后，隆裕太后还特意赏赐2000两银子。李莲英的后人也一再宣称："我祖父是善终，享年64岁。"又说："我祖父因得急性痢疾，医治无效而病故。由得病到病终仅四天时间。"在《李莲英墓葬碑文》中也写道，李莲英"退居之时，年已衰老，公殒于宣统三年二月初四日"。正是据此，才有李莲英宣统三年（1911）病死的说法。

李莲英

但是世人对此一直持怀疑的态度。李莲英果真是病死的吗？要确定他的死亡之因，必须确定其墓葬情况。只要能找到李莲英真墓，就能对李莲英是否善终做一个结论。

那么，李莲英到底葬在哪里呢？有人以为李莲英墓在北京海淀区恩济庄。这里本来就是清代太监的茔地，慈禧太后生前曾赐给李莲英一块高敞之地，因此，李莲英应该是葬在这里。民间还有传说认为李莲英墓是在清东陵慈禧墓旁，但是有人提出否定看法认为，清东陵是清代帝王嫔妃安葬的地方，李莲英再怎么红极一时，毕竟也只是个奴才，不可能有资格葬在这里。此外还有说其墓在永定门外大红门李家墓地。总之，众说纷纭。

1966年"文革"期间，正值"破四旧"，北京海淀区恩济庄六一学校被打成"牛鬼蛇神"的校长、书记、教师等一起被编入了劳改队。一天，校文革主任带着几个红卫兵，砸开了坐落在校园内的古墓，这座古墓相传就是李莲英的真墓。走进墓里，人们不意间发现了一个极大的秘密。人们发现，李莲英的墓极其考究，里面有很多的陪葬品，每一件都是稀世珍宝。棺材完整无缺，里边一具尸身盖着被子躺在那里，然而在整个尸体部位只有一颗已经腐烂干净的拖着三尺长辫子的骷髅头，还有一双鞋底，此外都是空荡荡的，连一节指骨都没有找到。

人们推测认为，既然李莲英墓里所有的宝物没有任何被盗的痕迹，并且从他1911年的死亡到1966年的掘墓，前后仅55年，尸骨怎么可能腐烂到"颗粒无存"？

李莲英墓的初见天日，使李莲英"得善终"的谎言就不攻自破了。但是真相又到底如何呢？于是关于其死亡的原因又有了多种说法。

在民间有"李莲英被人暗杀于河北、山东交界之处"的说法，但是说法也各异。有人说李莲英手中有大量的财产，连他自己也说过"财大祸也大"，说明他早就预感到自己会因财产问题而招致祸害。最后果然是他身边的人密谋他的财产而杀了他。另一说是说李莲英有个侄女，嫁在山东无棣县。李莲英偶然来了兴致前去探望她，途中经过山东和河北的交界处被人杀死。当时两个随从吓得魂飞魄散，只拾起一个血淋淋的人头，用包袱一裹，马不停蹄地逃回北京。等到再派人返回李莲英的尸身时，早已不见踪影。

也有人说李莲英是在回自己所住的南花园路上被人暗杀的。慈禧死后，李莲英退居南花园。他知道大势已去，因而终日郁郁寡欢。这一天他怀念故主，于是自己来到东陵拜谒慈禧陵寝，结果在回来时的路上被人杀死。

说李莲英被暗杀，无论是为财还是为了其他，都是可以成立的。李莲英生前权倾朝野，与慈禧狼狈为奸，坑害了很多人，当然人人为之切齿。慈禧死后，李莲英尚受隆裕太后眷顾，退居南花园养老，再次让人们恨之入骨。所以一旦他失去靠山，成为众矢之的就是必然的了。

还有一种说法是认为李莲英被小德张所杀。小德张是隆裕的亲信，经常鼓动隆裕查办李莲英。李莲英为此急忙向袁世凯的亲信江朝宗求救，在江朝宗的周旋下，总算暂时转危为安。小德张不甘心，于是也去结交江朝宗。江朝宗见小德张是当今太后身边的红人，当然不会拒绝。一次，江朝宗下帖请李莲英在什刹海会贤堂吃晚饭，一向轻易不出门的李莲英因为对江朝宗感恩，破例准时来到会贤堂。席散后，李莲英路经后海时就被土匪杀害了。

至此，人们基本可以断言李莲英不得善终，死于非命。至于他为什么被杀、在何处被杀、为何人所杀，这仍然是一个未解之谜。

## 梁启超晚年对革命恨之入骨之谜

梁启超,字卓如,号任公,别号饮冰室主人,光绪十一年(1885)入广州学海堂读书,萌发了"弃帖括之志"。光绪十五年(1889),梁启超参加乡试中举,但面对中国遭受列强侵略的局势,他走上了救国救民的道路。同年秋,他与康有为结识,后协助康编写《新学伪经考》《孔子改制考》等著作。光绪二十一年(1895)春,梁启超与康有为发动了"公车上书",揭开维新运动序幕。主编《时务报》时期,他著文宣扬变法,反对封建制度。"戊戌变法"失败后,梁启超流亡日本,一度与革命派接近,但后来转而保皇,仇视和抵制民主革命,并与同盟会展开激烈论战。回国后成为袁世凯的顾问,仍旧顽固地反对革命。1929年1月29日,梁启超病逝于北京。梁启超一生致力于中国社会的改造,但其政治主张却因时而异,甚至前后矛盾,而其晚年尤其是第一次国内革命战争后极端仇视民主革命。

1925年初,国共实行合作,开始了第一次国内战争。北伐军的节节胜利,反动军阀势力一个个土崩瓦解。梁启超也看到了这一点,他曾多次说过:"北洋军阀确已到末日了,将此麻木不仁的态度打破,总是好的。""打倒万恶的军阀,不能不算北伐军的功劳,我们想到而做不到的,人家做了就理所赞成。"但是他对前途的展望却充满了忧伤,他如是讲:"但前途有光明没有呢? 还是绝对的没有。一党专制的局面谁也不能往光明上看。"他对蓬勃向上的革命形势和人民革命斗争,吹毛求疵,横加干涉指责,对共产党更是任意斥责。

这段日子里,梁启超尽管因妻子去世,再加上自己身体多病没能重新投身到政治斗争,但他的朋友和门人们却毫不示弱,纷纷投身战场。1925年底,林长民参加郭松龄反奉战斗,兵败被流弹击中而亡。蒋百里则在直系军阀孙传芳的帐下,因为蒋百里的缘故,当时关于梁启超的谣言也很多,"一会又说我到上海,一会儿又说我到汉口"。除蒋百里以外,在孙传芳帐下的还有丁在君、张君劢、刘厚生等人。

直奉军阀合影

梁启超曾有过一个出山的打算,1926年9月29日,他在信中曾如是说:"百里的计划是要把蒋、唐分开,蒋败后谋孙、唐联合,便将一崭新局面。国事大有可为,能成与否不能不付诸气数了。"在另一封信中,他也这样讲:"百里现在在长江一带……是最重要的一个角色,因此牵率老夫之处亦不少。他若败,当然无话可说,若胜,恐怕我的政治生涯不能不复活,我实在不愿意,但全国水深火热,又不能坐视奈何。"后来,由于孙传芳"倒行逆施"和丁、蒋等意见完全相反,蒋百里等人离开孙传芳,这一计划才终结。1927年1月里,他在信中还依然说:"我们殊不愿对党人宣战,待彼辈统一后,终不能不为多数人自由与彼辈一拼耳。若我们稳健派不拿起积极精神往前干,非惟对不起国家,抑要自己更无立足之地了。"

不管梁启超如何反对革命,但革命之风还是吹进了他的家中。他的孩子中,梁思忠的"思想一天天趋向激烈,而且对于党军胜利似起了无限兴奋"。梁思永也"很表同情于共产主义"。他在写给孩子们的信中也曾这样说:"并非是怕我们家里有共产党,实在看见我们思永这样洁白的青年,也会中了这种迷药,即全国青年之类此者何限,真不能不替中国前途担惊受怕。你们别要以为我反对共产,便赞成资本主义。我反对资本主义比共产党还厉害。我所论断现代的经济病态和共产同一的'脉论',但我确信这个病非共产那剂药所能医的。"这可以说是梁启超为什么反对共产主义的原因吧。

## 秦皇陵兵马俑"失色"探秘

享誉海内外的陕西秦兵马俑是秦代雕塑艺术高度发展的标志,出土的秦俑千人千面,神态各异,栩栩如生。但是远远望去,绝大部分兵马俑都呈灰秃秃的颜色,灰蒙蒙的颇显单调。这也让许多观者甚为遗憾。

据曾参与发掘秦俑的工作人员披露,实际上兵马俑当年在出土时,并非现在这般颜色。但是,让人万分痛惜的是,这些通体彩绘的兵马俑出土后一接触到空气,绚丽的色彩在五六分钟内便消失殆尽,而那些出土时还残存有部分色彩的陶俑,残彩随后也大部分慢慢剥落了。为什么昔日绚丽多彩的秦俑会"黯然失色"?其背后到底隐藏着哪些神秘?为此专家们展开了一系列调查。

### 兵马俑出土真实样貌披露

为了弄清兵马俑的原貌,秦兵马俑博物馆名誉馆长、秦俑考古队原队长袁仲一先生根据对不同兵种、不同个体的武士俑的服装颜色进行了仔细的研究。

研究发现,由政府统一发放秦军三大兵种(步兵、车兵、骑兵)的铠甲,同一兵种、地位相同的士兵穿的铠甲的形制和颜色比较一致,这些铠甲片为统一的褐色,甲带均为红色。

由于秦国实行征兵制,除铠甲统一发放外,平民在服兵役期间其余衣服皆由士兵自备。因此,士兵可以根据个人喜好自由选择,所以,兵俑铠甲内的上衣、下衣和护腿、围领、袖口的颜色则互不相同,异彩纷呈。

结合各种因素,袁仲一先生对出土兵俑身上色彩的分类统计后得出这样的结论:除铠甲外,秦兵马俑在入坑时,服装以绿、红、紫、蓝四色为主,其中绿色最多,白、黑色很少,未发现一件黄色。

值得注意的是,秦人很讲究上下衣及袖口、领口的色彩相异和搭配。秦俑在入坑时,有的着绿色上衣,下穿天蓝或粉紫或红色的裤子;有的着红色上衣,下穿深蓝色或浅绿色的裤子;绿色上衣,镶着朱红色的领和袖口;红色上衣,则镶着绿色或粉紫或天蓝色的边缘。

由此可以想象,由于俑衣颜色的搭配采用强烈、鲜艳的对比色,兵马俑方阵的本来色调是何等的明快、热烈和生机盎然。

### 秦俑"失色"真相

究竟为何,如今人们看到的绝大部分兵马俑都呈灰秃秃的颜色,远远望去,呈现一种灰蒙蒙的单调色彩呢?

带着这些谜团,从 1990 年开始,秦俑博物馆与德国巴伐利亚州文物保护局合作开展了长期的秦兵马俑彩绘保护研究。

随后经多年的大量实验和模拟,中德专家终于确定中国生漆为秦俑彩绘底层和褐色有机层的主要成分,彩绘颜料大多是天然矿物颜料。而且,专家们判定,秦俑彩绘颜料黏合剂为动物胶。

谜底似乎在向我们一步步靠近。据秦兵马俑博物馆馆长、著名文物保护专家吴永祺介绍,在中德专家研究的基础上,进一步发现了秦俑彩绘损坏的主要原因:这主要是因为颜料颗粒之间及彩绘和层次之间黏附力很微弱,特别是底层(生漆)对失水非常敏感,所以在干燥过程中底层剧烈收缩,引起底层起翘卷曲,从而造成整个彩绘层脱离陶体。

然而,袁仲一则从另外的角度进一步解释了秦俑"黯然失色"的主要原因。他认为:一方面是由于遭水浸泡。秦俑陪葬坑在建成后,骊山几次出现山洪,俑坑内数度大量进水,致使秦俑遭受长时间浸泡。二是由于自然侵蚀。兵马俑埋藏地下至今已 2200 余年,长期遭受重土覆压和自然侵蚀。第三种理由认为是人为的破坏,即惨遭火焚。据史载,项羽入关时曾攻入秦始皇陵,"燔其宫室营宇",陵内的许多建筑物包括兵马俑陪葬坑曾被项羽的军队放大火焚烧。

正是由于这三方面的原因,使得秦俑身上原来鲜艳的彩绘层绝大部分脱落。

但是,为什么没有遭到水浸火焚的兵马俑也会是同样的命运呢?

其实那些没有被水浸火焚的兵马俑,出土时身上保留的色彩比较多,但出土后一接触空气,很快便发生氧化,绝大部分也逐渐失去了色彩。紫外线对色彩影响最大,文物一出土,光线一照,彩塑马上起翘氧化。

这主要是因为文物在地下成百上千年,它已经适应了地下的那种环境,一出土,马上打破了原来的平衡,于是便发生各种快速的变化。

### 难以攻破的秦俑保护难题

失色的兵马俑的命运可谓坎坷不平,因为对于秦俑的保护来说,以生漆为底层的彩绘陶质文物保护仍是一个世界性难题,目前没有任何成功的经验和技术可供借鉴。

为了不使弥足珍贵的兵马俑继续遭受损坏,在没有掌握秦俑彩绘保护技术的情况下,只有放慢秦俑坑的发掘步伐。这也是后来基本不再进行大范围挖掘的原因,而秦俑最大的 1 号坑在发掘后又大部分进行了回填,2 号坑和 3 号坑也只是试探性地挖掘。

我们只能叹息,由于保护技术所限,目前大量兵马俑不能发掘,陈列展出的兵马俑也只有 1000 多件。许多文物遗址只好原地封存,同时 3000 多件已发掘的兵马俑也重新回填。

因此,人们若想看到兵马俑的全部景象,只有等什么时候我们拥有了完善的保护技术,只有那时候,才可以把绝大部分至今仍埋在土里的秦始皇的"地下兵团"全部发掘出来。

## 勾践剑千古不锈之谜

1965 年冬,考古工作者在湖北省荆州市附近的望山一号楚国贵族墓中挖掘出一柄寒光闪闪的青铜剑。经专家鉴定,这把宝剑就是传说中的越王勾践剑。此剑虽已深埋地下 2400 多年,但出土时依旧光洁如新,拔剑出鞘,寒光耀目,而且毫无锈蚀,刃薄锋利,20 余层纸一划而破。

此剑的出土可谓震动了海内外史学界与考古学界。何以历经几千年宝剑仍然耀目锋利? 宝剑自身又含有哪些科技成分?

### 惊现于世的勾践剑

且说位于长江中游古云梦泽畔的湖北江陵地区,西临鄂西山区,东接江汉平原,南濒长江,北通中原,控江带湖,形张势举。此地自古为兵家必争之地。春秋战国时这里曾是楚国国都郢的所在地。

1965 年 12 月,考古工作者在湖北省荆州市附近的望山一号楚国贵族墓中,发现一柄装在黑色漆木箱鞘内的名贵青铜剑。青铜剑与剑鞘吻合得十分紧密。

此剑全长为 55.6 厘米,其中剑身长 45.6 厘米,剑格宽 5 厘米。剑身装饰着黑色菱形几何暗花纹,剑格正面和反面还分别用蓝色琉璃和绿松石镶嵌成美丽的纹饰,剑柄以丝线缠缚,剑首向外形翻卷作圆箍,内铸有极其精细的 11 道同心圆圈。拔剑出鞘,寒光耀目,毫无锈蚀;刃薄锋利,试之以纸,20 余层一划而破。

更引人注目的是,在这把锋利无比、精美绝伦的青铜剑的剑身一面剑格处刻有两行鸟篆铭文,共 8 个字。这种被称为"鸟虫文"的古文字是篆书的变体,释读颇难。

经过考古学家、古文字学家切磋研讨后,学者们的意向趋于一致,公认剑上的 8 字铭文为:"越王鸠浅,自作用剑。"鸠浅便是那位赫赫有名的春秋晚期霸主越王勾践。

## 西汉巨量黄金突然消失之谜

黄金是秦汉时期的主要流通货币,数量巨大。例如楚汉战争时期,陈平曾携黄金 4 万斤,到楚国行反间之计;刘邦平定天下后,叔孙因通定朝仪之功,便得赐黄金 500 斤;卫青出击匈奴有功,受赐黄金 20 万斤;吕后死后,遗诏赐诸侯王黄金各千斤;梁孝王死后,库存黄金 40 万斤;王莽末年,府藏黄金以万斤为一匮,尚有 60 匮,他处还有数十匮。

如此巨量的黄金不能不令后世惊叹,但到东汉年间,黄金突然消失,退出流通领域,不仅在商品交换中以物换物,而且以黄金赏赐也极少见。那么,西汉时的巨量黄金到哪里去了呢?

### 离奇消失的巨量黄金

后世学者对于西汉黄金的消失悬案,做出了种种推测和考证。大体形成了以下几种说法:佛教耗金说、外贸输出说、黄金为铜说和地下说等。

### 佛教耗金说

佛教耗金说认为,自佛教传入中国以后,大肆修建寺庙,到处塑佛立像,无论是通都大邑,还是穷乡僻壤,无不有佛寺,无不用金涂。另外,奢侈之风盛行,用泥金写经,贴金作榜,积少成多,日消月耗,就把西汉时期大量的黄金消费殆尽。

但反对者认为,佛教耗金说既违背历史,又背离常情。根据史书的明确记载,佛教是在东汉初年才传入中原的,当时的佛教在中原并未站稳脚跟,根本不可能大张旗鼓地修寺庙、塑神像,所以也很少用金涂塑像,即使有一些使用黄金,量也微乎其微,不至于巨量黄金突然消失。

另外,西汉巨量黄金在东汉开国时期就退出了流通领域,而佛教当时还没有传入中国。

### 外贸输出说

外贸输出说认为,因为对外贸易的大量增加,西汉将黄金大量输出国外,从而造成黄金的消失。很显然,这种说法也缺乏根据。因为西汉时期,中国是世界上最强大的国家之一,无论是经济还是文化都很发达,是当时商品的主要输出国。只有购买西域、南海各国的奇珍异宝才会用到少量的黄金,但并不常见,因为许多珍宝还是邻国称臣纳贡而得。

况且,和汉朝有贸易往来的国家经济相对落后,不仅黄金的需求量很有限,而且根本认识不到黄金的价值。相反,由于丝绸之路的开通,西汉王朝向西方国家输出了大量的丝绸和布帛,却换来了大量的黄金。

### 黄金为铜说

持这种观点的人认为,史书上记载的西汉时期大量赏赐黄金、府藏黄金都是指的"黄铜",所以数量才会巨大。因为无论从历史上看,还是从秦汉黄金开采量上看,西汉都不可能有那么多黄金。人们惯以"金"称呼钱财,有可能把当时流通的铜称作"黄金"。

这种说法同样缺乏有力证据,因为金、铜的区分在汉代极明显,金、铜的开采分别由各自的铜官管理;黄金、铜钱同为当时流通的货币,但计量单位却不同,黄金以斤为计量单位,铜钱以铢为计量单位;黄金作为上币主要用于赏赐、馈赠,而铜主要用于铸钱和铸造一些器物。由此可见,西汉时期黄铜和黄金泾渭分明,根本不可能混淆。

### 地下说

地下说又分为两种,一种认为西汉黄金以金币的形式窖藏在地下;一种认为西汉的黄金被作为各种金器金物随葬在墓中。

地下窖藏说的依据是科学家们对地球黄金开采的预测。

科学家预测认为,人类共有3万多吨黄金窖藏在地下。考古工作者也不断发现地下窖藏的西汉黄金,所以,有人以此说明西汉大量黄金突然消失,只能是公私窖藏于地下,后因战乱或人祸,藏主或亡或逃而使藏金失传。

这种说法似乎很科学,而且还有考古发掘实物为证,西汉黄金消失悬案仿佛可以解开了。但是仔细分析就会发现,窖藏说也并不是无懈可击。

依据常理,无论是私人还是国家,要贮存巨量黄金的金库总是留有线索的,决不会因为一场战争或一场天灾人祸,所有的窖藏黄金都失去线索。如果说一部分因窖藏而消失还可以理解,而绝大多数黄金都说是因窖藏而不知所终则难以理解。

黄金随葬说的依据是汉代盛行的厚葬之风,因此,导致大量的黄金被随葬在墓里。

西汉时期朝廷规定天下贡赋的1/3供宗庙,1/3用以赏赐、馈赠那些忠于汉王朝的文臣武将和敬待外国来宾,剩下的1/3则用以营造陵墓,构建再生世界。

而黄金作为当时的上等货币,是财富的象征,其1/3用于随葬是完全可能的,而且这个推理和今日科学家的预测不谋而合。

但这种推论也留下了许多漏洞,厚葬之风使汉墓成为盗墓者的目标,因为汉代有用玉衣随葬的习俗,所以汉墓是盗墓者首选的对象,更何况是随葬大量的黄金呢?

无须争论,这么巨大的财富肯定不会从盗墓者的双手中漏掉;而且还须注意的是,埋葬在地下的并不限于黄金,还有银、铜及其他奇珍异宝,而为什么唯独黄金却奇迹般地消失了呢?

看来以上几种说法都不能给人一种圆满的答复,西汉巨量黄金失踪悬案仍然需要人们继续去探寻其答案。

## 发现魔穴黄金洞之谜

这是最后一支巴人灭绝之洞,还是公孙皇帝藏金掩宝之洞,亦或是孔明刘备藏兵书宝剑之洞?那洞下一串串延伸的石孔,是藏宝者的足迹,还是盗墓者的天梯?这就是迷雾重重的夔门黄金洞。

为了将多年来笼罩在夔门黄金洞上空的层层迷雾拨开,1996年8月25日,中国、英国、爱尔兰三国探险家联合组队,登上长江三峡入口处的夔门绝壁,钻进千百年来被称之为"魔穴"的黄金洞。这会有怎样惊人的发现呢?

### 黄金洞,夔门绝壁上的神奇

黄金洞位于夔门南冀的绝壁,其上有70余米悬崖,下有200余米深谷,可望而难及,洞如一只大马眼嵌于岩壁之上。阳光下,乌黑一团,深幽莫测;雨雾中,若隐若现,扑朔迷离。见之者,莫不有一种怪异联想和探寻的冲动。

神奇的是该洞下端,有一串"Z"形的石孔,孔深1尺,8寸见方,从地底一直延伸到洞侧。这一串石孔,有人说是藏宝者留下的遗迹,也有人说是盗墓者开掘的天梯。千百年来,无数人探寻它的来龙去脉,说法莫衷一是。这更增添了黄金洞的神秘色彩。

## 洞名传说

据传,公元 25 年,蜀郡太守公孙述乘王莽改制之际,在奉节割据称帝。后刘秀建东汉,派兵征伐公孙述。公孙述兵败夔门,将大量的黄金珠宝藏于洞内。黄金洞因此而得名。

这是最初的传说。后来人们又把它和三国故事联系起来,说洞里藏有诸葛亮的兵书和刘备的宝剑等。这种说法的形成也许是,该洞对岸就是诸葛亮演绎八卦阵以退吴兵的古战场和刘备兵败托孤的白帝城的缘故吧。

明朝以后,又盛传那洞里藏有宋朝名将杨继业的尸骨。洞下那串石孔,就是杨氏部将孟良为盗杨氏遗骨所凿。因而,当地也有叫那石孔为孟良梯的。

令人毛骨悚然的灭绝之地,这种说法在 20 世纪以来流传最广而又最为引人关注。许多人认为,此洞是最后一支巴人的灭绝之地。巴人,是东夷部落首领太皞氏的后代。先秦时期,一直生活在川东鄂西一带,然而,战国时期,巴人忽然失踪了。巴人失踪,是我国历史上的一大悬案,史学界一直在寻找它的蛛丝马迹。

有资料认为,最后一支巴人在湖北巴东县遭到灭楚秦兵的追杀,落荒逃进一个山洞,后秦兵追至,将洞口封死。巴人只得不断往里钻,走了 7 天 7 夜,终于看见一线曙光。当他们欢呼着跑到洞口时,却惊呆了。这洞,就是黄金洞。洞下,是万仞深谷。巴人进退不得,最后全部饿死在洞里。

20 世纪 60 年代,四川大学教授童恩正先生根据有关传说写就了长篇小说《神秘的黄金洞》。到了 80 年代,三峡风情研究专家赵贵林先生又根据有关传说写成剧本《喋血夔门》。随后两部作品又被拍成电影电视剧四处发行,一时间,黄金洞更是名播四海,沸沸扬扬。

## 舍身探宝

黄金洞诱惑着一批又一批的探险者,那绝壁之下,留下了累累白骨。

据传,三国时吴将陆逊手下一武士,随陆逊在奉节为诸葛亮八阵所困。后来陆逊退兵,该将由于深感夔门地势之奇特和黄金洞之神秘,便独自留下来探宝。在一方士指点下,他钻入洞内。然而,满洞黄金,光芒四射,顿时刺瞎了他的双眼。

明朝张献忠兵败后,退经夔州。为黄金洞所迷,他令部将从山顶吊绳入洞。可惜刚滑至洞口,便有阴风渗出,随即雾蒙山峦,部将头昏目眩,纷纷滑落,暴尸深谷。

乾隆下江南时,听说有此奇洞,随后遣工匠百余人,在洞下的石孔塞木桩,欲顺木桩爬至洞内。然而,木桩才塞至山腰,便飞沙走石,天昏地暗,木桩坠入江河,工匠纷纷坠落,血溅荒野。

当然,这都是茶客所述,书家所言,可信,可疑。

确有记载的是,抗战期间,在黄金洞下的绝壁上题写了"踏出夔巫,打走倭寇"的冯玉祥将军,曾想请卫士上去看个究竟。命卫士系绳索于腰间,手攀石孔而上。终因石质风化剥落,未能如愿。

虽然传说居多,但 1958 年,奉节县永乐镇的一位农民却真正钻进了此洞。

这位姓名不详且居所闭塞的农民,并没听说过黄金洞的种种传说。进洞也并非为了寻宝,只是见那洞中鹰隼出落,想必燕儿肥(当地农民称鸟粪为燕儿肥)不少。

他背着个粪篓,借助山顶吊下的一根草绳滑入洞内。在洞中他没有找到多少肥料,倒看到不少棺木。气愤之余,他将洞口的悬棺推了两具下来,并捡回一把青铜剑。

这位农民不经意发现的悬棺和青铜剑,现存于白帝城博物馆。然而,此次发现在史学界引起了轰动。据专家鉴定,这悬棺和青铜剑,都是战国时期巴人之物。他们认为,民间盛传的最后一支巴人灭绝在此洞的传说,很有可能成立。

### 黄金洞谜案依旧

洞穴悬念一直困扰着人们,为揭开庐山面目又上演了哪些奇迹呢?

早在 1994 年,在奉节县探险天坑地缝的中英联合探险队就对黄金洞产生了浓厚的兴趣。随后在 1995 年,中法联合探险队来奉节时,也对该洞表示神往,但由于当时条件的限制,他们只得含憾离去。1996 年,来到奉节的中英爱联合探险队曾表示,一定要探出个水落石出。

然而真正的探险开始于 1996 年 8 月 25 日上午 9 点 20 分,48 岁的安迪·伊文恩,有 40 年探险历史的英国探险家肯尼·泰勒,SRT(单绳滑行攀援技术)专职技师、36 岁的爱尔兰探险家朱·瓦特,地质学硕士、30 岁的中国地质专家张任,随着一颗耀眼的信号弹飞升上天,开始了他们的征程。

依靠 STR 技术,队员们依次从山顶滑下,滑至洞前,他们荡秋千似的贴近山壁,抓住岩石,在先探了周围的 3 个小洞后才爬进黄金洞。

钻进黄金洞约半个小时,探险队向指挥部报告说:洞中发现一堆尸骨,估计系多人遗骸,并发现有棺木碎片和四根完好的木棒。又过了半个小时,队员们报告说:在洞壁上发现有涂画物,并认为很可能极具研究价值。他们拍下照片等专家鉴定。

来自洞穴中的两次报告,都让船上指挥人员很是激动了一阵。看来这千年神秘洞穴,可能真如民间所传,有着种种奇异的内容。

约半个小时后,队员们报告他们行进约 20 米后,已走到尽头。洞中除了他们已报告的发现外,没有找到能够证明传说中的种种事物存在的可靠依据。这个报告结果无疑令指挥部和冒着烈日观看的观众及舍身探险的队员们大失所望。他们认为,此洞虽然不乏研究价值,但不具任何神秘色彩。

出乎人们意料的是,就在人们正怏怏离开之际,探险队又报告了一个新消息:那洞的尽头,好像是一堵人工筑就的墙。至于这墙是怎么筑成的?干什么用的?墙外是否另有洞天?由于设备所限,目前尚不能得出结论。

这就是黄金洞?这就是那充满悬念、沸沸扬扬上千年名蜚四海的魔穴?黄金洞留下的依然是一个谜。

# 神秘的大报恩寺地宫

建于明朝永乐十年的金陵大报恩寺,是明成祖朱棣为纪念生母所建。在这座皇家寺院,有一座号称"天下第一塔"的琉璃宝塔。一个偶然的机会,考古人员在这座举世闻名的佛塔下,发现了一个神秘的地宫。

对此地宫进行挖掘之后的结果让考古学家们瞠目结舌:这座明朝古庙地宫出土的竟是宋朝文物!这座地宫到底是什么"身份"?专家们将解开谜团的焦点放在同时出土的"舍利函"上,这个埋在金陵大报恩寺地宫长达千年的铁函里收藏的会是什么呢?

## 发现报恩寺地宫

报恩寺的琉璃宝塔是一座罕见的"皇家宝塔",相传这里珍藏着大量的皇室赏赐。不过,这座宝塔在 1856 年被毁。

2006 年 2 月,相关部门在对金陵大报恩寺遗址进行考古工作的时候,意外地在这里发现了一个圆形地宫!

虽然这座琉璃塔举世闻名,关于它的记载也很多,但是它的地宫是什么形状?这里到底瘗藏了什么物品?却没有任何记载。

专家对地宫进行考证之后认为,这可能是一个比较高级别的地宫。它保存完好,没有被盗掘过。这一结果让人们对此次考古发掘充满期待。

那么,史料为何对这样一座高级别的地宫没有记载呢?

在我国古代,把埋葬制度视为凶礼,古代帝王陵墓的地点和随葬品都是不记录的。在地宫瘗葬物品虽然不算凶礼,但是也沿袭这样的传统不做记载。另一方面,这也可能是出于安全角度的考虑,如果大肆宣扬"佛财",容易引来盗贼。

## 地宫中到底藏了什么

2008 年 7 月 17 日,正式开始对大报恩寺地宫的考古挖掘工作。

颇为吸引人的是,据相关史料记载,明永乐帝朱棣为生母建造这座皇家寺庙时,在里面摆放了不少宝贝。如夜明珠、宝石珠、避风珠、避水珠、避尘珠各一颗,以躲避风雨雷电和刀兵;还有黄金 4000 两,白银 1000 两,黄缎两匹,明雄 100 斤,茶叶一石,永乐钱 1000 串,佛经若干。除宝珠置于塔顶,其余物品都藏在塔底地宫。

如此之多的宝物也使此次发掘广受关注。有专家甚至猜测,地宫内很有可能会有郑和下西洋所带回来的异国贡品和明代的青花瓷。

然而,随着挖掘工作的不断深入,考古专家不但没有多少惊喜,反而对不少文物的年代和身份都充满了疑问。

封住地宫口的两层石板被吊起,沉井式的地宫显露出来,开掘至四五米深处,发现大量铜钱,有些散落,有些成串,陷于淤泥之中。

经专家初步鉴定,有些铜钱的年代可能为宋代,还有一些"开元通宝"字样铜钱则是唐代的。另外,在地宫内发现的瓷器,根据外表造型判定也是属于北宋初年所有。

为什么明代大报恩寺遗址的地宫内会出现唐宋时期的钱币?

更令人迷惑不解的是,地宫内还出土了一块儿石碑,石碑第一行写着"金陵长干寺塔身藏舍利石函记"字样,第二句有"宋大中祥符四年"的字样。石碑上面的字迹中还有"一娘""三娘"等大量民间俗姓的字迹。这些内容与皇家御制诰命诏旨的御碑完全不同,更像是信众募缘题名的石碑,而且这种取名习惯在唐宋时期女子中非常普遍。

这又给地宫披上了一层迷幻的外衣!

### 地宫内有多少不解之谜

据考证年代和内容均不符,这不禁让专家对地宫的身份多了些疑窦。但是,如果这座地宫不属于大报恩寺,大报恩寺地宫又在哪呢?

所有疑问的焦点都集中于被称为"舍利函"的铁函上,这个最意外的发现,其本身也是最大的谜团。

出土的铁函长 0.5 米、宽 0.5 米、高 1 米,如保险柜大小。非常罕见的是,它比同为皇家最高级别寺院法门寺以及雷峰塔地宫的铁函都大得多。法门寺藏有佛指舍利的铁函长度不到 0.3 米,而雷峰塔地宫藏有佛螺髻发的铁函长度也不过 0.35 米。

据碑文记载,地宫中曾藏佛祖释迦牟尼"佛顶真骨"和舍利,舍利函内藏有"感应舍利十颗""金棺银椁""诸圣舍利""佛顶真骨""七宝阿育王塔"。

有专家认为,若铁函真如碑文所记那样,那么,藏有"佛顶真骨"的可能性极大。"佛顶真骨"是指释迦牟尼的头顶骨。据传,2500 年前释迦牟尼火化后,弟子们从灰烬中得到了 84000 颗舍利子。这虽然是宋代地宫,但供奉的舍利却很可能是南朝长干寺传下来的。

铁函内究竟藏有什么呢?

陕西法门寺在 1987 年出土的 4 枚舍利震惊中外,就因为其中一枚被认为是佛祖中指骨。如果报恩寺出现"佛顶真骨"的话,其震撼效果可想而知。

2008 年 7 月 27 日晚,舍利铁函被吊出地宫,运回南京市博物馆。

2008 年 8 月 6 日,激动人心的时刻到了。在国内多位著名考古专家指导下,千年铁函的两层铁质盖板被顺利取出。铁函内积满了略显浑浊的液体,露出一个形状类似塔尖、由丝织物包裹的物体。

铁函内积水被抽取完毕之后,考古专家小心翼翼地打开顶部丝绸包裹,包裹里面是一座金碧辉煌的宝塔。

专家在初步分析后得出结论,此塔为七宝阿育王塔。专家猜测,这座不足 1 米高的宝塔里可能还有秘密。

目前,铁函的考古工作仍在进行中。

宝塔悬案一时还没有结果,而地宫"身份"悬案,也还难有确定的说法。不过,已有不少专家倾向于认为这处地宫为宋代所建。

其实,现在对地宫的"身份"下结论还为时过早,我们只有等待对宝塔所有的鉴定工作完毕后,方能解开这座神秘地宫的"身份"悬案。

## 大清宝藏悬案探寻

　　赫图阿拉,位于辽宁省抚顺新宾满族自治县的永陵镇东 4 千米处,坐落在苏子河南岸的一座横冈上。这里被称为大清的龙兴之地、满族文明之摇篮、清王朝第一都城。几百年过去了,虽然清王朝的历史早已尘封,但有关赫图阿拉与大清宝藏的传说,却依然如梦般萦绕在人们的心头。这些宝藏还在吗？ 如果存在,又会在哪里呢？

### 神秘的罕王井

　　史书记载,努尔哈赤的曾祖父福满,当年建了 6 座城池,分别分给自己的 6 个儿子,其中福满的第 4 个儿子叫觉昌安,也就是努尔哈赤的祖父,分到的城池就是现在的赫图阿拉城。

罕王井

　　“赫图阿拉”是满语,汉语意思为“横冈”,即平顶的山冈。其建筑为一城一郭（内外城式）,城垣由土、石、木杂筑而成。

　　1559 年,努尔哈赤在赫图阿拉诞生。作为满族和清王朝的龙兴之地,赫图阿拉是大清历代帝王心中不可替代之圣地,号称龙脉之所在。随着清王朝的兴盛、发达,这里也越来越被尊崇和重视。清王朝不仅在此设府设厅,还派兵驻守。顺治皇帝还封赫图阿拉为“创业之地”并敕建保护。

　　在这座城中,有一座大名鼎鼎的水井——罕王井。因努尔哈赤在此“建元称汗”而得名"汗王井",也作罕王井。300多年来,城内军民一直饮用此水,有"千军万马饮不干"的美誉。

这口水井不仅因为是赫图阿拉城重要的水源所在,而且还流传着一个藏宝的传说。据清代野史记载,努尔哈赤曾掠夺了数以千万计的黄金、白银以及大量的珍宝财物。而这口水井就是当年这笔数额巨大的宝藏的埋藏地。

### 大清宝藏不解之谜

关于宝藏有个被传得神乎其神的传说。

努尔哈赤有个叫阿巴亥的大妃,她就是努尔哈赤第十四子多尔衮的母亲。在当年,她最受努尔哈赤宠爱的,因此努尔哈赤一心想把王位传给多尔衮。不过在努尔哈赤死后,汗王之印却落在了八皇子皇太极的手上。

那时候,皇太极虽然继承了汗位,但是国库中的金银财物,却依然掌控在阿巴亥的手中。皇太极担心国库不在自己手里会对自己的汗位形成威胁,就向阿巴亥下了最后的通牒:要么交出全部的宝藏,要么与努尔哈赤一起殉葬。

然而,出乎皇太极意料的是,阿巴亥竟然选择了为努尔哈赤殉葬。

在阿巴亥死后,皇太极用淫威和酷刑,让内务府的官员道出了努尔哈赤当年这笔宝藏的去向。原来,这笔宝藏是从内务府的暗道运往罕王井的。

得到这消息之后,急不可耐的皇太极命人从罕王井与暗道两处入口顺藤摸瓜寻找。

可怕的是,两批被派下去寻宝的人,就此杳无音信。同时被用来传递信息的绳子也不知被什么动物咬断了。

心有不甘的皇太极又接连派下去好几批人,但结果都是有去无回。皇太极恼羞成怒,下令掘地三尺。

谁料,就在军士们刚抡起锹镐准备挖掘时,晴空万里的天空骤然间黑云蔽日,一股浓烟从罕王井中滚滚而出。

随着浓烟散尽,阿巴亥从井中而出,皇太极当即吓得魂飞魄散。阿巴亥怒斥皇太极贪财忘义,不思进取。阿巴亥还告诉皇太极,此宝藏是大清的国本运数,只有保护好它,大清才能国运昌盛,江山永固。

惊恐万状的皇太极当即跪地叩拜,发誓再也不寻找此宝藏。他的话音刚落,天空马上云开雾散.一切又恢复如旧。而那条曾经的密室暗道,也在云开雾散的那一刹那,消失得无影无踪。

在那之后,就再也没有人知道大清宝藏的真实位置了,而宝藏的下落更是变得扑朔迷离了。

后来的清朝统治者们,只是知道大清在关外埋藏着一批珍宝的传说。但是,谁也不知道这批宝藏究竟藏在哪里。

# 地理百科

马博⊙主编

# 导　读

　　我们的祖国幅员辽阔,山河壮丽,物产丰富,历史悠久。数千年的生息繁衍造就了绝美的地理诗篇,数千年的历史激荡打磨出璀璨的华夏文明。生长在这块神奇的土地上,我们理应感到自豪。

　　作为中国人,我们必须了解自己的祖国。如果一个人口称爱国,却对本国的情况不甚了了,那是说不过去的。爱国情怀必须建立在对祖国深刻的理解之上,才会爱得深切。今天,我们的国家正在实现强国之梦,那么我们有哪些优势? 有哪些不足? 潜力何在? 要想回答这些问题,就必须掌握一定的地理知识,比如我国的矿产资源、森林分布、耕地状况、铁路里程、人口素质,等等。这就是我们的"家底",了解这些,我们才会对今后的发展心中有数。

　　探索中国地理也是一件非常有趣的事:

　　我国拥有世界上几乎所有的自然带与地质风光,自然景观多姿多彩,壮丽神奇。什么是丹霞地貌? 什么是岩溶地貌? 鸣沙山的沙子为什么会响? 新疆戈壁滩上的"魔鬼城"是怎么回事? 这些你未必知道。

　　我国有着五千年的文明史,可以说,每一块土地都有悠久的历史,每一座城市都有讲不完的故事。我国的历史文化名城有哪些? 你了解你所在城市的历史吗? 你知道"客家人"的来历吗? 我国有多少处"世界文化遗产"?

　　我国生活着56个民族,民族文化丰富多样,藏族的锅庄舞,蒙古族的"祭敖包",壮族的"三月三"歌会,摩梭人的"走婚"习俗,都能引起人们浓厚的兴趣。

　　地理是一门实用性很强的学科,阅读地理书籍可以极大地丰富你的知识,使你成为博学多闻的人。同时,地理也具有很大的审美价值,阅读地理书籍是一种美的享受,是一次心灵的旅行。这部分《地理百科》可谓广征博引,既介绍地质地貌、气候、物产,也介绍各地的民俗文化、经济状况、风景名胜、度假胜地等,融知识性、实用性及趣味性于一体,图文并茂,蔚然大观。

　　本部分可读、可藏、可用。如果它能使你感受到地理的无穷魅力,使您获得一些知识或启迪,那么我们编辑此书的愿望也就实现了。

# 名山大川

## 黄山——天下第一奇山

黄山屹立在中国安徽省南部,东起绩溪县的大嶂山,西接黟县的羊栈岭,北起太平湖,南临徽州山区,总面积1000余平方千米。黄山四季景致不同,韵味各异,迎客松、飞来石、仙人指路等美景天下闻名,奇松、怪石、云海、温泉四绝更是令人流连忘返、叹为观止。

黄山云雾一年多达200余天。云雾来时只见白茫茫一片,大大小小的山峰变成了云海中的岛屿。黄山云雾喜怒无常,时而为风平浪静的汪洋,时而成为波涛翻滚的大海,时而像奔泻千里的急流.时而似倾注山谷的瀑布,时而轻柔如纱,袅袅亭立,时而怒气冲霄,雷电交加。千变万化的烟云,天天不同,时时不一,把黄山点缀得胜于天宫。

黄山的云海十分著名,有东、西、南、北海与中间的天海五大区。一般从11月到翌年5月是观看黄山云海最好的季节,尤其是在雨雪天气之后的日出或日落时最为壮观。黄山云海固然壮丽无比,但那缭绕着山峰的烟云,弥漫于山间、溪边的雾霭,使山形树影时隐时现,虚无缥缈,扑朔迷离,也使黄山平添了不少生动而神秘的色彩。其实在黄山云雾难分,迎面扑来是雾,身旁吹走即云。当你穿行在云雾之中时,便会有飘飘欲仙之感。重峦叠嶂,加上轻云浓雾掩映,真使黄山每个视角都成为一幅浓泼淡抹的水墨画。

黄山玉屏峰

黄山的云雾为什么这么多? 原来,黄山地区林密,谷深,有许多地方阳光照射不到,水分不易蒸发,因此湿度大,水汽多。加之森林在发育生长中,利用根系不停地吸收着地下水,经过生化作用,又将水分不断地通过枝叶散发到空中。这样,就大大增加了林区上空的水汽。水汽越多,云雾也越多。巍峨的黄山,峰峦重叠,沟壑交错,水分蒸发快慢也不一样,所以使黄山多云雾。至于黄山云雾有千变万化,奇妙而壮观的景色则是因为黄山的复杂地形所造成的。

黄山松,刚毅挺拔,苍劲有力,是黄山的奇景之一。它多生长于海拔800至1760米的高山岩石地带。其针叶短粗而稠密,顶平如盏,干曲枝虬苍翠奇特。它的形状多种多样,或立或卧,或仰或俯。有的雄健挺拔,好似巨人,有的平顶展枝,犹如流水行云,有的虬枝盘错,宛若蛟龙,有的匍匐僵卧,像怪兽异禽。用拟人化方式命名的有迎客松、陪客松、送客松、望客松、探海松等。用珍禽异兽命名的有麒麟松、凤凰松、黑虎松、卧龙松等。真是姿态万千,引人入胜。雄伟的黄山产育出无数奇松,而奇松则处处为黄山增添姿色。

黄山松不仅是独立生长的风景树,也是成林的树木。它是那样的仪态万方,给人以清雅、挺俊、潇洒、富有朝气的感觉。形状奇特的黄山松,有着顽强的生命力。为了适应悬崖绝壁的自然环境,它的根能穿透发酥的石层或沿着石缝生长,它的种子落到险峰绝壁上,有一点沙土,就会扎根发芽,它的树干和树冠,争夺生存空间的本领特别强。

为什么黄山上的松树比黄山脚下的松树格外挺拔潇洒呢?原来,黄山松的祖先原是油松,远在地质时期的第四纪初,地球上曾有一个很冷的"冰川时期",那时山上太冷,油松受不了,就由山上向山下移动。后来地球上又有一个极热的"间冰川期",油松在山下熬不了,于是又向山上转移。加之气候、土壤、水分的关系,历千百万年,终于逐渐演变而成今天的黄山松。

# 庐山——奇秀甲天下

庐山地处江西省北部的鄱阳湖盆地。几千万年前的地壳运动,造就了庐山叠嶂九层、崇陵万仞的气势,伴生出诡峰不穷、怪石不绝的阴柔之美。

"庐山"始见于史书是在西汉时期,司马迁《史记》中有"太史公曰:'余南登庐山,观禹疏九江'"。自史载司马迁第一个"南登庐山"以来,庐山以其优美的自然景观和优越的地理位置,吸引着东西南北、古往今来的游人。无论是文人墨客,还是僧人羽士、文臣武将,多有在此驻足建舍,刻石留文,庐山也因此成了一座文化名山,这也是庐山不同于其他众多名山的一大特点。

庐山

庐山方圆250平方千米,有90余座山峰,山势崔嵬,危崖罗列,所以古人有"庐山诸峰面面奇"之说。庐山最高峰汉阳峰,海拔1474米,由花岗岩构成的山体,高耸峻峭,形如华盖。据说,在月明风清之夜,登上峰顶,可以看到汉阳灯火,故名曰"汉阳峰"。峰顶一处悬崖形同靠椅,相传大禹治水时,就坐在这崖上俯视长江,考虑如何疏导九江,故称"禹王崖"。司马迁曾专程登此崖凭吊大禹。登峰顶,只见黑松遍布,矮小盘结,形状奇异。大汉阳峰下有康王谷,为庐山最大的峡谷,长约1000余米。相传秦始皇灭六国时,秦国大将王翦追楚康王至此,为暴风雨所阻,康王脱险并隐居于此,故名"康王谷"。

"飞流直下三千尺，疑是银河落九天"，这是唐代诗人李白对庐山瀑布的描写。水是山之灵，庐山瀑布数量之多，气势之宏伟世间罕见，其中庐山三叠泉可谓"庐山第一奇观"。三叠泉从海拔1453.2米的庐山第二高峰大月山流出，落差达到155米。谷风吹来，流水如冰绡飘洒在空中，好似万斛明珠，晶莹夺目。由观瀑亭绕道下行，可临观音崖、观音洞，洞下即绿水潭，潭畔岩石上刻有翰林邓旭书写的隶书"竹影疑踪"四字。

庐山还是座天然植物园，享有"绿色宝库"之称。植物种类组成丰富、起源古老、地理成分复杂、热带种类较多、南北植物区系成分交汇过渡。庐山区域内植物品种多达3400种以上，植物科的地理分布类型共有7个，其中尤以"中国特有类型"引人瞩目，它们大多属于第三纪以来的古老孑遗植物，主要有鹅掌楸、香果树、大血藤、青钱柳、血水草、长年兰、杜仲、喜树等。

东晋时期，庐山成为中国南方佛教中心。庙宇巍峨，宝塔峻峭，漫山充溢着宗教色彩。时至今日，东林寺、西林寺、千佛塔、诺娜塔、赐经亭等宗教建筑艺术杰作，仍闪耀着迷人的光彩。

东林寺位于庐山西北麓，因在西林寺（现仅存遗址）之东而得名，是中国佛教净土宗发源地。东晋太元十一年（386），名僧慧远在此建寺讲学，并创设莲社（亦称白莲社），倡导弥陀净土法门，后被推为净土宗始祖。唐时极盛，有殿堂建筑310余间，门徒数以千计，藏经及论著数万卷。明、清以来东林寺屡遭兵祸毁坏，现存殿宇基本为清末遗物。

庐山的牯岭地区别墅林立，到20世纪30年代为止，这里有不同国家建造的别墅1000多栋。这些别墅大部分是西方建筑风格，但别墅中园林的布置都采用了中国传统的手法。西式别墅与中国的传统文化和谐地融合在一起，构成了庐山独特的人文景观。

# 泰山——五岳独尊

"会当凌绝顶，一览众山小"的东岳泰山，拔起于鲁中南群山上，古名岱山，又称为岱宗。它形成于太古代，因受来自西南和东北两方面的挤压力，褶皱隆起；经深度变质而形成中国最古老的地层——泰山群；后因地壳变动，被多组断裂分割，形成块状山体，如今每年还在以0.5毫米的速度慢慢增高。

泰山山势挺拔雄奇，山间飞瀑松涛、景色壮丽。累叠的山势，厚重的形体，苍松巨石的烘托，云烟岚光的变化，使它在雄浑中兼有明丽，静穆中透着神奇，成为中国山水名胜的集大成者。泰山主要风景名胜点有56处，如泉水甘冽的五盘池、古柏参天的柏洞、犹如云梯的十八盘、耸入云端的南天门、白练高悬的黑龙潭瀑布等。而纷至沓来的文人墨客、来此封禅祭天的历朝君主，也使得泰山成为罕见的历史人文荟萃的游览胜地，留下了众多的文物古迹，如岱庙、王母池、红门宫、斗母宫、五松亭、南天门、碧霞祠等。

大自然为泰山创造了诸多景观，其中的旭日东升、晚霞夕照、黄河金带、云海玉盘更被称为岱顶四大奇观。泰山雄伟的山势使它的日出显得尤其壮观而动人心弦，旭日东升是泰山的重要标志。日出之时，随着太阳的缓缓升起，旭日发出的第一缕曙光撕破黎明前的黑暗，使东方天幕由漆黑而逐渐泛白，慢慢透出暗红色的光芒，直至最后变成耀眼的金黄，喷射出万道霞光。最后，朝阳如同火球一般跃出水面，腾空而起。整个过程宏伟壮观，在瞬息间变幻出千万种多姿多彩的画面，令人叹为观止。岱顶观日历来为游人所向往，也使许多文人墨客为之高歌。

泰山

说到泰山，便须提到著名的"泰山十八盘"。十八盘位于对松山北，处在高阜之上，双崖夹道，为清乾隆末年改建盘道时所辟。十八盘自此而始。开山北为龙门，旧有龙门坊，后毁。十八盘岩层陡立，倾角达到70°—80°，在不足1000米的水平距离内竟升高了400米。泰山又有3个十八盘之说：自开山至龙门前393级为"慢十八"，再至升仙坊中767级为"不紧不慢又十八"，又至南天门为后473级"紧十八"，共计1630多级台阶。当地有"紧十八，慢十八，不紧不慢又十八"之说。

泰山在五岳中名声最著，除了自然景观的丰富多彩之外，其原因也与始于秦汉时期的封禅活动关系密切。历代帝王在此封禅祭天，借助泰山的神威巩固其统治，而泰山则因封禅告祭而被抬到与天相齐的神圣高度。一座自然山岳，受到文明大国的历代最高统治者亲临封禅祭祀，并延续数千年之久，堪称世界上独一无二的精神文化现象。

# 华山——奇险天下

西岳华山位于陕西西安以东120千米的华阴市，海拔2200米，古称太华山。华山由于断块上升及花岗岩垂直节理的特性，使其具有"削成而四方，其高五千仞"的险峻形象。在华山五峰中又以东峰（朝阳）、西峰（莲花）、南峰（落雁）三峰较高：东峰是凌晨观日出的佳处，西峰的东西两侧状如莲花，是华山最秀奇的山峰，南峰落雁峰是华山最高峰。三峰以下还有中峰（玉女）和北峰（云台）两峰。玉女峰相传曾有玉女乘白马入山间。云台峰顶平坦如云中之台，著名的"智取华山"故事就发生在这里。另外，华山的名胜古迹也很多，庙宇道观、亭台楼阁、雕像石刻随处可见。

在华山的五峰之中，北峰云台峰是登临其他四峰的要冲，虽然海拔高度不及其他诸峰，但其山势险峻异常，三面绝壁，只有一条山岭通向南面，形势十分险要，易守难攻。1949年5月，西安新中国成立后，陕西国民党顽敌逃上华山，企图凭借华山天险负隅顽抗。敌军把守要道，我军无路攀登，费尽周折，最终还是请当地谙熟山道的采药人当向导，用竹杆和绳子从绝境处登上北峰，从而全歼华山守敌。北峰顶上还有道观真武宫，倚山而建，造型别致，风景宜人。

西峰是华山五峰之中最秀丽险峻的山峰。华山西峰就是《宝莲灯》中沉香劈山救出三圣母的地方。现在翠云宫边上有一巨石中间裂开，如被斧劈，名"斧劈石"，旁边还树立一柄长把大斧,据说沉香就是在这里力劈华山,救出了被二郎神所拘禁的母亲三圣母。西峰的西北面,崖壁直立,有如刀削,空绝万丈,险峻无比,人称舍身崖。

华山

东峰因其峰顶有朝阳台可以观看日出,故而又名朝阳峰。因为此峰此台,华山也成为观赏日出的著名胜地。东峰上有三茅洞,洞内有陈抟老祖像,洞外有甘露池。附近的清虚洞前有一孤峰,峰顶上有铁瓦亭一座,铁棋一枰,这便是传说中的东峰下棋亭。相传宋太祖赵匡胤曾与道家名士、以长寿著称的陈抟老祖在此处打赌下棋。两人在山中一共下了三盘对局,两盘棋赵匡胤便输光了所带钱物,第三盘又把华山给输了,所以有"自古华山不纳粮,皇帝老子管不住"的说法。华山东峰还有著名的仙掌崖,乃是指东峰的面东崖壁。经历了千万年的自然侵蚀之后,在崖壁上出现了一面手掌形的石纹,高数十米,五指分明,形象生动逼真,恍如仙人的巨大手掌,所以人称华岳仙掌,被列为陕西"关中八景"的第一景。进潼关入陕西后眺望秦岭,首先看到的就是它,每逢晴朗的早晨,掌印在阳光的照射下如镀赤金一般熠熠生辉,巍然矗立。

华山号西岳,自然少不得供奉西岳大帝华山神的西岳庙。西岳庙在华山以北5000米的岳镇街上,位于华阴市区东2000米处,距西岳华山玉泉院8000米,被称之为"天下第一庙"。西岳庙坐北朝南,庙门正对华山,始建于汉武帝时期,后来成了历代帝王祭祀华山神的场所。西岳庙的建筑气势宏伟,在由北至南的中轴线上依次排列着灏灵门、五凤楼、棂星门、金城门、灏灵殿、寝宫、御书楼、万寿阁等建筑,总体呈前低后高的格局。其中正殿灏灵殿是历代帝王祭祀的地点,殿内悬挂有康熙、道光、慈禧所题"金天昭瑞""仙云"等匾额。

华山之险,冠绝天下;而作为天下道教名山,华山的文化底蕴也是深厚非常,每一山、每一石、每一洞,似乎都有道家的仙踪古迹。或许只有沉下心来,将身心都置于华山的山水之间,才能慢慢体会到它独有的韵味。

# 峨眉山——蜀国仙山

峨眉山又称大光明山,是大峨山、二峨山、三峨山和四峨山的总称,位于四川省峨眉山、乐山两市西部。四峨山中以大峨山海拔最高,山势最雄伟,即为通常所指的峨眉山。它的主峰海拔3099米,高出其东麓的峨眉山市2500米,犹如耸立于四川盆地西南部的高墙。峨眉山山体雄峻，峰峦挺秀。除了金顶日出、金顶云海、峨眉佛光、圣灯四大奇观外，峨眉山猴也是这座山中声名远播的"土著居民"。峨眉山是中国四大佛教名山之一，山中寺庙林立，以报国寺、万年寺、伏虎寺、清音阁等最为著名。有趣的是，关于伏虎寺的传说却是信奉道教的赵公明与妹妹一同降伏猛虎的故事，其中也隐含了峨眉山佛道并重的特点。

峨眉山

全世界出名的日出景观着实不少，但峨眉山的金顶日出却是有其独具一格的魅力。在金顶看日出，因气象条件和季节的不同而千姿百态，差异极大。天气晴朗时，太阳从地平线升起，可观赏到壮丽日出的全过程；或天边有云气，待见日出时，已是脱离地平线的一轮红日；或云层弥漫，则仅能看到朝霞、云海。伴随着旭日东升，朝霞满天，万道金光射向大地，峨眉山从头至脚逐渐变成了灿烂的金色，呈现出它全部的秀美身姿。此时此刻，天上地下变成金色的世界。

在中国四大佛教名山中，佛家又把"银色世界"作为峨眉山的代称，这显然与峨眉山的云海不无关系。峨眉山的金顶云海，无边无涯。金顶云海时开时合，气象雄伟，随着风向与风力的变化，不断地转换着自身的形状。范成大有诗惊叹这变幻的云海："明朝银界混一白，咫尺眩转寒凌兢。天容野色倏开闭，惨淡变化愁天灵。"

佛光是一种奇特的光学现象，是阳光照在云雾表面所起的衍射作用而形成的。谚云："朝看西，午看东"。在峨眉山看神奇的佛光，最佳的时间是下午2时—5时，最佳的地点是在睹光台、舍身岩。午后来到舍身岩下，有时会看到云层中骤然变幻出一个红、橙、黄、绿、青、蓝、紫的七色光环，约一二米大小，中央虚明如镜。而当观者背向偏西的阳光时，有时会突然发现光环中出现自己的身影，犹如面对明镜，更为离奇的是即使成千上万人同时同地观看，观者也只能看见自己的影子。

在金顶无月的黑夜，在舍身岩下有时会看见荧荧的亮光，在黑暗的山谷间飘忽不定。佛家称其为"圣灯"，又名"神灯"，说飘浮的神灯是"万盏明灯朝普贤"，历来为峨眉山的四大奇观之一。据科学家初步考察，圣灯是一种自然现象，目前有两种说法：一说是磷火，是含磷地层的磷化氢和联磷的作用，联磷的自燃，激起磷化氢的它燃，一说是某些树木上有一种叫密环菌的真菌，遇雨后发光。

峨眉山有丰富的动植物资源，享有"植物王国"和"天然动物园"之称。在2000多种野生动物中，有珍稀的大熊猫、黑鹳、小熊猫、短尾猴等。尤其是见人不惊、与人同乐的峨眉山猴群，早已因成为峨眉山中别具一格的"活景观"而闻名中外。只要到过峨眉山的人，都一定不会忘记山中那一只只充满灵气的猴子。这些猴子世代在峨眉山上与游人为伴，早已消去了畏惧人类的心理。它们三五成群，在长达十多千米的游山道上，沿途围住游人，向游人索要食品。

作为佛教名山，峨眉山中寺庙颇多。其中报国寺是峨眉山的第一座寺庙，也是峨眉山佛教活动的中心。寺周楠树蔽空，红墙围绕，殿宇雄伟，金碧生辉，香烟袅袅，磬声频传。置身"天下秀"的巍巍名山,在报国寺中聆听钟声禅音,不由令人暂时忘却俗世的烦恼,深深地沉浸在这山与寺的禅韵之中。

# 五台山——华北屋脊

五台山寺庙始于汉明帝时期,唐代因"文殊信仰"的繁盛,寺院多达360多处。清代,随着喇嘛教传入五台山,出现了各具特色的青、黄二庙。五台山五座台顶合围的地区,称为台内,其外围则称台外。现五台山寺庙尚存43处,其中台内37处,台外6处。五台山众多的佛寺多聚集在台内台怀镇。这里寺庙林立,殿宇鳞次栉比,圣景圣迹荟萃一处,其中显通寺、塔院寺、殊像寺、罗寺和菩萨顶被称为五台山五大禅处。台外的寺则以南禅寺、佛光寺最著名。

自从佛教在中国植根并传播开来之后,中国的山水之间便渐渐多了佛家的香火之气,无数的名山大川都与"佛"这个字关系密切。出家人远避红尘,与世无争,对于他们而言,深山幽谷之中才是最好的清修之地。因此五台山、峨眉山、九华山、普陀山作为佛教四大名山,逐渐名扬天下。

居四大佛教名山之首的五台山,位于山西省五台县,属北岳恒山山脉,其中的北台峰是华北地区最高的山峰,有"华北

五台山

屋脊"之称。五台山气温偏低,虽然处于与北京差不多的纬度,气候特征却酷似中国东北部的大兴安岭,年平均温度只有-4℃。夏季这里的平均温度比山外要低10℃左右,历来就是避暑胜地,所以又有"清凉山"之称。

传说五台山是文殊菩萨传道的场所,历代都在这里广建寺院,传扬佛教文化,现存有华严经字塔等千件珍贵文物,是中国古代建筑、雕塑、绘画的艺术宝库。另外还有顺治皇帝出走后在五台山出家,以及康熙五次微服私访的传说,增添了这里的传奇色彩。

显通寺位于五台山中心区、菩萨顶脚下,是五台山规模最大、历史最悠久的一座寺院,它和洛阳的白马寺同为中国最早的寺庙。菩萨顶则是五台山最大最完整的一座喇嘛教寺院,也是中国西藏地区之外的重要的藏传佛教寺院。寺内有天王殿、释迦牟尼殿、菩萨殿,在东院过厅和后院,有两座汉白玉四棱柱碑,碑身四面分别刻有汉、蒙、满、藏4种文字所书的碑文,为清代康熙帝手书。

行走于五台山的山路,仿佛每一个台阶都能敲出几声梵音清咒。那遍布于山内的佛门之地,千百年来不断地用缭绕的佛香来消解世间的凡俗之气。山不在高,有佛则名,而这座清凉之山中的香烟古刹,将山与佛自然地合为一体。走进五台山,仿佛走进了一片心灵中的净土。

# 武夷山——秀甲东南

武夷山地处福建省西北部,是中国东南沿海的重要山脉,也是东南沿海地区重要的自然地理界线。武夷山西部是全球生物多样性保护的关键地区,分布着世界同纬度带现存最完整、最典型、面积最大的中亚热带原生性森林生态系统;东部山与水完美结合,人文与自然有机相融,以秀水、奇峰、幽谷、险壑等诸多美景、悠久的历史文化和众多的文物古迹而享有盛誉;中部是联系东西部并涵养九曲溪水源、保持良好生态环境的重要区域。

武夷山

武夷山有着丰富而完整的中亚热带原生性生态环境气候,植物树种和珍稀动物分布非常广泛,这里的植物树种在古热带植物区、大洋洲植物区和新热带植物区都有分布。以武夷山为中心,在武夷山、建阳、光泽三县(市)交界处,南北长 52 千米,东西宽 22 千米,方圆 570 平方千米,建有武夷山自然保护区。因为山势陡峭,群峰林立,既挡住了西北寒流的侵袭,又截留了海洋的温暖气流,因此这一地区常年雨量充沛,气候温湿,非常适宜动植物繁衍生息。

武夷山的形成经历了漫长的岁月。同喜马拉雅山脉一样,最初的时候,武夷山地区不过是一片海洋。在距今 4 亿年前,由于剧烈的板块运动,武夷山开始逐渐形成了内陆湖盆,开始造山运动。经过了 4 亿年沧海桑田的演变,才最终形成了如今的这座天下名山。

武夷山的秀色,山水相连,水山合一,浑然一体。在葱郁的群山之间,曲折萦回的九曲溪犹如一条美丽的纽带,将武夷山的山山水水联系了起来。九曲溪发源于武夷山自然保护区黄冈山南麓,全长 60 千米,流经景区 9500 米。"曲曲山回转,峰峰水抱流",正是九曲溪的动人写照。"不钓鱼与鳖,专钓王与侯",相传当年姜子牙就是隐身武夷之中,在九曲溪直钩垂钓以待文王,至今仍有太公脚印留在溪石之上。宋代理学大师朱熹也经常在九曲溪两岸信步游走,为九曲溪的秀丽神韵所深深吸引,因而提笔写就了流传千古的《九曲棹歌》。

武夷山的三十六峰之中,被称为"武夷第一峰"的天游峰位于九曲溪六曲北面。天游峰上的一览亭，濒临万丈悬崖，抬头可见青天，俯首则武夷山水尽收眼底，是一座绝好的观景台。倘若选在雨后初晴或者晨光微露的时候登临此处，便可见云海茫茫、气象万千，仿佛置身于天宫仙境一般，天游峰之名便是由此而来的。所以徐霞客才毫不犹豫地把天游峰评为三十六峰中的第一峰："其不临溪而能尽九溪之胜，此峰固应第一也。"天游峰峰顶有胡麻涧，涧水从峰头直泻而下，落差达到 100 米，如白练千寻，名为雪花泉，为山中的一大奇观。

天游峰附近乃是武夷山美景集萃之地，步步有景，山水相连。丹霞嶂东面有水帘洞，是武夷山最大的洞穴，高、宽各 100 多米。洞前有两道清泉，自峰顶奔泻而下，形如水帘，故而得名。如遇到有风吹过，水帘便会散为无数晶莹的水珠，随风飘洒，恍如天女散花，又如悬挂的两幅珠帘，迷离朦胧，另有一番别样的美。

武夷山之美，不仅仅在于山水之间。那九曲回环的碧溪之上，那相对而出的青山之中，无不蕴含着深厚的文化氛围。理学大师朱熹在此定居 50 年，著书 70 余部，创立了对后世影响深远的朱子理学的思想体系。婉约派大词人柳永，便出生于武夷山。而李商隐、辛弃疾、陆游等众多骚人墨客，都将自己的足迹留在了武夷山，也将自己的赞美献给了武夷山。品味武夷山，不单只是要鉴赏自然的景物，那流传于山水间的诗词歌赋，民俗人文，都是武夷山的魅力所在。

# 阿里山——造物之美

位于祖国宝岛台湾的阿里山，并非仅指一座山，而是由地跨南投、嘉义二县的大武峦山、尖山、祝山、塔山等 18 座大山组成。

阿里山为台湾三大林场之一，在翁郁俊美的大片森林中，以阿里山神木最负盛名。神木耸立在阿里山主峰的神木车站东侧，树高 52 米左右，树围约 23 米，需十几人才能合抱。阿里山云海为台湾八景之一。登上山顶平台，放眼远眺，白云从山谷涌起，迎风飘荡，瞬息万变，时而如汪洋一片，淹没千山万岭；时而如大地铺絮，足下一片白茫茫；时而如山谷堆雪，林海中若隐若现。观日出的地点则以祝山为最佳。祝山山巅建

阿里山

有观日楼，凌晨登临楼台，初见东方微露一抹红晕，淡若无有，却又似弥漫天空。而为世

界所称奇的阿里山森林铁路大都穿山越岭、沿着山壁或架空而筑,为世界现今仅存的三大高山铁路之一。沿途有82条隧道,最长的达1300米。铁路全长72千米,却由海拔30米上升到2450米,搭乘森林火车,沿途可见高大挺拔的桉树、椰子树、槟榔树等热带古木,四季常绿的樟、楠、槠、榉等亚热带阔叶树,茂密的红桧、扁柏和姬松等温带针叶树,乃至以冷杉为主的寒带林景观。

在阿里山林区,还有姐妹潭、孔雀溪、慈云寺、树灵塔、受镇宫及高山博物馆、高山植物园等名胜。去阿里山,寻觅造物之美,回归自然纯真,阿里山纷呈的美景正吸引着越来越多的人们去探访。

## 火焰山——西域奇观

火焰山脉位于吐鲁番盆地的北缘,古丝绸之路北道,山势呈东西走向。古书称火焰山为"赤石山",维吾尔语称"克孜勒塔格",意为"红山"。它由红色砂岩构成,东起鄯善县兰干流沙河,西止吐鲁番桃儿沟,长100千米,最宽处达川千米。火焰山海拔500米左右,素来以高热而闻名。这里童山秃岭,寸草不生。每当盛夏,红日当空,地气蒸腾,烟云缭绕,赤褐色的山体在烈日照射下,砂岩熠熠闪光,形如飞腾的火龙,十分壮观。火焰山之名便是由此而来。

吐鲁番盆地的气温之高众所周知,而火焰山则称得上是中国最热的地方。火焰山夏季最高气温高达47.8℃,地表最高温度高达70℃以上,沙窝里可烤熟鸡蛋。不过昼夜温差也很大,当地有民谚道:"早穿棉袄午穿纱,守着火炉吃西瓜。"由于地壳运动断裂与河水切割,山腹中留下许多沟谷,主要有桃儿沟、木头沟、吐峪沟、连木沁沟、苏伯沟等。而这些沟谷中却绿荫蔽日,风景秀丽,流水潺潺,瓜果飘香。

火焰山是天山东部博格达山坡前山带短小的褶皱,形成于喜马拉雅造山运动期间。火焰山的基本地貌格局形成于距今约1.41亿年前,经历了漫长的地质岁月,跨越了侏罗纪、白垩纪和第三纪几个地质年代。在火焰山的南麓,还有著名的高昌古城的遗址,维吾尔语称都护城,即"王城"之意,因为此城为高昌回鹘王国的都城,故名。它位于火焰山南麓的木头沟河三角洲,是古丝绸之路的必经之地和重要门户。高昌古城历史悠久,始建于公元前1世纪汉代,因其"地势高敞,人广昌盛"而得名。汉唐以来,高昌是连接中原、中亚、欧洲的枢纽。

火焰山有其独特的地貌与自然条件,而孙悟空三借芭蕉扇的传说故事也给这座奇山增添了浓郁的神话色彩。

## 鸣沙山——塞外一绝

位于甘肃省河西走廊西端的敦煌市是古代"丝绸之路"上的名城重镇,这里曾经创造了世界瞩目的"敦煌文化",为人类留下了众多的文化瑰宝。

敦煌不仅有举世闻名的文物宝库——莫高窟,还有"大漠孤烟、边塞墙障,古道驼铃,清泉绿洲"等多姿多彩的自然风貌和人文景观。其中鸣沙山月牙泉风景名胜区,就是敦煌诸多自然景观中的佼佼者,古往今来以"沙漠奇观"著称于世,被誉为"塞外风光之一绝"。

鸣沙山位于敦煌城南 5000 米处,因沙动成响而得名。山为流沙积成,沙分红、黄、绿、白、黑 5 色。汉代称沙角山,又名神沙山,晋代始称鸣沙山。其山东西绵亘 40 余千米,南北宽约 20 余千米,主峰海拔 1715 米,沙垄相衔,曲折回环。沙随足落,经宿复初,此种景观实属世界所罕见。对于月牙泉在沙丘中经百年烈风但并不被沙掩盖的不解之谜,有许多说法。有人认为,这一带可能是原党河河湾,是敦煌绿洲的一部分,由于沙丘移动,水道变化,遂成为单独的水体,而且因为地势低洼,渗流在地下的水不断向泉中补充,使之涓流不息,天旱不涸。这种解释似可看作是月牙泉没有消失的一个原因,但却无法说明因何飞沙未能淤塞月牙泉。

月牙泉处于鸣沙山环抱之中,因其形酷似一弯新月而得名。古称沙井,又名药泉,清代正名月牙泉。面积约 8800 平方米,平均水深 4.2 米。水质甘洌,澄清如镜。流沙与泉水之间仅数十米。但虽遇烈风而泉不被流沙所掩盖,地处戈壁而泉水不浊不涸。这种沙泉共生,泉沙共存的独特地貌,确为"天下奇观"。

鸣沙山和月牙泉是大漠戈壁中一对孪生姐妹,"山以灵而故鸣,水以神而益秀"。游人无论是从山顶鸟瞰,还是于泉边畅游,都会心驰神往,确有"鸣沙山怡性,月牙泉洗心"之感。

# 珠穆朗玛峰——擎天之柱

神秘而严酷的青藏高原,是世界上海拔最高的高原,素有世界屋脊之称。它位于中国西部及西南部,包括西藏自治区和青海省全部、四川省西部、新疆维吾尔自治区南部、甘肃省西南部及云南省西部,面积 240 万平方千米,平均海拔 4000~5000 米。在这片高原上,气势磅礴地汇聚了众多海拔超过 6000 米的高大山脉,这其中包括了海拔 8844.43 米的珠穆朗玛峰,她既是青藏高原上最高的山峰,也是世界第一高峰。

探险者与科学家们曾在珠峰上找到了古代海洋生物三叶虫的化石,在珠峰北侧地带找到了来自南半球的巨羊齿植物化石,而今天在珠峰北面的雅鲁藏布江沿岸还能看到不同时代、不同地层中的岩块挤压到一起的板块缝合带,这一切都揭示了一个令人难以置信却又不得不接受的事实:整个喜马拉雅山脉,连同它的主峰——珠穆朗玛峰,都是在印度板块推挤之下,从 2400 千米外遥远的南半球漂洋过海而来。在漂移的过程中,不断地受到欧亚板块反作用力的阻挡,日复一日地向上抬升,最终在距今 100 万年前左右的时候,达到了现在的高度。

仰望珠峰,除了圣山本身的魅力之外,飘浮于峰顶的旗云也是绚丽壮美,令人着迷。

这些云彩环绕着峰顶,仿佛飘扬的旗帜,故而被称为旗云或旗状云。珠穆朗玛峰的旗云,千姿百态、气象万千,令人难以捉摸。它们忽而如旗帜迎风招展,忽而如海浪汹涌澎湃,忽而如山峦起伏连绵,忽而如骏马奔腾驰骋。在旗云之中,圣山显得虚无缥缈,若隐若现,更加增添了神秘与圣洁的气息。珠穆朗玛峰北坡和西南坡海拔 7500 米以下为冰雪覆盖,海拔 7500 米以上由于高空风大,山坡陡峭,降雪不易堆积。因此,下垫面多为碎石表面。珠穆朗玛峰海拔高,太阳辐射强。每当日出后,受太阳直接照射,各地受热状况也不均匀。在碎石面附近,地面吸热快,表层气温高于同一高度自由大气的温度,形成沿山坡向上的气流;海拔 7500 米

珠穆朗玛峰

以下,冰雪表面受太阳加热升华,给上升气流输送水汽,为成云提供了有利条件。另外,在冰雪面上,反射掉的热量较多,地表气温要比自由大气的温度低些。冷空气下沉,热空气上升,就产生两个方向不同的局部环流,使峰顶附近常有对流性积云形成,所以白天常能观测到形如旗帜的云挂在峰顶。

随着高空风上升气流和天气系统的不同,旗云的形态也不断变幻。

珠峰巍峨宏大,在它周围 20 千米的范围内,群峰林立,层峦叠嶂。仅海拔 7000 米以上的高峰就有 40 多座,较著名的有南面 3000 米处的"洛子峰"(海拔 8516 米,世界第四高峰)和海拔 7589 米的卓穷峰,东南面是马卡鲁峰(海拔 8463 米,世界第五高峰),北面 3000 米是海拔 7543 米的章子峰,西面是努子峰(海拔 7855 米)和普莫里峰(海拔 7145 米)。在这些巨峰的外围,还有一些世界一流的高峰遥遥相望:东南方向有世界第三高峰干城章嘉峰(海拔 8585 米);西面有格重康峰(海拔 7998 米)、卓奥友峰(海拔 8201 米)和希夏邦马峰(海拔 8012 米)。形成了群峰来朝,峰头汹涌的波澜壮阔的场面。

珠穆朗玛峰地处高寒之地,自然条件极其严苛:低温、缺氧、陡峭的山势、步步陷阱的明暗冰裂隙、险象环生的冰崩雪崩区、变幻莫测的恶劣气候。人们之所以将她称之为圣山或者神女,恐怕也有一部分原因是由于她的凛然不可侵犯。但是那弥漫的云雾与不可捉摸的暴风雪,便足以令人望而却步。不过人类的天性总是追求挑战、渴望征服。千百年来,向着世界最高峰发起冲击的人不在少数,然而,直到 1953 年,才由英国人埃德蒙希拉里创下首登珠峰神顶的纪录。1960 年,中国登山队则首次从北侧中国境内登上了这座世界最高峰。而在失败者的故事中,甚至有许多人将自己的身体与灵魂永远留在了雪山之上。或许,对于凡俗的世人而言,屹立于云霄之中的圣山实在是一个无法阻挡的巨大诱惑,甚至值得用自己的生命来换取与她亲近的荣耀。

# 贡嘎山——蜀山之王

"蜀道之难难于上青天……尔来四万八千岁,不与秦塞通人烟"。李白诗中只顾感慨

蜀境高山的险恶峭拔,却忘记了赞颂"蜀山之王"——贡嘎山的奇丽与庄重。

贡嘎山区是现代冰川较完整的地区,以罕见的冰川奇观闻名于世。这片地区共有现代冰川71条,最著名的5条冰川分别为海螺沟一号冰川、贡巴冰川、巴旺冰川、燕子沟冰川、靡子沟冰川。海螺沟是5条原始冰川中最奇秀的成员,素有"海螺天下奇"之说。它是亚洲海拔最低的冰川,最低点为海拔2850米。这条冰川蜿蜒深入原始森林6千米,形成了冰川与森林共存的奇观。

贡嘎山

作为离城市最近的一条现代冰川,海螺沟内的自然风光非但没有受到人为的影响,反而充满了原始与野性的气息。由于冰川运动,这里形成了冰川弧、冰川断层和冰塔、冰桥、冰川石蘑菇、冰城门等许多奇异的造型,或优雅,或怪异,或雄壮,气势磅礴,如同鬼斧神工雕琢而成。沟内有条凌空垂挂的"大冰瀑布",落差1080米,宽1100米,比贵州黄果树瀑布大上10倍,由无数巨大的冰块组成。这条巨型冰瀑横亘天空,好似奔腾咆哮的河水在一刹那间被神力冻结,雄伟壮观,气势恢弘,令人望而生畏,堪称举世无双的奇迹。而当冰崩时,冰体间的撞击与摩擦会产生放电现象,蓝光闪烁,山谷轰鸣,令人觉得似乎进入了一个梦幻般的冰雪神话世界。

温泉也是这片地区的特色之一。在这一片冰天雪地的世界内,竟然有数十处温泉常年蒸气氤氲,温泉水温40℃~80℃,有的达到90℃以上。其中二营地温泉流量一昼夜达8900余吨,水温高达90℃,在出水口处甚至可以煮熟鸡蛋和马铃薯,是世界上少有的温泉。进入海螺沟后,在冰川上一边享受沐浴温泉的舒坦,一边欣赏雪峰的冷峭,实在是种难得的经历。

贡嘎山的一大奇特之处在于它的生态和气候呈现出极其显著的垂直变化:从南坡大渡河河谷至主峰顶水平距离29千米,而相对高度差却达到了6556米,因此产生了"山顶白雪皑皑,山腰秋木稀疏,山脚鲜花烂漫"的独特景观。在贡嘎山的山脚下,气候温和,植被茂盛;山腰中红叶纷飞,胜于香山;而到了山顶,却是一片银装素裹的严酷景象。各个植物带之间层次如此鲜明,甚至于爬上山峰就能一路感受四季变化,是世界上罕见的生态奇观。而在海螺沟中甚至同时具有亚热带到高山寒漠带的完整植物带谱,内有植物4800多种,动物400余种,其中还保存着许多第四纪时期的动植物,可以说是生物史上的活化石区。

多年以来,贡嘎山与海螺沟隐居在高原之上,覆盖着神秘面纱,不为世人所熟知。随着近年来的不断开发,贡嘎山附近已成为目前中国环境容量最大的风景区,总面积10000余平方千米,海螺沟、燕子沟、木格措、塔公、五须海、贡嘎西南坡等景区都被包含在内。风景区内还点缀着十余个高原湖泊,如明珠般散落在冰川林海之中。雪山脚下,冰川之畔,森林环抱,蓝天白云,加上清澈透明的高原湖水,形成了原始、秀丽的自然风貌,既展现了地理史上的奇观,也造就了蜀境的香格里拉乐园。

# 博格达峰——新疆灵山

博格达峰,海拔5445米,位于东经88.3°,北纬43.8°,坐落在新疆阜康市境内,是天山山脉东段的著名高峰。

"博格达"一词出自蒙语,是"神灵"的意思。博格达峰因此被称为"灵山""祖峰"。虽然它并非天山诸多高峰之最,但却由于它的神奇与险峻,成为新疆各族人民心中最有神性的山峰,成为新疆的象征。

博格达峰海拔高度虽然并不惊人,但登山难度绝非寻常。在主峰的东西,分别排列着7座5000米以上的高峰。博格达峰山体陡峭,西坡与南坡坡度达70—80度,只有东北坡坡度稍缓,因此,该峰虽然在1980年以前就有英

博格达峰

国和苏联登山队前来攀登,但直到1981年6月9日,才由日本京都队11人开创登顶纪录。博格达峰是由3个峰尖紧依并立而成,终年冰雪皑皑,世称"雪海"。

山峰顶部基岩裸露,岩石壁立;中部则为冰雪覆盖,常年不化;峰顶以下则为冰川陡谷,地势险要。它主要有4条山脊:东北山脊、西南山脊、北山脊、东南山脊。由于数座山峰间距离较短,山体集中,登山周期不长,非常适宜小型登山队伍连续攀登。山脚下是著名风景游览胜地"天池",湖水清澈,绿如碧玉,倒映着参天云杉相银色的雪峰,可将登山旅游融为一体,所以受登山爱好者和旅游者的青睐。

从博格达峰北坡的峡谷攀缘而上,既能看到山清水秀的牧场,也可以探寻雪厚冰坚的世界。

博格达峰的冰川积雪,终年闪耀着白白的亮亮的光芒,与山谷中的天池绿水交相辉映,造就出风光独特的避暑胜地。

博格达山千峰竞秀,万壑流芳,景色迷人。这里有遮天蔽日的原始森林和风光如画的山甸草原。雪线附近有雪豹出没,雪鸡栖居。密林深处不时传来马鹿的呦鸣,隐现着狍鹿、棕熊、猞猁和岩羊的身影。草地上山花烂漫,五彩缤纷,其间野生的中草药材如贝母、党参、紫草、黄芪和柴胡等等,一丛一簇,药气袭人。博格达山蕴藏着丰富的煤炭、菱铁和云母等数十种矿物。群山之巅发育着现代冰川,每到盛夏季节,冰雪融水滔滔而下,汇成30多条较大的河流,浇灌山麓的绿洲沃野。

# 梅里雪山——云南第一山

　　梅里雪山属横断山脉，位于云南迪庆藏族自治州德钦县和西藏的察隅县交界处，距昆明849千米。梅里雪山属于怒山山脉中段，处于世界闻名的金沙江、澜沧江、怒江"三江并流"地区，它逶迤北来，连绵十三峰，座座晶莹，峰峰壮丽。

梅里雪山

　　在这一地区有强烈的上升气流与南下的大陆冷空气相遇，变化成浓雾和大雪，并由此形成世界上罕见的低纬度、高海拔、季风海洋性现代冰川。雨季时，冰川向山下延伸，冰舌直探海拔2600米的森林地带；旱季时，冰川消融强烈，又回缩至海拔4000米以上的山腰。由于降水量大、温度高，使得梅里冰川的运动速度远远超过一般海洋性冰川。剧烈的冰川运动，更加剧了对山体的切割，造就了令所有登山家闻之色变的悬冰川、暗冰缝、冰崩和雪崩。

　　由于垂直气候明显，梅里雪山气候变幻无常，雪雨阴晴全在瞬息之间。梅里雪山既有高原的壮丽，又有江南的秀美。蓝天之下，洁白雄壮的雪山和湛蓝柔美的湖泊，莽莽苍苍的林海和广袤无垠的草原，无论在感觉上和色彩上，都给人带来强烈的冲击。

　　这里植被茂密，物种丰富。在植被区划上，属于青藏高原高寒植被类型，在有限的区域内，呈现出多个由热带向北寒带过渡的植物分布带谱。海拔2000米到4000米左右，主要是由各种云杉林构成的森林，森林的旁边，有着绵延的高原草甸。夏季的草甸上，无数叫不出名的野花和满山的杜鹃、格桑花争奇斗妍，竞相怒放，犹如一块被打翻了的调色板，在由森林、草原构成的巨大绿色地毯上，留下大片的姹紫嫣红。

　　梅里雪山北与西藏阿冬格尼山、南与碧罗雪山相连接，海拔6000米以上的山峰有13座，称为"太子十三峰"。十三峰中最高的卡瓦格博峰，为云南第一高峰。海拔为6740米，它是藏传佛教的朝觐圣地，传说为宁玛派分支伽居巴的保护神，位居藏区八大神山之首，故在当地有"巴何洛登地"的尊号。它是康巴藏民顶礼膜拜的"神山"。20世纪30年代探游过世界不少名山大川的美国学者洛克博称卡瓦格博峰是"世界上最美之山"。每年秋末冬初，西藏、四川、青海、甘肃的一批批香客，千里迢迢赶来朝拜这座心灵中的自然丰碑。他们围着神山绕匝礼拜，少则7天，多则半月，这在当地被称为"转经"。若逢藏历羊年，转经者更是增至百十倍，匍匐登山的场面，令人叹为观止。

　　卡瓦格博峰下，冰斗、冰川连绵。其中"明永恰"和"斯恰"如两条银鳞玉甲的长龙，从海拔5500米往下绵延至2700米的森林地带，离澜沧江面仅800多米，这是世界上稀有的低纬度、高海拔、季风海洋性的现代冰川。

卡瓦格博峰南侧，有瀑布自千米悬崖倾泻而下，称"雨崩神瀑"。每年夏季冰雪消融，一股股水流沿崖壁飞泻，像千万匹白练飘然而下，飘飘洒洒，十分壮观。若逢阳光返照，云雾蒸腾，便有彩虹出现，美如天上仙境。

卡瓦格博峰迄今为止仍然是无人登顶的处女峰。早在1902年，英国派出一支登山探险队首次向神女峰发起冲击，结果以失败告终。后来，美国、日本、中日联合等4支登山队，接连4次大规模向神山冲击，均未成功。1991年1月，17名中日登山健儿在卡瓦格博峰下不幸遇难。消息传来，震惊世界，被列为当年中国十大体育新闻之一。

太子十三峰犹如一群倚天而立的斗士，孤傲中透出冷峻。它们以强悍有力的臂膀，不分昼夜坚实地捍卫着它们曾赐予魂魄的每一个生命体。

# 大江大河

## 长江源头考察记

俗话说,河有头,江有源,长江这条举世闻名的大川,源头究竟在哪里?

清朝康熙后期,为了编制精确的全国地图,曾多次派人探测青藏地区,包括江源在内。因此,在朝廷内府地图《皇舆全览图》上,明确标示金沙江上源为"木鲁乌苏河"不过,使臣在 1720 年到达江源地区时,面对密如鱼网的众多河流:不知所以,只有望洋兴叹,他在奏章里写道:"江源如帚,分散甚阔",就是说那里的河流多得就像扫帚一样,千头万绪,百支千条,不知长江的源头究竟在哪里,可见,对江源地区河流的认识还是模糊的,在中国近代史上,西方列强在大肆侵华的同时,也觊觎长江这块宝地,不同国籍的所谓探险

长江的源头——唐古拉山主峰各拉丹东雪山

家们,曾经多次踏上青藏高原。沙皇俄国军官普尔热瓦尔斯基,在 1867~1885 年的 18 年间,曾 5 次率领武装"探险队"窜入我国新疆、青藏地区活动,其中两次到达通天河上游。1889 年和 1908 年,沙俄又派科兹洛夫率人两次经过柴达木盆地,翻越巴颜喀拉山,来到通天河北岸。1892 年,美国人洛克希尔更深入到现在青藏公路西侧的尕尔曲。他们虽然都已到达了江源地区,但都未能到达长江源头。

晚清及民国年间,涉及江源水系的著作虽然很多,但其详尽程度没有超出《水道提纲》的。1946 年初出版的《中国地理概论》是一本有代表性的著作,书中写道:"长江亦名扬子江,源出青海巴颜喀拉山南麓……全长 5800 千米,为我国第一巨川。上游于青海境

内有南、北两源,南源曰木鲁乌苏,北源曰楚玛尔。"既然黄河发源于巴颜喀拉山北麓,而长江又源出该山之南,于是便有"江河同源于一山""长江和黄河是姐妹河"之说。当时,中小学地理教科书都是这么写的,并且介绍5800千米长的长江为世界第四大河,因而谬传甚广,影响极深,以至于直到新中国成立以后。这种观念仍然盛行于世。

1976年夏和1978年夏,长江流域规划办公室曾两次组织江源调查队,深入江源地区,进行了详尽的考察,结果证实:长江上源伸入青藏高原的唐古拉山和昆仑山之间,这里有大大小小十几条河流,其中较大的有3条,即楚玛尔河、沱沱河和当曲,这3条河中,楚玛尔河水量不大,冬季常常干涸,不能成为长江正源;要论流域面积和水量,都以当曲为最大;但根据"河源唯远"的原则,确定以水量比当曲小五六倍而长度比当曲还要长18千米的沱沱河为长江正源。

沱沱河的最上源,有东、西二支,东支发源于唐古拉山主峰各拉丹冬雪山(海拔6621米)的西南侧,西支源于尕恰迪如岗雪山(海拔6513米)的西侧,东支较西支略长,故长江的最初源头应是东支。东支的上段是一条很大的冰川(姜根迪如冰川),冰川融水形成的涓涓细流,便是万里长江的开始。

新华社于1978年1月13日公布了这一江源考察的新成果:"长江究竟有多长?源头在哪里?经长江流域规划办公室组织查勘的结果表明:长江的源头不在巴颜喀拉山南麓,而是在唐古拉山主峰各拉丹冬雪山西南侧的沱沱河;长江全长不止5800千米,而是6300千米,比美国的密西西比河还要长,仅次于南美洲的亚马逊河和非洲的尼罗河。"第二天,美联社从日本东京发了一则电讯:"长江取代了密西西比河,成了世界第三长的河流。"

直到那个时候,才揭开了"万里长江的真正源头在哪里"这个千古之谜,纠正了历史上长期以来对江源情况的错误记述。

# 万里长江第一弯

金沙江是长江的上游,它和怒江、澜沧江等大河在青藏高原的东北部发源,然后几乎彼此平行地一齐向南流淌,在青藏高原的东侧切成几列深邃的平行河谷。而在河谷与河谷之间,就是一条条大致平行的高山,这就是我国有名的横断山脉。在这3条河流中,金沙江最靠东边。起初,金沙江也是由北向南流的,可是当流到云南省境内的石鼓村北时,江流突然折转向东,而后又转而向北,在只有几千米路的距离内,差不多来了一个180度的大拐弯。金沙江流过石鼓村以后,坡度骤然加大,江水在只有几十

**万里长江第一弯**

米宽的深谷中呼啸奔腾。江两岸,一边是玉龙雪山,一边是哈巴雪山,从江底到峰顶高差3000多米,形成世界上最壮丽的峡谷,这段峡谷就是大名鼎鼎的"虎跳峡"。

千百年来,万里长江第一弯曾使许多到过这里的旅行者迷惑不解。就是世世代代居住在江边的居民们也弄不清这到底是怎样形成的。世界上所有的河流都是弯弯曲曲的。河流弯曲的原因主要是由于河水对两岸的侵蚀不同造成的,因此河流总是在地球大地上划出一条条十分平滑和缓的曲线。但是,也有一些特殊的情况。有的河流在它的流程中,可能会产生十分突然的拐弯,金沙江上的大拐弯就是其中最典型的例子,因此有"万里长江第一弯"之称。

科学工作者通过对金沙江的河流形态进行深入研究,提出了下面的推断:从前金沙江并没有今天的大拐弯,而是和怒江、澜沧江等一起并肩南流。就在金沙江与它的伙伴们一起南流的时候,在它东面不远的地方,还有一条河流由西向东不停地流淌着,我们不妨叫它"古长江"。急湍的古长江水不断地侵蚀着脚下的岩石,也不断地向西伸展着。时间一长,终于有那么一天,古长江与古金沙江相遇了。它们相遇的地点就在石鼓村附近。

想想看,两条大河相遇会发生什么情况呢?俗话说:"人往高处走,水往低处流。"古长江地势比起古金沙江要低得多,滔滔的金沙江水受到古长江谷地的吸引,自然掉头向东。于是,金沙江就成了长江的一部分。这种现象,在地貌学上有一个名词,叫"河流袭夺"。河流袭夺这个词起得非常生动。一条本来流得好好的河流,竟然被另一条毫不相干的河拦腰斩断,把它掠夺到自己的怀抱里。

河流袭夺说还有一个有力的证据,那就是在今天的金沙江石鼓大拐弯的南方,也就是人们认为的当年金沙江流过的地方,还真的有一条小小河流——漾濞江。漾濞江的源头与石鼓的距离也不很远,那里还有一条宽阔的低地。这里虽然没有河流,可是仍然是一种河谷的形态。袭夺说的支持者们认为,古金沙江被古长江袭夺以后,江水虽然被古长江袭夺而去,但是,当年的河谷还在,并且在古金沙江的下方,仍然残存着一条小河——漾濞江,那也是古金沙江的遗迹。

也有人不同意这种看法。他们认为,这里根本就没有发生过古长江与金沙江相互连通的河流袭夺事件,今天的金沙江所以会发生这样奇怪的拐弯,只不过与当地地壳断裂有关。他们发现,在石鼓下的虎跳峡是沿着一条很大的断层发育起来的。金沙江在它流淌的过程中,碰巧遇到这条断层,河流不得不来了一个大拐弯。

可是,金沙江的大拐弯是发生在几十万年以前甚至更早的地质现象,谁也没有亲眼看见过长江是怎样把金沙江袭夺而去的。另外,年代又距离我们那么遥远,不管袭夺也好,还是沿着一条断裂带流淌也好,当时留下来的遗迹,已经被无情的风雨侵蚀得面目全非了。所以,这两种意见争论了许多年,直到今天仍然没有取得一致看法。

# 三江并流的奇观

在"彩云之南"的云南省西北部,存在着一个令人叹为观止的自然现象:三条大江与山脉互相夹持,平行地奔流了400千米,相隔最近的地方直线距离只有66千米,这就是美丽而神奇的三江并流。

三江并流指的是位于云南省西北部的丽江地区、迪庆藏族自治州、怒江傈僳族自治州的三条大江（怒江、澜沧江、金沙江）并行而流的独特地理现象。三江同发源于青藏高原，并肩在云南西北部的崇山峻岭中奔流。三江并行流经云南境内约170余千米，整个区域面积达4万平方千米。由于三江并流地区特殊的地质构造，欧亚大陆最集中的生物多样性、丰富的人文资源、

三江并流的奇观

美丽神奇的自然景观使该地区成为一处独特的世界奇观。三江并流地区是世界生物多样性最丰富的地区之一，云集了南亚热带、中亚热带、北亚热带、暖温带、温带、寒温带和寒带等多种气候类型和植物群落类型，是北半球生物景观的缩影，名列17个中国生物多样性保护"关键地区"的第一位，也是世界级物种基因库和中国三大生态物种中心之一。

三江并流的形成，几乎可以说是一部地球演化的历史教科书。在发生于大约4000万年前的喜马拉雅造山运动中，印度板块与欧亚板块的碰撞造成青藏高原的隆起，构成了在150千米内相间排列的担当力卡山、独龙江、高黎贡山、怒江、澜沧江、云岭、金沙江等巨大山脉和大江形成的横断山脉的主体。"三江并流"就是这次远古地球陆地漂移碰撞的产物。"三江并流"地处横断山脉，是欧亚大陆生物南北交错、东西会合的通道。第四纪冰期曾给欧亚大陆的生物带来灭顶之灾，但"三江并流"地区独特的地形却为生物的存活提供了庇护，并成了这些孑遗生物的主要避难所。在三江并流地区生存着包括孑遗植物领春木、水青树、秃杉、桫椤、长苞冷杉、光叶珙桐、独叶草、红豆杉、云南榧树等在内的34种国家级保护植物，而小熊猫、针尾鼹、林跳鼠等原始孑遗动物也得以躲过冰期，在此处繁衍生息。这里是与大熊猫齐名的国宝滇金丝猴的故乡，还有珍稀濒危动物羚牛、雪豹、黑仰鼻猴、戴帽叶猴、孟加拉虎、藏马鸡、黑颈鹤等栖息。

丰富多彩的人文资源、美丽神奇的自然景观、参差多态的生物资源使三江地区成为全世界独一无二的壮丽奇观。4000万年前沧海桑田的变迁，造就了今日三江并流的宏伟与神奇。雄奇、险峻、幽深、秀丽、神秘……这片造物主精心缔造的净土，带给人梦境般的独特感受，仿佛是千万年苍茫岁月留给后人的无声诉说。

# 黄河源头

"君不见黄河之水天上来，奔流到海不复回。"这是唐代诗人李白留下的著名诗句。它形象地描绘了黄河雄伟的风姿，磅礴的气势和一往无前的精神。横贯中华大地的黄

河,是我们中华民族的摇篮,也是世界古代文化发祥地之一。黄河中游流经广大的黄土高原地区,支流挟带大量泥沙汇入,使河水呈黄色,故名黄河。

黄河源

黄河源地究竟在哪里？在5000多年的历史长河中,我国人民曾对黄河的发源地进行了多次探索。然而,限于当时的科学水平和各方面的条件,一般都只到达星宿海一带。历史文献中记载有星宿海"小泉亿万,不可胜数,如天上的星"。星宿海,藏语叫"错岔",意为花海子,即大片沼泽及许多小湖组成的低洼滩地。这里密密的短草成堆形块状,散布水中,枯叶烂根年年积累,形如表面松软的沮洳地带,行经其上,极易下陷。"星宿海"并不是真正的黄河源。新中国成立后,政府曾多次派出河源查勘队,历经千辛万苦,寻找河源。

青海南部高原有"江河源"之称,水系错综,河流纵横。长江和黄河仅巴颜喀拉山一脉之隔,直线距离200余米。究竟黄河河源在哪里？学术界一直争论不休。50年代初期,认为黄河源出约古宗列曲。目前主要有两种看法：一种认为黄河多源,其源头分别是扎曲、卡日曲和约古宗列曲；另一种意见认为,卡日曲全长201.9千米,是上述3条河流中最长的,应定为正源。

黄河的河源地区没有龙门激浪洪波喷流的气势,没有壶口飞瀑巨灵咆哮的声威,只有潺潺细流蜿蜒逶迤,穿越坡地、草滩和沼泽,绕行于巴颜喀拉山的群峰之间,河水散乱,难以辨认主河道。黄河的藏语名称叫"玛曲",即孔雀河之意。当地人民根据黄河河源周围有众多小湖的地理景观,命以孔雀河的美名,的确恰如其分。每当登高远眺,数不清的大小湖泊宛如繁星落地,恰似孔雀开屏时尾羽上彩斑点点的样子。

黄河上游最著名的还要算龙羊峡。在这里,黄河劈开近百里长的峡谷,两岸壁立千仞,悬崖耸立高达700米。河谷深窄,水面宽仅四五十米,峡谷内天然水面落差225米。龙羊峡水电站是黄河上游水力发电梯级电站的龙头。高原峡谷人烟稀少,在这里建电站淹没损失小,工程量小。而且,黄河愈往上游,水土流失愈轻微,河水泥沙含量小,不会出现由于泥沙严重淤积不能蓄水的问题。

# 黄河泥沙的由来

黄河是世界上含沙量最多的河流,据多年观察测得的平均值,进入下游河道的年输沙量为16亿吨左右,也就是说,每年要有16亿吨泥沙流入黄河下游。这样多的泥沙,要想把它全部冲入大海,需要有丰沛的水流,可是与泥沙相比,黄河的水量却并不充裕,它的年径流量仅有468亿立方米,照这样下去,黄河有"河清海晏"的希望吗？

黄河中游的水土流失现象由来已久,在遥远的地质历史时期,强烈的土壤侵蚀,就已经把黄土高原切割成了千沟万壑,而冲积到下游地区的泥沙,则堆积形成了华北平原。这完全是自然的造化,其间的功过也无从评说。进入人类历史时期以后,黄土高原的土壤侵蚀有增无减,从而,黄河中下游干流的泥沙也就从史前时期起一直居高不下。历史文献中的记载表明,黄河自古就是一条充满泥沙的混浊河流,"黄河"这一名称就得自它水中饱含黄土泥沙,致使水色浑黄,因此说,黄河的名称本身就带着黄土地的烙印。

西周时有一句谚语叫"俟河之清,人寿几何"?意思是说,人要活到不知多高的年龄,才能等到"河水"(即今黄河)清澈的现象出现,用来比喻可望而不可即的事情。显然,当时黄河水已相当混浊,水色澄清已是人们的一种极难实现的愿望。

龙羊峡以上河段,为黄河的源头段,河网密度小,地表侵蚀轻微,水流清澈,含沙量很小。到兰州附近后进入黄土区域,这才开始打上黄土地的烙印,含沙量明显增加,逐渐呈现出浑黄的水色。随着含沙量较大的大夏河和洮河等支流的汇入,黄河的年平均含沙量增至每立方米3千克,年输沙量1亿吨。

兰州以下,除祖厉河外,其余支流泥沙含量均不太高,银川平原和河套平原的灌溉水渠又分流出一部分泥沙,所以在进入中游河段时,含沙量的增加有限,平均含沙量每立方米6千克,年输沙量不到2亿吨。

黄河下游的泥沙主要来自中游地区。黄河中游流经侵蚀强烈的晋、陕黄土高原地区,黄土结构疏松,本来就极易流失,黄河中游的干支流河网又比较稠密,所以水土流失情况严重。在河口镇到陕西潼关的黄河转折处这一段干流上,集中汇入了许多泥沙含量很高的支流,于是黄河干流中的含沙量和输沙量都迅速增大。

山西、陕西两省之间的黄河中游河段,大多穿行于峡谷之中,到山西河津市附近的禹门口始豁然开朗,河水的流势也由急变缓。由于水文状况变化显著,很早人们就把这里称之为龙门。在龙门以上河段,汇有红河、皇甫川、窟野河、三川河、无定河、清涧河、延河等支流,这些河流流经黄土高原上水土流失最为严重的地区,使黄河干流的泥沙含量急剧增加。

黄河的泥沙主要来自河口镇到潼关之间的中游河段,从多年平均情况来看,这一地段内有许多支流的泥沙含量要大大高于干流。例如黄河的二级支流泾河(渭河支流),年水流量约15亿立方米,年输沙量却高达2.6亿吨;无定河的情况与泾河相差不多;窟野河年水量不到泾河的一半,年输沙量也接近泾河的一半,含沙量仍与泾河不相上下;延河年水量不过2.3亿立方米,可是年输沙量却高达6000万吨;祖厉河年水量更小,只有1.6亿立方米,可是年输沙量却比延河更高,达8000多万吨,等等。这些支流的含沙量都在每立方米100千克以上,有的支流的含沙量超过干流10倍以上,而且这里所讲的都是平均状况,若以某一时段的具体数值而论,那么,当夏秋之际洪水到来时,含沙量时常会出现每立方米600千克以上的峰值。

黄河过去没有清过,在可以预见到的将来,如果没有大范围、大幅度的全球性气候变化,它也不可能清澈,因为黄河的泥沙主要来自黄土高原,而黄土高原的土壤侵蚀远在人类出现之前就已经相当严重,这一自然侵蚀过程目前还远远看不到结束,所以黄河水清依旧遥遥无期,所谓"河清海晏"仍然还只是人们的一种良好愿望。

# 长江洪水的起因

长江流域内洪水发生的时间,一般下游早于上游,江南早于江北。干流大洪水多集中在 7 月份、8 月份,一般年份干支流洪水发生时间先后不一,洪峰相互错开,不致造成很大洪水。长江中下游干流的大洪水具有峰高、量大、历时长的特点,而上游的洪水则涨势较猛,历时相对较短。

长江洪水主要来自上游川江的四大支流岷江、沱江、嘉陵江和乌江。四川屏山至湖北宜昌区间承纳川江各支流和干流金沙江的来水,其年径流量占宜昌的 68%,汛期所占的比重更大。长江历史上许多洪水的形成多与川江洪水有关,川江几条大支流由于处于暴雨集中地区,猛涨的洪水常造成长江中下游洪水灾害。每当川江支流洪水与金沙江洪水相遇,或前者洪峰特大,后者底水偏丰,宜昌河段就会出现特大洪峰,给长江中下游带来严重威胁。

长江

长江流域的洪水主要是由暴雨形成的。长江流域暴雨区较多,特大禹治水像。大的有 5 个。第一大暴雨区是赣北、皖南、鄂南暴雨区。该区以江西省环玉山为中心,向东扩展到安徽省贫山一带,向西扩展到赣鄂交界的幕阜山地。其中有两个暴雨中心区:一个位于黄山;多年平均暴雨日数达到 8.9 天,1973 年出现过 17 天暴雨;另一个位于幕阜山地。第二大暴雨区是川西暴雨区,在四川盆地向川西高原的过渡地带,从雅安、峨眉到涪江上游的北川、安县一带。也有两个暴雨中心区:一个是峨眉山到雅安一带;另一个是北川、安县一带。第三大暴雨区是湘西、鄂西南暴雨区。该区位于长江支流清江流域到洞庭湖水系澧水中上游一带。第四大暴雨区是大巴山暴雨区,在大巴山南坡四川万源至巫溪一带。第五大暴雨区是大别山暴雨区,在大别山的西南坡。在天气反常的情况下,上游雨季提前,中、下游雨季延后,干支流洪水遭遇,易发生范围很大的暴雨,如 1931、1945、1949年洪水。若局部地区发生强度很大的暴雨,也会形成地区性大洪水,如 1935 年汉江、清江洪水,1981 年四川盆地洪水,及历史上的 1860、1870 年特大洪水。这两类洪水均可造成巨大灾害。

# 长江会不会变成黄河第二

黄河上游及中游的水土流失是众所周知的,黄河每年的输沙量达 16 亿吨,大量泥沙在下游沉积,每年使河床升高 23 厘米,现在河道已高出地面 3~10 米。历史上黄河已先后决口 1593 次,重要改道 46 次。黄河上游早在四五千年以前曾是"林木葱郁"的地带,因后来烧山毁林，造成现在的赤地千里，秃岭连绵，林木很少，水土流失严重，使黄河成为"害河"。

流经青、川、藏、鄂、湘、赣、苏、皖等十余省区的长江如何呢？有人担心长江有变成黄河的危险，这不是没有根据的。长江中上游的水土流失现状令人担忧。长江流域水土流失面积56万平方千米，占流域面积的31%，年侵蚀土壤达22.4亿吨，每年流入河口的泥沙达5亿立方米。由于水土流失，使河流泥沙量增加，河床抬高，削弱了泄洪能力。湖北荆江河段，河床已高出地面8米左右。长江中下游湖泊面积20世纪50年代约有2.2万平方千米，80年代已缩小到1.2万平方千米，平均每年被泥沙淤积333平方千米。

造成长江流域水土流失严重，生态环境恶化的主要原因是人们在开发利用自然资源时，违反了自然规律，使覆盖地面的森林植被严重破坏，加剧了水土流失。以四川省为例，50年代初期森林覆盖率达20%，现下降到9%，而川中丘陵水土流失严重的地区森林覆盖率只有3%。乱砍滥伐造成森林大面积消失，使长江流域内生态恶化，水、旱、泥石流灾害愈演愈烈。另一方面，长江中上游10度以上坡耕地有1.2亿亩，毁林开荒面积不断扩大，这些耕地长年耕作，土质疏松，也造成了流域内的大面积水土流失。

长江中上游的森林破坏而引起的水土流失问题已引起了有识之士的关注。如果再继续乱砍滥伐，长江的泥沙含量就会继续增加，长江有变成第二条黄河的危险。我们再也不能使长江变成第二条黄河，必须采取措施保护长江中上游地区的森林植被，并营造水源林和各种防护林，保持良好的生态环境，努力治理好长江中上游的水土流失，使长江变成一条清澈的河流。

# 黄河凌汛的成因

黄河浩浩荡荡流在北方大地上，在中游宁夏、内蒙古境内和下游山东境内，黄河干流流向为由西南向东北。这两段是黄河凌汛最为集中的地段。

凌汛是发生在冬季河水开始封冻和春季河水开始解冻时，因冰坝阻塞水流引起水位上涨甚至带来洪灾的一种河流特有的水文现象。

纬度差异是引起凌汛的主要原因。黄河从兰州到河套，南北纬差达4°37′，冬季月平均温度相差5℃以上，北部比南部结冰封冻的时间长，冬季封冻早，春季解冻晚。山东境内黄河南北纬度差为3°20′，封冻期南北也不一样长，间隔也比较长。秋末冬初，北部河水首先封冻，南来的未结冰的水流受阻排泄不畅，于是抬高水位，引起凌汛。冬末春初，南部的河水先解冻，而北部河面依然冰层很厚，上游大量的水流夹带冰凌一齐下泄，不仅无法破坏下游的冰层，甚至浮冰还会增进冰层的加厚，极易形成冰坝或冰桥，阻塞水流，抬高水位，发生凌汛。如果凌汛与黄河春季的洪汛结合起来，将会产生更大的危害。

当然，凌汛的发生也有赖于其他一些原因，如内蒙古境内黄河河道宽浅、平缓，浅滩、河湾众多，山东境内河道上宽下窄，都不利于水流下泄，极易阻塞流冰，造成凌汛的危险。

为了更有效地防止黄河凌汛的发生，在上游和中游兴建了许多大型的水利枢纽工程,同时加强了凌汛的监测工作,防止凌汛泛滥成灾。

# "地上悬河"形成的原因

大家都知道,世界上所有河流中都含有一定数量的泥沙,而对于一条河流的某一具体河段来说,泥沙是否会在河床中淤积下来,则取决于泥沙数量与河流挟带泥沙能力的对比关系:当后者胜过前者时,河床中就会出现冲刷现象,不仅不会淤积,还要把自身的泥沙冲向下游河段;当二者基本相当时,就会出现一种准平衡状态,世界上许多冲积性河流,经过长期的冲淤调节过程,都已进入了这一状态,河道相对比较稳定;而当前者胜过后者时,就要发生泥沙淤积现象,泥沙淤积到一定程度之后,不可避免地要引起决堤泛滥,黄河下游河床就一直处于这样一种状态。

科学家们通过研究发现了黄河下游多年平均含沙量与淤积量的关系:黄河下游多年冲淤达到平衡时所需要的含沙量为每立方米 16 千克。这样,当含沙量小于每立方米 16 千克时,下游河道就要发生冲刷;当含沙量大于 16 时,下游河道就要持续淤积下去。由于黄河下游的多年平均含沙量为每立方米 34 千克左右,因而泥沙的大量淤积也就不可避免了。近 40 多年来经利津海口排放到大海里的泥沙近 10 亿吨,占输沙总量的三分之二左右,显然还有三分之一亦即 6 亿吨上下的泥沙沉淤在下游河道中。

淤积在下游河道中的大量泥沙,当然是从上、中游地区冲刷下来的,但是在上、中游流域的不同地区,由于自然条件差异较大,不同河段的含沙量和输沙量也都变化很大。

# 钱塘江大潮

世界上的大河中,很多都有汹涌的潮涌,如南美的亚马逊河、北美的科罗拉多河、法国的塞纳河、英国的塞文河、印度的呼格里河。我国有潮涌的河流也为数不少,但浙江省的钱塘江涌潮却以其浩渺壮观而闻名于世。在涌潮的强度上,亚马逊河兴许可以和钱塘江潮一比,但钱塘江潮景的变化万千,是其他任何河流所无法望其项背的。当涌潮在天边出现的时候,如同素练横江,等潮涌长驱直入来到眼前的时候,又有万马奔腾的气势,那种雷霆万钧、锐不可当的力量给人无比强烈的冲击。

钱塘江大潮

自古以来,就有"一年一度钱江潮"的说法,其实是不科学的。它给不了解情况的人一个错觉,以为钱塘江潮一年只有一度。其实每个月都有两次大潮汛,每次大潮汛又有三五天可以观赏涌潮。潮汐是有"信"

的,到了该来的时候就一定来,不会失误。

阴历每月有两次大潮汛,分别在朔(初一)日之后两三天和望(十五)日之后两三天,而在上、下弦之后的两三天则分别为小潮汛。每年阳历3月下半月至9月上半月,太阳偏向北半球时,朔汛大潮大于望汛大潮,且在大潮期间日潮总是大于夜潮;而在9月下半月至次年3月上半月,太阳偏向南半球时,情况刚好相反,朔汛大潮小于望汛大潮,大潮期间的日潮也总是小于夜潮。越接近春分和秋分,这种差异越小;愈接近夏至和冬至,这种差异愈大。就全年而言,则以春分和秋分前后的大潮较大。至于这两个时期的大潮哪个大,则有19.6年的周期变化,其中一半时间春分大潮大,另一半时间秋分大潮大,两者的差别也由小逐渐增大,然后又由大逐渐减小。潮涌为什么会这么有规律呢?

我们知道,地球上的海洋潮汐是海洋水体受天体(主要是月亮和太阳)引力作用而产生的一种周期性运动。潮汐既然是海洋水体受天体引力作用而产生的一种周期性运动,那它应该是周而复始、永不误期的。钱塘江涌潮为海洋潮波在钱塘江河口这种特殊地形条件下的特殊表现,当然也应遵守这种规律,可是唐代的孙承宗在他的《江潮》一诗中却写道:"休嫁弄潮儿,潮今亦失信;乘我油壁车,去向钱塘问。"所谓失信,也称失期,就是该有涌潮的时候,看不见涌潮,让人莫名其妙。

汹涌壮观的钱塘江潮究竟有没有失信? 早在南宋咸淳十年(1274年)就曾有"钱塘江潮失期不至"的记载。德祐二年(1276年)二月,元军初到杭州,因不知涌潮的厉害,扎营在江干沙滩上,杭州百姓和宋朝军队暗喜,急切盼望涌潮到来,将元军连营卷去,不料江潮三日不至,百姓无不为之大惊,以为天助元军,宋皇朝天数已尽。潮水为什么该涨的时候不涨,不该涨的时候反而巨浪滔天呢? 这里恐怕跟钱塘江河的地理有密切的联系。

钱塘江涌潮既然是东海潮波在钱塘江河口特殊地形条件下的特殊表现形式,就必然要受河口地形条件变化的左右。上述涌潮失期现象全部发生在杭州。唐宋年代,钱塘江江道顺直,潮头直冲杭州,故而杭州上下,潮势强劲。后因杭州湾北岸逐渐北退,南岸则向北淤涨;而杭州至海宁间江道又由南北移,河道由直变弯,长度增加,涌潮也随之下移。随着历史的发展,江道的演变,杭州的潮势便有所衰退。另外,钱塘江河口的泥沙主要来自大海,涨潮流中挟带着大量泥沙,落潮时部分泥沙落淤在河口段,靠每年汛期上游来的山水将泥沙往下冲移。一旦遇上雨少天旱,山水流量小的年份,便造成河口江道淤塞,妨碍潮波传播。当江道淤塞较严重时,涌潮便不能到达杭州。所以,涌潮失期并不是没有产生涌潮,而是传播受阻,到不了杭州。

一般说来,涌潮总是有规律地在钱塘江上出现,但有的时候由于受复杂的环境因素的影响,偶尔会"失信"于人,这也是钱塘江潮最令人捉摸不定的所在。

# 如诗如画的漓江

漓江位于广西壮族自治区东北部,发源于兴安县猫儿山,流经桂林市、阳朔县,在梧州市汇入西江。上游称大溶江,从灵渠在溶江镇与漓江汇合口至平乐县恭城河口的一段,称为漓江,全长160千米。这160千米的山水,历来被人们誉为是世界上风光最秀丽的河流,是集山水之灵气于一体的奇迹。这里两岸青山连绵不绝,奇峰林立,漓江沿岸、翠竹、茂林、田野、山庄、渔村随处可见,充满了恬静的田园气息,仿佛一幅水墨山水画上绝美的点缀,为漓江更增添几分秀色。

漓江风景区是世界上规模最大、风景最美的喀斯特山水旅游区。"喀斯特"一词源于前南斯拉夫的一个地名。喀斯特地貌是指石灰岩受水的溶蚀作用和伴随的机械作用形成的各种地貌,如石芽、石沟、石林、溶洞、地下河等。在水流作用下,地下水对碳酸盐岩不断产生侵蚀作用,形成陡峭的海岸、弯曲的沟壑、高高的悬谷等奇观。具有喀斯特地貌的地区,往往奇峰林立,溶洞遍布。

漓江沿岸是中国喀斯特地貌分布广、发育典型的地区之一,孤峰、峰林、峰丛、喀斯特泉、暗河、反复泉、周期性泉与涌泉等等喀斯特地貌随处可见。风景区内岩溶发育完善,地面奇石遍布,有的峰林簇拥,有的一山独秀,姿态万千。地下更是溶洞密布,多达2000余个,人称"无山不洞,无洞不奇",犹如神仙洞府。

漓江最著名的山是画山,最美的景是黄布倒影。画山高416米,临江绝壁上有藻类等低等生物死亡后的钙化产物,因而呈现出了颜色不同、深浅有别的山崖色彩带,鲜艳如画,堪称天下奇观。在阳光的照射之下,画山更加呈现出五彩缤纷的亮丽景观,见者无不称奇。

说不尽的漓江景,道不完的漓江情。漓江之美,如诗如画,如烟如梦,那绿水、青山、翠竹、奇石,仿佛一幅典型的中国水墨画,令人见之而忘俗。"漓江神秀天下无",我们只能说,漓江是一个大自然的奇迹,是集造物主万千宠爱于一身的奇迹。

# 塔里木河

位于新疆维吾尔自治区南部的塔里木盆地,历史上就是一个颇具神秘色彩的地方。这里有中国最大、世界第二大的沙漠,被称为死亡之海的塔克拉玛干大沙漠,却也同时拥有新疆地区的生命之源,中国最大的内陆河流——塔里木河。

塔里木河全长2179千米,流域面积达19.8万平方千米。塔里木河的主源为发源于喀喇昆仑山的叶尔羌河,由塔里木盆地的西南缘转向东行、在阿拉尔以上48千米处的肖夹克附近,接纳了北下的阿克苏河和南上的和田河后,始称塔里木河,在维吾尔语里,塔里木意为"无缰之马"。这个名字对于塔里木河来说,名副其实。它的河道含沙量大,冲淤变化频繁,河流经常

塔里木河

改道,在中游地区造成南北宽达数百千米左右的冲积平原,河道曲折,支流众多,芦苇水草丛生,浩浩荡荡地形成一派"水上迷宫"景象。塔里木河两岸胡杨林浓荫蔽日,形成了天然的绿色长廊,是新疆重要的棉、粮、蚕桑和瓜果的生产基地。

塔里木河对地处中国西部干旱地区的新疆来说,是一条至关重要的河流。其宝贵的河水及其所维系的以世界上最集中的胡杨林带为主的生态环境,决定着沙漠的进退和绿洲的存亡,也决定着新疆广大地区的生存条件。古代丝路上许多城邦的兴废,都与塔里木河的变迁关系紧密。

但近年来,由于阿克苏河、叶尔羌河、和田河三条源流区大规模地开荒造田,筑坝蓄水,引水灌溉,致使塔里木河来水量锐减,下游断流,陷入了生态恶化的境地,以胡杨林为主的"绿色走廊"告急。目前,向塔里木河下游输水、建设水利工程、流域内五地州实行用水限额、退耕还林四项治理措施已经陆续在塔里木河流域展开。随着各项整治和保护措施的到位,这条新疆各族人民的母亲河终将会再度焕发出勃勃生机。

# 壶口瀑布

壶口瀑布位于山西省吉县西南,地处九曲黄河中游,与陕西省宜川县相邻。瀑布两岸石壁峭立,河口收束狭如壶口,故名。明代诗人陈维藩在其《壶口秋风》中有云:"秋风卷起千层浪,晚日迎来万丈红",是壶口瀑布的真实写照。

黄河流至壶口,巨流从宽300余米的两山之间奔泻而下,在吉县与陕西宜川交界的龙王一带,河槽猛缩为30余米,聚拢的河水坠入深潭,落差达20米,有如茶壶注水。由于地壳运动,岩石在此断裂陷落,河水从高处横面泻下,浪涛滚滚,水花飞溅,声如雷鸣。一团团水雾烟云,慢慢上升,由黄变灰,由灰变蓝,在阳光的照射下,变成圈圈彩虹。

壶口瀑布

更为神奇的是,黄河流入壶口以后,在流经一个长1000米、深30米的龙壕后,似乎隐身匿迹了。这个龙壕其实是一个弯弯曲曲的石峡,像一条摇头摆尾的巨龙,壶口是龙头,一口吞噬巨流,孟门是龙尾,腹泻黄河水向下游。

在壶口瀑布正中、黄水跌宕的地方,有一块油光闪亮的石头,在急流中上下浮动,这就是"龟石"。这块石头能随水位的涨落而起伏,不论水大水小,总是露着那么一点点。远远望去,两侧的黄水滚滚扑来,掀起重重浪花,犹如二龙戏珠。

过去,来往的船只每逢行至壶口,都是,人在岸畔拉纤绕行,飞鸟也因瀑布呼啸四震、云烟迷漫,惊吓得不敢飞过。因此,当地从古至今就传承着一种奇特的航运习俗——"旱地行船",而且,一直流传着"飞鸟难渡关"的奇谈。

壶口瀑布风景区除了瀑布奇观外,还有清代长城、圪针滩古渡、盈门山石刻、大禹治水三过家门而不入的"衣锦村"和"姑夫庙""鲤鱼跳龙门"等人文景观。

# 湖泊水域

## 中国最大的淡水湖——鄱阳湖

鄱阳湖地处江西省的北部,长江中下游南岸,湖体面积 3583 平方千米,湖口水位 21.71 米,平均水深 8.4 米,最深处 25.1 米左右,容积约 276 亿立方米,是我国最大的淡水湖泊。它承纳赣江、抚河、信江、饶河、修河五大河。经调蓄后,由湖口注入长江,每年流入长江的水量超过黄河、淮河、海河三河水量的总和,是一个季节性、吞吐型的湖泊。鄱阳湖水系流域面积 16.22 万平方千米,约占江西省流域面积的 97%,占长江流域面积的 9%。其水系年均径流量为 1525 亿立方米,约占长江流域年均径流量的 16.3%。

鄱阳湖是国际重要湿地,是长江干流重要的调蓄性湖泊,在中国长江流域中发挥着巨大的调蓄洪水和保护生物多样性等特殊生态功能,是我国十大生态功能保护区之一,也是世界自然基金会划定的全球重要生态区之一.对维系区域和国家生态安全具有重要作用。

由于受暖湿东南季风的影响,鄱阳湖年降雨量平均 1636 毫米,从而形成"泽国芳草碧,梅黄烟雨中"的湿润季风型气候,并成为著名的鱼米之乡。这里的环境和气候条件均适合候鸟越冬,因此,在每年秋末冬初(10 月),从俄罗斯西伯利亚、蒙古、日本、朝鲜以及中国东北、西北等地,飞来成千上万只候鸟,直到翌年春季逐渐离去。如今,保护区内鸟类已达 300 多种,近百万只,其中珍禽 50 多种,已是世界上最大的鸟类保护区。尤其可喜的是在这里发现了当代世界上最大的白鹤群,2002 年越冬种群总数达 4000 只以上,占全世界白鹤总数的 95% 以上。因此,鄱阳湖被称为"白鹤世界","珍禽王国"。

烟波浩渺、水域辽阔的鄱阳湖,经过漫长的地质演变,形成南宽北狭的形状,犹如一只巨大的宝葫芦系在万里长江的腰带上。由于带有大量水蒸气的东南季风的影响,鄱阳湖年降雨量在 1000 毫米以上,从而形成"泽国芳草碧,梅黄烟雨中"的湿润季风型气候,并成为著名的鱼米之乡。

鄱阳湖流域自古以来是我国经济较为发达的富裕地区,我国历史上很多杰出人物如徐稚、陶渊明、朱耷等都在湖区出生和成长。三国时周瑜曾在此操练水师,元末朱元璋与陈友谅曾在鄱阳湖展开水战,民国初年李烈钧在湖口发起"二次革命"等。正如王勃在《滕王阁序》中所写:这里"物华天宝,人杰地灵"。

# 中国第二大淡水湖——洞庭湖

古称"八百里"的洞庭湖烟波浩渺,水面跨湘、鄂两省,原为我国最大的淡水湖,目前面积2820平方千米,蓄水量约188亿立方米,屈居第二。

洞庭湖

按照《山海经》的记载,战国至西汉初年,洞庭湖"夏秋水涨,方九百里"。汉时长江主流已位于荆江附近,而洞庭湖则在长江以南。到晋代开始,由于筑堤束水垦殖,长江与湖才逐渐分离。三国以前,洞庭湖的整个湖面是连成一片的,方圆八百里。由三国至南北朝,北方战乱,中原人民大量南移,由于川、湘、鄂农业的发展,植被大量被破坏,长江和湘、资、沅、澧诸水含沙量增多,洞庭湖逐渐淤积,至南北朝时,洞庭湖一分为三:东面的仍叫洞庭湖;南面的叫青草湖;西面的叫赤沙湖。但夏秋涨水时,三湖仍联合一片,因此洞庭湖又有"三湖"之称。据唐、宋文献所载,东洞庭湖方圆360里,青草湖为265里,赤沙湖为170里,夏秋三湖合一时,方圆七八百里。"八百里洞庭"之说,来源于此。

唐末至南宋,中原战争不断,人民又大量南移,两湖地区,特别是湖南北部的滨湖平原开发很快,当时继续沿江筑堤御水,扩大湖滩垦殖,著名的荆江大堤就是这时形成的。垦殖、筑堤,加速了洞庭湖的淤积,湖面日益缩小。明清时,洞庭湖中淤积成很多洲,筑堤、围垸的结果,夏秋水涨时,洞庭湖仅余500里。1825年,长江水冲开了藕池口,1873年又冲开了松滋口,形成夺河改道的局面。泥沙随江水入湖,湖面进一步缩小,出现了南县、白蚌、草尾及北大市一带的高洲滩。直至新中国成立前的20多年里,土豪争相围垦,湖面缩小近1/3。目前洞庭湖仍大致可分为东、南、西三湖,总面积大约2820平方千米。

如果把长江经济带比作一条巨龙,则黄金水道长江是巨龙的"肠",而洞庭湖与鄱阳湖都同时起到"胃"和"肾"的作用,即在调蓄长江洪水时起到"胃"的作用,在调节长江流域生态环境时起到"肾"的作用,如果这两个"胃"和"肾"的功能遭到破坏,长江中游就会遭受洪水的灭顶之灾,江南生态环境也将严重恶化。

洞庭湖是重要的湿地,它在雨季涵养洪水,在旱季缓解旱情,还能净化水中污染物;湿地具有较大的经济效益,出产鱼虾、稻米、莲藕等湿地产品,还能支持水上运输。洞庭湖是重要的候鸟越冬栖息地,也是世界著名的珍稀鸟类保护地和观赏区,遮天蔽日的鸟群已成为一个诱人景观,

洞庭湖区还是有名的"粮仓""鱼池"和"油库",对中部崛起和发展具有举足轻重的作用。

# 我国最深的湖泊——长白山天池

　　长白山天池又称白头山天池,坐落在吉林省东南部,是中国和朝鲜的界湖,湖的北部在吉林省境内。长白山位于中、朝两国的边界,气势恢弘,资源丰富,景色非常美丽。在远古时期,长白山原是一座火山。据史籍记载,自16世纪以来它又爆发了3次,当火山爆发喷射出大量熔岩之后,火山口处形成盆状,时间一长,积水成湖,便成了现在的天池。而火山喷发出来的熔岩物质则堆积在火山口周围,成了屹立在四周的16座山峰,其中7座在朝鲜境内,9座在我国境内。这9座山峰各具特点,形成奇异的景观。

长白山天池

　　天池虽然在群峰环抱之中,海拔只有2194米,但却是我国最高的火口湖。它大体上呈椭圆形,南北长4.85千米,东西宽3.35千米,面积9.82平方千米,周长13.1千米。水很深,平均深度为204米,最深处373米,是我国最深的湖泊,总蓄水量约达20亿立方米。

　　天池的水从一个小缺口上溢出来,流出约1000多米,从悬崖上往下泻,就成了著名的长白山大瀑布。大瀑布高达60余米,很壮观,轰鸣声远处可闻。大瀑布流下的水汇入松花江,是松花江的一个源头。在长白瀑布不远处还有长白温泉,这是一个分布面积达1000平方米的温泉群,共有13眼向外喷涌。

　　史料记载天池水"冬无冰,夏无萍",夏无萍是真,冬无冰却不尽然,冬季冰层一般厚1.2米,且结冰期长达六七个月。不过,天池内还有温泉多处,形成几条温泉带,长150米,宽30~40米,水温常保持在42℃,隆冬时节热气腾腾,冰消雪融,故有人又将天池叫温凉泊。

　　天池除了水之外,就是巨大的岩石。天池水中原本无任何生物,但近几年,天池中出现一种冷水鱼——虹鳟鱼,此鱼生长缓慢,肉质鲜美,来长白山旅游能品尝到这种鱼,也是一大口福。不时听到有人说看到有怪兽在池中游水。有关部门在天池边建立了"天池怪兽观测站",科研人员进行了长时间的观察,并拍摄到珍贵的资料,证实确有不明生物在水中游弋,但具体是何种生物,目前尚不明朗。他们对天池的水进行过多次化验,证明天池水中无任何生物,既然水中没有生物,若有怪兽,它吃什么呢? 这一连串的疑问使得天池更加神秘美丽,吸引越来越多的人前往观赏。

# 我国最大的堰塞湖——镜泊湖

镜泊湖,唐代称"忽汗海",金代称"必尔腾"湖,湖面清平如镜,是中国最大的高山堰塞湖。镜泊湖位于黑龙江省牡丹江市宁安市境内的崇山峻岭之中,湖面海拔350米,总面积为90平方千米。湖水北深南浅,最深处62米。每当夏秋时节,这里花红水碧,鱼跃鸟飞,岚影沉浮,霞光闪耀;北国大自然的天姿美色,令人赞叹不已。

镜泊湖

每到夏季,这里游人如织,来自海内外的游客,尽情地享受大自然赐予的山光水色。这里的疗养所、宾馆鳞次栉比,都是依山面水而建,建筑风格各具特色。滴翠的林木遮掩着红砖白瓦;清澈的湖水,倒映着湖畔的景色,环境幽雅,空气新鲜,置身其中,有如在仙境一般。

关于镜泊湖的来历,还有一个神奇的传说。

说很早以前,有回王母娘娘设蟠桃会为玉皇大帝过生日,邀请了所有的天仙地神和各宫星翁,众仙喝得大醉欲起身退席。但王母娘娘高兴异常,觉得酒兴未尽,便拉住来赴会的仙女们不放。仙女们无奈,只好留下来,继续击鼓行令、开怀畅饮,待仙女喝到了微醉之时,便起身离席搽脂施粉、沐浴更衣,为玉皇大帝和王母娘娘轻歌曼舞起来,众仙吃喝玩乐,兴奋不已。歌舞完毕,众仙女擦汗洗脸,去掉脸上浓艳的脂粉,由于仙女太多,洗胭脂的水灌满了天河。河水溢出流到人间,恰巧落到牡丹江中,就形成了这个平如明镜的高山大湖。

由于湖水是仙女们的"胭脂水",所以湖水也像胭脂一样芳香。这芳香的湖水,滋润花草树木后,花草树木便会蓬勃生长,所以在湖的周围很快长成了茂密的森林和芬芳鲜艳的花草,引来蜂、蝶、鱼、鸟,生存繁衍。于是便变成了一个风光优美,环境静雅的好地方。

再说那天酒会中,一个喝醉的仙女将王母娘娘的梳妆宝镜与洗脸水一起倒入天河,流到湖底,所以这湖就有了灵气和宝气。不管刮多大的风,湖水也掀不起大浪,总像镜子一样平静、明亮。有天,王母娘娘来取她的宝镜,看到这里水碧波平、山苍谷翠、百花争艳、百鸟鸣唱、鱼跃水中,一时高兴,就没有将宝镜取回。

镜泊湖是究竟怎样形成的呢?据考证,大约在一万年以前,这里的火山群爆发,大量的火山物质和熔岩流汇在一起,堵塞了牡丹江河道,河水滞存在山间断陷的盆地中,形成了堰塞湖。

# 我国最低的湖泊——艾丁湖

新疆吐鲁番盆地中的艾丁湖,是我国最低的湖泊,它位于吐鲁番、鄯善、托克逊三县交界处,觉洛塔格山脚下,距吐鲁番县城40千米,湖盆东西长约40千米,南北宽约152平方千米,面积约152平方千米,湖面低于黄海海平面154.43米,仅次于欧洲的死海,为世界第二低地。

艾丁湖

科学工作者根据湖周发现大量上更世淡水湖泊沉积和螺类化石推测,远在一万年前,艾丁湖还是一个巨大的淡水湖泊,它的范围要比现在的湖水面积大1000倍。可是,今日的艾丁湖,除了湖的西南部还残存着很浅的湖水外,其余大部分都是皱褶如波的干涸了的湖底,根本没有什么湖光水色了。远远望去,茫茫一片,尽是银白、晶莹的盐结晶体和盐壳,在阳光下闪闪发光,如同珍珠,又像白玉,更似寒夜晴空的月光。所以,当地维吾尔人称它为“觉洛浣”,意即月光湖。走到这里,人们很容易被“海市蜃楼”所迷惑。即使到了水边,也看不到游鱼、飞鸟,只是在湖周不时掠过成群的小昆虫。偶尔,在脚下窜过几只野兔、地老鼠,有时难得地还能碰上狐狸。由于这种特殊的地理位置和典型的荒漠景象,所以它对于好奇的游客仍有着很大的吸引力。近几年,每年都有好几万名中外游客来这里探游。

艾丁湖地势极低,便于吞纳周围高山、戈壁荒漠的雪水流泉,因而湖水不断地得到了补给。但是,由于这里奇特的干燥、多风,形成了典型的高温气候(夏季气温高达摄氏50度左右),从而造成了湖水大量而迅速地蒸发。据测算,年蒸发量达两亿立方米以上,超过湖水补给的几十倍。特别是随着吐鲁番盆地生产建设的日益发展,人、畜、土地用水量不断地增加,能够流入艾丁湖的水更是越来越少了。现在,湖水面积已缩小到22平方千米,仅为湖盆的1/7左右:水位还在不断下降,水深平均还不到0.8米。人们预测,将来的艾丁湖会完全干涸,在地图上很可能最终被抹掉。艾丁湖为咸水湖,湖水含有大量盐分,蕴藏的盐足供全国十亿人民吃一年。此外,湖底还蕴藏着丰富的煤和石油。为了开发资源,现在艾丁湖畔高楼拔地而起,建成了一座现代化的化工厂。这座化工厂的主要原料就是艾丁湖的盐晶、矾、硝,它是目前吐鲁番地区最大的一座工厂,产品成本低,质量好,不但供应新疆和内地,还远销国际市场。

# 浓妆淡抹总相宜——西湖

杭州的西湖是一个潟湖。根据史书记载,远在秦朝时,西湖还是一个和钱塘江相连的海湾。耸峙在西湖南北的吴山和宝石山，是当时环抱着这个小海湾的两个岬角。后来由于潮汐的冲击，泥沙在两个岬角淤积起来，逐渐变成沙洲。此后日积月累，沙洲不断向东、南、北三个方向扩展，终于把吴山和宝石山的沙洲连在一起，形成了一片冲积平原，把海湾和钱塘江分隔开来，原来的海湾变成了一个内湖，西湖就由此而诞生了。

西湖

作为国家的重点风景名胜区，西湖风景区历史悠久，人文荟萃，既有秀丽的自然风光，也有众多文化意蕴丰富的名胜古迹。主要景点有定名于南宋的西湖十景：断桥残雪、平湖秋月、三潭印月、双峰插云、曲院风荷、苏堤春晓、花港观鱼、南屏晚钟、雷峰夕照、柳浪闻莺，这些景致令人不由得联想到白蛇传的优美传说，以及拿着酒葫芦醉笑的济公和尚。

平湖秋月景区位于白堤西端，孤山南麓，濒临外西湖。作为西湖十景之一，南宋时平湖秋月并无固定景址，这从当时以及元、明两朝文人赋咏此景的诗词中不难看出。流传千古的明万历年间的西湖十景木刻版画中，《平湖秋月》一图也仍以游客在湖船中举头望月为画面主体。西湖秋月之夜，自古便被公认为是良辰美景，充满了诗情画意。平湖秋月，高阁凌波，倚窗俯水，平台宽广，视野开阔，秋夜在此高眺远望，但见皓月当空，湖天一碧，令人沉醉。

苏堤南起南屏山麓，北到栖霞岭下，全长近3000米，是北宋大诗人苏东坡任杭州知州时，疏浚西湖，利用挖出的湖泥构筑而成的。后人为了纪念苏东坡治理西湖的功绩，将其命名为苏堤。长堤卧波，连接了南山北山，给西湖增添了一道妩媚的风景线。南宋时，苏堤春晓已成为西湖十景之首，元代又称之为"六桥烟柳"，列入钱塘十景，足见其景观美不胜收。苏堤长堤延伸，六桥起伏，走在堤桥上，湖山胜景如画卷般展开，万种风情，任人领略。

"南屏晚钟"也许是西湖十景中问世最早的景观。北宋末年，名画家张择端曾经画过《南屏晚钟图》。"南屏晚钟"的情韵由此悠然成型。南屏山一带山岭由石灰岩构成，山体多孔穴，加以山峰岩壁立若屏障，每当佛寺晚钟敲响，钟声传到山上，岩石、洞穴等为其所迫，加速了声波的振动，振幅急遽增大后形成共振，岩石、洞穴便随之产生音箱效应，增强了共鸣。同时，钟声还以相同的频率飞向西湖上空，直达西湖彼岸，遇到对岸由火成岩构成的葛岭，回音迭起。

1985年，杭州市民和专家经反复斟酌，又确定了新的西湖十景，它们是：云栖竹径、满陇桂雨、虎跑梦泉、龙井问茶、九溪烟树、吴山天风、阮墩环碧、黄龙吐翠、玉皇飞云、宝石流霞。

其他景点还有保俶挺秀、长桥旧月、古塔多情、湖滨绿廊、花圃烂漫、金沙风情、九里云松、梅坞茶景、西山荟萃、太子野趣、植物王国、中山遗址、灵隐佛国、岳王墓庙。

西湖不但独擅山水秀丽之美，林壑幽深之胜，而且还有丰富的文物古迹、优美动人的神话传说，自然、人文、历史、艺术，巧妙地融合在一起。西湖古迹遍布，拥有国家重点文物保护单位 5 处、省级文物保护单位 35 处、市级文物保护单位 25 处，还有 39 处文物保护点和各类专题博物馆点缀其中，为之增色，是我国著名的历史文化游览胜地。

西湖一年四季都有美景。阳春三月，莺飞草长，苏白两堤，桃柳夹岸，在湖边漫步，让人心醉神驰。而夏日里接天莲碧的荷花，秋夜中浸透月光的三潭，冬雪后疏影横斜的红梅，都别有风味。

# 仙境"瑶池"——天山天池

天山天池是神话与现实的分界点，它隐藏在博格达峰的群山之中，古称"瑶池"，即传说中西王母宴请周穆王之地。西王母与天宫王母的形象在神话中重合后，瑶池又成了众仙宴饮的所在。湖边有一株巨大的榆树，相传是王母降伏水怪的碧玉簪——"定海神针"。

天池风光

其实，它是位于博格达峰山腰中的天然湖泊。天池海拔 1980 米，面积约 5 平方千米，湖面呈半月形，长 3400 米，最宽处约 1500 米，湖深数米到上百米不等。湖水清澈，四周群山环抱，绿草如茵，野花似锦。挺拔苍翠的云杉、塔松漫山遍岭，遮天蔽日。雄伟的博格达主峰突兀插云，峰顶的冰川积雪闪烁着皑皑银光，与天池湛蓝碧绿的湖水相映成趣，构成了这个高山平湖绰约多姿的自然景观。

与长白山天池不同，天山天池在地质学上属冰碛湖，是第四纪冰川运动的产物。这里群山环抱、碧水蓝天，雪峰雄伟挺拔，倒影在池水中，湖光山色，浑然一体。站在池边眺望，眼前满山苍松叠翠，远处白雪皑皑，山脚下野花遍地，毡房点缀，羊群如珍珠洒落在绿茵上。景色错落有致，如诗如画。

天池脚下，还有东西两个小天池。西小天池是天池湖水透过地下湖坝粗大的冰渍物渗漏下来的泉水，在山嘴交汇的低洼处形成的一个积水深潭。东小天池是人工水坝的产物，池上的天池瀑布犹如银练飞泻，颇有几分"大珠小珠落玉盘"的韵味。

环绕天池的群山，是一座座资源丰富的"百宝山"。这里有牧场、林场、鹿苑，雪线（多年积雪区的下界）上还生长着雪莲。松林里出没着狍子，遍地长着党参、黄芪、贝母等药材。山壑中有珍禽异兽，湖区中有鱼群、水鸟，众峰之巅有冰川水资源，群山之下埋藏着铜、铁、云母等丰富的矿藏资源。

西北山后有铁瓦寺、南天门等寺院。东山有王母娘娘庙及山洞，还有高达 100 米的瀑布奔流直下。博格达峰倒映湖中,山水交融,浑然一体,景色优美诱人。

# "天湖"——纳木错

纳木错藏语为"天湖"的意思,蒙语称为腾格里海。它与羊卓雍错和玛旁雍错一起,被称为西藏的"三大圣湖"。纳木错湖面海拔 4718 米,总面积为 1920 多平方千米,素以海拔高、面积大、景色瑰丽而著称,是西藏自治区最大的湖泊,也是中国仅次于青海湖的第二大咸水湖。纳木错湖里盛产高原细鳞鱼和无鳞鱼,周围广阔的湖滨则生长着多种多样的植物和动物,形成水草丰美的天然牧场。在纳木错湖中,有 5 个大小不一的岛屿兀立于万顷碧波之中,传说这是五方佛的化身,凡去神湖朝佛敬香者,莫不虔诚顶礼膜拜。其中伸入湖心的扎西半岛,居五个半岛之

纳木错

冠,半岛上的扎西寺,香火旺盛,是拜佛之人的必到之处。

藏历羊年是藏传佛教传统中到纳木错转湖的年头。羊年转湖、马年转山、猴年转森林被认为是佛的旨意。在藏传佛教中,有"上冈底斯为佛之身,中纳木错为佛之语,下杂日山为佛之意"之说,转身之圣地冈底斯定为马年,转语之圣地纳木错定为羊年,转意之圣地杂日山定为猴年。据说如果能绕纳木错而行一周,便能得到渊博的知识和无量功德,并舍去恶习及痛苦,最后获得正果。因此,按照西藏传统的习俗,信徒们每到了羊年都要沿着纳木错顺时针转上一圈,即所谓的羊年大朝圣。每到这时,纳木错湖畔香火旺盛,人山人海。作为西藏最大的湖泊,想要绕行纳木错一圈也并不太容易。由于湖面太大,湖边地形复杂,绕着纳木错转一圈常要 20 天~30 天,最壮的小伙子也得跑 10 天,所以大家多用转扎西半岛来代替。据说,围着扎西半岛转 7 圈就等于转湖一周。

纳木错湖畔由玛尼石堆成的玛尼堆,也是圣湖的一大著名景观。所谓玛尼石,是指藏传佛教转经者在转经路上置于路口、山垭口的一种宗教石刻艺术品,上面通常镌刻六字箴言或佛像。年深日久,信徒们堆积的玛尼石像一座座金字塔,连同飘飞的经幡,和雪域高原苍凉的自然融为一体,在青藏高原上随处可见,形成一道道亮丽的风景。

纳木错湖波光粼粼,雾霭茫茫,有一份神秘的宁静沉淀于其中。而其深厚的宗教韵味,更是让人不得不肃然起敬。湖水沉默不语,叩等身长头的藏族老人用行动证明着自己的信念,来到这里的人们,一切的杂念似乎都能被消除,唯有用自己的虔诚,去感受那

# 高原圣湖——羊卓雍错

站在离拉萨南部不远的甘巴拉山口（海拔超过 5000 米）上，透过云隙，就能看到号称西藏三大圣湖的另一个湖泊——羊卓雍错。羊卓雍错以风景秀丽而著称。夏季一派生机勃勃，冬季雪封冰冻，犹如一只洁白的天鹅，落在雪峰之下，所以羊卓雍错的藏名又叫"裕穆错"，就是天鹅之湖的意思。民间传说，羊卓雍错是天上一位仙女下凡变成的。湖边的牧民用"天上的仙境，人间的羊卓"这样的民歌来赞美它。

**羊卓雍错**

湖面微波荡漾，像几片碧玉镶嵌在喜马拉雅山脉北侧的群山之中。在阳光照耀下，湖面上腾升起淡蓝色的雾霭。湖中小岛像童话中的神山，朵朵白云飘浮在小岛上空，好像条条细纱披肩。"羊卓雍"藏语是"珊瑚"的意思。湖中山地突兀，湖岸弯弯曲曲，凸出的半岛，凹进的湖汊岬湾，交替出现。即使站在比湖面高出近 600 米的甘巴拉山口上，也很难看到它的全部面貌。湖的西边雄踞着卡惹拉山，晶莹剔透的现代冰川，从山顶逶迤到山脚，雪山冰川映在清澈的湖面上，典雅秀丽。

据科学家推测，地质历史时期，羊卓雍错经过墨曲与雅鲁藏布江沟通，是一个巨大的外流湖泊。但是，随着南部喜马拉雅山脉的不断抬升，南来的水汽越来越少，气候逐渐变干，造成湖水位的下降，加剧了入湖河流的泥沙堆积作用，巨大的洪积扇堵塞了墨曲上游谷地，羊卓雍错便由外流湖演变成内陆湖，进入了一个新的发展阶段。

羊卓雍错渔业资源丰富。据有关部门估计，鱼类蕴藏量可达 4 至 6 亿斤，故有"鱼库"之称。每当夏季，湖中鱼群从湖泊深处游到湖边滩地河口产卵时，"随手"可以抓获。此外，湖中还有线条鹅、黄鹅、灰鸭、长尾凫、斑头雁、沙鸥等多种水禽，大部栖居在湖边草丛之中，或在平静的湖边旁若无人地徜徉。每年春夏之际，人们可以拾到大量禽蛋。

# 青色之海——青海湖

青海湖位于青海省东部平均海拔 3196 米的高原之上，古称西海、羌海，又称为鲜水、鲜海,汉代也有人称之为仙海,蒙古语叫作库库诺尔,藏语叫错温布,即"青色之海"。湖水面积 4500 平方千米,平均深度 18.6 米,流入湖中的大小河流有 30 余条,远看水天一色,一望无际,确实有几分海洋般的波澜壮阔。

青海湖四周被群山环绕,北面是崇宏的大通山,东面是巍峨的日月山,南面是逶迤绵延的青海南山,西面是峥嵘嵯峨的橡皮山。湖东岸有两个子湖,一名尕海,面积 10 余平方千米,为咸水湖;一名耳海,面积 4 平方千米,为淡水湖。这里地处内陆高原,气候寒冷干燥,是典型的大陆性气候,青海湖就是在这样的环境里滋养了周围的生命。

过去的青海湖比如今更为广阔,它是构造断陷湖,由于地面下陷形成。形成初期原本是一个巨大的淡水湖泊,那个时代青海地区气候温和多雨,湖水通过东南部的倒淌河泄入黄河,是一个外流湖。后来由于地壳运动,湖东部的日月山、野牛山迅速上升,堵塞了青海湖的外泄通道,遂演变成了只进不出的闭塞湖。加上气候变干,湖水蒸发量增加,水量减少,而湖中的矿物质变浓,青海湖也由淡水湖逐渐变成咸水湖。

青海湖中鱼类品种十分单纯,经济鱼类仅有青海湖裸鲤一种,但数量极多。四五月间,鱼群游向附近河流产卵,布哈河口密密麻麻的鱼群铺盖水面,湖水呈现一片金黄色,鱼儿游动有声,挤挤挨挨翻腾跳跃,异常壮观。

青海湖鸟岛是以鸟类保护为主的自然保护区,湖中的沙岛、海心山、鸟岛和三块石等岛屿上,以及鸟岛至泉湾、那尕则的大片沿湖滩涂、沼泽地中,栖息着长途跋涉迁徙而来的众多候鸟,其中不乏珍稀品种。根据鸟类专家的估计,这里禽鸟总数在 16 万只以上,种类达到 163 种。

保护区之中的鸟岛和三块石两处景观最为著名,因为这里聚集着保护区 70% 以上的鸟类,每到繁殖季节,求偶声混成一曲壮美的合唱。

每年春夏五六月间,成群的鸟儿来到鸟岛繁殖、育雏,鸟岛上的鸟巢鸟蛋俯拾即是。进入金秋时节,各种鸟类家族分批离开这片乐土,飞往南方越冬。居住在这里的鸟类主要有斑头雁、鱼鸥、棕头鸥、鸬鹚、燕鸥、黑颈鹤、天鹅、赤麻鸭等,其中前 4 种最常见,约占鸟群数的 70%。除斑头雁主要以植物为食外,其他 3 种均以鱼类为食。青海湖丰富的鱼类资源和湖畔茂盛的植物为候鸟们提供了丰盛的食物饵料,使鸟岛成为这些长羽毛的旅行者们梦寐以求的天堂,群鸟栖息也成了青海高原的一大奇观。近年来,这神奇壮丽的鸟岛风光,奇特的水禽生活,吸引了无数游人和鸟类爱好者来此观光。多年来,人类始终保持着对这片禽类领地的敬意和距离,使得飞鸟能够在这里自由栖息繁衍。鸟鸣自在悠扬,委婉动听,使人如聆仙乐。人与鸟之间达成了难得的谅解与和谐。

　　站在青海湖畔,眼见远山逶迤,芳草如茵,湖面波光粼粼,耳边听得无数的鸟儿发出动人的鸣叫,仿佛来到了画中的世界,令人情不自禁深深沉醉于这片简单自然的美景之中。

# 别处的天堂——喀纳斯湖

　　新疆阿尔泰地区,是亚洲腹心极端干旱区中的一个巨大"荒漠湿岛"。在"湿岛"上的布尔津县北部、海拔1374米的阿尔泰山脉西麓,有一座"天湖",形如弯月,南北长24千米,东西宽1600米—2900米,比著名的博格达天池整整大10倍。该湖湖面海拔1370米,最深处为188.5米,除中朝边境上的白头山天池外,它是中国最深的湖泊,这就是喀纳斯湖,在蒙古语中意为"美丽富饶而神秘"的地方。

喀纳斯湖

　　喀纳斯湖诞生在距今约20万年前,是第二次大冰期的巨大复合山谷冰川刨蚀而成的。当时,喀纳斯冰川长达百余千米,冰川厚度大约二三百米。冰川缓慢而稳定地退缩,在喀纳斯湖口留下了宽约1000米、高50米~70米的终碛垄,而后即迅速退缩,形成了现在喀纳斯湖的基础。

　　喀纳斯湖区属寒温带,冬季漫长,达7个月之久,春秋两季相连,全年无明显的夏季,无霜期80天~108天。每年6月上旬至10月上旬,这里气候宜人,月清日明,最热的7月份,一般平均气温在16℃上下,相对湿度63%。由于地处欧亚大陆腹地,远离海洋,光热资源丰富,这里形成了春秋温暖的气候特征。大西洋西风气流暖湿气团的不断涌入带来大量降水,年降水量1000毫米左右,水气通道使这里成为新疆最湿润的绿色世界,空气中负氧离子含量很高。

　　喀纳斯湖区垂直自然景观带非常明显,在湖边就可看到阿尔泰山7个自然景观带的全貌,它们是黑钙土草甸草原带、山地灰黑土针阔叶林带、山地漂灰土针叶林带、亚高山草甸带、高山草甸带、冰沼土带和永久冰雪带。从山下到山顶,具备了从温带草原至极地苔原冰雪地带的多种自然景观,因此,也为多种类型动植物的生存创造了有利条件。这里现有各种植物近1000种,鸟类117种,两栖爬行类7种,鱼类8种,昆虫300种以上。在25种木本植物中,以西伯利亚落叶松、云杉、红松、冷杉为主,也是中国唯一的西伯利亚松杉分布地。而貂熊、马鹿、盘羊、松鸡、哲罗鲑(大红鱼)、红鳞鲑(小红鱼)等动物则是受国家保护的珍禽异兽。

　　喀纳斯河谷,时而平坦如茵,时而悬崖绝壁,"月亮湾"是喀纳斯河拐弯处的一处胜景,但当地的牧民却没有把此景作"月亮湾"的联想,而称其为"脚底湖",因其外沿还有一个如脚印的漫滩。

　　喀纳斯的神韵见于景致,也见于它多变的云雾。这里是一个凹陷的山谷,湖水虽然平静，可从喇叭口泻出后汹涌澎湃，只要雨过天晴，气温略有回升，水蒸气就从河面升起，并在山林中散开。而在林间原野中，下了一夜的细雨，潮湿的原野也开始蒸发，晨雾在四周徘徊，山谷里的风又让它们东飘西摇，喀纳斯就成了时隐时现的"仙境"。

喀纳斯湖的神奇美妙之处，还见于湖水随季节和天气不同而变化的色彩。夏季烈日当空，湖水放射出层层乳白色的光华；秋天朗日，湖水又呈湛蓝或黛绿色；阴霾雾瘴的天气，湖面色调一片灰绿；有时则诸色兼备而成七彩湖。据考察，喀纳斯湖之所以成为变色湖的原因，就在于湖盆周边冰川的强烈融蚀作用带来了大量冰碛风化物颗粒，这些悬浮于水中的微粒在不同角度的光照下，会反射出不同颜色的光彩，因而湖水的颜色也就变得奇幻曼妙。喀纳斯湖除了有迷人的风光和丰富的动植物资源，还有着许多"诱人之谜"——"湖怪"之谜、云海佛光之谜、浮木之谜、变色湖之谜……吸引着旅游者去探险猎奇。

被称为天堂的喀纳斯，那一片平静中酝酿的湖光山色，总是令人迷醉不已。那份宁静中的美丽，仿佛能深深浸润人的灵魂，寻找一个在别处的天堂。

# 天然盐湖——茶卡盐湖

茶卡盐湖位于柴达木盆地的东部边缘、乌兰县茶卡镇南侧。北依巍峨的完颜通布山，南靠旺秀山，东濒茶塘盆地，是一个富饶而美丽的天然盐湖。

盐湖的形成是由于灾难或地壳运动，青藏高原原来是海洋的一部分，经过长期的地壳运动，这块地面抬起变成了世界上平均海拔最高的高原，结果海水留在了一些低洼地带，形成了许多盐湖和池塘，茶卡盐湖就是其中的一个。茶卡是蒙语，意为"盐海"。茶卡盐湖的湖水面积、水深明显受季节影响，雨季湖水面积可达 105 平方千米，相当于杭州西湖的十几倍，干季湖水面积明显减少。湖水属卤水型。

茶卡盐湖

底部有石盐层，一般厚 5 米，最厚处达 9.68 米，湖东南岸有长十几千米的玛亚纳河注入。其他注入盐湖的水流很小，且多为季节性河流。因其盐晶中含有矿物质，使盐晶呈青黑色，故称"青盐"。湖中含有近万种矿物和 40 余种化学成分的卤水，是中国无机盐工业的重要宝库。初步探明的储量达 4 亿 4 千万吨以上。茶卡盐极易开采，人们只需揭开十几厘米的盐盖，就可以从下面捞取天然的结晶盐。茶卡盐为天然结晶盐，晶大质纯，盐味醇正，是理想的食用盐。因盐类形状十分奇特，有的像璀璨夺目的珍珠，有的像盛开的花朵，有的像水晶，有的像宝石，因此才有珍珠盐、玻璃盐、钟乳盐、珊瑚盐、水晶盐、雪花盐、蘑菇盐等许多美丽动人的名称。

茶卡盐湖是柴达木盆地四大盐湖中最小的一个，也是开发最早的一个，盐湖中景观万千，有采盐风光，盐湖日出，盐花奇观等，构成了一幅绚丽的画卷。茶卡盐开采历史悠久，最早可追溯到秦汉时期。《西宁府新志》上有过这样的记载："在县治西，五百余里，青海西南……周围有二百数十里，盐系天成，取之不尽。蒙古用铁勺捞取，贩玉市口贸易，郡民赖之"。清乾隆二十八年已定有盐律。新中国成立前，马步芳政权在这里设有盐场，每年生产近千吨原盐。新中国成立后，古老的茶卡盐湖经过不断的建设和发展，初步实现了采盐机械化，建有茶卡盐厂，已开发出加碘盐，洗涤盐，再生盐、粉干盐等 10 多个品种，每年生产几十万吨优质原盐，除供应青海各地外，还畅销全国 20 余个省区并出口日本、尼泊尔以及中东等地区，受到人们普遍欢迎。

如果你有足够的运气，在白天你可以看到湖面上形成的海市蜃楼，这些由阳光经水汽折射形成的奇观，有的像房屋，有的像牛群，让你体会到朦胧变幻的美感。

# 台湾仙境——日月潭

日月潭位于南投县鱼池乡水社村，是台湾唯一的天然湖，由玉山和阿里山之间的断裂盆地积水而成。日月潭四周群山环抱，层峦叠嶂，潭水碧波晶莹，优美如画。每当夕阳西下，新月东升之际，日光月影相映成趣，更是优雅宁静，富有诗情画意。日月潭中有一小岛，远望好像浮在水面上的一颗珠子，名珠子屿（光华岛），以此岛为界，北半湖形状如圆日，南半湖形状如弯月，日月潭因此而得名。

日月潭四周的群山有多处名胜古迹，有文武庙、玄光寺、涵碧楼、慈恩塔、孔雀园等。文武庙在潭北面的山腰上，依山而筑，大理石牌楼上书"文武庙"三字，左右分别"崇文""重武"盈题，文庙祭祀孔子，武庙祭祀关公。在文武庙楼顶，可俯瞰全潭景色。文武庙东南的公路边有孔雀园，是台湾

日月潭

省孔雀的繁殖基地，园中孔雀经过训练，能跳舞、开屏和敬礼。日月潭南侧是青龙山，海拔 950 米，山麓的玄光寺，供奉唐代高僧玄奘法师全身塑像，寺中悬有"民族法师"盈额。从玄光寺后登 1300 级石阶，便抵玄奘寺。寺建于 1952 年，寺中存放玄奘法师遗骨。玄奘寺后的山顶上建有一座高 45 米的慈恩塔，系中国式宝塔。涵碧楼在日月潭西北的山坡上，原为台湾省政府招待所，现为一流的西式旅馆，清静雅致。门前有两株高大的椰子树，透过一楼阳台而生长，别有情趣。站在涵碧楼顶平台，凭栏赏潭，湖光、翠竹、白云、小舟尽收眼底。

日月潭附近的德化社，是高山族聚居的村落，现已建为山地文化村，山胞歌舞翩翩，

尤以表现春米的"杵舞"吸引着众多游客。日月潭风景区不但风光美丽,而且气候宜人,7月平均气温高于22℃,1月略低于15℃,日月潭以其天生绝色,被称为台湾仙境,也是台湾省的标志。

## "高原明珠"——洱海

  洱海位于云南大理白族自治州,是一个风光明媚的高原淡水湖泊。水面海拔1900米左右,北起洱源县江尾乡,南止于大理市下关镇,形如一弯新月,南北长41.5千米,东西宽3000米~9000米,周长116千米,面积251平方千米。洱海属澜沧江水系,北有弥苴河和弥茨河注入,东南汇波罗江,西纳苍山十八溪水,水源丰富,湖水从西洱河流出,与漾江汇合注入澜沧江。

  洱海畔的苍山又名点苍山,因山色苍翠而得名,山景以雪、云、溪著称。苍山由19座海拔都在3500米以上的山峰组成。峰顶上终年积雪,银装素裹,景色壮丽。"苍山雪"是大理风花雪月四景之一。苍山顶上

洱海

有着不少高山冰碛湖泊,还有18条溪水夹在19座山峰之间,缓缓东流,注入洱海。

  洱海景观,四季各不相同,即便是一天中的不同时辰,也是变化万千。随着四时朝暮的变化,各种景观呈现出万千气象,于是古人又为之归纳出了"洱海八景",分别为:山海大观、三岛烟云、海镜开天、岚霭普陀、沧波濠舟、四阁风涛、海水秋色、洱海月映。洱海的人文景观也是丰富非常,"洱海八景"中的四阁风涛,指的便是古人为观赏洱海所特意建造的四大名阁:天镜阁(位于海东)、珠海阁(位于洱海公园团山)、浩然阁(又名丰乐亭,位于才村海边)、水月阁(位于洱海北端双廊,与珠海阁遥相对峙)。由于年深日久,四大名阁均已倒塌不全,但历代骚人墨客在这些名阁之中所做的赞颂洱海风光的诗文佳句却留诸世间,向人们诉说着洱海的奇丽景观。

  洱海是白族祖先最主要的发祥地。两汉时期,生活在苍洱地区的古代大理人开创了大理古文明灿烂的历史。到了唐宋时期,在大理建立的南诏政权和大理国,将大理的各族人民统一在祖国的大家庭中,为祖国西南边疆的统一和发展做出了巨大的贡献。可以说,洱海是白族的摇篮,也是大理古文明的摇篮。

# 海洋世界

## 半岛环抱的内海——渤海

渤海是我国的内海。三面环陆,在辽宁、河北、山东、天津三省一市之间。具体位置在北纬 37°07′~41°、东经 117°35′~121°10′。辽东半岛南端老铁三角与山东半岛北岸蓬莱遥相对峙,像一双巨臂把渤海环抱起来,岸线所围的形态好似一个葫芦。渤海通过渤海海峡与黄海相通。渤海海峡口宽 59 海里,有 30 多个岛屿,其中较大的有南长山岛、砣矶岛、钦岛和皇城岛等,总称庙岛群岛或庙岛列岛。其间构成 8 条宽窄不等的水道,扼守渤海的咽喉,是京津地区的海上门户,地势极为险要。渤海古称沧海,又因地处北方,也有北海之称。

渤海

渤海的面积较小,大概只有 9 万平方千米。渤海平均水深 25 米,渤海的总容量不过 1730 立方千米。渤海沿岸水浅,特别是河流注入地方仅几米深;而东部的老铁山水道最深,达到 86 米。

渤海水温变化受北方大陆性气候影响,2 月在 0℃ 左右,8 月达 21℃。严冬来临,除秦皇岛和葫芦岛外,沿岸大都冰冻。3 月初融冰时还常有大量流冰发生,平均水温 11℃。由于大陆河川大量的淡水注入,所以渤海海水中的盐度是最低的(仅 30‰)。

渤海沿岸有辽东湾、渤海湾、莱州湾。辽河、海河、黄河等河流从陆上带来大量有机物质,使这里成为盛产对虾、蟹和黄花鱼的天然渔场。

辽东半岛南端老铁山角与山东半岛北岸蓬莱角的连线是渤海与黄海的分界线。

## 混浊之海——黄海

出了渤海海峡,海面骤然开阔,深度逐渐加大,这就是黄海。黄海因为古时黄河水流入,江河搬运来大量泥沙,使海水中悬浮物质增多,海水透明度变小,故呈现黄色,黄海之名因此而得。黄海是我国华北的海防前哨,也是华北一带的海路要道。

黄海西临山东半岛和苏北平原,东边是朝鲜半岛,北端是辽东半岛。黄海面积约为40万平方千米,最深处在黄海东南部,约为140米。海洋学家按照黄海的自然地理等特征,习惯将黄海分为北黄海和南黄海。北黄海是指山东半岛、辽东半岛和朝鲜半岛之间的半封闭海域,海域面积约为8万平

黄海

方千米,平均水深40米,最大水深在白翎岛西南侧,为86米。长江口至济州岛连线以北的椭圆形半封闭海域,称南黄海,总面积为30多万平方千米,南黄海的平均水深为45.3米,最大水深在济州岛北侧,为140米。黄海的水温年变化小于渤海,为15℃~24℃,黄海海水的盐度也较低,为32‰。

黄海寒暖流交汇,水产丰富,特别是渤海和黄海沿岸地势平坦,面积宽广,适宜晒盐。例如:著名的长芦盐区,烟台以西的山东盐区以及辽东湾一带都是我国重要的盐产地。

长江口北岸的启东角与韩国济州岛西南角的连线是黄海与东海的分界线。

# 万里长江的归宿——东海

浪涛万顷、一望无际的东海,自古以来就是人们向往的海洋。古时人们对它生畏,传说那里有东海龙王;现在人们对它迷恋,因为那里有明媚风光。

东海北连黄海,东到琉球群岛,西接我国大陆,南临南海。东海南北长约1300千米,东西宽约740千米。东海海域面积70多万平方千米,平均水深350米左右,最大水深2719米。东海海水透明度较大,能见到水下二三十米。东海海域比较开阔,大陆海岸线曲折,港湾众多,岛屿星罗棋布,我国一半以上的岛屿分布在这里。

大陆流入东海的江河,长度超过百千米的河流有40多条,其中长江、钱塘江、瓯江、闽江等四大水系是注入东海的主要江河。因而,东海形成了一支巨大的低盐水系,成为我国近海营养盐比较丰富的水域,其盐度在34‰以上。因东海位于亚热带,年平均水温20℃~24℃,年温差7℃~9℃。与渤海和黄海相比,东海有较高的水温和较大的盐度,潮差6~8米,水呈蓝色。又因东海属于亚热带和温带气候,利于浮游生物的繁殖和生长,是

在东海航行的舰队

各种鱼虾繁殖和栖息的良好场所,也是我国海洋生产力最高的海域。东海有我国著名的舟山渔场,盛产大、小黄鱼和墨鱼、带鱼。东海的优良港湾很多,如上海港位于长江下游黄浦江口,这里航道深阔,水量充沛,江内风平浪静,宜于巨轮停泊。

广东南澳岛与台湾岛南端的鹅銮鼻连线是东海与南海的分界线。渤海、黄海和东海处在中国大陆的东边,所以又统称东中国海。

# 世界第三大陆缘海——南海

从东海往南穿过狭长的台湾海峡,就进入汹涌澎湃的南海了。南海是我国最深、最大的海,也是仅次于珊瑚海和阿拉伯海的世界第三大陆缘海。南海位居太平洋和印度洋之间的航运要道,在经济上、国防上都具有重要的意义。

南海位于我国大陆的南方。南海北边是我国广东、广西、福建和台湾四省,东南边至菲律宾群岛,西南边至越南和马来半岛,最南边的曾母暗沙靠近加里曼丹岛。浩瀚的南海,通过巴士海峡、苏禄海和马六甲海峡等,与太平洋和印度洋相连。它的面积最广,约有356万平方千米,相当于16个广东省那么大。我国最南边的

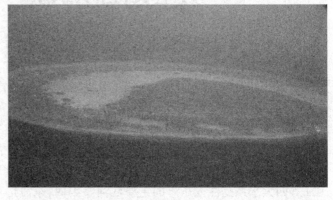

南海

曾母暗沙距大陆达2000千米以上,这比广州到北京的路程还远。南海也是邻接我国最深的海区,平均水深约1212米,中部深海平原中最深处达5567米,比大陆上西藏高原的

高度还要大。

南海四周大部分是半岛和岛屿，陆地面积与海洋相比，显得很小。注入南海的河流主要分布于北部，主要有珠江、红河、湄公河、湄南河等。由于这些河的含沙量很小，所以海阔水深的南海总是呈现碧绿或深蓝色。南海地处低纬度地域，是我国海区中气候最暖和的热带深海。南海海水表层水温高（25℃～28℃），年温差小（3℃～4℃），终年高温高湿，长夏无冬。南海盐度最高（35‰），潮差2米。

南海的自然地理位置，适于珊瑚繁殖。在海底高台上，形成很多风光绮丽的珊瑚岛，如东沙群岛、西沙群岛、中沙群岛和南沙群岛。南海诸岛很早就为我国劳动人民发现与开发，是我国领土不可分割的一部分。南海水产丰富，盛产海龟、海参、牡蛎、马蹄螺、金枪鱼、红鱼、鲨鱼、大龙虾、梭子鱼、墨鱼、鱿鱼等热带名贵水产。

# 舟山群岛

在长江口东南海面，坐落着我国最大的岛群，它就是舟山群岛。舟山群岛岛礁众多，星罗棋布，共有大、小岛屿1339个，约相当于我国海岛总数的20%；分布海域面积22000平方千米，陆域面积1371平方千米。其中1平方千米以上的岛屿58个，占该群岛总面积的96.9%。整个岛群呈北东走向依次排列。

南部大岛较多，海拔较高，排列密集，北部多为小岛，地势较低，分布较散：主要岛屿有舟山岛、岱山岛、朱家尖岛、六横岛、金塘岛等，其中舟山岛最大，面积为502平方千米，为我国第四大岛。

舟山群岛

舟山群岛是浙东天台山脉向海延伸的余脉。在1万至8000年前，由于海平面上升将山体淹没才形成今天的岛群。群岛的最高峰在桃花岛的对峙山，海拔544.4米。整个群岛属于低山丘陵地貌类型。海平面的升降，长期的海浪冲蚀，群岛发育着海蚀阶地、洞穴。舟山岛上10米高的海蚀阶地到处可见，30米高的阶地更为清晰。普陀山岛的潮音洞都属海蚀洞穴。潮流像一个大搬运工一样把大量泥沙搬运到群岛的隐蔽地带沉积，把几个岛屿连接起来，形成岛上的堆积平原。舟山岛、朱家尖、岱山岛都是由于海积平原的扩展形成的大岛。

在大地构造上，舟山群岛属于华夏大陆的一部分，地层与浙东陆地相同，大多由中生代火山岩构成，还有片麻岩、大理岩等古老的变质岩和新生代的玄武岩。第四纪以来，伴随着海平面的多次升降，又沉积了海相沙砾层和淤泥滩堆积。

舟山群岛风光秀丽，气候宜人。这里秀岩嶙峋，奇石林立，异礁遍布，拥有两个国家海上一级风景区。著名岛景有海天佛国普陀山、海上雁荡朱家尖、海上蓬莱岱山等。东海观音山峰峦叠翠,山上山下美景相连,人称东海第二佛教名山。岛上奇岩异洞处处,山峰终年云雾笼罩。枸杞山岛巨石耸立,摩崖石刻处处可见。黄龙岛上有两块奇石,如同两块元宝落在山崖。大洋山岛溪流穿洞而过,水声潺潺,美丽的景点数不胜数。

　　舟山群岛素有千岛之乡的美称。舟山群岛是我国沿海航线中途的必经之地。现在的舟山群岛港口发展迅速,已成为上海、宁波水运中转的卫星港。

# 天涯海角

　　碧海蓝天,烟波浩渺,椰林婆娑,帆影点点。大自然是如此慷慨,把这一切美好的事物都赐予了人间仙境:三亚。

　　三亚位于海南岛的最南端,是海南的第二大城市,那里聚居着汉、黎、苗、回等10多个民族,少数民族人口占44.2%。三亚的历史,源远流长,迄今境内仍保有中国最南端的旧石器时代人类文化遗迹。秦时始皇帝设南方三郡,三亚便是其中之一,当时被称为"象郡",后称"崖州",便是古代著名的天涯海角。

天涯海角

　　三亚自古本为蛮荒之地,"飞鸟尚需半年程"的琼岛,人烟稀少,荒芜凄凉,向来便是历代君王贬谪罪臣的去处。被贬来此处的官吏与文人,但见沧海茫茫,无边无际,进固然不能,退却也无路,难免悲从中来,望洋兴叹。天涯海角之称,便由此而来。古往今来,无数的骚人墨客在此处留下了他们的踪迹,倾吐着他们的颠沛流离与悲惨命运。唐朝宰相李德裕感慨此处"一去一万里,千之千不还";宋朝名臣胡诠哀叹"区区万里天涯路,野草若烟正断魂"。大文豪苏轼也曾被贬戍至此,至今仍有"怀苏亭"古迹留在天涯海角作为历史的见证。

　　如今的"天涯海角",已成为三亚一个著名的景点,位于三亚市西约26千米处。景区内那些刻有"天涯""海角""南天一柱"等字样的巨石,已成为南海著名的人文景观。据记载,"天涯"题刻,是清代雍正年间崖州知府程哲所书。"南天一柱"据说是清代宣统年间崖州知府范云梯所书。"南天一柱"的来历还有传说。相传很久以前,陵水黎安海域恶浪滔天,人民生活困苦。王母娘娘手下两位仙女知道后偷偷下凡,立于南海中,为渔民指航打鱼。王母娘娘恼怒,派雷公雷母抓他们回去,二人不肯,化为双峰石,被劈为两截,一截掉到黎安附近的海中,一截飞到天涯之旁,成为今天的"南天一柱"。

# 西沙群岛

　　富饶的西沙群岛位于海南岛东南 300 多千米处，是中国南海诸岛四大群岛之一，由永乐群岛和宣德群岛组成。这片大大小小的珊瑚岛屿群自东北向西南伸展，漂浮在 50 多万平方千米的海域上，美丽而纯净。

西沙群岛

　　西沙自古就是中国的领土，古代被称为"千里长沙"，是南海航线的必经之路。早在隋代之时，就已经派使节经南海到过今天的马来西亚，唐代高僧义净亦经此到达印度。古代那些满载着陶瓷、丝绸、香料的商船也都取道此处，因而这里又被称为"海上丝绸之路"。

　　永兴岛位于西沙群岛中央，是南海诸岛中最大的岛屿，东西长约 1950 米，南北宽约 1350 米，面积 1.85 平方千米，是西沙群岛、中沙群岛和南沙群岛的人民政府所在地。永兴岛得名于 1946 年 11 月 29 日接收西沙群岛的军舰的名字。永兴岛又名"林岛"，因岛上林木深密而得名。

　　全岛由白色珊瑚贝壳沙堆积在礁平台上而形成，地势平坦，平均高约 5 米。这里终年皆夏，岛上是典型的热带风光，椰树成行，风光旖旎，盛产椰子、木瓜、香蕉等水果。每月补给船到达永兴岛的时候，全岛居民都会放假 2 天，去码头卸鸡、鸭、猪、土豆、黄瓜、邮件等物资。

# 澎湖列岛

　　澎湖列岛位于台湾海峡的南部，由 64 个岛屿组成，面积约 127 平方千米，域内岛屿罗列，港湾交错，地势险要，是中国东海和南海的天然分界线。澎湖列岛中的岛屿，按其位置可分南、北两个岛群：南岛群在八罩水道以南，有望安岛（八罩岛）、七美屿、花屿、猫屿、东吉屿等，几乎所有岛都为火山岛，组成的岩石均为第四纪玄武岩，北岛群分布在八罩水道以北，包括有面积最大的澎湖岛和渔翁岛（西屿）、白沙岛、吉贝屿、岛屿、姑婆屿等岛屿。

　　澎湖列岛的年降水量在 1000 毫米以上，多集中在夏季。由于岛上地形较为平坦，没有山川河谷，年蒸发量高达 1800 毫米，因此岛上严重缺水。每年 10 月至翌年 3 月吹拂的东北风,也是澎湖列岛上的另一自然地理特征。东北风时速最高可达每秒三四十米,相当于中等强度的台风,因此,冬天的澎湖列岛就像一只"风柜",这种强劲的风挟带着海水泡沫,呈咸味,当地人称为"火烧风",其威力不亚于台风,火烧风过处,树木植物无不焦枯。许多商店此间均闭门停止营业。妇女们则以布蒙面,避免风沙吹打。当然,这种澎湖列岛特有的景观,也吸引了不少游人特地前来观赏体验一番。因此,澎湖早年就有"风岛"之名了。澎湖列岛的自然景观是十分优美的,著名的有"风柜涛声""鲸鱼洞""望安玄武岩""虎井沈城""将军屿帆船石""桶盘屿石柱"等。

渔业观光历来是台湾旅游的观赏重点,而澎湖渔港占台湾全省的1/3,居民60%以上以捕鱼为生。环岛海滨帆樯林立,入夜时分,万点渔火,闪烁海面,宛若星汉落地,蔚为奇观。"澎湖渔火"乃被列入台湾八景之一。

# 鼓浪屿

鼓浪屿,位于厦门岛西南隅,与厦门市隔海相望,与厦门岛只隔一条宽600米的鹭江。明末,民族英雄郑成功曾屯兵于此,日光岩上尚存水操台、石寨门故址。1842年,鸦片战争后,英、美、法、日、德、西、葡、荷等13个国家曾在岛上设立领事馆,鼓浪屿变为了"公共租界"。一些华侨富商也相继来此兴建住宅、别墅,办电话、自来水事业。1942年12月,日本独占鼓浪屿;抗日战争胜利后,鼓浪屿才结束了100多年殖民统治的历史。

鼓浪屿

鼓浪屿街道短小,纵横交错,清洁幽静,空气新鲜,岛上树木苍翠,繁花似锦,特别是小楼红瓦与绿树相映,显得格外漂亮。鼓浪屿楼房鳞次栉比,掩映在热带、亚热带林木里,日光岩奇峰突起,群鸥腾飞……组成一幅美丽的画卷。鼓浪屿是"建筑博览馆",许多建筑有浓烈的欧陆风格,古希腊的三大柱式陶立克、爱奥尼克、科林斯各展其姿,罗马式的圆柱,哥特式的尖顶,伊斯兰圆顶,巴洛克式的浮雕,争相斗妍,异彩纷呈,洋溢着古典主义和浪漫主义的色彩。

日光岩又称龙头山,耸峙于鼓浪屿中南部,与厦门的虎头山隔鹭江相望,史称"龙虎守江"。日光岩海拔92.7米,是鼓浪屿的最高峰。山间磴道盘旋,迂回曲折,随处有诗联题刻,以明万历元年(1573)丁一中所题"鼓浪洞天"为最早,距今已经有400多年的历史了。

日光岩顶就是天风台,是鼓浪屿的最佳观景点。放眼四顾,厦门市区、鼓浪屿全岛、环鼓浪屿的大海,厦门大学、海沧大桥、九龙江入海口、南太武屿仔尾漳州港,或远或近,尽入眼底。游厦门不登日光岩,不算到厦门!

日光岩上的摩崖石刻有80多处,有张瑞图、何绍基、郑成功、丁一中、许世英、蔡元培、蔡廷锴、蒋鼎文等人的诗文题刻,其中以"鼓浪洞天""鹭江第一""天风海涛"等尤为著名;是日光岩上的一大文化景观。

# 亚龙湾

亚龙湾位于海南三亚市东南面 25 千米处,面积 141 平方千米,其中陆地面积 78 平方千米,海域面积 63 平方千米。亚龙湾三面青山相拥,南面呈月牙形向大海敞开。海水能见度达 20 米以上,海湾近 10 千米长,沙滩好似一条环绕海湾的白色玉带,湾内风平浪静,海水湛蓝,被誉为"天下第一湾"。

1992 年 10 月 4 日经国务院批准,在此建立中国唯一具有热带风情的国家级旅游度假区——亚龙湾国家旅游度假区。亚龙湾气候宜人,冬可避寒、夏可消暑,自然风光优美,青山连绵起伏,海湾波平浪静,湛蓝的海水清澈如镜,柔软的沙滩洁白如银。"三亚归来不看海,除却亚龙不是湾"这是游

亚龙湾

人对亚龙湾由衷的赞誉。亚龙湾属典型的热带海洋性气候,全年平均气温 25.5℃。海底珊瑚礁保存十分完好,生活着众多形态各异、色彩缤纷的热带鱼种,属国家级珊瑚礁重点保护区。海湾面积 66 平方千米,可同时容纳 10 万人嬉水畅游、数千只游艇游弋追逐,可以说这里不仅是滨海浴场,而且也是难得的潜水胜地。锦母角、亚龙角,激浪拍崖、怪石嶙峋,是攀崖探险活动的良好场所。此外尚有奇石、怪滩、田园风光等构成各具特色的风景。

亚龙湾中心广场是度假区的标志性建筑,它位于度假区中心,占地 7 万平方米。广场中心的图腾柱高 26.8 米,围绕图腾柱是三圈反映中国古代神话传说和文化的雕塑群。广场上,4 个白色风帆式的尖顶帐篷,给具有古老文化意蕴的广场增添了现代气息。度假区内还有贝壳馆、蝴蝶谷等供参观。

# 野柳风景区

野柳风景区位于台湾北部基隆市西北方约 15 千米处的基金公路,位于北海岸金山

与万里之间,是一个突出海面的狭长海峡,长约 1700 米,远望如一只海龟蹒跚离岸,昂首拱背而游,因此也有人称之为野柳龟。受造山运动的影响,深埋海底的沉积岩上升至海面,产生了附近海岸的单面山、海蚀崖、海蚀洞等地形,海蚀、风蚀等在不同硬度的岩层上作用,形成蜂窝岩、豆腐岩、薹状岩、姜状岩,风化窗等世界级的岩层景观,造就了千奇百怪的瑰丽景象。

野柳风景区

进入野柳风景区,沿着步道而行,一路可尽览奇特的地质景观,如女王头薹岩、仙女鞋、象石、玛玲鸟石等,造型各异其趣,行至岬角尖端,即为白色的野柳灯塔,在此展望海天一色,最是令人心旷神怡。除了奇特的地质和石头以外,野柳亦是众多候鸟休憩的驿站,是赏鸟人士眼中的宝地。野柳长约 1700 米,宽仅 250 米,有丰富的海蚀地形,在 2000 多万年前,台湾仍在海里,由福建一带冲刷下来的泥沙,一层层地堆积出砂岩层,600 万年前的造山运动把岩层推挤出海面,形成台湾岛,野柳是其中的一部分。造山运动挤压时,在野柳的两侧推出两道断层,断层带破碎易受侵蚀,所以两侧凹入成湾,中间突出形成海岬。接下来,在海浪、雨水和风的侵蚀下,及地壳不断的抬升下,造成野柳的奇岩怪石。

位于风景区入口右侧的野柳海洋世界,是台湾唯一的海豚、海狮表演馆,可容纳 3500 位观众,表演重点在海豚的 20 余项动作上,小朋友还有机会与海豚和海狮亲近。表演中也穿插引自国外的高空花式跳水及高空弹跳等花絮。野柳海洋世界也是台湾第一座海洋动物表演馆,各种有趣的动物表演,令人捧腹大笑。

表演馆为半圆形看台,并设有遮雨篷。外墙由象征大海的深浅蓝色粉刷而成,体现出野柳海洋世界的亲水特色,外观的湛蓝色彩正好和海天呈一色,与大自然景观融合为一体。园区另一主题为长约 400 米的海底隧道,集中了世界各地的稀有名贵海洋水族,走入隧道中,上千尾各式各样的鱼儿在身边穿梭,十分有趣。

海洋世界右边有一处称为"天外天"的小平台,沿渔村小道步行 10 分钟,顺石阶拾级而上,可登上岩石构成的山顶平台,游目四望,优美的野柳胜景尽收眼底。

野柳一带的潜礁地形,孕育了丰富而多样的海洋资源,位于海洋世界旁的海王星乐园顺势推出了玻璃底游艇,不用潜水即可欣赏美不胜收的海底世界,另外还有飞鱼特快艇,让游客驰骋海上,从不同角度欣赏野柳海岸之美。

# 高原地貌

## 喜马拉雅山脉 8000 米以上的高峰

喜马拉雅山西起我国阿里地区的印度河急转弯内侧南迦帕尔巴特峰，东止于雅鲁藏布江大拐弯墨脱县境内的南迦巴瓦峰，北以雅鲁藏布江——象泉河为界，南濒印度恒河平原。东西长 2400 余千米，南北宽 200～350 千米。它像一座巨大的天然屏障又像一座巨大的银色万里长城，屹立在亚洲的中部——横空出世的珠穆朗玛峰。

喜马拉雅，这个美丽动人的名字来源于印度梵文，意为冰雪的居所。这是因为这里终年为皑皑白雪所盖之故。喜马拉雅山之所以被称为"世界屋脊"，是因为它的最高部分（主脊带）的平均海拔在 6000 米以上，群峰争艳。地球上大部分 7000 米以上的高峰汇集于此。

喜马拉雅山脉

据统计，世界上 14 座 8000 米以上的高峰就有 10 余座分布在喜马拉雅山脉之中，它们是：第一高峰珠穆朗玛峰（8844.43 米），第三高峰干城章嘉峰（8585 米），第四高峰洛子峰（8500 米），第五高峰卡鲁峰（8481 米），第六高峰道拉吉里峰（8172 米），第七高峰库汤山（8156 米），第八高峰乔乌雅峰（8153 米），第九高峰南迦帕尔巴特峰（8125 米），第十高峰安那普那峰（9091 米）和第十四高峰希夏邦马峰（8012 米）。包括第二高峰乔戈里峰（8611 米）在内的其他 4 座 8000 米以上的高峰则分布在同喜马拉雅山脉毗邻的喀喇昆仑山中。

所有科学事实证明，喜马拉雅山从一片汪洋横空出世以后，一直在不断地上升，然而成为今天的世界屋脊却是在最近一万至两万年地壳运动的结果。科学家认为这里的上升速度是一亿年以来为 0.04 厘米/年，50 万年以来为 0.2 厘米/年，10 万年以来为 1～1.5 厘米/年，7000 年以来达到 4～7 厘米/年。

根据近十几年来的考察研究，作为古地中海一部分的喜马拉雅海（或称特提斯海）海水退出以后,这里还是一片逶迤起伏的年轻陆地。在距今一千万年前的第三纪晚期,喜马拉雅地区河流纵横,湖泊星罗棋布,在吉隆盆地发现的这个时期的欧螺型恒河螺化石说明,当时西藏同南亚水系是相通的,气候温暖,植物茂盛,像三趾马一类的动物在森林、草原中奔驰。喜马拉雅地区是一片兴旺的自然景象;到 200 万年前,由于不断上升,喜马拉雅山开始出现了冰川。

1967 年,我国著名地质学家刘东生教授指出:在定日苏日开始出现了距今 40 万至 50 万年旧石器时代古人类使用过的石器,它们与北京周口店发现的中国猿人同属一个时代;1966 年科学工作者在聂拉木县亚里发现的石器更精致,它们是距今 7000~10000 年前原始社会后期的人类使用的,同时发现的其他动物和植物化石表明,当时这里的环境温暖,杜鹃、柳树成林,适于人类生存。然而目前这里已经上升到 4300 米,周围一片高寒景象。从发现的化石证明,在 3160 年前,羊卓雍湖一带还生长着大量的松树、栎树和棹树,而不像现在这样高寒、荒凉。

喜马拉雅山北坡的一系列湖泊如泊古湖、戳错龙湖、多钦湖、羊卓雍湖等,过去并不是在现在的位置上,而在它的南边;雅鲁藏布江两岸的支流不太相同,南岸短北岸长。这是由于山脉主脊带上升速度快而北面上升速度慢造成的,因此地质学家们确定喜马拉雅山仍然在不断上升中。有人根据印度板块的漂移速度计算出喜马拉雅山目前正在以每年 1~2 厘米的速度上升着。新中国成立后,我国测量工作者在西藏高原东部进行过重复水准测量,测得那里的上升速度为每年 0.5~1 厘米。科学家们断定,只要印度板块的向北漂移俯冲运动不停止,喜马拉雅山的这种上升运动也不会停歇。

# 喜马拉雅山系有多少自然气候带

"喜马拉雅"一词来自梵文,"喜马"意为雪,"拉雅"意为住屋或家乡,原意即为"雪的故乡"。它全长 2400 千米,宽 200~300 千米,主脊山峰平均海拔达 6200 米,是地球上最高而又最年轻的山系。喜马拉雅山系最奇特的景观就是垂直分布的自然带,其中包涵的问题非常复杂,正因为这样,这里才成为中外学者和探险家最为钟情的地方。

海拔 8000 米以上的极高峰也比较集中,仅在我国境内的就有 5 座,即珠穆朗玛峰(8844..43 米)、洛子峰(8510.6 米)、马卡鲁峰(8463 米)、卓奥友峰(8201 米)和希夏邦马峰(8012 米)。它们和境外的干城章嘉峰、马纳斯仟峰,道拉吉里峰及安那鲁纳尔峰等海拔 8000 米以上的山峰共同构成整个喜马拉雅山系的最高地段。

喜马拉雅山脉的南北翼自然条件差异显著,动物和植物的种类组成截然不同。这种悬殊的自然景观十分奇特,让人惊叹造化之功。以喜马拉雅山脉中段为例:中喜马拉雅山的南翼山高谷深,具有湿润、半湿润的季风气候特点。在短短几十千米的水平距离内,相对高差达 6000~7000 米,垂直自然带十分明显。海拔 1000 米以下的低山及山麓地带是以婆罗双树为主的季雨林带。海拔 1000~2500 米的地方为山地常绿阔叶林带,与我国亚热带的常绿阔叶林类似,主要有栲、石栎、青冈、桢楠,木荷、樟、木兰等常绿树种。森林苍郁,有附生植物及藤本植物。森林中常可见到长尾叶猴、小熊猫以及杂色噪鹛、绿喉太阳鸟等,表现出热带、亚热带生物区系的特点。

海拔2100~3100米的地方为针阔叶混交林带,主要由云南铁杉、高山栎和乔松等耐冷湿、耐干旱的树种组成。动物组成具有过渡特征,随季节变化而做垂直的迁移。海拔3100~3900米的地方为以喜马拉雅冷杉为主的山地暗针叶林带。森林郁闭阴湿,地面石块及树木上长满苔藓,长松萝悬挂飘曳,形成黄绿色的"树胡子"。林麝和黑熊等适于这种环境,喜食附生在冷杉上的长松萝。冷杉林以上为糙皮桦林组成的矮曲林,形成森林的上限。

森林上限以上,海拔3900~4700米的地方为灌丛带。阴坡是各类杜鹃组成的稠密灌丛,阳坡则是匍匐生长的暗绿色圆盘状的圆柏灌丛。海拔4700~5200米的地方为小嵩草、蓼及细柄茅等组成的高山草甸带。再往上则为高寒冻风化带(海拔5200~5500米)及其上的永久冰雪带。

中喜马拉雅山北翼高原上气候比较干旱,没有山地森林分布。在海拔1000~5000米的范围内生长着以紫花针茅、西藏蒿和固沙草等为主的草原植被,组成高山平原带。这里的动物多为高原上广布的种类,如藏原羚、野驴、高山田鼠、藏仓鼠,高原山鹑、褐背地鸦等。海拔5000~5600米的地方为以小嵩苹、黑穗苔草等为主的高寒草甸和以蚤缀等组成的坐垫植被带。主要动物有喜马拉雅旱獭、岩羊和藏仓鼠等。海拔5600米至雪线(6000米)间寒冻风化作用强烈,地面一片石海,只有地衣等低等植物,形成黄、橙、绿、红、黑、白等各种色彩,组成独具一格的图案。

喜马拉雅山脉的东、中、西各段也有明显差异。东段比较湿润,以山地森林带为主,南北翼山地的差异较小;西段较干旱,分布着山地灌丛草原和荒漠;中段的喜马拉雅地势高耸,南北翼山地形成鲜明对照。

# 青藏高原的地热资源

在高原范围内共有1000余处地热区。以西藏南部的地热带为最强盛。雄伟的冈底斯山和念青唐古拉山山脚下,常常见到山峰白雪皑皑,山脚热气腾腾,蓝天雪峰的背景与冉冉升起的白色汽柱交相辉映,蔚为壮观。青藏高原地热资源之丰富,类型之复杂,水热活动之强烈,为全球罕见。

南起喜马拉雅山,北抵冈底斯山和念青唐古拉山,从西陲阿里向东经过藏南延伸至横断山脉折向南迄于云南西部的强大地热带的形成,和年轻的喜马拉雅造山运动密切相关。我国科学工作者把它叫作喜马拉雅地热带。在这条地热带内有热水湖、热水沼泽、热泉、沸泉、汽泉和各种泉华等地热显示类型,还有世界上罕见的水热爆炸和间歇喷泉现象,是什么原因导致了这些现象呢?

水热爆炸是一种极其猛烈的水热活动现象,爆炸后地表留下一个漏斗状的爆炸穴,穴口周围组成的环形垣体堆积物逐渐流散,穴体内壁也被淀积的泉华衬砌起来,泉口涌水量慢慢减少,水质渐清,水温降低。水热爆炸通常没有固定的时间和地点,前兆不明显,过程也很短促,约在10分钟以内,因此只有少数人碰巧亲睹过这种奇特的地热现象。

有人认为,水热爆炸属于火山活动的范畴,这是因为目前仅有美国、日本、新西兰和意大利等少数国家发现过水热爆炸,但几乎都出现在近代火山区内。然而,青藏高原上的水热爆炸活动和现代火山似乎没有什么联系。它是在以岩浆热源为背景的浅层含热水层中,当高温热水的温度超过了与压力相适应的沸点而骤然汽化,体积膨胀数百倍所产生的巨大压力掀开了上面的盖层而发生的爆炸。高原上水热爆炸的规模较小,但同一地点发生水热爆炸的频率却较高。如苦玛每年四五次,有的年份则多达20余次。这种罕见的高频水热爆炸活动说明,下覆热源的热能传递速率大,爆炸点的热量积累快。从地热带内其他各种迹象判断,这个

**青藏高原的地热资源**

热源可能是十分年轻的岩浆侵入体。19世纪末叶以来,涉足高原的任何外国探险考察家都没有报道过这里的水热爆炸活动,已经发现的水热爆炸活动大都发生在20世纪50年代以后,它们形成的垣体中也不见泉华碎块,这不仅说明这些水热区形成的年代新,而且还暗示这里作为热源的壳内岩浆体很年轻,正处在初期阶段。

西藏是目前我国境内发现间歇喷泉的唯一地区,共有间歇喷泉区3处。高温间歇喷泉是自然界一种奇特而又罕见的汽水两相显示,它是在特定条件下,地下高温热水做周期性的水汽两相转化,因而泉口能够间断地喷出大量汽水混合物的一种水热活动。相邻的两次喷发之间,有着相对静止的间歇期。这种奇特的、交替变幻的喷发和休止,决定于它巧妙的地下结构和热活动过程。间歇喷泉通常位于坚固的泉华台地上,其下有体积庞大的"水室"和四周的给水系统,底部有高温热水或天然蒸汽加热,还有细长喉管直达地面的抽送系统,酷似一个完整的天然"地下锅炉"。随着水室受热升温,汽化上下蔓延,至水室内具备全面沸腾的条件时,骤然汽化所产生的膨胀压力通过抽送系统把全部汽水混合物抛掷出去构成激喷。水室排空后重又蓄水、加热,孕育着再一次喷发。

西藏地热科研所现已修建了6座地热能温室,面积共达1600平方米。隆冬季节,温室内气温保持在30摄氏度左右,西红柿、茄子、黄瓜、辣椒等喜温作物生长非常良好。看来,西藏的地热资源可利用的空间还可以进一步扩大到许多领域。

# 世界上最高的煤矿

在西藏阿里地区,终年被冰雪覆盖的巍峨的冈底斯山主峰——冈仁波齐峰直插云

霄,就在这个素有"神山"之称的山脚下,坐落着目前世界上最高的煤矿——著名的门土煤矿,它的第一个平巷洞口高度是海拔 5150 米。

门土煤矿是 20 世纪 70 年代初期发现的,经过有关部门的勘探、设计和施工,于 1976 年正式投产。它产有优质焦煤,是阿里地区具有重要经济价值的动力资源。在如此高寒缺氧、交通不便的荒山峻岭之上建成这样初具规模的世界最高的煤矿,是西藏工人阶级在征服大自然战斗中的一项硕果,是西藏自治区工业发展史上的骄傲。

门土煤矿的煤产于新生代早第三系地层中,说起这些"乌金"的形成,特别是它被抬升到如今的高度,还有一段不平凡的经历呢。谁能想到就是这个高达 5000 多米以上、经常被皑皑的冰雪所覆盖的含煤岩系,早在五六千万年前竟是海拔不到一二千米的群湖密布、丛林繁茂、鸟虫云集、四季如春的温暖之乡。

据考察所采集的化石标本鉴定结果来看,那里不但有生长在炎热多雨,代表热带或亚热带的桉树、榕树、蒲桃、杨梅等植物群;还有生殖在湿热的湖滨岸边的各种蚊虫、蛾子和鸟类,等等。这些历史的见证,真实地反映了当时这里确实是四季如春的温暖之乡。无数树木气候湿度压力条件之下,年复日久就变成了煤层。

# 高寒植物的特点

生长在高寒草甸的植物,为了适应干冷恶劣的自然环境,都拥有生存的"秘密武器"。通过解读这些秘密武器,我们才可能发现高寒植物为什么有强大生命力的原因。

胎生繁殖是植物对生长期短,生态条件恶劣的高环境的一种适应方式。常见的胎生植物有珠芽蓼、点头虎平掌、胎生早熟禾等。它们在高海拔地区生长发育、开花结果。当种子成熟后,不经过休眠期,立即在花序内萌生成幼苗,然后落地生根,在雪被的保护下安全越冬。

在终年冰雪带以下,寒冻风化作用极为强烈,山麓、山坡以至山顶到处是裸岩、碎屑、石块,宛如一片石海。岩石或石块表面生长着五颜六色的地衣,构成许多美丽的图案。地衣不怕风吹、雪盖、日晒和雨淋,并能分泌出特有的地衣酸来溶解和腐蚀岩石表面,以取得必要的养料,加速岩石表面的风化,使其转化为土壤,为其他植物的生长提供必要的条件。地农类通常分布在雪线附近几百米的地段,被称为高山区域的"先锋植物"。

搬开垒叠在一起的石块,可以发现石块间积聚着许多细小的土粒,其间生长着一些高等植物。最惹人注目的是全身密布白色绒毛的雪莲。这是菊科凤毛菊属植物。雪莲又叫"雪兔子"。远远望去一株株雪莲犹如一只只白色的玉兔,用它那浓厚的绒毛抵挡着凛冽寒风的袭击,在皑皑冰雪中傲然屹立。它的根系长达 1 米以上,为地上部分的 5~10 倍。

坐垫植物在高原上分布广泛,它们是在高山极端环境下形成的具有特殊形态结构的地上芽多年生草本植物。坐垫植物比较矮小,植株分枝多,茎节间强烈短缩,枝条排列成流线型的垫状体,呈半球状倒覆贴于地面。它们的叶缩成鳞片状、针状或极小的叶片覆于表面,小枝间有枯叶,细土充填,具有保护生长点和越冬芽与增加热容量的作用。白天,它们大量地吸收太阳辐射热,而散热则较慢,体内水分蒸腾也较少,形成了有利的"微环境"。坐垫植物的主根多粗大而深入地下,保证了地上部分有足够的水分和养分供应。典型的垫状植物有枝叶密集的囊种草、盛开细小白花的苔状蚤缀和垫状点地梅等。在藏北高原,囊种草的根系集中分布在离地表 10～50 厘米内,其侧根发达,根系展布范围的直径相当于垫状体直径的 7～12 倍。

植株矮小是高山植物的又一生存武器。以柳属植物为例,在海拔较低的雅鲁藏布江中游谷地,它是绿影婆娑、垂枝飘拂的大树,但在高山带,它却成为几十厘米高的植物,有的甚至仅 2～3 厘米高,蔓地而生。又如沙棘,在藏东南低海拔的谷地中它可高达川多米,但在羌塘高原上却成为只有几厘米高矮的小灌木了。在高原东南部的高山上,以 3～5 厘米高的小蒿草为主组成的高山草甸植被结构简单,层次分化不明显,宛如铺在高原上的绿色地毯。它的生物生产量低,但其草质柔软,营养丰富,适口性强,成为良好的暖季牧场。在比较湿润的高山,有圆穗蓼、香青、紫菀、委陵菜、黄花草等和蒿草一起生长。这些杂草高 10～20 厘米,盛开着粉红色、紫色、黄色等各色花朵,五彩缤纷。高山上花色艳丽的植物不胜其数。蓝紫色的龙胆;黄色、红色、蓝色的绿绒蒿;白色的银莲花;金黄色的金莲花;深红色的角蒿,有的呈塔状矗立,有的连成一片,像色彩斑斓的锦缎,给高原增添了迷人的景色。

寒冷干旱的高原西北部占优势的代表植物是垫状驼绒藜。它植株矮小,为垫形的小半灌木,形成一个个小圆帽状的坐垫。虽然高仅有 10 厘米,却有百年以上的寿命。它既能在含盐的、有多年冻土层的古湖盆底部形成高寒荒漠植被,又能生长在干旱的高山碎石坡上,其顽强的生命力令人钦佩赞叹。

# 高产的高原麦类

也许你不知道,青藏高原是我国冬小麦产量最高的地区。西藏格尔木香日德农场、江孜农业试验场、日喀则农科所先后创造了麦类亩产 1000 千克的全国高产纪录。消息传开,震惊中外。在气候温凉干燥的高原,人们怎么创造出这样的奇迹的?这里面有什么秘密吗?

要解开这个谜,必须从太阳辐射说起。阳光是绿色植物所需能量的唯一来源。作物通过光合作用,将从空气中吸收的二氧化碳和从土壤中吸收的水分制成碳水化合物。没有阳光,便不可能有作物生产,这就是"万物生长靠太阳"的道理。青藏高原有充分的太阳辐射,为农作物高产的出现提供了物质基础。我国著名的气象学家、地理学家竺可桢教授早在 1963 年就指出,德令哈农场虽是地处海拔二三千米,但是春小麦单位面积产量却超过 500 千克,这是受惠于太阳辐射强之故。

青藏高原的太阳总辐射值居全国之冠。拉萨每平方米地面全年接受太阳辐射 19500千卡,相当于 230～280 千克标准煤燃烧所产生的热量。比纬度相近的成都、南京高 1 倍多。世界上接受太阳辐射最丰富的地方除非洲撒哈拉大沙漠外，就要数青藏高原了。由于日照强烈，即使在严冬，只要太阳一出来，气温就很快上升，气温日较差可达 18～20℃，有时甚至达 23℃。藏族同胞的穿衣习惯就是为了适应这种特殊的气候条件。高原早晚很冷，藏民须紧裹藏袍御寒。而一到中午，日照强烈，气温上升，他们就得脱掉一只袖子，或脱掉两只袖子系在腰间。强烈的太阳辐射在一定程度上弥补了地高天寒的不足，为人类生产生活提供了便利条件。

高原上的麦类高产有一个显著特点，即穗大粒多。以近些年种植比较广泛的冬小麦品种"月巴麦"为例，每穗平均结实 40～50 粒，千粒重 40～50 克。每万穗籽粒重量约 15～20 千克。相比之下，华北平原和长江流域每万穗籽粒重量只有 7～13 千克。也就是说，在单位面积穗数相同的情况下，高原产量比东部低平地区高出 0.5 倍，甚至 1 倍以上。

青藏高原年平均气温和各生育期的平均气温均低于东部低平地区，从而使生育期延长。东部低平地区冬小麦 250～280 天成熟，可是高原却长达 300～350 天，而且随海拔升高，生育期还会延长，这样非常适合种植晚熟品种。晚熟品种成穗率高，穗大粒饱。

麦类的幼穗分化期是决定每穗粒数的关键时期，而灌浆成熟期是决定每穗粒重的关键时期。高原气温偏低，麦类生育期延长主要是延长了这两个时期，分别比东部低平地区延长 20～30 天和 30～50 天。幼穗分化期长，幼穗发育充分，穗大粒多；灌浆期长，积累养分多，籽粒饱满。

高原麦类生长期内气温不高，但晴天多，有利于光合作用。夜间降温快，温度低，呼吸作用消耗的养分少。根据科学家的测定，拉萨冬小麦呼吸消耗的养分仅仅是东部低平地区的 1/2。

光照和温度配合的好坏，往往直接影响到光合作用的强弱。高原上一天之中光照和温度变化是较理想的。早上气温不高，太阳辐射亦较弱，所以光合作用不强。中午前后，气温适宜，太阳辐射强，光合作用也增加。东部低平地区中午前后气温过高，光合作用反而下降，科学家称为"午睡"现象。但在高原上却不存在这种情况，一天中有 10—12 小时能进行光合作用，因此作物产量大幅度增加。

高原上很少发生大风倒伏、雨害涝灾、高温逼热等天气灾害，温凉干燥的气候条件又限制了赤霉病、锈病、黏虫等病虫害的大面积流行。上述种种就是高原麦类能获得高产的原因。

## "西藏的江南"——察隅

"察隅好，入冬天不寒。山头雪积银世界，山谷樟叶泛青光，郁郁似江南。"这诗句是人们对察隅的赞美，也是人们对察隅的向往。这里山高林密，层峦叠嶂，岭上白雪皑皑，山腰云雾缭绕，山坡上森林郁郁苍苍，山谷间清泉流水潺潺，加百鸟争鸣，蜂环蝶舞，异兽出没，真是一派江南风光。

察隅自然保护区基本上和长沙、南昌等地在同一纬度上。可是这里山体高低相差悬殊,在水平距离几十千米的范围内,相对高差三四千米,最能反映这种自然特点的莫过于包括了亚热带、温带、寒带的植物垂直带谱了。如2300~2500米以下是山地常绿阔叶林带和云南松林带,3200米以下是山地阔叶混交林带,4200米以下是亚高山暗针叶林与灌丛带,4500米以下是高山灌丛草甸带,在此以上为冰雪带。每个森林带上分有:山地常绿阔叶林、山地落叶—常绿阔叶混交林、山地云南松林、针阔混交林、亚高山暗针叶林、常绿栎树林、高山疏林、高山灌丛8个森林植被型。其中又可分为几十个类型即:冷杉林,云杉林,铁杉林,云南松林,高山松林,高山栎林,水青树林,樟树林,芭蕉林,旱冬爪林,槭树林,桦、杜鹃灌丛等。

在众多的森林植被类型中,据不完全统计,常见的高等植物有1000多种,其中木本植物达60多科,140多属,300多种。现已被国家列为第一批重点保护的野生植物有:星叶草、长蕊木兰、云南黄连、红椿、澜沧黄杉、木青树、长苞冷杉、黄薯、黄牡丹、天麻、锡金海棠、红花木莲、楠木、南方铁杉的同属云南铁杉、八角莲的同属西藏八角莲、假人参、桃儿七、延龄草、厚朴19种;古老的种类有水青树科、樟科、木兰科、五味子科、金缕梅科、松科、柏科;经济树木有山龙眼、胡桃、蔷薇科、漆科等。总之,从南方的芭蕉、橘子、樟、桂,栲、楠到北方的杨、柳、槭、桦,在这里聚亲会友,共茂一林。

察隅河大致呈南北方向,特殊的地理位置,丰富的食源是动物良好的栖息场所,所以云集着南来北往的动物种群。据有关资料表明,它们属于东洋界和古北界两大界动物区系。慈巴沟保护区近年来珍禽异兽迅速增多,羚牛已达了700多头,老虎已有5~7只,棕熊也来此地安家。进入这飞禽走兽和多种昆虫的乐园里,经常看到黑熊到树上摘果,猴子们摇荡着秋千,老虎悄悄地待食,羚牛老少静静地晒着太阳,神态自若地獐子来溪边喝水,山雀在树上为它们歌唱,山鹰翱翔在天空,龟儿们欢快地游戏在碧清的水底,还有那蜜蜂忙于采蜜,蝴蝶飞来舞去……

察隅地区之所以呈现出迷人的亚热带风光,根源于它不同寻常的地理位置。位于青藏高原的东南角,喜马拉雅山脉呈"T"字形交汇处,东靠云南省,西接墨脱县,南邻缅甸、印度,北部是左贡、八宿、波密、整个地势北高南低,近似"簸箕"形迎向印度洋,东面是南北走向的横断山,层层山岳阻挡了东来的太平洋季风,北面是东西走向的念青唐古拉山。阻挡了南下的西伯利亚干冷气流,南面印度洋上孟加拉湾暖流所形成的高温高湿气流可以穿越喜马拉雅山各断口进入,因不能逾越东面和北面的高山而在本地回旋,因此形成这里温暖、多雨的自然气候。这样优越的气候条件,恐怕连江南也要甘拜下风了。

# "世界屋脊之屋脊"——阿里

阿里地区东起唐古拉山脉以西的杂美山,与那曲地区相连;西及西南抵喜马拉雅山西段,与印度、尼泊尔及克什米尔地区毗邻;南连冈底斯山中段,临日喀则地区仲巴县、萨嘎县;北倚昆仑山脉南麓,与新疆维吾尔自治区相邻。

阿里是喜马拉雅山脉、冈底斯山脉、喀喇昆仑山脉汇聚的地方,群山竞高,湖泊星罗棋布,水力资源丰富,全地区有大小河流80多条,湖泊60多个,境内总流程9500千米,流域面积近6万平方千米。

阿里地区地形独特,湖泊众多,人烟稀少,具有独特的风光。这里耸立着众多美丽绝伦的雪山,险峻多姿,气势磅礴;这里有着星罗棋布的高原湖泊和天空般辽阔的草原,生存着各种高原珍奇动物和名贵的植物。被佛教信徒视为"世界中心"的神山岗仁波其和圣湖玛旁雍错都位于阿里地区,此外还有古格王国遗址、托林寺、班公湖自然风景区、鸟岛、科加寺、独特的地貌札

阿里风景

达土林、东嘎皮映洞窟壁画、古象雄文化以及具有500年历史的普兰国际市场等著名景点。

这里有4条著名的河流,即狮泉河、孔雀河、象泉河和马泉河,分别是印度河、恒河、萨特累季河和雅鲁藏布江的源头。

古格王国是在10世纪前后,由吐蕃王朝末代赞普朗达玛的重孙吉德尼玛衮在王朝崩溃后,率领亲随逃往阿里建立起来的。遗址位于阿里札达县札布让区象泉河畔的一座土山上,整个建筑分上、中、下3层,依次为王宫、寺庙和民居。在其红庙、白庙及轮回庙的雕刻造像及壁画中不乏精品。

在阿里札达县境内,还可以看到象泉河两岸有众多土林环绕,密密绵绵,巧夺天工,蜿蜒曲折数十里。土林是经流水侵蚀而形成的特殊地貌,这些土林有的形似勇士驻守山头,有的形似万马奔腾,有的形似虔诚教徒静坐修行……姿态万千,神采各异,在高原迷幻光影的衬托下,宛若神话世界。

神山岗仁波其是西藏众多的神山之中地位最尊贵的一座,旁边还有圣湖玛旁雍错相伴。每年来此朝拜转山的信徒络绎不绝,据说转山108圈即可成佛。

阿里地区地处高寒之地,气候条件恶劣,交通极为不便。但那"世界屋脊之屋脊"的诱惑力却让人们无法抗拒,吸引着勇敢的人们来征服它。

# 高原古城拉萨

"世界屋脊"西藏高原上,"天河"雅鲁藏布江重要支流拉萨河畔,坐落着西藏自治区首府拉萨。拉萨所处的海拔高度3600余米,是中国、也是世界上最高的城市。世界上高于拉萨的有名地点还有,如它西面的日喀则(海拔3800米)就超过了它,可是作为一个城

市,拉萨仍不失为世界高城冠军。

拉萨这座著名的高原古城,至今已有1300多年的发展历史。公元7世纪以前,拉萨一带为苏毗王国的属地。公元633年(唐太宗贞观七年),吐蕃赞普(藏王)松赞干布迁都拉萨。当时这里还不过是"以毡帐而居,无城廓屋舍"的荒凉之地。到唐朝文成公主嫁给松赞干布以后,才开始建筑宫殿。现在拉萨著名的古代建筑,如大、小昭寺,布达拉宫等都是在文成公主进藏后修建的。自从吐蕃迁都拉萨后,这里逐渐发展成为西藏的宗教、政治、经济、文化中心。

拉萨,古称逻些或逻婆,藏语是圣地或福地之意。拉萨之所以能建成世界最高城市,自然与多方面原因有关,但离不开有利的特殊自然条件。虽然地势高,但由于西藏高原面积大,起到"热源"作用,加上空气稀薄、干燥,太阳辐射强烈,又位于较阔的河谷地带,所以气温并不很低。年平均温度7℃左右,与东北区的沈阳接近,7月平均温度15℃,而1月平均温度零下2.4℃,比北京还高出2℃多。气候受西南季风的控制,年平均降水量443毫米,雨季集中在5~9月。总之,气候颇为宜人,河谷中土地平展,灌溉方便,适于从事农牧业生产。这些都为拉萨的发展提供了良好的生态经济基础。

拉萨是全国闻名的"日光城",也是由地势和特殊的地方气候成全了这个美名。拉萨的白天经常是晴空万里、阳光普照,即使是雨季也总是夜间多雨,白天仍然晴朗。拉萨的夜雨率达80%以上。因此全年的日照充足,年日照时数多达3005小时,大大超过了它同纬度的重庆、九江、宁波等城市。同时由于这里纬度偏南,太阳高度角大,所以辐射强度大,年总辐射量高达202千卡/平方厘米,为世界上所罕见。拉萨的日照时数多,太阳辐射强,大大弥补了因地势高所导致的气温低的缺陷,又为农牧业生产、人类活动和城市的发展提供了一个独特的有利条件。

拉萨的名胜古迹很多。布达拉宫、大昭寺、罗布林卡、哲蚌寺、色拉寺、龙王潭、小昭寺都是闻名于世的名胜古迹。

# 迷人的稻城风光

稻城,古名"稻坝",藏语意为山谷沟口开阔之地。稻城县位于四川甘孜州南部,东南与凉山州木里县接壤,西界乡城县与云南省香格里拉市毗邻,北连甘孜州理塘县。稻城高原是由横断山系的贡嘎雪山和海子山组成。两大山脉坐落南北,约占全县面积的1/3。这里地势北高南低,西高东低,群山起伏,重峦叠嶂,逶迤莽苍。

稻城地区丘状、冰蚀岩盆和断陷盆地遍布于高原上,是中国最大的古冰体遗迹,即"稻城古冰帽"。海子山草原辽阔,冰蚀地形十分发育,冰蚀岩盆随处可见,共有1145个海子,规模与数量在中国都堪称独一无二,是研究第四纪冰川地貌的重要基地。

海子山怪石林立,大小海子星罗棋布,自然景色绚丽磅礴,是喜马拉雅山造山运动留给人类的古冰体遗迹。海子山海拔3600~5020米,方圆3287平方千米。站在海子山,极目远眺,天地无止无境,撼人心魄。海子山又是个天然的石雕公园,山内的天然石雕随处可见,千姿百态而又形神兼备,令人叹为观止。海子山还曾是恐龙生息繁衍的地方。1982年,科学家们在海子山中部发现恐龙牙齿化石和桉树化石,说明几千万年前,恐龙曾生存在这个地方。

稻城南部耸立着魏峨的高山——俄初山。它海拔5140米,藏语中意为"闪光的山"。俄初山高峻而巍峨,挺拔却不失俊俏,像一位美貌仙子端坐云霄。俄初山山形平缓、森林广袤,山上风云变幻莫测。秋季,俄初山层林尽染,万山红遍,正如它美丽的名字,在阳光下闪闪发光,在俄初山顶远眺贡嘎日松贡布雪峰,景色十分壮观。俄初山东南是驰名藏区的佛教圣地——亚丁自然保护区。亚丁藏语意为"向阳之地",景区核心为在世界佛教二十四圣地中排名第11位的三怙主雪山,"属众生供奉朝神积德之圣地"。

在近千年的宗教文化影响下,稻城的大寺院建筑遍及全县,体现出浓郁的宗教色彩。纷呈各异的民俗风情,节日、婚丧嫁娶、喜庆仪式、服饰、音乐歌舞等无不受到宗教文化影响,散发出让人难以抗拒的魅力,使雪域之外的人们也纷纷走进这片圣地,领略它那古朴独特的文化气息。

# 中华文明的摇篮——黄土高原

黄土高原是中国古代文化的摇篮,也是世界最大的黄土沉积区。按地形差别又分成了陇中高原、陕北高原、山西高原和豫西山地等区,大部分在海拔1000~2000米。在黄土高原6.4万平方千米的辽阔范围内,从东南向西北,气候依次为暖温带半湿润气候、半干旱气候和干旱气候。植被依次出现森林草原、草原和风沙草原。

黄土高原地貌

除了少数山地是石质的外,高原其他部分上面覆盖着厚厚的黄土层,厚度大约50~80米,最厚的地方甚至达到180米。黄土的颗粒细,土质松软,含有丰富的可溶性矿物质养分,十分有利于耕作,因此黄土高原的盆地和河谷地区农垦历史悠久,养育了中国古代的灿烂文明。但同时,高原的水土流失也相当严重。黄河的"黄"便主要是来源于这里流失的黄土。黄河90%以上的泥沙来自黄土高原。

在这片黄土地上,居住着十几个民族,1亿多人口。人们依地就势,在这片土地上创造出了一种别具特色的民居——窑洞,除了少数土房、砖房和楼房外,人们大多住在窑洞内。窑洞是从古代的穴居发展而来的,其工程省工省料,冬暖夏凉,非常适合居住。窑洞类型以在黄土坡上开挖的靠崖式窑洞最常见。人们在向阳的山腰或山脚的坡面上动工开凿窑洞,往往数洞相连,或上下数层,内有隧道式的小门连通。一院窑洞一般修 3 孔或 5 孔,中窑为正窑。窑洞深 7~8 米,高 3 米多,宽 3 米左右,最深的可达 20 米。窗户则有 1 平方米左右的小方窗和 3~4 平方米的圆窗两种。

窑洞是黄土高原的产物,也沉积了古老的黄土地深层文化。窑洞内炕周围的三面墙上约 1 米高的地方,会贴满一些绘有图案的纸和由各种烟盒纸拼贴的画,当地人称之为炕围子。炕围子的产生源自实用:它们可以避免炕上的被褥与粗糙的土墙壁直接接触摩擦,还可以保持清洁。为了起到装饰性的效果,人们在炕围子上作画,这就有了黄土高原上具有悠久历史的民间艺术——炕围画。窑洞的窗户更是人们装扮的重点,拱形的洞口由木格拼成各种美丽的图案,窑洞的主人们还用各式各样的剪纸装饰窑洞,给单调的黄土高原添上几分亮色。

黄土高原与黄河,是中华民族古老文化的发祥地。千百年来,这片千沟万壑的黄色高原,为中华民族的发展默默地提供着动力。

# 交通地理

## 我国铁路之最

第一条铁路——上海至吴淞的铁路(长 13 千米,1876 年建成)。

第一条电气化铁路——宝鸡至凤州的铁路(1996 年建成)。

第一条可开行单元重载列车的复线电气化铁路——大秦铁路。

第一条准高速铁路——广深铁路(160 千米/小时,1994 年建成)。

第一条拟建的超高速铁路——京沪铁路(300 千米/小时)。

最长的铁路——京九铁路(长 2500 多千米)。

跨越省级行政区最多的铁路——京九铁路(10 个)。

经过省级行政中心城市最多的铁路——京广铁路(6 个)。

科技含量最高的铁路——南昆铁路(长 898 千米,桥隧占 1/3)。

我国南北向最长的干线——京九铁路。

我国第一条单元重载运煤专线——大秦铁路。

我国第一条客运专线——秦沈铁路。

我国第一条高速铁路——广深铁路(改造)。

我国目前最长的双线电气化铁路隧道(长 14295 米)——京广铁路南段(坪石至乐昌区间)大瑶山隧道。

我国目前最长的单线电气化铁路隧道(长 18000 多米)——西康铁路(西安至安康)东秦岭隧道。

我国西南地区第一条客货混跑高速铁路——遂渝铁路。

目前世界上海拔最高的铁路干线——青藏铁路(沿线海拔在 3000 米左右,最高达 5000 米)。

中国第一条高速磁浮铁路——上海浦东高速磁浮铁路。全长 30 千米,平均运行速度达到每秒 60~70 米。除启动加速和减速停车两个阶段外,列车大部分时间时速为 300 多千米,达到最高设计时速 430 千米的时间有 20 多秒。

新中国自行设计施工的第一条铁路,完全采用国产材料修建的第一条铁路——成渝铁路。

京九铁路示意图

京九铁路

中国第一条跨海铁路——粤海铁路2003年1月7日正式开通。总投资45亿元,由"两线一渡"工程组成,即广东省境内的湛江至海安铁路139千米、琼州海峡铁路轮渡24千米、海南省境内的海口至叉河西环铁路182千米。

在禁区建成的铁路——成昆铁路。成昆铁路所在的路线,曾经是外国专家断言根本不能修建铁路的"禁区"。这条铁路贯穿成都至昆明,全长1085千米,三分之一的路段落在地震地区,沿线山高谷深,川大流急,地质复杂,气候多变,凿穿大山数百座,修建隧道427座,架设桥梁653座,桥梁隧道总长400多千米,平均每1.7千米一座桥梁,每2.5千米一座隧道,其工程之艰巨,为世界铁路建设上所罕见。

一半是"火焰"一半是"冰山"的铁路——南疆铁路。南疆铁路经过最低的陆地之一的吐鲁番盆地,进入天山山区,一处奇热,一处奇冷。铁路全长476千米,全线除戈壁荒漠和盐渍地外,一半以上是深山峡谷,曲线占80%。

风景最美最险峻的干线——南昆铁路。南昆铁路东起南宁,西至昆明,北接红果,全长899.7千米。是连接广西、贵州、云南的国家一级电气化铁路干线。沿途高峡深谷、山水奇秀。很多的世界第一和亚洲第一都在这条干线上创造出来。其中包括:世界铁路第一高桥——清水河大桥,亚洲第一险隧道——家竹菁隧道,亚洲第一墙——石头寨车站锚拉式椿板墙,单线最长电气化隧道——米花岭隧道。

# 纵贯南北、联通东西的铁道要线

1.南北交通的中枢:京广线

从北京南下经石家庄、郑州、武汉、长沙直达祖国南大门广州。沿途纵贯六省市,跨越五大流域,途经华北平原、两湖平原、江南丘陵,穿越南岭山地,连接珠江三角洲,沿线人口稠密、物产富饶、经济发达、城镇密布、运输十分繁忙。南运货物主要有煤炭、钢铁、木材及出口物资,北运货物主要有稻米、有色金属及进口物资。

2.纵贯南北的第二大交通中枢:北同蒲—太焦—焦柳

全线北起山西大同、经太原、焦作、枝城达柳州。基本上与京广线平行。沿线经过五省(区),跨越三大流域,纵贯黄土高原、豫西山地、江汉平原、湘西山地和两广丘陵。全长2395千米,沿线盛产粮、棉、油、烟叶等农副产品及煤、有色金属等矿产,该线对改善我国铁路布局,提高晋煤外运能力,分流京广运量,都具有重要作用。

3.纵贯南北的第三大交通中枢:京九线

京九线始于北京,以天津、河北、山东、河南、安徽、湖北、江西、广东直抵香港九龙。全长2538千米,沿线跨越海河、黄河、淮河、长江、珠江五大水系,纵贯华北平原、鄱阳湖平原、大别山、井冈山、两广丘陵。沿线地区不仅是我国粮棉油等农副产品的重要产区,也是矿产资源、旅游资源非常丰富的地区。该线对促进沿线经济的发展,维持香港的长期稳定的繁荣,都是有重要作用。

4.横贯中原和西北的大动脉:陇海——兰新线

东起黄海之滨的连云港,经郑州、西安、兰州进抵乌鲁木齐,途径六省区,横贯黄淮平原、豫中平原、关中平原、黄土高原、穿过河西走廊、吐鲁番盆地、翻越天山山脉到达北疆,全长3652千米,是我国最长的一条铁路干线,沿途经过我国许多古都和历史文化名城,沿线有丰富的煤炭、石油等矿产和棉花、畜产品等。这条铁路的修建,对于沟通经济发达的东部地区和正在发展的西北地区的经济联系,促进西部地区经济和旅游事业发展,巩固边防有重大意义。另外由此铁路西行经中亚地区可直抵波罗的海沿岸及大西洋沿岸,成为世界上最重要的一条"亚欧大陆桥",是我国通往中亚、中东、欧洲的捷径。这条陆桥的沟通,对发展我国外贸事业,加速沿边开放将起重要作用。

**京张铁路青龙桥段**

5.沟通华北和西北的干线:京包——包兰线

京包线自北京西行经呼和浩特至包头,全长833千米,包兰线自包头西行南下经银川至兰州,全长980千米。该线东起北京,越冀北山地、跨张北高原、内蒙古高原、过河套平原、宁夏平原至兰州,连接六省(市、区),沟通华北和西北。沿线煤、铁、池盐、磷矿等资源丰富,又分布着我国重要的畜牧业基地和商品粮基地。西运货物主要有钢铁、机械、木材等;东运货物以煤炭、矿石、畜产品为主。该线对促进华北和西北经济联系,分担陇海线运输压力,建设少数民族地区以及巩固边防都有着重要意义。

# 我国重要的地区铁路网

铁路网是由相互联结的铁路干线、支线、联络线和铁路枢纽构成的铁路网系统。目前我国已形成了全国以北京为中心,各省以省会为中心伸展线路的铁路网骨架,连接着许多不同规模的铁路枢纽,构成我国铁路网骨架的主要干线,我国重要的地区铁路网如下:

1.纵贯西南地区的南北干线:宝成—成昆线

北起宝鸡,翻越秦岭、大巴山,穿越川西平原、飞越岷江,横跨金沙江,到达昆明,全长1754千米,沿途多崇山峻岭、急流险滩,有许多"地下铁路、空中车站"。成昆铁路桥、隧道总长度占线路总长度的40%,工程之艰巨为世界铁路建筑史上所罕见。该线在宝鸡与陇海线衔接,在成都与成渝线相接。沿线是我国特产丰富的多民族聚居地区,蕴藏着丰富的矿产资源和森林资源,铁路的建成促进了西南地区经济建设,加强了民族团结,也是连接西北地区的重要通道。

2.横贯江南的东西干线:沪杭—浙赣—湘黔—贵昆线

全线东起上海,经浙江、江西、湘、黔、滇等六省市,连接长江三角洲,江南丘陵和云贵高原,全长2677千米。是横贯江南的东西大动脉。该线东段人口密集、工农业发达,西段煤、铁等资源丰富。东运的货物主要有粮食、木材、有色金属等,西运的货物主要有钢铁、机械、水泥、日用百货等。这是一条与陇海经和长江航线平行的密切联系东西部的铁路主干线,对加快赣、湘、贵、滇的经济建设有重要意义。

3.自成体系的东北铁路网主干线:哈大、滨洲—滨绥线

东北铁路网以哈尔滨、沈阳为中心,由哈大、滨洲—滨绥线相接构成"丁"字型骨架,联接全区70多条干支线,独具一格,自成体系。哈大线北起哈尔滨,经长春、沈阳、鞍山到大连,全长944千米。哈大线联结东北三省主要的工业中心、政治中心和最大海港,通过重要的农业区和人口密集地带,是我国通运能力最强、客货量最大的主干线之一,成为东北地区经济发展的支柱。滨洲—滨绥线,西起满洲里,经哈尔滨至绥芬河,全长1483千米。两端都与俄罗斯的铁路接轨,是一条重要的国际铁路线,沿途特产极为丰富,是我国木材、粮食、畜产品供应基地,也是石油、煤炭、木材等产地。

4.沟通关内外的干线:京沈线、京通线

京沈线南起北京,经天津、秦皇岛出山海关,沿辽西走廊到沈阳,全长850千米,沿途是我国重要城市以及煤炭、钢铁、机械、石油等生产基地集中的地区,是我国客货运密度最大的铁路干线之一。也是联系关内外的最主要通道。

京通线自北京郊区昌平,以内蒙古赤峰至通辽,全长870千米,是晋煤出关和东北木材外运的重要铁路,也是沟通华北和东北的第二条铁路干线,对减轻京沈线的运输压力和内蒙古东部的经济开发有很大意义。

## "高原奇观"——青藏铁路

建设青藏铁路是中国政府在20世纪之初做出的战略决策,是西部大开发的标志性工程,对加快青藏两省区的经济、社会发展,增进民族团结,造福各族人民,具有重要意义。青藏铁路于2006年7月1日全线通车。

青藏铁路由青海省西宁市至西藏自治区拉萨市,全长1956千米。其中,西宁至格尔木段长814千米,1979年建成铺通,1984年投入运营。格尔木至拉萨段,自青海省格尔木市起,沿青藏公路南行至西藏自治区首府拉萨市,全长1142千米,其中新建1110千米,格

**青藏铁路**

尔木至南山口既有线改造 32 千米。青藏铁路建设面临着多年冻土、高寒缺氧、生态脆弱"三大难题"的严峻挑战,工程艰巨,要求很高,难度很大。

青藏铁路的设计线路,充分考虑了环境保护、野生动物迁徙等因素。设计中对穿过可可西里等自然保护区的线路区段进行了多方案比选,采用了对保护区扰动最小、对自然景观影响最小的线位;在西藏自治区境内,避开了神湖纳木错湖及其保护区;为保护林黑颈鹤自然保护区,选择了绕避黑颈鹤栖息地林周改经由羊八井通过,延长线路 30 千米,为此增加投资 3 个亿。在野生动物活动地段设置通道 33 处,其中缓坡通道 13 处,桥梁通道 18 处,隧道上方通道 2 处,以保障沿线野生动物迁徙活动不受影响。进入到具体施工过程后,根据实际需要,进一步强化和扩大了这种力度。如,为稳定冻土层和便于野生动物的穿行,在原设计量的基础上,新增修了大量的桥梁和隧道。可可西里国家级自然保护区的青水河特大桥,堪称充分考虑环保要素的典范,全长近 12 千米的桥梁,基础全部修在地下百多米深的永久冻土层上,地面则高架起了桥梁。在桥墩之间,留有足够的空间:既保护冻土层,又便于野生动物穿行。

青藏铁路沿线展现着人与自然和谐相处的美丽画卷。

# 离天最近的公路

2007 年 10 月,是新藏公路通车 50 周年。新藏公路,又称叶拉公路,编号 G219,北起新疆叶城,南至西藏拉孜县,全长 2269 千米。新藏公路沿途翻越 5000 米以上的大山 5 座,冰山达坂 16 个,涉过冰河 44 条,穿越无人区几百千米,是世界上海拔最高的公路,全线平均海拔 4500 米以上,也是路段最艰险公路之一。

新藏公路于 1956 年 3 月开工,1957 年 10 月 6 日通车,是继川藏、青藏公路之后进入西藏的第三条公路,被称为"世界上海拔最高的国道"。沿线高寒缺氧,地质复杂,冻土广布,工程十分艰巨。修建新藏公路不仅是我国公路建设史上的伟大壮举,也是世界公路建设史上的一大奇迹。新藏公路的建成通车,不仅开辟了一条新疆通往西藏尤其是通往藏西阿里地区的重要通道,对巩固新疆和西藏边防、发展两地经济、改善当地群众生活,增进民族团结都发挥了重要作用。

新藏公路全线基本都是一望无垠的永冻土、戈壁沙漠和常年积雪的崇山峻岭,虽然没有秀美的风光,也没有迷人的风情,更没有平坦的路面,但却有神山圣湖的美景,有古格王国的神秘,有喀喇昆仑的庄严。公路沿线风光独特。这里有逍遥自在的蓝天白云,有数不清的高山湖泊,有无忧无虑四处奔跑的野黄羊、野牦牛、野骆驼、藏羚羊,还有纯朴、善良、可爱、"随太阳迁徙、逐水草游牧"的牧民……高原的美无处不在。

新藏公路路况虽然比较差,却是沿线各族人民的生命线和保障线,政治、经济意义重大。

# 现代交通呼唤高速水运

水运是我国整个交通运输的重要组成部分之一,对促进我国现代化交通运输体系的全面发展有着重要意义。随着世界和我国经济的发展,对高速便利的现代化交通提出了更高的要求。高速公路的迅速发展,铁路网的逐步形成,特别是 1997 年以来铁路大提速,对高速水运提出了新要求。

1.高速水运的内在潜力

我国内陆,江河纵横交错,湖泊水库星罗棋布,内河、天然河道总长 43 万千米,目前已开辟的通航里程超过 10 万千米。我国近海岛屿隔海相望,自然环境和水文条件对发展海运十分有利。

从经济发展角度看,我国经济发展的地区差异很大,东部多为大河的下游地区,河汊纵横,人口稠密,工业基础雄厚;西部地处大河的上游地区,工业较落后,但资源丰富。因而,东西部之间急需取长补短,我国内河航道东西分布的大势正好适应了这一要求。另外,大宗物资的主要流向,如煤、油、木材、钢铁等和海岸线走向一致,而海运成本低,运输能力大,充分利用沿海运输是取得巨大经济效益的重要途径之一。

近年来,伴随着我国旅游业的发展,我国不少沿江、沿海和湖滨的名胜景点,借助便捷的水上运输,逐渐红火起来。另外,开发水上娱乐观光也列为这些地区发展本地旅游业的主要任务和内容。仅邻近上海的太湖旅游区就先后投入两艘 50 客位玻璃钢高速船,开通了"太湖旅游"。同时随着现代技术的发展,我国在海防缉私、水上应急作业方面,也都在向高速化方向发展。

2.水运高速化亟待发展

有"黄金水道"之称的长江干线的运输能力只开发了 10%左右,与外国水运业差距更大。多少年来,南京上游各港的江海运输,一般都要在下游港口聚集换成大船,采用二至三程运输法,这样不仅增加运费,而且延长运输时间,越来越不适应外向型经济的需要。

当珠江三角洲水域的高速运输航线迅猛发展,并在不到 10 年时间里成为世界高速水运最繁忙地区之一的时候，处于长江三角洲和东海沿岸经济发达地区的上海，高速船运输却处于初期发展阶段，目前仅开通上海至宁波、芦潮港至舟山的快速航线，占全国市场的 20.3%，是前者的 1/2。

3.高速船艇——21 世纪的船舶

现代人收入提高了，首先是房地产热，接着是交通工具。如今，越来越多的人买了房，有了车，高速船艇已是呼之欲出。据专家分析：一艘载货量为飞机空运能力 10 倍的高速船，其航速可达飞机的 1/10，而运价则降为空运的 1/10，因此，高速船运输在海、陆、空三种短途高速运输中具有很强的竞争力。

4.高速水运离我们并不远

国内航运造船界有识之士已充分认识到高速水上运输的重要性和迫切性。在由中国交通运输协会组织的"1996 年~2000 年旅客运输发展战略研讨会"上，专家们一致提出通过 2000 年、2010 年和 2020 年三个阶段、在海湾、海岛间，大湖内、水网发达地区形成一个以高速船只运输为主体的高速水上客运系统。在前不久结束的中国国际船艇及船用技术设备展览会上还展示了高科技的现代化高速船，特别引人注目的就是那些时速 70千米~100 千米的高速艇。高速水运的发展将会给现代交通运输建设写下又一辉煌的一页。

# 长江航运线

长江是我国最重要的河运干线。它从河源到入海口，先后流经青海、西藏、四川、云南、湖南、湖北、江西、安徽、江苏和上海等 10 个省、市、自治区，全长达 6300 千米，是我国第一大河，也是世界上四大河流之一。

长江两岸支流密布，在上游先后汇入岷江、沱江、嘉陵江、乌江等主要支流；于中游地区联系汉江和洞庭湖两大水系；下游联系鄱阳湖水系、淮河水系和长江三角洲水网，到上海附近入海。

长江流域雨量充沛，年降雨量在 1000 毫米以上，河流水量极为丰富。流域内平原和盆地虽只占 25%，但主要干线支流的河道都比较平缓，水面宽，有利于航运发展。干流仅宜宾以上和三峡一带山峦起伏，峡谷众多，险滩连绵，落差很大，水流湍急，不利航运。

长江不仅有发展航运的自然条件，而且流经地区又是我国人口众多、经济发达的地区。长江自古以来就是我国东西交通的大动脉，具有悠久的水运历史。远在 2000 多年前，就发展了航运。

1949 年以后，国家在实施第一个五年计划时，就把长江作为水运发展的重点，规定了"长江运输，主要是保证四川的粮食外运，扩大西南地区同全国其他地区的物资交流，并担负长江中、下游煤炭和其他主要物资的运输"。为了实现上述目标，首先整治了包括三峡河段在内的川江天险，使川江航道的通过能力比 50 年代初期提高了 20 多倍。

长江干、支流通航水道有 700 多条，总长度近 8 万千米，占全国内河航线的 3/5 以上。

其中通航100~300吨级的航道有840余千米,300~500吨级的航道1500余千米,1000吨级的航道有2500余千米。长江干流自四川宜宾到达海口,是全年昼夜通行的深水干线航道,其中,由长江口到武汉的航道,可通5000吨级的船舶,洪水期可通万吨巨轮。汉口至重庆通行3000吨级的船舶,重庆至宜宾通行1000吨级的船舶。

长江年吞吐量在1万吨以上的港口,有1067个,占全国总数的60%。其中最重要的有重庆、宜昌、沙市、城陵矶、黄石、九江、安庆、芜湖、马鞍山、镇江、南京、南通和上海等。重庆是上游最大的港口,武汉是中游第一大港,南京是下游要港,上海是我国最大的河海港。为了充分发挥长江水深、江阔、航行条件好的优势,在"六五""七五"期间长江中下游港口陆续兴建了一批万吨级泊位,到1990年底,南京以下交通部门拥有万吨级泊位23个;在长江干线上先后建成了巴东、池州、张家港等新港口。为了适应外向经济发展需要,不少港口将对外开放。

长江水系已成为我国内河航运最发达的地区,全水系完成的货运量占全国内河货运量的2/3以上,货物周转量约占4/5。尽管如此,但长江的水运优势还没有充分发挥起来。其原因除以前不重视沿江进行工业布局外,主要是港口泊位少,船舶不足,航道淤浅断线,技术落后,运输成本高等。为了逐步扭转上述不合理现象,今后,除了要积极加强沿江港口建设,进一步整治航道,增加船舶数量,改善经营管理外,要注意在长江干流及其支流沿岸建厂。

长江水运的货物构成,以原煤、石油和金属矿石、矿建材料、钢铁等为主,这些物资运量占总运量的90%以上;农业、轻工业物资的比重小。由于我国能源资源地区分布不平衡,长期形成北煤南运,西煤东调和北油南运。今后长江水运仍将是以运输能源物资和其他大宗散货为主的运输大动脉。

超大型长江水利枢纽的建设,对长江航运的发展起着重大作用。葛洲坝枢纽工程以及三峡工程,将进一步改善川江的航运条件。展望未来,它必将成为一条更加造福于我国人民的长江大河。

# 我国海上运输航线

### 1.沿海航线

我国大陆上内河运输网组成中,东西行横向干线较多,南北行纵向干线较少,而海运自北而南,把沿海各个重要港口城市和大陆主要东西行运输干线联系起来,成为我国东部的一条纵向运输线,是我国运输网中的重要组成部分。

我国沿海运输分为南、北两个航区:厦门以北至鸭绿江口为北方沿海航区(由上海海运局负责管理);厦门以南至北仑河口为南方沿海航区(由广州海运局负责管理)。前者以上海、大连为中心,开辟有上海—青岛—大连线、上海—烟台—天津线、上海—秦皇岛线、上海—连云港线、大连—天津线等。南方沿海航区以广州为中心,开辟有广州—汕头线、广州—北海线、广州—湛江线等。此外,在沿海中小港口间,尚有许多地方性航线,主要为大连港转运、集散物资服务,并担负部分客运。

我国沿海运输在负担货运方面,如果按航区来分析,则北方沿海货运量占压倒优势。从货运量构成来看,北方以石油、煤炭的运量为最大,其次为钢铁、木材等由北而南,金属矿石、粮食、工业产品等由南而北。南方沿海以农产品比重为最大,其次是食盐、矿石和煤炭,除煤炭外,大部分由各中小港口向广州、湛江集装转运内地。上述的货流情况基本上反映了我国沿海及其邻近地区的经济差异性。

2.远洋航线

随着我国对外贸易的迅速增长和远洋运输船队的壮大,我国远洋运输以上海、大连、秦皇岛、广州、湛江、天津、青岛等港口为起点,和世界各国、各地区重要港口之间开辟了东、西、南、北四组重要远洋航线。

(1)东行航线:由我国沿海各港口东行,经日本横渡太平洋可抵美国、加拿大和拉美各国。随着我国同日本、北美、拉美各国的友好活动和经济往来日趋频繁,这条航线的地位日益提高,货运量也急剧增加,成为我国对外贸易的一条重要航线。

(2)西行航线:由我国沿海各港南行,至新加坡折向西行,穿越马六甲海峡进入印度洋,出苏伊士运河,过地中海,进入大西洋;或绕南非好望角,进入大西洋。沿途可达南亚、西亚、非洲、欧洲一些国家或地区港口。这条航线是我国最繁忙的远洋航线。进口主要物资有各种机械、电讯器材、冶金和化工设备、化肥等。出口主要物资有机械设备、纺织品,以及罐头、茶叶、水果等。

(3)南行航线:由我国沿海各港南行,通往大洋洲、东南亚等地。随着我国与东南亚各国贸易的发展,这条航线的货运量不断增长。进口物资主要是橡胶、工业原料及其他土特产。出口物资主要是缝纫机、自行车、棉织品、钢材、水泥等。

(4)北行航线:由我国沿海各港北行,可到朝鲜和俄罗斯远东海参崴等港口。目前,这条航线除与朝鲜通航外,由于国际政治因素的影响,其发展仍受到限制。

# 中国十大港口

1.上海港

上海位于长江入海口,濒临太平洋,水路交通十分发达。目前,上海市内河港区共有3250个泊位,最大靠泊能力为2000吨级。党的十一届三中全会以后,上海港的发展步入了快车道。20世纪90年代新建了罗径、外高桥一期、外高桥二期等新港区。港口经营业务主要包括装卸、仓储、物流、船舶拖带、引航、外轮代理、外轮理货、海铁联运、中转服务以及水路客运服务等。1996年1月,上海国际航运中心建设正式启动。2002年6月,洋山深水港区开工建设,上海港又开始从河口港向真正的海港跨越。2003年完成货物吞吐量3.16亿吨。完成集装箱吞吐量1128.2万标准箱,是我国大陆首个突破1000万TEU大关的港口。2004年货物吞吐量和集装箱吞吐量快速增长,分别完成3.79亿吨和1455万标准箱,分列世界港口第二位和第三位。上海港2005年的货物吞吐量达4.43亿吨,完成的集装箱吞吐量达到1809万标准箱,比上年增长24.2%,继续稳居世界第三位。

**2.宁波港**

宁波港由北仑港区、镇海港区、宁波港区、大榭港区、穿山港区组成,是一个集内河港、河口港和海港于一体的多功能、综合性的现代化深水大港。现有生产性泊位191座,其中万吨级以上深水

上海港

泊位39座。最大的有25万吨级原油码头,20万吨级(可兼靠30万吨船)的卸矿码头,第六代国际集装箱专用泊位以及5万吨级液体化工专用泊位;已与世界上100多个国家和地区的600多个港口通航。宁波港主要经营进口铁矿砂、内外贸集装箱、原油成品油、液体化工产品、煤炭以及其他散杂货装卸、储存、中转业务。2005年宁波港实现吞吐量26864万吨。

**3.天津港**

天津港地处渤海湾西端,是我国华北西北和京津地区的重要水路交通枢纽。拥有各类泊位140余个,其中公共泊位76个,岸线总长14.5千米,万吨级以上泊位55个。2003年,天津港货物吞吐量完成1.62亿吨,实现一年净增3000万吨的历史性突破,吞吐量在中国北方居第一位。天津港是中国大陆最早开展国际集装箱运输业务的港口。1973年9月,天津港成功开辟了我国第一条国际集装箱航线。1980年,天津港建成中国第一个集装箱码头。2004年,集装箱吞吐量完成381.6万标准箱。2004年,货物吞吐总量达到2亿吨,实现一年净增4000万吨的跨越式发展。2005年天津港实现吞吐量24144万吨。

**4.广州港**

广州港地处我国外向型经济最活跃的珠江三角洲地区中心。港区分为虎门港区、新沙港区、黄埔港区和广州内港港区。广州港国际海运通达80多个国家和地区的300多个港口,并与国内100多个港口通航,是中国华南地区最大的对外贸易口岸,主要从事石油、煤炭、粮食、化肥、钢材、矿石、集装箱等货物装卸(包括码头、锚地过驳)和仓储、货物保税业务以及国内外货物代理和船舶代理;代办中转、代理客运;国内外船舶进出港引航、水路货物和旅客运输、物流服务等。2004年,广州港货物吞吐量快速增长,全年完成2.15亿吨。2005年广州港实现吞吐量25093万吨。

**5.青岛港**

青岛港是国家特大型港口,由青岛老港区、黄岛油港区、前湾新港区三大港区组成。港口拥有码头15座,泊位73个,主要从事集装箱、煤炭、原油、铁矿、粮食等各类进出口货

物的装卸服务和国际国内客运服务,与世界上130多个国家和地区的450多个港口有贸易往来,是太平洋西海岸重要的国际贸易口岸和海上运输枢纽。港口吞吐量2004年达到1.61亿吨,上缴国家各种税费17.5亿元。2005年青岛港实现吞吐量18678万吨。

### 6.秦皇岛港

位于渤海岸的秦皇岛港,是我国北方的一座天然良港。主要货种有煤炭、石油、粮食、化肥、矿石等。秦皇岛港以能源输出闻名于世,主要将来自祖国内陆山西、陕西、内蒙古、宁夏、河北等地的煤炭输往华东、华南等地及美洲、欧洲、亚洲等国家和地区,年输出煤炭占全国煤炭输出总量的50%以上,是我国北煤南运的主要通道。全港目前拥有全国最大的自动化煤炭装卸码头和设备较为先进的原油、杂货与集装箱码头,共有泊位58个,其中生产性泊位37个。秦皇岛油港现有一、二期两个码头,2.5万吨级泊位两个,5万吨级泊位一个,3千吨级成品油泊位一个,年通过能力1650万吨。2004年,秦皇岛港共完成吞吐量

秦皇岛港

1.53亿吨,比上年增长20.27%。2005年秦皇岛港实现吞吐量16902万吨。

### 7.大连港

大连港位居西北太平洋的中枢,是转运远东、南亚、北美、欧洲货物最便捷的港口。港口自由水域346平方千米,陆地面积10余平方千米,拥有集装箱、原油、成品油、粮食、煤炭、散矿、化工产品、客货滚装等80来个现代化专业泊位,其中万吨级以上泊位40多个。海上运输已开辟到香港、日本、东南亚、欧洲等国际集装箱航线8条。2003年,港口实现货物吞吐量1.26亿吨,完成集装箱吞吐量167万标准箱,是目前世界上为数不多的亿吨大港之一。2005年完成港口货物吞吐量1.7亿吨,集装箱吞吐量300万TEU。全年完成港口重点工程建设投资60亿元。

### 8.深圳港

深圳港位于广东省珠江三角洲南部,珠江入海口伶仃洋东岸,毗邻香港,是华南地区优良的天然港湾。深圳港口的直接腹地为深圳市、惠阳区、东莞市和珠江三角洲的部分地区。货物以集装箱为主,兼营化肥、粮食、饲料、糖、钢材、水泥、木材、砂石、石油、煤炭、矿石等。2004年深圳港货物吞吐量达1.35亿吨,增长20.33%,集装箱吞吐量1365万标准箱,增幅为28.22%。2005年,深圳港建成10个集装箱专用泊位,并开发建设铜鼓航

道。2005 年深圳港货物吞吐量达 1.53 亿吨,集装箱吞吐量 1619.71 万标箱。

### 9.舟山港

舟山港位于浙江省舟山群岛舟山市,背靠经济发达的长江三角洲,是江浙和长江流域诸省的海上门户。港口具有丰富的深水岸线资源和优越的建港自然条件,可建码头岸线有 1538 千米,其中水深大于 10 米的深水岸线 183.2 千米;水深大于 20 米以上的深水岸线为 82.8 千米。全港有定海、沈家门、老塘山、高亭、衢山、泗礁、绿华山、洋山 8 个港区,共有生产性泊位 352 个,其中,万吨级以上 11 个,2003 年全港完成货物吞吐量 5700 万吨。港口与日本、韩国、新加坡、马来西亚、美国、俄罗斯及中东地区均有贸易运输往来。舟山港作为上海国际航运中心和上海—宁波—舟山组

舟山港

合港的主要组成部分,港口开发是舟山未来最具潜力和竞争力的产业。2004 年,全港完成港口货物吞吐量 7359.26 万吨。2005 年舟山港货物吞吐量超过 8000 万吨。

### 10.营口港

营口港由营口港区、鲅鱼圈港区共同组成。营口港历史悠久,对外开埠距今已有整整 140 多年的历史,曾是我国东北地区唯一通商口岸,以"东方之贸易良港"闻名中外。1936 年港口吞吐量曾达 246 万吨。进入 21 世纪后,营口港已向深水化、专业化、多功能化的现代港口迈进。至 2003 年底,营口港共有生产泊位 29 个,万吨级以上深水泊位 17 个。2004 年营口港全年共完成货物吞吐量 5977 万吨,比 2003 年增长 45.1%,装运集装箱 58.3 万标准箱,比 2003 年增长 44.7%。年度运营总收入突破 10 亿元。营口港货物吞吐量 2005 年全年实现 7537 万吨,集装箱运输量实现 78.7 万标准箱。

# 物产资源

## 山东东阿的阿胶

中药"三宝"是指人参、鹿茸和阿胶,其中阿胶,因产于山东东阿县得名,历代宫廷都将其作为"圣药"。《神农本草经》,即我国现存最早的药物学专著将其列为"上品"。

《本草纲目》称之为"圣药"。东阿阿胶是用优质驴皮加上矿物质含量丰富的东阿地下水经煎煮、浓缩而提炼成的固体胶,是典型的传统中药滋补保健品,已有两千多年的悠久历史,是中华民族医药宝库中一颗璀璨的明珠。

阿胶内含有18种氨基酸和铁、铜、钙、锰等20余种微量元素,是常用的滋阴补血保健佳品。它味甘,性平,内服入肺、肝、肾三经。主治血虚萎黄、呕血、便血、尿血、崩漏及阴虚肺燥咳嗽等,且强筋壮骨并兼有美容、养颜之功效。

关于阿胶,在东阿镇一带还流传着一个美丽的传说。很久以前,民间流传着一种无法医治的疾病,人们一旦得了它就会面黄肌瘦,卧床不起,吐血致死。当时,山东东阿县魏家庄有位名叫阿胶的姑娘,她的父母也患此病去世。阿胶为解救乡亲决心去泰山祭祀药王,寻求治病的药草。在路上她遇到一位鹤发童颜的老人。老人告诉她:"要治好这病,非用食狮耳山草,饮狼溪河水的小黑驴的皮不可。"这驴是天上受贬的一条乌龙,神通广大,凶猛异常。老人见阿胶救人心切,便赠她宝剑,教她剑术。经过七七四十九天,阿胶学成剑法,拜别恩师,去寻小黑驴。那小黑驴见了她,大口一张就咬,阿娇举剑与之苦苦战斗,最终制伏了小黑驴,即按长老的吩咐把驴皮剥下来,熬成了一块黄澄澄、亮晶晶的药胶,病人服下这药病立刻就好了。于是,大家去感谢阿胶,但她却不见了。原来,长老是药王菩萨下凡,她把阿胶带上仙山当药童了。为了纪念阿胶姑娘,后来就把药胶叫作"阿胶"。

阿胶既能治病,又能强身。据郦道元的《水经注》记载:"东阿有井大如轮,深六七丈,岁常煮胶以贡天府。"明代医药学家李时珍的《本草纲目》中也提到"取其水煮胶,用搅浊水则清,故人服之,下膈疏痰止吐。其水清而重,其性趋下,故淤浊及逆上之痰也"。据山东省地质局探勘化验结果可知,东阿地下水属奥陶系岩溶水。这种水含有十几种对人体有益的微量元素,且稳定性能好,加热不结垢、不沉淀,在熬胶过程中能当电解质把作为阴离子状的油质、角质全部聚集起来而去除,因此能剩下极为纯净的胶质,切制的胶片经炎夏酷暑也不变形变质。

作为中国传统中成药的阿胶,是中医治疗血虚的首选药物,也是民间常用的滋阴保健佳品,驰名中外。

# 西湖龙井茶

中外旅游者到杭州的最好享受是游览西湖美景、品饮龙井茶。杭州西湖周围的群山,素以出产名茶著称。杭州天竺、灵隐二寺产名茶的记载在唐朝陆羽所写的世界第一

**西湖龙井茶**

部茶叶专著《茶经》中就有。龙井茶产于杭州市西湖乡,茶园主要分布于西湖西南龙井村的四周。西湖龙井茶素以四绝闻名于世,即"色翠、香郁、味醇、形美"。成茶扁平挺秀,色泽绿翠,泡在杯中,芽叶直立,嫩芽成朵,好比出水芙蓉,且它香馥若兰,滋味甘鲜,清高持久。杯中汤色明亮,饮来滋味甘鲜。难怪人们都夸称它为"黄金芽""无双品",如今西湖龙井茶已成为国家高级礼品茶。

按产地分,龙井茶有狮、龙、云、虎、梅五个字号。由于它孕育于西湖畔"不雨山长涧,无云水自阴"的特殊水气生态环境和土壤条件,再加上精美的加工制作,使它具有独特的品质。特级龙井茶的炒制,分"青锅"和"辉锅"两个工序,其间不经揉捻,是制作上的一大特色。抖,带,挤,甩,挺,拓,扣,抓,压,磨,是炒制的十种手势,号称"十大手法"。一斤特级龙井茶,有3~4万颗芽头,采摘要花6个工,炒制要花4个多小时。

关于龙井茶的由来,有这样一个有趣的传说。相传乾隆皇帝下江南时,来到杭州龙井狮峰山体察民情,并学着乡女采茶。刚采了一把,就有太监来报:"太后有病,请皇上速回京。"乾隆皇帝便顺手将茶叶往袋里一放,日夜兼程赶回京城。其实太后只因山珍海味

吃多了，双眼红肿，肝火上升，肠胃不适，并无大碍。见皇儿来到，随之传来一股清香，乾隆低头一看原来是杭州狮峰山的一把茶叶，几天过后已经干了，散发出浓郁的香气。太后便命宫女将茶叶拿去泡好，顿时清香扑鼻，喝下一口，双眼舒适，胃也不胀了。太后一高兴就把这茶称为西湖龙井茶。

西湖龙井茶素来以茶叶细嫩而著称，茶叶以采摘嫩度和时期的不同分为"莲心""雀舌"和"旗枪"。鲜叶的嫩匀度是检验龙井茶品质的基础。根据西湖龙井茶对新梢嫩度和品质的要求，分季采摘的标准，春季一般按一芽一叶为标准。特、高级茶在清明前后采摘，而"小三档"，即高、中级茶在谷雨前后至立夏前采摘。目前龙井茶产区一般都采用双手提手采法，即双手交错进行采摘，这是一种有难度的采摘方法。它要求采摘人员思想高度集中，眼、手、脚相互协作，边移动边采摘，还要掌握一定的技巧，这样才能保证龙井茶的卓越品质。

手捧一杯用虎跑泉水烹制的龙井，那种享受是任何东西都无法替代的。

# 江南丝竹

流行于江苏南部、浙江西部一带以及上海地区的江南丝竹，是以器乐合奏为形式的一种民间风俗音乐，其中，以上海地区的最具特色。其音乐风格清新优雅，细致活泼，曲调悠扬柔美，婉转流畅。七八十年来，上海地区的丝竹乐演奏活动从不间断，丝竹乐爱好者常在固定场所进行演奏活动，相互交流，使江南丝竹这一乐种有更多的发展，在全国颇有影响。

乐队又称丝竹乐，它以丝弦和竹管乐器为主，其中"丝"包括二胡、中胡、琵琶、三弦、扬琴、秦琴等，"竹"包括笛、箫、笙，还有一些如板、板鼓、碰铃等打击乐器。编制多则七八人，少则二三人。合奏时，每件乐器既有鲜明个性又互相和谐，手法常用加花变奏。风格优雅华丽，曲调流畅委婉，反映出江南人勤劳朴实、细致含蓄的性格特色。在江南，无论城市和农村都很流行丝竹乐，但风格迥然不同。城市丝竹乐风格典雅华丽，加花较多，流传很广；而农村风格简朴，常用锣鼓，气氛热烈。

伴随着江南丝竹的产生，随后出现了奏丝竹乐的相关组织。江南丝竹约产生于清代，清末民初已有演奏丝竹乐的组织"文明雅集"，此后又陆续成立了"钧天集""清平集""雅歌集"等演唱昆曲、滩簧并奏丝竹乐的组织。20世纪20年代又有"国乐研究社""云和音乐会"等组织，都曾演奏和传播过丝竹乐。演奏江南丝竹的组织有"清客串"和"丝竹班"两种。前者为市民自娱性组织，后者为民间职业性音乐组织，常在婚丧喜庆等场合中演出。

江南丝竹乐的演奏有两大特点：一是编制比较灵活，奏乐阵容可大可小，小到只有两人，当然，阵容越小，对演奏的要求就越高，二是没有固定的领奏乐器，谁资历深谁临时充任领奏。

江南丝竹曲目繁多，被人们誉为江南丝竹八大名曲的《欢乐歌》《中花六板》《慢六

**江南丝竹**

板》《三六》《慢三六》《云庆》《行街》《四合如意》最受大家喜爱。这些乐曲,一经江南丝竹的演奏,顿觉迥然异趣,别有韵味。

　　"小""轻""细""雅"是前辈艺人对江南丝竹风格特点的概括。"小",区区几人,随带的乐器也只有七八件,便可演奏一支支动听的乐曲。"轻",是指音乐情趣的轻快,及轻型乐队的配合自如,得心应手。"细",是指演奏风格上的细腻。"雅",是指音乐气质上的优美秀雅、柔和清丽,这也是江南丝竹最突出的音乐特点之一。秀雅精细的乐声,再配上各个乐器声部,创造出既富有个性又互相和谐的合奏,细心聆听起来细腻婉转,曼妙清丽,称得上是一种超凡脱俗的享受。

# 宜兴的紫砂陶壶

　　宜兴,是我国著名的陶都,位于江苏的南部。宜兴紫砂陶是陶都的一朵奇葩,以壶为代表。紫砂陶壶式样千姿百态,技艺出神入化,集文字、书法、绘画、金石、雕塑于一身,备受世人喜爱。宜兴紫砂陶作为我国具有优秀民族传统的实用工艺美术陶瓷,它有着悠久的历史和很高的艺术成就,在国内外享有良好的声誉。即便是在素有"瓷器之国"之称的中国,宜兴紫砂陶仍然在中国的陶瓷艺术中独树一帜,异彩纷呈,经久不衰。

始于北宋,盛于明清的宜兴紫砂陶,是采用宜兴特产的一种不同于红色黏土的天然五色陶土——紫砂泥烧制而成的无釉细陶,有朱、紫、米黄三种基本颜色。因为泥中含有石英、高岭土、云母等矿物质和氧化物,所以在1200℃的高温中烧制后,砂泥的颜色随温度的变化而变化,呈现出各种颜色。宜兴紫砂陶品类繁多,以茶壶为代表。它以其独有的实用性能与艺术鉴赏价值的高度和谐统一,深受历代鉴赏家及中外的嗜茶爱好者喜爱。到了近现代,随着文化内涵的丰富

宜兴的紫砂陶壶

与制造技术的提高,宜兴紫砂陶艺已更加完善。烧好的陶壶质地细腻,造型大方,装饰淳朴,色彩古雅,民间风味极浓。

紫砂陶壶之所以名贵,主要有七绝:一、茶无浴汤气,色香,味皆蕴;二、夏天泡茶,隔日不易馊;三、冬天泡茶,沸水注入不炸裂;四、茶壶久用,不放茶叶,仍有茶香味;五、传热缓慢,壶热而不烫手;六、壶盖严密,倒茶无落"帽"之忧;七、壶色和谐不褪,久用越发光亮。

紫砂陶壶十分讲究制作工艺。紫砂陶壶有的讲究茶壶的线,古色古香,清新悦目;有的注重茶壶的形象,形态逼真,见壶生景;有的注重茶壶的浮雕装饰,多姿多态,以壶传艺。各个紫砂大师的制壶技艺各有风格,成就了各种陶壶的"方圆非一、器型各异"。宜兴金沙寺的一位僧人是第一个制造紫砂茶壶的大师,这在明代周高起的《阳羡茗壶系创始》中有提到。我国在1994年,曾以明代时大彬、清代陈鸣远、邵大亨和现代顾景舟四位制陶大师创作的四件紫砂陶壶珍品为内容,发行过一套纪念宜兴紫砂陶的邮票,反映了紫砂陶艺的主要风格和造型。

紫砂陶在经历了1000多年的历史演变后,仍然能在世界艺术之林光彩照人、独树一帜。那是因为它以宜兴独有的"宝贵土"为原料,巧夺天工的制作技艺,有口皆碑的实用功能,精美绝伦的器物造型,融诗、书、画、印、雕塑诸艺于一体。历代宜兴陶瓷工匠及壶艺大师用烈火使陶土放出异彩,使紫砂陶这一天然美质的艺术瑰宝走向辉煌,享誉世界。

# 承载千年水墨的宣纸

东汉宦官蔡伦以改进造纸术闻名,从那之后,纸就成了我国人民书写绘画、文化传播必不可少的工具。我国的造纸业颇为发达,并出现了一些造纸中心,其中安徽宣城泾县在唐代以产"宣纸"著称,至今已有1000多年的历史。

宣纸原产地是安徽省泾县境内山清水秀,溪水清澈的丘陵山区。这里的檀皮、草料、调料、溪水等十分丰富,为手工制造宣纸提供了丰富的自然资源。皖南山区的人们世代

水墨宣纸画

相传制造宣纸,以此为生。从古至今,历代王朝都把泾县宣纸列为"贡品"。此外,安徽泾县宣纸在国际博览会上也多次获得金奖,畅销国内外。

宣纸主要以皖南山区的青檀皮和砂田稻草为原料,经过揉、蒸、浆、水捞、贴烘等18道工序和100多项操作过程精制而成。其特点:质地洁白、细薄、紧密、绵韧,搓折无损,不蛀不腐,润墨性强,不变色,耐老化,拉力强,被誉为"纸中之王""千年寿纸"。它是古今中外书画艺术的珍贵载体。用宣纸制成的册页、信笺、印谱等工艺文化用品,是企业、团体、个人的上等书写佳品,具有很高的艺术观赏性。

迄今为止,关于宣纸的由来,尚无可靠的文字供考证。倒是生产宣纸的泾县,流传着一个动人的传说:东汉安帝建光元年(公元121年),蔡伦的弟子孔丹在皖南造纸,他想造出一种世上最好的纸为老师画像,以缅怀先师,可多年过去了,却苦于找不到合适的材质。有一天,孔丹在峡谷溪边看见一棵古老的青檀树横卧溪上,由于被水长年冲洗,树皮已经腐烂,露出一缕缕修长而洁净的纤维。孔丹取之造纸,终于大功告成,这就是后来的宣纸。当然,这仅仅只是一个美丽的传说。宣纸的生产不是一蹴而就的,它是无数能工巧匠长期苦心研制的结果,是劳动人民共同的财富。

宣纸作为书法用纸,深受唐代书法大家欧阳询、颜真卿、张旭等人的喜爱。传说欧阳修曾经用宣纸起草《新唐书》和《新五代史》,并送了若干张给大诗人梅尧臣,梅尧臣收到这种"滑如春冰密如茧"的名纸,竟高兴得"把玩惊喜心徘徊"。南唐后主李煜是历史上第一位赞美宣纸的帝王,他称赞自己监制的澄心堂纸"肤如卵膜;坚洁如玉,细落光润,冠于一时",可谓是宣纸中之精品。明清以后,相继出现了麻纸、皮纸、棉纸、二层纸等,但仍是安徽泾县宣纸在纸坛独领风骚。乾隆皇帝曾下令仿造澄心堂纸,也是源于对它的喜爱。清末"露皇宣"为宣纸之王,人们称之为"国宝"。该宣纸属特大净皮宣纸类,某色泽美雅、质自如玉、文藤精细、纹理清晰、不易破碎、防腐蚀、宜保存、吸墨适中、墨韵清晰,深受国内外书画家的赞美。

# "茶中之王"武夷山大红袍

以丹霞地貌的奇秀位尊八闽的武夷山,甲于东南,有"名山出名茶,名茶耀名山"之说,与武夷茶双绝著称于世。武夷山大红袍素来享有盛名,世称"茶中之王""茶中之圣"。武夷山丹山碧水,九十九岩,岩岩有茶,方显出"大红袍"的香幽而奇,味醇益清。

武夷山大红袍

"臻山川精美秀气所钟,品具岩骨花香之胜"的武夷岩茶是茶中精品,尤其是"大红袍",称得上是茶叶中的天之骄子。武夷岩茶有大红袍、铁罗汉、白鸡冠、半天腰、水金龟五大名丛,其中数大红袍享有最高的声誉。"大红袍"的母树生长于碧水丹山中的险壑悬崖之中,至今已有350多年的历史,是世界遗产,受国家原产地域保护。尽管现在已出现了无性繁殖的第二代"大红袍",但"大红袍"母树至今每年只有0.4~0.5公斤的产量,因为十分珍稀,所以更为世人所珍爱。

大红袍茶树属灌木型,树冠稍展,分枝比较密集,叶子是宽的椭圆形,尖端稍钝向下垂着,边缘则往里翻卷,叶子颜色深绿有光泽,若是新芽,则深绿带紫,露出毛茸茸的叶毫。武夷山大红袍属于品质特优的"名枞"。其各道工序全部由手工操作,以精湛的工艺特制而成。成品茶有明显"岩韵"特征,香气浓郁,滋味醇厚,饮后齿颊留香,经久不退,冲泡9次后还有着原茶的桂花香味,难怪被人们称为"武夷茶王"。

"大红袍"的生长环境可谓是得天独厚,它生长于武夷山九龙窠。这里峭峰深壑,群峰连绵,秀拔奇伟,高山多澄碧幽泉。两旁岩壁直立,日照时间不长,气温变动不大,更巧妙的是,岩顶终年有细小甘泉由岩谷滴落,滋润茶地,藓苔类的有机物随水流落而来,肥沃土地,使得大红袍天赋不凡,得天独厚。在早春茶芽萌发时,从远处望去,整棵茶树艳红似火,仿佛披着红色的袍子,所以被人称作大红袍。

大红袍的得名有无数个神话传说,其中比较经典的一个是,大红袍乃神仙所栽,生长在悬崖峭壁上,叶大如掌,人莫能登,只能以果为饵,驯猴采之。清朝时一文人赴京赶考,行至九龙窠天心庙(即永乐禅寺)时,腹痛不止,后经天心寺方丈进献大红袍茶,饮后痊愈方得以按时赴考,高中状元。后亲临茶崖,焚香礼拜,并将钦赐的红袍盖在茶树上,大红袍遂得此名。

历史上流传的大红袍茶树,树龄已有千年,现存的仅有九龙窠悬崖上的四棵。它们由岩缝中渗出的泉水滋润,不用施肥,仍生长茂盛,但产量极少,极为珍贵。武夷大红袍是中国名苑中的奇葩,有"茶中状元"之称,更是岩茶中的佼佼者,堪称国宝。

# 台湾的乌龙茶

在中国,茶已经有5000多年的历史,已成为一种文化的象征。

乌龙茶,亦称青茶、半发酵茶。它生长在福建、广东、台湾一带,是大家比较熟悉的一种茶叶,也是台湾同胞非常喜爱的茶叶。台湾高山上盛产铁观音、大红袍、翠玉乌龙、冻顶乌龙等品种的乌龙茶。

台湾的乌龙茶

台湾凭借着得天独厚的气候和地理条件,在近200年时间里,发展成为重要的茶叶产地。台湾的茶与福建的一样,属半发酵的乌龙茶系,在制作工艺上极为讲究。绿茶采摘下来之后不用发酵便直接"炒青",而发酵和半发酵茶则要经过在阳光和室内脱水的过程,在此过程中,茶叶会自行发酵,这也是制作乌龙茶的关键。发酵后再进行炒青、揉碾、烘焙的程序,同时,还得掌握好温度和时间。

乌龙茶优异品质的形成,不仅种植上十分讲究,加工上也有许多独特的地方。首先要选择优良品种的茶树鲜叶做原料,鲜叶采回后要在遮阴网下晾晒,直到发出扑鼻的清香,才拿到室内摊放。乌龙茶的加工工序比较复杂,不过每道工序都能让茶叶提高香气。在加工的时候最好用竹器,以保持茶的香气;即使非用铁器不可时,也不用煤火和柴火,而是用电,这既能保护环境,又能保持茶叶的清香。

乌龙茶的得名源于它的创始人。传说清朝雍正年间,福建省安溪县西坪乡南岩村有个叫苏龙的茶农,他还会打猎,因长得黝黑健壮,乡亲们都叫他"乌龙"。一天,乌龙上山采茶,突然一头山獐从身边溜过,乌龙紧追不合捕获了猎物,晚上乌龙和全家人忙于宰杀、品尝野味,于是忘记了制茶的事。翌日清晨,没想到放置了一夜的鲜叶已沾上了獐血,并散发出阵阵清香,当炒制好"茶青"时,茶味格外清香浓郁,全无往日的苦涩之味。后经过经心琢磨与反复试验,菱雕、摇青、半发酵、烘焙等工序,终于制出了品质优异的茶类新品——乌龙茶。

红茶、绿茶和特种茶是世界茶类的主要结构,其中乌龙茶属于特种茶。它综合了绿茶和红茶的制法,品质介于绿茶、红茶之间,既有红茶浓鲜味,又有绿茶清芳香,享有"绿叶红镶边"的美誉。品尝后齿颊留香,回味甘鲜,有分解脂肪、减肥健美等作用,因此有"美容茶""健美茶"之称。

以甘醇的香气、清新的滋味著称的乌龙茶,成为我国几大茶类中独具特色的茶叶品类,形成了台湾内涵丰富的特有茶文化。

# 合浦珍珠南珠

珍珠通常被人们作为幸福、美满和富贵的象征。南珠是中国海产珍珠最负盛名的,也是南海珍珠家族的总称,产于广西沿海和雷州半岛等地,其中尤以北海合浦珍珠为冠,因此广西合浦县产的珍珠又被称为"南珠"。"东珠不如西珠,西珠不如南珠"之说自古以来就有。

合浦珍珠南珠

合浦位于北部湾近陆海域,风浪较小,咸、淡水适中,水温适宜,水质肥沃,具有发展珍珠产品的得天独厚的自然条件。合浦珍珠的特点是光滑洁白、细腻凝重、玉润浑圆、瑰丽多彩、珠大而圆、光泽经久不变。南珠驰名中外,历代皆被誉为"国宝",作为进贡皇上的贡品。自秦始皇时代起，合浦珍珠已经成为朝廷达官贵人尊贵的奢侈品。汉代，合浦有数千人以珠为生，被称为"珠民"。古合浦郡内营盘乡一带海域有六大古珠池盛产珍珠，以光质兼优而闻名于世。

高级珠宝珍珠是一种名贵的药物，也是很好的护肤佳品。据李时珍《本草纲目》记载："珍珠粉涂面，专人润泽好色。"相传慈禧太后就服用合浦珍珠以保护肤色。此外，镇心祛惊、化痰安神的功效珍珠也有。

历史上北海南珠的名称经历了好几次的变化。北海南珠在秦汉之前的"以珠易米"商贸活动中为世人所知，当时称为"珠玑"。到东汉产生"合浦珠还"故事时，"合浦珍珠"之名开始"上书"，地处南国边陲的合浦因此而出名。以"合浦珍珠"形成的故事传说、杂记和史记等广为流传，《后汉书·孟尝传》中就记载有著名的"合浦珠还"的传说。东汉顺帝时期，由于粮食短缺，盛产珍珠的合浦珠民常常用珍珠与相邻的交趾边民换粮食。当时地方军官为中饱私囊关闭合浦珍珠市场，一时珠贩绝迹，珠乡经济崩溃，饿殍遍野，这就是传说中的"珠渐徙交趾"。公元130年，会稽上虞人孟尝任合浦太守，移风改制，革除弊政，开放珠市，珠蚌重还合浦，民间称为"去珠复还"，这就是载入史册的"珠还合浦"的故事。

如今，合浦的珍珠资源越来越受到重视。1958年在北海海域培育出了我国第一颗人工海水养殖珍珠。1961年在北部湾建成了我国第一个人工珍珠养殖场。1978年以来，合浦的珍珠业发展迅猛，至今北海珍珠已成规模，制成的珠宝、珍珠药品、保健品、化妆品等系列产品行销国内外。

北海合浦凭借着优越的地理条件，悠久的南珠历史，人工养殖卓越的成就和独特的南珠文化，造就了受世人瞩目的北海南珠产业。合浦南珠作为中华民族的瑰宝，历经沧桑，在北海与世界各地经贸往来与文化交流日益频繁的新时代里放出更加绚丽的光彩。

# 赤水酿造的茅台

中国名酒茅台，产于贵州高原西北部，大娄山脉西段北侧的仁怀县境内。仁怀酿出的酒因"无色、透明、醇香、回甜"而著称，称为茅台酒。它是世界四大名酒之一，堪称中国第一佳酿。

素有"国酒之乡"美名的黔西北仁怀县，因其悠久的酿酒历史、独特的酿造工艺、神秘的酿造生态和灿烂的酒文化，被誉为"中国第一酒镇"。甘美的茅台酒与流经这里的赤水河息息相关。赤水河是酿制茅台酒的优质水源。因为它澈澄净，水质微甜，溶解物少，纯净无污染，含有丰富的矿物质。

茅台酒的醇香还与它特有的酿造方法有关。它以小麦制曲，高粱做原料，取赤水河的山泉，在酿造中两次投料，八次高温堆积发酵，八次下窖，九次蒸馏才得以成酒。每次发酵期三十多天，整个生产周期长达九个月之久。如果酿出的酒质量较差则要回窖再次发酵，以提高酒质，增加香味。经过八次蒸馏得到的好酒，要放在特制陶瓷坛里贮藏三年，让其自然"陈酿"，以减轻烈性刺激，使酒更加醇香。开封前的茅台还要经过"勾酒"这道工序。所谓"勾酒"是指将累次所得的好酒，按照一定的比例，掺兑调配，这也是老工匠的特技之一，没有丰富的酿制品尝经验，是很难勾兑出美味的茅台酒的。

赤水河

关于茅台的酿制，有这样一个说法：大约在清咸丰年间，一个山西盐商利用汾酒酿造方法在仁怀酿造茅台成功，便于1674年在此建立第一家酒厂，至今已有三百余年历史。仁怀不仅仅是国酒之乡，也是一块英雄的土地。当年红军在此辗转奋战，是红军四渡赤水的第三次渡口地。赤水河畔的红军"四渡赤水"茅台渡口纪念碑和四渡赤水纪念塔，记载了这段战斗岁月。红军战士和茅台酒，曾留下许多传奇故事，形成了神秘的茅台酒文化。

茅台酒历史悠久，赤水河畔还流传着这样一个美丽的传说。相传一个除夕之夜，茅台镇大雪纷飞，镇上住李青年见一位衣衫褴褛的白发老妇冻僵在门口，于是将其背进屋生火取暖，并以自酿米酒款待老人，让老人在自己的床上安寝。朦胧中老妇变成一位身披彩霞的仙女，手持酒杯，到他跟前说："好心人，我赐你圣水一泓用它灌溉、酿酒，你将长寿，你将丰收，你将饮到香醇的美酒。"说罢就消失了。青年开门寻找，只见一条似有酒香的清溪从家门流过，便用这水造酒，甘美异常。现在茅台酒所用"飞仙"图案也是由此而来。

在洋溢着酒香的赤水河畔，吟诵着"茅台美酒盛名扬，与众不同韵味长，空怀尚留满室香"的诗句，即使你是个滴酒不沾的人，身在赤水河畔，都如同喝了一杯茅台佳酿，沉醉在馥郁香醇的世界里。

# 西藏的唐卡

藏民族作为我国一个古老而神秘的民族，创造了光辉灿烂的民族文化，其中唐卡在西藏民族文化中是一种著名的民族艺术。唐卡是藏文音译，也叫唐嘎、唐喀，它是一种卷轴画，通常刺绣或绘画在彩缎或纸上，具有浓郁的西藏风情、独特的艺术风格和鲜明的宗教色彩，在五彩斑斓的西藏文化艺术中，堪称一株瑰丽的奇葩。

有传说西藏的唐卡兴起于松赞干布时期，但是否确切还有待进一步考证。这个时期有内容丰富的壁画艺术作为基础，同时艺术家们吸取其他民族的绘画艺术之长，再结合神秘的佛画艺术，于是形成了唐卡作画随意、不受建筑限制、便于悬挂、易于收藏、有利于宣传宗教思想的特点。

**西藏的唐卡**

在五世达赖所著《大昭寺目录》一书中，有松赞干布曾用自己的鼻血绘画了一幅白拉姆女神像的相关记载，这也是有关唐卡最早的记载。当然，这幅唐卡早已失传，藏人也早已不再用鼻血绘画。现在所绘唐卡的颜料有透明和不透明两种，多为矿物或植物茎等加工而成，再按比例加上一些动物胶及牛胆汁。这种独特配方的颜料，适应了西藏高原干燥的气候，颜料纯度高，质量稳定，覆盖力强，使其绘制的唐卡色泽艳丽，保存千年不变。

历史悠久、内容丰富的唐卡题材广泛，其中宗教题材较多，也有历史、人物、民间传说、风土人情、神话故事等题材。唐卡所绘大部分是佛像，也有一些花鸟、山水、天文学和医学等方面的图像。唐卡的式样有布画彩绘，有织锦、刺绣和帖花彩绘。唐卡一般以粗布、绢布或亚麻布作为底布的，有时也用丝绸作为底布。

唐卡一般呈竖长方形。其画面四周多用黄、红两色彩缎镶嵌，下方亦镶彩缎，画上有天杆，下方有轴，轴的两端饰有纯银、象牙、玉石或铜制轴头，轴上雕有龙纹等图案。唐卡构图均衡、严谨、丰满，布局疏密参差，以虚济实，活泼多变，十分讲究。画法上主要有工笔重彩与白描两种，两种画法各有千秋。唐卡的绘制讲究色彩的运用，红、黄、蓝、白等颜色都象征一定的民族意义。颜料的加工是手工操作，过程慢而复杂。一个熟练的画工完成一幅唐卡，至少需要一个月的时间，同时，通常完成的唐卡都要经喇嘛加持，因此，每一幅唐卡都凝结了艺术家们的血汗与众神的庇护。

唐卡是前人留下来的珍贵历史遗产,是研究古代绘画、西藏宗教的宝贵资料,引导着我们去探索神秘的西藏文化。

# 北京全聚德烤鸭

全国各地的烤鸭以北京的最为出名,尤其是"全聚德"烤鸭。全聚德烤鸭是烤鸭中的精品,北京烤鸭的历史是同全聚德分不开的,迄今已有近140年历史。全聚德烤鸭店创办于清朝同治三年(1864年)。现在保留的前门老店建于光绪十四年(1888年),是全聚德历史的见证,也是全聚德品牌的灵魂。

**北京全聚德**

老字号"全聚德"有三家品牌旗舰店,分别位于前门、和平门、王府井。"全聚德"闪光的金匾,历经百年沧桑,讲述着古老的故事,记录了几代人的艰辛与成果。其创办人是河北冀州市杨家寨人杨寿山,字全仁。由于家乡闹水灾他独自来到京城,开始以贩卖鸡鸭艰难为生,后来盘买下前门外一家叫"德聚全"的干鲜果铺,开始经营烤鸭和烤驴肉。后来经风水先生的指点将店名改为全聚德,意为聚拢德行,一来可以标榜店铺做买卖讲德行;二来自己字号中也恰有一个"全"字。全聚德,全而无缺,聚而不散,仁德至上,一炉百年的火铸成了"全聚德"天下第一楼,美名遍中国。

全聚德烤鸭原料均为品种优良、体形丰满、肌肉细嫩的北京填鸭,采用挂炉、明火烧果木的方法,经45分钟左右烤鸭成熟。刚出炉的鸭子全身呈枣红色,皮质酥脆,肉质鲜嫩,飘逸着果木的清香。整鸭外形饱满,外皮像绸布一样光洁漂亮,赏心悦目,令人垂涎欲滴。烤好的鸭子被训练有素的刀切手切成薄薄的片状,每一片上面肥瘦兼有,配以面饼、大葱、面酱等简单而味美的配料。北京烤鸭的吃法一般是将酱涂于饼上,再放上鸭片和大葱,用手卷成筒状,味美醇厚,回味无穷。

"全聚德"是我国著名的老字号,它历经了众多历史时期和风风雨雨几朝沉浮,也曾濒临倒闭,但如今已经成立中国北京全聚德烤鸭集团公司,重现百年老店辉煌。它充分发挥全聚德的品牌优势,不断努力塑造名牌形象,积极开拓国内外市场,加快特许连锁经营的发展,使"全聚德"取得了突飞猛进的发展和新的骄人业绩。现在它已经成为全国最大的餐饮集团之一,是中华民族饮食文化的精品和杰出代表。

"全聚德"烤鸭,多少年来作为代表北京经济形象的标志性产品,一直是国宴贵宾的美味佳肴。"全聚德"烤鸭店因其品牌至尊、价位合理、菜品精、有档次而成为达官贵人、社会政要、各界名流出入之地和国宴举办场所之一。在一百多年的不断发展与创新中,形成了以全聚德烤鸭为代表、集全鸭席及400多道特色名菜于一体的全聚德菜系。再加上其独具特色的饮食文化,已成为中华饮食文化的重要组成部分,享誉海内外。

# 天津十八街麻花

一提到天津,我想大家并不陌生,因为天津有很多的特色小吃,象炸糕、麻花、包子、饺子、烧饼、煎饼、黏食等等,最少也有几十种。但最有特色且广受欢迎的,还数"天津三绝":耳朵眼炸糕、狗不理包子和十八街麻花,享誉国内外。十八街麻花源自1920年,它是一种香气扑鼻,既酥又脆的什锦加馅麻花,因出自一条名叫十八街(今大沽南路)的巷子里而得名。

天津十八街麻花

十八街麻花是在白条和麻条中间夹一条含有桂花、闽姜、桃仁、瓜条等多种小料的酥馅,使炸出的麻花酥软香甜与众不同。十八街麻花以面粉、花生油和白糖为主料,再加青梅、桂花等十几种小料。需要发肥、熬糖、配料、制馅、和面、压条、劈条、对条、成型和炸制10道工序。制成的麻花由十根细条组成,内夹各种馅,拧成三个花,犹如妙龄少女的一条长辫子,好吃又美观。此麻花胜似酥糖,进嘴就酥,越吃越好吃,连牙口不好的老年人也非常爱吃。桂发祥麻花品种有六七种,且规格齐全,要大有大,要小有小,麻花掉地上必定全碎,以示其质量。这种独特风味的夹馅什锦麻花具有香、酥、脆、甜的特点。它口感油润、酥脆香甜、久放不绵、造型美观,而且有闽姜香味,麻花炸得透无水分,最少能放三个月,秋季麻花能过冬,不需防腐剂,因而特别受群众喜爱。

到底是谁最早发明什锦加馅麻花的,说法不一,但都与十八街有关。其中有两种说法比较有代表性。第一种说法认为范贵才、范贵林兄弟是桂发祥麻花的创始人,他们曾在天津大沽南路的十八街各开了"桂发祥"和"桂发成"麻花店,因店铺坐落于十八街,因此称其为十八街麻花。还一说法是清末有一个叫刘老八的人在十八街开了一间名叫"桂发祥"的麻花店。刘老八人很聪明,研究出了很多种麻花的新做法,他炸出的麻花酥而不艮,创出自己特色的。关于麻花是怎样消"艮"的,还有一个传说:说有一天,一位十八街麻花店的少掌柜出去游玩,回到家很饿,想吃点心,但点心没了只剩下一些渣子,于是灵机一动,让人把点心渣与麻花面和在一起下锅炸。没想到炸出的麻花,酥脆不艮,香气扑鼻,色味俱佳。再加上后来的反复探索和创新,逐渐摸索出了炸制麻花的绝活,十八街麻花也就越来越出名了。

如今,十八街的麻花凭借着它制作考究,料精货实,口感酥脆的特点,成了津门有名的特色小吃,而且闻名中外,甚至在外地还开了数家分公司,并出口到世界上的许多国家。

# 天津包子"狗不理"

天津著名的风味小吃"狗不理"包子,以其味道鲜美而驰名中外。狗不理包子刚出屉时,面柔色白,大小一致,褶花疏密一致,看上去如薄雾之中的含苞秋菊,养眼舒心,咬一口直流油,但又不感肥腻,味道十分鲜美。

狗不理之所以受大家欢迎,那是因为它用料精细,制作讲究。在用料上别具特色,狗不理包子的肉馅一般是用肥瘦鲜猪肉 3∶7 的比例。这个肥瘦搭配比例按季节有所不同:冬天肥的较多,夏天肥的较少,春秋暖和,肥瘦对开,这样就能软嫩适口,不显肥腻。加上小磨香油、上等酱油、姜末、葱末、味精等佐料,佐以排骨汤或肚汤,边加水边搅拌,精心打成肉丁水馅。包子皮也十分讲究:用半发酵"一拱肥"富强面,和面时水温一般要求保持在 15℃ 左右,发面不能太老。狗不理包子做工精细,擀皮子要薄而带劲,顶和底皮一样薄,包子从揉面、揪剂、擀皮、装馅、捏包、上屉、上大灶,都有明确的规定。包馅时要达到不冒顶,不跑油,外观好的标准。具体操作是用手指精心捏折,同时用力将褶捻开,捏出来的包子褶花匀称,每个包子的褶不得少于 16 个,如白菊花形。最后上炉,用硬气蒸 5 分钟即可。刚出锅的热包子咬一口油水汪汪,香而不腻。

狗不理包子铺制作的包子熟后不掉底,不漏油,皮薄馅大,十分可口,是中国著名的传统风味小吃。许多人对"狗不理"这名字不太理解,其实这背后有这样一段有趣的传说。狗不理包子铺原名"德聚号"，距今已有百余年的历史。传说在清朝光绪年间，天津武清区有一个名叫高贵友的少年，他从小性格倔强，绰号"狗不理"。14岁时，家人把他送到一个蒸吃铺去学手艺。这个刘家蒸吃铺主要经营蒸食和肉包，高贵友经过三年的学习，学通了做包子的各种手艺，便自己开了一家专营包子的小吃铺。由于高贵友做的包子好吃又好看，做事十分认真从不掺假，他的包子很快就出名了，来吃他包子的人越来越多。由于人们喊惯了他的绰号"狗不理"，于是就把他的包子称为"狗不理"包子。据说，袁世凯当直隶总督时，曾把狗不理包子作为贡品献给慈禧太后，慈禧很爱吃。从此，狗不理包子名声大振。随着高贵友生意越做越好，他决定给自己的店铺取个雅致的牌号，唤作"德聚号"，这个牌号虽然好听，但人们还是习惯叫"狗不理"包子。

天津人常常说："没吃过'狗不理'包子，等于白活"，足见其名声之大。现在的"狗不理"不但深受中国群众的喜爱，并且进入国际市场，备受欢迎。

# 天津"泥人张"

作为天津传统工艺一绝的天津泥人，在清代乾隆、嘉庆年间已享有很大声誉，特别是"泥人张"的彩塑更使天津泥人大放异彩，成为民族艺术的一朵奇葩。泥人张彩塑具有鲜明的现实主义艺术特色，能真实地刻画出人物的性格、体态。它把传统的捏泥人提高到圆塑艺术的水平，又装饰以色彩、道具等细节，形神兼备，匠心独运，形成了独特的风格。

天津"泥人张"

天津泥人已传四代，有140多年的历史。第一代张万全是卖泥人玩具的小贩。第二代张万全的儿子张明山，从小就能捏制栩栩如生的彩塑小泥人，后来竟能在袖内为人"触手成像，神采悉具"，从此声名远扬，成了誉满天津的"泥人张"。第三代是张景祜。第四代为张铭、张钺。

天津"泥人张"艺术的首创者是张长林。张长林，字明山，生于天津。家境贫寒的他从小跟父亲以捏泥人为业，练就一手绝技。张明山心灵手巧，富于想象，他不动声色，拯土于手，泥人便瞬息而成，捏制出来的泥人惟妙惟肖。张明山继承了传统的泥塑艺术，从绘画、戏曲、民间木版年画等姊妹艺术中汲取营养。"泥人张"彩塑创作题材十分广泛，有反映民间习俗的，有反映普通百姓的，有取材于民间故事和舞台戏剧的，有直接取材于古典文学名著的等等。所塑作品不仅形似而且神似，达到神形兼具的境界。张朋山经过数十年的辛勤努力，一生中创作了一万多件作品。"泥人张"彩塑艺术不仅赢得了老百姓的青睐，在国际上也享有盛誉。

"泥人张"的作品好坏，首先取决于所用原料的好坏。张明山经常使用黏性极强、含沙量特别小的天津西郊区古河道地下的红色黏土。选料要求非常严格，必须经过一晒二搅三过滤。一个作品的完成有八成要靠手上的技巧，在手指达不到的部位还要用特别的工具帮忙，如"压子"就是常用的工具。所谓"压子"，就是由黄杨木、竹制、象牙等制成的柳叶形工具，大一点的有三四寸长，小一点的就只有两寸长短，宽度不过一厘米左右。泥人在艺人手中经过捏、挤、拉、抻，并同时配合手中的工具随时勾、抹、挑、搓，在行云流水之中勾勒出一个完美的作品，令人叹为观止。一般来说，泥人做好后要放在阴凉处风干30天左右，不得在阳光下晒。"泥人张"彩塑用料讲究，色彩明快，所捏的泥人不干不裂，经久不衰。

天津"泥人张"彩塑艺术是近代民间发展起来的著名工艺美术流派，它扎根于古代泥塑艺术的传统土壤中，再经大胆创新加工，创造出独具一格的彩塑艺术，屹立于津门艺林，蜚声四海。

# 杭州的张小泉刀剪

剪刀作为我们日常生活中的实用工具，相信每个人都十分熟悉，但提起张小泉刀剪，可能大家就比较陌生了。"张小泉"是中国南方地区一家经营剪刀、刀具的老字号，其历史已有三百四十多年。张小泉刀剪诞生在美丽的西子湖畔，是闻名遐迩的杭州四宝之一。

张小泉刀剪品种繁多，是国内刀剪行业中久负盛名的专业特色商店各色，剪刀规格齐全。从125克重的小菜刀到3000克以上的砍肉刀，从小至6厘米绣花剪，大到60厘米的铁皮剪都有。传统刀剪为嵌钢刀、不锈钢菜刀及铬花民用刀三个系列，达10多个品种，发展到现在，张小泉刀剪已有纯钢刀、合金刀、锋钢指甲剪、不锈钢强力剪等30大类300多个品种。

用料讲究、制作精良、质量优异的张小泉剪刀深受人们的欢迎。由于它结实耐磨、刃口锋利，拥有上乘的制作工艺和良好的信誉，使张小泉"泉"字牌刀剪家喻户晓，历久弥坚，蜚声海内外。张小泉刀具质量优良，刀面平整光洁，露钢适度，无锻压凹痕，刀刃厚薄匀称，刃口直而不扭曲，直视刀口成一条黑色直线，无"白刃口"；刀背、刀头、刀跟磨削平整，"不露黑"、无毛刺、不拉手；刀柄安装平直、牢固，刀箍不松动。剪刀脚圈平整，圆弧对

张小泉剪刀

称,剪刀刃口平直、无缺口,两片剪刀头部尖端整齐、贴拢、不错位。在试用时,刃口张口和合拢十分和顺、不打疙顿,有"润物细无声"之感。

张小泉刀剪地位的形成经历了两三百年的时间。康熙二年(1663年),张小泉的父亲张大隆剪刀店在杭州开业,专门打造剪刀,前店后场,边锻边卖。张大隆选用好钢,博采众长,嵌在剪刀刃口上锻打,被称为嵌钢锻打工艺,张大隆还采用镇江特有的泥砖磨锋,用这种方法制成的刀剪锋利无比,深受百姓欢迎。其子张小泉继承父业,不但继承了其父的造剪技术,使产品质量更好。但当时市场上出现了许多冒名的张大隆剪刀店,为了和他们相区分,张小泉便将店铺改名为"张小泉剪刀店",凡拜张小泉为师所产的剪刀都可用"张小泉"的牌子,但必须加上一个"记"字。张小泉剪刀凭借着上乘的质量,因而其剪刀名声大振,在全国各地开设了百余家分店。1956年,张小泉兼并了几家其他的刀剪店铺,合并成立了张小泉刀剪总店,成为中国刀剪行业中最大的专业特色商店。张小泉刀剪总店是我国日用工业品类商店中开设至今年份最早的商店。

多少年来,这个具有百年历史的中华老字号企业以其"重品牌,守信誉,求特色"而深受消费者的喜爱,同时它也是一个国内外五金行业的知名品牌,正在向着更广阔的国际市场迈进。

## 浙江金华的火腿

地处金衢盆地的金华,以其最负盛名的传统名产金华火腿著称。金华火腿皮色黄亮、形似琵琶、肉色红润、香气浓郁、营养丰富、鲜美可口,素以色、香、味、形"四绝"闻名于世。它历来是朝廷贡品,宴席珍馐,家庭美肴,馈赠佳品。

**浙江金华的火腿**

以金华猪为原料的金华火腿最为地道。金华猪又称"金华两头乌"，是我国著名的优良猪种之一。它成熟早，皮薄肉细，繁殖率高，这些优良特性得益于当地独特的养猪环境。用金华猪大腿腌制成的火腿质佳味香，外形美观，蜚声中外。据说早在唐代金华家家户户都腌制火腿，而1200多年前的北宋抗金名将宗泽，把家乡婺州义乌县腌制猪肉请军士吃，也献给宋高宗。宋高宗见色泽鲜红似火，就命名为火腿。

取自两头乌的金华火腿形似竹片，爪小骨细，肉质细腻，皮薄黄亮，肉色似火，香郁味美。当然，今天浙江各城市所产的火腿取材不一，并非都取自个头小的两头乌，如果是这样，恐怕金华火腿早就供不应求了。

真正的金华火腿一般在立冬腌制，因此称冬腿。有收购、腌制、洗晒、整形、上架发酵几道工序。从低温腌制到高温发酵要9个月以上时间。还有一种季节腿，又称反季节腿，它与冬腿是有区别的。反季节腿不在冬季腌制，因天气较热，洗晒时为防蝇、防蛆只能用农药。反季节腿未经一定时间的高温发酵，达不到后熟要求，也只加工3个月左右。也难怪它易变质，盐度高：难以长期保管。

真正的金华火腿因其生产的特殊性，生产者尤其注意在生产流程中的卫生监控，食品添加剂的使用稍有差池，就有可能造成火腿有害成分的超标。因此，制作一个火腿的成本是很高的。正宗的金华火腿一般是指冬腿，2500克的整腿约120元左右；价钱不到这一半的一般是反季节腿，这种火腿无论在质量上还是味道上无法与真正的冬腿相比。

目前，假冒伪劣产品充斥市场，少数黑心厂商以病猪、死猪及老母猪浸泡敌敌畏腌制金华火腿。要分辨金华火腿，最准确的方法就是拿竹签插入火腿，闻起来有怪味的绝对有问题。还可以用手触摸，要是硬度不够，甚至软软的，绝对源于不良肉品。消费者要细心辨识，防止上当。

今天，地道纯正的金华火腿仍然深受消费者的欢迎。金华著名特产——金华火腿，不但是平时百姓餐桌上的美味佳肴，还是馈赠亲友的佳品。

# 苏州的刺绣

　　刺绣起源于人们对装饰自身的需要,史传黄帝时代就有彩绘花纹的记载,也就是说古代原始人类早懂得用色彩来美化自己。刺绣,是中国历史悠久的一种独特的工艺美术,与锦绫、缂丝在中国工艺美术史上同处于举足轻重的地位,都是我国劳动妇女在文化

苏州的刺绣

艺术方面所做出的贡献。在源远流长的刺绣文化中,与众不同的苏州刺绣,仿佛一颗明珠熠熠发光,展示出它绚丽多彩的魅力。

　　苏绣为四大名绣之一,至今已有2000多年的历史了。苏绣发源于苏州吴县一带,还包括江苏省的无锡、常州、扬州、宿迁、东台等地。江苏土地肥沃,气候温和,蚕桑发达,盛产丝绸,自古以来就是锦绣之乡。

　　刺绣是一种体力劳动,同时又是一种艺术性的劳动。它要求刺绣者具备一定的艺术修养,懂得一些基本画理;还要求刺绣者具有耐心细致、一丝不苟的态度和持之以恒的精神。苏州女子性情柔和,心灵手巧,擅长慢针细活。苏州在农村,家家有刺绣,户户有绣娘,据说有10多万绣娘。优越的地理环境,绚丽丰富的锦缎,五光十色的花线,善于手工的绣娘,为苏绣发展提供了良好的条件。

　　简单地说,苏绣工艺的制作过程是把彩线用绣针穿引好,在真丝、绸缎或棉布等面料上按一定规律、一定层次穿针引线,按设计好的色彩、图案和花纹刺绣,直到图案完成。苏绣的品种很多,不仅有"单面绣""双面绣""彩锦绣""发绣""打籽绣""精微绣",还有近几年新创的"双面异色绣""双面三异绣"。苏绣的针法着色和谐典雅,不露生硬跳动的痕迹,行针疏密一致,毫无参差之处,可分为9大类48种。苏绣,多以人物、山水、花鸟、动物为主,有绣片、册页、屏条、屏风等为题材。到现在经过几代苏绣艺术家的共同努力创新,苏绣以"精细、雅洁"的独特风格成为我国富有民族特色的手工艺品,驰名中外。

　　根据史料记载,苏绣起源于苏州,创始的年代很早,始于服饰。早在2000多年前的春秋时期,吴王建都苏州,此时吴国已将刺绣用于服饰。苏绣发展到唐代有了很大进步。

到了宋代,苏绣日趋精工。明代,刺绣艺人结合绘画作品进行再制作,所绣佳作栩栩如生,有"以针作画、巧夺天工"之称。到了清代,苏绣进入全盛时期,此时的苏绣已广泛运用在服饰、戏衣、枕袋、被面、香包、鞋面等许多方面,各种流派异彩纷呈、争奇斗妍。

今天,苏绣在江苏苏州一带仍然随处可见,它以其独特的艺术风格在艺苑中吐露芬芳。

# 金华赤松的佛手

佛手其谐音"福寿"给人一种吉祥之感,被称为"吉祥之果""福寿之星"。它主产于江、浙、闽、粤、川等省,其中最为著名的是浙江金华佛手,素有"果中之仙品,世上之奇卉"的美名,人称"金佛手"。金佛手果形奇特多变,酷似观音手指,色泽金黄艳丽,不但具有独特的观赏、药用、人文等价值。金华市金东区赤松镇金华赤松,因盛产金佛手被中国物产学会命名为"中国佛手之乡",享誉海内外。

金华赤松的佛手

佛手,又名"福寿橘""五指柑"等。佛手具有三大特点:大小适中,果形优美,色、香、趣、韵俱佳,顶部有裂纹,有的像少女的手,有的像小孩拳头,有的酷似观音菩萨的"兰花指",是极好的节目点缀和岁朝清供、观果闻香的珍品;香气浓郁,经久不逝——挂于幔帐满屋幽香,置于箱柜清香沾衣,身带佛手芳香袭人;含水量少,耐久贮藏,可长途运销,贮藏白干后可入药。

金佛手原产于佛教之国印度,后传入我国种植。据《金华县志》记载,金华赤松佛手已有360多年的种植历史,尖峰山南麓是其主要种植区。在古代,佛手是达官贵人家的珍品。相传北宋大文学家苏东坡在杭州为官,慕金华佛手之名,来金华北山脚下观赏佛手,欣然挥笔写下"沁入诗脾清流环抱,香分佛果曲径通幽"这副对联。明代诗人朱多曾写诗赞道:"色现黄金界,香分白麝脐。愿从灵运后,接引证菩提。"对金佛手作了生动的描绘和高度的评价。文学世著《红楼梦》描写探春房中摆设,将佛手与颜鲁公墨迹同列。

金华佛手的药用价值、食用价值和它的观赏价值一样,都不可小视,佛手的根、叶、茎、果均可入药。李时珍《本草纲目》中写道:"佛手柑,气味辛,温无毒;主治下气,除心头痰水;煮酒饮,治痰多咳嗽;煮汤,治心下气痛。"现代医学分析,佛手干果中含有柠檬油素、微量的香叶木甙和橙皮甙以及多种维生素,叶苦微辛,属性温和,气味芳香,具有舒肝健胃、顺气宽胸、健脾化痰、快膈解郁等多种药用功能。此外,佛手还具有较高的经济价值,佛手经过精心管理培植和必要的人工辅助修剪,可以制成盆景,非常适宜放置在酒店宾馆、居室客厅、办公案头,是现代生活难得的特殊装饰品。

金华佛手集观赏、药用、人文价值于一体,经济效益看好,种植面积逐年扩大。随着市场的不断开拓,犹如人间仙果的金华佛手,正放射出耀眼的光芒。

# 四川渠县的七蕊黄花

位于四川渠江河畔的渠县,幅员2013平方公里,人口138万,辖15镇45乡,为全国对外开放县。渠县农业发达,盛产稻谷、小麦、生猪、柑橘、蚕桑等,其中8项已开发建设成为国家和四川省的商品生产基地。渠县特产丰富,其中以闻名中外的七蕊黄花最引人注目。黄花产量居四川省之首,四川因此被赞誉为"黄花之乡"。

黄花菜是七蕊黄花的另一名称。它是多年生草本蔬菜植物,因在含苞待放时,花蕾细长,形如针状,色泽金黄,所以又叫金针菜。由于黄花菜有七根雄雌花蕊,因此也叫萱草或七蕊菜,七蕊黄花之名也就由此而来。七蕊黄花颜色鲜黄,干净无霉,颜色金光灿烂,绝少黑斑霉货,而且七蕊黄花角长肉厚,线条粗壮,肥顾整齐。黄花菜故古时叫忘忧草,有些地方至今称安神菜或无忧草。因为它有碳水化合物、胡萝卜素、硫胺素、磷、铁、钙等24种人体必需的营养成分,具有滋补、安神、消炎、止血、消烦、宽胸的功能。

黄花菜是一种味道鲜美,营养丰富的珍贵名菜。它的吃法有很多种:可做成干炸黄花、油焖黄花、荤炒、素炒、凉拌、做汤食用,风味独特,食后令人回味无穷。敬爱的周恩来总理还曾用七蕊黄花招待外宾,并赞誉七蕊黄花"入口清香满舌,食后余味悠长",于是七蕊黄花一时名噪天下,其实周总理本人也很喜欢食用黄花。

最初，传统加工工艺无法使"七蕊黄花"的保质期延长，因此，难以满足产量倍增的市场需要，造成增产难增收的局面，在一定程度上挫伤了农民栽植"七蕊黄花"的积极性，使七蕊黄花养在深闺人未识。如今，随着科学技术水平的提高解决了保质期短的问题，此外，加工七蕊黄花还经常采用以阳光晒干的方式进行，这样方便贮存，也为黄花运输到外地提供了便利。

早期，黄花市场还不规范，种植的农民没有自己的经纪人，也没有直接出口权，因此，黄花的价格很不稳定，价格最高的年份每公斤到十几元，最低的时候才七八元，在一定程度上挫伤了农民栽植"七蕊黄花"的积极性。现在，黄花市场逐渐规范化，农民的利益也基本得到保障。如今，七蕊黄花不仅深受国内人们的喜爱，还在国际上占有很可观的市场份额。过去远销泰国、马来西亚等东南亚国家和港、澳地区，近年来又畅销日本、美国以及非洲许多国家。

四川渠县名优稀特产品——七蕊黄花，独具七蕊，花美而不艳，味香而不腻，得到国内外消费者的普遍青睐。

# 吐鲁番的葡萄干

吐鲁番的葡萄碧绿甘美，爽口清香，酸甜适中，被誉为"中国绿珍珠"。吐鲁番的葡萄干颗粒饱满，色泽碧绿，含糖量高，遐迩闻名。那首美妙动听的歌曲《吐鲁番的葡萄熟了》一样，打动了众多人的心，吐鲁番的葡萄和葡萄干也像这首动听的歌一样甜到了每个人的心里。

吐鲁番是古代"丝绸之路"上的一颗璀璨明珠，也是中国最炎热、全国高温持续时间最长的地方。夏季气温高达48℃，地表温度78℃，每年6、7、8三个月，平均气温达38℃以上。由于北部天山的屏障作用，吐鲁番的无霜期平均每年达到268.6天，最长的年份达

中华传世藏书

中国大百科

地理百科

三三五

吐鲁番的葡萄干

到 324 天,是我国长城以北无霜期最长的地方。吐鲁番的地理位置独特:盆地内干燥少雨,年降雨量 16 毫米左右,年蒸发量 3600 多毫米,再加上优越的光热资源:吐鲁番全年日照时数为 3200 小时,10℃ 以上有效积温 5300℃ 以上,无霜期达 210 天。所以水果中的含糖量非常高。吐鲁番的地下水贮量丰富,因而瓜果丰茂,盛产葡萄、西瓜、哈密瓜等水果和长绒棉、反季节蔬菜等。吐鲁番被人们称为"葡萄之乡",旅游业也因当地盛产各种优质葡萄而兴盛。

吐鲁番的葡萄有无核白葡萄、大无核白葡萄、长无核白葡萄、长穗无核白葡萄、马奶子葡萄、红葡萄、绿喀什哈尔葡萄、索索葡萄、黑葡萄等,达十几种。这些种类的葡萄各有各的特点:有的适合鲜吃,有的适合制罐,有的适合入药,有的适合制干,等等。

葡萄干的制法有三种:第一种是在阳光下直接曝晒,制成褐色葡萄干;第二种是在荫房中晾制而成。全新疆只能在吐鲁番盆地和田地区如此制作,是因为这里的地方气候干燥,秋季气温高,常刮干热风。把成熟的葡萄一串串挂在荫房上面,在干热风的吹拂下,30~45 天即成为色泽碧绿,状如珍珠,肉软清甜,营养丰富的葡萄干。以此法制成的著名新疆"无核绿葡萄干",一般含糖量高达 69.71%,含酸 1.4%~2.1%。第三种是近年来采用的快速制干法。先将葡萄经脱水剂处理,再进入荫房内晾干或以烘干机烘干,这样做大大缩短制干时间,能够较好地满足市场的需求。

吐鲁番的葡萄干,除销往国内各省市,还出口日本、东南亚、香港等地。特别是由无核白葡萄晾制而成的绿葡萄干,更是享誉世界。吐鲁番葡萄干年产量为 1 万吨,占全国葡萄干总产量的 75%。鄯善县与日方合作生产的巧克力葡萄干,开辟了吐鲁番葡萄干通向国际市场的新途径。

# 盛产苹果的烟台

风光秀丽的海滨城市烟台,是中国北方水果重点出口基地之一,素有"水果之乡"的美称。它盛产苹果、莱阳梨、长把梨、葡萄、山楂、大樱桃、板栗等,特别是苹果,其知名度最高。据说当今中国出产的苹果,十个里头有一个产在烟台,中国出口的苹果,两个里头就有一个来自烟台。目前烟台的果蔬产业正在成为吸引人们目光的新亮点。

**烟台苹果**

历史悠久的烟台苹果,于 1871 年由美国传教士引进,最早以青苹果、红苹果两个品种为主,以后又发展了金帅、小国光,改革开放以来引进了红富士、乔纳金等品种。烟台是全国最大的苹果经济栽培区,也是全国最大的红富士生产基地。烟台苹果年产量达190 多万吨,占全国苹果总产量的 1/9,出口量占全国的 1/4。

苹果是果中之王,它含有多种人体所需要的元素,因此深受人们喜爱。烟台苹果以其个大形正,色泽鲜艳,光洁度好,酸甜适中,香脆可口而著称。烟台苹果具有丰富的营养,它属性凉,味甘,具有补心益气、生津止咳、健胃和脾的功效。经常食用可起到帮助消化、养颜润肤的独特作用,难怪美国营养学家把它列为十种最有营养的食品之一。

中国苹果的代表——烟台苹果,主要有以下几个特点:第一,生长环境好,含糖量高。因为烟台苹果产区集中在地理环境和自然条件优越的胶东半岛,这里属温带季风气候,空气湿润,光照充足,昼夜温差大,极利于糖分的积累。且胶东半岛的丘陵土壤为中性偏碱的沙壤土质,含有较丰富的磷、钾、钙、镁等元素,十分适合苹果栽培和生长。第二,色、味、形、营养价值兼具。烟台苹果个大形正,外表光滑细腻,色泽鲜艳红润,口味酸甜适口,咬一口细脆清香,且果肉硬度大,纤维少,质地细,每 100 克苹果含糖 13 克、钙 11 毫

克、铁 0.3 毫克,还含有胡萝卜素、维生素、有机酸、芳香醇、果胶等。第三,品种丰富,烟台苹果主要以红富士为主,还包括乔纳金、红星、嘎啦、千秋、国光等五大系列新优品系 60 多个,能满足不同口味、不同国家的人群。

目前,除了保持着传统的苹果种植法外,烟台苹果还十分注重苹果的防毒防害、生物防治、农业防治。同时,果农们还采纳国际先进的苹果套袋新技术,生产出无农药残留、符合国家绿色食品标准的优质无毒害、全套袋的绿色烟台苹果,努力和世界接轨。

营养丰富、色泽鲜艳、味道香甜的烟台苹果,一向是老少皆宜、备受青睐的果中佳品,深受世界各国消费者的喜爱。

# "椰子之乡"海南岛

属热带季风性海洋气候的海南岛,长夏无冬,生机盎然。岛上郁郁葱葱的热带雨林,椰树摇曳的滨海大道,充满十分浓郁的热带风情。海南省文昌市东郊镇是我国著名的"椰子之乡",该镇有 70 余万株椰子树,集中了海南省 60% 的椰子树。茫茫椰海,成为独

海南岛椰子

特的旅游胜地,游人在这里不仅能领略到婀娜多姿的椰林,还能享受到丰富多彩的椰子文化和椰乡习俗。

椰乡文昌有 200 多公里的海岸线,素有"椰林长城"之称。椰风海韵醉游人的东郊椰林湾,是中国十大海滨风光之一。这里百万株椰树,绿叶婆娑,婀娜多姿,美不胜收。椰林里世界罕见的"椰子王"树,枝粗叶茂,长出的累累椰果,令人叹为观止。

文昌种植椰子的历史悠久,已有两千多年。相传古代这里有个叫骆王的黎族首领,一天夜里被妄想篡位的奸人将其头砍下,悬挂在旗杆上,第二天早上,旗杆变成了高大的椰子树,骆王的头变成了圆圆的椰子果,头发变成羽叶。从此,人们把椰子树看作英雄的化身,称为"英雄树",并把它当作吉祥物来崇拜。

椰子属棕榈科,是热带景观树,原产地是中美洲。椰子功用特别多。椰子水是清凉

饮料,其中含有大量糖分和十几种氨基酸,在椰子水里加一点盐可以补充营养,恢复体力,对付高温。椰果可以加工成椰糖、椰蓉、椰酱、椰汁、椰片、椰干、椰蓉等食物。此外,椰子还衍生出丰富多彩的美食,如椰子类椰味菜就有多种:椰子饭、椰子蟹、椰奶鸡、椰液香酥鸭、椰汁东山羊、嫩椰百花盒、椰奶燕窝盅、脆炸椰奶、椰子盅等等。而剩下的椰壳,可以烧制活性炭,椰衣壳纤维可作衬垫填料、扫帚、毛刷等,也有制椰绳、椰毯、椰垫、椰雕的。椰木还可打造家具或充当建筑材料。所以说椰子浑身是宝。

对游客来说,椰雕是游椰乡最有意义的纪念品。椰雕是椰乡有名的民间工艺品,相传始于唐代。椰壳经过民间艺人刮削、雕刻,绘以山水风光、花鸟虫鱼或者人形,或镶以银锡、嵌以贝壳,便成为小巧玲珑、造型优美的工艺品了。近年,椰乡民间艺人又以带壳椰棕雕刻成各种各样栩栩如生的工艺品。这些工艺品,不但可以作为工艺品留念,还可以馈赠亲友,是国内外游客最喜欢购买的旅游工艺品之一。

如今,海南文昌东郊的椰子越种越多,"椰子之乡"的美名也越传越广。在海南岛无论是乔迁之喜,还是婚礼庆典都离不开椰子。人们喜欢互赠椰子苗,并用红纸条缠住芽头,表示吉利。

# 又食武昌鱼

1956年6月,毛泽东从武昌游过长江到达汉口时写了一阕《水调歌头》,其中有"才饮长江水,又食武昌鱼"的词。从此,武昌鱼更加出名,更加为人津津乐道,成为大家所钟爱的佐餐佳肴。

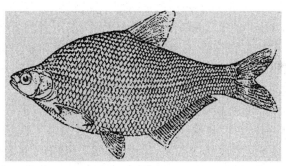

武昌鱼

武昌鱼学名团头鲂,是一种常见的淡水鱼,是鳊鱼的一种。体形扁平的武昌鱼,肉质嫩白,鲜嫩味美,含丰富的蛋白质和脂肪,只是细刺很多,属于较名贵的淡水鱼菜。它产于鄂城和江夏区境内的梁子湖。梁子湖湖面辽阔,直通长江,江水可倒灌,因此水质好、饵料丰富,具备了武昌鱼生长繁殖各种自然条件,所产武昌鱼重两三斤,脂厚味美。

关于武昌鱼还有一段传说:公元221年,割据江东的孙权,自公安迁鄂(今鄂州)改鄂为武昌。229年孙权即帝位,迁都建业(今南京)。265年,吴国末代君主孙皓觉得武昌这里人少、水多、鱼多,更利于百姓生活,于是又迁都武昌。然而劳役繁重,民众负担加重,再加上百姓思念故都,就有了"宁饮建业水,不食武昌鱼"的民谣。在左丞相陆凯的极力建议下,孙皓终于返回建业。武昌鱼的名声因此大振,以后各个朝代都有不少文人雅士对武昌鱼赋诗赞美。如宋代苏东坡的"晓日照江面,游鱼似玉瓶,谁言解缩项,食饵每遭烹。"伟大的无产阶级革命家、诗人毛泽东的这句"才饮长江水,又食武昌鱼",活用了典故,更使武昌鱼扬名天下。

樊口是梁子湖与长江的汇合处,是武昌鱼洄游江湖之间的必经之路,据古书记载:"缩项鳊产樊口者甲天下。"梁子湖有99个汊,但出水处仅樊口一处。由于武昌鱼具有洄游习性,因此它在梁子湖觅饵育肥后,秋季必然要经过樊口到长江越冬。此时,是捕捞武昌鱼的大好时节,这个时候的武昌鱼腹内贮集了大量的脂肪,当然丰腴味美,故有人诗曰"秋来倍忆武昌鱼"。由此可见"武昌鱼"之名由来已久。

热情好客的武汉人招待外地的宾客、好友,经常会安排几道具有武汉特色的名菜佳肴请客人品尝。其中以武昌鱼为主要原料的菜肴,是必不可少的,如清蒸武昌鱼、红烧武昌鱼、花酿武昌鱼、杨梅武昌鱼、蝴蝶武昌鱼、茅台武昌鱼、鸡粥奶油武昌鱼、白雪蜡梅武昌鱼等。现在还出售包装方便的成品武昌鱼。用武昌鱼可以制作出数十种不同风味的鱼菜,其中尤以肉嫩味鲜、清香扑鼻的清蒸武昌鱼最为著名,是驰名中外的上等好菜。来到武汉的客人们可尽情地享受武昌鱼的美味。

# 遍植芙蓉的成都

著名历史文化名城成都,位于四川盆地西部平原,辖区总面积1.26万平方公里,管辖7区4市8县,人口1100多万。成都作为"天府之国"四川省的省会,同时也是西南地区最大的现代化城市和重要的商贸、金融、科技中心,是交通和通信枢纽。这座综合性、多功能的内陆特大开放城市有中国"第四城市"之称。1983年5月26日,成都人把"芙蓉"正式定为成都的市花。

成都与芙蓉的渊源可以追溯到古代。西汉时,成都的织锦业发达,远销海外,被称为"锦城"。五代时,后蜀皇帝孟昶偏爱芙蓉花,命百姓在城墙上遍植芙蓉树,花开时节,花团锦簇,蔚为壮观,故把成都称为芙蓉城,简称"蓉城"。还有一说是后蜀皇帝孟昶的妃子花蕊夫人偏爱芙蓉花,而非后蜀皇帝本人喜爱芙蓉花。总之,成都是从五代的后蜀开始,满城种植芙蓉树的,有人赞其为"四十里为锦绣"。

秋芙蓉、水芙蓉、清凉膏(潮安、潮州)、大芙蓉叶(南澳、海丰)、大叶芙蓉、醉酒芙蓉(广州)等都是芙蓉花的别名。芙蓉是锦葵科木槿,属莲花类,通常是由人工栽培的。一般植物学上把芙蓉分为水芙蓉、木芙蓉两类。木芙蓉又称木莲、地芙蓉、拒霜等,四川盛产,秋冬开花,为落叶灌木,高数丈,但是木质不坚硬。它的茎叶呈淡绿色,叶片很大,呈阔卵形,上面长有长叶柄。芙蓉的径长约五寸,有三或五裂,裂片呈三角形,旁边有钝齿。芙蓉一般秋末开花,芙蓉花的根部呈心形,花瓣五或多数,结球形蒴果,果实外面还长有粗长的毛。芙蓉树刚刚开花时花冠是粉红色的,到了下午就变成了深红色,深浅不一,交

成都芙蓉

相辉映,有很高的观赏价值。芙蓉本性耐寒,遇霜花盛,故又名"拒霜"。苏东坡在《和陈述古拒霜花》也曾道"千林扫作一番黄,只有芙蓉独自芳"。

芙蓉谐音"富荣",在图案中常与牡丹合组为"荣华富贵",均具吉祥意蕴。芙蓉根、花、叶均可入药。其花味微辛,花味淡,性微凉。芙蓉花外用可以消肿止痛,排脓散结;内服可以清肺,芙蓉的根内服可以排脓,入肺经。现代医学上,通常会把芙蓉外用于治痈肿疮疡,鱼口便毒,或已溃疮疡等病症,是消炎排毒的良材。

如今,气候仍然温润宜人、风光旖旎的成都平原,城墙上下依然遍植芙蓉,花香四季,不减当年四十里如锦绣的盛景。

# 盛产蜜橘的黄岩

浙江黄岩"蜜橘甲天下",这是众所周知的。黄岩区为台州市西部主体城区,地处浙江中部沿海地区,位于天台山、雁荡山两个国家级旅游胜地之间。山水秀丽的黄岩,经济发达,物产丰饶,是"中国蜜橘之乡",也是"世界最大柑橘罐头生产基地"。柑橘、杨梅、枇杷和荸荠是黄岩的四大特产。

黄岩蜜橘闻名遐迩,是中国四大名橘之一。黄岩蜜橘的种类丰富,有橢橘、绿橘、乳橘、朱橘、青橙、绉橙、香锦橙,朱栾、香栾、蜜覃等近 200 个品种。到了建国初期,黄岩柑橘逐步形成本地早橘、早熟无核橘、早橘、乳橘、朱红五大传统品种。黄岩蜜橘的品质也特别好。其中个儿小、味道甜的本地早橘品种是黄岩独有的,即使在时下橘市低迷之际,本地早橘仍十分畅销,价格也比普通柑橘高数倍以上。

蜜橘属亚热带长绿水果,性喜温暖湿润、畏寒冷。因此,温度是柑橘分布与生长发育的关键因素。年平均气温在 15~22℃,冷月(1~2 月)平均气温 3℃ 以上,才适宜栽培蜜橘。不同的柑橘种类和品种,温度要求稍有不同。蜜橘品质与温度也有密切关系。蜜橘

黄岩蜜橘

果实发育初期,特别是成熟前,随着温度的升高,果实的含糖量升高,糖酸的比例增大,酸和维生素 C 的含量下降,口味特别好。地处浙江东南沿海的黄岩区,是以山区为主、平原为次的内陆区域,因此,能充分利用光照条件使蜜橘绿色体进行光合作用。此外,黄岩地处亚热带季风区土壤呈酸性,很适宜蜜橘的生长。由此可见,黄岩特有的自然环境为蜜橘文化实体的形成提供了必不可少的条件。

据古籍《禹贡》记载,4000 年前的夏朝就已经开始栽培柑橘,黄岩是古代柑橘主要发源地之一。到了唐代,随着生产力的提高,黄岩橘树的栽培技术大有长益,橘树的数量倍增,品质也有较大的发展。在众多橘子当中,黄岩的乳橘脱颖而出,成为皇家御用贡品,使得黄岩蜜橘名声大振。黄岩蜜橘的发源地及产区中心在黄岩西部重镇——头陀镇的断江,人称"九曲澄江如练,夹岸橘林似锦"之城。

由于"桔"与"吉"音近,所以橘子被黄岩的百姓视为吉祥之物。他们造房上梁、婴儿满月、民间花会,都有用桔的习俗,以乞求吉祥如意。随着新世纪的到来,橘乡黄岩已把发展橘文化提上日呈。因为这样不仅有助于黄岩文化事业的丰富和发展,而且对提高黄岩知名度和城市品位都有重要意义。

# 做客岭南吃荔枝

我国的岭南地区盛产荔枝。荔枝属于南方水果,成都、福州是它生长的北限,新鲜的荔枝"壳如红缯,膜如紫绡,瓤肉莹自如冰雪,浆液甘酸如醴酪"。苏轼有诗云:"罗浮山下四时春,卢橘杨梅次第新。日啖荔枝三百颗,不辞长作岭南人。"

荔枝大小通常是直径三四厘米,重十多克到 20 多克。果实由果柄、果蒂、果皮、果肉(假种皮)及种子五个部分构成。果实形状,有心形、椭圆形、卵形、圆形及中间形,因品种而异。荔枝通常蒂部大,顶端稍小。蒂部周围微微突起,称为果肩;有的一边高,一边低。

岭南荔枝

顶端叫果顶,有的浑圆,有的尖圆。两侧从果顶到蒂部有一条沟,叫作缝合线,显隐随品种而不同。未成熟的果实呈青绿色,成熟的荔枝大多数是深红色或紫色。荔枝生在树头,因此从远处无法看清它壳面的构造,只有红色映入眼帘,因而把它比作"绛囊""红星""珊瑚珠"。至于整株树以至成片树林,那就成为"飞焰欲横天""红云几万重"的绚丽景色了。在广东,荔枝的成熟期是四月下旬到七月,福建是六月下旬到八月,都以七月为盛期,"南州六月荔枝丹"指的是阴历六月,阳历七月。荔枝也有淡红色的,如广东产的"三月红"和"桂绿"等。还有一种黄荔,淡黄色而略带淡红。荔枝果皮的颜色因品种而不同,有鲜红、紫红、暗红等。荔枝的外形特征是果皮有隆起的块状和陷下的纹沟形成的龟裂片。而龟裂片的大小、凹凸深浅、尖平程度及其排列方式则是鉴别不同荔枝品种的好方法。

荔枝原产于我国,是我国的特产。海南岛和廉江有野生的荔枝林,可以为证。其栽培历史,已在两千年以上。据记载,南越王尉佗曾向汉高祖进贡荔枝,足见当时广东已有荔枝。

白居易说的:"一日而色变,二日而香变,三日而味变,四五日外,色香味尽去矣。"道出了荔枝不耐贮藏的特点。因为荔枝不耐贮藏,古代宫廷想吃荔枝,如唐明皇为了宠幸杨贵妃,就派人兼程飞骑从南方远送长安。唐代杜牧诗云:"长安回望诱成堆,山顶千门次第开。一骑红尘妃子笑,无人知是荔枝来。"就是对这件事的嘲讽。现经研究证实,若温度保持在1℃~5℃,荔枝可贮藏30天左右。其食用的最佳时间是在天亮前露水未退之时。

今天的荔枝,它已作为一种普通水果走进普通老百姓的生活,再也不是皇家贵族才能享用的特权美食。

中华传世藏书

中国大百科

地理百科

三四三

# 渔业发达的舟山

　　中国沿海最大的群岛——舟山群岛，与宁波隔海相望，地处长江三角洲，北边靠着长三角辽阔的腹地，是全国唯一的"以岛立世"的地级市。所谓"靠山吃山，靠水吃水"，在2002年城镇居民人均可支配收入就已经达到了一万多元，人民的生活相对来讲已经比较富裕。

**舟山渔场**

　　作为一个岛屿组成的城市，舟山拥有巨大的海洋资源，而且，海岛大多是由卵石和沙砾质构成，由浅滩发育而成，海洋生物的繁殖比较容易，因此，舟山的渔业资源相对丰富，曾被称为"东海渔库"。舟山一直以渔业作为其主要产业，是整个中国重要的海洋渔业基地，是中国最大的渔场，甚至在全世界也非常著名。从数量上来讲，舟山市海洋捕捞渔获量占到了中国海水鱼总量的1/10，是浙江省海水鱼总量的一半以上，因此，舟山又被称为"祖国渔都"，声名远播。其中海洋捕捞是舟山渔业的支柱性产业，其捕捞总量占了总产量的95%。但近年来，由于近海渔业资源衰退，特别是中、日、韩三国渔业协定的生效，导致捕捞空间大大缩小，因此，舟山不得不采取各种方式来保证本地渔业的可持续发展。已实施的方案，如减少捕捞渔船。发展太平洋、大西洋等公海领域的远洋捕捞，扩大海水养殖规模，增加水产品加工出口等。

　　当然，舟山渔业的发达，还在于它巨大的港口优势。舟山港地理位置极佳，因为它不仅拥有海洋资源，还拥有许多海港所不具备的优势：处于我国沿海南北航线与长江"黄金水道"交汇的咽喉之处。同时，由于舟山港深水港湾岸线资源丰富，拥有非常多的深水航道。因此，舟山港航门多、腹地大、水深、少淤、避风，其优越的自然条件可想而知，所以，舟山港拥有着极大的吞吐量，能够有效地保证所捕捞出来的鱼的运输，有效地保证了市场供应。

舟山岛屿众多,风景优美,其渔业资源不仅数量上占优势,而且质量上也占优势:它盛产大小黄鱼以及带鱼、墨鱼四大海产,在口感上占了上风。此外,舟山还有着丰富的旅游资源。如有著名的旅游胜地"海天佛国"普陀山、沙滩公园朱家尖、金庸笔下的"桃花岛"等旅游资源。目前,舟山人将旅游市场的需求和渔业产业机构调整有机结合起来,大力开展海洋旅游,打造"休闲渔业"旅游新品牌,这已经成为舟山旅游业的新亮点。

# 古老的铜矿产地——大冶

中国铜矿产资源丰富,主要集中在滇东北的东川、鄂东的大冶、皖中的铜陵,晋南的中条山、甘肃的白银与德兴这六大铜矿基地。其中尤以鄂东的大冶最为著名,它不仅矿区密布产量颇高,而且在质量上也首屈一指,所采铜矿品位颇高,开采历史也十分悠久。

**大冶铜矿**

大冶,位于湖北省东南部,地处长江中游南岸,全市面积为 1556 平方公里,人口 88 万,是中国重要的原材料工业基地。同时,它还是中国重要的矿业城市,境内藏有金属矿、非金属矿 53 种,素有"江南聚宝盆,百里黄金地"的美誉,已发现和探明大小矿场 273 处,是 10 大铁矿生产基地和建材重点产地之一。黄金、白银产量居湖北省之冠,硅灰石产量居世界第二位,资源极为丰富。

大冶铜矿的开采历史悠久。事实上,古铜都大冶是中国青铜文化的发祥地。早在 40 万年之前,华夏始祖就在这块古老的土地上繁衍生息。3200 年前,大冶的先民们就在这块土地上开采铜矿、冶炼青铜,创造了被称为"世界第九大奇迹"的铜绿山古矿遗址。到 1093 年,武昌节度使秦裴在这里设置大型采矿、冶炼机构青山场院。到近代,湖广总督张之洞在这里兴办了汉冶坪公司,这是国第一个跨区域钢铁煤联合企业,因此,大冶被称为中国近代钢铁工业的摇篮。

铜矿是大冶最出名的矿种,其拥有铜矿的时间可追溯到3000前的商代中晚期。考古资料表明,大冶地区蕴藏大量的铜矿,并分布广泛,现已发现的村落遗址有100多处。东周时期,在大冶先后建造了高河"鄂王城"、大箕铺"五里界古城"、金湖"草五嘴古城"三种古城。三座古城和遗址周围都发现有冶炼青铜的痕迹,部分遗址附近,如铜山口狮子山遗址、铜绿山古铜冶遗址等还发现有古采矿巷道。今天,我们在这些古矿井中发掘出土了大量的铜斧、铜锛、本铲、船形木斗、木瓢、竹篓、绳索、陶器碎片、竹篮等生产工具和生活用具。近年,武汉大学历史系和湖北省考古研究所,在黄陂盘龙城发现大量规格不等的坩埚、铜坯和冶炼炉渣,经分析成分含量和大冶铜绿山完全一致,可以说这是一次突破性的发现。从地理位置上来看,盘龙城位居长江中下游主要干道,精制青铜器后,再运至全国各地。这就是大冶在中国青铜文化采矿冶炼及青铜发展史上的卓越贡献,也在中国历史上留下的最辉煌灿烂的一页。

# 多宝藏的祁连山

祁连山脉的名字来源于古匈奴语,就是天山的意思,是处于甘肃、青海两省间的巨大山系。因为它在河西走廊的南边,所以又称南山。它东起乌鞘岭,西止当金山口,南邻柴达木盆地、茶卡共和盆地和黄河谷地。祁连山原本是古生代的大地槽,后经加里东运动和华力西运动形成褶皱带。白垩纪以来,祁连山主要处于断块升降运动中,最后形成一

祁连山

系列地堑(谷地、盆地)和平行地垒(或山岭)。山系西北高,东南低,绝大部分海拔3500～5000米,最高峰为疏勒南山的团结峰,海拔5827米。它属于典型的大陆性气候,一般山

前的低山属于荒漠气候,而中山下部属于半干旱草原气候,山地的东部气候比较湿润,西部则比较干燥。

祁连山的农业主要限于东部的湟水、大通河中下游谷地以及北坡的山麓地带,因此它的农业并不发达,青稞、马铃薯、油菜是其主要作物,为一年一熟。但它的草场辽阔,适宜发展畜牧业,并且有大片水源涵养林。因此,这一地区拥有多种药用和其他经济植物,还有不少的珍贵动物,如甘肃马鹿、蓝马鸡、血雉、林麝等。祁连山凭借着这些药用植物,发展了中草药业,取得了很好的成绩;同时又因为马鹿的数量比较多,所以鹿产品的深加工也得以全面开展。

祁连山不仅拥有大量的生物资源,而且也拥有非常丰富的矿产资源。北祁连山地区拥有大量的钨矿,预计钨资源量超过 10 万吨,还有菱铁镜铁矿、赤铁磁铁矿;祁连山东段有黄铁矿型铜矿;肃北和酒泉南山一带有黑钨矿石英脉和钨钼矿,是中国西部钨矿蕴藏丰富的地区之一。

此外,祁连山的水资源也不可忽视。首先山脉中海拔 4000 米以上的山地终年积雪,多现代冰川,是本省内河流的发源地,也是河西走廊灌溉农业区的"天然水库";同时,起源于祁连山的黑河干流,仅在深山峡谷就有 95 公里的流程,如果能够充分利用,对西部的电力事业是个巨大的贡献。虽然甘肃省比较缺水,但当地附近的绿洲具有丰富的日照,若借助祁连山的融雪做充分灌溉的话,就有希望变成富饶的农业区。如果还能够对祁连山的空中水资源加以充分利用的话,这对保护、增加祁连山区水资源、保护生态、改善气候环境等有重大意义,可以说,这一开发对甘肃省甚至西北地区的发展具有重要的战略意义。

祁连山的确浑身都是宝,因此我们要好好珍惜。

# 黑三角的"煤仓"

河南省平顶山市一处三县交界的石龙煤产区,昔日因煤矿事故频发被称为"死亡黑三角"。据说,曾经每出 100 万吨煤就要付出 113 条生命的代价。平顶山是全国第二大煤城,三县交界处的石龙区因煤而立,是全国有名的煤炭之乡,37 平方公里土地上含煤面积就占了 28 平方公里。过去这里煤矿安全事故不断,仅 1996 年至 1998 年 10 月,就发生死亡 3 人以上重大事故 8 起,死亡 240 人。因此,这里一度成为市、省和全国关注的焦点地区,一些境外媒体也大肆渲染。

1998 年,平顶山调整了当地的领导班子,并挑选出有经验的优秀干部赶赴担任当地的领导。经过这些新上任领导的深入调查,他们摸清了当地采煤业的问题所在。首先,开采秩序乱,矿多井密,每平方公里就有 28 座煤矿。其次,资源审批和供电秩序混乱,争抢资源、乱采乱挖、越界开采、无证开采、一证多采情况严重。再者,煤矿从业人员素质低,大部分矿长是文盲半文盲,基本没有专业技术人员。第四,煤矿设备差,严重不适应高瓦斯矿区生产的要求。

平顶山煤矿

发现了这些问题,他们积极采取相应措施。从治乱入手,持续开展了对煤矿生产秩序的整顿攻坚,应该关闭的矿井坚决关掉炸掉,不管遇到多么大的威胁,都不容动摇。1998年10月起,对当地小煤矿进行了强力整顿,消灭了当地的不合法采煤现象。同时,对于保留下来的年产6万吨以上的矿井,进行了全方位的规范改造,提升管理、技术和设备水平。经过几年的整顿工作,当地井架林立、混乱无序的现象基本消逝。但他们并不满足现状,还开始从根本上治理这一问题。他们从实际出发,对安全管理体系实施脱胎换骨的改造和创新,进行了多项探索,创造出煤矿"三委派"制度,被专家认为"从根本上解决了乡镇煤矿缺乏管理、技术人才,安全监督不力的问题",十分值得借鉴。

这些措施所取得的成绩是惊人的,不仅使当地在短短几年内在几年内实现了矿业秩序由大乱到大治的转变:已连续5年没有发生一起煤矿事故,百万吨死亡率为零;同时,小煤矿的大幅减少并没有带来人们想象的煤炭产业萎缩,相反,还出现了产量增加,效益翻番,煤炭资源开采期提高几倍的景象。可以说,"死亡黑三角"已经成为"丰收黑三角"。

# 聚宝盆——青藏高原

青藏高原是中国最大的高原,也是世界最高的高原,旧称青康藏高原。很多人一提到青藏高原,很容易联想到"贫瘠荒凉的世界屋脊"等词。其实,在各地能源告急之际,这块"处女地"却成为引人注目的能源"聚宝盆"。它位于中国西部及西南部,包括西藏自治区和青海省全部、四川省西部、新疆维吾尔自治区南部、甘肃省西南部及云南省西部。东西长2700公里,南北宽1400公里。面积240万平方公里。平均海拔4000~5000米。北纬27°20′~40°00′,东经73°40′~104°20′。

青藏高原上分布着4.6万多条冰川,占全国冰川总面积的83.8%,相当于亚洲山地冰川面积的40%,因此,这里丰富的水资源备受重视。同时,这里还是长江、黄河、怒江、澜

聚宝盆——青藏高原

沧江、雅鲁藏布江及印度河等10条国内、国际主要大江大河的发源地和分水岭;其主要河流天然水能理论蕴藏量达31906万千瓦,约占全国总量的44%。

青藏高原还拥有可观的矿产资源。近年来,勘探人员已在青藏高原发现各类矿产120多种,探明储量的有84种,资源潜在价值约在18.38万亿元以上。其中铬占全国储量的50%,铜、铅、锌、湖盐、石棉、石油、金等储量也巨大,极具开采价值。

太阳能是青藏高原最干净的能源。青藏高原作为离太阳最近的"地球第三极","烧太阳"的优势是独一无二的。据测算,青藏高原太阳能年日照时数长达3400小时,年均辐射总量每平方米达6000~8000兆焦。西藏全区50万农牧民每年利用太阳能照明、取暖、做饭等,节约能源相当于13万吨标准煤。

值得关注的是,青藏高原另外一种能源——地热也十分丰富,它与本地区地壳不稳定,岩浆活动频繁有关。喜马拉雅山形成历史较晚,地壳新构造运动强烈,青藏高原大幅度降起上升,并随着强烈、频繁的岩浆活动,在这过程中不断地从地下深处携带大量热能,烘烤加热深浅不同的地下含水层,使其形成储热层,在适当的条件下,储热层里的热流体(水、汽、气)就以各种形式显示于地表,成为汽泉、热泉、沸泉、喷泉、水热爆炸等。这种地区一般称为地热显示区,富集有可供经济利用的地热资源的地域叫地热田。目前,这些尚未能够得到充分利用,最著名的,如全国最大的西藏羊八井地热电站,虽然闻名于世,但也只是开采了九牛之一毛而已。青藏高原地热资源的开采有着很好的前景。

现在,青藏高原已不再是贫瘠的代名词,而是一个拥有巨大能源的聚宝盆。

# 中国最大的油田——大庆油田

提到大庆,我们就会想起"铁人"王进喜。他是全国著名的劳动模范,"五面红旗"之一,是大庆人的杰出代表。他的"铁人精神"对当时的人们产生了巨大的鼓舞,也带给了

中国巨大的财富,《亚洲财经》上曾经说过这么一句话——中国石油自给自足这个功劳,

大庆油田

主要归功于王进喜。为什么? 他是毛泽东派到北大荒找石油的人。结果呢? 大庆油田成了中国的"聚宝盆",是我国新中国成立以来最大的油田。

大庆油田位于松辽平原中央部分,地跨黑龙江、吉林二省,中心在黑龙江省大庆市(萨尔图)、安达市一带,滨州铁路横贯油田中部。它是大型背斜构造油藏,油层为中生代陆相白垩纪岩砂,深度为 900~1200 米,原油为石蜡基,具有含蜡量高、凝固点高、粘度高、含硫低的特点。

事实上,在发现大庆油田之前,"中国贫油"这一说法甚嚣尘上,似乎偌大的中国真的没有石油。但在中央做出"石油勘探重点由西部向东部的大转移"的决定后,以李四光为代表的石油地质工作者,以全新的理论引导千军万马,进军松辽,最终在 1959 年 9 月 26 日,宣告了大庆油田的发现,随后的大庆石油会战,则彻底改变了中国石油"贫困"的局面。大庆油田在接下来的数十年里,发现油田 25 个、气田 10 个,累计生产原油 17 亿多吨,如果把这些原油用 60 吨的油罐车装满,连接起来可以绕赤道近 10 圈,成了中国石油的"聚宝盆"。

不仅在数量上,在开发的技术上,大庆油田也是数一数二的。迄今为止,大庆油田一共取得各类科研成果 600 多项,其中"三低"油藏滚动勘探、聚合物驱、三次采油技术发展和运用等均达到了国内外的先进水平,有些还是世界绝对领先,比如水平井技术的突破,使得大庆的钻头现在能沿薄至 0.7 米的油层前进几十米甚至几百米。而且,大庆油田的造血功能十分可观,从 1960 年投入大开发开始,到 1965 年就产原油 834 万吨,占全国的 73.7%,实现中国石油产品全部自给。1985 年产原油 5528 万吨,占全国 44.6%。1960—1986 年累计产原油 7.92 亿吨,上缴利税 623 亿元,是同期国家向该油田投资的 20.3 倍,是全国上缴利税最多的一个石油企业,且至今持续稳产。

因此说,大庆用石油支撑了共和国的石油大厦,也支撑起了整个中国经济的大厦。

# 煤都大同

　　大同是山西省第二大城市,并于1984年被国务院批准为全国13个较大城市之一。位于山西省北部,东距北京380公里,南距太原市中心也只有352公里,北部离呼和浩特为200公里,所以被用作铁路枢纽。它是京包线和同浦铁路的交汇点,是华北地区交通枢纽之一。它最为著名的就是它的悠久历史和丰富的能源,是我国著名的历史文化名城和重要的能源重化工基地。

煤都大同

　　大同迄今有2400多年历史。北魏曾在此建都,凿有著名的云冈石窟,后来又成了辽金王朝的陪都西京,到辽重熙十七年定名大同,沿用至今。大同拥有丰富的能源,其中以煤最为有名。大同地区是我国发现和利用煤炭最早的地区之一。在西汉时期就有对大同煤矿开采的记载,当地人对煤炭的特性和用途就已经有了初步的认识;北魏开始开采利用;而到宋朝的时候,大同就已经成为国内主要煤矿产地了;经过宋元的发展,清朝达到一个顶峰,但那时都是人工开采,消耗的人力物力非常大。明清时期,煤矿成了大同的支柱型产业。新中国成立以后,国家将大同列为全国重要的能源重化工基地。现在,仍在开采的矿井大多数是1949年以后扩建或者新建的,其中,中国自行设计的年产矿中,年产270万吨的云冈矿,创造了大型矿井分期建设、分期投产的先例,对中国矿业的发展帮助极大。

　　大同的煤矿不仅数量多,而且储量大、品位高、埋藏浅、易开采。它是工业生产中的优质动力煤和高品位的化工原料。大同煤有发热量高(均在5000大卡以上)、灰分低(只有5%~8%),含硫磷等杂质少(小于1%)、挥发性高(30%以上)、硬度高便于运输的优点,评价颇高。

　　大同煤数量多、质量好,在全国的煤矿产地中首屈一指。所以,大同在新中国成立后被誉为"煤都"。

# "十块石头三把土"的浙江

浙江地处我国东南沿海,东临东海,南邻福建,西接安徽、江西,北连上海、江苏。山清水秀、物产富饶的浙江,素有"鱼米之乡、丝茶之府、文物之邦、旅游胜地"的美誉。在这么优雅的地方,竟然能有矿产你一定觉得很惊讶吧,事实上,这块美丽富饶的土地上确实蕴藏着矿产,而且极为丰富。

浙江风景

虽然,浙江的金属矿产和能源矿产短缺,但非金属矿产却极为丰富,在全国也是具有相当优势的。在目前,浙江已经发现了各类非金属矿产60余种,其中已探明储量的有30多种,有"十块石头三把土"之称。其中,储量最大、质量较好的是明矾和砩石。在已探明储量的矿产中,石煤、吸凡石、叶蜡石、伊利石居全国第一位,萤石居第二位,硅藻土排名第三。此外,较重要的矿产还有绍兴的漓渚铁矿,青田、永嘉等县的钼矿,长兴、建德等地的煤矿以及石灰岩和多种稀有金属。硅灰石、沸石、珍珠岩、高岭土、大理石、花岗石、膨润土和水泥灰岩等在全国都占有一定的地位。

在所有的这些矿产之中,现阶段开发价值较高的则是狭义上的"十块石头三把土",即萤石、明矾石、石灰岩、花岗石、大理石、叶蜡石、硅灰石、沸石、珍珠岩、伊利石和硅藻土、膨润土、高岭土。特别是形成一定产业规模的萤石、明矾石和石灰岩。

浙江非金属矿产资源的开发利用,有利于全省经济的发展:开辟原材料工业新领域,在一定程度上有助于缓和经济发展中原材料紧缺的矛盾。积极培育浙江出口创汇的优势产业;大力开发培育高技术产业和产品。这些对浙江的经济发展起到了长足的促进作用,由此可见,浙江的发展并不是单一的,而是多元化、多资源的发展。

# 盛产稀土的白云鄂博

在中国包头市北 150 公里处的乌兰察布草原上有个叫白云鄂博的地方,周围是乌兰察布市达尔罕茂明安联合旗辖地。白云鄂博为蒙古语,意为富饶的神山,因为这里拥有着极其丰富的资源,被称为"包钢粮仓"。现已探明白云鄂博矿区由五个矿体组成,东西

盛产稀土的白云鄂博

长 16 公里,南北宽 2~3 公里,面积约 4800 公顷。其中铁矿储量 10 亿吨以上,稀土储量居世界之首,铌含量居世界第二位,仅次于巴西。另外,还蕴藏着石英石、黄石、磷、镁、钾、金等 142 种矿物,72 种化学元素。其中的稀土矿数量尤其巨大,居世界首位,因此,包头被称为"稀土之都"。

稀土是 21 世纪的功能材料,内蒙古包头市则以"稀土之都"而著称于世。稀土包括镧、铈、镨、钕、钷、钐、铕、钆、铽、镝、钬、铒、铥、镱、镥、钇和钪,共 17 个元素。1794 年,芬兰科学家加多林首次发现稀土。其实稀土并不是土,而是一组典型的金属元素,其活性仅次于碱金属和碱土金属;其次,稀土并不稀少,若按目前稀土消费量约 13 万吨每年来计算,稀土可以利用千年以上。相信,在不久的将来,稀土元素将在高新技术领域能够得到更好的应用。

1999 年,中国出口稀土 5 万吨,国内消费 1.6 万吨,两项合计 6.6 万吨,当年全球消费稀土 7.5 万吨,由此计算,中国的稀土产量占国际总产量的近 2/3。中国为世界提供了所需稀土的 88%,而包头是中国稀土的主要来源地。同时,在生产方面,稀土生产企业分布在包头市、呼和浩特市、巴彦淖尔市、乌海市等地区,其中绝大部分在包头,国内最大的稀土研究院也设立在包头。在内蒙古实施西部开发中,内蒙古稀土集团积极进军国际市场,准备把内蒙古建设成为全国乃至世界上最大的稀土原材料、稀土功能材料及相关产

业最终产品的科研、生产和出口基地。

伴随着全球性经济增长模式的转变及高科技产业的迅速发展,稀土在高科技领域的应用已越来越普遍。如今,以稀土为原料的产品有荧光、永磁、抛光、储氢、汽车尾气净化催化剂等。相信白云鄂博的将来会更加美好。

# 自古和田产美玉

和田玉,是一种产于中国新疆南部的阿尔金山脉以及昆仑山脉的玉石,其产地东起且末县南阿尔金山北翼的肃拉穆宁塔格,西到塔什库尔干,东西延长达 1500 公里。和田玉属于软玉,因为分布于和田地区而因此得名。由于其质地细腻、润滑,具有油脂或者蜡状光泽,而且种类丰富,从白玉、青玉到墨玉应有尽有,外观优美,质地温和,难怪大家都说"自古和田出美玉"。

据新疆罗布泊地区楼兰遗址中和田玉斧等生产工具的出土考证可知,和田美玉已经有 7000 多年的开发利用历史。早在新石器时代,生活在昆仑山北坡的先民们就选择质地坚硬、温润光泽的昆仑美玉来打造生产工具和装饰品,而这些也顺着玉石之路逐渐到达中原和欧亚各国。到殷商时期,它已经发展成为社会公认的最好的玉了。而春秋战国时期的荀子、孔子等人以玉比德时所指的玉,就是和田玉。

和田玉

为什么和田玉会有如此的质地呢? 这和田玉所在的位置有关。它是新疆和田的玉龙喀什河和喀拉喀什河所在的流域,每当夏洪爆发,从昆仑山上冲刷下来的玉苗,经过反复磨滚、撞击,去尽杂质,只剩下了圆润光滑如凝脂般的宝玉。因为它们所带下来的是白玉和墨玉,所以分别将这两条河称为白玉河和墨玉河。因为每年都会有玉石,因此居住在和田的维吾尔老乡自古就有上山采玉、下河捞玉的生活传统。

捡玉和捞玉是古代和田人传统的采玉方法。夏季昆仑山上的原生玉矿经风化剥蚀后的玉石碎块,由洪水携带奔流而下,到了低山及山前地带,因流速骤减,玉石就堆积在河滩和河床中。待秋季气温下降,河水渐落玉石显露出来,所以秋季是人们捡玉和捞玉的最好季节。如今,在河道中已经很难再挖到玉石了,所以,大规模地在古河床下面挖掘成为主要的采玉方法。

就目前而言,在山体表面上找到和田玉已十分困难了。根据在昆仑山从事地质找矿多年的地质专家透露,由于原生玉矿床矿点多数分布于昆仑的崇山峻岭中,位于海拔4000~5000 米的雪线附近,一般人难以涉足,所以,在昆仑山的深处,和田玉还有着较大的产量,只是受目前技术的限制,很难进去开采,等以后技术发达了,开采和田玉就不再是难题了。

和田玉拥有悠久的开发利用历史，久负盛名。质地优良的玉质在艺术家的精心创作下，成为精致美观的玉雕、玉器等工艺品，给国家带来巨大的经济效益。和田玉作为国石，是当之无愧的。

# 池盐产地——运城

在小时候看过的电影《闪闪的红星》中，我们看到了可爱的潘冬子他们想尽了办法，冒着生命危险为困在山里的游击队送盐，由此可见盐的重要性。人类的生活如果离开了盐，那是不可想象的。中国生产盐的历史悠久，大约已经有五六千年之久。最早的是海盐，五帝时代发现池盐，战国末期发现井盐……在这里，我们来讲讲池盐的产地运城。

山西运城位于秦、晋、豫黄河金三角，它孕育了华夏五千年的文明，这里流传着各种各样的神话传说。在当地，有 1600 余处的名胜古迹，如天下最大的关帝庙、四大名楼之一的鹳雀楼等，而关帝庙的北侧就是著名的盐池。

自古运城就是中国的池盐产地，其盐湖已经有 4000 余年的开发历史。据说，唐朝时靠该地所征的盐税占了全国财政收入的 1/8！这片盐湖占地 150 多平方公里，相当于 6 个澳门，近年被南风集团开发为旅游项目，吸引了众多旅客。世界闻名的以色列"死海"是地球上最低的水域，水面平均低于海平面约 400 米，是一个内陆盐湖。死海长 80 公里，宽处为 18 公里，湖水表面面积 1020 平方公里。因其海水盐份比普通海水高出六倍，水生物无法生存，故得"死海"之名。与"死海"一样，运城盐湖也是咸水湖，它诞生于新生代喜马拉雅山构造运动时期。但不同的是，以色列"死海"周边环境是一片苍凉，而运城盐湖不仅拥有"死海"之水的神奇，而且水草丰美、芦苇绕岸、鸟语花香、生机盎然、景色宜人。

传说，蚩尤的血把运城盐湖的水染成了红色，但实际上，这是由一种盐水中可以生存的红藻而形成的。现在的运城盐湖已成为一个观光的好去处。当地有各种各样的浴场供游人去体会盐湖的奇特，但体验的时候必须小心，因为盐浓度太高，在水中漂浮时一定要防水进入眼、鼻、口中。其中，黑泥池的黑泥浴是不容错过的，黑泥中富含微量元素，对皮肤有益。

被誉为中国"死海"的运城盐湖，确实值得我们去体验一下。在那里，你可以体会到不用费力就漂浮在水面上的感觉，只要戴上全副武装，在水中轻轻一躺，身体就可以浮上水面，此时的身体会处于一种很放松的状态，但是漂浮的时间以 40 分钟最佳，不然身体损失的水分过多，反而对身体不利。

如今，运城盐池已不仅仅作为池盐产地而出名，同时，也是一个旅游胜地。

# 气候差异

## 二十四节气的由来

二十四节气是我国传统文化的重要组成部分。我国的农民可能记不准日期和时间，但对二十四节气却了如指掌，节气因与农民耕作的周期有着密切的关系而为广大农民所熟知。而在现代社会里，二十四节气对于我们的生活也有着不可小视的作用。那么，二十四节气是怎么来的呢？

我国古代农民为了适应天时、地利以取得良好的收成，在长期的农耕实践里，结合天文气候、农业气象等经验创立了二十四节气。西方的历法当中只有春分、夏至、秋分、冬至四个节气，但中国的历法却是按照立冬、立春、立夏、立秋这"四立"来作为四季的开始的。其实，早在商朝的时候中国古人就根据当时观测太阳和月亮的运行，通过配合计算，创立了阴历。为了补救阴历无法配合的季节变化，古人又创制了二十四节气用来指示一年中气候寒暑变化周期。虽然那时候并没有科学的机器，但这些节气的创立在现在看来仍有一定的科学根据。

科学上来讲，地球每 23 时 56 分 4 秒自转一周，而围绕太阳公转一周的时间是 365 天 5 时 48 分 46 秒。由于地球公转的轨道面同赤道面是不一致的，而是保持一定的倾角，所以一年四季太阳光直射到地球上的位置也是不同的。以北半球来讲，太阳直射北纬 23.5 度时，天文上就称为夏至；太阳直射南纬 23.5 度时称为冬至；夏至和冬至即指已经到了夏、冬两季的中间了。一年中太阳两次直射在赤道上时，就分别为春分和秋分，这也就到了春、秋两季的中间，春分和秋分这两天白昼和黑夜一样长。劳动人民根据这些节气制定出了其他的节气，这些节气分为四种，其中反映四季变化的节气有立春、春分、立夏、夏至、立秋、秋分、立冬、冬至；反映温度变化的节气有小暑、大暑、处暑、小寒、大寒；反映天气现象的节气有雨水、谷雨，白露，寒露，霜降、小雪、大雪；反映物候现象的节气有惊蛰、清明、小满、芒种。但让我们一个一个来看看这些节气具体是什么意思。

立春中的"立"是开始的意思，立春就是春季的开始。雨水即降雨开始，雨量渐增。惊蛰中的"蛰"是藏的意思。惊蛰是指春雷乍动，惊醒了蛰伏在土中冬眠的动物。分是平分的意思，春分即表示昼夜平分。清明，天气晴朗，草木繁茂。谷雨，雨生百谷。雨量充足而及时，谷类作物能苗壮成长。立夏，夏季的开始。小满，麦类等夏熟作物籽粒开始饱满。芒种，麦类等有芒作物成熟。夏至，炎热的夏天来临。小暑，"暑"是炎热的意思。小暑就是气候开始炎热。大暑，一年中最热的时候。立秋，秋季的开始。处暑，处是终止、躲藏的意思。处暑是表示炎热的暑天结束。白露，天气转凉，露凝而白。秋分，昼夜平分。寒露，露水以寒，将要结冰。霜降，天气渐冷，开始有霜。立冬，冬季的开始。小雪，开始下雪。大雪，降雪量增多，地面可能积雪。冬至，寒冷的冬天来临。小寒，气候开始寒冷。大寒，一年中最冷的时候，有一句话叫作"大寒不寒，春分不暖"，就是说如果大寒这一天天气不冷的话，那么寒冷的天气就会向后延，而来年春分时天气就会十分寒冷。

从二十四节气的制定上，我们就可以看到中国古代劳动人民的智慧。

# 四季的划分

春、夏、秋、冬，四季是人们添置衣物的一个参照，一般人都以季节来选择自己所穿的衣服。但由于各个地方的情况不同，人们所买的衣服的种类也会有些不同。冬季较长地区的人们，冬装就相对多一点；相反，夏季较长的地区，人们薄的衣服自然也就占据主流。人们大多根据自己的经验判断到底什么时候是春天、什么时候是夏天，但事实上，春、夏、秋、冬四季在气象学上是有着特定的标准的，这一标准根据不同地区的国家而有所不同。

**冬季风光**

我国目前是按照各地的候温（也就是5天的平均温度）来作为春、夏、秋、冬四季划分的标准。当上半年的候温达到10℃以上的时候，春季就到了，人们可以翻出自己的春装了；当候温达到22℃以上时，夏天悄然而至了，人们的衣服也可以随之减少了；当气温逐渐下降到22℃以下的时候，秋装逐渐会占据主流；而冬天的到来则是以候温达到10℃以下为标准，一旦候温低于10℃，整个大地就变得萧索，宣告冬天的到来。

这种划分的方法其实只是所有四季划分法当中的一种，也是比较普遍的一种。但从古至今，我国人民对于四季的划分有很多研究和记载，代表性的主要有如下几种：一是节气法。以地球在轨道上的位置为标准的天文上以春分、夏至、秋分、冬至作为四季的开始。我国古代以立春、立夏、立秋、立冬作为四季的开始；二是农历法。规定以农历一月到三月是春季,4月到6月是夏季,7月到9月是秋季,10月到12月是冬季;三是阳历法。气象学上通常以阳历3月到5月为春季,6月到8月为夏季,9月到11月为秋季,12月到第二年的2月为冬季;四是物候法。杨柳展叶,桃花绽蕊,表示春天来了;绿树成荫,赤日炎炎,即是夏天到了;果树叶落,水清露寒,时序至秋;草衰花凋,北风怒号,岁月入冬。最科学的方法是将第四种方法量化,这也是最难的方法。它是用5天平均气温的高低作为划分四季的指标:平均气温稳定在10℃以下,称为冬季,稳定在22℃以上,称为夏季,稳定在10℃～22℃之间,就是春季或秋季。

当然,四季的长短根据各地的气候情况也不一样,比如海南就终年长夏无冬,并不能单纯依据某一种划分法做判断。四季的时间长短并不一样,日历上对于春、夏、秋、冬四季的时间长短也有着严格的规定,春季,从春分到夏至前一天有92天19小时;夏季,从夏至到秋分前一天有93天15小时;秋季,从秋分到冬至前一天89天19小时;而冬季,从冬至到春分前一天只有89天。这样算来,夏季竟比冬季长4天15小时。这就说明,四季的长度本来就有着巨大的差别。

# "三伏"与"三九"

人们常用"冬练三九,夏练三伏"来形容刻苦,因为"三九"很冷,"三伏"很热,两者分别是一年中最冷和最热的时候,但为什么"三九"和"三伏"是一年中最冷和最热的时候呢? 其实关键就在于看当时地面吸收和散发热量的多少,这一点是影响气温的决定性因素。

立冬后的第三个九天即被称为"三九",大约在1月中下旬。"三九"天为什么最冷呢? 这要从当时地面吸收和散发热量的多少来看。就整个冬天来讲,白昼非常短,地面吸收太阳辐射的热量是全年最少的,但因为冬至以前的很长一段时间里,地面积累了不少的热量,因此气温并不特别低。但由于地面散发的热量还是多于吸收的热量,热量一直入不敷出,近地面的空气温度还要继续低下去,等到地面吸收到的太阳热量几乎等于地面散发的热量时,冬天的气温才达到最低。而"三九"就是地面吸收到的太阳热量几乎等于地面散发的热量的时候,此时地面空气温度达到最低点,再加上此时亦常有寒潮爆发,冷空气南下造成降温也是导致寒冷感觉的原因之一。而过了"三九"以后,地面吸收的热量又将多于地面散失的热量,近地面的空气温度也随之逐渐回升。因此,一年中最冷的时候一般出现在冬至后的"三九"前后。华北地区有关于"三九"的很有意思的"九九歌":"一九二九,泻水流;三九四九,冻破石臼;五九四十五,飞禽当空舞;六九五十四,篱笆出撒刺;七九六十三,行路把衣袒;八九七十二,黄狗躺阴地,九九八十一,犁耙一齐出。""九九"过后,春耕大忙季节也就开始了。

"三伏"是指约在7月中旬到8月中旬这一段时间,每十天算一伏,分为初伏、中伏和末伏。夏至以后,虽然白天渐短,黑夜渐长,但是一天当中,白天还是长于黑夜,每天地面吸收的热量仍比散发的多,近地面热量不断积累,温度也就一天比一天高。到"三伏"期间,地面吸收的热量几乎等于散发的热量,这时天气也就最热了。再往后,地面吸收的热量开始少于地面散发的热量,温度也就慢慢下降了。所以一年中最热的时候一般出现在夏至的"三伏"。

通过上面的解释就可以明白什么叫"三九"和"三伏"了,中国传统农谚"三九要冷,三伏要热;不冷不热,五谷不结"的意思也正是这个原因。这简单的 16 个字也包含着我国劳动人民对于天气影响农业生产的科学总结。

# 漫长的江南梅雨

过了立夏以后,天气变得越来越热,这段时间往往是阴雨连绵不断,因为这个时节也是江南地区梅子成熟的季节,所以所这个雨季叫"梅雨"。虽然在下雨时会让人有凉爽的感觉,但是,在梅雨季节过后,天气就变得更加闷热了。同时,由于连绵不断的阴雨天气,空气湿度非常大,衣物等很容易受潮发霉,因此又称为"霉雨"。

江南梅雨

梅雨的形成有着复杂的原因。每年初夏六七月份,来自南方海上的暖湿气流与来自北方的干冷气流正好在江淮流域上空相遇,若两股气流势均力敌,则会在长江中下游地区形成连绵不断的阴雨天气,并持续较长时间。但有的时候暖湿气流太强,干冷空气无法抵挡,那么暖湿气流就可以长驱直入,直接北上,江南梅雨期雨水就会变得很少,这种现象叫作"空梅"。

我国东部地区的夏季风雨带会明显而有规律的向北移动。究其原因,是因为东亚夏季风气候是世界上一种十分特殊的气候。根据气象研究表明,梅雨就只有西起我国湖北宜昌,经韩国最南部,东到日本中南部一条窄长地带中才有。为了探究原因,人们进行模拟试验,最终发现,如果在模拟中去掉青藏高原,模拟结果中就不会出现东亚夏季风及其前沿雨带现在的跳跃性北移规律。在实际天气中,梅雨的突然开始正是青藏高原南支西风突然消失北移之时;梅雨季中的许多暴雨天气系统也都是从青藏高原上东移出去的。这是因为低纬度的青藏高原在夏季是个强烈热源,这个热源使得这个纬度上原来盛行的下沉气流在这里变成了强烈的上升气流。上升气流升到高空后,其中东部的气流会流到太平洋上空,进入并加强副热带高压,使之西伸北跳,影响我国东部雨旱分布。即青藏高原主要是通过影响副热带高压活动,而造成并影响我国东部夏季风雨带的进退。青藏高原也是气象部门每年汛期预报中最重要的预报因子之一。知道了黄梅季节出现的原因后,黄梅季节对我们的生活尤其是健康有着十分重要的影响。在黄梅季节空气潮湿温暖,容易滋生细菌,各种细菌、病毒、霉菌对人体健康的危害很大,极易诱发各种肠胃疾病和呼吸道疾病。另外,由于出汗较多,气压低,机体调节功能下降,原本就处于亚健康状态的白领如果长期处于有空调的环境中,更容易头昏、胸闷,也容易感冒、发烧。

要抵御这些危害,我们在生活中要注意几点。要保持室内空气干燥、流通,特别是家里有过敏体质者更应勤开窗通风;不在室内晾湿的衣服,降低室内温度;注意空调房间的通风;日常饮食清淡,以减少胃肠道消化负担,并严防"病从口入",注意食物保鲜;要适当参加体育锻炼,以利于体内湿气和热量的散发,调节情绪;有条件者可以口服些黄连上清丸或饮菊花茶等,做好自我预防。

梅雨有利有弊。它带给了江南人民益处,比如说春雨连梅雨,雨季长,雨量多,适合种水稻,如果梅雨季节的长度比较恰当的话,会对当年水稻的产量有不可低估的促进作用。但同时,如果梅雨季节过长的话,会使得江淮地区的水量过高,造成排涝困难,最终发展成人们谈之色变的洪涝灾害。因此,在梅雨季节到来之前,江南往往就要做好防涝排水的准备工作。只要做好充分的准备,江南便可顺利渡过黄梅季节。

# 千姿百态的雨凇奇观

天寒地冻的冬天,气温在冰点以下时,如果出现雾或毛毛雨天气,因为天气过冷,雾滴或雨滴就可能会形成冻结物或凝华物,并附着在物体的表面。气象学上把这种由冰晶组成的冻结物或凝华物称为"雾凇"。当雾凇发展严重,导致过冷的雨滴与低于0℃的地面物体碰撞时,就会在物体表面冻结成外表光滑而透明的冰层,并且会在电线或树枝上边淌边冻,从而形成长长的冰挂并在地面上积起厚厚的冰层。这就是雨凇,俗称冰凌。当过冷的雨滴与地面物体碰撞而冻结成半球形的冰球时,又称冻雨。

雨凇严重发展会形成一种灾害性天气,严重的雨凇可以压断电线或树枝。电线往往因不胜重荷而断裂,几公里、几十以至上百公里的电线杆成排倾倒,导致通讯和输电中断,严重影响当地的工农业生产。路面积冰,尤其是山区公路上地面积冰是十分危险的,往往易使汽车滑向悬崖。

就此看来,这种天气对人类有着巨大的威胁,是一种自然灾害。但是,如果转化一下地点,情况就不同了。在某些地方,雨凇也是非常好看的一种风景,成为一种旅游景观。旅游胜地黄山,冬天最大的风景就是雨凇和雾凇,由雾凇和雨凇组成的冰花世界里,那造型奇特的松和遍地的灌木,都成为银花盛开的玉树,仿佛冰塑;那满枝满树的冰挂,犹如珠帘长垂,风吹树动,冰挂撞击发出叮当之声,宛如一曲曲动听的音乐,和谐有节,清脆悦耳。山峦、怪石之上,似雪非雪,茫茫一片,仿佛披上了一层晶莹的玉衣,光彩照人,在阳光的照耀下,闪烁生辉。观赏雾凇、雨凇景观,仿佛步入了大自然的艺术殿堂,置身其境,可得到特殊的艺术享受。

之所以能够出现如此频繁的雨凇,那是由于黄山地形复杂,小气候差异明显,所以有的地方多雨凇,有的地方多雾凇,有时候两者会同时出现。事实上,只要雾滴发展成毛毛雨时,在黄山就能形成雨凇。而另一个旅游胜地泰山也会出现美丽的雨凇和雾凇,冬天的时候,松枝、树丛结满了毛茸茸的雾凇,像一株株巨大的白珊瑚。电线成了横空的长蛇玉练,殿宇盖上了绒罩,大地铺上了洁白的毛毯。这时被初霁的阳光一照,真如步入了千载难逢的龙官洞府,五光十色,晶莹闪烁。这时也会出现雨凇,雨凇可使岱顶上的树枝、电线变成直径达 24.6 毫米的冰棍,使游人寸步难行。这时的岱顶犹如琉璃世界,被灿烂的阳光照射后,光彩夺目,金星迸射,像是变幻莫测的万花筒。这纯洁的泰山之巅,华美富丽,站在殿下廊内眯眼细察,可尽享神府仙阁的奥妙。

雨凇是一个很独特的天气现象,在恰当的地方会给人们以美的享受,在不恰当的地方却会给人们造成危害。

# 美丽的吉林雾凇

吉林雾凇俗称树挂,被誉为中国四大自然奇特景观(其他为桂林山水、长江三峡、云南石林)之一,更被国内外游人誉为"人间绝景"。隆冬时节,当北方无数条江河都已封冻时,唯独环绕吉林市区的这段松花江水(约50公里)还在缓缓流淌。夜里,江水蒸腾的雾气遇到寒冷的空气凝结于树上,形成了神奇、纯洁、瑰丽的冰花——雾凇。

吉林雾凇

人们固然会对吉林雾凇仪态万方、独具风韵的外观赞不绝口,但很少有人知道雾凇对于自然环境和人类健康所做的贡献。

首先,吉林雾凇在江水来向的一面结凇很厚,形成毛茸茸的奇美形体,与在风的背向结成的雾凇厚度相差悬殊,有的可相差十多倍,吉林雾凇可谓毛茸形晶状雾凇的厚度之最。每年各次雾凇出现的持续时间都比其他地方的同类雾凇长。吉林雾凇在雾凇家族中,成为结构疏松、密度最小的一种雾凇。其次,噪音也是现代都市生活的一个极大危害,而吉林雾凇是环境的天然"消音器"。由于它具有浓厚、结构疏松、密度小和空隙度高的特点,因此不但对音波反射率很低,而且能吸收和容纳大量音波,人们在形成雾凇的成排密集的树林里感到幽静,就是这个道理。再次,吉林雾凇形成过程很缓慢,结构很疏松,密度很小,所以冰晶之间有一定空隙,光线能在整个结凇体内全部反射,每个晶体的各个方面都能反射一部分光,凇体看起来就晶莹洁白。最后,吉林雾凇还有天然的"空气清洁器"的美誉。现代都市空气质量的下降是让人担忧的问题,而人们在观赏雾凇的时候,却能感到空气格外清新舒爽,这是因为雾凇有净化空气的内在功能。空气中存在着大量肉眼看不见的微粒,其直径大部分在 2.5 微米以下,约相当于人类头发丝直径的1/40。这些微粒体积很小,重量极轻,悬浮在空气中,危害人的健康。雾凇初始阶段的凇附,可以吸附微粒沉降到大地,起到净化空气的作用。另外,吉林雾凇出现的特点、频率和周期规律等可为未来天气和年成状况提供反馈,为各行各业兴利避害,增收创利做出贡献。第五,吉林雾凇现象的出现,除了大自然鬼斧神工外,还有着很重要的人为因素,是自然和人为相辅相成共同作用的结果,因此吉林雾凇可谓具有"天人合一"的特点。

吉林雾凇综合了诸多优点,怎么能不成为中国四大自然奇观之一呢?

# 一场春雨一场暖,一场秋雨一场寒

"一场春雨一场暖,一场秋雨一场寒",这是民间流传已久的谚语,从中人们能够强烈感受到的气象规律,这一规律是经过验证的事实,里面蕴涵着一定的科学道理。事实上,这种气候现象跟太阳照射的角度和空气运动都有着非常紧密的联系,是由于冷暖空气交替造成的。

"一场春雨一场暖",这是由于在春季的时候,北半球太阳的照射逐渐增强,接收到的太阳辐射的热量增多,这时太平洋上的暖空气随之向西北伸展。当暖空气向北挺进,遇到北方的冷空气时,由于暖空气比较轻,便会沿着冷暖空气的边界爬升,暖空气在升高过程中逐渐冷却凝结,形成降水。在滑升过程中,它同时将冷空气向北排挤,所以降雨过后,这个地方将受暖空气控制,天气转暖。但这个过程往往出现反复,以后如冷空气向南反扑又会下雨。同理当冷空气前锋过去以后,这个地方受冷空气控制,暂时出现一两天比较冷的天气。但过不了几天,这团冷空气由于吸收到大量的太阳辐射热量,以及受到南方暖的地面的影响,气温会逐渐升高,渐渐转变成暖空气。因此,春天下过雨后,只要天气晴朗,人们总是感到暖洋洋的。事实上每次在暖空气到来以前,这些地方往往先要

**草绿花开的春天**

下一场春雨,而且形成的是一次次的降水,这一过程要持续很久,最终是冷空气渐渐减弱,而暖空气却日益增强。暖空气一次次北抬,温度一次比一次高,最终到了炎热的夏天,因此,春雨过后,人们就有了"一场春雨一场暖"的感觉。

"一场秋雨一场寒"也是符合气候客观规律的。进入秋季后,天高云淡,风吹来觉得凉爽,不像夏天那样炎热,气候改变很明显。此时,随着太阳直射点逐渐南移,北半球得到的光热也逐渐减少,于是在蒙古和西伯利亚形成冷空气中心。南下的冷空气势力逐渐加强,进入我国大部分地区,当它和南方正在逐渐衰退的暖湿空气相遇后,冷空气会将暖湿空气抬升起来,形成降雨。一次次冷空气南下,常常造成一次次的降雨,并使当地的温度一次次降低。几次冷空气南下后,当地的温度就有明显下降了。这就是"一场秋雨一场寒"的内在道理。

因此春秋季应注意及时加减衣服,春雨过后要注意适当地"脱",秋雨过后要注意适当地"捂",这是预防春、秋季感冒的非常重要的方法。

# 一叶落而知天下秋

"一叶落而知天下秋"这句话最早是出现在唐诗"山僧不解数甲子,一叶落知天下秋"之中,是以从树叶脱落看秋天来临来打比方,常常被人用来比喻从细微的现象中看出大的形势变化。从一片树叶能看出来整个秋天到来有点夸张,但是事实上,"一叶知秋"的树木在秋天确实会尽显秋色,萧瑟的秋风吹动着落叶,尽显着浓浓的秋意。寒来暑往、春华秋实,根据新陈代谢的规律,我们通过出现落叶的现象就能感觉到秋天来,秋天树叶会掉落,而且是大片大片的脱落了,这究竟是为什么呢?

秋日一景

　　造成叶落的最根本的原因就是植物叶子中水分的变化。植物的叶面有许多小气孔，有些树木的叶面上竟然有一万多个，这些气孔是水蒸气和其他气体出入流通的门户，在树木身上存在着很多这样的小气孔，因此，气体在树木身上的流动量很大。但是，当秋天来临的时候，随着气温一天天的降低，空气也变得干燥，所以树木当中的水分自然也会蒸发得很快。此时仅靠树根吸收的水分，根本就不能与叶面水分蒸发消耗的速度相提并论，这样就导致了水分和养分的不足，树木水分和养分不足时，本身就会进行自我调节，树木为了生存，会在叶柄和叶茎的连接处生成隔离层，来保证树木主干的水分，便开始干枯。再加上气温比较低，使得叶绿素也遭到了破坏，叶黄素开始变得活跃。这样，树叶就会由原本的绿色变得干黄，这时再加上秋风吹动和自身重量的作用，树叶就从树上翩翩飘落。

　　通常动植物要比人敏感一些，树叶内部发生作用的时候，人们往往还感觉不到秋天的到来，往往等到树叶开始飘落的时候，人们才能感觉到丝丝凉意，所以，人们往往会以树叶的飘落来作为秋天到来的标志，这虽然是个误解，但也是个美丽的误解，因为正是有了这样的误解，才产生了那么多美丽的诗句。

# 五颜六色的天空

　　天空的色彩美丽绚烂，多彩缤纷，是任何人都难以描绘的，但是很少有人知道，这些颜色是怎么形成的。事实上，天空之所以会呈现色彩各异的颜色因为是在不同的气象条件下，阳光在大气层中被散射开形成的。我们所看到的天空的颜色，实际上是大气层散射的光线的颜色。

　　如果天空是十分纯净的，没有大气和其他微粒，那么，除了能看见太阳、月亮和星星

五颜六色的天空

以外,整个天空背景将是一片黑暗。因为大气和空气中的水汽和杂质等微粒是光线出生散射的介质,没有这些物质将不会发生散射。大气对不同色光的散射作用并不是相同的。在相同的非均匀媒质中,波长越短的光,散射就越强,波长较短的蓝光和紫光要比波长较长的红光和橙光的散射能力强10万倍。另一方面,散射强度与媒质中质点的大小有关,质点越小,越有利于短波光线的散射。在晴朗的天气中,如果大气比较纯净,大气分子是极细小的质点,有利于短波光线的散射,阳光中蓝光和紫光的波长较短,极易通过大气散射开来,散布在整个天空背景上。由于人眼对紫光不太敏感,所以晴朗的天空看起来就成了蔚蓝色。在大雨来临之前会是阴天,是因为云中的水滴又大又密,透明度很低,能够散射出来的光线很少,所以天空看上去就是灰蒙蒙或黑沉沉的。

很可惜的是,除了这些比较常规的情况外,更多时候我们看到的大部分颜色都是由于污染造成的,喧哗的城市的落日和空气清新的乡村的落日的不同就是一个明显的例子。

在非常洁净、未受污染的大气中,落日的特点是颜色鲜明,太阳是灿烂的黄色,同时邻近的天空呈现出橙色和黄色。但在一个高度工业化的区域内,由于空气中污染物含量多,污染物以微粒的形式悬浮在空中时,天空的颜色就截然不同了,太阳呈现出橘红色,同时天空一片暗红。红色明暗的程度反映着污染的严重程度。如果天空中没有污染的话,除了空气的散射外,只有臭氧和水蒸气吸收太阳光,而太阳本身就呈现出灿烂的黄色。所以在洁净的空气中太阳呈现出黄色,同时天空呈现出蓝色。而一旦天空受到了污染,就会使太阳光的强度削弱许多,太阳看上去会更红一些,因为它已经失去了蓝色、黄色和绿色成分,除了散射外,臭氧和水蒸气还会额外地吸收光能。于是太阳就呈现出黯淡、橘红的颜色。

傍晚的天空颜色能揭示出大气受污染的情况,尤其是一些天然的"污染"更能持久的反映出来,比如火山喷发出的大量的灰尘、热气体和水蒸气也会影响天空的颜色。灰尘的颗粒和其他一些微粒升入空中,最终在离地面15公里到20公里之间的高度聚集成层。这个空气层散射太阳光的效果格外明显,经过它的散射,天空变得绚丽多彩,太阳则呈现出蓝色或绿色,尤其是在黄昏时分,火山喷发几年之后还能看到这种景象。

污染物颗粒通过绚丽多彩的天空颜色的微妙变化显示了它们的存在。但天空引人入胜的颜色并不能弥补污染的危害,无论污染是天然的还是人为的。因此,城市日落一旦出现暗红色,那便是对我们的警告。我们应当减少并禁止污染物排入大气,保证大气的洁净。只有这样,才能保证我们的子孙后代能够继续欣赏到明朗的天空。

# 人类战争离不开气象

自从有了战争以后,天气便与战争就结下了不解之缘,指挥家们都懂得利用天气趋利避害,比如三国时期的诸葛亮就曾根据对天气的准备把握,借东风火烧赤壁。外国战争中也有类似的例子,1812年隆冬,俄国人把法军"拖入"莫斯科-30℃的严寒,趁着酷寒的天气沉重打击了不可一世的拿破仑。

天气在古代战争中就已如此重要,在现代技术条件下,高技术兵器的应用越来越广泛,整个作战行动对气象的要求也变得越来越高。因为越高新科技的武器,精确度越高,它对于工作环境的要求就越高,因为不良的天气条件会使得电子元件技术的整个参数都发生变化,这些武器也会因而失去稳定乃至完全失灵。例如在海湾战争中,美国发动空袭的头10天就不得不因战区能见度低或云层低取消了大约40%的空袭计划,就连满身高技术装备的F-117隐形轰炸机,有时也不得不迫于气象条件限制携弹返回。可见,高科技装备的使用是有条件的,气象条件的好坏严格限制着其使用的规模、频度及效果。

不只高新技术受气象条件影响,现代战争常规兵种也对天气有着很强的依赖性,这其中最常见的就是空军和海军。空军对天气的要求不言自明,它的基本武器——飞机对于天气的要求非常高,所以自从航空事业诞生起气象就被看作是飞机的另一对翅膀,因为大风会造成飞机偏离航线、起飞失误、雷电会击毁飞机、冰雹会砸坏飞机、龙卷风可以卷走飞机等等,所有这些都让航空再不可能离开天气。海军与天气的关系也非常密切,海上是风平浪静还是狂风巨浪对海军作战有着巨大影响。自古至今没有一个航海家不懂得气象。风浪不仅使舰艇产生剧烈摆动,影响正常操作,影响航行航向,还会限制舰艇上火炮、鱼雷等武器的作用。台风、风暴是海上常出现的天气现象,危害极大,如不能准确掌握它们,很可能造成舰毁人亡。就连潜水艇的活动也受到气象条件的影响,海浪可引起海水透明度发生变化,影响搜索目标。大气低层的气象要素可大大影响现代化舰艇上的雷达、导弹等先进武器,损坏这些兵器的性能。导弹从发射、飞行、再入大气层直至命中目标和核爆威力每一个环节都离不开气象。由于导弹细长、高耸、孤立,发射时大风可将其刮倒,雷电可将其击毁,而冰雹和大雨能破坏地面设备,使导弹内进水,直接导致发射失败。

现代化战争中,不仅飞行和航海需要知道天气,各种高精尖武器也需要天气的配合,即使是所谓"全天候"武器也离不开气象的保障。因此,在现代作战中,必须重视天气因素的作用,积极发展军事气象技术。

# 瑞雪兆丰年

　　"瑞雪兆丰年"是我国广为流传的一句农谚。这里面既有神话传说的成分,也有一定科学道理。

　　相传天上三个神仙掌管着人间下雪,即周琼姬掌管着芙蓉城,董双成掌管着贮雪玻璃瓶,玻璃瓶内盛着数片雪,每当彤云密布时,姑射真人便用黄金筋敲出一片雪来,于是人间就开始下雪了。造物主把雪花赐予了冬天,使冬天于苍凉之中有了生气,沉寂之中增添了活力。"瑞雪兆丰年"实际上就是人们发自内心对雪的赞词。

瑞雪兆丰年

　　神话传说固然美丽,但"瑞雪兆丰年"这句话里也包含着科学道理。这主要体现在冬天下一场大雪对农业的巨大价值上。

　　第一,"瑞雪兆丰年"在于积雪层对越冬作物的防冻保温作用。新降到地面的积雪疏松多孔,含有40%~50%的空气。因为空气不易传热,积雪就相当于在地面上形成了一个隔温层,大地就像盖上了一条又大又软的棉被。这"棉被"不但可以防止土壤中的热量向外散发,而且可以阻止外界冷空气的侵入。测量表明,当地面积雪厚度为20厘米时,积雪的表面温度要比雪下地表温度低15℃之多。当积雪厚度达30厘米时,即便气温降低到-30℃,小麦也不会遭受冻害。

　　第二,"瑞雪兆丰年"在于积雪的增肥作用。在来年春季大地回暖时,地面积雪缓慢融化。融化了的雪水,大部分渗入土中,流失的很少,就像进行了一次灌溉,这对缓解春旱、做好春耕播种大有好处。融化后的雪水还能够给土壤带来较多的氮化物,从而增加土壤肥力,促进作物生长。

　　第三,"瑞雪兆丰年"在于雪的杀虫作用。明代李时珍《本草纲目》中记载:"雪,洗也,洗除痒疠虫蝗也。腊前三雪,大宜菜麦,又杀虫蝗。"冬天的积雪能够冻死蝗虫、螟虫等越冬害虫的虫卵,减轻来年的虫害影响。雪下得越早,杀虫力就越强。

　　第四,"瑞雪兆丰年"还在于雪水具有显著的增产效应。明代李时珍的《本草纲目》中有记载:"用(雪)水浸五谷,则耐旱不生虫。"例如,经过雪水浸后的稻种催出的稻苗根芽粗壮,比起用井水浸种,增产达 20% 左右。

瑞雪本身所具有的性质所决定了它有如此奇特的功能。其一,新降的雪疏松多孔,能够贮存大量空气,能形成隔温效应。其二,雪水的理化性质非常接近生物细胞内的水的性质,表现出强大的生物活性。其三,雪水中含有较多的氮化物,可以说是一种肥水比雨水中的氮化物多 5 倍,比普通水更高。其四,融化后的雪水中重水的含量比普通水少25%。重水对各种生物的生命活动有强烈的抑制作用。

# 神奇的夜间彩虹

雷雨过后,天空常常出现彩虹,人们往往诗兴大发,"谁把青红线两条,和云和雨系天腰? 玉皇昨夜銮舆出,万里长空架彩桥",这首古诗就是对彩虹的美丽描写。在人们的印象中,彩虹往往都是在雨过天晴、太阳重现的白天出现,而如果说我们在黑漆漆的夜晚也能看到彩虹的话,似乎无异于是痴人说梦。但事实上,彩虹是完全有可能在夜间出现的,而且这并不是理论上的推测,是人们的亲眼所见。

神奇的夜间彩虹

最典型的例子是 1984 年人们在大连市看到的彩虹。在 1984 年 9 月 11 日晚 8 时许,在辽东半岛上大连市普兰店镇的人们惊奇地发现,西方半空中有一条从南方伸向北方的弧形光带,这条光带伸至大约 150 度就不见了。县气象站的气象人员目测这一弧形光带的"视半径"约为 40 度。所谓"视半径",是指观测者的眼睛到光弧圆心的连线与观测者的眼睛到光弧上任意一点的连线形成的夹角度数。虽然是在夜晚,光带色彩不太分明,但仍可分辨出其上层的淡红色以及下层的淡绿色。人们被这奇异的景象惊呆了,有人认为电焊光,有人认为是极光,纷纷议论猜测。当夜是农历八月十六,此时,月亮已挂在东山之上,清光如水,把山川村镇照得清清楚楚,此时又逢阵雨初霁,这些正是虹形成的条件。经县气象站的专家确认,这是"夜虹",又称"月虹"。随着云雨的移动,这条彩虹维持了大约四五分钟后便消失了。

其实出现夜虹的情况并不少见,1987 年 6 月 7 日子夜,新疆的乌苏市也出现过一条呈乳黄色的夜虹,这条夜虹部分地方色彩浓郁,在月光和闪电的映衬下,婀娜多姿,十分动人。其实夜虹的出现早在我国古代就引起了人们的注意,历史上也有记载,《魏书》上记载得最为详细："世宗正始四年(公元243年)十一月丙子,月晕……东有白虹长二丈许,西有白虹长一匹,北有虹长一丈余,外赤内青黄,虹北有背……"这里所说的"虹北有背",可能是指在虹外侧还有色彩较淡的副虹。

那么,为什么夜间也能产生虹呢?因为夜间虽然没有太阳,但如果有明亮的月光,大气中又有适量的云雨滴的话,就同样可以形成彩虹。因为月光是月球反射太阳光形成的,所以月光也和日光一样,是由赤、橙、黄、绿、青、蓝、紫这七种可见的单色光组成的。不过月光由于只是反射的太阳光,所以要比太阳光弱得多,形成的虹自然也就暗得多了。正由于光弱,所以大多数月虹都被误认为呈白色,国外曾有人将看上去是白色的月虹拍摄下来,结果照片显示出和日虹一样的彩色。像在我国大连普兰店和美国出现的能分辨出颜色的月虹确实少见。

# 冬天打雷雷打雪

雷电是雷雨云中的放电现象。雷雨云中之所以会产生放电现象是因为这种云的底部离地面约1公里高,一般云顶带正电荷,云底带负电荷,相应的地面也会产生与云底电荷相反的感应电荷。阴雨天时,由于空气对流作用显著,云上下运动,云内的冰晶相互摩擦使电荷逐步增多,在云的内部、云与云、云与地面之间的同电荷区形成了很强的电场,当电场达到一定强度时就要相互中和而发生放电,放电时会在光的通路上产生高温,使四周空气由于剧烈受热而突然膨胀,发出巨大的响声,这就是雷鸣。

由雷电的成因可知,形成雷雨云要具备两个条件,一是空气中要有充足的水汽,二是要有使湿空气上升的动力,空气要能产生剧烈的对流运动。春夏季节,空气受南方暖湿气流影响十分潮湿,同时由于太阳辐射强烈,近地面空气不断受热而上升,导致近地面上空空气堆积,气压升高。同一水平面上气压高低的不同使上层的冷空气下沉,易形成强烈对流,所以多雷雨,甚至降冰雹。

但冬天的气候特点就完全不同了。一般情况下,冬季由于受大陆冷气团控制,空气寒冷而干燥,加之太阳辐射弱,空气不易形成剧烈对流,因而很少发生雷阵雨,更不要说降冰雹了。但有时冬季天气偏暖,暖湿空气势力较强,当北方偶有较强冷空气南下时,暖空气被迫抬升,空气对流运动加剧,也可形成雷阵雨。若暖湿气流特别强,对流特别旺盛,还可能会形成降雹,出现"雷打冬"的现象。

与冬季打雷有关的谚语很多,冬季打雷说明空气湿度大,容易形成雨雪,故有"冬天打雷雷打雪"之说。而冬季雨雪多时,由于气温低,家畜最易遭受冻害和诱发疾病,重者造成死亡,故又有"雷打冬,十个牛栏九个空"的说法。冬天打雷的现象只说明当时天气为冰雪的形成提供了有利条件,这与后段时间是否出现低温冰雪天并没有必然的联系。比如1979年11月3日北京曾在雪夜出现过打雷闪电的现象,此前并没有气象资料显示这一现象。冬季出现雷电伴大雪的现象十分罕见,主要是因为冷空气和偏南暖湿气流在交汇和碰撞中产生了巨大能量,而高空和低层大气的温差也为冬季出现雷电提供了强大动力,于是便有了打雷闪电,但此后北京并没有出现极度寒冷的现象,气温也没有因此出现剧变。尽管如此,我们还是要做好防寒保暖工作,防止在冬天的雷雨天气以后出现冻伤。

# 夏季冷空气的由来

有人可能会奇怪,夏季天气那么热,哪里还会有冷空气呢? 其实不然,夏季不光有冷空气活动,而且这些冷空气还对人们的生产和生活起着必不可少的作用。

要说夏季的冷空气,首先必须明白,夏季的冷空气与冬季的冷空气有着非常大的区别,首先是温度高低不同,夏季的冷空气温度要远远高于冬季的冷空气。以北京为例,冬季南下的冷空气最低气温常要达到-10℃以下,而夏季则一般只达到20℃左右(1966年7月1日曾记录到15.1℃的最低纪录)。其次是风速,冬季中东亚因高空有低压槽存在,西伯利亚冷空气受槽后西北气流影响频频南下,而且因为冷高压中心势力强大,气压落差大,产生了强大的气压梯度力,因此冷空气南下就像洪水决堤铺天盖地(俗称寒潮)。但是夏季冷空气完全没有这些威势,它只是随着西风带中气旋的移动悄然南下,一般情况下风速都不大,再加上气温又不是很低,所以人们就更不易发觉了。

之所以说人们的生产和生活都离不开夏季冷空气,首先是因为我国大部分地区夏季雨水主要是由来自太平洋、南海、印度洋的偏南气流(夏季风)和北方南下的冷空气(偏北气流)两支大规模气流相遇形成的锋面雨。我国华南的汛期雨季(5~6月),江淮、江南的梅雨季(6~7月)和华北、东北的夏雨季(7~8月),以及西南地区的雨季(6~9月),都是北方冷空气和南方夏季风气流相遇形成的降水。在以往农业收成完全靠天的阶段,这个冷空气带来的降水给农民带来了巨大的收成。从气候方面来说,我国除了华南和高原地区以外,夏季各地平均气温与世界同纬度地区相比已经偏高,如果没有冷空气送凉和季风雨带降温,只怕我国东部地区夏季气温就要接近世界同纬度沙漠那样高。

夏季冷空气有功也有过,有时甚至会导致巨大的灾难。因为冷空气和夏季风每年都有强弱早晚的差异,1991年5月19日到7月13日期间,冷暖空气在江淮一带势均力敌,维持了较长时间,由此带来的大强度降水导致江南地区发生了百年不遇的洪涝灾害,使我国损失约800亿元之巨;相反,如果夏季冷暖空气交替很少,或其中一方占据优势就会少雨干旱,可能会引发旱灾,我国历史上北方"赤地千里""易子而食"的记载并不少见。夏季较强冷空气还能使东北和塞外高原地区水稻等农作物受到低温冷害。新中国成立后,东北地区仅因夏季低温冷害,就有多次减产百亿斤以上的年份。

夏季冷空气以其功过参半的作用使我们只能对它爱恨交加。

# 比"大寒"寒冷的"小寒"

每年1月5日或6日太阳到达黄经285°时,即为我国二十四节气中的小寒,它与大寒、小暑、大暑及处暑一样，是表示气温冷暖变化的节气。小寒的意思是天气已经很冷，小寒和大寒期间一般都是我国大部分地区最冷的时期，"小寒"之后，就进入"出门冰上走"的三九寒冬了。

小寒表示寒冷的程度，民间有句谚语：小寒大寒，冷成冰团。从字面上理解，大寒冷于小寒，但在气象记录中，小寒却比大寒冷，小寒可以说是全年二十四节气中最冷的节气。因为一年中最冷的三九天就恰在小寒节气内。最冷的节气之所以叫小寒而不叫大寒，是因为节气起源于黄河流域。《月令七十二候集解》说："月初寒尚小……月半则大矣。"从气象学上来解释，最冷节气是小寒而不是大寒与太阳辐射密切相关。我们知道，一个地方气温的高低与太阳光是否直射和斜射的角度有关。太阳光直射时，地面上接受的光热多，温度就高，这是主要原因；其次，斜射时，由于光线通过大气层的路径要比直射时长得多，被大气吸收和削弱了一部分热量，消耗的光热就要多，地面上接受的光热少，温度当然也就低了。

冬天，对于北半球来说，太阳光是斜射的，所以各地天气都比较冷。一年中太阳斜射最厉害的一天是冬至，然而冬至并不是最冷的一天，最低气温出现在冬至后一个月左右的小寒和大寒期间。这是因为，冬至前后虽然光线斜射最厉害，但陆地的温度变需要一个过程，夏季以来地表层积蓄的热量可以补充大量放热的散失。所以直到小寒期间，需得到和放出的热量趋于相等，也就是地表层贮存热量最少。因此，小寒节气天气最冷。这类似于一天中最高温度不是出现在正午而是在下午2点左右的原因。小寒过后，随着太阳光线斜射程度的减小，温度逐渐增加，所以大寒的平均温度反而比小寒略高。

总的来讲，小寒是比大寒冷的。当然也有例外的情况，有些特殊的年份里大寒也会比小寒冷。

## 迷雾环绕的丹霞山

　　丹霞山是我国著名的风景名胜区,风光迷人。丹霞山由红色沙砾岩构成,以赤壁丹崖为特色,地质学上以丹霞山为名,将同类地貌命名为"丹霞地貌"。丹霞山使之成为世界上同类特殊地貌的命名地和同类风景名山的典型代表,但同时也隐藏着许多美丽的谜团,至今无人解开。

　　丹霞山位于广东省韶关市境内仁化县,是广东四大名山之一(其余三座名山是罗浮山、西樵山、鼎湖山),也是国家级重点风景名胜区,国家地质地貌自然保护区,被誉为"中

迷雾环绕的丹霞山

国红石公园"。在距今 1.4 亿年至 7000 万年间,丹霞山区是一个大型内陆盆地,受喜马拉雅造山运动影响,四周山地强烈隆起,盆地内接受大量碎屑沉积,形成了巨厚的红色地层;在距今 7000 年前后,地壳上升而逐渐受侵蚀。距今 600 万年以来,盆地又发生多次间

歇上升,平均大约每万年上升 1 米,同时流水下切侵蚀,丹霞红层被切割成一片红色山群,也就是现在的丹霞山区。丹霞山海拔 408 米,远看似染红霞,近看则色彩斑斓,许多悬崖峭壁,挺拔秀丽,风景旖旎。故有人赞叹:"桂林山水甲天下,不及广东一丹霞"。丹霞山隐藏着许多的秘密,其中有七大谜团至今无人能解。

## 1.丹霞山之名的由来

丹霞和丹霞地貌虽然闻名于世,但是丹霞山这一名字究竟起源于何时呢? 在《山海经》《淮南子》《水经注》中都没有关于"丹霞山"的记载。虽然在《山海经·南次三经》中记载"……又东五百里,日丹穴山,其上多金玉,丹水出焉,而南流注于渤海。"但是丹霞山并不是江河的源头,流经丹霞山的锦江更不是注入渤海,可见,丹霞山和丹舟山是两个地方。

最早记录丹霞山这一地带的,是北宋重和元年(公元 1118 年)邓嘉猷《广东通志·山川略》中的《锦江岩记略》,有"仁化南隅有崖岩,在缥缈间,石纹四时改易,五色俱备……故名锦石岩"的记载。后来,北宋蒙天民的《锦石岩龙王灵感记》、明朝王宾的《重修锦石岩》等都是以"锦石岩"命名此地的,并未见过用丹霞山为地名的。古文中记载"丹霞山"这一名字则是在清顺治二年(公元 1646 年)李永茂买下丹霞山前后。李永茂的弟弟李充茂作的《丹霞山记》:"……丹霞山之名,不自今日始也,自伯子(李永茂)至,而人人知有丹霞焉。"这是最早记录"丹霞山"这个名字的古文。但是李充茂对丹霞山名字起于何时,没有准确界定。根据李充茂的记载,在他们来到丹霞山前,已经有了丹霞山的山名。

但在清同治十二年(公元 1873 年)的《仁化县志》中《丹霞山水总序》又说:"……传说丹霞山为'烧木佛地',李公(李永茂)不忍更改其名。"这里所说的"烧木佛"是说当时邓州丹霞山天然禅师在惠林寺遇天寒,就焚烧木头佛像来取暖的故事。而李永茂的故乡就在邓州丹霞山。于是,李永茂就用邓州的"丹霞山"来命名仁化的"丹霞山"。也就是说,丹霞山的名字是李永茂所取的。

这与李永茂的弟弟李充茂的记载持相反的观点,有关单位还曾经调查过李永茂的家乡邓州是否有丹霞山,调查结果显示,邓州没有丹霞山。所以,李永茂命名丹霞山这一说法的依据并不充足。

那么,丹霞山的称谓究竟开始于什么时候呢? 最早出现"丹霞"二字的是明朝伦以琼的《锦石岩》诗第二首,开句有"水尽岩崖见,丹霞碧汉间"的诗句。在明崇祯七年(公元 1634 年),诗人殉家行有诗刻在锦石岩梦觉关的石壁上,诗中有"丹霞烟留处,黄粱秀未曾"的句子。此时,距离李永茂买下丹霞山只有 12 年。但有人说以上两处诗名中出现的"丹霞"并不能作为地名解,而只能当作是"红色的云霞"解。如果是这样的话,那么明天启七年(公元 1628 年)凌云写的《宿丹霞》,则是将丹霞山当作了地名。其时间还是在李永茂买下丹霞山之前。

因此,丹霞山这个名字大概出现在李永茂买丹霞山之前的明代,但是究竟出现于何时,因何而得名,还是一个谜团。

## 2.燕岩神钟之谜

在丹霞山的大石山风景区，有一座山寨叫燕岩，海拔603米，是丹霞山的第二高峰。燕岩山山势雄伟，悬崖峭壁巍峨险峻。在燕岩山腰险峻处，有一处叫作"燕岩庙"的寺庙。据说，从前这座庙香火鼎盛，香客四时不绝，暮鼓晨钟，曾响紊岩头、河富一带的村庄原野。

关于燕岩神庙还有一个美丽的传说。传说天神派下一对仙女姐妹来此地的西竺岩、燕岩塑造菩萨像，她们约好，谁最先完工谁就陪王母娘娘去瑶池仙境。姐姐选择了低矮易上的西竺岩，妹妹只好攀上燕岩庙，由于燕岩庙是一块清幽之地，妹妹很快就将菩萨的塑像建造好了。后来，妹妹一边铸造神钟，一边学起鸡叫来，急得姐姐仓促间马虎了事减了工序，结果，燕岩庙的菩萨造得比天竺庙的要好看些，而且燕岩的菩萨还会唱歌。以后有了"燕岩庙的菩萨会唱歌，燕岩庙的神钟会应和"的传说。据说，当年燕岩山下，每当夜深人静的时候，就真的有呜咽凄婉的唱和。

燕岩神钟

据说，燕岩神庙的那口神钟十分神奇。传说它能自动发声似呜咽一般。据当地人回忆，该钟油黑铮亮、非铜非铁，钟顶有几个孔洞，互相通连，与悬挂神钟的钟蒂（钟座）又相衔接，和别处寺庙的钟不一样。有人猜测可能就是这几个不一样孔洞，与钟身、钟蒂构成一个气流回旋的谐振腔体，在一定风向贯穿下铿然发声。而燕岩岩坐落于在半山绝壁之中，岩洞与山谷相对，四时风大气流湍急，这口神钟挂在庙前，自然吞风引气、呜咽作声。

但是在后来，燕岩庙被废弃，僧尼也都陆续还俗出走。1987年，这口神钟被人收走了，燕岩神庙"菩萨神钟相唱和"的谜底，也因为没有了实物变成了一个永久的谜团。

## 3.龙蟠虎卧之谜

丹霞山锦石岩下的悬崖峭壁上，在高约50米的地方，刻着苍劲的四个大字："龙蟠虎卧"，每个字五尺见方，阴刻行书，字体雄浑有力，是清代韶州人邹宗尧所书。在绝壁腾空的悬崖上誊字刻石，现在人都没有办法，当时的工匠是在地上搭台还是从半山的锦石岩垂篮操作，就不得而知了。而这"龙蟠虎卧"又有什么深意呢？

有人认为邹宗尧刻写这几个大字的初衷大概是因为锦石岩连通四个岩洞内壁的"龙鳞片石"。这些锦石岩随四季变换颜色，真若一条藏头匿尾的长龙盘踞在锦石岩的岩洞中，这也成为古往今来令人称绝的景观。尤其是后来被发现的翔龙湖，它就像一条飞龙缠绕在山峰下。翔龙湖也是到目前为止,全国水面图形近似于翔龙的唯一景观。"蟠龙"隐藏在丹霞山中,这引起了人们无限的遐想,是印证了古人独到先知的眼光,抑或古人早就曾在丹霞山看到了什么?悟出了什么?

虽然"蟠龙"出现,但是虎踪却很难寻。丹霞山内虽然有白虎岭、伏虎岩、老虎寨等地名,但其形态却与虎的形状相距甚远。后来,探险者们在丹霞山密密的丛林中寻找到了阳元石、阴元石、天仙桥、连理枝、守寨爷爷和天然禅师墓庐,却没有找到类似老虎形态的石头。不过,丹霞山无人涉足之处还很多,古人或许曾见过的"卧虎",只不过隐藏于我们还未踏人的地区。

随着丹霞山进一步的开发和探索,我们相信,总有一天"龙蟠虎卧"的含义会被完全地破译出来。

## 4.丹霞山悬棺之谜

据《仁化县志》记载:仁化县地处岭南,古代居民属于"百越族"。春秋时期,仁化县隶属百越,战国时期,隶属扬越。秦始皇时期属陆梁。在秦始皇三十三年(公元前214年),包括仁化的粤北地区才隶属秦帝国的南海郡。秦朝灭亡以后,百越族的首领赵佗占

**丹霞山悬棺**

据岭南桂林郡、南海郡、象郡三郡,建立南越国,自称南越王,并在仁化的城口镇构筑关隘"古秦城",以北拒汉武。直到公元前111年,南越国才归顺汉朝。因此,在汉代以前,丹霞山一直是百越族的领地。

按照百越族的习俗,为了防止死者的尸体被野兽侵袭,他们采用的是悬棺葬仪。就是将死者的棺木放在人迹罕至的高崖绝壁凿洞中。而丹霞山就是百越族悬棺葬的首选宝地。

据当地人说,大石山、丹霞山、韶石山中都有关于高岩峭壁"墓洞"的传说。传说一些洞口曾出过朽棺木板,洞内有骨头、瓦罐……但是时到今日,人们也没有发现丹霞山悬棺的踪迹。

百越族归汉以后,百越文化也逐渐融于楚、汉文化的大流之中,改悬棺为土葬了。因

此,丹霞山的悬棺葬仪已经绝迹。而丹霞山所处之地多雨,悬棺多被腐蚀,再加上人为的破坏,即使有幸存下来的悬棺,也藏于丹霞山险峻之处。百越族的悬棺今在何处,留给人们的是一声永远的慨叹。

## 5.丹霞山藏宝之谜

在丹霞山广泛流传着许多关于宝藏的传说:"金银有三挑,不用锄头不用锹,就怕火来烧","崖是有红光,金碗响叮当,馋死发财郎"……

这些传说让人们纷纷猜测丹霞山藏着巨大的宝藏。有人说在某一个岩洞内藏着古代盗匪抢来的宝藏,有人说在战乱时期某地主在丹霞山藏了无数珠宝……引得许多人前来丹霞山寻宝,但都是失望而归。

丹霞山有宝藏并非是无根据之说。丹霞山自唐宋被开发以来,经历了六个朝代。在战乱时期,丹霞山以其崖高路险,易守难攻或成为地方官家富户的避难所,或成为兵匪盘踞的营地。在这些错综复杂的斗争中,有人在丹霞山藏宝也是极有可能的。

虽然人们并未在丹霞山发现任何宝藏,但是探险者却发现了国家重点保护植物白桂木、银钟花、绿毛红豆、巴戟和秀丽椎。1998年,人们还在翔龙湖找到了国宝级的活化石——桫椤木。从这些方面来看,丹霞山确实藏有珍宝。

## 6.金童玉女之谜

在丹霞山还有一个美丽的传说:玉女和金童相恋,他们在'仙人洞'苦修了千万年,本可以成仙,不想糊涂的玉帝听信了谗言,一道金牌又令他们在凡间清守戒律。他们想不通,从此不再修行打坐,干脆逃出洞外,躺在锦江边永远诉说着绵绵情话。

当人们站在仁化县城的高岗或楼顶上远眺时,就可以看到"玉女拦江",她秀美的身姿实在令人叫绝。就在玉女拦江对岸,从长老峰、海螺峰、宝珠峰直到僧帽峰,一线山脉轮廓清朗,活脱脱一个"金童仰卧"的图像:长老峰是头颅,依次是颈、胸、腹、腿,最后僧帽峰俨然成了金童的脚掌,线条流畅,形象逼真。他和玉女头挨着头,依偎着柔软如带的锦江,正述说着没完没了的悄悄话……

但是"仙人洞"又在何处呢?在仁化董塘镇的懒树下村,有一个石灰岩大溶洞,这被人们称之为"仙人洞"。据说曾有人爬进过,辗转一天,才从仁化镇的新东村大坑底洞口爬出。后来,又有人进入,言及洞中景况,石笋钟乳琳琅满目,进洞门即有两条蟠龙,张牙舞爪,稍进依次有八仙厅、地下河、银河滩、松木石、大蟒石、玉帝殿、金童玉女……还有一处白色透明的水晶宫。但在20世纪70年代,"仙人洞"一带开了个石场,洞口就在长年的开炮采石中崩塌了,以后又被石渣废土填埋,几经沧桑,山势地貌已面目全非,当年的勘查者也已不辨方位,这处地下迷宫就此埋灭了,仙人洞也成了一个谜团。

美丽的丹霞山,它的谜团何时才能被解开呢?

# 黄果树大瀑布的成因

黄果树瀑布群是中国贵州省境内一处以瀑布、溶洞、石林为主体的独特风景区。位于镇宁布依族苗族自治县境内。白水河流经此地,因山峦重叠,河床断落,多急流瀑布,奇峰异洞,黄果树附近形成九级瀑布。黄果树瀑布是其中最大的一级,瀑布高74米,宽81米,集水面积达770平方千米,是中国最大的瀑布,也是世界著名的瀑布之一。

**黄果树大瀑布**

黄果树瀑布群是大自然的产物。黄果树瀑布在世界上最大的华南喀斯特区的最中心部位,这里的地表和地下都分布着大量可溶性的碳酸盐岩,区域地质构造十分复杂;加上这里位于亚热带湿润季风气候的南缘,水热条件良好,形成打帮河、清水河、灞陵河等诸多河流。它们在向下流经北盘江再汇入珠江时,对高原面进行溶蚀和切割,加剧了高原地势的起伏,从而形成了各种各样绚丽多姿的喀斯特地貌。由于河流的袭夺或落水洞的坍塌等原因,形成了众多的瀑布景观,黄果树瀑布群便是其中最典型、最优美的喀斯特瀑布群。

由于黄果树瀑布群的瀑布不仅风韵各具特色,造型十分优美,而且在其周围还发现许多喀斯特溶洞,洞内发育有各种喀斯特洞穴地貌,形成了著名的贵州地下世界,具有极大的旅游观光价值。

黄果树大瀑布是黄果树瀑布群中最为知名的瀑布,它位于镇宁布依族苗族自治县城关镇西南约25千米,东北距贵阳市150千米。最新测量结果表明,黄果树大瀑布高为74米,宽达81米。因此,黄果树大瀑布水量充沛,气势雄壮。漫天倾泻的瀑布,带着巨大的水流动能,发出如雷巨响,震得地动山摇,展示出大自然一种无敌的力量与气势。巨量的水体倾覆直下,又形成了大量的水烟云雾,使得峡谷上下一片迷蒙,呈现了一种神秘的色彩。瀑布平水时,一般分成四支,自左至右,第一支水势最小,下部散开,颇有秀美之感;第二支水量最大,更具豪壮之势;第三支水流略小,上大下小,显出雄奇之美;最右一支水量居中,上窄下宽,洋洋洒洒,最具潇洒风采。黄果树瀑布之景观,随四季而替换,昼夜而迥异。

黄果树大瀑布还有二奇;一曰瀑上瀑与瀑上潭,是为主瀑之上一高约4.5米的小瀑布,其下还有一个深达11.1米的深潭,即瀑上潭。瀑上瀑造型极其优美,与其下的黄果树主瀑形成了十分协调的瀑布组合景观。二曰水帘洞,其为主瀑之后、瀑上潭之下、钙华堆积之内的一个瀑后喀斯特洞穴。

水帘洞高出瀑下的犀牛潭 40 余米,其左侧洞腔较宽大清晰,并有三道窗孔可观黄果树瀑布;右侧因石灰华坍塌,洞体仅残存一半,形成一个近 20 米高的岩腔。水帘洞不仅本身位置险要,而且洞内之景颇有特色。然而,长期以来,由于进洞道路艰难危险,除少数探险者敢冒险进洞游览之外,一般游人是很少进去的。下面的犀牛潭,其深达 17.7 米,在黄果树大瀑布跌落的巨量水流冲击下,激起高高的水柱,若游人不小心从水帘洞中滑入犀牛潭,则非常危险。

游人在水帘洞中观赏美景时,往往会想到自己正处在瀑布之下,巨量的水体正从头上压顶而过时,不禁会产生一种难以名状的压抑感,甚至是一种恐惧感,仿佛洞内的岩壁会随时被压垮倾覆,随时会跌落下来一般,以致不敢久留。只有当走出了水帘洞时,看到洞外一片明亮,灿烂阳光下,翠竹簇簇,婆娑起舞,林木葱茏,树叶扶疏,才不觉松了一大口气,精神为之一振。

那么,黄果树大瀑布如此壮美的景观又是怎样形成的呢?对于黄果树大瀑布的成因问题,可谓是众说纷纭。有人认为它是典型的喀斯特瀑布,由河床断陷而成;有人则认为是喀斯特侵蚀断裂——落水洞形成的。还有一种说法是,黄果树大瀑布前的箱形峡谷,原为一落水溶洞,后来随着洞穴的发育、水流的侵蚀,使洞顶坍落,而形成瀑布,由于一个瀑布的形成过程与瀑布所在河流的发育过程紧密相关,故探究黄果树瀑布的形成过程须与白水河的演化发育历史结合起来考虑。这样,就可以把黄果树瀑布的发育过程大致分成七个阶段:即前者斗期、者斗期、老龙洞期、白水河期、黄果树伏流期、黄果树瀑布期和近代切割期。其形成时代大约从距今 2700 万年至 1000 万年的第三纪中新世开始,一直延续至今,经历了一个从地表到地下再回到地表的循环演变过程。

## "天池怪兽"之谜

矗立在我国吉林省东南部中朝两国交界处的长白山,是一座多次喷发的中心式复合火山。火山喷出的炽热岩浆冷却后堆积在火山口周围,形成一个圆锥状的高大火山锥体。锥体中央的喷火口,形如深盆,积水成湖,即闻名遐迩的火山口湖——长白山天池。

天池水面海拔 2194 米,面积 9 平方千米,湖内深达 373 米,平均水深 204 米。它的水温终年很低,夏季只有 8℃~10℃。从科学的常规看,这里自然环境恶劣,地处高寒,水温较低,浮游生物很少,水中不可能有大型生物。

然而,1962 年 8 月,在有人用望远镜发现天池水面有两个怪物在互相追逐游动。1980 年 8 月 21~23 日,人们再次目睹了水怪。21 日早晨,作家雷加等 6 人在火山锥体和天文峰中间的宽阔地带发现天池中间有喇叭形的阔大划水线,其尖端有时露出盆大的黑点,形似头部,有时又露出拖长的梭状形体,好似动物的背部。9 点多钟,目击者们又一次见到三四条拖长的划水线,每条至少有 100 米长,这样的划水线,如果没有快艇的速度是不会形成的。翌日早晨,五六只"水怪"又突然出现在湖面上,约 40 分钟后才相继潜入水中。23 日,5 只怪兽又出现在距目击者 40 多米的水面,这回人们清楚地看到,怪兽头大如牛,1米多长的脖子和部分前胸露出水面。水怪有黑褐色的毛,颈底有一白底环带,宽约5~7厘米,圆形眼睛,大小似乒乓球。惊慌的目击者边喊边开枪,可惜都未击中,怪兽潜水而逃。

此后。人们又分别在1981年6月17日和9月2日再次目睹了怪兽。《新观察》的记者还拍下了我国唯一的一张天池怪兽照片,证明怪兽确实存在。

然而,对天池水坚持否定态度的人认为:天池形成的时间并不长,最后一次喷发(1702年)距今只有279年,是不可能有动物存活的,况且池中缺少大型动物赖以生存的必要的食物链,无法解释此类大动物的食物来源。

1981年7月21日,朝鲜科学考察团在池中发现一只怪兽,他们依据观察和摄影资料,判断怪兽是一只黑熊。而中国一位科学工作者提出质疑,认为人们所见的水怪与黑熊的形态有很大区别,且黑熊虽然能游泳却不善潜水等,因此并不能解释"天池怪兽"谜。

于是有人又提出"怪兽"很可是水獭。水獭身体细长,又善潜水,可在水下潜游很长距离。它为了觅食而进入天池,被人们远远看见,加上光线的折射,动物被放大,于是成了人们传说中的"天池怪兽"。

还有一种观点认为:天池中常有时隐时现的礁石从水中浮现,也如动物一样有时露头伸出水面,有时沉入水中。还有火山喷出的大块浮石,它在水中漂浮,在风吹之下也一动一动地在水面浮动,远远看去,也如动物一样在水中游泳。

难道许多目击者产生的都是同一错觉吗?如果不是,天池怪兽又是什么呢?它又是如何演变来的呢?

# 天门山六大古谜

天门山是张家界永定区海拔最高的山,距城区仅8公里,因自然奇观天门洞而得名。天门山古称嵩梁山,又名云梦山、方壶山,是张家界最早载入史册的名山,主峰1518.6米,1992年7月被批准为国家森林公园。

天门山位于湖南省张家界,距城区仅8公里。天门山的历史文化积淀很深厚,因此天门山一直被当地人民奉为圣山、神山,更誉为"湘西第一神山"和"武陵之魂"。然而,越是著名的风景越是拥有数不清的谜团,也正是这些谜团造就了天门山的神秘和传奇,其中最让人百思不得其解的是天门山六大古谜。

## 一、天门洞开之谜

天门山名字的由来就是源于天门洞。据说公元263年,天门山的千米峭壁上突然崩塌出一个巨大的穿山石洞,如同传说中通往天庭的南天门,当时的皇帝认为这是吉兆,就把这座山封为了天门山。

天门洞是世界最高海拔的天然穿山溶洞,它南北对穿,门高131.5米,宽57米,深60

天门山

米。关于天门洞的成因,地质学家认为是溶洞被雨水溶蚀,产生小的溶洞,这些小溶洞后来又连接在一起,因为无法承受溶洞上面石体的重量,最后崩塌,形成天门洞。但是天门洞如果真是溶洞被溶蚀所致,那么天门的石壁,包括天门洞的地面,就不可能是很平坦的状态,而是应该有明显的溶洞迸裂之后的坑洼,岩石不可能平展地崩出洞外。所以,"天门洞开"的成因仍然是个谜。

## 二、天门转向之谜

七八十年前,站在张家界市区河边的南码头可以清晰地看见雄奇壮观的天门洞,而今天在原地只能举目见山而不见洞了,如果还想要观看天门洞就要到四公里之外的大庸桥。传说天门洞所转到的方向都是"风水"极好的地方,这也更为天门洞蒙上了一层神秘的色彩,也被人赋予为吉祥的象征。

## 三、天门翻水之谜

天门洞的左侧是光滑的绝壁,在干旱的季节里,一股洪水能忽然凭空狂涌,从万丈绝壁怒泄而下,啸声如雷,地动山摇,极为壮观,这就是"天门翻水"奇观。而在平时,即使下过滂沱大雨,也不会出现水从峭壁上流下的现象。天门翻水造成的瀑布比委内瑞拉的安赫尔瀑布的1054米的落差还要大400米,但是这样的奇观要十几年甚至几十年才发生一次,每次持续的时间也非常的短暂。

而天门翻水之所以被称为"谜",是因为瀑布都有源头,但是天门翻水的瀑布却找不到源头,每次翻水都是凭空从地下冒出一股水来。如果说是洪水,洪水一般发生在雨季,但是天门翻水都是发生在大旱季节,所以至今人们也没有找到天山翻水的真正原因。

## 四、鬼谷显影之谜

鬼谷子是战国时期人,本名叫王诩,民间称为王善老祖。他是我国历史上的著名人物,"诸子百家"之一,是纵横家的鼻祖,也是位卓有成就的教育家。苏秦、张仪、孙膑、庞涓都是他的门生。这位奇才、怪才,曾经在天门山鬼谷洞内隐居修炼。据清朝道光时的《永定县志》记载,此洞内为幽深的石室,下有清泉流淌,鬼谷子曾经居此修习《易经》,石壁上还保存着甲子篆文。后有勇闯鬼谷洞的探险家曾偶然间用相机拍下了洞内石壁上一个酷似古代老人的头像,其面容清癯,头挽高髻,下巴微翘,五官清晰,与世间广为流传的鬼谷子头像有异曲同工之妙。又有人再去探洞时,曾特意在此处拍摄照片,冲洗出来却是一片空白。这一次"鬼谷显影",是偶然巧合,还是上天有意的安排?

## 五、野拂藏宝之谜

野拂,是明末农民起义军领袖李自成手下的大将李过,其出家后法号为"野拂",他曾经追随李自成南征北讨,战功显赫。抗清失败后,李自成败退出京城的时候,曾经将国库中的金银财宝掠夺一空,意图日后东山再起。后与野拂一同隐居在湖南石门的夹山寺。李自成圆寂以后,野拂登上了天门山出家,以伺机起兵。然而随着时间的推移,东山再起变得不可能,野拂渐渐绝望了。传说野拂在临死前将这些宝藏分散埋藏在了天门山上几个隐秘的地点。数百年来,在巨大利益的诱惑下,不知有多少人进山寻宝,但是都空手而归。这些财宝究竟被藏在哪里,谁也不知道。那么,是否被野拂花掉了,还是这些财宝都用来赈济当时的穷苦人民了,又或许他留给了其他反清的组织?总之,野拂临死也没有对那些财宝的用途和下落做出交代。

## 六、天门瑞兽之谜

在中国古代的神话传说里,独角瑞兽被描述为身有双翼,瞪目怒吼,神态威猛,名曰辟邪,是为人驱除邪魔,带来幸福平安的神兽。也有人说它是能吐玉书的圣兽,更有说它能在日月飞翔,是天上的星宿,代表着神灵的不容亵渎。在天门山当地人的心目中,天门山顶的独角瑞兽能驱魔辟邪,庇护一方水土,还能给人带来好运。有幸目睹它的人能百毒不侵,家和财旺。然而,这不仅仅是一种传说,有记载表明,有人看到过天门山的瑞兽。

在20世纪七八十年代,曾有人偶然在天门山的原始森林看到独角兽出没,这种动物长得非常接近中国古代流传下来的瑞兽图形,身形与老虎类似,带着红彤彤的颜色,头顶的正中间有一只弯弯的独角。这头独角兽非常警觉,发现有人看到它,立刻掉转身体钻入树林深处去了,发现它的人没带相机,也不敢追进森林搜寻踪迹,而它在天门山顶的出现则更加渲染了天门山千变万化、离奇诡异、神秘出尘的气氛,与天门山的终年云雾缭绕恰成神意仙境,从而成为天门山的又一亘古之谜。

# 蒙顶山上的"人脸"

　　北纬30度是一条神秘纬度线,蒙顶山就在此纬度线附近。同样,有人在蒙顶山的卫星图上发现了一个神秘的"人脸"。

　　蒙顶山位于四川雅安县,北纬30°6′,而在北纬30度有很多神秘莫测的东西,蒙顶山也不例外。有人在浏览卫星地图时发现:在卫星地图上,蒙顶山的阴面呈现出一幅奇特的图案。图案长10公里,高4公里,左边是一只麒麟,右边是一个带着羽毛头冠的武士,

蒙顶山上的"人脸"

整个图案几乎覆盖了整个蒙顶山的阴面。从空中看去,这副图案就像罗马武士的上半身,有手、鼻子、眼睛、帽子,还有一个冠,另外还有一个看上去像麒麟坐骑的动物。这些人类的五官和图画究竟是怎么形成的呢? 是人工开掘的? 还是外星文明的产物? 它会不会和北纬30度的这些谜团有联系?

　　一种猜测是人工开掘的。蒙顶山在茶文化中具有独特的地位,早在西汉时期,"茶祖"吴理真就在这里种植茶叶。那么会不会是古人为了祭祀茶神等原因人工开掘制造的呢? 但是这个图形面积有几十平方公里,就算人工开掘的话,如此巨大的工程量也不现实。那又是什么原因呢? 另一种看法是卫星地图的某种误差造成的。但地质专家觉得卫星地图上显示的那个神秘图形应该是真实存在的,因为雅安地区是中国三个方向的地质构造带的交点。所以雅安区的地质构造非常的复杂,也具备了出现特殊的地貌的基础条件,但是还需要科学调查才能下结论。第三种看法是有人说蒙顶山有个陨石坑,那么这个陨石坑会不会与神秘图形有关联呢? 但据地质专家考察,这个地带并没有陨石坑形成的地形地貌条件。

　　最后,经过认真考察,卫星图上的这个神秘图案在雅安山是真实存在的,人们先后发现了神秘图案的头等。在蒙顶山上有一个整个山脊上唯一没被树木挡住的缺口,就能看到神秘图案的头发。专家称奇特图案是长年雨水冲刷形成的。麒麟和人像身体的线条都可以用地质构造自然形成的巧合来解释。由于蒙顶山主要是容易被流水侵蚀的沙砾岩地层,所以地质专家假设,那些图案上看起来像是头发的褶皱,应该是长年的雨水冲刷

形成的冲沟。这么一大片很深的冲沟呈现一种辐射状的排列,理论上,在它的下面应该有一条河流,由这些冲沟流下来的雨水汇集而成。能否找到那条河流,将是揭开头发部位奇特地形成因的关键所在。而事实上,有关研究人员真的在山梁中发现一条蜿蜒流过的小河。因此,"麒麟武士"的"头发"是下雨后水流冲刷形成的可能性非常大。据名山区当地的气象专家介绍,雅安地形非常独特,它背靠青藏高原,前边是四川盆地,印度洋来的大量暖湿气流,进入雅安境内后受到青藏高原的阻挡,被迫爬升,当爬升到约1500米高度的时候,暖湿气流内的水气碰撞增大,形成雨滴落下,所以云非常多,雨非常多。而蒙顶山上的雨日更多,一年可达300多天,在这么巨大的降水量下,形成图像上的众多冲沟自然不成问题。但也有人指出冲出这么规则的图案似乎也太"巧"了。

还有人认为是神秘的力量形成了蒙顶山的"人脸"形状。究竟如何,还有待专家们的进一步研究考察。

# 水塘丢入石头会冒火

大千世界真是无奇不有,正是这千奇百怪的事物构成了大自然美丽动人的一面。本来水火是不相容的,但是地处云南的一个水塘居然一反大自然的法则,把一块石头扔进水塘竟然会出现令人不可思议的奇迹……

俗话说得好,"水火不相容",但是地处云南省昆明市阿拉乡西邑村的一个小小的水塘却偏偏要证明水火也是可以相容的。

这个小水溏是在阿拉乡西邑村某建筑工地上发现的,该水塘和其他普通水塘没有什么区别,面积大概有四五十平方米,塘水混浊。但是唯一的区别也正是这个水塘引起人们极大好奇与关注的地方。起初有一个建筑工人不小心把一块石头掉进的水塘里,随着石块"扑通"一声落入水中,随即在石块落入的地方冒出了点点火光,并且随着"扑扑"的炸裂声。冒出的火花呈橘红色,有鸡蛋大小,一处火光存在的时间大约有1秒—2秒,并随着涟漪荡开,逐渐向外延伸,最后,随着水面的平静而逐渐消失。在火光闪现的同时,水面上也冒出阵阵白烟,闻起来有股轻微的燃烧的味道。并且,水面搅得越混乱,出现的火光就越多,烟雾也越浓。

这个奇怪的消息一经传出,从此水塘这里聚集了不少观看的人们,当然也引来了不少地质学家以及科研人员的关注,他们纷纷前来调查研究造成水塘遇石冒火、冒烟的原因。

经过对当地的建筑工人进行询问得知。这个坑挖起来已经有半年的时间了,一直没发现有什么异常。前不久下过几场大雨,这里就变成了一块水塘。起初在工地上挖掘的工人发现位于工地边上的这个水塘突然冒起了白光,由于不远处就是一个公墓,工人们都不敢上前去看。直到天亮后,才有胆子大的工人过去看个究竟,也没有发现什么异常。当工人们站在塘边正在议论时,一名工人不小心将塘边的土块踢下了水塘,没想到水面上突然冒起了火花,把众人都吓了一跳。随后,胆大的工人扔石头下去,也发现冒起火光,都觉得很奇怪。为了了解发生这样的状况到底是什么原因造成的,于是有的工人又将石头扔到了这个水塘附近的其他几个水塘去试试,但是其他的水塘并没有出现这样的怪事,即使是把石头扔进了距离那个怪异水塘仅有三四米的水塘里也并没有这种现象发生。

有关人员经过详细地研究,认为这种现象可能是磷遇空气时燃烧所产生的。尸体在腐烂的时候会产生磷,磷的燃点非常低,只有 40 摄氏度。水塘附近就是公墓,以前也极有可能就是坟场,时间一长磷就积累了下来,通过丢下石块的作用,磷产生自燃,就形成了火焰。因此极有可能就是磷火。但是附近有那么多的水塘,为什么只有这个水塘会出现这样的现象呢? 这磷又是从哪里来的呢? 这些问题还没有得到解决。

也有相关人员将手放进这个水塘里,但是把手放进去并没有什么异样的感觉,就跟在平常的水里的感觉一样。究竟产生这种现象的原因是什么呢? 希望专家们早日揭开这个谜团。

# 阳朔湖泊的生死轮回

湖泊也有生死轮回吗? 且每三十年作为一个轮回,即每三十年就失踪一次。这种现象让人百思不得其解。对湖泊生死轮回的研究将成为我们在研究湖泊工作方面的新课题。湖泊也会死而复生吗? 这让人听起来感觉匪夷所思,但是这种会死而复生的湖泊的确是存在的。

俗话说:"桂林山水甲天下,阳朔山水甲桂林。"在我国广西阳朔县的美女峰下,有一个占地面积为三百亩的犀牛湖,湖面澄碧,鱼蟹游弋。

据村中老翁谈及,清朝同治戊辰(1868)年 3 月 17 日水涨一次,为时四天。民国 29 年(1940 年)6 月 17 日,水又暴涨。当天,天气晴朗,水突然由岩穴涌出来,顷刻之间,水涨到三尺深,没到三天,村落田间,一片汪洋,俨如泽国。当时,正值早稻成熟季节,发水之初,村中长老有经验者,知道洪水不会在短期内消退,急令村民抢割稻子。此事曾轰动一时,由各地闻讯来观洪水者,络绎不绝。

然而,1987 年 9 月 30 日,湛蓝的湖水却突然全部消失,只留下了湖底的淤泥。人们大惊失色。据当地人回忆,此前一个月,犀牛湖附近地下曾发出"隆隆"之声,湖水水位同时也略有降低,但湖水仍保持两米左右的深度。在 1987 年 9 月 29 日一夜之间湖水突然变得荡然无存。犀牛湖约三十年失踪一次在阳朔县志中早已有过记载。

那么,湖水奇异的生死轮回现象的奥秘何在呢? 据有关人士分析,目前有这样一种解释:桂林山水均由可溶性石灰岩组合而成溶柱、溶峰、溶洞、溶湖和地下暗河纵横交错,密布其间。犀牛湖位于群山环抱之中,是个溶湖,湖水来源于地面流水、天落水和地下水,河水的去路是通过湖底的溶孔流入暗河,另有一部分湖水自然蒸发而消失。每当暴雨之际,湖水夹带着大量泥沙堵塞了溶孔,经年累月积下的大量雨水长期被积压在山中的地下通道,不能顺利流入暗河里,水量越多,压力也越大,而暗河的排水条件受阻,这样,积水受到压力增大的影响,就会突然从洞口猛泄而造成喷泉的现象。而经过一段时间后,当排泄速度加快,而来水不足时,压力便渐趋正常,暗河也就处于正常的流量,泄出的水也就重新迅速归入暗河而向江河中流去。

阳朔湖泊风景

据分析,水量的积聚,湖底溶孔的被堵,都有一个渐变的过程。同样道理,水的压力减轻和溶孔被疏通,也是渐变的,而这整个过程的完成,大约需要三十年。因此,犀牛湖水的消涨也是大约三十年一次。当然这一现象要受到诸如气象、地面和地下水流及人为等因素的影响,其周期并不是绝对的。有人设想,若将湖底溶孔堵死,湖水或许将永不消失。

阳朔湖泊起死回生、周而复始的现象非常耐人寻味,到目前,科学家们还没有找到其大约三十年一轮回的真正原因。因此,阳朔湖泊生死成了一个未解之谜,还有待于人们去探讨。

# 川藏神秘星形碉楼

数十座高高的碉楼与色彩斑斓的传统民居相映成趣,像是一把把金剑在落日余晖中闪耀。这样美丽迷人的星形碉楼,不得不让人无比神往,其中蕴含的许多谜团又让人充满了无限的遐想……

在我国四川与西藏地区,到处都有或者成群或者散落的无数碉楼,这些碉楼大多散落在田间地头、家门口和山坡灌木丛中的,大多数是呈方形,也有些是五角、六角、八角,甚至十三角的。四川有碉楼的三个地区:

今羌族居住地(大多数在阿坝藏族羌族自治州);

被称为"嘉绒"的地区(部分在阿坝州,部分在甘孜藏族自治州);

雅砻江流域:南起木里,北至道孚,东至康定,西至雅江,这是木雅人的传统居住地;

第四个地区位于西藏东南部的工布江达。

最高的星形碉楼在四川马尔康附近,在西藏工布江达,有八个角和十二个角的碉楼。

川藏神秘星形碉楼

碉楼大都高达三十多米,最高的甚至有五十米。每座都是杰作,结构没有瑕疵,角像刀刃一样直,墙壁牢固又光滑。经历了这么多风雨,甚至战争和地震的洗礼,它们仍然骄傲地耸立着。有的已倾斜,但绝不倒下;有的已坍塌了一半,废墟上布满了尘土,缠绕着野藤,甚至连树也欺压着它,最终沦为狐狸、老鼠的家园。然而,在人们眼里,它们将永远保存着自己的荣光、庄严和神秘。只要来到这里看到这些古碉楼,你一定想要知道碉楼背后那奇异、神秘的古老故事。

当地居民、政府、学者,甚至19世纪进入此地的西方探险家都知道,"民族走廊"上散落着一些古碉楼。但这些高大的古代星形、石砌碉楼尚未在地图上标志过,没人科学地测算过它们的始建年代,甚至也没人将其视为一种独特的建筑现象进行研究。或许是因为这些碉楼在当地人们的心里是十分普通的石头建筑,没有什么独特之处。

但是这些矗立在眼前的碉楼到底是谁建造的?是什么时候建造的?建造的目的又是什么呢?就连这里的老辈人都说不清楚。因为仅存少数口述传说,没有书写历史,再加上当地人仍然保留着诸多互不相通的方言,却没有文字,因此,关于这些碉楼的各个方面都是难以解开的谜。

从中文典籍中仅能搜索到一些模糊且支离破碎的信息。据这些信息我们可以了解到,至少在一千八百年前,就有些部落已掌握了如何修建高层独立石碉楼的技术。据《后汉书》记载:那些高达四十米的碉楼是由居住在今西北部深山里的冉人和岷江上游的羌部落修建的。而住在西藏高原南部的"孟"部落也是高碉楼的建造者。但是仅凭此记载并不能证明这些碉楼的建造者就一定是羌部落人们修建的,只有多方面的共同验证吻合后,才能确定碉楼的修建者到底是谁。

具有关研究人员推测,修建碉楼极有可能是出于战争的防御,或者是为了抵御外族的入侵。

也有人提出了不同的观点,他们人为建造这些碉楼,实际上是身份的象征,不同类型的碉楼对应了不同古代部族的祖地。

那么,碉楼的建造时间又是什么时候呢? 有关的研究人员想将碉楼的一些破损部分收集样本进行研究,想以此来解开碉楼的修建年代之谜。但是,由于收集样本的工作复杂棘手,因为大部分碉楼的门都很高,若没有高梯往往无法获取样本。后来将收集的所有木片样本送往美国最著名的实验室进行碳14检测,其结果总是有一百五十年的误差。

从2000年至今,已检测了57座碉楼(39座星形的和18座方形的)、3座老屋和1座寺庙。其中,最古老的一座碉楼为星形碉楼,约有一千二百年历史,位于西藏工布江达,已检测的四川省4座较为古老的碉楼建于公元1030到1250年间,羌族村落的碉楼无法测出准确年代数据,因为其木样检测结果包括了很多不同的时代,这是因为村民们一直在使用和修缮这些碉楼。如果完好的加上破损的,西藏工布江达和四川的碉楼数可能有数千个。也正是这个原因,碉楼的年代推算也只是大概地估算,准确率极低。就此,碉楼的研究工作一度陷入了尴尬的境地,没有更好的方法来解开碉楼的建造年代之谜。

川藏地区的碉楼就像是一些历经沧桑巨变的老人,他们经历了无数的风风雨雨,一直坚持走到现在。但是,正是由于这位老人阅历太丰富了,因此,我们要想读懂他的"人生"是一件十分困难的事情。揭开川藏碉楼之谜,有待于更加完善的文字记载多加考证后,才能完成。

# 秦始皇陵内发现三十米的"高楼"

秦始皇陵就像是一个深埋在地下鲜为人知的谜,在这里蕴藏着许多文化、历史的精华。秦始皇陵墓的发掘,使不少沉睡在地下千年的谜团浮出水面,使后人们更加了解古代的一些文化、风俗以及历史事件。

秦始皇陵位于陕西省临潼区城东约五公里处的骊山北麓,是全国重点文物保护单位。1987年,联合国教科文组织将秦陵(含兵马俑)列入世界文化遗产保护名录。1974年春,在秦始皇陵坟丘东侧1.5公里处,当地农民打井,无意中挖出一个陶制武士头。后经国家有组织地发掘,终于发现了使全世界都为之震惊的秦始皇陵兵马俑。

随着现代发掘技术的不断进步,各项考古工作也在有序地展开,秦始皇陵墓的发掘工作也进入了令人惊喜的阶段。在对秦始皇陵墓不断发掘的基础上,科研人员利用"秦陵遥感与地球物理综合探查技术",发现了秦始皇帝陵的封土下埋藏着高出地面三十米的台阶式墙状夯土台建筑,这是中国古代墓葬史上的特例。经过仔细地研究发现,这是一栋三十米的"高楼"。

据观察结果得出的资料分析,这栋"高楼"分布在秦陵地宫之上、封土堆下的墓地周围,是一组环绕墓地周边、上部高出秦代地表三十米左右、体量巨大、夯层厚约6厘米~8厘米的台阶式墙状夯土台,东西夯土台的中间部位各留有一处缺口.与墓道重合,夯土台围就的内部即墓室上部是用粗夯土填充的。

台阶式墙状夯土台上窄下宽,内外均呈台阶状;夯土台顶部内侧东西长124米,南北

**秦始皇陵内的"高楼"**

宽 107 米；夯土台顶部外侧东西长 168 米，南北宽 142 米；其南墙顶宽 16 米，北墙顶宽 19 米，东西墙顶宽 22 米；南、东、西、北墙（南墙尚未勘探）的外侧均为九级台阶，外侧台阶高 3 米，宽 2 米；东墙、北墙内侧现已发现六级台阶。南墙西墙尚不清楚。

这栋"高楼"建筑的夯土基础的一部分在墓地外，一部分伸进墓地内，伸进墓地的夯土可能紧贴墓壁建造，接近墓室部分可能使用了大量的青砖和石材。在东、西、北墙外侧的上部台阶上发现了大量的瓦片，瓦片堆积凌乱，靠近顶面的台阶上瓦片较多，中下部台阶上的瓦片也有零星地发现。但是，在台阶式墙状建筑的顶面几乎没有见到瓦片，顶面及各级台阶上也没有发现红烧土和木炭遗迹。

据推测高台建筑应在秦始皇死前已建成，只是在堆筑封土前被拆毁，封土覆盖的时间可能在埋葬秦始皇之后。最后的封土是夯筑而成的，只不过夯层的厚度在 40 厘米~70 厘米间，比"高楼"粗糙得多。

那么秦始皇当年修建这座三十米高的高楼到底是出于什么原因呢？有关科学家认为，秦始皇是一位性格比较怪异的人，他经常会做出与常人不一样的举动，他十分尊崇神仙鬼怪等迷信，因此，这座高楼极有可能是秦始皇为了死后自己的灵魂能够随便出入陵墓而建造的。但这种说法仅仅是从秦始皇具有迷信思想的一方面出发来推测的，并没有什么科学依据。

但是，目前秦始皇陵的考古研究一直充满着谜团与争议。有关研究专家对以上观点提出了质疑。他们认为，将目前遥感探得的建筑结构称为"高楼"的提法不够严谨。在类似秦始皇陵的遥感考古工作中，建筑学的参与十分必要，只有以严谨的建筑科学理论作依据，遥感测得的数据才能转化为有价值的历史事实。由于遥感技术的运用在我国还属于初期，如何运用遥感结果得出科学结论需要十分谨慎。在没有确凿证据之前，就推测是否为帝王灵魂出游的"天路"，不仅没有学术研究价值，更可能误导研究。

那么，究竟秦始皇陵墓内有没有这么一座三十米高的大楼呢？正反双方的争论都看似有一定的道理，但是目前还不能得出一个合理的答案。相信，随着考古技术的不断进步以及完善，秦始皇陵墓"高楼"之谜终将水落石出。

# 抚仙湖下的"金字塔"

　　抚仙湖是一个南北向的断层溶蚀湖泊,形状如倒置葫芦,两端大、中间小,北部宽而深,南部窄而浅,中呈喉扼形。湖面海拔高度为1721米,湖面积216.6平方千米,湖容积为206.18亿立方米,仅次于滇池和洱海,为云南省第三大湖。湖水平均深度为87米,最深处有157米,湖容量达189亿立方米,深度和蓄水量是云南省第一大湖。除东北长白山火山口湖——天池外,抚仙湖是我国已知的第二深水湖泊。

　　1992年,职业潜水员耿卫在云南澄江抚仙湖的水下发现了大量人工建筑的遗迹。后来经过十几年的考察,人们发现在抚仙湖水下是一座古老的城市,2005年已探明的古城面积已达2.4平方千米。在这座古城遗迹中有两个类似玛雅金字塔的阶梯状建筑,这两个建筑都是下宽上窄,其中的一座是3层,高16米,台阶排列得十分整齐对称。另有一座

**抚仙湖下的"金字塔"**

阶梯状建筑高21米,有5层。每一层大的台阶之间都有小台阶相连,其中第一级大台阶从底部有一条笔直的小台阶直通而上。此外,在这两座建筑中间还有一条长三百多米,宽5米~7米的石板路面,是用不同形状的石板铺成,石板上刻满各种几何图案。在其他地方,人们还发现了一座圆形建筑,底部直径为37米,南面偏高,可以猜出是台阶,还有一个缺口,整个建筑类似于比赛用的运动场。

　　那么,这些建筑是做什么用的呢?谁又是水下"金字塔"的建设者呢?为什么这些建筑会在水下呢?经过专家分析后认为阶梯式的建筑可能是祭台。在云南出土的古滇国青铜器上,人们发现了青铜器扣饰上的许多阶梯图案与水下的阶梯式建筑相似,从而说明水下的台阶式建筑是古滇人祭祀活动的遗址。而圆形建筑与古滇青铜器文物上的图案相似,青铜器上的环形建筑分为两层,人们坐在台阶上观看表演。因此,有专家认为圆形建筑是古滇国的娱乐设施或竞技场所。但专家认为如果是舞台就显得过于奢华,在古滇国当时的条件下似乎不太可能建造专门的供娱乐的场所。

　　在历史上,关于古滇国的研究成果几乎都是墓葬和文物,还没有发现古滇国任何的

建筑遗迹。古滇国曾经兴盛五百余年,不可能没有建筑上的创造和其他遗迹。因此有专家推测,湖底的水下城市可能就是消失的古滇国遗址。问题似乎又带出来了,如果是古滇国遗址,为什么它会在水下呢?

还有专家认为这座古城可能是汉俞元古城。因为南北朝后俞元古城的记录就不存在了。如果是变更地名,历史上都应该有记载,而俞元古城从那以后却再也没有人记录了。在当地流传着一个传说:澄江湖里有一座沉没的城。因此这座发现的古城可能就是俞元古城,它是因为地震沉下去的。专家还进一步推测,发现的这部分遗址只是个内城,这个内城有可能也是古滇国的滇王离宫,滇王离宫在后来可能被改为俞元县了。

至于这座古城是什么时候沉没的,还在考察之中。

# 神奇鸳鸯井

动物界有成双配对的现象,但大地上的吃水井成双配对却令人费解,在我国四川省发现的两口井则又是一个奇迹,这两口井互相依存,一正一反互换的情况在历史上还是十分罕见的,那么,是什么原因造成这样的现象呢?

**神奇鸳鸯井**

四川省武胜县发现两口神奇的水井。它们相距四米,一清一浊,又被当地人称作鸳鸯井。两井位置等高,深度相当,且井中的水为同一源头所聚。但是,奇怪的是,这两口井却有着天壤之别。这里的谜吸引了无数充满好奇的人来观看,不少的科研人员也纷纷前来试图探究"鸳鸯怪井"隐藏的奥秘。

首先,两井中的水清浊不一。但两口井好像约好了似的,一年要变两次"魔术":端午节后,清浊互换,而且一个发出微臭的味道,一个却味道香甜;中秋节后,两眼井水又自动恢复原状。一年四季,两口井交替供人饮用。这种交替变换的"鸳鸯怪井",人们还闻所未闻。

这两眼井位于武胜县北飞龙镇木井村,井口方正,水面离地一米。其中一口叫上木井，另一口叫下木井。该村八十岁的老人张炳清说，两口井凿于何年已不得而知。他还唱了一首老歌谣——《木井》："可观上下两口井，一条大路直穿心；井中清泉最可饮，能分春秋各二季；不知哪朝开的井，何人称为木井村；此井水丰不断流，润泽大地五谷生。"

据村民介绍，农历五月初五端午节以前，上木井里的水清澈，下木井的水浑浊。端午节后，两井开始"换班"：上木井里的水变浑变臭，水面泛起一层金黄色的东西，如粪便，不能饮用；而下木井的井水则逐渐变清变甜，供居民饮用；到了中秋节，两井又再次"换位"。但不管它们怎么变换，总有一口井的水是清澈的、甘甜的。年年如此，从未错过日期。许多慕名而来的游客看毕大叹造物神奇。

其次，两井水面总会保持一致。居民提上木井的水时，下木井的水位会自然下降；反之，提下木井的水时，上木井的水位也会随之下降，随后恢复盈满。木井的水常年外溢，形成溪流，成了武胜县第二大水库——红星水库的源头之一。

再次，两口井虽然同源，但井水温度却并不一样，非常罕见，有人专门用温度计做过测试。但是这两口井温度差异因何如此之大的问题目前还没有弄清楚。

两井凿于何年已不得而知，但是鸳鸯井为何出现这些神奇的现象实在令人费解。有关地质学家初步分析后认为，两井地质结构存在裂隙，天热时，地下水进入上木井裂隙，地下硫化物随地下水浸入上木井，就有可能形成黄色漂浮物并导致上木井变浑浊。而天变冷时，地下水改变方向进入下木井裂隙，于是就出现了清浊互换。但居民取水时，两井水位会同时下降。这说明两眼井水相通。

那么，两井温度变化又怎么做解释呢？古人是出于什么原因打造出这样神奇的鸳鸯井来的呢？是出于巧合，还是他们在当时已经具备打出这样神奇的鸳鸯井的科学技术呢？这鸳鸯井的真正奥秘到底在哪里呢？希望相关人士早日揭开鸳鸯井之谜。

# 天山上的巨石脸谱

天山是亚洲中部的一条大山脉，横贯中国新疆的中部，西端伸入中亚。长约2500公里，宽约250千米~300千米，平均海拔约5000米。最高峰是托木尔峰，海拔为7435.3米，汗腾格里峰海拔6995米，博格达峰的海拔5445米。新疆的三条大河——锡尔河、楚河和伊犁河都发源于此山。

2008年，考古人员在新疆天山西部的一处高山牧场，也就是温泉县吐日根河与另一天然冲沟的交界处进行文物普查时，发现了一个雕刻"脸谱"的巨大冰川漂砾石。漂砾石高3米，宽3.5米，正西面因冰川磨蚀深凹下去，形成一个巨大的天然"神龛"，龛内呈白色，与龛外黑白对比分明。

"脸谱"就雕刻在白色凹陷的岩壁上，一共有十几张。每张脸谱的直径都在20厘米~30厘米，共同的特征是圆形脸、招风耳、阔嘴，圆眼空洞地望着前方……有的还很明显的刻有夸张的头饰及发饰。有脸谱的这一侧朝着一处深涧，巨石南侧有白色花岗岩砾石围砌的、呈半圆形的石圈。

**天山上的巨石脸谱**

根据巨石周边半圆形的石圈和形态怪异、色彩对比强烈的诡异脸谱。考古学家认为这是一处萨满教的祭祀遗址,巨石上的人脸极有可能是萨满巫师做法时佩戴的面具。他们推测公元前后,在巫师带领下,生活在当地的族群在高地上祈神。做法时,巫师和追随者都戴着面具起舞,有人随后将这些具有特殊意义的面具雕刻在这巨大的冰川漂砾石上。

后来考古人员又在温泉县一处山丘岩画中发现"脸谱",其中有一块巨石上雕刻的是两张上下排列的脸谱,这两张脸谱也是圆脸、阔嘴。而在另一块岩面上却没雕刻出圆形的脸,只有用深窝圆孔代表的眼、口、鼻。在这张人脸下面刻着一个将太阳托起的人。专家说从这些脸谱上的颜色和雕刻方法中可以看出,它们与山丘岩画是在一个时代创作的。人的面部都是朝向东方的,这应该是对太阳神崇拜的古老民族留下的。

虽然目前这些脸谱的雕刻时间、雕刻民族、雕刻目的都还在研究之中,但它无疑将是为我们打开北方原始游牧民族生活、精神、文化、宗教信仰等一系列谜题的一把钥匙。

# 龙游石窟

龙游石窟群位于浙江省钱塘江上游的龙游县小南海镇石岩背村。龙游石窟群规模宏大,气势磅礴,但是这么浩大的工程却在历史中没有记载。因此,龙游石窟谜团百绕,有人形容说"入窟尽是探奇者,出窟全变谜猜人"。

龙游石窟距杭州一百八十公里,位于浙江省龙游县城北三公里处的一个临江小山中。自1992年被发现以来,就引起了人们的广泛注意。龙游石窟是我国古代最高水平的地下人工建筑群之一,也是世界地下空间开发利用的一大奇观。它是中华民族博大精深的体现,集人文、艺术、文化、工程技术于一体,有人甚至说它是"世界第九大奇迹"。

龙游石窟是一个谜团缠绕的地下建筑群。那座小山被当地人称为"童坛山",在方圆0.38平方公里的地下竟然有规律地分布着大小二十四个洞窟,每个洞窟的面积从1000平方米~3000平方米不等。每个洞窟从矩形洞口开始垂直向下延伸,高度约30米。顶部呈漏斗型,洞窟内科学地分布着三~四根巨大的"鱼尾形"石柱,与洞顶浑然一体。更让人叹为观止的是洞壁、洞顶和石柱上都均匀地留下古人似乎带有装饰意图的凿痕。这

龙游石窟

些凿痕排列规则有序,凿线整齐。石窟沿壁有台阶上下,成锯齿形,锯齿间相隔达3米,其中台阶到洞口要有四米。每个石窟自成一体,互不相通。石窟内部都有一个半凿半砌的矩形方池,约20平方米,深约五米。在一号石窟中人们还发现了清晰可见的一幅岩画,内容是马、鸟、鱼三种动物。这是已发现的7个石窟中唯一的窟内岩画。线条浑厚古朴,粗犷流畅,很有意境。

　　而仅从已经开发的石窟来看,就有许多的谜团。其一,石窟的大小、模式、造型,格局等都是出自统一风格。布局合理,最大的石窟地面面积达5100平方米。如果按照每个石窟1000平方米计算,一个石窟就要排出土方2万立方米,50个石窟每天至少要排100万立方米,若以一人一天排0.3立方米的土方计算,则需要200万个工作日才能完成。有人做过统计,若每天投入1000人夜以继日地工作,也需要6年的时间,况且模式统一、工艺讲究、精雕细凿,实际情况要远远超过人们理论的计算。其二,所有的石窟洞口均朝西南方向,午后的阳光可以直射进石窟的中心。其三,已经发现的7个石窟的平面布局竟然呈北斗七星状,而这7个石窟又正好处于整个扇形石窟群的中心部位。其四,为何地下石窟会密集于这里,千百年来,人们为什么一直都不知道这个巨大的秘密呢?就连一直在这里生活的村民也都毫无察觉呢?其五,为何古籍上对这么浩大的工程没有一点记载,甚至连野史也没有?

　　那么龙游石窟的用途又是什么呢?

　　第一种观点是陵墓说。关于龙游石窟竣工的确切时间已经无从考证,关于龙游地区最早的记载是在汉代,此前并没有史料记载。唐韩愈曾撰写《徐偃王庙碑》,其中有"凿石为室,以祠偃王"的记载,徐偃王是西周徐国的诸侯,大约生活于公元前1000年左右,暂

且不谈韩愈所说的"石室"有多大,又是否与龙游石窟有关系。就从时间上计算,如果真的是为徐偃王所建,那么龙游石窟至少已经有近三千年的历史。在自然条件不断变迁、战争灾祸发生的情况下,石窟内的纹路、凿痕却依然如新,如同昨日开凿一般。仅这一点就无法解释。另外,如果龙游石窟是皇陵,那么为何石窟中没有任何皇族的随葬品或宫中遗物呢?

第二种观点认为龙游石窟是古代人采集石料而留下来的废弃洞窟,但也难圆其说。首先采集石料最安全、最经济的方法应该是露天作业,何必要精心设计这样的方式进行地下采掘呢?其次,石窟内石料属红土沉积岩。这种岩石极容易风化,古人又何必花如此浩大的工程去开采,还要进行如此规整的修饰呢?再者地下采石需要一定的设备和条件,采光、搬运等当时又是如何解决的呢?为什么一点痕迹也没有留下呢?

第三种观点认为龙游石窟是越王复仇的练兵屯兵之地,其理由是怕被敌国奸细发现而去告密,所以挖地下石窟进行备战。但是此说疑点也很多:挖石窟需要大量的时间,然后才能练兵,那么岂不削弱了原本就已经弱小的实力。其次,因担心奸细告密屯兵而挖,难道就不担心奸细破坏造成窟毁人亡的悲剧。再者,地下练兵的采光问题又是如何解决的?人工采光应该会在石窟内留下痕迹,但是实际上人们没有发现任何的烟火遗迹。另外,屯兵地必须道路通畅,进出便捷,这是兵家常识,而石窟上下一条道,间距为3米,如何体现兵贵神速的策略?

第四种观点是外星文明说。有人说,其一在龙游石窟的穹顶和石壁的连接处,由于空间小很难转身操作,人工开凿不可能将凿痕加工得如此流畅和完美;其二在穹顶和石壁的连接处,几乎每个洞中都可看到没有凿痕的扒裂断面,这是用机械以45度的斜面挖掘到与石壁连接处时留下的"扒痕",功率巨大,乃非人工所为的有力证据;其三在穹顶及许多连接、转弯处,凿痕呈扇状展开。这是采用高智能机械设备所为。虽然这种观点有一定的说服力,但是疑点也颇多:第一,如此浩大的工程不可能只要一两个外星人完成,那么会有那么多的外星人来地球吗?第二,虽然从整体看凿痕整齐划一,但是仔细观察,凿痕还是有微妙的变化,根本就是出自人类之手。第三,外星人建造龙游石窟的目的何在呢?是为了居住?第四,如果真的是外星人所建,至少会遗留一些地球人前所未见的东西,为何人们一件都没有找到呢?

第五种观点认为龙游石窟既不是现在科技的产物也不是古人建造的。虽然随着科技水平的进步,人类开始在地下建造文明,但是从安全、经济、美观的角度出发,一般的地下工程都是直线挖掘,成形后经过绝对的加固再作美化,而不是在挖掘的原型上直接进行修饰。而且如果是现代科技的产物,在历史上也应该有所记载。那么,为什么又说龙游石窟也不是古人建造的呢?一些人认为建造这么浩大的工程只有君主才能组织这么大规模的挖掘力量,但是劳民伤财的花时间和精力来修建毫无目的的石窟似乎没有必要。不过这并不能排除是古人们为了游乐而修建石窟的可能。

第六种观点是浙江大学的褚良才博士提出的,他认为龙游石窟最早开凿于西汉宣帝"边郡皆筑仓"时,其功能是储备粮食、货物及战备物资,隋朝时就叫它"北常平仓",在那时就已被列入"古迹"。他还找出两个比较有说服力的证据,一个是在童坛山上游不远处的簸箕洞,另一个是在下游不远处的石岩洞。

除上述说法外,还有"道家福地说""伏龙治水说""巨石文化说"等,虽然这些说法都有一定的道理,但是也都存在不少的漏洞。龙游石窟作为中华民族的一个奇迹,它将永远散发着夺目的光彩。

# "阴兵过路"

在云南著名沙林风景区内有一种被人们称为"阴兵过路"的奇特自然现象,据说马儿到了惊马槽会受惊,主人如何拉,马儿都不会过去。惊马槽到底隐藏着什么秘密呢?

在我国云南省陆良县著名沙林风景区内有一种奇特的自然现象。从20世纪80年代起,居住在沙林风景区附近的居民在一处幽深的深谷里经常听到一些兵器相碰、战马嘶鸣的声音,他们将这种奇怪的现象称为"阴兵过路"。

这种古怪的声音在当地被传得沸沸扬扬。可是时至今日,没有一个人说得清楚这怪声到底是什么,村民传说这一切与1800年前的一场战争有关。

三国末年,为平定南方少数民族叛乱,诸葛亮率军南下直至陆良。一天,蜀军与南军在战马坡交战。南蛮王孟获特意请深通法术的八纳洞洞主木鹿大王前来助阵。来到战马坡的木鹿大王命手下官兵挖了两条长不到四十米、宽不足一米的山路,并将蜀军引到此。呜呜地号角响起之后,虎豹豺狼、飞禽走兽乘风而出。蜀军无抵挡之力,退入山谷。可就在这个时候,意外发生了。蜀军突然马惊人坠,南军乘机追杀,蜀军死伤惨重。从此,这里总是阴云不散。

这条隐藏在密林中的山谷,就是当年木鹿大王派人挖的,人们叫它惊马槽。如今它是村民们上山、下山的唯一通道。当地村民大多不敢路过这里。

"阴兵过路"这个谜团还没有解开时,又有一个谜团出现了。据说只要马到了惊马槽就会受惊,不管如何驱赶,它都不会过去。

惊马槽"闹鬼"的消息引起了专家的注意。有专家认为惊马槽有录音的功能,将1800年前的那场战争的声音记录了下来。

人类实现声音记录,是1877年科学家爱迪生发明留声机开始的。这种录音的方法是把声音变换成金属针的震动,然后把波形刻录在锡纸上。当金属针再一次沿着刻录后的轨迹运动时,便可以重新播放出留下的声音。

如此复杂的录音过程,惊马槽又是如何做到的呢? 专家认为和这里的土壤有关系。这里的土壤主要以石英岩为主。石英岩是自然界中一种普通的矿物,它的主要化学成分是二氧化硅。由于二氧化硅具有很好的传导性,所以人们常把它制造成各种电子元件,安装在录音机的"心脏"内。于是人们认为,惊马槽之所以仍然保留着古战场的声音,就是因为这里岩石中的二氧化硅具有录音的作用。

据介绍,古今中外这样的例子很多。但是岩石录音只是传说,至今还没有被证实过。而惊马槽想要成为一个录音机,除了要有大量的石英岩之外,磁铁矿也是必不可少的条件,那么惊马槽是否有磁铁矿呢? 结果显示,惊马槽周围的岩石中除了大量的石英矿物之外，只有极少量的磁铁矿。如果没有足够的磁铁矿石，那么惊马槽又是怎么记录下1800多年前那场战争中的刀枪马鸣声呢？

从录音机录音所具备的几个条件与惊马槽录音的条件进行分析比较：一是声源，惊马槽有古战场的声音；二是电流，闪电时产生静电；三是磁场，地球本身就是个大磁场，四就是用来录音的磁带。即使这里只有少量的磁铁矿岩石，它同样可以相当于带有磁粉的胶带，从这些来看，惊马槽录音的现象似乎是存在的。但是有专家说岩石储存声音本身就让人十分质疑，而且地层中的磁铁矿能否真正替代录音机里的磁带存储声音，也同样有很大的争议。因此，一些人认为惊马槽录音的说法是无稽之谈。

据当地村民反映，在雷雨天气里，惊马槽的怪声会更加地刺耳。也就是说，这种奇怪的自然现象与天气有着某种特殊的联系。专家将从现场采集的声音进行分析，发现这个声音的波峰值不断地变化，他们猜测可能是由于风吹过造成强度的变化。即惊马槽的"阴兵过路"是风造成的，而不是1800年前古战场的声音。

惊马槽的形状很像啤酒瓶的瓶身。入口小，两边直上直下。当我们对着酒瓶吹气的时候，可以听到很刺耳的声音。这也是物理的共振现象，在声学上叫共鸣。惊马槽的怪声出现就是共鸣效应。当风吹进惊马槽后，风声被放大。也就形成阴兵过路的声音。但是仍有许多疑问，为何风声可以形成马叫的声音？专家认为与此处地形有关。

那么，为什么马到了惊马槽就会受惊呢？据推测，动物的器官比人更加敏感，能够感应到非常微小的、人不能分辨的声音。当风吹进惊马槽的时候形成让马恐惧的声音，才受了惊。

但这些都只是推测，惊马槽为何会形成阴兵过路，还需要地质学家进一步的研究。

# 会唱歌的钟乳石

钟乳石会唱歌，这样的情况只有在格林童话或者是安徒生童话里才会出现，听起来实在是不可思议。但是，在湖北京山县里的一组钟乳石的确会唱出美丽的歌曲，那么其中真正的奥秘到底在哪里呢？

钟乳石也会唱歌，这听起来似乎是天方夜谭，然而，在湖北京山县的空山洞有一组能发出音乐的"石编钟"（钟乳石群）。这组钟乳石群有12根，用橡胶软锤敲击不同位置，每根都能发出两个或三个不同的音高，音色柔和浑厚，符合标准的现代七声音阶和十二平均律，为此音乐家给这组钟乳石起了个好听的名字，叫作"石编钟"。

会唱歌的钟乳石石编钟位于京山县七宝山下的空山洞，这里属于典型的岩溶洞穴，主要发育在三叠纪的薄层灰岩地层中。洞穴发育受层面、西北和东北向节理、裂隙构造控制，由地下水沿层面、节理、裂隙构造溶蚀、侵蚀扩大而成。

空山洞内发现的这组大小10余根，酷似"石编钟"的钟乳石，分布在4米范围之间，通过对钟乳石的敲击，能发出七个全音阶，因而可演奏各种大小调乐曲，音色浑厚悠扬，发音自然、铿锵、意境悠远。"精美的石头会唱歌"，堪称世界地质奇观。

**会唱歌的钟乳石**

钟乳石的形成过程是:雨水渗入土壤溶解其中大量的二氧化碳,形成富含碳酸的土壤水,土壤水在继续向下渗流过程中,溶解碳酸盐岩层形成富含钙和碳酸氢根离子的地下水,这些地下水沿岩石裂隙进入洞穴,由于洞穴空气中的二氧化碳分压远低于水的二氧化碳分压,水中二氧化碳便快速溢出,使洞穴滴水在滴下以前就在洞顶处于碳酸钙过饱和状态,从而使得碳酸钙在洞穴顶部滴水的出口周围发生沉积,逐渐形成一种白洞顶向下生长的碳酸钙沉积体——钟乳石。

钟乳石群能奏出音乐,与钟乳石群的物质组成和结构特征等因素综合作用有关。

钟乳石为同心状的圈层结构,其中心部分有一根空管。钟乳石主要由方解石矿物组成,它的化学成分为碳酸钙,方解石由于具有特殊的物理性能,被称为特种金属矿物。方解石的晶体为斜方晶系,具有双折射率和偏光性能。

能发出音阶的钟乳石群主要为 7 根,高度为 1.5 米~2.5 米不等,直径为 8 厘米~30 厘米不等;每根钟乳石内的空心石管大小不同,直径为 1.5 厘米~4 厘米不等;钟乳石的锥顶均已断掉,断掉长度为 10 厘米~40 厘米不等。各钟乳石存在的这些差异性,使得钟乳石在敲击时所发出的音阶各不相同。

在空山洞被发现前,钟乳石在靠近洞顶部位及周缘有近期的沉积物,显示钟乳石的表面湿度较大,开发后由于其他原因和日光灯的高强度照射,钟乳石的表面水分被蒸发而变得干燥,因而对钟乳石进行敲击时会发出浑厚的音律;而在表面相对潮湿时是不能发出这种浑厚音律的,而可能是另一种清脆的音律。

能够形成风化层的条件是:钟乳石群所处的位置要通风、空气要流动、二氧化碳的交换和钟乳石表面的湿度要有变化。这些条件都具备后就会在钟乳石的表面形成0.5厘米~1厘米厚的风化层。由于风化层的作用,对钟乳石进行敲击时只能发出浑厚的音律而不能发出清脆悦耳的音律。另外,由于钟乳石群所处的位置空间狭窄,对钟乳石进行敲击时发出的音律能够来回穿透或振荡。

"石编钟"特有的音律和音阶,敲击时如钟磬轰鸣,构成了动听的音乐世界,"精美的石头会唱歌"已经不再是传说。

# 巨石秘语

石刻是一种十分古老的记事方法,石刻上的文字以及刻画都承载了千古故事。重庆彭水县太原乡的一块巨石上的天书又想向我们诉说什么样的故事呢?

重庆彭水县太原乡花园村九组的半山腰有一巨石,巨石坐南朝北,略呈长方形,高两米多,在巨石面南的石壁上面刻着一段宽近两米的奇特的字符,共有六行,分别在巨石的六个凹槽中,字符的行宽在0.4米~0.5米之间,行长则各不相同,长得像一条弯曲的蛇,短的似一条条蝌蚪,最长的一行字达到2.3米,最短的则只有0.1米~0.2米。字符属阴刻,深约1厘米,字符的形状呈树枝状和爪状,但书写规整,有一定规律,偶尔有一些字符,让我们怀疑这极可能是先辈的象形文字。其中,大多数字符被人用油漆重新涂写过,旁边还立有一块"县文物保护单位"的石碑。

关于这些天书,还有一个十分美丽的传说:相传在三国时期,蜀将张飞率领部队通过此处,不知是一时兴起还是另有所谋,张飞用他粗糙的手掌在巨石上随便抹下了几个凹槽,并在凹槽处写下了后来被称作"天书"的这些字符。据说,有军士和差官根据张飞的"天书"指示,在附近的大山里埋下不少金银财富。而这些字符就是一首破解宝藏的口诀,只要破译其中玄机,就可获得数不清的财富。直到现在,当地还流传着一首民谣:"好个张飞扦,金银埋路边。有人能破译,银子万万千。"目前,当地无人能破译"天书",也未发现金银,但人们遇到小儿夜哭、家人病祸等,都会带着香烛到这里祈福。

那么,这些金银真的埋葬在这里了吗?这块巨石天书难道就真的像是达·芬奇密码一样难以破译吗?为了破译"天书",专家和学者蜂拥而至。文物专家经过考证后认为,"天书"是大自然开的一个不大不小的玩笑。

早在20世纪80年代,就有地质、文物等专家多次考察"天书"。大家一致认为,刻有"天书"的巨石是从山上滚落下来的,"天书"的字符不是天然形成的(如古生物化石),而是人为留下的,因为上面有较明显的人工雕刻痕迹,但它又不是人类已知的文字,如甲骨文、大篆、小篆、龟背文、金石文等。因此,而想从它产生的年代来推测,也很难。因为在漫漫的历史长河中,由于交通不便等原因,当地古人一直过着与世隔绝的生活,所以很难用中原文化与之对应。

　　由于无法得到准确的解释，有人猜测，"天书"要么是苗族先辈的遗嘱，要么就是土家族世世代代生活在这里，是他们的祖宗遗留下来的生活秘籍。

　　还有猜测，或许这是天外来客把他们的外星文明在地球上刻画的标记，为了下次来访时便于寻找最初的着陆点？

　　尽管我们对巨石天书的推测有种种可能，但是我们并没有找到科学依据来证明推断的正确性。目前，巨石天书的研究还在进行中，期待巨石天书的破译工作早日完成，解开隐藏在人们心里的这个谜。

# 风动石遇风摇动之谜

　　我国好几个地方有风动石，这些石头在大风的作用下随风摇动，风停后又依然稳定不动，十分令人惊奇。那么风动石为何遇风动摇呢？

　　我国福建省东南部的东山岛是著名的海滨风景区，东山岛古称铜山，岛上有个天然风动石，不到风动石，犹如到北京不游长城一样的遗憾。坐落在福建东山古城东门海滨石崖上的东山风动石，一直是岛上人民最引以为荣、视如珍宝的自然奇观，是旅游者最喜爱的美景之一。

　　东山风动石以奇、险、悬而居全国60多块风动石之最，被古代文人誉为"天下第一奇石"，现在它已经是东山岛的标志性旅游景观。风动石耸立在陡崖上，石高4.73米，宽4.57米，长4.69米，重200吨，正可观其伟，侧可观其奇，背可观其险。从背面看，状如玉兔的石岩伏在外倾的石盘上，巨大的石球，悬空而立，摇摇欲坠，令人心怵；从正面看，石如蟠桃，底部呈圆弧形，贴石盘处尖端仅数寸，悬空斜立，狂风吹来，摇晃不定，石体正面，有明武英殿大学士黄道周等人所题"铜山风动石"大字，笔力雄浑遒劲。在风动石前的一块方石碑上刻有明朝督抚程朝京的诗："造化原来一只丸，东封幽谷万层峦，

风动石

天风吹向关中坠，海飓还得逐势转。五丁欲举难为力，一卒微排不饱餐。鬼神呵护谁能测，动静机宜在此观。"盘石右侧有明代霞山居士题写的"东壁星晖"四个大字，

　　风动石巍然"搁"在一块卧地凸起且向海倾斜的磐石上，两石的接触面仅为十余平方厘米。当海风从台湾海峡吹来的时候，强劲的风流会使风动石微微晃动，让人觉得其岌岌可危，海风停后，风动石也随之平稳如初了。此时人若仰卧盘石上，跷起双足蹬推，巨石也摇晃起来，但又不会倒下。人们站在风动石下面，有一种惊险的感觉，叹为天下奇

观。风动石与周围景色交相辉映,构成东山岛上的亮丽风景线。被来此参观的人叹为天下奇观,故名"风动石",诗曰:"风吹一石万钧动"。

人力也能晃动风动石。如果找来瓦片置于石下,选择适当的位置,一个人就能把这硕大的奇石轻轻摇动起来。此时,瓦片"咯咯"作响,顷刻化为碎粉。

关于风动石还有一段美丽的传说,明朝嘉靖年间,海上倭寇侵扰东山岛,企图抢走这奇异的风动石,用了数艘兵舰,套上绳索,拼命拉它,可是倭寇费尽了力气,只听到"嘣"了几声,绳索全断了,倭寇纷纷掉落海里,十分狼狈,风动石却依然屹立在原地。

关于风动石,历代名人吟唱甚多,如明代文三俊诗曰:"是石是星丽太空,非风摇石石摇风。云根直缔槐枸上,月馆堪梯小八鸿"。

1918年2月13日,东山岛发生7.5级地震,山石滚落,屋倒人亡,可风动石却安然无恙。"七七事变"后,日军企图搬走风动石,日舰"太和丸"用钢丝索系于风动石上.开足马力.可多条钢丝索被拉断了,风动石却纹丝未动,最后日军只得放弃这一企图。

此外,我国福建省泉州灵山上有块巨大的风动石,上刻"碧玉球"三个大字,故称"玉球风动"。

这块奇石高4米多,周围要10多人牵手合抱,估计重约50吨。它是一块天然奇岩,略呈长方形,上端四角稍圆,下部一边贴在山上,另一边向外斜削,形成一道缝隙,远远望去,奇石宛如玉球,每当大风来时,发出飕飕的震动声,乍看像是摇摇欲坠,惊险异常,其实稳固无比,有惊无险。每当游人至此,都喜欢一动手脚,使出浑身气力推它,玉球马上就摇动起来,还能听到嘶嘶的响声,不过即使这样,玉球仍然纹丝不动,牢固不移。

这块玉球的上部圆滚滚的,下靠山岩,重心平衡,一般的外力作用,只能使它摇晃,而不至于使它倾翻。这在物理学上称为稳定平衡。如果外来的拉力或推力,没有把玉球风动的重心移动到底面以外,这块巨石总是像"不倒翁"一样,一晃一摇的,尽管会歪一下,但又会恢复原处,确也奇趣横生。难怪游人闻风而至,传说有声有色。

风动石历经沧桑,依然斜立如故。它的来源又是哪里呢?有的人认为是从天上掉下的陨石,有的人认为是海陆变迁时从海底浮上来的。那么风动石为何会遇风动摇呢?风动石是怎样形成的呢?有人认为可能是风动石受到地球磁场的引力才不至于被大风吹倒,各种说法不一。至今风动石还有许多没有解开的问题,等待科研人员来回答。

# 新疆青河大陨铁之谜

在我们这块广袤的大地上,到处充满了神秘的事物,新疆青河的大陨铁全身披着一层神秘的面纱向我们走来……

在新疆地质矿产博物馆展出的长2.58米,宽1.89米,高1.76米,体积3.5立方米的陨铁,呈现不规则三角形.重达三十吨,按重量在世界陨铁中排行第三,吸引了无数中外游客的眼球,这块大陨铁的出现又是一个让人难以解开的谜。

对于这块大陨铁的来历,人们提出了很多的猜测。有的科研人员认为可能是在史前时期的某一天，准噶尔盆地东北部边缘，距青河县二台东北角60公里茫茫无际的戈壁滩上，突然从空中落下一个巨大的火球，伴随而来的是一阵惊天动地的巨响，震得大地都在颤抖。在历经沧桑变迁之后，转眼到了1898年，当地的哈萨克族牧民发现一个大坑里横卧着一个外表黝黑、油光发亮、布满凹洞的金属怪物，它前端高耸、中间下凹、后端隆起，宛如一个粗壮的银牛，牧民对它顶礼膜拜，视为神灵之物，从此这里便有了"银牛沟"的名字。此后，哈萨克族牧民纷纷搬迁到此来定居，许多的关于银牛的传说也就开始在人们之间不绝于耳。

新疆青河大陨铁

　　一直以来，陨石是稀有之物，比黄金和钻石还稀有。全世界已收集到的至今不过三千块。这块陨铁含有88.67%的铁，9.27%的镍，还含有少量的铜、铬等元素，它是一种极为特殊的合金，它来自地球之外，集宇宙的精华，在这个庞然大物中还发现了地球上没有的六种宇宙矿物：锥纹石、镍纹石、变镍纹石、合纹石、陨硫铁和铁镍矿。

　　随着青河大陨铁的发现，20世纪30年代，一批批外国专家纷至沓来，有的是来做研究的，有的是怀着其他目的，至今陨铁上还留有各种题刻，有英文的，也有俄文的。记载的来访者中，有大名鼎鼎的英国探险家斯坦因，他试图带走"银牛"，却在上面摔断了腿。瑞典探险家斯文赫定望着稳如泰山的"银牛"，也只能望牛兴叹。

　　新中国成立前，有人误认这个陨铁是纯银或白金，在它较为突起的棱角处锯去了一些，却再也无法锯开，因此，陨铁的绝大部分幸运地保留了下来。

　　当时的国民党政府在听到消息后，也试图把这个宝贝运出山，曾经用火烧了七八天，想把陨铁烧化分解开，可还是失败了。

　　1941年5月23日，当时的新疆边防督办盛世才知道了天落神石的消息，特派视导员蒋云凌专程到青河凿石取样，后来索性想把它运到迪化，但因为太重，计划搁浅。

　　20世纪50年代，大炼钢铁时期，"银牛"又遭到了多次的冶炼和爆破，至今留有痕迹，但依然岿然不动地矗立在那里。

　　大陨铁具有很高的研究价值，但是它的来源已经是一个谜，我们无从得知，只好猜测。但是，这块陨铁落地的陨坑又显得那么的迷雾重重。

　　按常理，这枚重30吨、最大直径2米多的天体从太空高速坠落，砸出的坑一定很深很深，可实际上留在现场的那个坑却令人大失所望。该坑呈长条状（拉运时扩展所致），宽不到3米，深度仅约1米。要不是当地知情人指认，没人能够把这区区浅坑与那举世闻名的大陨铁联系起来。

　　围绕这个谜团，有很多种解释。

　　有人认为是当时的陨坑很深，陨铁被运走后，风沙不断落入，再加上雨水的侵蚀与冲刷，这个陨坑就不断被风沙填浅，被雨水冲平，以至越来越浅，成为目前的样子。

　　此外，还有人提出假设，可能现在我们所看到的坑.不是陨铁的第一着陆点。多数人比较赞同这种说法,陨铁先落在一个更硬更高的地方,然后又弹到了这里。从现场观察看,此种说法比较合理,能够解释巨石浅坑的矛盾现象。

如果陨铁被弹落的说法是正确的,那么大陨铁的第一着陆点又在何处?现在的陨铁坑处于一片沙砾质山间平地上,两侧是四五千米长的连绵群山,可以推测,陨铁的第一着陆点就在群山的某处,当陨铁以极快的速度从天而降到那里时,坚硬的岩体使其高高弹起,抛掷出去,最终落在了现在的第二现场。

那么这第一着陆点的陨坑又在何方呢?目前,第一现场具体位置仍然是个谜,我们期待着这个神秘的第一着陆陨坑的出现,早日解开新疆青河陨铁之谜。

# 产蛋崖

我们都知道鸟类会产蛋,但是你相信冰冷的岩石也会产蛋吗?这的确存在,在贵州三都县有一座山崖每隔30年就会产一次石蛋,大小不一,而更加奇怪的是,这些蛋和恐龙蛋化石很相像,难道山崖上产的是恐龙蛋吗?

产蛋崖,长20多米,高6米,表面极不平整,在高处,几块巨大而尖利的岩石横亘着极为险峻。石蛋就在相对凹进去的崖壁上安静地孕育着。有的刚刚露头、有的已经生出了一半、有的已经发育成熟眼看就要与山体分离。千百年来,这些神秘的石蛋就这样不停地孕育出生、出生又孕育,源源不绝。

冰冷的石壁为何能生出石蛋?为什么这些石蛋又会每隔30年自动掉落呢?

有人联想到石蛋很像恐龙蛋。把石蛋和以前发现的恐龙蛋化石进行比较发现:产蛋崖的石蛋平均直径30厘米,但也有大有小,这和1995年广东河源发现的恐龙蛋化石相比,不论形状和大小均十分相似;另外,恐龙蛋化石虽然有蛋壳结构,但长期风化裸露出的纹理和石蛋相比,仍然有很多相似特征。既然有这么多相似点,那是否说明这些石蛋就是恐龙蛋呢?如果答案是肯定的,那么还有一个更大的疑点将无法解释——贵州的地质年代属于三叠纪,而恐龙的出现要比三叠纪晚五千万年!因此恐龙蛋怎么可能会早于恐龙而在三叠纪的地层里被发现呢?

经鉴定,石头蛋的特点是比较大,形状奇特,几十年才掉一次,这种地质现象是罕见的。

这群罕见的石蛋究竟会不会是恐龙蛋呢?国际市场上曾经炒卖恐龙蛋一度达到4万~10万美元一枚,后来由于中国大量发现恐龙蛋使价格一路走低,但如此大规模的发现会不会又引得更多人来这里盗挖呢?有人对石蛋进行仔细辨认后,说它根本不是恐龙蛋化石。一般来讲恐龙蛋的形状大多是纺锤状的,应该有一个外壳,而石蛋它没有外壳,那么作为恐龙蛋它除了壳之外,它里面的结构是什么东西呢,它就是和鸡蛋一样有蛋清和蛋黄,因此恐龙蛋化石里面是不均匀的团块,而我们看到的岩石,显然它里面的结构是比较均一的。石蛋不是恐龙蛋,那它又会是什么呢?为什么它们长在石壁里会不约而同呈现出蛋形?为什么每隔30年就会神奇掉落?

有科学家说这些石蛋和岩壁的成分不一样，这些岩石和石蛋的生长速度不同，在长达数千年的挤压中，逐渐被分离出来，后来由于风化作用，石蛋就慢慢孕育而出。还有人说这些岩石是史前人或外星人留下的。也有人说是造山运动时，石球被裹在了泥土中，泥土后来变成了岩石，石球也就被包含其中了。但是哪种解释更加的合理，至今也没有明确的答案。

# 怪石谜团

在我国有许多怪石都存在着无法解释其神秘的现象，如我们经常听说天上降怪雨，有钱雨、青蛙雨等，但是在我国海南岛和雷州半岛在雨后经常会有一些奇特黑色石块出现，连专家也解释不清楚它们是什么。还有会预报天气的石狮，你又知道为什么它可以准确的预报天气吗？

### 与玻璃相似的"雷公墨"

在琼州海峡两岸的海南岛和雷州半岛，当风雨交加、电闪雷鸣的雨天过后，人们有时候会在被雨水冲刷过的地面上，发现一些墨黑色的小石块，它们多数只有纽扣那么大，最大的也就是十几厘米长。这种黑色的小石块像玻璃似的，可是并不光滑，上面有凹坑、麻点、沟槽等；要是把它敲裂，在断裂面上也能看到这些斑痕，这和玻璃又不同。科学家测定它的化学成分后，发现与玻璃一样是二氧化硅；内部结构是均一的玻璃质，没有其他的矿物结晶颗粒。这就是被当地人称做"雷公墨"怪石。

之所以说它怪，是因为人们说不出它的来历。雷公墨是散落在地面上的玻璃碎片。经过有关专家鉴定，这种小石块的"岁数"都不小了，它们形成的时间最少也有几十万年，有的已经有几千万年的历史了。这种玻璃质的小石块，在澳大利亚、东南亚、加勒比海周围以及非洲西部和欧洲部分地区也能见到。

关于"雷公墨"的来历，有多种说法。有人认为它是和铁质陨石、石质陨石、冰陨石一样，是从宇宙空间撞到地球上来的陨石的一种，叫它玻璃质陨石。甚至有人说这种玻璃质石块是月球上火山喷发时形成的，是从月球落到地球上来的。因为在月球岩石样品中也发现有玻璃质的微粒。关于雷公墨的真相，还需要科学家研究、发现。

### 会流血的石头

2006 年在福建省的一个小山村中，人们惊异的发现一座高约 6 米的石碑上渗出红色如同血液一般的液体，当地的村民都认为这是石头流的"血"，有人试着品尝了一下，它没有任何味道。据说每隔十几年石碑就会流一次血，每次流血都有着某种预兆，或好或坏，说法不一。而且村民发现石头上刮下的带血的粉末可以治病，不仅可以给家禽治病，还可以给人治病。

在我国，会流血的石头还不止这一块，明故宫的午门里就有一块颇为著名的"血迹石"。青灰色的石面上，夹杂着一团团绛褐色的斑纹，如同鲜血渗透到石头中去了。传说这块血迹石是 580 年前方孝孺血溅宫门留下的。方孝孺为明初大儒。公元 1402 年，燕王

**苏州虎丘公园里的千人石**

朱棣率军南下,攻破南京,建文帝自焚而亡,朱棣自立为王,也就是明成祖。明成祖想利用方孝孺的声望,笼络读书人,于是便命令他起草即位诏书。方孝孺坚决不从,最后被灭了九族,连同朋友和他的学生,株连达 870 多人。民间相传,血迹石里的血迹就是方孝孺当年头撞阶石所留下的。

　　第三处是苏州虎丘的千人石,每次下雨时,千人石就会随着淅淅沥沥的雨流出"血"来,千百年来,从未间断。相传吴王夫差命一千多个工匠为他的父亲在虎丘山建造墓地,墓地建好之后,夫差害怕这些工匠有一天会来掘坟挖墓,于是夫差趁工匠喝醉的时候,将这一千多名工匠全部杀死了,而工匠们的鲜血染红了这块石头。每到雨天,石头就会变得特别红,雨水一冲刷,仿佛就是工匠们的血在往下流。

　　没有生命的石头怎么会"流血"呢? 这真是闻所未闻,让人匪夷所思。究竟这些石头里面含有什么秘密呢? 难道真的可以预吉言凶?

　　据专家研究解释,流血石会流血主要有两种原因:

　　一、石头中含有铁元素,在太阳的暴晒下,铁元素与空气中的氧元素发生反应,形成了氧化铁,经风雨的侵蚀,氧化铁逐渐露于石头表面,而氧化铁遇到水就变成了红色,看上去就像石头流出的血。

　　二、另一种会流血的石头其实是由外力作用形成的沉积岩,其主要成分是石灰岩。这种石头是在海底形成的,故石头中还融进了海底古生物的骨骼等。在石头形成期间,它们又与海水中的氧化铁和氧化锰成分相作用,便出现了绛褐色的团块和条纹,也就形成了血迹石。

　　至于福建的"流血石"可以治病,专家说很多石头其实都有治病的功效,但其作用和副作用就没有人敢保证了,所以专家提醒石头治病并无根据,还需科学对待。而"流血石"能预吉言凶,不过是人们的一种心理作用罢了。

# 泼水现竹的石壁

中国文化博大精深,文房四宝书画天下奇珍。古人不仅喜欢在纸上作画,更喜欢在山崖峭壁上留下墨宝,为大自然增添瑰丽的一笔。然而这些与自然浑然天成的墨画却在历史的变迁中发生了惊人的变化,形成不可思议的现象。

四川仁寿县黑龙滩水库中的龙岩寺有一奇景,向龙岩寺的一座巨型石窟坐佛像两边的崖壁上泼些水,一侧的崖壁就会出现一幅"怪石墨竹":墨竹主干亭亭,枝叶潇洒;竹根临怪石处派生出一丛幼竹,婀娜可爱;顶部侧叶,长剑当空,刺向云天。而一旦石面水干,图画顿失。在另一侧则会显出一幅完整的题字:霜月澄凛,天风清劲,御史公刚明之气锤于私云,北宋乾道五年蛾眉杨季友等字迹。

据县志记载这"怪石墨竹"作者是文同,字与可,号笑笑先生,人称石室先生、文湖州。他平生爱竹、种竹、写竹,开拓了"湖州竹派"。著名汉语成语"胸有成竹",就是他写竹经验的结晶。仁寿(古称陵州)县志记载:"文同北宋熙宁四年知陵州后,在龙岩写怪石墨竹,两壁摩崖隐隐有光,怪石墨竹既无墨迹,又无雕镂痕;用水涤石,画面犹新。"

而那幅题字则是北宋乾道五年杨季友游到此处,情景交融,感时叹物留下的。《仁寿县志》说,文中御史公实指五代时官至御史的仁寿籍著名词人孙光宪。杨季友留字赞叹他置身危于不顾,力谏南平国归顺宋朝,对结束战乱,增进全国统一卓有功勋,与文同的墨竹画并无关联。

然而为何会出现字画隐形的现象?为什么它们都只有在遇水后才能浮现?在民间说法很多。

第一种说法是特殊的墨汁。这种墨汁是使用松烟、煤烟,加上乌龟尿,在铜炉内炼制而成,从现在的科学角度来看,这基本上是不可能的。

第二种说法是"魔墨"说。当地传说是苏东坡在密州就任时,从徽州买来一种魔墨相赠,文同便用这一魔墨画竹。但这一说应该是不存在的,其一是因为这个时候,文同在仁寿,苏东坡在密州,这么远的路,他不可能送一盒墨给文同;其二是苏东坡一生也是诗词歌赋都很有名,如果是一个魔墨,应该说他留下了很多,全国的很多地方也应留下这样的遗迹。

第三种说法是发光颜料说。有人猜测是在墨里渗入遇水发光颜料所致,然而人们从未发现任何可以遇水发光的古画,这更是无根无据之说。

第四种说法是石质、水质说。有人推测"怪石画竹写字"地处紫色岩石,含有化学元素钾,与水容易发生剧烈反应;而古时在黑龙滩也有不少文人墨客留下笔墨,并没有形成泼水现竹的景象,所以这种说法也站不住脚。

第五种说法是地理位置说。是因为龙岩处于神秘莫测的古怪位置。岩下水流滋生的仙气孕育的结果。但这一说法和特殊的墨汁说法一样,不足信。

第六种说法是涂层说。有专家经过取样分析发现,岩石的石壁上附着一层涂层,这层涂层可以吸水，水有折射功能，当水分越多的时候，水分底下的东西反射的就越明显。然而是谁将这幅画和字涂上保护层呢？这些保护层的材料又是什么呢？虽然这些问题还没有答案，但是，随着科学的进步，我们一定可以解开这些谜团。

# 沙漠孤舟——统万城

　　统万城是匈奴人建造的唯一城池，距今已经有一千六百多年的历史。史料记载统万城，8世纪"大风积沙"、9世纪"堆沙高及城堞"、10世纪"深在沙漠之中"……但是现在其城墙依旧耸立于沙漠之中。据说统万城过去草被丰茂，成片的大树遮天蔽日，蒙古地区及宁夏外族人时常藏在森林伺机暗杀大夏族士兵，守城将领顾虑安全下令将树木全部焚烧，从此，统万城就被沙漠侵毁。

　　统万城也被人们称为白城子，是由于它的城墙为白色而得名。统万城位于中国陕西省靖边县红墩界乡北端和内蒙古乌审旗南纳林河乡的交界处，毛乌素沙漠的边缘无定河北岸流沙之中。始建于东晋，迄今已有近一百六百多年的历史。

沙漠孤舟——统万城

　　据史料记载，十六国中叶，中国北方游牧民族匈奴铁弗部刘卫辰为魏所败，其子刘勃勃南逃投后秦，后秦王姚兴命其为安北将军，镇朔方。刘勃勃兵权在握当即与后秦反目，于东晋义熙三年（公元407年）称大单于，大夏天王，年号龙升，国号大夏。不久南下攻取秦属岭北诸城，西吞南凉，成为十六国之一。夏凤翔元年（东晋义熙九年，公元413年）勃勃改姓赫连，命叱干阿利调秦岭以北十万人筑都城。并豪言："朕方统一天下，君临万邦,可以统万为名。"统万城名由此而来。但是在公元431年,大夏国为北魏所灭,据说统万城"雉堞虽久,崇塘若新"。

在史料中也有关于统万城的记载。如《晋书》中有一篇《统万城铭》说:"崇台霄峙,秀阙云亭,千榭连隅,万阁接屏……温室嵯峨,层城参差,楹涸雕兽,节镂龙螭。莹以宝璞,饰以珍奇……"《北史》上记载云:"城高十仞,基厚三十步,上广十步,宫城五仞,其坚可以砺刀斧。台榭高大,飞阁相连,皆雕镂图画,被以绮绣,饰以丹青,穷极文采。"可见统万城当时之繁华。

时至今日,统万城虽经风沙磨蚀,但其昔日风采依然清晰可辨。统万城城垣有东西南北四门,东门名招魏,西门名服凉,南门名朝宋,北门名平朔。城垣高出地面2米~10米。东城周长2566米,西城周长2470米,西城西南角墩台高耸,高31米。城内有皇城,内营造有亭台楼阁,雕梁画栋,富丽堂皇。

据史料记载,统万城修筑时,"临广泽而带清流",水草丰美,传说赫连勃勃来到这里,就被这美丽的景色迷住了,赞叹道:"美哉斯阜,临光泽而带清流。吾行地多矣……未见若斯之美。"于是,耗巨资,征民夫,历时六年,建立了统万城。

建造统万城的方法是"蒸土以筑都城"。但对"蒸土"的具体做法有很多的观点。一种看法认为是将所有的土都先蒸熟以杀死草籽、虫卵,至今墙上不长草;再用米汤石灰搅拌,一层一层夯实。第二种看法认为是"以水沤制",即把筑城的土闷入水中,然后在阳光之下曝晒,半干之时进行夯筑,这样土质不会松软或成为粉状,在夯打过程中"水闷之土"即可成为黏结在一起的块状。第三种看法认为是用烧热的水来和土,然后再加上夯筑的力量,夯筑的土黏结后更结实。第四种认为是在土中加生石灰和水、成熟石灰并放出水蒸气被称为"蒸土"。传说筑成后都会用铁锥刺土法检验其硬度,凡刺进一寸,便杀筑者;凡刺不进去便杀刺者。

统万城虽经千百年的风沙侵蚀,却依然坚硬无比,同时也留给后世很多的迷惑。匈奴是一个游牧民族,他们习惯于在马背上驰骋,随水草而居,且居无定所,其机动性使得当时的大汉王朝对匈奴毫无办法。按照常理来说,他们应该不屑于也不习惯筑城,而且游牧的性质也使得他们筑城毫无意义。就连匈奴和大汉对峙数百年,都从来没有留下城池的记录。

但是,统万城的存在打破了人们的一般观点,匈奴人不仅筑城,还修建得如此坚固。而且在夏国被灭了以后,统万城先后做过北魏、西魏、东魏、隋唐的重镇。北宋初,党项人李继迁占据统万城称西夏。宋淳化五年(公元994年),因西夏军队常以统万城为依托侵扰北宋,宋太宗下令毁掉统万城,迁走城内居民。此时,统万城才逐渐走出历史。

但是匈奴人为何不惜血本建造这么一座牢不可破的城池呢? 即使说匈奴人与中原兵戎相见,他们得到了大量的人力和财力要依照中原形式建造城池,但也应该选择在自己国土纵深的地方建设国都啊。经历了西汉和东汉,匈奴人已经领教了汉民族的军事力量与文化渗透力量,汉武帝曾经使用匈奴的战术,奇兵快马,横扫北部草原和大漠,将匈奴人追逐到至今的贝加尔湖以北的地方。虽然后来匈奴和汉民族的冲突渐渐和解,但是匈奴人居然选择了一个离汉族很近的地方修筑了迄今为止的唯一的一座城池,这是为什么呢? 城池再坚固,也无法经得住长期围困和攻打。"统万城"建在边境,匈奴人究竟有什么深谋远虑呢？这真是让人百思不得其解。

统万城经历了历史沧桑，至今却仍屹立于沙漠之中，两千年的风雨洗磨依旧没有将这座古城摧毁，不得不说是一个奇迹。虽然当初匈奴首领统一天下的设想成为泡沫，但是它是我国古代匈奴人留给历史唯一的一座都城遗迹，有着不可替代的历史地位。它是匈奴人的文明历程和一个消失的民族留给历史的特殊见证。统万城像一座历史丰碑，永远向人们叙述着发生在这里的古老而神秘的故事。

# 护珠塔斜而不倒之谜

谈起比萨斜塔尽人皆知，但是，我们是否还知道，中国也有一个斜塔，那么，中国的斜塔为何斜而不倒呢？这是一个非常值得研究的问题。

毫无疑问，比萨斜塔是世界上最著名的斜塔，但在其他国家或地区也有斜塔，只不过没有比萨斜塔那么有名罢了。我国也有一座斜而不倒的塔——护珠塔。护珠塔位于我国上海市松江区佘山镇天马山境内，塔位于天马山的中峰之右，砖木结构，7层八角形，残高19米。近看护珠塔，只见塔的底层已有三分之一的砖没有了，整个斜塔仅靠三分之二不到的底层砖墙支撑着。塔的顶部早已没有，各层腰檐木结构的痕迹，还是隐约可见。塔旁写着危险的警告牌。走进塔内，空无一物，抬头仰望，极目苍天，加上山顶风大，好像危塔马上就要从头顶倒下来似的，令人胆寒。

因塔严重倾斜，故俗称斜塔。1982年勘查结果，塔身向东南倾斜6°52′52″。据《人民日报》报道：此塔比意大利的比萨斜塔斜1°多。有人认为它比世界著名的意大利比萨斜塔，倾斜得还要厉害，是世界第一斜塔。当然，这个说法没有被世界公认，但说它是中国第一斜塔，恐怕没有人反对。

塔始建年代，据清嘉庆《松江府志》七十五卷寺观，圆智教寺一条记："寺后护珠宝塔，宋元丰二年（公元1079年）横云里人许文全建。"又据《千山志》卷十古迹记载：中阳塔即干山圆智寺砖塔，在"圆智寺二门内，左砖塔四级高可三寻，宋元丰时，横云山人许令字文全建。"又记"宝光塔在干山之半，高七级，登览者极江海之观，干山杂志宋绍兴丁丑招抚使周文达奉高宗所赐五色佛舍利藏于中，时现宝光故名"。

塔因长年无人管理，损坏严重。据清人诸嗣郢的《明斋小识》记：乾隆五十三年（公元1788年）寺里演戏祭神，燃放爆竹，火星飞至塔顶，因而起火，烧去塔心木及扶梯、楼板等，塔梯、腰檐、平座也都毁坏，仅剩砖砌塔身。二百年来，塔虽倾斜，却始终屹立于天马山巅，斜而不倒。

至于护珠塔真正斜而不倒的原因，许多人们对此回答不一，众说纷纭。

第一种说法是当地传说：塔是向东南倾侧的，而在塔的东南面有一株古银杏树，它是"松郡九峰"之一辰山仙人——彭素云在五百年前种植的。树的枝叶皆西向，后来树虽枯死，但它依靠神力，对护珠塔遥向支撑，所以使塔不倒。这是一个美丽的神话，仅是人们的良好愿望，当然不足为信。

第二种说法也是从传说而来，认为镇塔之宝被人挖走后，宝塔开始倾斜。几百年前一个漆黑的夜晚，几个神秘人来到护珠塔脚下。他们用镐在塔底刨个不停，一阵忙碌后，他们好像找到了什么。于是只要到了夜晚，护珠塔脚下就会经常出现挖宝人。终于有一天，护珠塔塔底被挖了一个大洞。

护珠塔

于是一种恐怖的说法开始流传，护珠塔的镇塔之宝被人挖走了，护珠塔就要倒了。根据这个传说，有人推断传说中被挖走的镇塔之宝很有可能是舍利子。

但这颗舍利子真的是在塔底被偷的吗？按照江南古塔的结构，五色舍利珠应该藏在塔叉顶部，塔砖结构有一个天宫，天宫里有一个银匣藏在里面，然后盖顶时把它封起来。有记载"乾隆五十三年，护珠塔经历了一场火灾，塔顶全部烧毁，木结构荡然无存"。据传说，护珠塔之所以会发生那次大火，也是与塔藏着舍利子有关。

因此，有人据此推判，可能是舍利子保护了护珠塔，使其不至于倒下。曾经有传说说塔里埋藏了舍利子后，人们都来朝圣，所以很长一段时间香火非常旺盛，到了乾隆年间，朝拜时焰火掉在塔心里，就造成了火灾。难道天宫里的舍利子也被烧化了吗？但是舍利子是佛教修行高僧火化后的结晶，再厉害的火焰也不能把它熔化。

第三种说法是根据古代建筑技术来解释的，认为是古代造塔技术的高超所致。古代用糯米汁拌以桐油石灰，来粘合砖块。这种粘合剂的强度不亚于现代的水泥砂浆，据说用这种粘合剂来建筑时，时间愈久愈坚固。在考古发掘中，常发现古代的坟墓，是用糯米汁拌以石灰等作为粘合剂的，现在发掘古墓时，还要花很大的力量才能把它拆除。护珠塔用这种优良的粘合剂，加上古代砌砖技艺的精湛，使护珠塔能够浑然一体，塔砖不至于一块块塌落下来。

第四种说法是认为后人为了觅宝拆砖导致了塔体倾斜的。传说有人在砖缝中发现元丰钱币，一个盗宝贼听说塔里有宝贝，就拼命往里凿，结果在砖缝里发现一个唐代的通宝元宝，拿回家给妻子摸了摸，当时他的妻子正养不出儿子，结果他家里后来得了子。一传十，十传百，人们纷纷拆砖觅宝，使底层砖身西北角逐渐拆毁，形成一个约两米直径的大窟窿，因此有人认为塔倾斜日趋严重是由于这些钱币造成的。但是这样的折处的情况下，护珠塔为何仍旧耸立于此不倒呢？

第五种说法是认为塔基建在山坡上，土层软硬不均造成了塔斜而不倒。据有关专家考察，天马山护珠塔是建造在沉陷不匀的地基上，东南方向土质较弱，西北方向土质较强。于是塔就向东南方向倾斜。但浙江一带多东南风，护珠塔造在天马山顶，四周空旷，所受风力更强，在塔的倾斜力与风力相平衡时，护珠塔能迎风挺立，斜而不倒。

第六种说法认为是特殊的建筑结构，使塔倾而不倒。虽然护珠塔倾斜的真正原因没被找到，但人们更关心的是，这座斜塔会不会突然倒塌呢？意大利的比萨斜塔高54米，全都用白色大理石建造而成，距今已有六百多年历史。按理说，比萨斜塔很容易倒塌，但从一开始建造时，就采取了各种保护措施，因此一直到现在保持斜而不倒的姿态。但是护珠塔的倾斜角度要比比萨斜塔斜很多，而且以前从没进行过任何保护措施，并且经历了各种天灾人祸的威胁，从这点上看，护珠塔能够现在倾而不倒，也应该算得上是一个奇迹。那么到底是什么原因使护珠塔倾而不倒？对于这一点，建筑专家提出护珠塔的建筑结构很特殊。护珠塔的塔身是一个八角形结构。塔门的设计是每隔一个面开一个门。而且每层的门不开在同一个方向的墙面上，这样就使每个没开门的墙面像四条腿一样支撑着每一层塔身。每层墙面之间既相连又不承受一层的压力，使塔身受力十分均匀。同时因为使用十分牢固的石灰糯米等材料，即使遇上较强的台风、地震等外力作用，某些墙面断裂塔身也不会轻易倒塌。虽然护珠塔发生倾斜，但是仍可以保持斜而不倒的姿态。

从乾隆年间至今二百多年中，无数次的狂风暴雨，把山下的房屋都吹掀了。1954年刮十二级台风，吹倒了塔下的大殿。1984年黄海地震，上海市区的房屋也受到摇摆震动，但是护珠塔突兀地挺立在天马山巅，犹如一把利剑，直刺青天，迎风屹立，岿然不动。看来，护珠塔的确不同凡响。

# 黄河古蒲津轿铁牛起过的作用

黄河是世界上含沙量最多的河流。若把祖国比作昂首挺立的雄鸡，黄河便是雄鸡心脏的动脉。黄河古蒲津桥铁牛的出现又给黄河添加了一层更加神秘的色彩。

黄河是我国第二长河，世界第五长河，源于青海巴颜喀拉山，干流贯穿九个省、自治区：青海、四川、甘肃、宁夏、内蒙古、陕西、山西、河南、山东，全长5464公里。1998年8月，山西省永济市博物馆在山西省永济市蒲州古城西门外、黄河东岸的蒲津渡遗址上发掘出土四尊铁牛、四个铁人、两座铁山、一组七星铁柱和三个土石夯堆。黄河铁牛的出土，是新中国成立以来我国首次发现黄河古渡口遗址，四尊铁牛也是我国目前发现的重量最重(每尊 45 吨~72 吨)、历史最久、工艺水平最高的珍贵文物,在国内外极为罕见。

经过考古学家的研究,发现四尊铁牛是在唐开元年间(公元 713 年~741 年)铸造的,每尊重数万斤,并铸有铁人驱策,使曾经在历史上享誉数百年的名胜景观又重见天日,向世人清楚地标示出古蒲津渡的准确位置,为研究古代桥梁史和古人的文化观念,为解读黄河流域农耕文化的发展提供了重要资料。

**古浦津桥的铁牛和铁人**

那么,这四尊铁牛在当时到底起过什么样的作用呢?

有人提出这四尊铁牛是用来固定铁索桥的。据记载蒲州古城南依中条山,西临黄河,地处要冲,被视为兵家重地,历代王朝均在此建造蒲津桥。公元前 541 年,春秋时期秦公子针携带资财、车辆,前往黄河西岸晋国,用舟船连接建造浮桥,开了蒲津渡建蒲津桥之先河。到了战国时期,秦昭襄王为进攻韩、赵、魏,先后两次在蒲津渡口造桥。以后汉高祖刘邦定关中、汉武帝刘彻东征、隋文帝杨坚过黄河东进,均在蒲津渡连舟造桥。不过,这些桥都是临时性浮桥,没有桥墩,用竹索连接,寿命短,不安全。唐开元年间,随着蒲州一带经济的发展,蒲州城升为全国六大雄城之一,蒲津渡的交通地位显得更加重要。竹索连舟桥已与雄城蒲州极不适应,当时的兵部尚书向唐明皇上书,陈述蒲津桥破败不堪、难承车马重负的窘况。唐明皇听后立即降旨,决定在蒲津渡重建新桥,并发动满朝文武出主意、想办法。经集思广益,造桥方案拿出:一是将连舟竹索改为铁索,二是加固石堤,三是铸铁牛为索桩。开元年间属盛唐时期,冶铁业发达,于是两岸数万民众奉命炼铁铸造,历经苦战后铁牛铸成。铁牛分别伏卧于黄河两岸,将铁索拴系于其身,连接舟船,建起黄河上第一座固定铁索桥。

两岸的铁牛,其实就是对拽铁索连接河桥的索桩。蒲津铁索桥第一次将黄河天堑变成通衢大道,从唐开元十二年到元朝初年桥被烧毁的五百年间,蒲津桥一直是铁牛系铁索、铁索连舟船。桥被毁后蒲津渡一度荒废,但铁牛仍存。到了明朝,蒲津关发展成进出中原的重要关口,明代皇帝又先后四次利用铁牛建桥,历经百余年,直至清代因黄河逐渐向西改道,蒲津渡彻底废弃。铁牛于 20 世纪 40 年代湮没。

此外,还有人提出这四尊铁牛还有可能是当时用来镇水、避祸趋利的。我国许多与牛有关的行业都供奉牛王,把它作为牛的保护神加以供奉,有的牛王竟被尊为祖师,在我国北方不少地方建有牛王庙,牛还作为镇物广泛应用于民间。在民间信仰里,人们认为牛有护宅、护身、镇水、避凶的功能。我国西南佤族有在住宅的内壁、门前或屋外悬挂牛角、牛头骨的习俗。在北方,人们认为牛有载地的神功,是大地的象征或大地的载体。

从实物考察看,晋南临汾旧称卧牛城,在解放临汾挖掘地下坑道时,从城墙角下挖掘出卧牛一尊,即可证明。牛与水的关系亦很密切,民间有牛能镇水的俗信。古代多以铁牛御恶龙,防水患,人们将石头或铁铸的牛塑像投入河中,防止河水冲毁堤坝或其他建筑物。

《易经》说:"牛象坤,坤为土,土胜水。"古人云:兵来将挡,水来土掩。铸铁牛置于河岸,对肆意泛滥的黄河水是一种震慑,象征着拦挡洪水、征服水患,造福于人民。由此可见,蒲津桥开元铁牛之所以铸成"牛"状,正是来源于牛能镇水、避祸趋利的巫术心理。

还有人认为,古人讲究阴阳相对,在铸造铁牛的同时,也铸造了四个铁人、七星铁柱。七星柱则代表天(仿天上北斗七星布局),这样天、地全有(铁牛为土,亦即地),囊括宇宙。

究竟黄河古蒲津桥铁牛是用来干什么的呢?无论当时是用来固定索桥、是用来镇水的巫术,还是为了达到囊括宇宙的目的,黄河古蒲津桥铁牛都是中国的无价之宝,是中国古代劳动人民智慧的结晶。

# 乐山巨佛隐睡山间之谜

大自然真是神奇,创造出如此活灵活现的乐山巨佛,乐山巨佛隐睡在山间成了一个美丽而神秘的地理景观。

1989 年 5 月 11 日,广东省顺德县冲鹤乡 62 岁的潘鸿忠老人正在兴致勃勃地游览乐山名胜。5 月 25 日,回返家乡的潘老在朋友们的索要下,将照片拿出来看,友人们大加赞赏。当时潘鸿忠也在一旁审视,不料当看到那张古塔风景照时,他突然感到照片中山形恰如一健壮男子仰卧.细看头部,更是眉目传神.十分逼真。老人兴奋不已,给大伙儿看后,无不称奇。

消息一经传出,许多参观者也都惊奇不已。四川省文化厅文化通讯室派考察组专程赴乐山考察,给予了肯定。从照片上看去,实有一巨佛平静地睡躺在江面上,仰面朝天,高突的前额,圆润的鼻唇,四肢皆备。

"横看成岭侧成峰.远近高低各不同"。"巨佛"景观不是随处可见,观赏巨佛的最佳地点是乐山河滨"福全门",在这里举目望去,清晰可见仰睡在青衣江畔的巨佛的魁梧身躯,对映着湍流的河水,巨佛似乎在微微起伏。那形态逼真的佛头、佛身、佛足,分别由乌尤山、凌云山和龟城山三山联襟构成。仔细观察佛头,就是整座乌尤山,其山石、翠竹、亭阁、寺庙,加上山径与绿荫,分别呈现为巨佛的卷卷发鬓、饱满的前额、长长的睫毛、平直的鼻梁、微启的双唇、刚毅的下颌,看上去栩栩如生。再详视佛身,那是巍巍的凌云山,有九峰相连,宛如巨佛宽厚的胸脯、浑圆的腰脊、健美的腿胯。远眺佛足,实际上是苍茫的龟城山的一部分,其山峰恰似巨佛翘起的脚板,好似顶天立地的"警丘柱",显示着巨佛的无穷神力。总观全佛和谐自然,匀称壮硕的身段,凝重肃穆的神态,眉目传神,慈祥自如,令人惊诧不已。全佛长达四千余米,堪称奇绝。在此处往南眺望,或春或夏、或早或晚、或万里晴天、或云雾弥漫,"巨佛"均可一收眼底。那巨大的身影,伴随着三江流水、四季风云,似隐似现,与嘉州山水浑然一体,给来来往往的游人一种江山多娇的美的享受、一种妙趣天成的文化熏陶。

乐山巨佛

然而,更令人称奇的是那座天下闻名的乐山大佛雕,恰恰正耸立在巨佛的胸脯上。这尊世界最高最大的石刻坐佛,身高达 71 米,安坐于巨佛前胸,正应了佛教所谓"心中有佛""心即是佛"的禅语,这是否是乐山大佛暗示的"天机"呢?

"巨佛"山体是距今一亿二千万年前的白垩纪上统夹关组紫红——砖红色砂岩。战国晚期,秦蜀守李冰"凿离堆",乌尤山山体有所改变。汉代,三山均为墓地,建造了成百上千的崖墓。凌云、乌尤之间的麻浩崖墓内,刻有一尊我国最早的摩崖佛像。唐代,乌尤山、凌云山佛教大兴,建有乌尤寺、凌云寺,开凿了乐山大佛。灵宝塔始建于唐代,宋以后历代均有维修。曾有这样一个民间传说:唐代观音菩萨的化身叫"面然",指"乌尤大士"之意。这些相关的自然、人文历史奇妙地结合,把"巨佛"作为一种文化现象,展现到了人们的眼前。那鬼斧神工的奇特景观,为名城乐山增添了神奇的一笔。

据研究乐山大佛文化和文物部门的专家们介绍,迄今为止,还没有发现和听说关于巨佛的文字记载和民间传说。那么,巨佛是纯属山形地貌的巧合吗?但为何佛体全身,人工的刀迹斧痕比比皆是呢?又为什么在一千两百多年前的唐代开元年间,海通法师劈山雕凿乐山大佛,偏偏选中了凌云山西壁的栖鸾峰,并雕在巨佛心胸处呢?当今,乌尤寺的僧人,身居佛中却未知巨佛。如今,一经点破,再看乌尤山,竟犹灵佛所致。除了巨佛形成之谜以外,再就是"福全门"之谜了。据四川省文化厅考察组报告说,要看到楚楚动人的巨佛身形,其最佳位置只有一处即"福全门"。其他任何一处观赏的效果都不是最好。

现在,前往乐山来观赏这座巨佛的人们络绎不绝,乐山巨佛之谜期待着早日被人们解开。

# 悬崖上的巨型足迹之谜

　　在我国四川一带经常会有神秘的巨型脚印被发现,而悬崖上的巨型脚印就更加让人费解。

　　在四川邦达至昌都的公路边悬崖峭壁上,印有一左一右两个一人余高的巨型神秘脚印。据目测,两个巨型脚印在离地七八米高的悬崖峭壁上,长约140厘米.宽约40厘米,一左一右前宽后窄,绝非人工雕刻。

悬崖上的巨型足迹

　　面对这种奇怪的现象,人们不仅会问,这两个地方的脚印究竟是谁留下的? 有没有什么内在联系? 消息一经传出,吸引了无数好奇者来探访,许多地质学家、人类学家、古生物学家们都纷纷来这里,一探究竟。

　　据当地人介绍,1997年扩建邦达至昌都公路时,施工队沿途开山炸石,一声炮响后。一块巨型岩石从此处落下,人们惊讶地发现被炸开的峭壁横切面从下至上有一串巨大的脚印。其中下方三个脚印已模糊不清,而最上面两个脚印却保存完整。

　　如此神秘的悬崖脚印给人们带来了无穷的遐想。有的人提出,这两行脚印极有可能是外星人来此遗留下的印记,他们或许是为了下次再来地球造访时便于寻找而为的,抑或许外星人为了证明自己来到过这里,而做的类似与我们经常到了一个景点之后所写的"到此一游"以资纪念;还有人认为这两串脚印可能是冰山雪人留下来的。但是,这两种说法都没有一定的科学证据来进一步证明,因此,都只是推测。

　　无独有偶,在神秘脚印消息传出不久之后,四川彭州市也有人说有神秘脚印出现。该脚印位于彭州市新兴镇狮山村。在该村狮子山一峭壁由下至上也有一大一小两行神秘脚印,右侧一行脚印长约40厘米,状如人脚形;左侧脚印约10厘米,碎步难辨。这两行脚印蜿蜒延续十多米。

　　据当地的居民说,这两行脚印是有一个传说的。传说这两行脚印是当年二郎神在收孽龙的时候留下来的脚印。由于孽龙兴风作浪水淹彭州震怒玉帝，二郎神受命收服它。孽龙闻风而逃，带着哮天犬紧追的二郎神挥剑斩之，孽龙腾身闪躲，二郎神一剑把这狮子山腰一巨石劈为两半。孽龙飞上峭壁，二郎神和哮天犬步步紧逼，遂在峭壁上留下一串脚印。孽龙侧身钻进峭壁左下侧，顺着山洞逃到都江堰，二郎神费尽周折才在都江堰将孽龙制服，镇于伏龙观下。

被"劈开"的裂缝非常平整，内侧生有暗红色苔藓，相传这是二郎神剑劈岩石留下的铁锈。传说中孽龙逃窜时所穿山洞，其洞口如今已被树木掩映。据说20世纪初，当地人组织入洞寻找"通往都江堰"的出口。洞内虽无歧路，但因河沙堵塞，估计有暗河存在，行走艰难。当探险队点燃第七根蜡烛继续前行时，突然阴风大作，吹灭了蜡烛，也吹灭了探险队最后的信心。

关于这两串神秘的脚印的来历，还有其他版本的传说。据说当年，四处捣乱的孽龙来到关口（现彭州九龙镇），一时兴起就撒了一泡尿，哪知竟使整个彭州陷入一片汪洋大海！正在都江堰治水的李冰立即派儿子李二郎赶来收服孽龙。激战中，李二郎一剑竟将山腰一块巨石劈成两半，四射火星溅在峭壁上顿时化作艳丽金黄的金采花。孽龙逃往都江堰，被李冰布下的天罗地网捕获，遂将其镇于伏龙观下。李二郎骑着战马跃上峭壁腾云而去，神秘脚印从此永留人间。

以上两个传说把这两串脚印的来历描述得绘声绘色，但是，毕竟传说就是传说，并没有一定的事实依据。不可以用来作为科学解释。

据当地的村长称，在这两串脚印的附近十里以外的地方还发现了巨型椭圆形的"铁蛋"，该铁蛋色泽鲜艳，当把其磕开后发现里边有内核，据此，可以判断，或许这个铁蛋就是恐龙蛋的化石。如果这个铁蛋是恐龙蛋的化石的话，那么这悬崖上的脚印也就可能是恐龙遗留下来的脚印。

在1981年，狮子村附近的蟠龙村又有人发现了不明脚印。经测量脚印长32.5厘米，最长脚趾达17.5厘米，两脚间距为96厘米。估计恐龙体长7米，重达数吨。据考古专家研究证明.这些脚印竟然是距今两亿多年前的晚三叠纪恐龙脚印。

这样的考古发现给人们带来了不小的惊喜，难道这里原来就是恐龙生活过的地方吗？所有的这些脚印都是恐龙留下来的吗？那么，悬崖上的巨大脚印又该如何解释呢？难道恐龙会在悬崖上走路？

针对这个问题，有人认为，悬崖上遗留下来的脚印或许是由于地壳运动，导致的山体位移，进而成为现在的情形的。但是这种解释的准确率有多高呢？这种说法也只是推测，并没有找到相关的证据表明这里在很久之前发生过剧烈的地壳运动。

这样，悬崖上的巨型脚印就显得更加扑朔迷离了，其形成原因我们也就不得而知了。期望通过更加深入的研究解开悬崖巨型脚印之谜。

# 蒙顶山古井揭开井盖就下雨之谜

古井本是一个没有生机的东西，但是，如果古井能够突然变得有灵异，能够随意的呼风唤雨,那么这样的事情还真是叫人惊叹不已。

我国四川被誉为天府之国,在这里蕴藏着无数难以让人解开的秘密。然而,在四川的蒙顶山则更加的神秘莫测,这里有一口诡异的古井,它好像蕴藏了千百年来所隐藏的

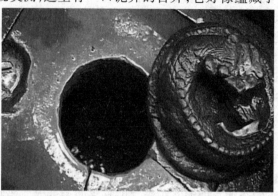

蒙顶山古井

秘密。这口古井非常神奇,传说每当人们打开井盖的时候,就总会有或大或小的雨滴从天而降,有时更是狂风大作、雷雨交加。让人更为惊叹的是,每次打开井盖,下雨的现象都会应验。每个听到这个消息的人都感到莫大的惊讶,难道这口井真的有魔法吗? 于是,许多专家都前来蒙顶山来观看这口怪井,想对这口井考察个究竟。

居住在蒙顶山一带的居民都知道这口井,它有着一种神秘的力量。经过对当地人多方询问得知,不管再大的太阳,再好的天气,只要把这口井的盖子打开,别处不下雨,井头顶上都要下雨,把盖子盖上,再没有落雨,盖子不盖,就长期落雨。记者随后翻阅了史籍,据记载,这口井名叫甘露井,又名古蒙泉,始建于西汉年间,迄今已有两千多年的历史,这不禁让人颇感意外,因为蒙顶山在中国西部的名山大川之中只是一座名不见经传的小山,海拔也不过一千多米,而此山中的一口井,却为何会受到如此之礼遇,并记载于古籍之中呢? 这会不会和甘露井开盖下雨的神奇现象有关呢?

为了解开这个神秘的现象,专家们打算亲自打开井盖,一窥其中的奥秘。专家们专门找了一个天气十分晴好的日子,而且天气预报说当天蒙顶山不会有雨。来到蒙顶山,这口古井周围被石栏维护着,两边摆放着龙形石雕,千百年来岁月留下的痕迹依稀可见,古井上方朱砂题写的甘露两字格外醒目,井口上的龙形石盖也早已破损,难道揭盖下雨的神奇现象真的会出现于此吗? 专家们对于这次的探寻并没有抱多大的希望。但是,为了解开蒙顶山古井之谜.他们还是打算打开井盖一睹古井的神奇。井盖打开了,但是过了五分钟之后,天空中还是一片晴好,并丝毫没有要下雨的意思,二十分钟过去了,依旧不见有要下雨的迹象。但是,正当专家们失望的要返回去的时候,雨滴噼噼啪啪地从天而降。

简直太神奇了,难道这口古井真的能够呼风唤雨吗? 产生这种现象的原因到底是什么呢? 专家们也大惑不解。

若仅仅是传说的话,则这口古井的神奇之处或许会有人怀疑,但是,奇怪的是在当地的估计文献当中居然也有关于这口古井显灵的记载。据史书记载,这口井里面本来有一

条龙,这条龙最早的时候在我们蒙山那一带,就有点能够兴风作浪的本领。就使得当地产生一些水灾,按照我们现在的话叫泥石流,后来当地的政府和村民为了镇压这条龙,就修了一个井把它盖在里面,一旦揭开这个井盖,它就从里面出来,出来自然就要下雨。在蒙顶山附近居住的村民中,也流传着有关这口古井众多版本的传说,传说中都试图解释着揭盖下雨的神奇所在,但由于代代相传,时间久远,至今都无人能解释这种神奇现象的缘由到底是什么,久而久之,这里的村民就把这口古井当作了能够祈求降雨的神井,每当天逢干旱的时候,村民就来到这里上香祈祷,把井盖打开,祈求上天能够给他们降点甘露,来缓解当时的旱情。那么,这些现象到底是什么原因造成的呢?专家们多方研究,期待解开答案。

有的专家认为,或许是因为在揭开井盖时声音太大,由于振动而引发降雨。据当地的气象员介绍,蒙顶山山顶上空气湿度很大,常常是云雾缭绕,也就是说,空气中的水汽含量多数时间是处于饱和和接近于饱和状态。因此,专家们认为,开盖主要是振动,开盖不光是开盖,它还有吼的声音,因为吼的声音引起空气振动,这样子因为湿度很大,就产生一点降雨,因此,专家分析,产生这种现象的原因,主要是振动。甘露井的井盖虽然不大,但重量可不轻,当掀动它时,的确会产生不小的振动声响,难道就是这振动产生的声响影响到了天气变化吗?关于这个声波振动,在气象学界有一个非常经典的学说。就是蝴蝶效应,打个比方来说,就是在亚马孙热带雨林中的一只蝴蝶,振动几下翅膀就引起了它周围空气的变化,继而引起了热带气旋,最后在美国东海岸引起了飓风。虽然这只是个推理出的假象学说,但还是有它的科学道理。

专家们为了证实这种说法的正确性,于是就找来了两个铁盆子,而且边敲铁盆边大声叫喊,但是折腾了半天,并没有见一滴雨点从天上掉下来。要知道,敲铁盆加上大声叫喊的声音远远超过了揭开井盖时振动所产生的声音,看来,用振动来解释古井的怪现象是不合理的。

还有专家提出,会不会是因为空气遇冷而形成的降雨呢?由于蒙顶山一带天气比较冷,空气比较潮湿,那个井里面的空气就更冷一点,温度更低一点,如果你现在去把那个井盖揭开,人手伸下去,里面感觉到凉凉的,长期在里面呆着,关节都会感到凉飕飕的。关在里面的时间长了,空气的湿度很大,温度很低,特别是天气很热的时候,一旦揭开,里面的冷空气出来,湿空气一出来以后,与热空气一接触马上就形成雨。空气遇冷凝结成小雨滴,这种解释听起来似乎蛮合理的,那么这会是甘露井揭盖下雨的真实原因吗?气象学家们认为这种说法可能是不对的,因为井里的温度比外面低,水汽不会上升,因为温度低,只能下沉,只有暖的空气才会上升,按道理这个井盖揭开后,不可能形成降水。

此外,还有人认为,蒙顶山本来就是雨量较多的地带,出现这种现象纯属巧合,并没有什么神奇的。蒙顶山这个地方,地理位置是处于降水概率非常大的地方,海拔高度在1500米左右,降水非常充沛,应该经常都是云雾缭绕,而且从它的小地形来看,刚好也是有云雾缭绕的地方。蒙顶山的年均降雨量是1510毫米,年平均相对湿度是82%,名山这个地方雨一直比较多,多年来,年平均降雨在210~220天之间。他们认为从气象学的角度,这个降水和揭井盖没有必然的联系。因为揭井盖以后,可能或早或晚的时候,就有降水发生。这些现象纯属巧合。

那么,蒙顶山的古井的神奇之处到底是什么原因造成的呢?难道其真正原因就是因为该地区降水量充沛造成的吗?还有什么其他的原因吗?尽管降雨量充沛的说法似乎已经把蒙顶山古井的呼风唤雨的神秘现象解释清楚了,但是,还是有人相信肯定这口古井的神秘之处还有其他玄机,只是没有揭开而已。相信,有朝一日会有一个更加让人信服的答案来揭开蒙顶山神奇古井揭盖就下雨现象的真面目。

# 新疆神秘天象

　　大自然就像是一个神秘莫测的百宝箱,在这个百宝箱里包罗万象,到处都彰显出一种神奇与深奥,让每个亲眼目睹其容的人惊奇得目瞪口呆。在新疆出现的神秘天象又给我们带来了莫大的惊奇。

　　新疆昭苏高原的上空曾经在1999年1月18日的大雪过后,出现了一幅巨大、清晰的生动图像:像江河,也像湖泊,粼粼波光在天空闪烁。水域的旁边,有造型别致、风格各异的建筑物矗立在宽阔的马路两边。尖顶方体的欧式小洋楼和现代化高楼大厦交相辉映,错落有致,清晰可见。马路上各种货车、小客车来来往往,川流不息。路两旁还有手持文明棍,头戴高礼帽,脚着长筒靴很像英国人的绅士们在走动。整个场面的一切事物栩栩如生、活灵活现。当时每个有幸看到眼前所发生的这一切的人都为之震撼,没有一个人不因此目瞪口呆的。

　　无独有偶,这样的情形在此之前也曾经出现过。早在1989年1月28日上午9时,在新疆雪域上空还出现过巨大的"天象图"。

　　外国也有一些地方出现过这样的天象,在1993年2月1日,饱受战火蹂躏的索马里,发生了一场狂风沙暴,索马里首都摩加迪沙也被沙暴席卷。天空、路面一片昏暗。突然

新疆昭苏高原

沙暴停止,天空上出现了一幅长约150多米巨大、清晰的耶稣面容的图像。千千万万的人都目睹了这一空中奇观。

这么变幻莫测的天象奇观让许许多多的人都为之震撼,于是,全世界广大的天文爱好者以及科学家们都对此表示非常关注。苏联的科学界和克格勃为了研究这一触目惊心的天像奇观,组织了一些著名科学家成立了调查研究小组,对这一神奇的现象进行全面探讨,他们企图对神秘天象的出现做出最合理、最科学的解释。

苏联的一些科学家们认为:这些活灵活现的天象图是人为利用高科技技术制造的,但现在,一些俄罗斯的科学家们又把这些图片、录像资料反复研究,认为人类当前的科技水平是无法制造出这样巨大神奇的"天象图"奇观的。于是,这种推测就这样被给予了否定。

日本北海道大学气象教授田中贺一认为:经他多年对天空变化的研究,天空的云层、阳光反射,犹如一个大的"万花筒"。"万花筒"在转动中会不停地变化。在这千变万化之中"偶尔形成图像"是极为可能的。但是,为什么这样的偶然情形在同一个地方发生的次数并不是一两次呢? 因此,用偶尔来解释并没有完全揭示天象形成的真正原因。

美国的著名物理学家康拉得尔教授结合光电学、风力学等多方面研究后认为:由于地球自转及阳光、温度、风力的变化,天上的云彩经常处在变换之中,"时对白云形象""时对人体形象""时对某一座城",有时会"瞬息万变"。在这样不停地变动之中,在地球的某一个地区的上空出现几幅酷似某一种图画的"天图",这些令人称奇的天象属于正常的自然现象。

但是,对于以上的这几种说法,有人提出了反对的观点。美国天体物理学家文达尔克博士认为:把这种天象图说为自然现象的说法过于简单,不能针对具体问题。具体"天象图"的形成,绝对不会是天空自然界的变化巧合形成的。文达尔克博士认真地研究过多幅"天象图"的照片,他一直确信有"地外文明"存在,而"天象图"是"外星人"向地球人类有意制造的"迷魂阵",吸引人类去探讨这难解之谜。但是这种说法也仅仅只能作为一个大胆的推测,并没有直接的证据来说明文达尔克的说法是正确无误的。

俄罗斯科学院院士彼得罗果教授认为:要解开"天象图"之谜,尚有待进一步努力观测它是怎样形成的,但它绝对不是"万花筒"中的巧合。天空中出现如此惟妙惟肖的天象图,科学家们目前还没有找到真正的天象形成的原因,以上的各种说法还都出于假想和推测阶段,要达到真正的实验检验阶段还需要很长的路要进行探索。

# 鬼地府丰都之谜

鬼是民间流传的对超自然事物的说法,鬼实际上专指六道中的鬼族。但民间都把人死后流浪在人世的灵魂叫鬼,人的灵体存在于头脑里面,是一种细微物质构成的生命,当肉体躯壳死去后,灵魂一般自然而然到灵界去了。丰都城历来被叫作鬼城,那么,丰都城真的有"鬼"吗?

丰都城在我国重庆辖区,位于长江中上游,距离重庆市往长江下游方向 172 千米,迄今已经拥有 1900 多年的县城历史。

丰都城在民间传说和历史上一直被称作冥界之都,是阴曹地府的所在地,所有的人死了以后都要到丰都城报到,然后接受审判,根据前世是否作恶立功来赏罚,进行下一世的轮回。因此,惩恶扬善是丰都冥界精神的精华。

在丰都城内的两山之间还有国内最大的人工模仿建筑"鬼国神宫",顾名思义,就是鬼国和神仙世界的一切全部浓缩在这里了。在通往鬼国神宫的大道上,还要经过阴司街,也就是人间的都市步行街一样。

丰都县城位于长江南岸(因为三峡工程搬迁到了对岸,南岸),在北岸的名山依然矗立巍然,郁郁葱葱,森罗古刹星罗棋布,大树参天,香火袅袅。古今中外,文人骚客,达官显贵纷纷登岸上山,拜会于此。廖阳殿、天子殿、孔庙、望乡台、生死石、血河、奈何桥……冥界的法律机构与现实中的世界一一对应,俨然另一个世界的执法机构。"下笑世上士,沉魂此丰都",李白当年游览丰都后留下的千古佳句至今仍保留在丰都名山牌坊的两边。

在《西游记》第四回,唐太宗人阴司,遇丰都催命判官保驾;《聊斋志异》在"丰都御史"一节中称丰都为"冥府";《钟馗传》第一回又讲钟馗到丰都收降鬼魔;《南游记》则写了华光大帝为母三下丰都大闹阴司;《说岳全传》写何立在丰都地狱重见秦桧受罪。这些中国古典神话小说对"鬼城幽都""阴曹地府"做了形象描绘,再加上历代封建统治阶级与迷信职业者也着意渲染,鬼城丰都的名气越来越大。

"人死魂归丰都,恶鬼皆下地狱"的传说在丰都城越来越神。加之每年农历三月初三的香会(即现在的庙会),四方香客云集,烛光映天,香烟缭绕,钟鼓齐鸣,诵经之声传播数里之外,更增添了"鬼城"的神气。

丰都鬼神洞

关于丰都城的说法是那么的阴森莫测,那么,丰都城到底是不是传说中的"鬼城"呢?丰都城到底有"鬼"吗?

要说鬼城，还得先从丰都的名山说起。名山，原名平都山，海拔288米，因北宋大文豪苏轼诗"平都天下古名山"而得名。名山孤峰耸翠，古木参天，直插云霄。殿堂庙宇，飞檐流丹。下临长江，烟波浩渺，气象万千，构成了一幅多姿多彩的山水画卷。名山又是道家72福地之一。这里道观梵宇，鳞次栉比。

关于名山的传说也颇多，各种说法不尽相同。名山是丰都大帝管辖的阴曹。清《玉历宝钞》载，"阴曹地府"的最高统治者是"丰都大帝"，他承天廷玉皇大帝的旨令，率阎罗王等坐镇鬼城，治理鬼国。该书杜撰了丰都"鬼城地府"的机构设置——有十殿及所辖十八层地狱，有枉死城，有奈何桥、血河池、望乡台等，主要人物首为丰都大帝，他管十殿阎罗、四大判官、十大阴帅、城隍、无常、孟婆、大小鬼率以及各岗位职能、阴法刑律等。

此外，还有人说东汉刘向所著《列仙传》，东晋葛洪所撰《神仙传》，皆称平都山（今名山）为阴长生、王方乎成仙飞升之地。随着朝朝代代往来平都山探访者络绎不绝，阴、王二仙的故事也广泛传扬，后人误将阴、王传为"阴王"而说阴王乃"阴间之王"。目前，名山已经逐步地演化为各种大殿，包括十二殿狱的寺庙和"阴曹地府"近百个鬼神雕塑。于是，便有了名山有阴王的说法，这样丰都也就有了"鬼城""幽都"的说法。

至于为什么丰都城会被古人们喻为"鬼城"并将这种说法一直延续到现在，我们也感到十分费解。

# 潭柘寺的神秘光球

近年来，全世界的UFO组织每天都会收到许多关于目击者称看到UFO的信息，但是经过查证大部分被证明只是一种自然现象。

2008年3月21日下午6点54分，潭柘寺工作的一名员工，在监视器的屏幕上忽然发现一个直径约1厘米~2厘米的呈伞形的小光斑，光斑从空中上方垂直落到屏幕中央，然后由伞形变成了一个圆球，并且不停地在监视器的屏幕上移动。但是工作人员到外面寻找光球，却没有任何发现，而光球有几次只离工作人员有几厘米远。这个光球在屏幕上移动了8分多钟消失。这样的画面，立即让人想到了是不是外星人的飞行器呢？为此，北京UFO组织专门进行了研究，各种猜测也纷纷出现。

有人认为光球是工作人员手中的手电筒光线或停车场的车灯光芒照射在监控器镜头内而形成的反射所致。但是经过实验，车灯和手电筒的亮光要比神秘光球高，体积也大许多。还有人提出是慢慢旋转下降的轻毛或其他悬挂的小物体，受到光线照射正好被监视器拍摄到，形成了光球。但是这些物体在监视器上的体积还是比光球的体积大很多。因此这个看法也不成立。其他的说法则认为是由人为使用激光笔照射监控器镜头产生光球，但这个说法也被否定了。

2008年6月，相关研究人员又提出一个新的看法：在监视器上出现的光球可能是一只体型很小的蜘蛛悬挂在空中形成的现象。研究人员说他们经过对潭柘寺北侧寺门的红外线摄像头进行多次实验后发现，用真的小蜘蛛试验后形成的光球与监视器中拍摄的

潭柘寺

光球极为相似。他们用蚕丝吊着一只小蜘蛛进行实验,结果小蜘蛛在监视器的屏幕上开始成一个伞形光斑,到屏幕中间后变成了圆形,基本与监视器的原记录相同。但是吊着小蜘蛛的蚕丝比较粗,故能在监视器中看到蚕丝。而在监视器中并没有看到任何的线,所以目前还需要解决丝线的问题,当然这个丝线是用蜘蛛丝进行实验。

看来,这个神秘光球之谜不久就可以解开了。

# 景山平面图酷似打坐的人像之谜

景山是北京古皇城的制高点,后来在这里建成了"景山公园"。那么景山平面图为何酷似打坐的人像呢?

景山公园地处北京城的中轴线上,占地 23 公顷,原为元、明、清三代的皇家御苑。景山翠峰峻拔,树木翁郁,风光秀丽,为北京城内登高远眺、观览全城景致的最佳之处。在六百多年前的元代,该处是个小山丘,名"青山"。据传明代兴建紫禁城时,曾在此堆放煤炭,故有"煤山"俗称。明永乐年间,将开挖护城河的泥土堆积于此,砌成一座高大的土山,叫"万岁山",又称大内的"镇山"。清顺治十二年(1655 年)改名景山。景山名称含义有三:首先是高大的意思。《诗·殷武》中有"陟彼景山,松柏丸丸"之句,说的是三千年前商朝的都城内有一座景山;其次,因为这里是帝后们"御景"之地;再次,有景仰之意。山上的五座亭子,为乾隆年间兴建。当时山上丛林蔽日,鹿鹤成群,生机盎然,极富自然野趣。山下遍植花草、果木,有"后果园"之称。帝王常来此赏花、习箭、饮宴,登山观景,是一座优美的皇家花园。该园 1928 年辟为公园。

1987 年 1 月在北京地区航空遥感成果展览会上,爆出了一个惊人的消息:遥感拍摄的北京景山公园平面园林图,酷似一尊盘腿打坐的人像,被称之为"景山坐像"。这不是杜撰,而是通过精密的遥感技术测定的,在园林北部寿皇殿建筑群是"坐像"的头部,大殿和宫门组成眼,鼻、口,眼睛眯着,面带笑容;胡须是松柏;肩、胸、手、腿是南部那座山。"景山坐像"引起了科技界和考古界的广泛兴趣,几年来,专业人员为此做了大量的研究考证,但收获均微,至今还是一个没有解开的谜。

关于"景山坐像"有不少人表示十分好奇,通过各方面的研究期待解开其中的奥秘。后来又出现了新的说法来解释这一景象。

有人认为"景山坐像"是道家养生图示。首先可以肯定"景山坐像"是道教之神而不是"大佛"。因为"景山坐像"头上戴有冠,嘴上有胡须,一手托着一手合拢于腹前,这常是道教之神的貌态。而佛,即头上无冠,嘴上也无须,手是合掌于胸前。再者可以肯定,"景山坐像"是道教真武神。一是"景山坐像"位于皇宫之北,古人讲地法天,北方是玄武水神之位,玄武即真武,二是此坐像与紫霄宫大殿所供奉的真武大帝像十分近似。

坐像的头部是寿皇殿,而含笑端坐的道教真武神。头部为"寿皇"显然经过道家妙意安排。《武当修真图》曰:"不灭之道,存想泥丸"。泥丸宫处在头部,既然"存想泥丸"可使人长生"不灭",难道不就是"寿皇"吗? 再如"景山坐像"不论它是平面,或者把它假设性地立起看,他可呈现的都是脚南头北和面南背北之状。按道家内功修炼的理论讲,头为上为阳,脚为下为阴,背为外为阳,面胸腹为内为阴,脚南头北和面南背北,均是以人体阴阳和大自然阴阳交合协调,以达水火相济的泰卦之状。

这个推断很让人迷惑,道家为什么要将建筑设计为养生图示而却又让人不易发觉呢? 有人认为,道教的经典道藏虽包含十分庞杂,但始终贯穿一个愿望——"长生不老"。道家按照"天人合一"的道义修性炼真,并力图把这种奥秘告知世人。但是,道家最讲究的是"冲虚""恬淡",在清高脱尘的心理和观念的支配下,他们又不愿将"天机"廉价地送给"俗人",所以他们便煞费苦心地在建筑布局上"暗示"众人,通过这种玄妙的方式来启示他们。说"景山坐像"是道家练功图示,还在于北京景山公园的建筑布局、方位以及建筑景点的名称都符合于道家内功修炼的术语要求,而道家修炼功的术语从来均是以隐语出现的。

"景山坐像"时至五百多年后的今天才引起人们惊奇,带着谜团去探究,其中还有不少奥秘有待人们去深入揭示其原因。

# 香地发出奇妙的香气之谜

湖南洞口县山门镇清水村有一块面积五十多平方米的奇特香地,一年四季香味扑鼻,使人神清气爽。春、夏檀香味,秋、冬桂花香,但走出香地范围,就闻不到香味。这块神奇的土地如何能发出香气来呢?

在我国的湖南省洞口县山门清水村西北方约两千米远山腰上的一块凹地处,发现了一处散发着香味的土地,面积仅有五十多平方米左右。这是一个群山环抱、人迹罕至的地方,香地上边是悬崖峭壁,下面是潺潺的小溪。从表面看,这里平淡无奇,与附近地区没有任何区别,生长着与其他地方一样的树木花草等植物,土壤颜色也与周围的相同,但它却能散发出阵阵奇香。土地也能发出香味,这简直太让人不可思议了。

这块香地是怎么被发现的呢?还得从一位采药的山民说起。一天,这位采药的山民路经此地,觉得有一种奇妙的香味扑鼻而来。他感到非常地好奇。为了查找香味的源头,他查看遍了这里所有的花草树木,但是遗憾的是,山民并没有找到答案。最后,他突然明白,原来香味来自脚下的土地。这使得他觉得非常惊奇。

这样,香地的消息一下子传遍了周围地区,人们纷纷前来观看这片神奇的土地。好奇的人们发现,这一奇特的香味,仅局限在这方圆五十米的范围内,只要走出这香地一步,香味顷刻间就闻不到了。经过细致的调查,细心的人们还发现这里的香味随气温的变化而变化,早晨露水未干时显得格外香,这种香让人非常陶醉;太阳似火的中午,则变得微香;黄昏、天阴或雨后天晴时,香味会渐渐变浓。这种随着天气以及时间变化的香地显得更加神秘莫测。这就是大自然给予人类的恩赐。

那么,为什么这块土地会出现香气呢?人们不禁要提出疑问。难道这块土地对时间、气候的变化这么的有感应吗?

有关专家也纷至沓来,期望解开这块神奇土地的香气之谜。经过详细地研究,有关人员认为这种香味可能是由这里地下所存在的一种微量元素引起的,当这一微量元素放射出来后,同空气接触就会形成一种带有香味的特殊气体。那么这种微量元素又是什么呢?它为什么会随着光照强度、时间、湿度的变化而变化呢?为什么方圆百里,唯有这块土地会出现如此神奇的现象呢?这些问题科学家们也没有找到解释的答案。目前,这块神奇的香地还是一个难以解开的谜。

# 石龙阵

在我国河北邯郸市,人们发现了十条石龙,最中间的是一条大龙,这十条石龙排列得十分有规则。而龙头都朝向战国时期七雄之一赵国的帝王陵寝,它们是古人为赵王修建的"镇陵之物"吗?

从 1988 年至今河北邯山区三陵乡姜窑村已发现了十条石龙,这些石龙大小各异,其中最长的一条经勘测长度竟达 369 米。

这些龙依次排开,中间为大龙,左五右四,布成了有规则的"十龙阵型"。大龙与旁边小龙的间距大约在 2.5 米~3 米之间,小龙与小龙之间间距比较小,多数几乎都是并排挨着的。为首的那条龙,龙头部分算上复原后的龙角高度为 6 米,宽 4.3 米,龙爪长 3.4 米,宽 1.5 米,龙身高约 2.5 米,宽约 4.6 米,清理出来的龙身有 30 多米长,这条龙就是最长的一条。据勘探两旁的其余九条龙,也都有两三百米长,只是身形要瘦小些。专家认为,这些古石龙是迄今为止世界上体形最大、年龄最古、石质最为奇特、神秘感最强的石制龙体。

人们在感叹这十条壮观的石龙风姿外,更多的疑问是这里石龙是怎么出现的呢?如此庞大的石龙阵是古人们建造的吗?

石龙和传说中的龙十分相似

最先,人们主要有三种猜测:

一、巨龙阵是人工修建的。有人分析说最大的巨龙的龙骨每节都有沟、槽,每节龙骨长短、厚度一致,龙骨表面还有保护层痕迹。尤其是龙骨、龙节之间,有明显的黏接材料,而旁边九条小龙与大龙都朝东北方向,布成了有规则的"十龙阵型"。这也只有人为制造才可能出现。而在古石龙东北方向1.5公里远的地方就是著名的赵王陵遗址。赵王陵是我国战国时期七雄之一赵国的帝王陵寝,石龙极可能为赵王陵的"镇陵之物"。但是有专家立即否定了这种说法,因为在任何的史书上都没有记载这样的一次工程。而且如果要是人工建造的,就不会只有一个龙爪,肯定是要对称的。

二、海底文明说。在石龙所处的五龙岗及附近周围地区,采集到大量的都乐石岩块,以及海蛎子、贝壳等化石。距此1.5公里的赵王陵附近,也采集到许多古海底藻类、蕨类等植物的化石。由此可以证明,数万年前,邯郸姜窑一带曾是汪洋大海。随着时间推移,地层变迁,沧海桑田,因而有人推断石龙可能是"海底文明"的产物。其科技含量不亚于我们目前的科技水平。

三、古代巨大生物的化石。有人说这些古石龙可能是扬子鳄或者其他大型动物的化石,因为有学者提出中国龙的形象最早可能是古代的扬子鳄,而观察这些石龙,与古代扬子鳄确实有相似之处。但专家认为古石龙不是化石,因为化石的骨头不会那么薄。

而河北省地理科学研究所原所长李庆辰教授经过仔细研究称:石龙系天然形成。李教授说石龙形成于距今约3.5万年前,当时石龙出现的地方原是古河道,后来河道慢慢干涸,古河道中的沙子逐渐脱水、固化、收缩。而且,河道两边还掺有一些泥土,泥土的收缩率又高于沙子的收缩率。故在收缩过程中,逐渐变成中间隆起,而两边变凹的圆柱状骨头形状。石龙体上的沙体颗粒均匀,所以当它们固化收缩并断裂时,受力均匀,石龙的骨节就呈等距离断开了。而龙爪等其他部分,李教授解释说这些部分其实是古河道原本的小岔支,里面也留有沙子,沙子同古道河沙一起变化,就形成了类似龙爪的外形。另外,之所以会出现十条石龙,是因为河道总是在不断改道,平行移动,河流移走后剩下的河道堆满沙子,于是便最终形成了数条相对平行的石龙。而在大石龙身上看到的黏合物,实际上是后来的一些沙子在凝固之前渗进了裂缝中才形成的。但是为什么和这里相似的地方却没有形成巨龙阵呢? 这些堪称完美的古石龙真的只是河道淤积形成的吗?

到底是什么原因形成了这些独一无二的古石龙呢? 这还需要科学家们进一步研究。

## 银狐洞外的"银狐"

北京房山银狐洞错综复杂,洞内有着千姿百态的石花,洞外有着高约两米的银狐,但是这里精美的"冰雕"是如何形成的却没有人说得清楚。

北京房山银狐洞深 100 多米,这里洞连着洞,洞套着洞,又分为主洞、支洞、水洞、旱洞,这些洞上下相连,纵横交错,洞里还分布着地下河水和季节性的河流。在银狐洞内还有许多奇异的石花。如石珍珠、石葡萄、石瀑布、石枝、石花、石蘑、仙田晶花等。它们不仅形状千姿百态,数量也多得惊人。在洞内还有像菊花一样盛开着,像松柏枝叶般的石花。而且连不常见的石花形态在银狐洞也存在。为何银狐洞内会有这么多的石花呢? 现在还没有科学家能够解释原因。

在银狐洞外有一个长度接近两米,形似雪豹头银狐身的大型晶体。它通体洁白晶莹,还"长"满了丝绒般的毛刺,密密麻麻,长短不一,洁白纯净。这还是世界首次发现这种石花形态呢。这个"银狐"又是怎么形成的呢? 有人认为"银狐"是由雾喷后凝聚而成的,如我们常见的枝头雾凇。也有人说丝绒般的毛状晶体是含有这种物质的水,从内部通过毛细现象渗透到外部而形成的。更有人说"银狐"以及洞内石花等溶蚀物都是强磁场造成的。然而哪种说法更有道理,谁也不清楚。

## 莫高窟的五彩佛光之谜

莫高窟俗称千佛洞,被誉为20世纪最有价值的文化发现,它也被称为东方瑰宝。莫高窟的五彩佛光,到处迷雾重重,期待着科研人员的不断解读。

令全世界瞩目的艺术宝库莫高窟,俗称千佛洞,始建于公元 366 年,位于甘肃省敦煌市区东南 25 公里的鸣沙山东麓的断崖上,它是我国,甚至是世界上规模最宏大、保存最完整的佛教艺术宝库。这座佛教艺术宝库,既不在繁华闹市,也不在交通要道,而是在中国西北戈壁荒漠的一个小小的绿洲之上。然而这样一个令全世界瞩目的艺术明珠,给我们留下了很多令人费解的谜团。

雨过天晴,空气清新的清晨或黄昏之时,如果从敦煌城驱车沿安敦公路向东南而行,就会被几十里以外的三危山呈现的奇特景象所吸引。只见这座陡然崛起、劈地摩天的大山之巅，在日出或落日余晖的照耀下，放射出五彩缤纷的光芒。

莫高窟的这种奇特景象，千百年引来无数人的瞩目。最早记录这一现象的，是唐朝圣历元年（公元 698 年）李怀让《重修莫高窟佛龛碑》，碑文记载："莫高窟者，厥初秦建元

我国的瑰宝——莫高窟

二年，有沙门乐僧，戒行清虚，执心恬静，尝杖锡林野，行至此山，忽见金光，状有千佛，遂架空凿岩，造窟一龛……"文中所指的山即三危山，所造的龛像，就是敦煌千佛洞最早的洞窟。

对于莫高窟的佛光，科学界存在两种解释。第一种解释是：三危山纯为砂浆岩层，属玉门系老年期山，海拔高度约 1846 米，岩石颜色赭黑相间，岩石内还含有石英等许多矿物质，山上不生草木，由于山岩成分和颜色较为特殊，因而在大雨刚过，黄昏降临空气又格外清新的情况下，经落日余晖一照，山上的各色岩石便同岩面上未干的雨水及空气中的水分一齐反射出五彩缤纷的光芒，将万道金光的灿烂景象展现在人们眼前。

另一种解释是：莫高窟修造在鸣沙山东麓的断崖上。崖前有条溪，在唐代叫"宕泉"，现今叫大泉河，河东侧的三危山与西侧的鸣沙山遥相对峙，形成一个夹角。傍晚，即将西落沉入戈壁瀚海的落日余晖，穿透空气，将五彩缤纷的万道霞光洒射在鸣沙山上，反射出万道金光，这正是我们有时看到的"夕阳西下彩霞飞"的壮丽景象。

无论是出现在三危山还是鸣沙山两个方向的所谓"金光"，都是一种在特殊条件下的自然现象，古人由于受当时生产力的局限和宗教迷信的束缚，无法从科学上解释这种自然现象，只得用神、佛显灵来做结论，至于乐傅和尚，他为了神其佛法，显示自己的虔诚，

便又有了"忽见金光,状有千佛"的玄妙说法流传于世。

　　莫高窟堪称世界最大的艺术宝库之一。它是集建筑、彩塑、壁画为一体的文化艺术宝库,内容涉及古代社会的艺术、历史、经济、文化、宗教、教学等领域,具有珍贵的历史、艺术、科学价值,是中华民族的历史瑰宝,人类优秀的文化遗产。然而其中还蕴藏着许多不为人知的秘密,等待着我们去发现和研究。